DIE WASSERVERSORGUNG
IM MITTELALTER

GESCHICHTE DER WASSERVERSORGUNG

BAND 4

HERAUSGEBER: FRONTINVS-GESELLSCHAFT e.V.

DIE WASSERVERSORGUNG IM MITTELALTER

VERLAG PHILIPP VON ZABERN · MAINZ AM RHEIN

299 Seiten mit 103 Farb-, 63 Schwarzweiß-,
74 Strichabbildungen und einer Farbbeilage

Umschlagfoto und Beilage: Der Rohrnetzplan des Priors Wibert (1151–1167) für die Wasserversorgung des Klosters Christchurch in Canterbury (Trinity College Library, Cambridge)

© 1991 Verlag Philipp von Zabern, Mainz am Rhein
Alle Rechte, insbesondere das der Übersetzung in fremde Sprachen, vorbehalten. Ohne ausdrückliche Genehmigung des Verlages ist es auch nicht gestattet, dieses Buch oder Teile daraus auf photomechanischem Wege (Photokopie, Mikrokopie) zu vervielfältigen.
ISBN 3-8053-1157-5
Satz: Satz Studio Schuhmann, Wiesbaden
Lithos: Müller, Eppertshausen
Papier: Papierfabrik Scheufelen, Lenningen
Printed in Germany/Imprimé en Allemagne
Gesamtherstellung: Verlag Philipp von Zabern, Mainz am Rhein
Printed on fade resistant and archival quality paper (PH 7 neutral)

Inhalt

Vorwort 7

Klaus Grewe

WASSERVERSORGUNG UND -ENTSORGUNG IM MITTELALTER
– Ein technikgeschichtlicher Überblick –

1. Einleitung 11
2. Frühes Mittelalter 13
2.1 Die Überlebenschancen antiker Wasserversorgungen im Mittelalter 13
2.2 Die frühchristlichen Baptisterien als Sonderfall der Wasserversorgung 19
2.3 Frühe Beispiele repräsentativer Wasserversorgungen 26
3. Hohes Mittelalter 28
3.1 Offene Gewässer und Brunnen 28
3.2 Rohrleitungen 32
3.3 Die Klöster 40
3.4 Die Burgen 48
3.5 Die Städte 53
4. Spätes Mittelalter 55
4.1 Städtische Wasserversorgung ohne künstliche Hebung des Wassers 55
4.2 Städtische Wasserversorgung mit künstlicher Hebung des Wassers 61
5. Wasserbereitstellung für die Feuerbekämpfung .. 70
6. Die Wasserentsorgung 74
6.1 Entsorgungsprobleme 74
6.2 Gossen und Kanäle 76
6.3 Stadtbäche 78
Anmerkungen 81

Clemens Kosch

WASSERBAUEINRICHTUNGEN IN HOCHMITTELALTERLICHEN KONVENTANLAGEN MITTELEUROPAS

1. Einleitung 89
2. Historische Schriftzeugnisse 89
3. Topographie und Archäologie 97
3.1 Lage der Klöster zum Wasser 97
3.2 Trinkwasserversorgung (Brunnenschächte, Rohrleitungen) 99
3.3 Kanäle (Entsorgung, Nutzung der Wasserkraft) 109
3.4 Sonstige Wasserbaumaßnahmen 117
4. Baudenkmäler 119
4.1 Brunnenhäuser 119
4.2 Brunnen, Zisternen, Wasserbecken 125
4.3 Latrinengebäude 134
4.4 Wirtschafts- u. Industriebauten 135
5. Schlußbemerkungen 138
Anmerkungen 140

C. James Bond

MITTELALTERLICHE WASSERVERSORGUNG IN ENGLAND UND WALES

1. Einführung 149
2. Wasserversorgung vor dem Mittelalter 149
3. Die mittelalterliche Wasserversorgung aus Quellen und Brunnen 152
4. Brunnen in Städten 153
5. Brunnen in Burgen und Palästen 154
6. Die mittelalterliche Wasserversorgung aus Leitungen 156
7. Leitungen in Klöstern 161
8. Leitungen zu königlichen Burgen und Palästen . 168
9. Leitungen zu privaten Haushalten 170
10. Stadtleitungen 171
11. Wasserversorgung am Ende des Mittelalters: technische Verbesserungen 176
12. Danksagungen 180
Quellenverzeichnis 180

Paul Benoit – Monique Wabont

MITTELALTERLICHE WASSERVERSORGUNG IN FRANKREICH
Eine Fallstudie: Die Zisterzienser 185

1. Das frühe Mittelalter 189
2. Ein Baudenkmal aus der ersten Hälfte des 12. Jahrhunderts: Fontenay 207
3. Ein Wasserbausystem, das im 13. Jahrhundert angelegt wurde: Die Abtei Notre-Dame-la-Royale, genannt Maubuisson (Val-d'Oise) . . . 212
4. Das Brunnenhaus von Maubuisson: Ein Lavatorium als „Wasserturm" 217
5. Technische Vorrichtung an der tiefgelegenen Frischwasser-Leitung von Maubuisson 218

Anmerkungen 222

BILDANHANG
Beispiele mittelalterlicher Wasserversorgungsanlagen und mittelalterlichen Wasserbaus

Klaus Grewe
Der Wasserversorgungsplan des Klosters Christchurch in Canterbury (12. Jahrhundert) 229

Clemens Kosch
Die Wasserleitung vom Ende des 11. Jahrhunderts im ehem. Kloster Großkomburg 237

Otto Teschauer
Archäologische Beobachtungen zur Wasserversorgung des Klosters Hirsau im Mittelalter 244

Manfred Rech
Kloster Heisterbach bei Königswinter, Rhein-Sieg-Kreis 258

Klaus Grewe
Mount Grace Priory (Yorkshire, GB) 264

Ralf Busch
Die Harzburg in Bad Harzburg, Niedersachsen . . . 268

Dietrich Lohrmann
Das mittelalterliche Kanalnetz von Douai (Nordfrankreich) 272

Klaus Grewe
Der Fulbert-Stollen am Laacher See 277

Heinz Dopsch
Der Salzburger Almkanal 282

Elisabeth Suter
Die Wasserversorgung Zürichs 287

Peter Kowalewski; Heiner Nobis-Wicherding
Wasserversorgung im Berliner Raum am Beispiel der Stadt Spandau 293

Klaus Grewe
Der Karlsgraben bei Weißenburg i. B. 297

Anschriften der Autoren 299

Vorwort

Die Frontinus-Gesellschaft hat mit großem Erfolg eine dreibändige Buchreihe über die Wasserversorgung antiker Großstädte herausgegeben. Diese Thematik steht im Zusammenhang mit dem Wirken von Sextus Julius Frontinus, dem Namensgeber unserer Gesellschaft, der in der Zeit von 97 bis 103 n. Chr. als Curator Aquarum die Geschicke der Wasserversorgung von Rom geleitet hat. Mit seinen Erfahrungen und mit seinem Wissen hat er die Wasserversorgung von Rom und darüber hinaus nachhaltig geprägt.

Mit den ersten drei Bänden unserer Buchreihe konnte unsere Gesellschaft ein umfassendes Bild über die vollendete Baukunst der Wasserversorgung in der Antike vermitteln. Diese Darstellungen provozieren aber auch die Frage: Was geschah danach?

Zunächst wissen wir alle, daß mit dem Ausklingen der Antike die Wasserversorgung wie auch immer weitergeführt wurde. Damit ist aber noch nicht die Frage beantwortet, ob, und wenn ja, wie lange diese antiken Anlagen in Betrieb gehalten werden konnten. Die Kernfrage zur Technikgeschichte in den Zeiten des Übergangs von der Antike zum Mittelalter lautet damit: Gab es eine Kontinuität in dieser Entwicklung oder gab es einen Schnitt, so daß in der nachrömischen Zeit technologische Neuanfänge und neue Entwicklungen erforderlich wurden?

Das vorliegende Werk „Die Wasserversorgung im Mittelalter" will auf diese Frage eine Antwort geben.

Klaus Grewe, der auf Bitten unserer Gesellschaft in dankenswerter Weise die Federführung bei der Gestaltung und Gesamtbearbeitung dieses Bandes 4 unserer Buchreihe übernommen hat, gibt in seinem einführenden Artikel einen technikgeschichtlichen Überblick über 1000 Jahre Wasserversorgung in Mitteleuropa. Seine Ausführungen lassen einen roten Faden in der Entwicklung der Wasserversorgung sichtbar werden, der sich von den antiken Ingenieurbauten über frühchristliche Kultbauten, dann über Klöster und Pfalzen bis hin zu den Städten des hohen und späten Mittelalters zieht. Eine Entwicklung, die in sogenannten „dunklen" Zeiten durchaus Lichtblicke erkennen läßt.

Die Klöster spielen in der Baukunst des Mittelalters eine besonders prägende Rolle und das gilt in sehr starkem Maße auch für den Bau der Wasserversorgungsanlagen dieser Zeit. Folgerichtig dominieren die Konventsanlagen auch in der Beschreibung der mittelalterlichen Technikgeschichte. Im Beitrag von Cl. Kosch wird dieser Bedeutung Rechnung getragen.

In Frankreich und England lagen die Probleme und ihre Lösungen ähnlich. M. Wabont und P. Benoit beschreiben französische Anlagen, wobei die neuen, mit Mitteln der Archäologie gewonnenen Erkenntnisse im Kloster Maubuisson besonders beeindrucken. J. Sierig besorgte die deutsche Übersetzung des Beitrages, die von Cl. Kosch überarbeitet worden ist. Der Beitrag von C.J. Bond über wasserbauliche Anlagen in England und Wales machte einen fortgeschrittenen Stand der Forschung in England deutlich. Auch dieser Text wurde von J. Sierig übersetzt und von K. Grewe und Cl. Kosch überarbeitet.

Ein besonderes Augenmerk verdient auch in diesem Frontinus-Buch wieder der Bildanhang, in dem aus der Hand kompetenter Fachleute über verschiedene wasserbauliche Einzelobjekte berichtet wird. Dieser Teil des Buches soll dazu anregen, die Technikgeschichte nachzuvollziehen, sie gleichsam hautnah zu erleben.

Jeder Artikel beschreibt komplex ein Objekt, das durch seine besondere Bedeutung, aber auch durch gut erhaltene Baureste beeindruckt.

Ein besonderes Erlebnis wird dabei die Betrachtung und das Studium des Plans der Wasserversorgung des Klosters Christchurch in Canterbury (GB) sein, der an dieser Stelle erstmals als farbiges Faksimile wiedergegeben ist. Dieser zeitgenössische Rohrnetzplan ist eine technikgeschichtliche Kostbarkeit; er fasziniert durch seine Detailfreude und dadurch, daß hier die Versorgungs- und Entsorgungstechnik eines mittelalterlichen Klosters durchgängig sichtbar wird. Als Werk eines unbekannten Praktikers mag er darüber hinaus dem modernen Ingenieur zur Freude gereichen.

Den Autoren und allen, die mit Rat und Tat bei der Erstellung dieses aufschlußreichen und allgemeinverständlich verfaßten Buchwerkes mitgeholfen haben, an der Spitze Herrn Dipl.-Ing. Klaus Grewe, sage ich ein tiefempfundenes Dankeschön für ihre Mühe, für ihr Engagement bei der Gestaltung des Buches und für ihre Bereitschaft, uns als Leser dieses Werkes an ihrem umfassenden Wissen teilhaben zu lassen.

Wir danken auch dem Verlag Philipp von Zabern für seine erfolgreichen verlegerischen Aktivitäten, die dazu beigetragen haben, daß wir unsere Buchreihe einem sehr großen Interessentenkreis zugänglich machen konnten.

Dr. Fritz Gläser
Präsident der Frontinus-Gesellschaft e.V.

Wasserversorgung und -entsorgung im Mittelalter

Ein technikgeschichtlicher Überblick

KLAUS GREWE

1. Einleitung

Es ist in der Tat eine der bewegenden Fragen der Geschichtsforschung, ob es eine Kontinuität in der Geschichte von der Antike über das Mittelalter bis in die Neuzeit gegeben hat. Besonders für die Technikgeschichte ist die Frage opportun, ob eine solche Kontinuität von der Antike in das frühe Mittelalter, also auch über die Zeiten der Völkerwanderung, nachzuweisen ist.

Bei der Beantwortung dieser Frage müßte man doch eigentlich davon ausgehen können, daß die Menschen des Mittelalters, genau wie die Menschen der Römerzeit, auf gut ausgebaute Fernstraßen und funktionierende Trinkwasserversorgungsanlagen angewiesen waren. Wir wissen aber, daß die Unterhaltung des antiken Fernstraßennetzes in nachrömischer Zeit immer mehr vernachlässigt wurde und schließlich sogar die Alpenübergänge kaum mehr zu benutzen waren.[1] Dies fand seinen Ausdruck beispielsweise darin, daß die Kirchenbauten des hohen Mittelalters nicht mehr mit Schmucksteinen aus Italien verschönert werden konnten, da die entsprechenden Verkehrswege für solche Transporte nicht mehr zu nutzen waren. War es zu Zeiten Karls des Großen noch möglich gewesen, Marmorsäulen aus Ravenna nach Aachen zu transportieren, so mußten sich die Baumeister des hohen Mittelalters heimischen Materials bedienen. Diese Frage wird aber noch eine Rolle spielen, wenn wir den Abbruch und die Wiederverwendung der römischen Eifelwasserleitung nach Köln behandeln.

Bei der Betrachtung und Bewertung der technischen Leistungen des Mittelalters ist der Aspekt des in damaliger Zeit eigentlich Machbaren nicht auszuklammern. Damit stellt sich nicht nur wieder einmal die Frage nach der Überlieferung technischer Kenntnisse, die in antiker Zeit zur Anwendung gekommen sind, es ist auch notwendig, zu Vergleichszwecken einen Blick ‚über den Zaun' zu werfen. Dabei wird sichtbar, daß beispielsweise im Spanien der Araber eine üppige Wasserversorgung der Paläste eine selbstverständliche Einrichtung war. So nimmt es nicht wunder, daß dort in dieser Zeit nicht nur römische Wasserleitungen instandgehalten, sondern weiterhin auch Neubauten errichtet werden, wozu äußerst kunstvolle Druckrohrleitungen gehören *(Abb. 2)*. Auch die großen Schöpfräder am Guadalquivir in CÓRDOBA zeugen noch heute von hohem Sachverstand *(Abb. 1)*.

Fast zwangsläufig bleiben diese Kenntnisse nicht auf den arabisch besetzten Teil der iberischen Halbinseln beschränkt, auch in den von der Reconquista zurückeroberten Städten werden mancherorts Aquädukte[2] gebaut, die ihre Vorbilder ohne Zweifel im arabischen Teil Spaniens haben.[3] Ob sich darin arabische Einflüsse im Sinne einer Tradition manifestieren oder ob gar arabische Baumeister unmittelbar beteiligt waren, soll an dieser Stelle nicht näher untersucht werden. Jedenfalls sind große Aquäduktbrücken des 13. Jahrhunderts auch in Städten, die sich in christlicher

Abb. 1 Córdoba (Spanien). Arabisches Schöpfrad am Rio Guadalquivir

Abb. 2 Morella (Spanien). Aquäduktbrücke der im 13. Jahrhundert gebauten Wasserleitung

Hand befanden, noch heute zu sehen; das ist beispielsweise in MORELLA und PLASENCIA der Fall *(Abb. 3)*.

Richten wir unsere Blicke auf das technische Umfeld in Deutschland, so finden wir, daß große Bauobjekte im Mittelalter erst wieder in Angriff genommen werden, als sich eine Staatsgewalt neu gefestigt hat. Der Karlsgraben, ein Versuch, im Jahre 793 n. Chr. eine schiffbare Wasserverbindung zwischen Rhein und Donau zu schaffen, ist dafür das bedeutendste Beispiel. Es war sicher kein Zufall, daß gerade zur Zeit Karls des Großen das Projekt eines Rhein-Main-Donau-Kanals in Angriff genommen wurde, war es doch in dieser Zeit allgemein üblich, Bauleute, Architekten und Ingenieure aus dem Süden anzuwerben und bei den Staatsbauten der Karolingerzeit zu beschäftigten (s. Beitrag im Bildanhang).

Auch ein anders Projekt Karls, nämlich die zerstörte Rheinbrücke von Mainz wieder instandzusetzen, scheiterte.[4] In nachkarolingischer Zeit finden sich erst im 12. Jahrhundert wieder derartige Großbauten. Dazu muß man die großen Brücken über den Main in Würzburg (1133) und die Donau in Regensburg (1135) zählen sowie die Mainbrücke Frankfurts, die 1222 erstmals erwähnt ist.[5]

Zwei große Wasserbauprojekte dieser Zeit sind von der Technikgeschichte lange Zeit unbeachtet geblieben, obwohl sie von überragender Bedeutung sind und an ihnen sogar Probleme eines Technologietransfers zu beleuchten sind.

Dabei handelt es sich um den 1164 gebauten Fulbert-Stollen bei Maria Laach und den 1143 vollendeten Mönchsberg-Tunnel im Zuge des Almkanals von Salzburg (s. Beiträge im Bildanhang). Dieses, hier nur kurz umrissene technische Umfeld muß man vor Augen haben, wenn man die Entwicklung von Wasserversorgung und Wasserentsorgung von der Antike bis zum Beginn der Neuzeit betrachtet.

Was für den Verfall des antiken Straßennetzes zutreffend ist, muß nun allerdings nicht unbedingt auch für die antiken Fernwasserleitungen gelten, denn ohne Zweifel haben auch in nachrömischer Zeit die Menschen des Trinkwassers als elementarem Lebensmittel bedurft. Nachfolgend wird der Versuch unternommen, anhand belegbarer Beispiele der Wasserversorgung die Entwicklung dieser Technik aufzuzeigen, wobei ein besonderes Augenmerk auf deren technikgeschichtlichen Ursprüngen liegen soll.

2. Frühes Mittelalter

2.1 Die Überlebenschancen antiker Wasserversorgungen im Mittelalter

Bei den Fragen nach einer Kontinuität der Wasserversorgung ist von Interesse, ob das, was wir beispielsweise für die römische Fernwasserleitung nach Köln nachweisen können, nämlich den Zeitpunkt ihrer Außerbetriebsetzung und ihres Abbruchs, auch für Wasserleitungen an anderen Orten relevant ist oder ob es objektbezogene oder landschaftstypische Unterschiede in der nachantiken Behandlung solcher Bauwerke gab. Vor diesem Hintergrund sollen die Fernwasserleitungen in zwei recht verschiedenen Landschaftsräumen betrachten. Wir wollen dabei untersuchen, was aus vier großen Fernwasserleitungen im kalten, aber wasserreichen Norden des römischen Imperiums geworden ist. Daß die Bedingungen an anderen Orten durchaus anders gelagert sein konnten, soll anschließend ein Beispiel aus dem Südwesten des Reiches belegen.

In Mitteleuropa waren die Wasserfassungen wie auch die zugehörigen Wasserleitungen – dort wo es möglich war – unterirdisch verlegt worden, um sie vor Frost und feindlichen Übergriffen zu schützen. Die in fast allen Fällen als Gefälleleitungen geführten Aquädukte traten jedoch dann für eine kurze Strecke an das Tageslicht, wenn es galt, ein Seitental zu überbrücken. Der Bau kleinerer oder größerer Brückenbauwerke war im Scheitelpunkt einer jeden Talausfahrung im Verlauf der Aquädukttrassen unerläßlich, weil an diesen Stellen Oberflächenwasser oder Bach- und Flußläufe zu unterführen waren. Naturgemäß waren diese obertägigen Bauwerke die gefährdetsten Stellen im Verlauf eines Aquäduktes, denn hier konnten sowohl der Frost als auch der Feind am ehesten zerstörerische Kräfte wirksam werden lassen. Es leuchtet dabei ein, daß die ‚Infarktgefahr' bei längeren Aquädukttrassen am größten war; denn es be-

Abb. 3 Bonn. Blick auf die frühmittelalterliche Dietkirche durch einen Bogen der römischen Fernwasserleitung (Zeichnung von J. W. Jakob, aus: Jakob/Gechter, Bonn – Ansichten aus zwei Jahrtausenden)

durfte nur der Zerstörung an irgendeinem Bauwerksteil, um die gesamte Versorgung einer Stadt zusammenbrechen zu lassen. Daraus resultiert, daß die Überlebenschance für einen Aquädukt um so geringer war, je länger und aufwendiger seine Trasse ausgebaut gewesen war.

Von den vier hier anzusprechenden Aquädukten des Rheinlandes hatte unter solchen Prämissen die KÖLNER EIFELWASSERLEITUNG die geringste Aussicht auf eine dauerhafte Funktionstüchtigkeit nach ihrer Nutzung in römischer Zeit.[6] Eine Nutzung dieses Aquäduktes war im Mittelalter ohnehin ausgeschlossen, weil das Bauwerk spätestens seit karolingischer, wahrscheinlich sogar schon in spätantiker Zeit als Steinbruch benutzt worden ist; der Zeitpunkt der endgültigen Außerbetriebnahme für die Wasserversorgung Kölns ist allerdings dennoch nicht einfach festzulegen.

Die über 100jährigen wissenschaftlichen Forschungen und Ausgrabungen haben keine ausreichend sicher zu datierenden Befunde ergeben. Die bisherige Datierung legte den Bau der Eifelwasserleitung in das 2. Jahrhundert n.Chr.[7] Wahrscheinlicher ist allerdings eine frühere Datierung, denn nach neueren Untersuchungen können Hinweise auf den Zeitpunkt der Fertigstellung der Eifelleitung aus einem petrographischen (Kalksinter-)Befund und aus der historischen Situation gewonnen werden. Die Untersuchung der erhaltenen Sinterschichten im Kanal bei Euskirchen-Kreuzweingarten hat eine Gesamtdauer der Wasserführung, bzw. Betriebszeit von ca. 190 Jahren ergeben. Dieses relative Zeitmaß muß nun mit der Geschichte der *Colonia Claudia Ara Agrippinensium (CCAA)* und des römischen Rheinlandes korreliert werden.[8]

Historisch gesichert ist ein zeitweiliger Untergang der CCAA im Winter 355/356 n.Chr. als Folge einer fränkischen Eroberung.[9] Der innerstädtische Katastrophenhorizont legt nahe, daß spätestens zu dieser Zeit auch die Fernwasserleitung untergegangen sein muß. Geht man von einer Zerstörung der Eifelleitung als Folge des Frankeneinfalles von 355/356 n.Chr. aus, so ergibt sich – im Hinblick auf die errechnete Betriebszeit von 190 Jahren – ein Bau der Leitung in den Jahren um 165 n.Chr., einer Zeit, in der die städtische Bauentwicklung in der CCAA ihren Zenit allerdings bereits überschritten hatte. Die Hypothese vom Untergang der Eifelleitung um 355/356 n.Chr. läßt aber die Krisenzeiten der 2. Hälfte des 3. Jahrhunderts außer acht. Es ist nicht wahrscheinlich, daß in einer Zeit, in der das Rheinland den Germanen schutzlos offenstand, in der sogar Trier von den Franken erobert wird,[10] ein derart verwundbares Bauwerk wie die Eifelleitung keinen Schaden genommen hätte. Allein mangelnde Kontrolle und Wartung können in den Jahren um 270/280 n.Chr. zur Unterbrechung der Wasserleitung geführt haben. Selbst kleine Schäden an den Aquäduktbrücken mußten innerhalb weniger Tage den Zusammenbruch der Wasserversorgung in Köln verursachen.

Daher ist mit großer Wahrscheinlichkeit davon auszugehen, daß die Fernleitung aus der Eifel nicht erst 355 n.Chr., sondern bereits während der ersten Germaneneinfälle um 260/280 n.Chr. zerstört wurde und auch nach der Konsolidierung der römischen Herrschaft seit diokletianischer Zeit nicht mehr in Betrieb genommen wurde. Ob in der ersten Hälfte des 4. Jahrhunderts n.Chr. noch eine Reaktivierung der Vorgebirgsleitungen für die Versorgung versucht oder unternommen wurde, läßt sich nach heutigem Wissensstand nicht beweisen.

Die Eifelwasserleitung nach Köln hat also mit einiger Sicherheit die Römerzeit nicht überlebt. Gleichwohl ist das Bauwerk im Mittelalter genutzt worden, wenn auch nicht in der ursprünglich vorgesehenen Art und Weise. Statt dessen ist das Bauwerk an vielen Stellen herausgebrochen worden, um das Material einer zweiten Verwendung zuzuführen. Wesentliches Interesse galt dabei der Kalkablagerung in der Wasserleitung, denn dieser Werkstoff, „Kalksinter" genannt, eignete sich hervorragend zur Herstellung von Säulen, Altarplatten usw.[11]

Die Blütezeit der ‚Kanalausbeutung' lag zwischen der Mitte des 11. Jahrhunderts und der Mitte des 13. Jahrhunderts, deshalb finden sich die Werkstoffe auch vornehmlich in den Bauwerken dieser Zeit, beispielsweise in den romanischen Kirchen. Wegen der kurzen Transportwege ist die Verbreitung im Rheinland besonders dicht, wir finden den „Eifelmarmor" aber auch in den mittelalterlichen Kirchen und Burgen in den Niederlanden, in Dänemark und England. In östlicher Richtung ist das Material sogar bis Thüringen gehandelt worden und u.a. in der Wartburg bei Eisenach nachzuweisen.

Mit dem Abbruch der obertägigen Bauwerke aus dem Verlauf der römischen Eifelwasserleitung nach Köln und darüber hinaus auch dem Ausbruch der unterirdisch geführten

Kanalrinne war das Schicksal einer der längsten Fernwasserleitungen des römischen Imperiums endgültig besiegelt. Eine Leitung, deren längster Trassenabschnitt 95,4 km Länge maß, deren Gesamtlänge mit allen Nebenstrecken ca. 130 km ausmachte, deren Brücken Täler von bis zu 1,5 km Breite mittels rund 300 Bogenstellungen in einer Höhe bis zu 11 m überspannte und die täglich rund 20.000 m³ besten Trinkwassers in die Hauptstadt der römischen Provinz Niedergermanien leitete, wurde einfach als Steinbruch benutzt. Ein empfindliches technisches Bauwerk dieser Größenordnung war mit den Möglichkeiten des Mittelalters nicht mehr in Betrieb zu halten oder wieder in Betrieb zu nehmen.

Die Umstände für die Erhaltung eines antiken Aquädukts könnten bei einer kürzeren Trasse günstiger gelegen haben, als bei einem solch ausgedehnten Bauwerk wie der Eifelwasserleitung nach Köln. Und in der Tat deuten einige Quellen darauf hin, daß beispielsweise die Ruwer-Wasserleitung in das römische TRIER die römische Epoche zumindest um einige Jahrhunderte überlebt hat.[12]

Die frühe Wasserversorgung der schnell aufblühenden *Colonia Augusta Treverorum* wurde aus Brunnen und einer kleinen Wasserleitung gedeckt, die schon im 1. Jahrhundert n.Chr. bestanden haben muß. Von größerer Bedeutung war aber die vom Ruwer-Tal herkommende Fernwasserleitung. Hier finden wir sogar eine Art der Wassergewinnung vor, die wir ansonsten eher aus den südlichen Provinzen des Reiches kennen. In diesem Fall bezogen die Einwohner des römischen Trier ihr Wasser nämlich nicht aus einer Quelle, sondern man hat es aus nur schwer nachzuvollziehenden Gründen vorgezogen, das Wasser eines Seitenflusses der Mosel leicht aufzustauen und in einen Kanal abzuleiten, der es dann in die Stadt transportierte.[13]

Auch in Trier stellte sich die Frage, ob die Ruwer-Wasserleitung noch nach der Römerzeit funktionierte, und wenn ja, wie lange noch. Gängige Meinung auch bezüglich dieses Bauwerks ist, daß die komplizierte Technik einer antiken Fernwasserleitung vom Mittelalter nicht beherrscht wurde und deshalb nicht mit einem Überleben des Trierer Aquäduktes zu rechnen ist. Dem stehen archäologische Befunde nicht entgegen, jedoch lassen einige Urkundentexte vermuten, daß die Ruwer-Wasserleitung zumindest noch bis in das frühe Mittelalter in Betrieb gewesen war. Dabei wäre davon auszugehen, daß das Leitungswasser nur bis zu vermuteten *Castellum divisorium* (Verteilerbecken), das in der Nähe des Amphitheaters lokalisiert wird, geführt worden ist; eine innerstädtische Wasserverteilung hat zu dieser Zeit also keinesfalls mehr stattgefunden.

Ladner hat in einer Sammlung von mittelalterlichen Urkundentexten, die sowohl die Wasserleitung als auch ein *Castellum divisorium* betreffen, auf deren Funktionieren noch im Mittelalter hingewiesen.[14] Danach hat P. Steiner zusammengefaßt und geschlossen:[15] „Wahrscheinlich hat der Römerkanal im frühen Mittelalter noch Wasser gespendet, denn nicht ohne Grund wird der Himmeroder Hof beim Amphitheater in den Urkunden ‚*Curtis nostra de longo fonte*' (Unser Hof beim langen Brunnen) genannt sein. Auch ein Brunnenwärter ist dort angestellt gewesen: ‚*ze Castellari*' (zum Brunnenwärter) hieß es dort".

Diese Bezüge zur Wasserleitung in der Benennung des Himmeroder Hofes in mittelalterlichen Urkunden müssen sich nun nicht unbedingt auf eine noch im 12. Jahrhundert n.Chr. bestehende Situation beziehen, sie können aber durchaus aus frühen Zeiten übernommen worden sein, aus Zeiten eben, wo derartige Zusammenhänge noch offen sichtbar waren und dadurch namengebend gewesen sein können.

In jüngeren Publikationen über die Trierer Wasserversorgung bleibt diese Frage auch weiterhin offen, es wird aber nicht mehr ausgeschlossen, daß die Ruwer-Wasserleitung zumindest bis zum Normannensturm des Jahres 882 n.Chr. noch teilweise bestanden haben könnte:[16] „Dafür könnte sprechen, daß die Verfasser der *Gesta treverorum*[17] im 12. Jahrhundert noch gut über diese Anlage bescheid wußten."

Die römische Wasserleitung zum Legionslager nach BONN ist in der bisherigen Geschichtsforschung der Stadt als geschlossenes System der Infrastruktur kaum beachtet worden. Außer einzelnen Fundbeobachtungen, die in den Fundberichten der Bodendenkmalpflege publiziert worden sind, gibt es bisher keine Gesamtbearbeitung dieses Aquädukts.[18] Der Trinkwasserversorgung der vor allem von der *legio I Minervia* (83–295 n.Chr.) belegten Garnison diente eine Fernwasserleitung, die vermutlich im Kottenforst bei Witterschlick ihren Anfang nahm. Durch einige eindeutige Fundstellen ist uns das Regelprofil des Kanals gut bekannt.

Es handelt sich um eine aus Gußbeton gefertigte Rinne mit U-förmigem Querschnitt von 0,48 m lichter Weite.

Diese relativ kleine Dimension des Gerinnes und die Tatsache, daß die Trasse bis auf ein 700 m langes Stück vor der Lagermauer unterirdisch geführt worden war, hat der Leitung vielleicht zu guten Überlebenschancen in nachrömischer Zeit verholfen. Bei der Beantwortung der Frage nach den Gründen für ein Überleben der Bonner Leitung spielt das auf einer Bogenreihe geführte Endstück des Aquädukts eine ganz besondere Rolle. Dabei ist vorauszuschicken, daß zwei Gründe den Bau einer Hochleitung in diesem Abschnitt erforderlich machten. Einmal verlangte das zu überquerende Bachbett des Endenicher Baches den Bau einer Aquäduktbrücke, und zum anderen war die Bereitstellung einer gewissen Druckhöhe für die Verteilung des Wassers im Lager notwendig. Die letztgenannte Anforderung wurde begünstigt durch die geographische Situation des Geländes, denn naturgemäß lag das Terrain des Lagers in seiner dem Rhein abgewandten Seite am höchsten, und an eben dieser Seite traf die Fernwasserleitung auf die Lagermauer *(Abb. 3)*.

Bemerkenswert ist nun die Tatsache, daß die „Wasserleitung mit Bogenstellung" *(aquae ductus structilis)* vom Bonner Stiftsdechanten Jacob Kamp in einem 1582 an Modius geschriebenen Brief erwähnt wurde und demnach noch aufrecht stehend erhalten war.[19] Nach derselben Quelle hat Simrock in seiner Jugend noch erhaltene Reste des Bauwerkes gesehen, während 1860 „alles Mauerwerk sorgfältig ausgebrochen" gewesen sein soll.[20]

Immerhin muß die Aquäduktbrücke über den Endenicher Bach die beachtliche Höhe von ca. 5 m gehabt haben, und die daran anschließende Hochleitung bis zum Lager war ein markantes Geländemerkmal, das selbst als Ruine noch die Topographie beeinflußt hatte. Im Hundeshagen-Plan der „Stadt Bonn und Umgebung" von 1819 ist diese Ruinentrasse als „Altes Mauerwerk" eingetragen, und diese Linie findet sich in der Ausrichtung der Katastergrenzen bis in unsere Zeit wieder.[21] Die Trasse stößt auf das Lager in dessen Südwestecke, und hier müssen wir auch den Standort des antiken *Castellum divisorium* vermuten.

Ein erster Hinweis auf ein Überdauern der antiken Bonner Wasserleitung bis in mittelalterliche Zeit scheint schon in der Tatsache selbst zu liegen, daß eine 5 m hohe massive Aquäduktbrücke bis in das 16. Jahrhundert erhalten bleiben konnte, während im 12. Jahrhundert nur 10 km weiter westlich neben den Brücken auch der unterirdische Baukörper der Eifelwasserleitung nach Köln ab- und ausgebrochen wurde, um Baumaterial zu gewinnen.

Weitere historische Fakten und Zusammenhänge, in denen die Wasserversorgung der Stadt eine Rolle spielt, stärken diese These. Schon C. von Veith war Ende des 19. Jahrhunderts aufgefallen, daß die Trasse der römischen Wasserleitung innerhalb des Lagerareals „zum ehemaligen Johanniskreuz führt, wo im Mittelalter ein Markt lag."[22] Diese Stelle war eine Keimzelle für den Siedlungsplatz Bonn und für die Entwicklung des Ortes seit dem frühen Mittelalter. Das Lager, im 4. Jahrhundert noch als Militäranlage genutzt,[23] wurde nach der Landnahme der Franken Königsgut und Vorort eines fränkischen Gaus, des Bonn- oder Ahrgaus.[24] Die mit reichen Grabbeigaben versehenen fränkischen Bestattungen des 5.–7. Jahrhunderts n. Chr.[25] belegen die kontinuierliche Nutzung des Lagerareals in diesem Zeitraum.

Der Ort, in Urkunden des Mittelalters *„Castrum Bonna"* (Bonn-Burg) genannt, wurde Oberzentrum des Umlandes, und in den Urkunden des 9. Jahrhunderts ist ausdrücklich erwähnt, daß seine römische Bausubstanz noch erhalten war.[26] Bis zum 11. Jahrhundert n. Chr., in welchem die zweite Keimzelle der Stadt nahe der seit dem 4. Jahrhundert n. Chr. stetig an Bedeutung gewinnenden Märtyrer-Kirche St. Cassius und Florentius, der heutigen Münsterkirche, zum Zentrum Bonns wird, sind im *Castrum Bonna* das Verwaltungszentrum, der Hauptmarkt, aber auch der religiöse Mittelpunkt, die Urpfarrei der ganzen Umgebung untergebracht.[27]

Der Versammlungsort der christlichen Gemeinde war die Dietkirche (d.h. Volkskirche, im Sinne von Taufkirche). Die Kirche war dem hl. Petrus, ein Altar dem hl. Johannes dem Täufer geweiht. 795 n. Chr. erstmals erwähnt, ist der Kirchenbau in seinen Ursprüngen erheblich älter. Die Ausgrabungen der 70er Jahre brachten die Fundamente eines Saalbaus von 10 x 20 m Seitenlänge zutage.[28] „Die römische Mauertechnik *(opus Africanum)* und die bei spätrömischen Kirchen auch im Rheinland geläufige Form des rechteckigen Saalbaus lassen mit Bestimmtheit annehmen, daß diese Peterskirche bereits in spätrömischer Zeit entstanden ist."[29]

Folgert man daraus, daß im Rheinland zwischen 440 und dem Ende des 5. Jahrhunderts n. Chr. die Bischofsstühle verwaist waren, auch, daß es in dieser Zeit keine Kirchenneubauten gegeben haben kann,[30] so muß der Saalbau der Peterskirche ziemlich bald nach der militärischen Auflassung des Bonner Lagers entstanden sein. Und was lag näher, als sich mit einer von der Bevölkerung der ganzen Umgebung aufgesuchten Pfarr- und Taufkirche an einem Ort niederzulassen, an dem das Wasser gemäß dem frühchristlichen Taufritus stetig fließend (gleich dem Jordanwasser) und in ausreichender Menge für die damals noch übliche Submersionstaufe vorhanden war.

Diese deutlichen Bezüge zwischen der römischen Wasserleitung Bonns und der Wasserversorgung einer frühchristlichen Taufkirche haben dazu angeregt, auch andere frühchristliche Baptisterien auf die Art und Weise ihrer Wasserversorgung hin zu betrachten. Die fruchtbaren Ergebnisse dieser Untersuchungen sollen w.u. ausführlicher beschrieben sein.

Im Falle Bonns war die antike Wasserversorgung in mittelalterlicher Zeit aber noch von weiterer Bedeutung. Denn daß auch der früheste Markt des Mittelalters sich in der Südwestecke des ehemaligen Römerlagers nahe der Dietkirche niederließ, war nur konsequent, da auch ein Markt der Versorgung mit Wasser bedurfte. Man könnte der frühen Datierung des Bonner Marktes an diesem Platz seine erste Erwähnung im 12. Jahrhundert entgegenhalten, aber schon E. Ennen hat überzeugend angeführt, daß der Markt nach 1000 n. Chr. nicht entstanden sein kann und die mittelalterlichen Märkte in den alten Römerstädten schon deshalb keiner Privilegien bedurften, da sie vor der Ausbildung des königlichen Marktregals in der 2. Hälfte des 9. Jahrhunderts n. Chr. längst bestanden haben.[31]

Der Niedergang des Siedlungsplatzes Bonn-Burg begann im 9. Jahrhundert, als sich bei den Normannenstürmen zeigte, daß die Wehranlage eines Römerlagers keinen Schutz mehr bot. Im 11. Jahrhundert erlangt die Siedlung an der Cassiuskirche (der heutigen Münsterkirche) endgültig die größere Bedeutung. Nun ist die Bonn-Burg in ihrem Gewicht zur Vorstadt herabgesunken. In einer solchen örtlichen Verlegung eines Siedlungsplatzes findet auch die Verlagerung der Macht im Staate vom König auf den Erzbischof ihren Ausdruck.[32]

Der Platz an der Dietkirche war damit nicht endgültig verwaist. Hier bestand das Benediktinerinnenkloster bzw. das spätere Frauenstift Dietkirchen weiter. Der Kirchenbau selbst wurde bis 1326 nach einer 1246 durch den Kölner Erzbischof Konrad von Hochstaden begonnenen Planung erneuert. 1583 im Kölnischen Krieg abgebrannt, aber wieder aufgebaut, werden Kirche und Stift im Holländischen Krieg 1673 total zerstört und verlassen.[33] An der Stelle des vermuteten *Castellum divisorium* stand bis in das vorige Jahrhundert der Johanniskreuzbrunnen, der heute ohne Wasseranschluß auf dem Alten Friedhof in Bonn zu sehen ist. Das gesamte Gebiet des römischen Lagers Bonn wird erst bei den Stadterweiterungen im 19. Jahrhundert wieder städtebaulich genutzt.

Der Befund, daß der Taufbrunnen der mittelalterlichen Dietkirche genau an der Stelle gelegen hat, an der der Endpunkt der römischen Wasserleitung und das römische *Castellum divisorium* zu vermuten sind, läßt neue und gewichtige Erkenntnisse bezüglich der Auswahl gerade dieses Platzes für die früheste fränkische Besiedlung des *Castrum Bonna* gewinnen. Gestützt werden diese Hypothesen durch die archäologisch nachgewiesene Besiedlungskontinuität vom 5. über das 7. Jahrhundert bis in das hohe Mittelalter und die Tatsache, daß die Aquäduktbrücke vor der Lagermauer noch bis in das Mittelalter in gebrauchsfähigem Zustand erhalten war. Offensichtlich war diese kleindimensionierte Wasserleitung, die zudem nicht durch Kalkablagerungen gefährdet war, wie etwa die große Eifelleitung, auch mit den technischen Möglichkeiten des Mittelalters durchaus noch in Betrieb zu halten.

Ein solcher Sachverhalt hätte auch für das römische XANTEN zutreffen können. Aber die zwischen 98 und 104 n. Chr. gegründete Veteranenkolonie *Colonia Ulpia Traiana* ging im Jahre 276 n. Chr. unter, und nur in einem wesentlich verkleinerten Areal lebt nach 306 n. Chr. noch einmal für rund 100 Jahre eine römische Festung auf. Für Xanten bietet die jüngere Forschung bezüglich der Fernwasserleitung eine interessante Lösung für deren nachantike Nutzung an.[34] Folgt man diesen Gedanken, so wurde das antike *Castellum divisorium* im 4. Jahrhundert zweckentfremdet, um daraus eine Memorialkapelle für den hl. Viktor und seine Gefährten, die hier ihr Martyrium erlitten hatten, zu machen. Der Legende nach soll diese Kapelle von der hl.

Helena gebaut worden sein, und in alten Quellen heißt es tatsächlich, daß man 12 Stufen emporsteigen mußte, um in die Kapelle zu gelangen.

Höhenverhältnisse und Topographie, zu den gefundenen Resten der römischen Wasserleitung Xantens in Bezug gebracht, scheinen diese These zu bestätigen. Hinzu kommt, daß durchaus an anderen Orten eindeutige Belege für die zweckentfremdete Nutzung ausgedienter römischer Wasserbauten als Plätze für eine christliche Verehrung dienten. Dabei sei an die bis in das 16. Jahrhundert nachgewiesene Bogenstellung der römischen Eifelwasserleitung in Köln erinnert, die mitten in der Stadt erhalten bleiben konnte, weil man die mit Platten abgedeckte Rinne auf dem Bogen für den Sarkophag des hl. Marsilius hielt und diesen Bauwerksrest entsprechend verehrte.[35]

Noch eindeutiger ist der Vergleich mit einem Befund im tunesischen TABARKA, wo man drei von insgesamt sechs vorhandenen Schiffen einer römischen Zisterne in mittelalterlicher Zeit in eine christliche Kirche umgestaltet hatte. Dieses Bauwerk dient heute als Museum; der Eindruck, den man im Inneren gewinnen kann, läßt erahnen, welche Gedanken die Baumeister des Mittelalters beim Umbau beflügelt haben[36] *(Abb. 4)*.

Bei eingehender Betrachtung der in der römischen Zeit gebauten Fernwasserleitungen zeigt sich, daß es nicht in jedem Fall zutreffend ist, das Ende der Funktionstüchtigkeit dieser Versorgungseinrichtungen zeitgleich mit dem Ende der römischen Herrschaft anzusetzen. So haben – gewiß als Sonderfall – im nachrömischen Spanien antike Wasserleitungen überleben können, weil sie von den wasserbewußten Arabern in der Zeit ihrer Herrschaft gepflegt und instandgehalten worden sind. Als Beispiel dafür kann das spanische MÉRIDA, das antike *Augusta Emerita*, gelten, wo im Mittelalter sowohl die antiken Anlagen in Betrieb gehalten als auch Neubauten errichtet worden sind[37] *(Abb. 5)*.

Im nördlichen Europa waren die Voraussetzungen für den Erhalt der antiken Anlagen schwieriger, da einmal die klimatischen Bedingungen ungünstiger waren, zum anderen aber auch, weil eine Kontinuität in der Nutzung solcher Bauwerke nicht an allen Orten gegeben war.

Während die große Eifelleitung nach Köln schon das Ende des 3. Jahrhunderts n. Chr. nicht erlebt hat, scheinen zwei andere Fernwasserleitungen des Rheinlandes – in Trier und Bonn – zumindest bis in das frühe Mittelalter in Funktion gewesen zu sein. Antike Fernwasserleitungen, die gar heute noch wenigstens teilweise funktionstüchtig sind, wie in BOLOGNA (Italien), WINDISCH (Schweiz) oder BREY bei Koblenz, seien hier nicht nur der Vollständigkeit halber erwähnt, denn merkwürdigerweise werden die heute noch funktionierenden Leitungen bei der Diskussion des Kontinuitätsproblems nur selten oder gar nicht erwähnt.

Abb. 4 Tabarka (Tunesien). Im Mittelalter als christliche Kirche genutztes römisches Castellum divisorium, heute Museum

2.2 Die frühchristlichen Baptisterien als Sonderfall der Wasserversorgung

Die Wasserversorgung der spätantiken und frühmittelalterlichen Baptisterien bietet wichtige und bisher nur wenig beachtete Gesichtspunkte im Rahmen der Geschichte der Wasserversorgung und soll deshalb ausführlicher behandelt werden. Hierbei wird sich nämlich einmal mehr zeigen, wie und auf welchen Wegen das Wissen um die Hydraulik die Wirren der Spätantike und der nachrömischen Zeit überleben konnte. Diese Wege waren schmal und verschlungen, aber durchlässig genug, um kompliziertes technisches Wissen über diejenigen Jahrhunderte zu transferieren, die oft wegen der allgemein schlechten Geschichtsquellenlage als „dunkel" bezeichnet werden.

Haben wir bei der Betrachtung römischer Wasserbautechnik immer wieder neben dem Pragmatismus der antiken Ingenieure auch die gezielt in den Bauwerken untergebrachte Außenwirkung erkennen können, so wird für die nun zu behandelnde Zeit deutlich, wie wenig Selbstzweck in einem Ingenieurbau stecken konnte. Vielleicht hat gerade diese bescheidene Ausdrucksform in technischen Bauten dazu geführt, daß die Kenntnisse über sie so lange im Verborgenen geblieben sind. Dazu hat aber sicherlich in starken Maßen auch beigetragen, daß wir es hier mit einer ganz besonderen Art der Wasserversorgung zu tun haben. Und es ist schon mehr als verwunderlich, daß die Menschen in den ersten Jahrhunderten in nachrömischer Zeit eine ausgereifte Wasserversorgungstechnik für die Befriedigung ihres Lebensunterhalts vernachlässigten, dagegen aber für kultische Zwecke vielerorts am Leben hielten. Pragmatismus finden wir allerdings auch in dieser Zeit, sei es in der Weiternutzung antiker Anlagen oder sei es in den mittelalterlichen Neuanlagen.

Der frühen und raschen Ausbreitung des Christentums über das gesamte römische Imperium kam die gemeinsame Sprache und Kultur dieses Raumes zugute – ein hervorragend ausgebautes Straßennetz sorgte zudem für eine schnelle Art der Nachrichtenübermittlung. So kam es, daß auch außerhalb Kleinasiens, Griechenlands und Italiens, den Ländern, in denen der Apostel Paulus noch selbst missioniert hatte, schon im 3. Jahrhundert christliche Gemeinden anzutreffen waren. Das betrifft zwar besonders die am Mittelmeer gelegenen Regionen Südspanien, Südfrankreich und Nordafrika, aber auch in Köln und Trier sind in dieser Zeit christliche Gemeinden nachzuweisen. Nach der Anerkennung des Christentums durch Kaiser Konstantin d. Gr., besonders durch das Mailänder Edikt vom Jahre 313, findet diese neue Religion Anerkennung und wird nach und nach sozusagen staatstragend, was wiederum Auswirkungen auf die Ausübung der traditionellen Kulthandlungen hatte.

Besonders die Taufe, als Zeichen der Zugehörigkeit zur christlichen Gemeinschaft, wird nun offener praktiziert, und an vielen Orten werden hierfür eigene Gebäude errichtet. Die bei der Taufe vorgenommene symbolische Abwaschung der Sünden geschah nach dem Vorbild der Taufe Jesu im Jordan durch Johannes d. T. Und diesem Vorbild entsprechend empfiehlt die älteste erhaltene Kirchenordnung *(Didache)* aus der 1. Hälfte des 2. Jahrhunderts: *„Nachdem ihr den Weg zum Leben und den Weg zum Tode dargelegt habt, taufet auf den Namen des Vaters und des Sohnes und des Heiligen Geistes in fließendem Wasser"*, um aber gleich anzuschließen: *„Hast du aber kein fließendes Wasser, so taufe in anderem Wasser."*

Dennoch scheint die Forderung nach fließendem Wasser

Abb. 5 Mérida (Spanien). Pfeiler der römischen Aquäduktbrücke über den Rio Albarregas (links), daneben die arabische Brücke mit der Druckrohrleitung

für die Taufe der frühen Christenheit eine wichtige und anerkannte Voraussetzung gewesen zu sein, denn in den meisten der nachfolgend beschriebenen Baptisterien ist sie durch bauliche Einrichtungen erfüllt gewesen.

Eine ähnliche Symbolik wird in der Durchführung der Taufe als Ganzkörpertaufe (Immersions- oder Submersionstaufe) erkennbar. Da bei Paulus (Röm. 10, 9) die Taufe an das Bekenntnis des Täuflings gebunden ist, war im Urchristentum lediglich die Erwachsenentaufe möglich und üblich. Erst ab dem 4. Jahrhundert wird daneben die Kindstaufe üblich, wobei dann der Gnadencharakter der Taufe in den Vordergrund tritt, der in der Reinwaschung des Täuflings von der Erbsünde seinen symbolischen Ausdruck findet.

Wie dem auch war, die aufgefundenen Taufbecken der frühen Zeit haben eine Ganzkörpertaufe im wortgetreuen Sinne nur schwerlich zugelassen. Die Becken waren konstruktionsbedingt eher dazu geeignet, daß der in fließendem Wasser knöcheltief stehende Täufling vom am höherliegenden Beckenrand stehenden Täufer mit Wasser übergossen wurde. Diese Ausführungsart der Taufe kam nicht nur der Bewältigung des Andranges bei den Taufen entgegen, die ja in der Regel nur in bestimmten Zeiten (wie der Osternacht, Pfingsten, Epiphanie und auch Weihnachten) vorgenommen wurden, sie entspricht zudem den frühen Abbildungen von Taufhandlungen, wie wir sie etwa aus Ravenna kennen.[38]

Da nun viele der bekannten frühchristlichen Baptisterien durch Rohrleitungen mit Wasser versorgt worden sind, finden wir hierin für eine lange Zeit, etwa vom 4. bis zum 10. Jahrhundert, eine außergewöhnliche Brücke für einen Transfer technischen Wissens.

Neben der Kathedrale von Saint-Jean in LYON (Frankreich) hat man nach Abschluß der Ausgrabungen einen archäologischen Garten eingerichtet, in welchem einige bei den Ausgrabungen freigelegte Bauwerksreste konserviert worden sind. Dazu gehören auch die Reste der im 4. Jahrhundert erbauten und bis in das 8. Jahrhundert benutzten Taufkirche Saint-Étienne, die das Zentrum bischöflicher Bauten bildete.

Durch die Ausgrabungen ist der Baubefund wie auch die Technik der Wasserversorgung und -entsorgung sehr gut belegt worden. Das achteckige Taufbecken ist mitten in einem rechteckigen Saal (12,10 x 9,50 m) in einen Fußboden eingelassen worden, der auf Hypocaust-Pfeilern ruhte.[39] Vor dem Bau des 3,66 m im Außendurchmesser weiten Taufbeckens hat man ein kreisrundes Fundament von 5 m Durchmesser eingebracht. Über diesem Sockel ist das Becken heute noch erhalten (Abb. 6).

Die Wasserversorgung ist archäologisch exakt nachgewiesen worden: Auf die nördliche Außenwand der Taufkirche stößt ein plattengedecktes Leitungsgerinne, das in der Mauer in eine Bleileitung übergeht. Diese führt im Kirchenfußboden zum Taufbecken, in dessen Wandung die Rohrleitung als Hohlraum zu erkennen ist. Die Ableitung des Wassers erfolgte durch eine bleierne Doppelrohrleitung, die teilweise am Nordostrand des Beckens noch erhalten ist (Abb. 7).

Dieser archäologische Befund ist von außerordentlicher Bedeutung, da er sich ohne Zweifel auf das Ende des 4. Jahrhunderts datieren läßt – eben in die Ursprungszeit des Taufbeckens. Damit haben wir in Lyon die wahrscheinlich früheste Taufanlage außerhalb Italiens vor uns.

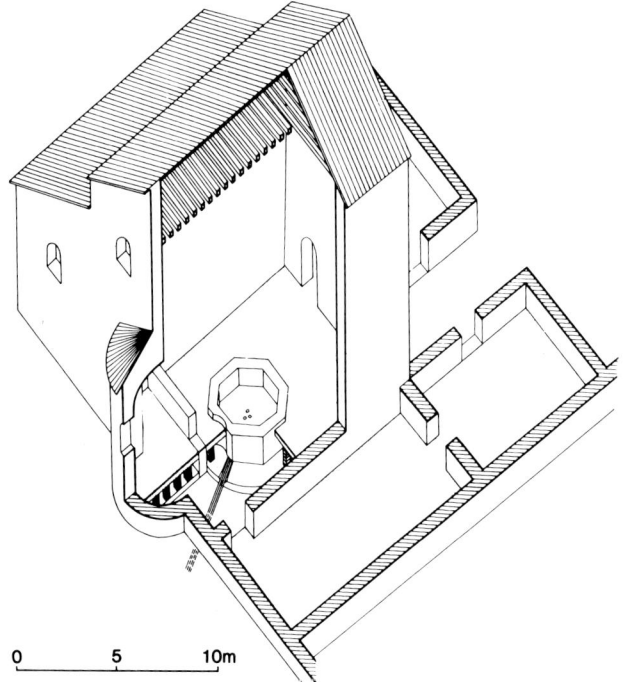

Abb. 6 Lyon (Frankreich). Die Taufkirche St. Étienne in der Rekonstruktionszeichnung (n. Reynaud)

Abb. 7 Lyon (Frankreich). Lage der Zu- und Ableitungen der Wasserversorgung des Baptisteriums St. Étienne (n. Reynaud)

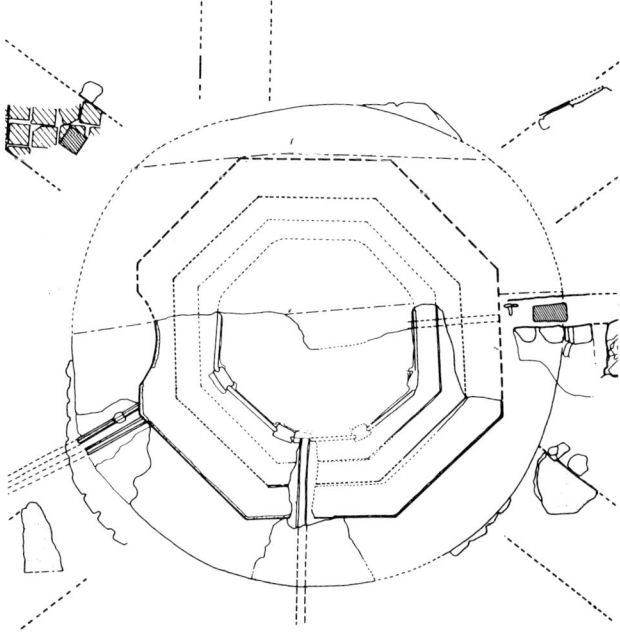

Auch das Baptisterium Saint-Jean von POITIERS (Frankreich) kann mit seiner Datierung in das 4. Jahrhundert n. Chr. als eines der ältesten Bauwerke dieser Art in Frankreich gelten. Besonders die in den Jahren 1958–60 in der *Cella* des Baptisteriums durchgeführten archäologischen Ausgrabungen haben neue und für die Technikgeschichte wichtige Erkenntnisse gebracht.[40]

Bei diesen Grabungen hat sich gezeigt, daß die Chronologie dieses Bauplatzes in der Römerzeit beginnt. Archäologisch lassen sich die Reste eines Wohnhauses nachweisen, das in den unruhigen Zeiten des 3. Jahrhunderts n. Chr. (wohl 276 n. Chr.) verlassen und zerstört worden ist. Auf den Trümmern dieses Hauses wurde im 4. Jahrhundert die erste Bauphase des Johannes-Baptisteriums errichtet, wobei ohne Zweifel für die Auswahl dieses Ortes entscheidend war, daß es hier noch einen intakten Anschluß an einen Strang des Leitungsnetzes der römischen Fernwasserleitung gab.

Das Bauwerk muß von seinen Ausmaßen her schon zu seiner Errichtungszeit durchaus eindrucksvoll gewesen sein *(Abb. 8)*. Innerhalb der rechteckigen Außenmauern waren beiderseits des im Westen gelegenen Eingangs zwei Sakristeien für die Vorbereitung der Katechumenen beiderlei Geschlechts untergebracht. Durch ein *Atrium* gelangte man in die *Cella*, den eigentlichen Taufraum *(Abb. 9)*. Dort stieg der Täufling über vier Stufen in ein achteckiges Becken und wurde durch Übergießen von Kopf und Schultern durch den Täufer getauft.

Bei diesem Akt stand der Täufling in 0,26 m tiefem fließenden Wasser. Dieser genaue Wasserstand ist nach der Befundlage anhand des Höhenunterschiedes von Wassereinlauf und Auslauf rekonstruierbar. Das Wasser wurde dem Taufbecken in Sohlenhöhe durch eine Tonrohrleitung zugeführt, die kurz vor dem Taufbecken an die bestehende römische Wasserleitung angeschlossen war *(Abb. 10)*.

Die römische Leitung war als Gefälleleitung angelegt und bestand aus einer U-förmigen Gußbetonrinne, die mit sorgfältig zugehauenen Steinplatten abgedeckt war. Sie führte von Westen kommend in das Gebäude und war für ihre neue Zweckbestimmung kurz vor dem Taufbecken abgeschnitten worden. Durch das neu angeschlossene Tonrohr war der Kanalquerschnitt stark verringert worden; die dadurch ebenfalls verringerte Menge der Wasserzuführung genügte offensichtlich den neuen Ansprüchen.

Der Abfluß des Taufbeckens liegt um 0,26 m über der Beckensohle und besteht ebenfalls aus Tonrohren, die aber schon bald hinter dem Becken in eine größere dimensionierte Leitung übergehen. Auch diese ist nur kurz, sie besteht aus drei jeweils paarweise zu Rohren aufeinander gelegten tönernen Halbschalen *(Imbrices)*, die an ihren Stoßstellen ein wenig überlappen. Ein wiederum römischer, aus Trockenmauerwerk bestehender Brunnen nahm das Überlaufwasser auf und ließ es versickern.

Das Baptisterium von Poitiers ist als Gebäude heute noch beeindruckend, auch wenn es in seiner Geschichte mehrere Umbauphasen erfahren hat. Deren wichtigste war die des 6. Jahrhunderts, als es nach Zerstörungen durch die Westgoten unter dem Merowinger Clodwig, der 507 in der Nähe von Poitiers über Alarich gesiegt hatte, wieder instandgesetzt und dabei vergrößert wurde.

Danach erfüllten Becken und römische Wasserleitung wohl bis in das 10. Jahrhundert hinein ihren Zweck. Mit der Einführung eines anderen Taufritus wurde das Becken dann zugeschüttet, um an diesem Ort eine Taufe in Schalenform aufzustellen. So entsprach es dem Ritus der Zeit, und so kennen wir es aus vielen anderen Kirchen. Nach den jüngsten Ausgrabungen hat man in den Fußboden des Baptisteriums einige Glasscheiben eingelassen, die einen guten Einblick in die Technik der Wasserversorgung einer frühmittelalterlichen Taufkirche einschließlich der dafür weiterbenutzten römischen Wasserleitung geben.

In der Kathedrale Saint-Saveur von AIX-EN-PROVENCE ist das Baptisterium des 5. Jahrhunderts, das also lange vor dem Bau der heutigen Kathedrale (12.–14. Jahrhundert) bestanden hat, besonders eindrucksvoll erhalten. Durch mannigfaltige Ausgrabungen ist seine Lage innerhalb der antiken Bebauung von *Aquae Sextiae* eindeutig bestimmt worden:[41] Es ist im Zentrum der antiken Stadt in der Nordwestecke des Forums – vom *Cardo Maximus* durch einen *Porticus* getrennt – angelegt worden. Durch diese günstige

Lage war es sicher auch an die bestehende Wasserversorgung der Stadt anzuschließen gewesen.

Die Taufkirche ist mit einem annähernd quadratischen Grundriß von rund 14 m Seitenlängen angelegt worden. Ihr Zentrum bildete das achteckige in den Boden eingelassene Taufbecken. Die heute noch das Becken umsäumenden mächtigen Säulen mit ihren Kapitellen sind römischen Monumentalbauwerken entnommen und hier einer zweiten Verwendung zugeführt worden *(Abb. 11)*.

Der Wasserversorgung des Beckens dienten nacheinander drei Zuleitungen *(Abb. 12)*, wovon nur eine Leitung (a) über ein längeres Stück archäologisch nachgewiesen ist. Sie mündet von Osten kommend ungefähr 0,10 m oberhalb der Sohle in das Taufbecken und besteht aus einer Rohrleitung von 0,10 m Durchmesser.

Leitung (b) hatte offenbar denselben Ursprung wie Leitung (a), ist aber vom Einlauf in das Becken nur über eine Strecke von 1,5 m nachgewiesen und in diesem Bereich als gemauertes Kanälchen von 0,20 m x 0,25 m konstruiert. Der Einlauf in das Becken erfolgt fast genau in Sohlenhöhe, ihm ist aber ein kleines Becken vorgeschaltet, in welchem möglicherweise eine Einrichtung zur Regelung des Durchflusses untergebracht war. Der Grund für die bauliche Änderung von

Abb. 8 Poitiers (Frankreich). Baptisterium St. Jean, Außenansicht

Abb. 11 Aix-en-Provence (Frankreich). Das Baptisterium in der Kathedrale St. Saveur

Abb. 9 Poitiers (Frankreich). Baptisterium St. Jean, Innenansicht

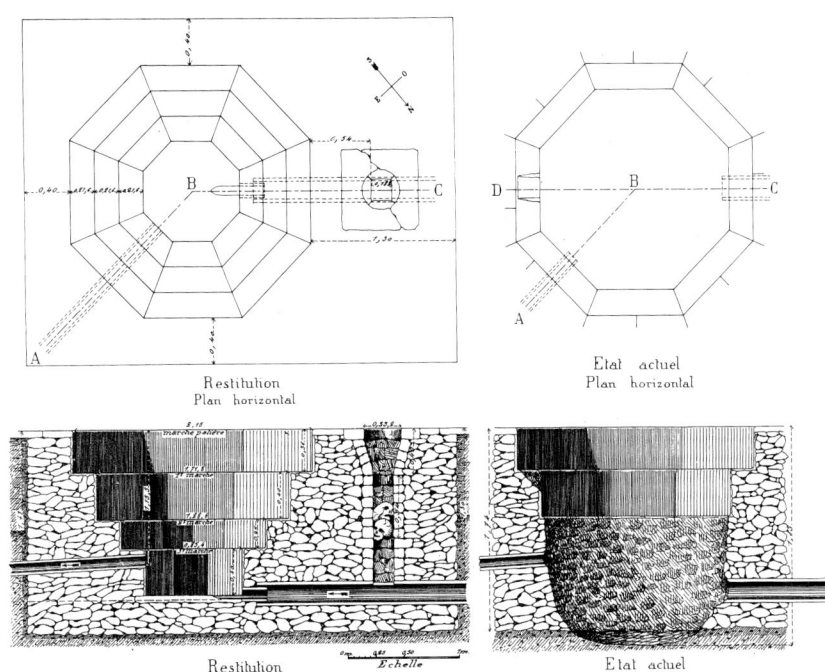

Abb. 10 Poitiers (Frankreich). Schnittzeichnung durch das Taufbecken mit Darstellung der Lage von Zu- und Ableitungen nach dem Grabungsbefund (Zeichnung: S.P.A.D.E.M.)

(a) nach (b) mag darin gelegen haben, daß man den Durchfluß verringern und die Einlaufhöhe in das Becken tieferlegen wollte.

Leitung (c) ist von den beiden vorhergehenden in ihrer Bauart wiederum verschieden. Sie ist als Kanal gemauert und mit halbrunden Platten abgedeckt; sie stößt von Westen auf das Becken.

Der Ableitungskanal ist an das Taufbecken etwa in gleicher Höhe wie Leitung (a) angeschlossen worden, wodurch im Becken ein ständiger Wasserstand von rund 10 cm gewährleistet war. Er ist als gemauerte Rinne von 0,20 x 0,25 m Innenmaßen gebaut worden und abgedeckt. Der Abfluß führte das Wasser nach Osten ab und kreuzt dabei in seinem Verlauf die Leitung (a).

Münz- und Keramikfunde leiten die Datierung des Baptisteriums von Aix und führen in das 5. Jahrhundert; möglicherweise ist es bis in das 11. Jahrhundert in Betrieb gewesen.

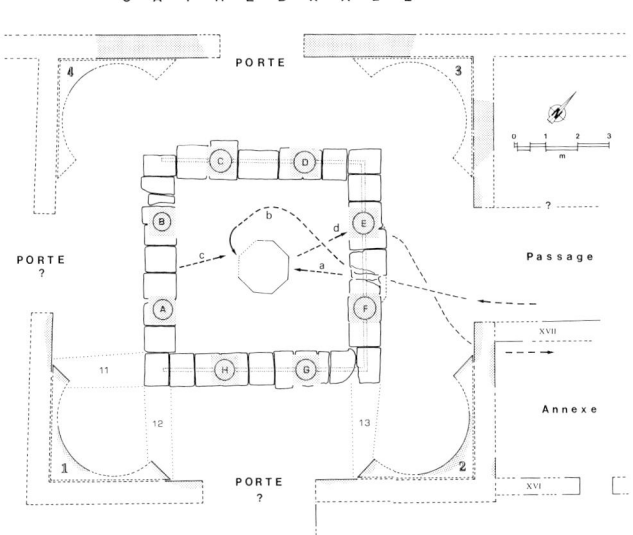

Abb. 12 Aix-en-Provence (Frankreich). Lage der Zu- und Ableitungen des Baptisteriums nach dem Ausgrabungsbefund (Zeichnung: L. Rivet)

24

Abb. 13 Venasque (Frankreich). Das Baptisterium von St.-Siffrein, Innenansicht

Abb. 14 Venasque (Frankreich). In der Wand des Baptisteriums vermauerte Rohre der ehemaligen Wasserzuleitung

In FRÉJUS (Frankreich) sind im oktogonalen Becken des Baptisteriums (Ende 5. Jahrhundert) keine Ver- oder Entsorgungseinrichtungen auszumachen und nach den Ausgrabungsberichten auch nicht ausgemacht worden.[42] Demnach müßten die Taufen hier mittels eingefülltem Wasser vorgenommen worden sein, was wegen der wenigen über das Jahr verteilten Tauftermine zwar durchaus möglich, im Vergleich zur Anlage anderer Baptisterien dieser Zeitstellung aber eher unwahrscheinlich erscheint.

Das Baptisterium von VENASQUE (Frankreich), einem kleinen, äußerst malerisch gelegenen Ort am Rand der Monts du Vaucluse, liegt ein wenig versteckt hinter der Kirche des 13. Jahrhunderts. Das Baptisterium – nebst einer zeitgleichen, aber inzwischen abgegangenen Marien-Kirche – ist unter Saint-Siffrein in der 1. Hälfte des 6. Jahrhunderts gebaut worden.[43] Obwohl seither mehrfach verändert und umgebaut, ist der Raumeindruck noch recht ursprünglich und läßt etwas von der Bedeutung Venasques als ehemaligem Bischofssitz erahnen *(Abb. 13)*.

Bei einer der Restaurierungen des Baptisteriums, vielleicht bei den großen Umbauten im 13. Jahrhundert, wurden Rohre der Wasserzuleitung freigelegt und in der Wand gleich links der Eingangstreppe als Spolien verbaut. Es handelt sich dabei um rund ausgearbeitete Steinrohre mit birnenförmiger Öffnung *(Abb. 14)*. Ein solcher Leitungsquerschnitt sorgte auch bei knappem Wasseraufkommen noch für eine ausreichende Fließgeschwindigkeit des Wassers. Jedenfalls sind in diesen beiden, von den Besuchern des Baptisteriums kaum beachteten Rohre, eindrucksvolle technische Elemente eines frühchristlichen Kultbaus zu sehen.

Die Liste der in dieser Tradition stehenden frühchristlichen Baptisterien ließe sich leicht fortsetzen. Erwähnt seien noch die Anlagen von RIEZ (Frankreich), wo das Baptisterium in antiken Thermengebäuden untergebracht ist, und das Baptisterium von ALBENGA[44] (Italien), das ehemals mit Grundwasser gespeist wurde. Auch KAISER-AUGST (Schweiz) sei nicht unerwähnt.[45] In Deutschland kann das Beispiel BONN noch einmal angeführt werden (s. o.). In BOPPARD war eine frühchristliche Kirche in den Kastellthermen errichtet worden.[46] Ein in KÖLN ausgegrabenes Becken ist bezüglich seiner ursprünglichen Nutzung zur Zeit noch Gegenstand der wissenschaftlichen Diskussion.[47]

2.3 Frühe Beispiele repräsentativer Wasserversorgungen

Mit dem Ausklingen der Antike sind die schriftlichen Quellen bezüglich der Bemühungen der Menschen um ihre Wasserversorgung erst einmal abgebrochen. Dabei muß daran erinnert werden, daß die Ingenieure des Altertums ohnehin nur in Ausnahmefällen schriftlich von ihren Leistungen berichtet haben.[48] Vermochten uns bei einem Einstieg in die Technikgeschichte der Römerzeit noch die Bauten selbst den Schlüssel zu vielen Problemlösungen zu liefern, so kann dies aus mehreren Gründen nicht für die Übergangszeit bis zu einer Konsolidierung neuer Machtgefüge im Mittelalter gelten.

Der Hauptgrund hierfür liegt in der Schwierigkeit, ein technisches Bauwerk wie eine Wasserleitung bezüglich seines Baudatums überhaupt zu fassen. Gerade durch die Übernahme der antiken Bautechniken ist in vielen Fällen nicht ohne weiteres zu unterscheiden, ob es sich um ein weiterbenutztes römisches Bauwerk handelt, ob ein solches wieder instandgesetzt worden ist oder ob es sich um einen echten Neubau handelt. Und selbst ein frühmittelalterlicher Neubau kann auf den ersten Blick recht antik anmuten, da die Bauverfahrenstechnik im Wasserleitungsbau in diesen Zeiten gar keiner Entwicklung unterworfen war. Für die Einordnung erschwerend kommt hinzu, daß man sich in Neubauten nachrömischer Zeitstellung besonders der einfacheren Techniken bedient hat.

In all dem liegt begründet, daß uns – wenn überhaupt – besonders die archäologischen Fundumstände zu zeitlich exakt einzuordnenden Belegen für ingenieurmäßiges Denken in der Nachantike führen können.

Der Fund eines Bleirohres aus RAVENNA gibt ein Beispiel. Theoderich d. Gr., der sein westgotisches Reich in Norditalien mit der Anerkennung des oströmischen Kaisers (498 n. Chr.) entfalten konnte, fühlte sich ganz in der Tradition des von ihm angetretenen Erbes.[49] Das findet seine Außenwirkung in der Gestaltung der Bauwerke.

Wenngleich es sich auch nur um ein technikgeschichtliches Detail handelt, lassen sich durchaus Parallelen zur großen Politik der Zeit ablesen. Die beiden im *Museo Nazionale* von Ravenna aufbewahrten Teilstücke einer Druckwasserleitung aus Bleirohren entstammen nachweislich einer antiken Wasserleitung, die wohl zu Zeiten Theoderichs in-

standgesetzt werden mußte[50] *(Abb. 15)*. Sie weisen die eingegossene Inschrift „*DN·REX·THEODERICUS·CIVITATI·REDDIDIT*" auf, wonach Theoderich diese Leitung „. . . *den Bürgern zurückgegeben hat*".

Eine solche Reparaturmaßnahme war also Anlaß genug, ihren Urheber für alle Zeiten zu dokumentieren, denn die Inschrift nennt Theoderich mit Namen. Dieser Fund belegt und bestätigt auf den ersten Blick, daß sich die Technik des Rohrleitungsbaus in den ersten nachrömischen Jahrhunderten kaum geändert hat – hinter den wenigen Buchstaben der Inschrift wird aber darüber hinaus dokumentiert, daß hier nicht nur der Name eines Bauherrn beurkundet werden sollte, sondern – mehr noch – seine Fähigkeit, die komplizierte Technik einer Druckrohrleitung zu beherrschen. Ein klarer Hinweis auch darauf, daß am Hofe Theoderichs noch Ingenieure in Diensten waren, die über antikes technisches Wissen verfügten, dieses sicher auch bewahrten und weitergaben.

Um den Zeitraum von der Spätantike bis zur Jahrtausendwende mit Beispielen zu belegen, seien folgende Wasserleitungen genannt: Wir wissen von einer unter Bischof Avitus um 500 in VIENNE gebauten Wasserleitung;[51] Venantius Fortunatus beschreibt um 600 eine Bleileitung für das Baptisterium von St. Julien in VIVIERS,[52] und zwei weitere merowingerzeitliche Wasserleitungen sind für CAHORS[53] und HEXHAM[54] belegt. Zwischen dem 6. und dem 10. Jahrhundert bauen die Mönche von Saint-Laurent und Saint-Martin-des-Champs in PARIS 10 und 7 km lange Wasserleitungen für ihre Klöster.[55]

Im 10. Jahrhundert wird von Wasserleitungen in den Klö-

Abb. 15 Ravenna (Italien). Bleirohr einer Druckleitung mit Inschrift Theoderichs

Abb. 16 Aachen, Dom. Antiker Brunnenaufsatz in Form eines Pinienzapfens, um 1000 n. Chr. mit einem Sockel zur mittelalterlichen Wiederverwendung in der Pfalz versehen

stern von St. Gallen, Weissenburg im Elsaß und Lobbes an der Sambre berichtet.[56]

Eine Sonderstellung in der technischen Ausstattung nehmen die karolingischen Residenzen ein. Das ist z. B. in Gembloux bei Namur unter Pipin der Fall; besonders aber in der Lieblingspfalz Karls des Großen in Aachen.[57]

Als Beispiel, nicht nur für einen Techniktransfer, sondern gar für das Überleben eines antiken technischen Elementes, kann der bronzene Pinienzapfen, der heute in der Vorhalle des Aachener Münsters steht, gelten.[58] Dieser antike Brunnenaufsatz wurde wohl um 1000 in Italien mit einem neuen Sockel versehen und kam danach in die Aachener Pfalz. Als Ganzes erfüllte er dann im Atrium der Aachener Pfalzkapelle im hohen Mittelalter noch einmal seinen Zweck als Wasserspeier. Wir dürfen dabei nicht außer acht lassen, daß auch dieser Brunnen von einer Druckrohrleitung gespeist worden sein muß *(Abb. 16 und 17)*.

In besonderen Maßen zieht noch eine weitere Königspfalz der Karolingerzeit unser Interesse auf sich. Ingelheim, 742/43 in einer Schenkungsurkunde König Karlmanns erstmals erwähnt, tritt in den Jahren 787/88 besonders in das Licht der Geschichte, als König Karl (später Kaiser Karl der Große) hier einen Großen Reichstag abhält. Noch vor 807 wird das königliche Hofgut zur Pfalz ausgebaut worden sein.[59]

Der Wasserversorgung der Pfalz dienten Brunnen zur Nutzung des reichlich vorhandenen Grundwasserdargebots. Archäologisch ist aber auch eine steinerne Fernwasserleitung nachgewiesen, die das Wasser der Karlsquelle im Südteil der Gemarkung Heidesheim nach Ingelheim führte.[60] Als reine Gefälleleitung konzipiert, schmiegt sich diese 8 Kilometer lange Leitung dem Geländerelief an und folgt mit ihrer Trasse den Höhenlinien nach Nieder-Ingelheim.

Die Leitung trifft dort auf die Königspfalz in der Ostecke des Südflügels. Sie ist zwar nicht in ihrem gesamten Verlauf eindeutig nachgewiesen worden, dort findet sich im archäologischen Befund jedoch ein Trinkwasserkanal gleicher Dimensionen und Bauart wie er in der freien Feldflur bei Heidesheim heute in einem Aufschluß noch einzusehen ist: Die Leitung mit einer lichten Weite von 0,40 m und einer lichten Höhe von 1,00 m besteht aus einem sehr massiven Baukörper, dessen Wangen in einer Stärke von 0,50 m aus Kalksteinplatten aufgemauert worden sind *(Abb. 18)*. Die Rinne

Abb. 17 Aachen, Dom. Schuppen des Pinienzapfens mit Durchbohrungen zum Wasserspeien

getroffen worden. Danach läßt sich der weitere Verlauf dieser Leitung nicht mehr nachweisen, es ist jedoch anzunehmen, daß sie zur Badeanlage an der Nordseite des Pfalzbezirks führte.

Mehrfach geäußerte Vermutungen, dieser Aquädukt wäre mit den römischen Vorgängerbauten der Königpfalz in Zusammenhang zu sehen, haben sich nach neueren archäologischen Untersuchungen nicht erhärten lassen: In den Grabungsbefunden der römischen Bauten sind Reste einer solchen Wasserleitung nicht zu finden gewesen. Es scheint tatsächlich so, daß in dieser Fernwasserleitung ein deutliches Zeichen königlicher Repräsentation zu sehen ist. Die archäologischen Befunde von Gembloux und Aachen stehen in derselben Tradition.

Abb. 18 Ingelheim, Königspfalz. Aufschluß der karolingischen Fernwasserleitung bei Heidesheim (Foto: Landesamt f. Denkmalpflege, Mainz)

3. Hohes Mittelalter

3.1 Offene Gewässer und Brunnen

Das Wasser aus einem offenen Gewässer zu schöpfen, war sicher die erste und einfachste Art der Versorgung. Aber schon frühzeitig mußte der Mensch Kunstgriffe anwenden, um auch in Gegenden, wo diese natürlichen Vorkommen nicht vorhanden waren, an das Wasser zu kommen. Oftmals genügte es, in den in Sommerzeiten trockenen Flußtälern kleine Gruben zu schürfen, in denen sich dann geringe Wassermengen sammeln konnten. Genau auf diese Weise versorgen sich die Nomaden auf ihren Zügen durch das Land in den großen Oueds (= Wadis) der Wüstengebiete Nordafrikas noch heute, wenn ihnen Brunnen nicht zur Verfügung stehen.

Die nächsten Stufen der Entwicklung bestanden darin, derartige Wasserlöcher zu vertiefen, sie zu befestigen und später auszubauen. Auf diese Weise ist es schon in vorgeschichtlicher Zeit zu Brunnenbauten gekommen.[62]

Bezüglich der städtischen Wasserversorgung im Mittelalter finden wir Belege für eine Entnahme aus Flüssen, selbst als anderenorts schon Rohrleitungen in Betrieb waren; Beispiele dafür sind besonders aus den wasserreichen Städten in Holland *(Abb. 23)* und Belgien überliefert.[63]

ist überwölbt und innen nicht verputzt. Leider läßt dieser für sich alleinstehende Befund keine Berechnungen über die Leistungsfähigkeit der Leitung zu.

In der Pfalz läßt sich der Kanalverlauf im Ausgrabungsbefund verfolgen.[61] Er verläuft parallel der Außenmauer des Halbkreisbaus, wobei seine bogenförmig geführte Trassenlinie zwei der vorgelagerten Außentürme schneidet. In beiden Fällen durchstößt die Leitung die Mauern dieser Türme und tritt in deren Inneres; dort schmiegt sie sich an die Innenseite der Turmmauern, um den Turm auf dessen gegenüberliegender Seite durch einen weiteren Mauerdurchbruch wieder zu verlassen. Dieser Befund ist in den beiden östlichen der Außentürme des Halbkreisbaus fast identisch an-

Diese Methode wurde dann unbequem, wenn der zu versorgende Haushalt zu weit vom Fluß entfernt lag. Für diesen Fall übernahmen in vielen Städten Wasserträger die Versorgung. So gab es beispielsweise im PARIS des 13. Jahrhunderts offizielle Wasserträger[64], in LONDON verdienten sich „Cobs" auf diese Weise ihren Lebensunterhalt[65], für BUDA[66], aber auch für LÜBECK[67], wo *Waterfrorer* (= träger) schon im ältesten Stadtbuch vorkommen, gibt es Nachrichten über diese Art des Wassertransports.

Daneben war natürlich die Wasserversorgung aus Brunnen am weitesten verbreitet. Die mittelalterliche Stadt kannte Brunnen in den verschiedensten Ausführungen sowohl in Allgemein- als auch in Privatbesitz, und gerade bei den archäologischen Ausgrabungen nach dem Zweiten Weltkrieg sind viele Befunde zu diesem Komplex gemacht worden. Besonders ergiebig waren dabei die Stadtkernforschungen, denn für den Wiederaufbau der zerstörten Städte waren die Baufluchten von den Straßen um einige Meter zurückversetzt worden. Dadurch kamen die Flächen für die neu zu errichtenden Gebäude auf die Hoffläche der mittelalterlichen Bebauung zu liegen. Weil ehemals in den Höfen aber die Brunnen und auch die Kloaken gelegen hatten, bot sich in einigen Städten an – besondere Beispiele sind Hannover und Lübeck – in diesen Hofbereichen entsprechende archäologische Untersuchungen vorzunehmen.

Beim Brunnenbau machte es keinen Unterschied, ob es die Bewohner eines Klosters, einer Pfalz, eines Landgutes oder einer Stadt zu versorgen galt. Allenfalls läßt das verwendete Baumaterial gewisse Rückschlüsse auf das auch beim Hausbau verwendete Material zu. Auch in der Art der Eintiefung der Brunnenröhre in das Erdreich läßt sich kein Stadt-Land-Vergleich ziehen, sondern allenfalls eine chronologische Betrachtung anstellen. In allen Fällen des Brunnenbaus galt es jedoch, einen Schacht bis in eine wasserführende Schicht abzuteufen, um einen sich dort ansammelnden Wasservorrat nach Bedarf ausschöpfen zu können.

In KÖLN läßt sich noch eine Variante der Wasserversorgung aus Schöpfbrunnen nachweisen, nämlich in Form von kleinen Leitungsgerinnen, die von einem Gemeinschaftspütz im Hof eines Hauses zu einem Nachbargrundstück führten. Auf diese Weise ist in Köln u.a. ein Backhaus mit Wasser versorgt worden.[68]

Das Spektrum der Brunnenbautechnik ist breit und zeugt von großem Einfallsreichtum, mit den jeweils herrschenden örtlichen Bedingungen und den zur Verfügung stehenden Materialien auszukommen.

Die technische Entwicklung des Brunnenbaus läßt sich ganz grob in drei Abschnitte unterteilen. Die älteste Bauart bestand in der Abteufung eines Schachtes und dem Aufbau des Brunnens von dessen Sohle aus. Der Wechsel zu einer modifizierten Bauart läßt sich in HANNOVER gut nachweisen und sogar zeitlich zuordnen: Durch natürliche Grundwasserabsenkungen zwischen 1100 und 1600 waren viele ältere Brunnen unbrauchbar geworden und mußten durch tiefer in das Erdreich hinabreichende Neubauten in unmittelbarer Nähe ersetzt werden. Ab etwa 1350 läßt sich ein kombiniertes Bauverfahren belegen. Vom gesamten Brunnenschacht war nur der obere Teil der Teufe als offene Baugrube ausgehoben worden; der darin errichtete Baukörper des Brunnens wurde dann im Absenkverfahren tiefergelegt, um die wasserführenden Schichten zu erreichen.[69] Dazu wurde im Inneren des halbfertigen Brunnens weitergearbeitet: Das Bauwerk wurde unterhöhlt, indem man das Erdreich unter dem Brunnenkasten herausscharrte. Durch das Eigengewicht des Brunnens senkte sich dieser dann selbsttätig in den entstehenden Hohlraum ab.

Der auf diese Weise auch tieferrutschende obere Brunnenrand wurde um das Maß der Absenkung aufgesetzt. Bei diesem Verfahren ging man schrittweise und abwechselnd vor, um den gesamten Baukörper in der Lotrechten zu halten. Nach Abschluß der Absenkung wurde der obere Brunnenrand noch so weit aufgesetzt, bis er die Höhe einer Brüstung aufwies, die ein bequemes und auch gefahrloses Ausschöpfen des Wassers zuließ.

Beim Bau des Burgbrunnens in LÜBECK hatte dieses Verfahren schon 1155/56 eine Anwendung gefunden, wenngleich hier der abgesenkte Teil auch nur die untersten Lagen der hölzernen Brunnenwandung betraf. Der aus Eichenholzbohlen gebaute Brunnen hatte Außenmaße von 1,80–1,90 m (innen ca. 1,45 m) und reichte fast 12 m tief in die Erde.[70] Damit lag seine Sohle aber immer noch 3,50 m über dem Meeresniveau, so daß nur Oberflächenwasser durchsickerte, das noch 1978 mit 250 l/h in den Schacht eindrang. Gebaut worden ist der Brunnen in einer mit 10 m Durchmesser angelegten Baugrube, die annähernd runden Grundriß hatte. In dieser Baugrube sind als erstes die drei untersten Bohlenlagen im Absenkverfahren verlegt worden. Das Absenken wurde dadurch erleichtert, daß man die für den untersten Brunnenkranz benutzten Bohlen an ihren Unterkanten keilförmig zugeschlagen hatte. Der Aushub im Inneren des Brunnens ging nach Ausweis des archäologischen Befundes *(Abb. 19)* noch ein wenig tiefer als die Wandung, wodurch Raum zum Ausschöpfen des während der Bauarbeiten eindringenden Wassers blieb. Die Sohle des Brunnens wurde für die spätere Nutzung mit Findlingssteinen sorgfältig ausgepflastert. Durch eine großzügige Bemessung der Baugrube war für die Zimmermannsarbeiten genügend Arbeitsraum vorhanden. Durch Anlehnung des Brunnenkastens an eine der Baugrubenwände war bei der Montage der ungleichmäßig starken (28–39 cm) Bohlen deren Handhabung sowohl von innerhalb als auch von außerhalb des Kastens möglich. Die Eckverbindungen des Brunnenkastens zeigen sich recht kompliziert ausgearbeitet: ineinandergreifende Fingerzapfen gaben dem Kasten Halt in allen Richtungen und verhinderten sowohl sein seitliches Verrutschen wie auch ein Zusammendrücken beim Wiederverfüllen der Baugrube.

Kleinfunde, wie Bleilot und Holzschaufeln, geben Einblick in die Bauzeit, während Reste eines Aufzugseiles, ein hölzerner Schöpfeimer sowie die Handkurbel der Brunnenhaspel von der Art der Wasserförderung am Ort berichten. Dieser in allen Punkten stimmige archäologische Befund gibt uns auf eindrucksvolle Weise einen komplexen Eindruck mittelalterlicher Wasserversorgung.

Über die Befunde der Altstadtgrabung in HANNOVER können wir feststellen, daß das ‚teilweise Absenkverfahren' dort bis etwa 1600 angewendet worden ist, danach kommt man beim Brunnenbau ganz ohne Baugrube aus und senkt den Baukörper auf die gesamte Teufe ab.

Die hannoverschen Befunde mitsamt ihren Datierungen korrespondieren durchaus mit der Befundlage an anderen Orten, z.B. mit den Ergebnissen der Altstadtgrabungen von FRANKFURT am Main.[71] Auch dort kommt man ab Mitte des 16. Jahrhunderts bei der Anlage von Brunnen ohne Baugrube aus und senkt den gesamten Brunnenkasten kontinuierlich ab. Hier weist der archäologische Befund sogar die Notwendigkeit für die Anwendung des Absenkverfahrens nach, da es wegen der Enge der vorhandenen Bebauung als einziges Verfahren in Frage kam.

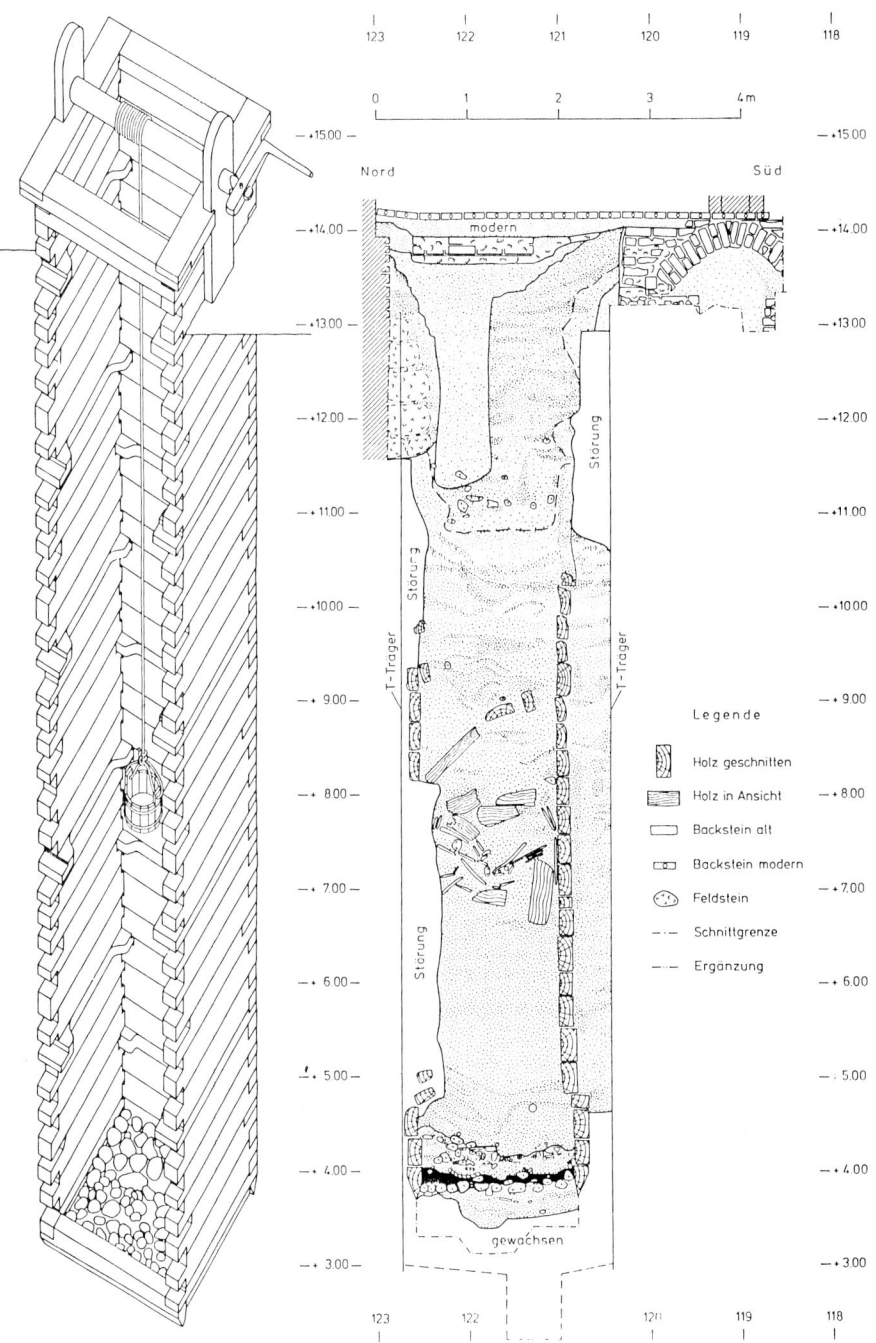

Abb. 19 Lübeck, Burgbrunnen von 1155/56. Brunnenschacht mit Fördereinrichtungen; Befunde mit Profil und Rekonstruktion in Militärperspektive (n. G. Fehring)

Es muß in diesem Zusammenhang darauf hingewiesen werden, daß dieses Absenkverfahren – im Mittelalter offensichtlich ein Höhepunkt in der Entwicklung der Brunnenbautechnik – durchaus auch in römischer Zeit schon seine Anwendung gefunden hatte. Am Beispiel eines in Köln archäologisch untersuchten Brunnens werden sogar die wohl typischen Tücken dieses Verfahrens deutlich, denn der Brunnenschacht war beim Absenken erheblich aus der Lotrechten abgedriftet.[72]

Wie weit das Spektrum der Brunnenbautechnik reichte, zeigen einige Sonderformen, wobei zugleich der Pragmatismus der mittelalterlichen Techniker sichtbar wird. Recht häufig hat man beispielsweise ausgehöhlte Baumstämme als Brunnenwandung verwendet. Das war besonders dann beliebt, wenn die auszunutzenden Grundwasser in leicht erreichbarer Tiefe lagen.

Der im Historischen Museum von Hannover ausgestellte Baumstammbrunnen hat einen Durchmesser von 1,10 m. Zu seiner Verwendung als Brunnenwandung hatte man lediglich eine rund 1 m tiefe Baugrube auszuheben gehabt *(Abb. 20)*. Nach dem Einsetzen des ausgehöhlten Baumstammes wurde er rundherum wieder zugeschüttet.[73]

Einen in der Wikingersiedlung HAITHABU (am Westufer des Haddebyer Noors bei Schleswig gelegen) als Brunnenwandung verwendeten Baumstamm aus Erlenholz hatte man zuerst der Länge nach halbiert und die beiden Hälften ausgehöhlt. Zu seiner Installation wurde dann eine kleine Baugrube ausgehoben, in der man die beiden Baumstammhälften wieder zusammenfügte und verklammerte.[74] Die in Fundzusammenhang mit diesem Stamm zu datierenden Tonscherben weisen auf eine Verwendung im 13. Jahrhundert.

Haithabu bietet hinsichtlich der dort angewendeten Bautechniken einige Besonderheiten: Dazu gehören auch die aus Dauben hergestellten Brunnenwandungen.[75] Da sie aus Fichtenholz hergestellt worden sind, Fichten in dieser Gegend im Mittelalter aber nicht heimisch waren, scheint es sich bei diesem Material um zweitverwendete Transportfässer zu handeln. Die aus Holzbohlen gefertigten Kastenbrunnen, die teilweise mit Stämmen ausgesteift waren, zeugen von solider Zimmermannsarbeit, wie man sie auch in den Wohnhäusern Haithabus kennt.

All die angeführten Beispiele zeigen, daß es beim Brunnenbau eigentlich immer nur darauf ankam, in den natürlich vorhandenen Grundwasserschichten künstlich einen Hohlraum anzulegen, in welchem sich das Wasser ansammeln konnte. Darüber war dann eine mehr oder weniger aufwendige Fördereinrichtung anzubringen, mittels derer man das Wasser heben konnte.

Das Verfahren zur Wasserförderung hing im wesentlichen von der vorgegebenen Förderhöhe ab. Wir kennen die Techniken von archäologischen Befunden, wie etwa in Lübeck, wo im ausgehobenen Burgbrunnen die hölzerne Haspel samt Kurbel noch gefunden worden ist (s. o.), oder aus zeitgenössischen Darstellungen. Im Mosaik „Jesus mit der Samariterin" aus S. Apollinare Nuovo in RAVENNA (6. Jahrhundert) ist ein Brunnen samt Fördereinrichtung dargestellt, und wir können den an einem Seil geführten Schöpfeimer erkennen; das Seil wird auf einer Haspelrolle auf- und abgewickelt *(Abb. 21)*.

Die Miniatur „Jakobs Betrug mit den Schafen Labans" aus der Bibel König Wenzels IV. (um 1389–1400) zeigt die Wasserförderung mittels eines Zieh- oder Galgenbrunnens: Ein auf einem Holzpfosten schwenkbar befestigter Schwebebalken trägt an seinem einen Ende den Schöpfeimer und wird über ein Gegengewicht an seinem anderen Ende in

Abb. 20 Hannover, Hist. Museum am Hohen Ufer. Brunnenwandung, aus einem ausgehöhlten Baumstamm bestehend; 13. Jahrhundert

etwa in der Waage gehalten *(Abb. 22)*. Das leichte Übergewicht des Gegengewichtes ermöglicht ein scheinbar schwereloses Absenken und Heben des Schöpfeimers im Brunnen.

Die Führung eines Förderseiles über eine – etwa in einem Hausgiebel angebrachte – lose Rolle, wie wir sie zur Entnahme von Flußwasser in einer Darstellung aus Amsterdam sehen können *(Abb. 23)*, gehört zu den einfachen Techniken. Auf der anderen Seite des Spektrums der Fördertechnik müssen wir die großen, durch Menschen- oder Zugtierkraft betriebenen Seilwinden sehen. Besonders an den Tiefbrunnen der mittelalterlichen Burgen waren solche oftmals gewaltig anmutende Holzkonstruktionen unverzichtbar. Die w. u. angeführten Tiefbrunnen beispielsweise in Dover Castle oder Burg Trifels dürften über derartige Fördereinrichtungen bedient worden sein, auch wenn die Seilwinden heute nicht mehr vorhanden sind, so finden sich in den baulichen Anlagen über den Brunnen deutliche Anzeichen für deren ehemalige Existenz.

Nur um die Grenzen des Machbaren aufzuzeigen, sei Deutschlands angeblich tiefster Festungsbrunnen angeführt. Der Brunnen der Wülzburg soll eine Teufe von 166 m haben; bei jüngsten Nachmessungen wurde der Wasserstand bei 127 m erreicht.[76] Allerdings ist die Wülzburg ein Bau des Barock und erst in den Jahren 1588–1604 angelegt worden. Mit 118 m Teufe gehört der Brunnen der Neuenburg in Freyburg (Unstrut) zu den tiefsten mittelalterlichen Bauwerken.

3.2 Rohrleitungen

Der Übergang von einer Wasserversorgung aus Brunnen unmittelbar am Ort hin zur Ausnutzung eines Wasserdargebotes von entfernt liegenden Quellen mittels Röhrenleitungen hatte verschiedene Gründe. Einer der Gründe lag ganz sicher in dem Bemühen, reineres Wasser für die Versorgung zu erhalten. Denn obwohl die hygienischen Zusammenhänge, also die Auswirkungen der Abfallstoffe auf das Trinkwasser, nicht bekannt waren, so hat man sie mancherorts doch geahnt. Und wenn die Verseuchung des Wassers bereits derart fortgeschritten war, daß man sie schmecken oder der aus einem Brunnen gewonnenen trüben Brühe

Abb. 21 Ravenna, S. Apollinare Nuovo. Mosaik „Jesus mit der Samariterin" mit Darstellung eines Drehbrunnen; 6. Jahrhundert

gar ansehen konnte, dann mußte es auch den Menschen im Mittelalter unbehaglich geworden sein.

Aber solche Probleme wurden auf die verschiedenste Weise – oder auch gar nicht – gelöst. Würde man die Ergebnisse einer Untersuchung über die angewandten Lösungen in einer Landkarte entsprechend markieren, so ergäbe sich das bunte Bild eines Fleckerlteppichs. Als Beispiel sei nur angeführt, daß man in Goslar um 1200 schon die Flußentnahmestelle für das Trinkwasser flußaufwärts verlegte, um weniger verschmutztes Wasser zu gewinnen. Hingegen baut man 100 Jahre später in Lübeck zwar schon eine großartige Wasserkunst zur Hebung des Wassers, legt aber nur kurz darauf die Entnahmestelle für eine weitere Leitung unweit unterhalb des Abflusses des städtischen Schlachthauses an die Wakenitz.

Auch der Gesichtspunkt der Sicherheit beeinflußte an manchen Orten die Anlage einer Rohrleitung von Wasserquellen außerhalb der Stadtmauern in das Stadtinnere. Man unterschied in diesem Zusammenhang nicht von ungefähr das „zuverlässige" Wasser von dem „bequemen". Weitere Bedeutung dürfte die benötigte Wassermenge gehabt haben,

Abb. 22 Miniatur „Jakobs Betrug mit den Schafen Labans" aus der Bibel König Wenzels IV. (um 1389–1400) mit Darstellung eines Zieh- oder Galgenbrunnens (Österr. Nationalbibliothek cod. 2759, fol. 30)

Abb. 23 Amsterdam. Trinkwasserentnahme aus einem Kanal

da der Bedarf mit dem Wachsen der Städte ständig zunahm. Es werden aber auch Prestigegründe eine Rolle gespielt haben, schließlich kündete ein ständig laufender und später oft prächtig ausgestatteter Brunnen auf dem Marktplatz von Reichtum und Größe einer Stadt.

Während die Städte sich nur zögernd dieser Form einer kollektiven Wasserversorgung zuwandten, scheint es für die Klöster an vielen Orten völlig selbstverständlich gewesen zu sein, daß der Brunnen im Kreuzgang von außen über eine – meist bleierne – Röhrenleitung gespeist wurde. Das wird allerdings auch daran gelegen haben, daß hier in fast allen Fällen nur eine kleine Gemeinschaft zu versorgen war; für größere Bevölkerungsteile hätten die Bleirohre mit ihren relativ klein dimensionierten Durchmessern von selten mehr als 5 cm nicht ausgereicht.

Für die mittelalterliche Zeit war eine als Steinkanal gebaute Wasserleitung die Ausnahme, und entsprechend finden wir ein solches Freispiegelgerinne auch nur in karolingischer Zeit, in der man in römischer Tradition diese Technik des antiken Fernleitungsbaus noch lebhaft vor Augen hatte. Zwar hatte auch der Bau von Blei-, Ton- und Holzrohrleitungen seine in der Antike begründete Tradition, die Menge

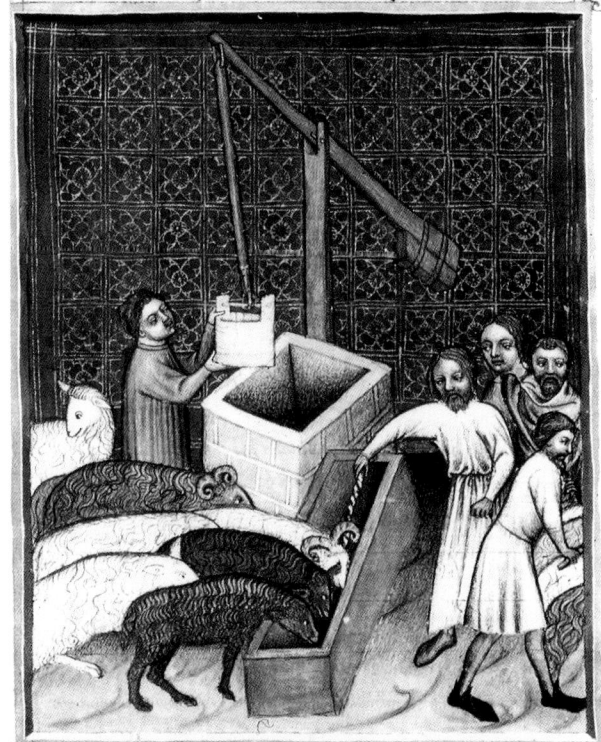

der archäologisch belegbaren Objekte deutet jedoch darauf hin, daß man in den Klöstern offensichtlich den Bau von Bleileitungen bevorzugte: Da die Fließbrunnen der klösterlichen Brunnenhäuser von Druckleitungen gespeist worden sein müssen, sind die frühen Wasserleitungen der Klöster im Regelfall als Bleileitungen verlegt worden.

Der in REGENSBURG gefundene Rest der unter Abt Peringer II. in den Jahren 1179/80 gebauten Wasserleitung für das Kloster St. Emmeram, zeugt von einer sorgfältigen Ausführung bei der Anlage der Leitung:[77] Die Verbindungsstellen zweier Rohrstücke, als empfindlichste Stellen des Systems, waren gegen Undichtigkeit durch Einbettung in einen Formstein geschützt *(Abb. 24)*. Hierzu hatte man jeweils in einen Bruchstein eine Rinne gearbeitet, die einen etwas größeren Querschnitt als die zu verlegende Leitung erhielt. Darin wurde die Leitung in eine Tonschicht eingepaßt und mit einem Deckstein abgedeckt.

Die Verbreitung bleierner Rohrleitungen war im Mittelalter sicherlich größer, als die heute noch aufzufindenden Reste solcher Anlagen es vermuten lassen. Das hat seinen Grund in der vielseitigen Verwendbarkeit des Materials Blei. War eine solche Rohrleitung einmal aufgegeben, so ließ man sie nicht einfach im Erdreich liegen, sondern barg sie, um das Material für ähnliche oder andere Zwecke noch einmal zu verwenden; neben dem Recycling des Bleis für neue Rohre wurde es auch häufig für die Abdeckungen von Kirchendächern wiederverwendet. Daß bei einer solchen Bleiverwertung nicht nur aufgelassene Rohrleitungen verwendet wurden, belegt ein zeitgenössischer Text aus dem Kloster St. Peter zu ERFURT (1309):[78] *„Unter diesen Schäden ist das bedauernswerteste und übelste, daß seine schamlosen Genossen jene Bleirohre, die eine Wasserleitung von weit her bis zum St. Petersberg führten, ausrissen und diese während der Kriegszüge verkauften."*

Ein anderes verwendetes Material beim Bau kleiner Wasserleitungen waren Tonrohre. Schon in der Antike verwendet, haben Tonrohre im Mittelalter eine Weiterentwicklung erfahren. Das lag einerseits an den in der Brenntechnik erreichten Fortschritten, durch die höhere und gleichmäßigere Temperaturen erzeugt werden konnten, und andererseits in der Einführung der Salzglasur im hohen Mittelalter begründet.[79]

Einige besondere Zentren der Steinzeugproduktion finden sich im Rheinland. Deren charakteristische Erzeugnisse lassen sich in vielen archäologischen Fundstellen entlang aller in dieser Zeit bekannten Handelswege nachweisen.

Offensichtlich war dieses Material aber nicht besonders gut für den Bau von Druckwasserleitungen geeignet, was seinen Grund in der geringen Zugfestigkeit der Tonrohrwandungen hatte. Bei der für das Kloster St. Johann in ALZEY gebauten Tonrohrleitung des 13. Jahrhunderts läßt sich dies sogar durch die Kalksinterablagerung in den Rohren nachweisen, denn der Sinter bedeckt hier über weite Strecken der Leitung nur den unteren – also den vom Wasser benetzten – Bereich der Rohre. Noch ein anderes Merkmal im Verlauf dieser Leitung deutet unzweifelhaft darauf hin, daß sie nicht als Druck-, sondern als Freispiegelleitung konzipiert worden war: Dabei handelt es sich um ein im Leitungsverlauf aufgefundenes Becken aus Naturstein, das der Kontrolle des Durchflusses und der Klärung des Wassers diente *(Abb. 25)*. An dieses Becken war auf beiden Schmalseiten die Leitung angeschlossen, wobei der Abfluß mit einem tönernen Seiher (Sieb) versehen war, um grobe Schwebstoffe abzufangen und damit ein Verstopfen der Leitung zu verhindern. Durch den vergrößerten Querschnitt der Leitung im Bereich dieses Kontrollbeckens verringerte sich die Durchflußgeschwindigkeit und feine Schwebstoffe wie Sand konnten sich ablagern. Mit einem – im Befund nicht mehr vorhandenen – Holzdeckel konnte das Kontrollbecken von Zeit zu Zeit geöffnet und dabei inspiziert und gereinigt werden.[80]

Ein ähnlicher Befund konnte in MÖNCHENGLADBACH-RHEYDT gemacht werden: „Dabei handelt es sich um einen Steinquader aus Liedberger Sandstein, der rechteckig ausgehöhlt war. Er war insgesamt 50 cm lang, 35 cm hoch und 32 cm breit. Die innere Öffnung hatte eine Länge von 28 cm, eine Breite von 11 cm und eine Tiefe von 21 cm *(Abb. 26)*. An den beiden Schmalseiten hatte der Stein jeweils eine runde Aussparung für den Anschluß der Zuleitung bzw. des Abflusses. An seiner östlichen Seite hatte er eine zusätzliche trichterartige Aussparung oberhalb der runden Öffnung, in die das schmale Ende des letzten Rohres der Zuleitung einmündete. Der Innenraum war rechteckig ausgeformt. Oben war die Öffnung ursprünglich mit einem Holzbrett verschlossen."[81] Von der ehemaligen Abdeckung des Beckens hatte sich ein Teil in Form eines Holzbrettes mit einem mittig angebrachten Loch erhalten. Auch dieses Becken dürfte der Klärung des Wasser gedient und darüber hinaus die Inspektion der Leitung zugelassen haben. Jedenfalls zeigt diese Einrichtung, daß auch diese Leitung nicht unter Druck, sondern mit freiem Gefälle des Wassers betrieben worden war.

Mit der Einführung städtischer Wasserversorgungen aus Laufbrunnen erreicht der Rohrleitungsbau eine neue Dimension, die allein schon durch die nun verwendeten Materialien sichtbar wird. War bei den Klosterleitungen vor-

Abb. 25 Alzey, ehem. Kloster St. Johann, Kontrollbecken im Verlauf der Tonrohrleitung (Foto: Ch. v. Kaphengst)

Abb. 26 Mönchengladbach-Rheydt. Kontrollbecken im Verlauf der Tonrohrleitung

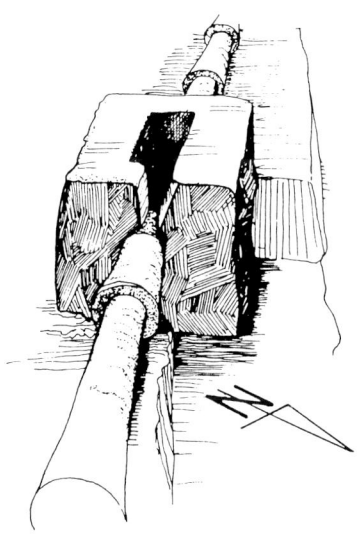
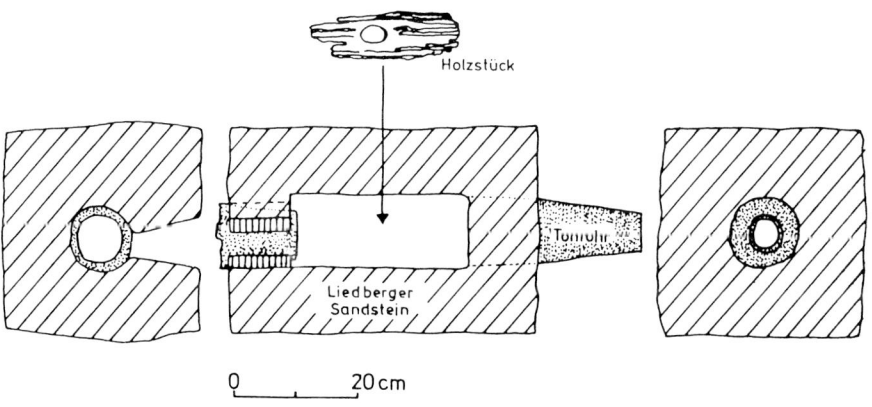
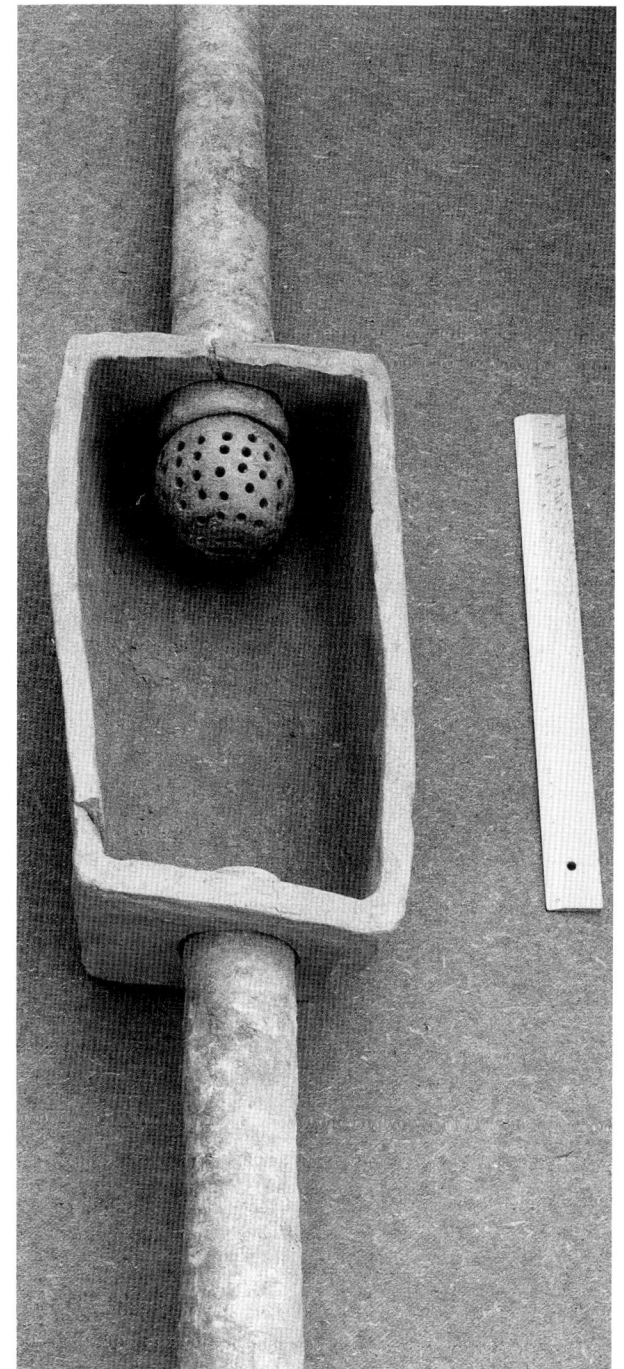

nehmlich Blei verwendet worden, so finden wir nun in der Hauptsache Holzrohre wieder, wobei sowohl Eichen als auch Fichten und Föhren bearbeitet worden sind.

In der Anfangszeit wurden die Stämme der Länge nach gekappt, ausgehöhlt und mit Brettern wieder verschlossen *(Abb. 27)*. Dieses Verfahren war einfach, hatte aber den Nachteil, daß die Leitungen bald nach Ingebrauchnahme an den Nahtstellen undicht wurden. In dieser Hinsicht besser geeignet waren Röhren, die der Länge nach aufgebohrt waren *(Abb. 28)*. Die Stämme von 3–7 m Länge hatte man oftmals so zugeschlagen, daß sie einen quadratischen Querschnitt von 30–40 cm erhielten; die im Kernbereich des Holzes angebrachte Aufbohrung konnte im Durchmesser 10 cm und mehr aufweisen.

In Norddeutschland nannte man diese Rohre Piepen oder Pipen, in Süddeutschland Deicheln, Teicheln, Deucheln o. ä. Diese Holzrohre wurden meist durch eiserne Muffenkränze untereinander verbunden und bildeten so als geschlossene Leitung die sog. Röhrenfahrt. Ihre Haltbarkeit war unterschiedlich und hing einmal vom verwendeten Material ab, zum anderen aber auch vom Untergrund, in dem sie verlegt worden waren. So gibt es Nachrichten, daß Holzleitungen schon nach rund 20 Jahren zu erneuern waren, anderenorts sind mittelalterliche Holzrohre heute noch erhalten.

Die Technik der Aufbohrung von Baumstämmen ist auf verschiedenen zeitgenössischen Abbildungen illustriert, so daß wir uns darüber heute ein Bild machen können. Die Darstellungen der Verfahrensweisen zeigen allerdings un-

Abb. 24 Regensburg, ehem. Kloster St. Emmeram. Rest der unter Abt Peringer II. in den Jahren 1179/80 gebauten Wasserleitung: Bleirohr in Steinbettung

Abb. 27 Lübeck, Holstentormuseum. Holzwasserleitung aus einer abgedeckten Rinne bestehend, Ende 13. Jahrhundert

Abb. 28 Rheinbach. Holzwasserleitung aus einem der Länge nach durchbohrten Baumstamm bestehend, undatiert

terschiedliche Entwicklungsstufen in der jeweils angewendeten Technik.

Die mit einer Haspel angetriebene Bohrmaschine aus NÜRNBERG (Abb. 29, um 1430) mutet in dieser Entwicklungsreihe noch etwas einfach an.[82] Und bis zu den Erfindungen Leonardo da Vincis auf diesem Gebiet sollte es noch ein weiter Weg sein – aber damit befinden wir uns dann auch schon in einem neuen Zeitalter.[83]

In einer weiteren frühen Darstellung, kurz vor 1433 datiert, ist uns schon eine mechanische Vorrichtung zur vertikalen Aufbohrung eines Stammes von unten nach oben überliefert (Abb. 30). Diese Abbildung gehört heute zu den Beständen des Kunsthistorischen Museums WIEN.[84] Da sie dort in einer waffentechnischen Sammlung zu finden ist, hat man in der Vorrichtung gelegentlich die Darstellung einer Technik der Aufbohrung von gegossenen Geschützrohren gesehen. Sowohl die Art der Halterung für den aufzubohrenden Gegenstand jedoch, als auch der dargestellte Transport eines solchen durch einen Arbeiter läßt allerdings eher vermuten, daß es sich bei dem zu bearbeitenden Material um einen Holzstamm gehandelt haben muß.

Der Antrieb des Bohrers erfolgte durch eine mit Wasserkraft betriebene Turbine.[85] Diese war äußerst einfach konstruiert: Sie bestand aus vier Holzblättern, die vertikal um die Turbinenwelle an deren unterem Ende angebracht waren. Das Aufschlagwasser wurde über eine hölzerne Schußrinne herangeführt, prallte gegen die Turbinenblätter und setzte dadurch den Bohrer in Drehbewegung. Der auf diese Weise vertikal von unten nach oben geführte Bohrer höhlte den Baumstamm aus. Daß dabei die Späne aus dem Bohrloch herausfallen konnten, vereinfachte die Arbeitsweise.

Ein horizontales Verfahren wurde in LÜBECK angewendet, wie wir in der Stadtansicht von Elias Diebel von 1552 dargestellt sehen (Abb. 31).[86] Dabei soll uns die nachmittelalterliche Datierung dieses Vorgangs nicht stören, denn er zeigt uns eigentlich nur, daß dieses Verfahren auch in der Neuzeit noch angewendet wurde. In Diebels Abbildung dient ein kreuzförmiger Griff am Ende eines Bohrers zwei Männern zur gleichzeitigen Bearbeitung eines Eichenstammes. Und bei Georg Agricola (1556) können wir sehen, wie auf einem Gestell festgebundene Stämme mit verschiedenartigen Löffelbohrern von Hand aufgebohrt werden (Abb. 32).[87] So oder ähnlich dürften auch die Rohre der früheren Holzleitungen aufgebohrt worden sein. Denn wenn Konrad von Megenberg in seinem Buch von der Natur schon 1349/50 schreibt: *„aber daz wazzer, daz man in Kupfer laitet, ist gar poes und schad, und daz man in plei laitet, ist pezzer; daz in hülzeinn roern von vörhem holz* (Föhrenholz) *gelaitet wirt, ist aller pest, wan daz holz gar luftig"*, dann liegt in dieser Aussage doch schon eine empirisch erschlossene Einschätzung vor, die auf Erfahrungen aus noch früher liegenden Wasserleitungsbauten aufbaut.[88]

Einige Rätsel gibt ein baugeschichtlicher Befund in den mittelalterlichen Mauern der Mildenburg in MILTENBERG auf. Aus der Ursprungszeit der Burg um 1200 stammt der noch erhaltene eindrucksvolle Bergfried.[89] In dessen Umfassungsmauern sind an mehreren Stellen steinerne Wasserleitungsrohre verbaut worden, allerdings in zweiter Verwendung lediglich als Mauersteine (Abb. 33 und 34).

Es handelt sich dabei um einen halben Meter lange Sandsteinquader, die der Länge nach aufgebohrt worden sind und deren Aufbohrungen einen Durchmesser von ca. 4 cm aufweisen. Zur ehemaligen Verbindung der Rohre war an deren beiden Enden die Öffnung erweitert und eine Art Muffe hineingearbeitet worden. Reste der originalen eisernen Verbindungsstücke sind an manchen Rohren noch zu sehen; wie auch an einer dünnen Kalkablagerung im Inneren deutlich erkennbar ist, daß diese Rohrstücke irgendwann einmal als Wasserleitung in Betrieb gewesen sind.

Ihre Zeitstellung ist unbekannt. Da die Mildenburg in ihrer jetzigen Substanz im 14. Jahrhundert erbaut wurde, muß die Erstverwendung der Rohre früher gelegen haben. Die Druckleitung – um eine solche hat es sich der Leitungstechnik nach gehandelt – könnte demnach zum Vorgängerbau der jetzigen Burg gehört haben. Als Möglichkeit nicht auszuschließen ist aber auch die These, sie könnte aus der abgegangenen Baumasse eines der beiden in der Mainniederung gelegenen ehemaligen Römerlager stammen. Wie dem auch sei, es handelt sich bei diesen Rohren um Relikte aus einer Zeit, die zumindest vor dem 14. Jahrhundert gelegen haben muß.

Viele der zuvor beschriebenen Rohre haben zu Druckwasserleitungen gehört. Um das Funktionsprinzip einer solchen Röhrenfahrt zu beschreiben, sei das Beispiel der kleinen Allgäuer Gemeinde FAISTENOY herangezogen. Die Leitung ist zwar nur wenig genau zu datieren, dafür aber exem-

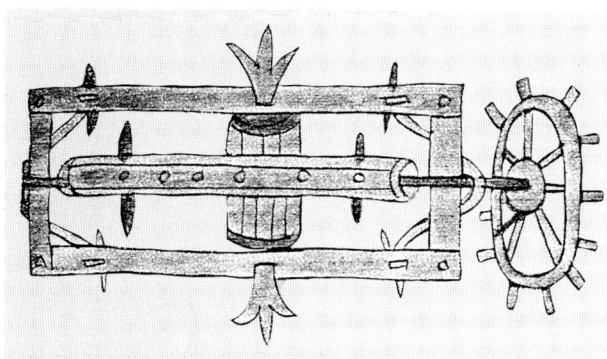

Abb. 29 Nürnberg. Mit einer Haspel angetriebene Bohrmaschine zur Deichelherstellung, um 1430 (n. F. M. Feldhaus)

Abb. 30 Mit Wasserkraft betriebene Bohrmaschine zur Deichelherstellung; Handschrift um 1420 (Kunsthist. Museum Wien, WS cod. 5014, fol. 11)

Abb. 31 Lübeck. Aufbohrung der Holzstämme mit Deichelbohrern von Hand (Stadtansicht von Elias Diebel, 1552)

Abb. 32 Deichelherstellung; Aufbohrung der Holzstämme von Hand (Georg Agricola, 1556)

Abb. 33 Miltenberg. Blick von der Mildenburg über die Stadt; im Vordergrund die Umfassungsmauer der Burg mit verbauten Steinrohren

plarisch in der Ausführung. Sie wird des öfteren als „eine der ältesten Wasserversorgungen Deutschlands", als „uralt" oder gar in die römische Zeit datiert; wir wollen uns hier lediglich der Einschätzung anschließen, eine äußerst interessante Anlage – möglicherweise aus dem 14. Jahrhundert – vor uns zu haben.[90]

In Faistenoy wird das Wasser aus hochliegenden Quellfassungen in Holzrohren zu einem Verteilerturm geführt, wo es in einem Steigrohr 3 m hoch gedrückt wird *(Abb. 35)*. Dort füllt es einen runden Verteilerkasten, in dem das Wasser durch metallene Fallrohre in die von hier abgehenden Hausleitungen überläuft. Diese bestehen wiederum aus Holzrohren, die zu den einzelnen Höfen führen. Über ein etwas größer dimensioniertes Fallrohr wird Wasser für ei-

Abb. 34 Miltenberg. Die Muffenverbindung zweier Steinrohre; in den Mauern der Mildenburg verbaut

nen weiteren Wasserturm abgezweigt, von dem aus einzeln liegende Höfe mit Wasser versorgt werden. Im Prinzip haben wir hier tatsächlich die römische Art der innerstädtischen Wasserverteilung vor uns; die entsprechende Datierung der Anlage von Faistenoy erscheint allerdings allein deshalb fragwürdig, weil es in römischer Zeit an diesem Ort kaum eine dörfliche Ansiedlung gegeben haben wird, und im Falle eines zu versorgenden Einzelhofes würde gar kein Grund für eine Wasserverteilung vorgelegen haben.[91]

Die Wasserversorgung von Faistenoy funktioniert allerdings heute noch wie in alter Zeit, und auf dem Speicher manchen Hauses findet sich einer der Deichelbohrer, mit denen noch vor wenigen Jahren die Holzrohre für die Leitung hergestellt wurden *(Abb. 36)*.

Ein bemerkenswerter Fund stammt von Schloß DILLENBURG. Das dort gefundene Eisenrohr ist in Gußtechnik hergestellt worden und auf das Jahr 1455 datiert.[92] Derartige Rohre wurden zu einer Leitung ineinander gesteckt, sie unterscheiden sich nur durch das Material von den ansonsten in dieser Zeit noch allgemein gebräuchlichen Tonrohren.

3.3 Die Klöster

Während sich die Städte nur zögernd einer kollektiven Form der Wasserversorgung zuwandten, scheint es für die Klöster an vielen Orten völlig selbstverständlich gewesen zu sein, daß z. B. der Brunnen des Waschhauses im Kreuzgang von außen über eine Druckrohrleitung gespeist wurde. Im Regelfall bestand dieses Rohrnetz aus Bleileitungen. In der kleinen, in sich geschlossenen Gemeinschaft eines Klosters, die zudem Zugang hatte zu den auch die Technik betreffenden literarischen Quellen, in der auch die Möglichkeiten zum Gedankenaustausch mit anderen Klöstern bestanden, hat diese Art der Wasserversorgungs-

Abb. 35 Faistenoy (Allgäu). Verteilerturm der alten Wasserversorgung: Das mittig angebrachte Steigrohr füllt ein kleines Freispiegelbecken, von wo aus durch kleiner dimensionierte Fallrohre die verschiedenen Hofbrunnen versorgt werden

Abb. 36 Bohrlöffel eines Deichelbohrers, 19. Jahrhundert (Privatbesitz, Faistenoy)

Technik offensichtlich zu allen Zeiten ihre Anwendung finden können.

Es ist schon bemerkenswert, daß über die Kontakte der Klöster offenkundig ein Weg vorhanden war, die Kenntnisse von der Technik einer solchen Einrichtung zu bewahren und weiterzugeben. Verfolgt man die Nachrichten von Wasserleitungen in Klöstern und Kirchen vom frühesten Mittelalter bis zu den ersten öffentlichen Einrichtungen, so ergibt sich ein erstaunlich geschlossenes Bild, und man fragt sich, wie eigentlich die Zweifel an einem Technologietransfer aus der Antike – zumindest bezüglich der hier zu beschreibenden Techniken – überhaupt aufkommen konnten.

Neben den nachfolgend exemplarisch angeführten Belegen für exemplarische klösterliche Wasserversorgungen sei auf weitere im Bildanhang näher erläuterte Beispiele verwiesen: die Klöster Heisterbach, Groß-Comburg und Hirsau in Deutschland sowie Canterbury und Mount Grace Priory in England.

In Deutschland sind mit St. Emmeram und Prüfening zwei Befunde klösterlicher Wasserversorgungen aus REGENSBURG bekannt, die ihren Ursprung im 12. Jahrhundert haben. Am Beispiel St. Emmerams wird einmal die Wertschätzung erkennbar, die eine dermaßen aufwendige Einrichtung der Wasserversorgung von entfernt liegenden Quellen in einem mittelalterlichen Kloster erfahren konnte. Wie sonst wäre zu erklären, daß man in der Inschrift auf dem Grabstein des Abtes Peringer II. (Abt von 1177–1190) als dessen Hauptleistung den Bau „der bleiernen Wasserleitung" festgehalten hat.

Die Brunnenstube dieser Leitung ist heute noch erhalten und für die Wasserversorgung in Betrieb. Sie liegt im Ortsteil Dechbetten etwa 3 km Luftlinie vom ehemaligen Kloster entfernt und versorgte dieses über eine Druckrohrleitung aus Blei, die bei Tiefbauarbeiten immer wieder angeschnitten wird. Erst jüngst kam auf diese Weise wieder ein Teilstück an das Tageslicht; zusammen mit einem älteren Rohrfund ist es im Kreuzgang von St. Emmeram ausgestellt. Besonders das ältere der beiden Fundstücke läßt einen guten Einblick in die Technik der Rohrlagerung und -verlegung zu: Es liegt in einer aus Bruchstein gefertigten Halbschale von 1,50 m Länge und 0,50 m Breite, wo es in eine Tonpackung eingebettet war, und ist mit einer Steinplatte gleichen Materials abgedeckt. Dieser Befund macht ersichtlich, wie man die Leitung ehemals abgedichtet hat *(Abb. 37)*.

Das Bleirohr mit einem Innendurchmesser von 0,08 m (außen 0,10 m) ist in Gußtechnik hergestellt worden. Da andere Fundstücke derselben Leitung aus langen schmalen Bleiplatten zusammengebogen und der Länge nach verlötet worden sind, kann es sich bei dem Gußrohr möglicherweise um ein Reparaturstück handeln. Gleichwohl ist im Übergang von verlöteten Rohren zu Gußrohren nicht unbedingt ein technischer Fortschritt zu sehen, da beide Herstellungsarten schon aus der Antike bekannt sind.

Zeugnisse vom Bau dieser Wasserleitung gibt der zuvor erwähnte Grabstein des Abtes Peringer (gestorben 1201) in

Abb. 37 Regensburg. Bleirohr der Wasserleitung des Klosters St. Emmeram (Foto: L. Wagmüller)

hume Ehrung des Abtes durch die Mitbrüder macht aber auch die Anerkennung der technischen Leistung mit ihren segensreichen Auswirkungen deutlich *(Abb. 38)*.

Zur Datierung dieser Leitung dient in erster Linie die Peringer-Inschrift. Aber noch weitere Befunde geben Datierungshilfen. So wies die Emmeramer Brunnenkapelle baustilistische Elemente auf, die im Vergleich mit anderen romanischen Bauten eindeutig in die 2. Hälfte des 12. Jahrhunderts einzuordnen sind. Darüber hinaus ist auch das Weihedatum des Altares in der dem hl. Michael geweihten Kapelle über dem Fließbrunnen urkundlich für das Jahr 1189 belegt, weshalb der Bau dann 1179 erfolgt sein müßte. Andere Bauelemente deuten für die Brunnenkapelle auf ein Baudatum um 1210 hin.[93] Es ist also nicht auszuschließen, daß die unter Abt Peringer gebaute Wasserleitung ihr Brunnenhaus erst unter seinem Nachfolger erhielt. Ein akuter

Abb. 38 Regensburg. Grabstein des Abtes Peringer II. (gest. 1201) mit Erwähnung der in seiner Amtszeit gebauten bleiernen Wasserleitung

der Apsis der Ramwoldkrypta von St. Emmeram. Die darauf befindliche Inschrift zeigt deutlicher als die Überreste der Wasserleitung es vermuten lassen könnten, welchen Stellenwert Planung und Bau der Leitung im täglichen Leben des Klosters und besonders für das Wirken dessen Vorstehers hatte. Denn von den Bauwerken, die unter Peringer in Angriff genommen wurden, fand auf seinem Grabstein nur die Wasserleitung Erwähnung:
„ANNO·DNI·M·CC·I·IIII·ID·IAN·O·SCE·MEM·
PNGV·ABBS·HVI·LOCI·QVI·FEC·AQ·DVCTŪ·
PLŪBEVM."

Neben seinen Sterbedaten sagt uns die Inschrift, daß er es war, „der die bleierne Wasserleitung baute". Diese post-

Abb. 39 Regensburg. Bronzewechsel der Wasserleitung von St. Emmeram (Foto: L. Wagmüller)

Abb. 44 Maulbronn. Wasserbauliche Maßnahmen des Klosters zur Fischzucht und Wasserversorgung im Tal der Salzach: 1–3, Grabensystem zur Sammlung von Oberflächenwasser; 7, Tiefer See (Landesdenkmalamt Baden-Württemberg)

Abb. 46 Maulbronn. Gotische Brunnenkapelle im Kreuzgang

Abb. 47 Maulbronn. Brunnen im Kreuzgang

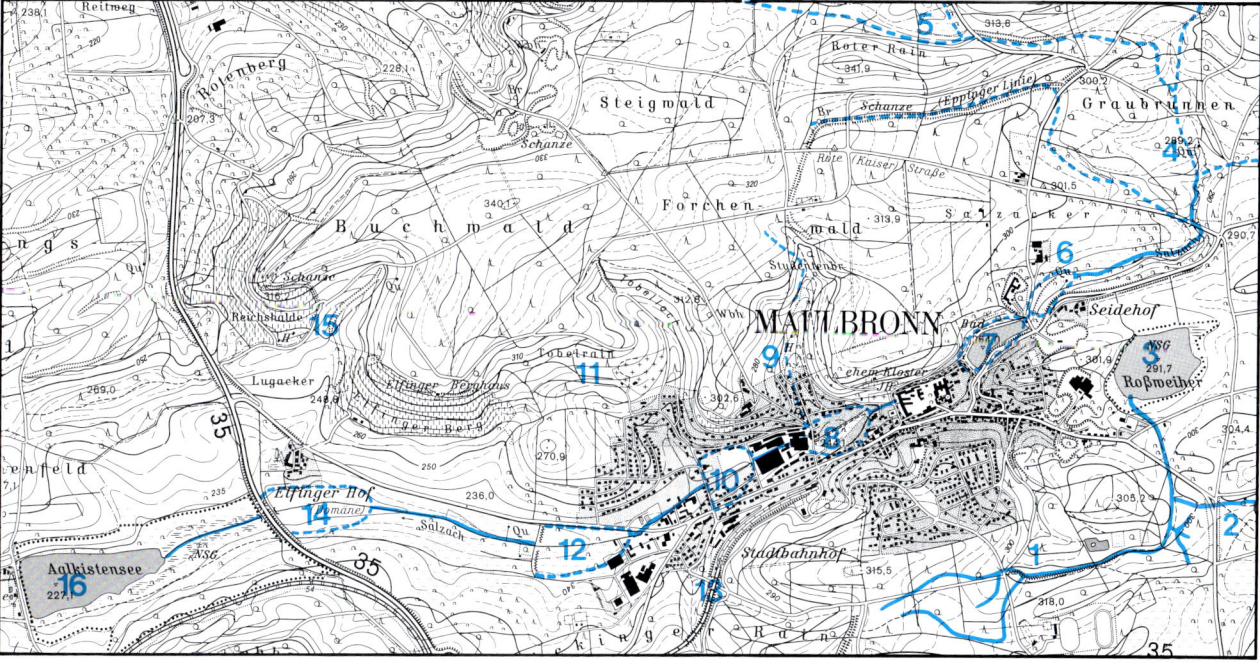

Gleich an die Mauer angelehnt finden wir die Mühle des 13. Jahrhunderts, und an deren Ostwand ist sowohl die Schußrinne als auch das Achslager des Mühlrades noch zu sehen. Der Kanal und die Wasserbrücke außerhalb der Mauer sind heute trocken und dienen als Spazierweg *(Abb. 48 u. 49)*. Bei dem für die Mühle überlieferten relativ späten Baudatum (1553) kann es sich eigentlich nur um die Nachricht von einer baulichen Erneuerung handeln.

Unterhalb des Mühlrades verschwand das Wasser in einem Kanal im Untergrund, der sich mit dem vom Pfründhaus kommenden Hauptkanal vereinigte. In diesem Hauptkanal, der unterhalb verschiedener Klostergebäude talwärts verlief, wurde das für die Trinkwasserversorgung nicht benötigte Wasser abgeführt. Auf seinem Weg passierte dieser Kanal die ehemalige Abtswohnung, das Herrenrefektorium, die Küche und das Laienrefektorium, wobei er Abwasser und Fäkalien abführte. Noch innerhalb des Klostergeländes nahm dieser Kanal, neben dem Wasser des Mühlengrabens, einen an der Südmauer geführten und innerhalb des Klosters verdohlten Bachlauf auf. In seinem weiteren Verlauf verzweigte sich der Kanal noch einmal, um die Abwasser der Schmiede und anderer Ökonomiegebäude aufzunehmen. Außerhalb der Klostermauern flossen die gesamten Abwasser des Klosters in das natürliche Bett der Salzach.[101]

Das mittelalterliche Kanalsystem Maulbronns, das aus groben Bruchsteinen gesetzt worden war, ist im 19. Jahrhundert neu ausgebaut worden. Die dabei erreichte absolute Dichtigkeit des Kanals verhindert als Nebeneffekt das Einsickern von Grundwasser, wodurch aber auch die ehemalige Drainagefunktion der Kanäle verlorengegangen ist. Das wiederum führt heute zu Problemen mit dem Mauerwerk der Klosterbauten durch Feuchtigkeit.

3.4 Die Burgen

Die mittelalterlichen Burgen, als wehrhafte Anlagen, benötigten nicht nur in kriegerischen Zeiten, sondern auch für den alltäglichen Bedarf neben der Versorgung mit Nahrung und Brennholz vor allen Dingen eine „sichere" Trinkwasserversorgung. Diese Versorgung mit dem Grundlebensmittel Wasser war durch eine technische Einrichtung allerdings besonders für die Zeiten sicherzustellen, in denen die Burg von einer Belieferung von außen unabhängig sein mußte; das war im Belagerungsfall überlebenswichtig. Die Versorgung mußte, um solcher Anforderung zu genügen, durch den örtlichen Gegebenheiten entsprechende bauliche Einrichtungen sichergestellt werden.

Bei der Versorgung durch eine mobile Anlieferung des Wassers von außen bedurfte es einer durchdachten Organisation, um die Anlieferung und Vorratshaltung auch in Krisenzeiten zu gewährleisten, wobei u. U. Verträge, Verpflichtungen und Wasserrechte die stetige Versorgung sicherstellen mußten. Darüber hinaus mußte für den Belagerungsfall eine Wasserbevorratung möglich sein.

Die technischen Möglichkeiten der Wasserversorgung von Burgen waren zwar recht eingeschränkt, aber dennoch wird in der technikgeschichtlichen Betrachtung in dieser Hinsicht eine erstaunliche Vielfalt offenbar. Im wesentlichen können wir die externe von der internen Wasserversorgung unterscheiden. Dabei war die Versorgung von außen immer mit einem gewissen Unsicherheitsfaktor behaftet, der nur durch Bevorratung des herangeführten Wassers im Inneren der Burg zu beheben war.

Nach der sich bietenden Befundlage sind folgende Techniken zu unterscheiden, wonach das Trinkwaser

a) über Rohrleitungen von außerhalb der Burg liegenden Quellen oder Bächen herangeführt,

b) von außen in Behältern herangetragen oder -gekarrt,

c) aus Brunnenschächten gefördert oder

d) in Zisternen gesammelt werden mußte.

a) Die Wasserversorgung einer Burg durch Rohrleitungen war für mittelalterliche Verhältnisse eine hochtechnische Lösung. Auf diese Weise konnte Wasser im Überfluß herangeführt werden, dazu noch in einer Qualität, die zwar abhängig von der zur Versorgung ausgesuchten Quelle, aber damit auch in etwa selbst zu bestimmen war. Bei dieser Art der Versorgung, die u. U. auch die Betreibung eines Druckleitungssystems zuließ, handelte es sich ohne Zweifel um eine komfortable und auch repräsentative Bedarfsbefriedigung, die man sicherlich nur allzugern in jeder Burg verwirklicht hätte. Dagegen sprach aber in vielen Fällen die Höhenlage einer Burg z. B. auf einem Bergkegel, wodurch der Bau einer solchen Leitung technisch gar nicht möglich war und zum anderen der Zwang zur Sicherstellung der

Abb. 48 Maulbronn. Mühlgraben und Wasserbrücke vor der Klostermauer

Abb. 49 Maulbronn. Mühle (13. Jahrhundert); Schlußrinne und Achslager des Mühlrades sind noch erkennbar

Versorgung auch in Krisenzeiten, wenn eine solche Fernwasserleitung gegen Zerstörungen durch den Feind nur schwer zu schützen war. Beide Gründe sprechen dafür, daß solche Rohrleitungssysteme nur selten gebaut worden sind.

Ein geradezu klassisches Exemplar finden wir in der Großen Harzburg (BAD HARZBURG).[102] Obwohl die Burg mit einem Tiefbrunnen ausgestattet gewesen war, hat man zur Versorgung der Burg noch eine Fernleitung verlegt, die aus 1.300 m Entfernung im Kleinen Spüketal aufgestautes Quellwasser herleitete (s. a. Beitrag v. R. Busch im Bildanhang).

b) Konnte man Bäche oder Quellen nutzen, die aber von ihrer topographischen Lage her nicht geeignet waren, mit der Burg durch eine Rohrleitung verbunden zu werden, so blieb nichts anderes übrig, als das Wasser durch Träger oder Tragtiere heranschaffen zu lassen. Meist waren es bei dieser Art der Wasserversorgung Quellen oder Bäche in den Tälern zu Füßen der Burgen, aus denen das Wasser mit Krügen geschöpft und in diesen oder anderen Behältnissen zur Burg getragen wurde. Zahlreiche Hufeisenfunde in mittelalterlichen Burgen lassen darauf schließen, daß dieser Transport in der Regel mit Eseln durchgeführt wurde. Die schmalen Pfade mit ihren starken Steigungen – oftmals heute noch

Eselsweg genannt – waren für eine andere Transportart auch gar nicht geeignet.

A. Satrapa-Schill[103] hat eine ganze Reihe von Belegen für diese Art der Wasserversorgung auf Burgen zusammengetragen. Das geht von im Jahre 1348 belegten zeitlich begrenzten *„Wazzerlehen"* für Burg Niesten, wo ein 60 m unterhalb der Burg gelegenes Wasservorkommen nur bei Anwesenheit des Bischofs auf der Burg das Wasser für die Küche zu liefern hatte, bis zur ständigen Verpflichtung, einen solchen Wassertransport durchzuführen. Letzteres ist mannigfach belegt, wobei zumeist auch sichergestellt war, daß diese Versorgung nicht nur in Friedenszeiten vonstatten ging, sondern daß in Kriegszeiten für einen Wasservorrat in der Burg gesorgt war.

Das Wasserholen oblag entweder dem Personal der Burg oder war Untertanen aufgebürdet, die in Abhängigkeit zur Burg standen. Beispiele, in denen für diesen Dienst Strecken von mehreren Kilometern bei Höhenunterschieden von mehr als 50 m zurückzulegen waren, machen deutlich, daß diese Art der Versorgung eine echte Last war, die einen Mann samt seinem Esel mehrere Stunden pro Tag binden konnte.

c) Sicherer war es allemal, das Wasser im Burggelände selbst zu gewinnen, da dies Unabhängigkeit auch in Kriegszeiten garantierte. Die exponierte Lage besonders der Höhenburgen machte bei dieser Art der Wasserversorgung oftmals gewaltige Tiefbauarbeiten erforderlich. Dabei beeindruckt vielerorts besonders die in felsigem Grund erreichte Tiefe, während anderenorts, wo der Brunnenschacht aus Holz zu bauen gewesen war, die Qualität der Zimmermannsarbeit bewunderungswürdig erscheint.

Der Lübecker Burgbrunnen, aufgrund dendrochronologischer Untersuchungen sicher auf das Jahr 1155/56 zu datieren, war bei seiner Ausgrabung derart gut erhalten, daß hier sowohl ein guter Einblick in die Technik mittelalterlichen Brunnenbaus wie auch in die Handwerkskunst der Holzbearbeitung möglich war (s. o.).

Ein weiteres Beispiel mittelalterlichen Brunnenbaus soll die Problematik der Wasserversorgung genauer weiterverfolgen, um damit eine mögliche Technik der Wasserverteilung innerhalb einer Burg zu beschreiben. DOVER CASTLE (GB) ist wegen seiner herausragenden geschichtlichen Bedeutung sicherlich kein allgemeingültiges Beispiel für die Wasserverteilung in einer mittelalterlichen Burg, dennoch gibt die hier verwirklichte Art der Technik einen Einblick in das technisch Machbare dieser Zeit *(Abb. 50)*.

Der gewaltige Wohnturm (*„Keep"*) ist unter Heinrich II. in den 80er Jahren des 12. Jahrhunderts gebaut worden.[104] Der Wasserversorgung diente einmal die im 2. Obergeschoß angelegte Zisterne. Von größerer Bedeutung ist allerdings der im selben Geschoß untergebrachte Brunnen (*„Harold's Well"*), der fast 100 m tief in den Felsen hinabreicht.[105] Die Brunnenöffnung war von einem eigens der Wasserförderung dienenden Raum aus zugänglich; hier war auch Platz genug zur Unterbringung einer Fördereinrichtung, die bei einer solch großen Förderhöhe vorhanden gewesen sein muß.

Beachtenswert ist nun aber besonders die Einrichtung der Wasserverteilung in Dover Castle: Gleich neben der Brunnenöffnung ist in einer hierfür vorgesehenen Mauernische ein steinernes Becken untergebracht, in dessen Bodenplatte die Öffnungen für zwei Rohranschlüsse eingelassen sind. Das Becken mag ehemals mit Bleiplatten ausgeschlagen gewesen sein; jedenfalls sind hier auch heute noch zwei Bleirohre angeschlossen, von denen eines etwas unterhalb des Beckens in einem Wandaufbruch einzusehen ist. Dort sieht man, wie dieses Rohr hergestellt worden ist, nämlich durch Umbiegen von länglichen Bleiplatten um einen Holzstock und Verlöten der Nahtstellen – eine Herstellungsart, die uns bereits aus der Antike bekannt ist. Der Durchmesser der Rohre beträgt 8 cm *(Abb. 51)*.

Das aus dem Brunnen geschöpfte Wasser wurde in das Verteilerbecken geschüttet, von wo aus dann zwei Zapfstellen versorgt werden konnten. Natürlich mußten diese Entnahmestellen tiefer liegen als der Ausgangspunkt der Rohre im 2. Obergeschoß, und so ist es nur folgerichtig, daß wir einen der Endpunkte der beiden Rohre im 1. Obergeschoß über einem Waschbecken in der Küche und die zweite Zapfstelle im Erdgeschoß in einem Raum auf der entgegengesetzten Seite (in der Südecke) der Burg vorfinden. An diesen Zapfstellen beträgt der Durchmesser der Rohre noch knapp 3 cm.

Diese Art der Wasserförderung und -verteilung in einer mittelalterlichen Burg ist sicherlich in Dover Castle nicht für sich alleinstehend, jedoch sind der Erhaltungsgrad der Anlage und die Möglichkeit, den Verlauf der Rohrleitungen der Trinkwasserversorgung durch eine so riesige Burganlage zu verfolgen, von einzigartiger Instruktivität. Da die Leitungen in den enorm dicken normannischen Mauern der Burg verlegt worden sind, ist ihre Bauzeit ohne Zweifel in die Jahre 1181–1188 zu datieren.

Repräsentative Formen der Wasserversorgung von mittelalterlichen Burgen sind natürlich auch in deutschen Bauwerken zu finden. Die HARZBURG ist ein Beispiel dafür, aber auch Burg TRIFELS bei Annweiler (Rheinland-Pfalz).

Die mittelalterlichen Anfänge dieser für die Betrachtung der deutschen Geschichte wichtigen Burg gehen auf das 11. Jahrhundert zurück.[106] Unter Kaiser Heinrich IV. taucht der Trifels wiederholt in Urkunden auf, da hier mehrmals Gegner des Kaisers im Investiturstreit gefangengesetzt waren. 1125 übergibt Heinrich V. die Reichsinsignien zur Verwahrung auf den Trifels, wo sie für 173 Jahre sicher verwahrt sein sollten. Mit der Gefangensetzung des englischen Königs Richard Löwenherz (1193) tritt der Trifels in das Rampenlicht der europäischen Geschichte. Das für Richard erzielte Lösegeld versetzt Kaiser Heinrich VI. in die Lage, einen Feldzug nach Italien durchzuführen. Der dabei erbeutete Normannenschatz wird bis zu seiner Rückführung 1221 auf dem Trifels verwahrt.

Es ist also eine der bedeutenden deutschen Burgen, die wir auf dem Trifels vor uns haben. Gerade deshalb darf man den repräsentativen Charakter, der in der Art der Wasserversorgung dieser Burg zum Ausdruck kommt, nicht verkennen. Ihre geographische Lage machte die Wasserversorgung nicht einfach, denn, auf einem Buntsandsteinfelsen 310 m über dem Städtchen Annweiler gelegen, waren hier natürliche Wasservorkommen nicht ohne weiteres zu nutzen. Der Versorgung des Viehs dienten offene Zisternen seitlich des Hauptaufgangs in der Burg, die von den Dächern mit Regenwasser gespeist wurden.

Der Versorgung der Burgbewohner diente in einer frühen Bauphase eine Zisterne, die unmittelbar an den Kernbereich der Burg angelehnt war. Sie lag südlich des Turmes in einem Areal, das nach Süden vom Wachthaus und zu den beiden anderen Seiten mit Mauern abgeschlossen war. Die Zisterne war bis zu einer Tiefe von 6 m in den Felsen hineingearbeitet; sie war innen mit Steinplatten auf einer Tonschicht ausgekleidet, um sie dicht zu halten. In der Mitte der Zisterne war in Trockenmauerwerk-Technik aus unvermörtelten Steinen ein Brunnenschacht aufgesetzt worden; der um den Brunnen in der Zisterne verbleibende Freiraum war mit Sand und Steinen verfüllt. Diese Art der Wassergewinnung in Filterzisternen wird w. u. noch ausführlicher beschrieben werden.

In der staufischen Zeit wurde die Wasserversorgung auf dem Trifels bezüglich ihrer Qualität und Quantität verbessert, dabei auch sicherer und vor allen Dingen repräsentativer. Nun geschieht die Versorgung durch einen Brunnenturm, der der Nordwestecke der Burganlage vorgelagert ist. Der quadratische Brunnenturm mit Grundmaßen von 8,5 m ragt 19,75 m in die Höhe und umschließt einen Brunnen mit einem Schacht von 79 m Tiefe. Zu datieren ist das Bauwerk aufgrund der verwendeten Buckelquadersteine in die Hohenstaufenzeit *(Abb. 52)*.

Ursprünglich muß der Turm noch einen Aufbau gehabt haben, in welchem das bei der vorgegebenen Tiefe des Brunnens für die Wasserförderung notwendige Tretrad untergebracht war. Die an die Wasserförderung ehemals anschließenden Versorgungseinrichtungen der Burg sind nicht mehr nachzuweisen; die zur Burg führende Brückenverbindung stammt vermutlich aus dem 15./16. Jahrhundert.

Die zuvor angeführten Burgbrunnen von Lübeck, Dover Castle und Burg Trifels stehen als exemplarische Beispiele für unterschiedliche Arten des Brunnenbaus. Sie stehen aber vor allen Dingen für eine burginterne Wasserversorgung, die Unabhängigkeit und Sicherheit in ihre Konzeption einschloß.

d) Ebenso unabhängig, aber nicht in gleichen Maßen sicher, war die Versorgung aus im Burggelände untergebrachten Zisternen. Diese Art der Wasserversorgung war notwendig, wenn durch den Bau von Brunnen selbst in großen Tiefen wasserführende Schichten nicht zu erreichen waren. In solchen Fällen konnten großvolumige Behälter aufgestellt oder besser unterirdische Becken angelegt werden, in die man das von den Burgdächern aufgefangene Regenwasser leiten konnte. In derartigen Tankzisternen, die innen sorgfältig mit hydraulischem Mörtel verputzt und außen mit Stampflehm abgedichtet waren, konnte das Wasser in der Regel kühl und frisch gehalten werden. Über einer in der Decke eingelassenen Öffnung war eine Fördereinrichtung aufzustellen, die denen an den Brunnen durchaus ähnlich sein konnte: Mittels Winden, Haspeln oder in Ein-

zelfällen sogar Treträdern, von Menschen oder Tieren bewegt, wurde das Förderseil mit dem daranhängenden Schöpfeimer zum Wasser hinabgelassen und wieder heraufgezogen. Einen besonders anschaulichen Brunnenaufbau mit Fördereinrichtung kann man auf der Hohensalzburg sehen *(Abb. 53)*.

Die Methode, Oberflächenwasser mittels Zisternen zu sammeln, hat aber beispielsweise in der Schweiz eine besondere Bedeutung gehabt, da im Jura und im Alpenraum – offensichtlich geologischen Gründen – Brunnen nur schwerlich zu bauen waren. Das in Zisternen gespeicherte Trinkwasser hatte allerdings in vielen Fällen den Nachteil, vom Staub der Sammelflächen ein wenig verunreinigt zu sein. Der Beseitigung dieses Mangels diente eine technische Einrichtung, die W. Meyer in der Schweiz an einigen Beispielen sehr anschaulich nachgewiesen hat, nämlich durch Einbau von großvolumigen Filtern, die in den Weg des Wassers von der Sammlung bis zur Förderung zwischengeschaltet waren.[107] Die Wassersammelbecken bestanden aus den üblichen Kammern, die – ebenfalls als Zisternen unterirdisch angelegt – eine Füllung von Sand und Steinen erhalten hatten. In dieser Füllung war ein schachtartiger Freiraum gelassen worden, der bis zur Sohle reichte.

Das Wasser wurde nun in das Filtriermaterial gegeben, von wo aus es zum meist mittig angebrachten Schacht durchsickerte und auf diesem Weg geklärt wurde. Der Filterschacht diente dann wie ein Brunnen der Wasserförderung, weshalb über ihm die übliche Fördereinrichtung angebracht gewesen sein muß.

Besonders eindrucksvolle Filterzisternen sind auf der Frohburg (Schweiz, SO) und auf der Alt-Wartburg (Schweiz, AG) ausgegraben worden, sie sind in das 12. und 13. Jahrhundert zu datieren *(Abb. 54)*.

Die Beispiele führen vor Augen, wie man in mittelalterlicher Zeit das Problem der Wasserversorgung auf Burgen angegangen ist. Besonderheiten waren bedingt durch topographische, geologische oder hydrologische Unterschiede des Siedlungsplatzes. Es wurde deutlich, daß Probleme nach den jeweils am Ort anstehenden Gegebenheiten pragmatisch gelöst worden sind. Jedenfalls hat man sich durch mangelnde natürliche Wasservorkommen in keinem Fall davon abhalten lassen, einen fortifikatorisch geeigneten Platz zum Bau einer Burg zu nutzen.

Abb. 50 Dover Castle (GB). In den Mauern des normannischen Burgturms steckt eine ausgeklügelte Wasserleitung

Abb. 51 Dover Castle (GB). Aus dem mit Brunnenwasser gefüllten Becken wurde das Wasser mit Bleirohren zu zwei Anschlußstellen geleitet

Abb. 52 Burg Trifels bei Annweiler. Der mächtige Wasserturm der Burg

Abb. 53 Salzburg. Fördereinrichtung über der mittelalterlichen Zisterne der Hohensalzburg

3.5 Die Städte

Die Anfänge städtischer Wasserversorgung im hohen Mittelalter kommen durch die archäologischen Stadtkernforschungen nach und nach immer deutlicher in unser Blickfeld. Dabei zeigt sich, daß die kollektive Wasserversorgung durch zentral versorgte Rohrleitungsnetze bei den mittelalterlichen Stadtneugründungen durchaus im Planungskonzept schon untergebracht sein konnte. In den bestehenden Städten hingegen mußte sich diese Technik erst langsam durchsetzen.

Im hohen Mittelalter ist auch in den Städten im einzeln genutzten Brunnen der Regelfall der Wasserversorgung zu sehen. Die Stadtkerngrabungen in HANNOVER brachten für die Wasserversorgung um 1200 interessante Ergebnisse.[108] So konnte man auf dem Marktplatz des 12. Jahrhunderts zwei dicht nebeneinander liegende Brunnen bestimmen. Im Wohnbereich der Stadt wurden fünf Hausbrunnen ausgegraben, die ebenfalls aus dem 12. Jahrhundert stammten und jeweils im Hofbereich der zu versorgenden Häuser gelegen haben. Dabei ließen sich sogar Rückschlüsse auf eine gewisse Einheitsbebauung ziehen, denn alle Brunnen lagen zwischen 19,00 m und 19,25 m von der Straßenfluchtlinie entfernt, und nach dem aus Funden für diese Zeit festliegen-

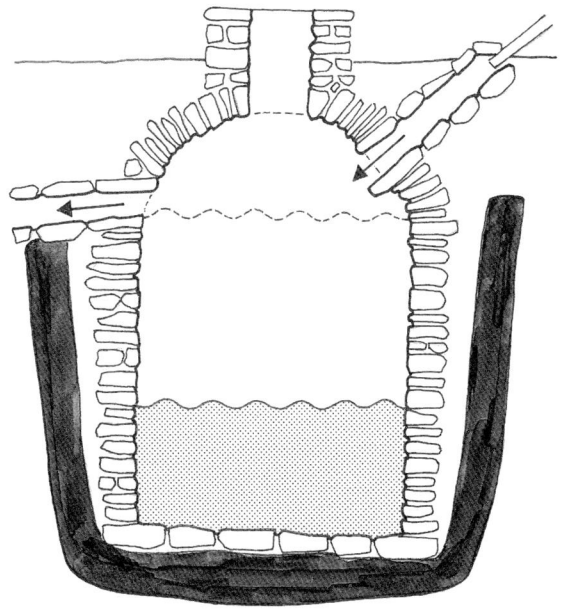

TANKZISTERNE

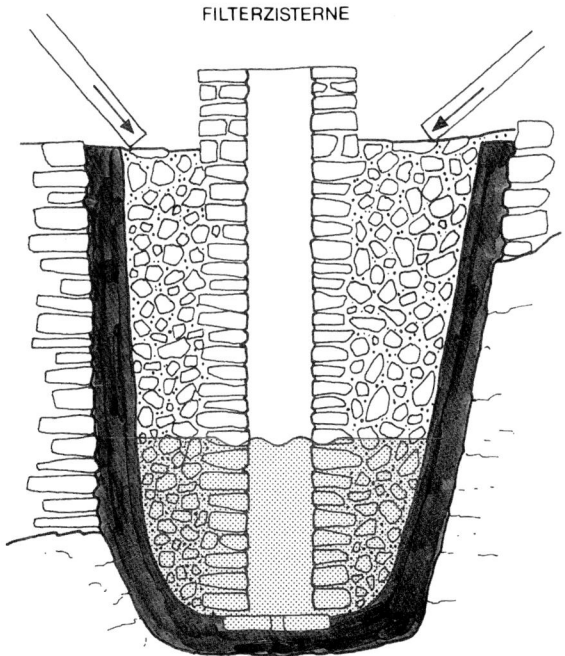

FILTERZISTERNE

den Fußmaß von 32,5 cm kann man sagen, daß diese Brunnen somit einheitlich 60 Fuß von der Straße angelegt worden sind.

Auch in REGENSBURG wird für das Mittelalter ein Schöpfbrunnen in fast jedem Haus vermutet.[109] Diese Annahme wird durch den Text einer auf 1286 datierten Urkunde bestärkt, in der eine „area" als Hofstätte definiert wird, die den Hof mitsamt seinem Brunnen beinhaltete. Hier waren die Brunnen allerdings meist im Haus untergebracht und in manchen Fällen gar vom Keller aus zugänglich.

Es ist bemerkenswert, daß im 12. Jahrhundert Urkunden kaum Auskunft über die Anlage und Nutzung von Brunnen geben. Das ändert sich mit dem Ende des darauffolgenden Jahrhunderts. Ab diesem Zeitraum ist es in den Städten nämlich zur Anlage von gemeinschaftlich genutzten Brunnen gekommen. Mit dem Übergang von der rein privaten Anlage und Nutzung von Brunnen zu einer in bescheidenen Maßen kollektiven Wasserversorgung wird dann zwangsläufig die Aufstellung von Regeln notwendig, um Streitigkeiten zu vermeiden. Das führte zum Abschluß von Verträgen oder zum Eintritt in Brunnengemeinschaften, die sich bereits festen Regeln unterworfen hatten.

Anders war die Lage in den Stadtneugründungen des hohen Mittelalters. Das wird besonders deutlich in den im 12. Jahrhundert in Süddeutschland gegründeten Städten der Zähringer und Staufer. Von den Errungenschaften der Technik in diesen Städten zeugen mancherorts, wie beispielsweise in FREIBURG im Breisgau, heute noch die durch die Stadtstraßen fließenden „Bächle". Diese dienten in erster Linie der Sauberkeit in den Städten, aber auch der Feuerbekämpfung. Im Gründungskonzept dieser hochmittelalterlichen Städtegründungen war aber nicht nur diese letztendlich auch der Hygiene dienende Maßnahme der Infrastruktur aufgenommen, sondern vielfach auch ein Rohrleitungssystem für die Trinkwasserversorgung.

Einen Sonderfall städtischer Wasserversorgung im hohen Mittelalter finden wir in Norddeutschland. Das herausragende Beispiel der Stadt GOSLAR ist hier anzuführen, obwohl die Datierung der Wasserversorgung dieser Stadt nicht ohne Zweifel möglich ist. Während die Anlagen an verschiedenen Stellen erst in das 14. Jahrhundert datiert werden,[110] wird an anderer Stelle in der Stadt schon um 1200 ein Rohrsystem vermutet.[111] Damit nähme Goslar in der

Abb. 54 Techniken der Wasserversorgung auf mittelalterlichen Burgen: oben Tankzisterne, unten Filterzisterne (n. W. Meyer)

Technikgeschichte eine besondere Rolle ein, die aber der „reichsten Stadt Sachsens", wie Otto von Freising Goslar 1175 nennt, doch durchaus zukäme.[112] Reichtum und Bedeutung der Stadt wurden natürlich maßgebend von zwei Faktoren bestimmt: den Erzvorkommen im Rammelsberg und der Residenz des Kaisers. Daß die frühe Datierung nicht unwahrscheinlich ist, findet seinen Ausdruck auch in der Herstellungszeit des (heutigen) Marktbrunnens (um 1200) und in der Tatsache, daß 1036 schon eine kleine Wasserleitung zum Palasthof gebaut worden war.

Anfangs versorgte sich Goslar aus der Gose, die in mehreren Armen durch die Stadt geleitet wurde. In der nächsten Versorgungsphase leitete man Gose-Wasser oberhalb der Stadt ab und führte es in sog. *Beeken*, offenen gepflasterten oder ausgemauerten Rinnen, durch die Gassen. Die Gose mußte aber auch sämtliche Abwasser vom Rammelsberg aufnehmen und entfiel deshalb gerade zur Blütezeit des Bergbaus als Trinkwasserlieferant in Stadtnähe. Man verlegte aus diesem Grunde die Flußableitung an eine Stelle oberhalb der verschmutzten Strecke und leitete das klare Wasser über einen Kanal den *Beeken* zu. Dieser Kanal speiste dann auch die Rohrleitungen des 13. Jahrhunderts, die bis in die zweite Hälfte des 19. Jahrhunderts in Betrieb waren. Deswegen ist eine Beschreibung dieses Rohrleitungssystems um 1800 noch durchaus authentisch und aufschlußreich:[113]

„In dem Gosestrome sind sowohl in als außerhalb der Stadt, die sogenannten Stöcke, von tannen Brettern, etwa zwei Fuß in der Länge und Breite hin und wieder eingesetzt, welche die Figur eines Kastens ohne Boden haben und auf allen vier Seiten mit verschiedenen Öffnungen zum Einströmen des Wassers versehen sind. Unter diesen Kästen liegen hölzerne Röhren, die einen Teil des Wassers auffangen und dasselbe wenige Fuß tief unter der Erde durch die ganze Stadt herumführen. Beinahe in jedem Haus oder dem ihm zugehörenden Hof ist zu dem Ende ein eichener Pfosten aufgerichtet, in welchem zwei Röhren in der Länge nach heraus und oben zusammengehen, in deren einer das Wasser vermöge seines natürlichen Druckes, den es durch seinen vorhergehenden Fall bekommt, hinaufsteigt und in den anderen herunterfällt. Die erste dieser Höhlungen steht gerade über derjenigen, die das Wasser herbeiführt und die zweite ist mit einer anderen Röhre in Verbindung gebracht, die das von oben herunterfallende Wasser aufnimmt und es dem benachbarten Hause weiterbringt . . .".

Die Leitungen waren aus Holzrohren gefertigt, die mit Deichelringen, hier *Bussen* genannt, verbunden waren.

Der heute auf der Mitte des Marktplatzes stehende zweischalige Bronzebrunnen muß, auch auf einem etwaigen früheren Standort in der Kaiserpfalz, immer von einer Druckrohrleitung gespeist worden sein, um seine Funktion überhaupt zu erfüllen. Die Brunnenschalen sind um 1200 aus Bronze gegossen worden, der Adler, der die Bekrönung des Brunnens bildet, ist um 1220 entstanden (*Abb. 55 u. 56*). Mit dem Verblassen der Kaiserzeit Goslars und den Anfängen der freien Reichsstadt wird der Brunnen dann spätestens an seinen Standort auf dem Marktplatz gekommen sein. Damit zählt er zu den ältesten Marktbrunnen Deutschlands.

4. Spätes Mittelalter

4.1 Städtische Wasserversorgung ohne künstliche Hebung des Wassers

Die Wende vom 13. zum 14. Jahrhundert ist auch die Zeit, in der im deutschsprachigen Raum das „Zeitalter der Wasserkünste" beginnt. Aber nicht überall hielt diese Technik Einzug – nicht überall war diese aufwendige Technik notwendig. Dort, wo die geländebedingten Voraussetzungen für eine Wasserversorgung der Städte günstig waren, bestand die Möglichkeit, das Wasser über eine Gefälleleitung von außerhalb heranzuführen.[114] Anderenorts wiederum trat bezüglich der Wasserversorgung überhaupt keine Entwicklung ein, man blieb bei der Versorgung aus Brunnen, bis es Ende des 19. Jahrhunderts zu einem generellen Ausbau städtischer Versorgungen kommen sollte.

Die Beschreibung städtischer Wasserversorgungen auch des späten Mittelalters ist nicht immer einfach. Einer der Hauptgründe dafür liegt darin, daß die überkommenen Urkunden nur selten der Bedeutung der jeweiligen technischen Leistung gerecht werden. Wir sind jedoch auf diese

Abb. 55 Goslar, Marktbrunnen. Die Brunnenschale ist um 1200 gegossen worden

Abb. 56 Goslar. Der den Marktbrunnen bekrönende Adler entstand um 1220 (heute durch eine Kopie ersetzt)

Urkunden angewiesen, da nur in wenigen Fällen von diesen Anlagen heute noch bauliche Reste vorhanden sind. Die nachfolgenden Ausführungen sind deshalb ohne Rücksicht auf die tatsächliche Größe und Bedeutung einer Anlage nach deren erstem greifbaren Datum geordnet. Städte, die in Besitz einer Gefälleleitung waren, aber noch vor dem Ende des Mittelalters zusätzlich eine Wasserkunst erhielten, sind insgesamt im nächsten Abschnitt beschrieben (Städtische Wasserversorgung mit künstlicher Wasserhebung).

In BASEL bestanden in der zweiten Hälfte des 13. Jahrhunderts zwei Wasserleitungen, deren eine unter Beteiligung der Stadt für das Stift St. Leonhard errichtet worden war und 1265 schon bestand und deren andere, das Münsterwerk, 1266 vom Bischof und dem Domkapitel gebaut wurde.[115] 1316 übernahm die Stadt das Münsterwerk und 1455 auch die erstgenannte Leitung ganz in ihre Verwaltung.

KÖNIGSBERG soll 1255 durch Wasserleitungen versorgt worden sein, ohne daß weitergehende Angaben zur Technik gemacht werden.[116]

STRALSUND, dem 1259 geschlossenen Bündnis Lübecks mit Rostock und Wismar im Jahre 1283 beigetreten, wurde zu einer der Keimzellen der späteren Hanse. Die durch dieses Handelsbündnis beflügelte wirtschaftliche Entwicklung der Stadt fand ihren Ausdruck auch im Ausbau der städtischen Wasserversorgung. Dabei war die zur Anwendung gekommene Technik durch die geographische Lage der Stadt mitbestimmt. Jedenfalls ist schon vor 1250 von einer Fernleitung berichtet, die ihr Wasser aus dem am Stadtrand gelegenen Frankenteich bezog und es zahlreichen Fließbrunnen zuführte.[117]

Im Frankenteich dienten sog. Sodkästen der Wasserfassung. Dabei handelte es sich um in Ufernähe installierte Holzkonstruktionen, die aus brunnenähnlich zusammengefügten Bretterwandungen bestanden. Um das Wasser in die Sodkästen einströmen zu lassen, hatte man die Seitenwände mit Löchern versehen. Das auf diese Weise gewonnene Trinkwasser wurde in einer Röhrenleitung in die Stadt geführt, die nach der frühen Bauweise konstruiert war. Sie bestand also aus der Länge nach ausgehöhlten Baumstämmen, die mit Brettern zugenagelt waren. Die Unterhaltung dieser Leitung war ursprünglich eine Sache der Bürger gewesen, ging aber zwischen dem 15. und dem 16. Jahrhundert auf die Stadt über.

Eine Quellwasserleitung erhielt Stralsund „Anno 1418" als ein wandernder „Wasserkünstler" in die Stadt kam und sich erbot, eine solche Leitung von den Quellen am Galgenberg, der höchsten Erhebung der Stralsunder Feldmark, heranzuführen. Über die Technik der Wassergewinnung ist berichtet, daß man die Quellen gefaßt hat und oberhalb der Hauptquelle ein hölzerner Sammelbehälter angelegt wurde. Die angeschlossene Leitung führte geradewegs zu einem Springbrunnen in der Stadt; dessen Brunnenschale war der Verteiler, aus dem das Wasser über Zweigleitungen in die Keller der zu versorgenden Häuser unterverteilt wurde. Das nicht verbrauchte Überlaufwasser lief durch besondere Rohre zum Strand. Die Fertigstellung der Leitung ist für Dezember 1420 belegt, jedoch war die Freude an dieser komfortablen Versorgungseinrichtung nicht von langer Dauer, denn „in kordt verdarff idt".

Danach trat in der Wasserversorgung der Stadt dann zwangsläufig wieder der Zustand ein, der schon vor dem Bau dieser Leitung bestanden hatte: die Versorgung durch Fließbrunnen aus der älteren Leitung.

Dieser Zustand sollte sich erst durch die Verwirklichung von zwei neuen Projekten ändern: einer 1575 durch den Wismarer Kunstmeister Hans Fritz konzipierten, aber erst neun Jahre später fertiggestellten Quellwasserleitung, die dann aber den Erwartungen doch nicht entsprach, und der 1690 gebauten Wasserkunst am Kütertor. Letztere war im Zuge des Wiederaufbaus nach der dreitägigen Beschießung durch den großen Kurfürsten 1678 und der großen Feuersbrunst 1680 angelegt worden.

Für FREIBURG ist auf das Jahr 1317 belegt, daß von einer bestehenden städtischen Leitung eine Röhre für die Augustiner-Eremiten abgezweigt wird.[118] 1333 stellt man in Freiburg einen Brunnenmeister ein, der die Wartung der bereits vorhandenen Leitungen besorgen soll. Eine Urkunde von 1349 belegt, daß die Juden der Stadt der Brunnenvergiftung bezichtigt werden. Wenn auch von den Leitungen recht frühe Belege vorhanden sind, so wissen wir von den Quellfassungen nur, daß sie mit Steinen abgedeckt waren – nichts hingegen über ihre Lage. Da die in Frage kommenden Quellen vermutlich im Mösler oder am Bronnberge und damit am linken Dreisam-Ufer lagen, müssen die von ihnen ausgehenden Leitungen den Fluß auf Brücken überquert haben.

1501 liefert der Hafnermeister Ulrich aus Saulgau 7000 Tonrohre von je 2½ Schuh Länge, mit denen eine Holzleitung ersetzt werden sollte. Das Unternehmen wurde jedoch aufgegeben, da die Leitung nicht dicht zu bekommen war. Nachdem das gesamte Deichelnetz im Dreißigjährigen Krieg verkommen war, wurde es 1665 erneuert; über diese Arbeiten gibt es einen Situationsplan, der auf das Jahr 1677 datiert ist.

Die technischen Fertigkeiten der Freiburger Brunnenmeister waren auch anderenorts gefragt, denn oftmals wurde die Stadt um Überlassung der ansässigen Fachleute gebeten. Nach Urkunden ist ein Einsatz auf Wunsch des Rates von Basel in dieser Stadt für 1407 belegt, später noch in Rappoltsweiler für 1514 und 1546, in Pforzheim 1549 und 1552 in Emmendingen. Die Ziehbrunnen in Freiburg, hier „Sodbrunnen" genannt, wurden neben den Rohrleitungen intakt gehalten, um sie in Notzeiten benutzen zu können.

Für SCHAFFHAUSEN (1315),[119] FRANKFURT (1342)[120] und ÜBERLINGEN (1375)[121] sind jeweils Brunnenbauten im Zusammenhang mit Wasserleitungen erwähnt.

In WÜRZBURG lagen die Quellen, welche die Stadt hätten versorgen können, zwar zu tief für die Anlage einer Gefälleleitung, und eine künstliche Hebung ist erst für 1617 angezeigt, aber die Festung Marienberg erhielt schon ab dem Jahre 1320 ihr Wasser durch eine Bleileitung vom benachbarten Dorf Höchberg aus.[122]

Von den drei für die Trinkwasserversorgung BRAUNSCHWEIGS geeigneten Quellen sind schon im Mittelalter zwei gefaßt und deren Wasser über Röhrenfahrten in die Stadt geleitet worden. Zuerst wurde 1332 der „Jödebrunnen" gefaßt und von hier ausgehend eine 110 m lange Holzrohrleitung zum Hagenmarkt verlegt, wo sie aus einem ebenfalls hölzernen Pfosten Wasser spendete.[123] Um die

Quelle war ein 24 x 5,6 m großes Geviert aus Holzbohlen errichtet worden, in welchem sich das Wasser 1,3 m hoch ansammelte. Eine 0,7 m starke und 2,3 m hohe Schutzmauer aus Bruchsteinen faßte das Quellgebiet im Abstand von 2,5–3 m von der Bohlenwandung ein. Die Quelle lag 5 m höher als der Endpunkt der Leitung, deren Rohre einen konischen Längsschnitt aufwiesen und darin im lichten Durchmesser von 14,2 cm auf 8,2 cm abnahmen. Über Revisionsschächte war das Innere der Röhre zugänglich, und zweimal jährlich wurde mit hölzernen Ruten eine Reinigung vorgenommen.

Die zweite Leitung vom „Jödebrunnen vor dem Hohen Tore" wird 1345 erstmals erwähnt. Die Quelle war mit Kalksandsteinen gefaßt und speiste eine 2000 m lange Holzrohrleitung zum Altstadtmarkt. Der 1951 nach ihrer Kriegszerstörung an alter Stelle wiedererrichtete Brunnen stammt in seiner ursprünglichen Form aus dem Jahre 1408.

Eine Verlängerung dieser Leitung versorgte noch einen Brunnenstock auf dem Kohlmarkt; auch dieser ist schon früh (1391) erwähnt. In den Ratsbüchern der Stadt finden die Brunnen in Zusammenhang mit Rechtsstreitigkeiten wieder Erwähnung, so etwa in den Jahren 1338 und 1354.[124]

Die Anfänge der DANZIGER Wasserversorgung liegen in der Zeit der deutschen Ordensherrschaft, wobei eine Flußableitung aus der Radaune die Versorgung gewährleistete. Der 1338 gebaute offene Kanal begann bei Gischkau und leitete Radaune-Wasser in die Stadt, wodurch der Betrieb der Mühlen, aber auch die Trinkwasserversorgung sichergestellt war. Später wurde von den Ordensrittern ein neuer Radaune-Kanal gebaut, der bei Praust seinen Anfang nahm.[125]

Von der 1593 gebauten Tempelberger-Leitung sind erstmals genauere Einzelheiten bekannt. Danach bestand die Leitung aus ca. 36 Fuß langen Holzrohren von 15–20 Zoll Durchmesser. Die Aufbohrung hatte eine lichte Weite von 4–5 Zoll (= 10–12 cm). Diese Leitung speiste vor allen Dingen die öffentlichen Brunnen, aber auch einzelne Patrizierhäuser.

Wichtige Quellen für die mittelalterliche Stadtgeschichte NÜRNBERGS sind die Baumeister- und die Röhrenmeisterbücher.

Das älteste Baumeisterbuch wurde unter Lutz Steinlinger 1452 begonnen, besonders ausführlich sind allerdings die unter Endres Tucher in den Jahren von 1464 bis 1470 angelegten Bücher,[126] die sich bezüglich der Wasserversorgung der Stadt besonders auf die 1459 von Heinrich Scharpf begonnenen Röhrenmeisterbücher beziehen. Hauptanliegen dieser Bücher war es, für die jeweiligen Amtsnachfolger der Bau- und Röhrenmeister die notwendigen Kenntnisse bereitzustellen, die sie bei der Ausübung ihres Amtes benötigten.

Äußerst aufschlußreich ist allein schon die in den frühen Büchern genannte Anzahl der für die Versorgung der spätmittelalterlichen Stadt bereitstehenden Brunnen und Wasserleitungen. An öffentlichen Brunnen werden genannt: 50 auf der Sebalder Seite der Stadt und 49 in der St. Laurentius-Pfarrei. Da vier Brunnen ausdrücklich als außer Betrieb bezeichnet sind, standen somit für die Versorgung 95 Brunnen verschiedenster Ausführung und Bauart bereit, wobei anzumerken ist, daß die vielen Brunnen auf privatem Grund gar nicht mitgezählt worden waren. Weiterhin ist angemerkt, daß die allgemeine Zugänglichkeit eines Brunnens dadurch gewährleistet war, daß er auf öffentlichen Grund und Boden angelegt worden war. Wer den Bau des Brunnens veranlaßt oder bezahlt hatte, war also nicht maßgebend.

Besonders interessant sind die in der Aufstellung genannten öffentlichen Wasserleitungen, von denen 15 auf der Sebalder Seite ihren Ursprung hatten und zwei in der Laurentius-Pfarrei. Da auch hier eine Anlage als außer Betrieb befindlich bezeichnet ist, gab es also insgesamt 16 funktionierende „rörn", wie es bei Tucher heißt. Eine Besonderheit in der Art der Wassergewinnung liegt in der Geologie des Geländes begründet. Dort, wo Quellen nicht genutzt werden konnten, hatte man zur Wassergewinnung Stollen in den anstehenden Sandsteinfelsen (Keuper) vorgetrieben. Dabei galt es, die im Fels in verschiedenen Höhen vorhandenen Lettenlagen zu durchschneiden, denn diese waren wasserundurchlässig, und auf ihnen sammelte sich das durch den Sandstein sickernde Wasser, das für die Versorgung zu nutzen war.

Die älteste Röhrenwasserleitung hatte allerdings nicht den Rat der Stadt als Auftraggeber, sondern war eine private Stiftung für das Spital zum Heiligen Geist. Die Erbauungszeit der Spitalleitung läßt sich nicht exakt festlegen, jedoch ist sie durch die Daten der Baugeschichte des Heilig-Geist-

Spitals eng einzugrenzen. Da die Leitung in der Stiftungsurkunde des Spitals nicht erwähnt ist, scheint es wahrscheinlich, daß sie nicht zeitgleich mit den in den Jahren 1332 bis 1339 durchgeführten Bauarbeiten errichtet wurde. Andererseits war sie nach Ausweis der Urkunden aber 1368 bereits in Nutzung, so daß ihre Erbauungszeit etwa um die Mitte des 14. Jahrhunderts anzusetzen ist.[127] Die Leitung versorgte sich aus zwei Quellen beim „Siechgraben", dem späteren Landgraben.

Welche der öffentlichen Wasserleitungen Nürnbergs nun tatsächlich die älteste ist, bleibt eine Streitfrage, da die diesbezüglichen Urkunden nicht immer eindeutig sind. Ebenso ist in den Urkunden nicht immer der Bau der Anlage beschrieben, sondern oftmals eine erst später durchgeführte Reparaturmaßnahme, so daß man in einem solchen Fall lediglich einen Zeitpunkt nennen kann, zu welchem die Leitung mit Sicherheit in Betrieb gewesen ist.

Bezüglich der Zuleitung des *Schönen Brunnens* ist die Datierung wohl geklärt. Der 1385–1396 im gotischen Stil gebaute Brunnen war ein eindrucksvoller Blickfang auf dem mittelalterlichen Hauptmarkt und dabei repräsentativer Ausdruck von Reichtum und Macht dieser Stadt in ihrer Blütezeit; er ist heute noch ein Wahrzeichen der Stadt *(Abb. 57)*. Die Urkunden belegen, daß die Zuleitung zum Brunnen im Jahre 1388 gebaut worden sein muß, und zwar bezieht sie ihr Wasser aus in Gleishammer liegenden Quellen. Diese Wasserzuführung weist interessante technische Elemente auf, die bei Tucher schon beschrieben sind, aber bei späteren Umbaumaßnahmen noch aufgedeckt worden sind.

Von Anfang an bestand die Zuleitung aus zwei nebeneinander verlegten Holzrohrsträngen, von denen die eine *„zu dem oberen geheus"* (Tucher), also zu den Laufröhren im Turm, und die andere zu den Laufröhren der Brunnenschale führte. Tucher beschreibt auch den weiteren Weg des Wassers sehr detailliert; danach geht eine der Röhren *„von dem rindlein aussen im pflaster also auf dem gewelb piss zu der andren staffeln aus dem schön prunnen, und unter derselben steinen staffeln geet das wasser aussen umb den schön prunnen kasten gerings hinumb, alles in pleien rören. und von derselben pleien rören ist das wasser in acht teil geteilt, also das es in dem gemeur des prunnenkastens in pleien roren auf geet in die acht pfeillerlein, die aussen am kasten steen und wasser geben auss dem undern gehäus . . . Item so geet die andern hultzen rören, die do leit gegen des Schoppers haus auch biss an das gewelb unter dem pflaster, darauf der schön prunnen steet, und von dannen geet dasselb wasser zwischen dem untern gewelbe und dem öbern wasserkasten piss mitten in den schön prunnen, da geet es in einer pleiern rören durch die mittler seul im wasserkasten auf in das öbere geheus; do ist es geteilt in acht teil, von dannen geet es in den wasserkasten in acht rören."*

Das Abfallwasser des Schönen Brunnens wurde über drei an die Brunnenschale angeschlossene Leitungen zu weiteren Wasserstellen transportiert. In diesem Zusammenhang ist eine Einrichtung interessant, die in einer Zeichnung von 1770 *(Abb. 58)* dargestellt, aber auch bei Tucher schon beschrieben ist. Dabei handelt es sich um ein neben dem Brunnen unter Pflasterniveau installiertes Becken, das unterirdisch an die beiden hölzernen Brunnenzuleitungen angeschlossen war. Von diesem Becken aus führen drei Abgänge zu den Abfalleitungen des Brunnens. Bei Tucher ist nur der Anschluß an eine der Abfalleitungen beschrieben, so daß die beiden anderen Anschlüsse in der Folgezeit eingebaut worden sein müssen.

Der Sinn dieser technischen Einrichtung ist bei Tucher nicht erklärt, er mag aber in dem Wunsch begründet liegen, die Versorgung der dem Schönen Brunnen nachgeschalteten Entnahmestellen auch bei Reparaturarbeiten am Brunnen gewährleisten zu können. Vermutlich wird der Brunnen im Winter abgestellt worden sein; auch in diesem Fall war über den unterirdischen Wasserkasten die Versorgung der nachgeordneten Wasserstellen möglich.

Tuchers Beschreibungen ist zu entnehmen, daß die Zuleitungen im Brunnen sämtlich aus Holz gefertigt waren, lediglich zum Brunnen bestanden die Leitungen aus Blei. Spätere Urkunden (1538 und 1595) berichten davon, daß Holzleitungen gegen bleierne ausgetauscht worden seien. Für das Jahr 1811 ist die Gesamtzahl der Anschlüsse an den Schönen Brunnen überliefert; von den genannten 25 Anschlüssen führten fünf zu öffentlichen Brunnen und einer in ein öffentliches Gebäude. Die Leistung des Schönen Brunnens wird mit 107 l/min angegeben.

Die im Urkundenbuch von 1395 genannte Hieserlein-Leitung hat allein schon von ihren Dimensionen her nicht die Bedeutung der Schönbrunn-Leitung. Möglicherweise mag

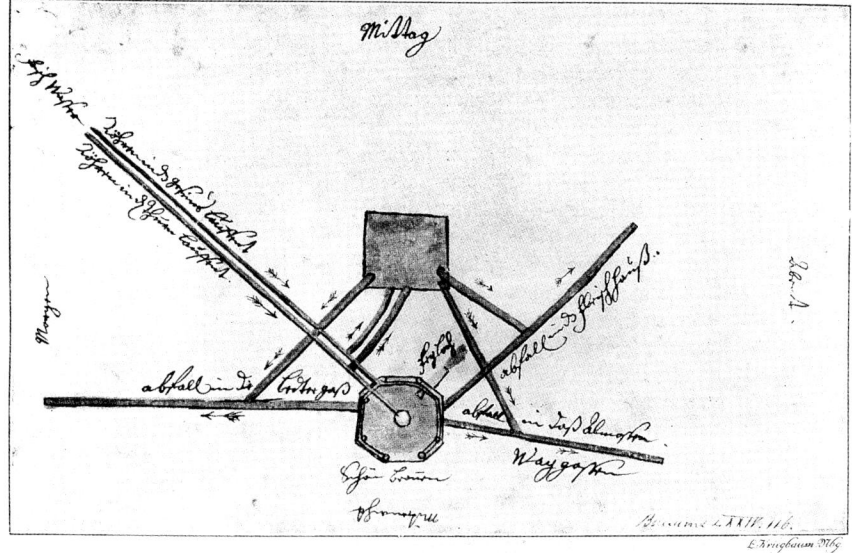

Abb. 57 Nürnberg. Schöner Brunnen. Ende 14. Jahrhundert. Die Wasserzuführung ist auf das Jahr 1388 datiert (Bildstelle Stadt Nürnberg)

Abb. 58 Nürnberg. Schöner Brunnen, Wasserzuführung und -ableitung in einer Skizze von 1770. Im Winterbetrieb waren die nachgeschalteten Anschlüsse auch bei abgestelltem Brunnen zu versorgen (Stadtarchiv Nürnberg)

sie aber schon vor dieser gebaut worden sein; ihr exaktes Baudatum ist leider nicht überliefert. Nach Tuchers Beschreibung führten die „*rören des Hyserleins*" Wasser von zwei Quellen heran und mußten in ihrem Verlauf die Pegnitz auf der „*neugeschutten prucken*" (Maxbrücke) überqueren. Am Ende der reichsstädtischen Zeit wurden die Ausmaße der Leitung ermittelt und mit 212 m Holz- und 18 m Bleileitung angegeben; die Schüttmenge wurde mit 32 l/min festgestellt.

Von den übrigen Druckwasserleitungen des mittelalterlichen Nürnberg seien die Schildbrunn-Leitung, die Leitung aus dem Mohrenkopf-Graben und die Loch-Wasserleitung angeführt (alle 1459 nachgewiesen). Letztere bezog ihr Wasser aus einer Sickergalerie in der Form eines unterirdischen Ganges, der in den Felsen unter der Burg vorgetrieben worden war. Ursprünglich war die Leitung nur bis zum Milchmarkt (Albrecht-Dürer-Platz) verlaufen, später durch einen unterirdischen Gang bis zum Rathaus verlängert worden, wo sie beim Gefängnis austrat – daher auch der Name der Leitung.

Um die Ausmaße der für Nürnberg gebauten Wasserleitungen zu beschreiben, seien die Werte der 1811 gemachten Bestandsaufnahme erwähnt. Danach bestanden zu dieser Zeit noch 8,577 km Holz- und 3,754 km Bleileitungen, die von der Stadt zu unterhalten waren.

Die Stadt BERN erhielt 1393 ihren ersten Laufbrunnen.[128]

1395 ist durch eine Urkunde belegt, daß die Stadt LUZERN bereits über eine öffentliche Wasserleitung verfügte.[129]

In LÜNEBURG wird 1397 der Bau von zwei Wasserleitungen für die obere und die untere Stadt belegt. Es handelt sich um den „Schierbrunnen" und den „Kranken Heinrich". Aber bereits Anfang des 14. Jahrhunderts soll eine Wasserleitung von der Ratsmühle zum neuerbauten Kloster Heiligenthal geführt haben.[130]

Ohne weitere Daten werden im 15. Jahrhundert die Wasserleitungen von HILDESHEIM[131] und GRÜNBERG[132] genannt.

In ZÜRICH erlaubt der Rat 1425 einem seiner Mitglieder, aus den „tücheln" des Stadtbrunnens in des Bürgermeisters Garten Wasser abzuleiten, ein eindeutiger Hinweis auf das seinerzeitige Bestehen einer öffentlichen Leitung[133] (s. Beitrag von E. Suter im Bildanhang).

Für KONSTANZ ist für das Jahr 1442 eine Wasserleitung verbürgt, darüber hinaus verbietet eine Ratsverfügung des Jahres 1433 u.a. das Waschen „bei einem Brunnen".[134]

Die Wasserleitungen im ostwestfälischen BIELEFELD sind nicht nur in die nachmittelalterliche Zeit zu datieren, wenn auch die älteste Primärquelle über die Neuverlegung der ersten Leitung erst auf den 25.9.1591 bezogen ist. In einer Akte von 1780 findet sich nämlich die Notiz, daß für diese Leitung eine landesherrliche Bestätigung bereits vom „Montag nach Corpus Christi 1452" vorgelegen haben soll. Diese Akte ist aber heute nicht mehr vorhanden, und die späteren Wasserleitungen datieren erst auf die Jahre 1620 und 1623.[135]

Mit der frühneuzeitlichen Wasserversorgung SCHLESWIGS soll die Liste der öffentlichen Leitungen ohne künstliche Hebung des Wassers abgeschlossen werden. Erst in den 30er Jahren unseres Jahrhunderts fand man in Schleswig unter *Fragmentarischen Hebungsregistern* versteckt die Originalakten aus der Bauzeit der Wasserleitung vom Pipenteich: das *„Pipen-Register, angehaven Fridag vor Matins Dage anno XVCXVI"* (1516).[136]

Darin sind teilweise die Arbeiten, vor allen Dingen aber die Kosten der Anlage und sogar deren Aufteilung beschrieben: Jeder Hausbesitzer hatte 1 bis 4 Schilling für die Pfeifenbäume zu bezahlen. Für 1521 sind 170 Hausbesitzer aufgeführt, die 1 oder 2 Schilling „*Watergeld*" bezahlt haben; damit sind fast alle Grundstücke der Altstadt an diesem Unternehmen beteiligt gewesen. Aber nicht nur die Einnahmen, auch die Ausgaben sind belegt: *„Item uthgegewen vor 10 Bome (Baumstämme) 3 Mk. 4 Schilling. Item vornoget Las Hennecksen, dat he, sulf drede, bocrede (durchbohrte) die Bome en jeder 7 Dages vor Arbeidslohn und vor Kost und Beer en jedem 4 Schillinge, ys tosamen 3 Mk. 4 Schilling. Item noch verdrunken in der Porten 4 Witte (Silberpfennige) Beer"*.

Im Pfeifenteich mit seinen Quellen lag der Kopf der Leitung. Der Teich war erst durch einen Geländetausch in den Besitz der Stadt Schleswig gekommen, *„dewyle eyn Radt und ganze Gemeynte en Pipendik the Notruffth des Waters nicht entbehren konnen, sundern indieken und stouwen mußten"*. Seinen Namen hatte der *Pipendik* von den in seinem Wasser gelagerten Holzrohren, die man vor ihrer Verlegung auf diese Weise vor dem Austrocknen schützte.

4.2 Städtische Wasserversorgung mit künstlicher Hebung des Wassers

Nicht von ungefähr finden wir in der Liste der Städte mit „Wasserkünsten" die norddeutschen Städte besonders stark vertreten. Das hat seinen Grund in der topographischen Lage der jeweiligen Städte zu möglichen Wasserdargeboten, und diese war auf dem flachen Lande nun einmal ungünstiger als im Bergland, wo Quellen oder Flußableitungen in günstiger Höhenlage für die Wasserversorgung zu nutzen waren. Die Einführung von Wasserversorgungsanlagen mit künstlicher Hebung bedeutete für die betroffenen Städte einen gewaltigen finanziellen Kraftakt, der oftmals nur durch die Gründung von finanzstarken Betriebsgesellschaften zu bewerkstelligen war. Daß dabei die gewerblichen Hauptwasserverbraucher häufig federführend waren, ist in vielen Verträgen aktenkundig geworden. Besonders die Bierbrauer, als Lieferanten des im Mittelalter zu den Grundnahrungsmitteln zählenden Getränkes, haben großen Bedarf an frischem Wasser gehabt und deshalb erheblich zur Entwicklung der Wasserversorgungstechnik beigetragen.

Unter den schon frühzeitig über eine Wasserkunst versorgten Städten nimmt LÜBECK einen besonderen Rang ein, da in dieser Stadt die Entwicklung der künstlichen Wasserhebung einen entscheidenden Impuls erfahren hatte. Lübeck wurde 1143 auf der durch den Zusammenfluß der Flüsse

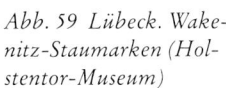

Abb. 59 Lübeck. Wakenitz-Staumarken (Holstentor-Museum)

Entnahme von Trinkwasser und den Betrieb von Wassermühlen genutzt worden.[137]

Die ersten Mühlen, vor 1181 und 1197 gebaut, wurden durch eine Sturmflut im Winter 1228/29 zerstört. Vor der Wiederherstellung der Mühlen wird mit Erlaubnis Kaiser Friedrichs II. und des Herzogs von Sachsen der Hüxterdamm aufgeschüttet. Beachtenswerte Urkunden dieser Zeit sind die zwei Staumarken des Jahres 1291, die heute im Holstentor-Museum aufbewahrt werden. Sie belegen, bis zu welcher Höhe die Wakenitz aufgestaut werden durfte. Das diesbezügliche Wasserrecht war der Stadt durch den Herzog von Sachsen und den Bischof von Ratzeburg erteilt worden. Dabei ist zu bedenken, daß die in unseren Tagen ermittelten Normalnull-Höhen für die durch die Marken festgelegten Stauhöhen (4,18 m ü. NN im Sommer und 4.09 m ü. NN im Winter) nicht nur relative Werte darstellen, sondern wegen der Küstennähe der Stadt durchaus absolut zu sehen sind *(Abb. 59).*

Schon durch den Bau des Hüxterdammes war das Wasser der Wakenitz also um rund 4 m gehoben worden, was den Bau eines zweiten Fleetes, das der Wasserversorgung dienen sollte, möglich machte. Hatte man sich bis dato aus Brunnen oder aus der Wakenitz direkt versorgt *(Waterfrorer* = Wasserträger werden schon im ältesten Lübecker Stadtbuch genannt), so sollte nunmehr eine komfortablere Art der Wasserversorgung möglich werden. Dem Antrag einzelner Bürger an den Rat, durch den man um die Erlaubnis zum Bau einer Wasserkunst nachgesucht hatte, war entsprochen worden, und nach Ausweis der Urkunden hat 1294 das aufgrund des Ratsbeschlusses gebaute Rad bereits bestanden. Diese Wasserkunst, die aus einem von der Wasserkraft der Wakenitz betriebenen Schöpfrad bestand, war also unmittelbar nach dem Bau des Hüxterdammes entstanden.

Durch diese Kunst waren nun über Holzleitungen auch oberhalb des Flußniveaus gelegene Stadtteile zu versorgen. Es werden aber nicht mehr als 200 Häuser gewesen sein, die angeschlossen waren, wobei die Brauer als Abnehmer schließlich namengebend (Brauwasserkunst) geworden sind. Die Leitungen, von denen ebenfalls ein Teilstück im Holstentor-Museum zu sehen ist, bestanden anfangs aus der Länge nach ausgehöhlten und mit Brettern wieder zugenagelten Baumstämmen *(s. Abb. 27).*

Da die Brauwasserkunst nur zur Wakenitz-Seite gelegene

Wakenitz und Trave gebildeten Landzunge gegründet. Die geographische Lage ließ eine Versorgung aus Quellen nicht zu, weshalb wir in Lübecks Frühzeit eine Versorgung der Stadt aus Brunnen und aus dem Fluß feststellen. Während die Trave der Schiffahrt diente, hier also Lübecks Hafen für den Ostseehandel lag, war die Wakenitz schon früh für die

Abb. 60 Lübeck, Stadtplan mit Eintragung des mittelalterlichen Rohrnetzes für die Trinkwasserversorgung (n. G. H. Jaacks)

1 .... Bürger- oder Kaufleute-Wasserkunst
2 ———— Brauer-Wasserkunst am Hüxterdamm
3 xxxxxxxx Brauer-Wasserkunst am Burgtor
4 — — — Glockengießerstraßen-Kunst
5 —·—·— Leitung auf dem langen Lohberg
6 ||||||||||| Leitung auf dem weiten Lohberg
7 ooooooooo Gröpelgruben-Kunst
● Brunnen

Häuser versorgen konnte, war eine Benachteiligung für die Bewohner der Trave-Seite der Stadt entstanden. Um diese – besonders wiederum für die Brauer – bestehende Versorgungslücke zu schließen, wird 1302 eine zweite Leitung gebaut. Die Höhenlage der aufgestauten Wakenitz machte eine Versorgung der auf der Trave-Seite gelegenen Häuser ohne künstliche Wasserhebung möglich *(Abb. 60)*. Nach den technischen Details ist diese „Brauwasserkunst vor dem Burgtor" eigentlich nie eine „Kunst" im Sinne von künstlicher Wasserhebung gewesen, sondern eine Flußableitung: Nach Passieren eines einfachen Klärkastens wurde das Wasser über eine 1840 m lange Rohrleitung zu den Abnehmern geführt.

Auch diese Leitung, die ihr Wasser aus dem Fluß vor den Türmen der Stadtbefestigung bezog, war anfangs aus Rohren der alten Bauart, also mit Brettern zugenagelten Holzrinnen, gebaut worden. Bei jeder Reparaturmaßnahme am Rohrnetz ersetzte man diese jedoch durch der Länge nach aufgebohrte *Pipen* (Deicheln).

In der Folgezeit muß die Brauwasserkunst am Hüxtertor in den Besitz des Rates übergegangen sein, denn durch Ratsbeschluß von 1419 wird dem Bischof, dem Probst und einigen weiteren kirchlichen Stellen erlaubt, Anschlußleitungen zu verlegen.

Vermutlich wurde das Schöpfrad im Jahre 1463 durch ein Pumpwerk ersetzt, denn für dieses Jahr sind bauliche Veränderungen an der Anlage erwähnt, die aufgrund von Vorschlägen des Stadtbaumeisters Hinrich Helmstede durchgeführt wurden.

1492 geht die Kunst in den Besitz der Brauer über, die nach wie vor ein großes Interesse an einer Belieferung mit frischen Wasser hatten.

Da die hochgelegenen Stadtteile, wo vor allem die Kaufleute Lübecks wohnten, von beiden Leitungen nicht versorgt werden konnten, begann man 1531 Verhandlungen mit dem Rat über den Bau einer weiteren Wasserkunst. Durch Ratsbeschluß von 1532 wurde die Walkmühle am Hüxtertor verlegt, um Platz für die neue Wasserkunst zu schaffen. Der Baumeister Claus Moller aus Hannover, der schon die Lüneburger Abtswasser-Kunst gebaut hatte, baute einen großen, steinernen Turm, in dem vier von Wasserkraft angetriebene Pumpen über zwei Steigrohre das Wakenitz-Wasser in einen 16 m hoch gelegenen *Kumm* (Wasserbehälter) förderten. Da damit der Ausgangspunkt dieses Versorgungssystems vier Meter über dem höchsten Punkt der Stadt lag, waren nunmehr alle Häuser über ein Rohrnetz zu versorgen gewesen. Die Kosten dieser am 22. Februar 1533 fertiggestellten „Kaufleute- und Bürger-Wasserkunst vor dem Hüxter-Tor" sind auf 8406 Mark *Lübsch* beziffert, deren Gegenwert man 1967 mit knapp einer Million D-Mark errechnet hat. Heute noch werden immer wieder Reste dieser Leitung gefunden, wobei sich zeigt, daß die Hauptbäume mit einer Länge von 7 m bei einem Innendurchmesser von 10 cm und die Nebenbäume mit einer Länge von 6 m gefertigt worden sind. Die Verbindungen der einzelnen Rohre bestehen aus Blei- oder Kupfermuffen.[138]

Die weiteren vier im 16. Jahrhundert angelegten Wasserleitungen seien der Vollständigkeit wegen erwähnt; es handelt sich um Flußableitungen.

In ULM läßt sich die erste Wasserkunst anhand ihres Standortes auf vor das Jahr 1340 datieren.[139] Dieses Werk im Gremlinger oder Grünen Turm, auch Oberes Werk genannt, war bei der in den Jahren 1140 bis 1340 erfolgten Stadterweiterung in die Stadtmauer eingebaut worden. 1470 dort ausgebaut, wurde das Werk in einem Gebäude innerhalb der Stadtmauer neben der Schwestermühle erneut installiert.

1423 erhält die Stadt HANNOVER vom Herzog von Braunschweig und Lüneburg *auf ewiglich* das Recht, den Dieckborn vor dem Dorfe Linden einzudeichen und dessen Wasser nach Hannover zu leiten.[140] Das Projekt wurde aber nicht durchgeführt, und so findet die Wasserversorgung Hannovers erst 1352 wieder Erwähnung, wenn es um das Schöpfrad an der Leine geht. Dieses diente allerdings nicht zur Einspeisung in eine Rohrleitung, sondern das Wasser wurde mit Wasserwagen in die Stadt transportiert. Mit diesem Rad wurde Wasser der Leine selbsttätig gehoben, was aber nur bei ausreichendem Wasserstand möglich war. Reichte der Wasserstand der Leine zum Betrieb des Schöpfrades nicht aus, mußte mit an Ketten hängenden Eimern mühsam von Hand geschöpft werden.

Die dadurch entstehenden höheren Förderkosten wurden auf den Endverbraucherpreis umgelegt. Und zwar erhöhte sich der Abnahmepreis für eine Tonne Wasser mit 200 Litern Inhalt am Ende der weitesten Transportstrecke in diesem Fall von 8 auf 9 Pfennig, insgesamt immerhin der Gegenwert für das Tagewerk eines Arbeiters von 12 Stunden. Die Schöpfanlage befand sich in einem von der Stadt gepachteten Wasserhof, „Wassertucht" genannt, und der Pächter unterhielt drei Wagen und zwei Pferdegespanne für den Wassertransport. Diese wurde dann mit dem Bau der ersten Piepenleitung Hannovers überflüssig. 1487 wurde das „Wasserwerk" an der Leine vergrößert und daran eine zum Piepenborn auf dem Marktplatz führende Leitung angeschlossen.

Mit der steigenden Beliebtheit eines neu auf den Markt gekommenen Getränkes wurde das für dessen Herstellung benötigte Wasser in Hannover wieder knapp. Aber schon ein Jahr nachdem der Hamburger Brauergeselle Corte Broyhan 1526 das später nach ihm benannte Bier erfunden hatte, waren sich in Hannover 300 Brauinteressenten einig, eine neue leistungsstarke Wasserkunst zu errichten.

Nach acht Jahren Bauzeit wurde 1535 ein Werk in Betrieb genommen, das zwar 80.000 Gulden gekostet hatte, dafür aber auch mit einer enormen Leistung aufwarten konnte: sechs mit Wasserkraft betriebene Pumpen förderten in 24 Stunden 8.000 Tonnen (vermutlich zu je 200 l) Wasser. Die angeschlossene Leitung füllte den in der Stadt gelegenen Hochbehälter, von dem aus zwei Hauptleitungen zu den 16 Verbrauchergruppen, auch hier Nachbarschaften genannt, abzweigten. In den Versorgungsbezirken waren jeweils 20

Brunnenständer verteilt, des weiteren eine Anzahl von Entnahmestellen im Falle einer Feuergefahr. Diese bestanden aus in die Straßen eingelassenen Gruben, in denen durch das Öffnen von Notstopfen in der Leitung Löschwasser in Eimern geschöpft werden konnte.

Bei Ausfall der Pumpen an der Leine hielt man als Notversorgung den Betrieb aufrecht, indem die Förderung von 80 Tagelöhnern in zwei Schichten zu 12 Stunden im Handbetrieb übernommen wurde.

Die Geschichte der Wasserversorgung BRESLAUS wird durch zwei Daten bestimmt: Da steht einmal das Jahr 1272, als Herzog Heinrich IV. (1266–1290) der Stadt im Rahmen von allgemeinen Wasserrechten auch das Recht auf die Anlage einer Wasserleitung verlieh; zum anderen das Jahr 1386, als in einer Nachricht von einer zu diesem Zeitpunkt bereits bestehenden Wasserkunst die Rede ist.[141] Dabei ist allerdings davon auszugehen, daß die älteren Wasserrechte vornehmlich der Verstärkung der Verteidigungsanlagen sowie einem Ausbau des Fischerei- und Mühlenwesens dienen sollten. Aber irgendwann zwischen 1272 und 1386 muß die Große Kunst nahe der Mühlenpforte errichtet worden sein, um Wasser aus der Oder zu fördern und damit ein aus Holzrohren bestehendes Druckleitungsnetz zu speisen.

Später werden die Urkunden präziser, so findet diese Hebeanlage 1445 als „Wasserhaus" Erwähnung. 1497 wird dann vom Abbruch der ersten Anlage und dem Neubau einer Großen Wasserkunst berichtet, die – einer kleinen Festung ähnlich – ganz aus massiven Steinen gebaut worden war. 1538 kommt es noch einmal zu einem Neubau; hierüber wird berichtet, daß als Fundamentierung 12.300 Eichenpfähle in den Uferbereich der Oder zu rammen waren. Als Baumaterial war das Steinmaterial verschiedener abgebrochener Gebäude wiederverwendet worden, so daß man in manchen Blöcken noch die romanische Steinmetzarbeit erkennen konnte. Dieses Werk war am 2. Dezember 1538 in Betrieb genommen worden und hat im Laufe seiner Geschichte noch manchen Umbau erfahren müssen.

Immerhin haben wir diese Große Kunst betreffend erstmals technische Daten überliefert bekommen. Danach wissen wir, daß das Wasserrad 48 Fuß (rund 15 m) hoch war und nicht etwa ein Pumpwerk antrieb, sondern das Wasser mittels 160 hölzerner Kannen förderte. Die Förderhöhe wird mit 28 Fuß genannt, und die Fördermenge soll max. mehr als 500 l/min betragen.[142] Von der Kunst aus führten fünf Rohrleitungsstränge (Geleite) über das Stadtgebiet, deren ältester den schon 1260 erwähnten Kuttelhof (Schlachthof) allein versorgte.

Zur frühen Wasserversorgung Breslaus gehört eine zweite Wasserkunst, die zwischen 1529 und 1539 erbaute Matthiaskunst. Ihren Namen hatte sie von ihrer Lage gegenüber dem Matthiasstift der Kreuzherren mit dem Roten Stern erhalten. Auch diese Kunst hatte bis zu ihrer Stillegung, die nach dem Bau des modernen Wasserhebewerkes am Weidendamm 1866-1872 erfolgte, eine wechselvolle Geschichte erfahren. In diesem Werk wurde das Wasser durch vier Kolbenpumpen auf etwa 11 m Höhe gefördert und zwar in einer Menge von max. knapp 900 l/min. Von der Matthiaskunst gingen vier Röhrenleitungen ab, deren erste das Stift der Kreuzherren versorgte.

Die Ursprünge der Wasserversorgung Breslaus sind zeitlich nicht so präzise zu fassen, wie an verschiedenen anderen Orten. Gleichwohl muß die Stadt in der Reihe der Städte genannt werden, die schon in mittelalterlicher Zeit mittels einer durch Wasserkraft betriebenen Hebeanlage über ein Druckleitungsnetz mit Trinkwasser versorgt worden sind.

Bedingt durch eine gute Quellenüberlieferung ist uns über die Geschichte der Wasserversorgung von BREMEN im späten Mittelalter vieles bekannt. Das betrifft besonders die Ende des 14. Jahrhunderts gegründete zentrale Wasserversorgung aus der Weser, die mit erheblichem technischen Aufwand bewerkstelligt worden war, und wodurch – wenigstens für einige Stadtteile und dort für die begüterten Anwohner – die tagtägliche Versorgung aus Brunnen ersetzt werden konnte.

Damit waren die Brunnen keineswegs überflüssig geworden, denn sie mußten auch weiterhin der Versorgung der weniger begüterten Bevölkerungsschichten dienen. Aber auch die an die zentrale Wasserversorgung angeschlossenen Haushalte haben ihre älteren Brunnen natürlich nicht zugeschüttet, um sich in Zeiten der Wassernot, aber auch im Brandfalle autark versorgen zu können. Die öffentlichen und privaten Brunnen waren bei einer Feuersbrunst wichtigste Hilfsmittel der Feuerbekämpfung, da die vom Rohrnetz bereitgestellte Wassermenge nicht kurzfristig zu steigern war.

Die ältesten Bremer Urkunden belegen, daß im Normalfall

ein Brunnen von mehreren Haushalten benutzt wurde und noch am Ende des 15. Jahrhunderts über das Altstadtgebiet nur elf öffentliche Brunnen verteilt lagen.[143] Die Brunnen wurden von Brunnengemeinschaften verwaltet und gewartet, und selbst Haushalte, die eigene Brunnen oder einen Anschluß an das Rohrnetz besaßen, waren ihrer Brunnengemeinschaft beitragspflichtig.

Ein Prunkstück im Bremer Stadtbild, neben Dom und Rolandstandbild, war ab Ende des 14. Jahrhunderts, und dann für 429 Jahre, das Wasserrad an der Weserbrücke. Die hiermit betriebene Art der Wassergewinnung, aus den anderen Hansestädten Lübeck und Rostock längst bekannt, wurde in einer Zeit großen Wohlstandes in Bremen eingeführt. Die erhaltenen Urkunden sind wichtige technikgeschichtliche Dokumente, geben darüber hinaus aber auch Einblick in die Sozial- und Wirtschaftsgeschichte der Stadt. Die beurkundeten Texte lassen den Schluß zu, daß mit dem Bau des Wasserrades nicht nur eine komfortable Art der Versorgung erreicht, sondern in besonderen Maßen auch der städtischen Repräsentation gedient werden sollte.

Die Gründungsurkunde der Wasserrad-Gesellschaft von 1394 ist als Abschrift erhalten. Die Kopie zeigt zwar bezüglich der aufgeführten Namen einige Unstimmigkeiten, was ihrer Bedeutung für die Beschreibung von Technik und vor allem der Organisation der spätmittelalterlichen Wasserversorgung aber keinen Abbruch tut. In erster Linie geht es in der Gründungsurkunde um die Erlaubnis des Bremer Rates, das Rad zu bauen und zwar in einer bis dahin der Schiffahrt zur Verfügung stehenden Öffnung der Weserbrücke. Zu den 50 Gründungsgesellschaftern der Wasserrad-Gesellschaft zählten auch einige Ratsherren.

Von den vier Kirchspielen Bremens sollten nur drei vom neuen Wasserrad aus versorgt werden können, da eines wegen seiner Entfernung nicht anzuschließen war. H. Schwarzwälder hat die in der Gründungsurkunde untergebrachten Organisationsgedanken im Handbuch einer dem Thema „Wasser" gewidmeten Sonderausstellung in Bremen (1988/89) zusammengefaßt:[144] „Die Urkunde von 1394 legte fest, daß aus der Gesellschaft jährlich zwei verwaltende Schaffer für alle Bau- und Finanzierungsfragen zuständig sein sollten. Ihnen zur Seite standen vier Ratgeber *(Radgewere)*. Alle sechs sollten jährlich acht Tage vor Pfingsten ihren Nachfolgern gegenüber Rechenschaft ablegen bzw. die Abrechnungen vorlegen. Von den beiden Schaffern sollten alle zwei Jahre einer, von den vier Ratgebern zwei neu gewählt werden. Alle wurden aus dem Kreis der Gesellschafter genommen. Es herrschte also das Prinzip der Selbstergänzung wie im Rat. Wer gewählt wurde, mußte das Amt übernehmen, wenn er nicht gute Gründe hatte, es abzulehnen. Bei einer unbegründeten Weigerung waren drei Bremer Mark Strafe zu zahlen. Wiederwahl war erst nach sechs Jahren möglich. In den sechs Jahren mußten also 18 Gesellschafter das Amt des Schaffers oder Ratgebers übernehmen, so daß doch mancher Gesellschafter ohne Amtsbürde davonkam.

Wer der Gesellschaft beitreten wollte, mußte 12 Bremer Mark und 12 Grote in die Kasse einzahlen. Wer sein Grundstück dann an die Wasserleitung anschließen wollte, mußte eine Rente von ½ Mark bezahlen. Bei Aufnahme der Wassernutzung war zudem 1 Bremer Mark an Lefard Adam, der der Gesellschaft wohl einen Kredit gegeben hatte, zu zahlen. Zum Vergleich: In dieser Zeit kostete ein Wirtschaftspferd etwa 8 Mark, ein Ochse von 6 Zentnern Gewicht etwa 4 Mark. Die Gesellschaft, vertreten durch die Schaffer, war für das Rad an der Weserbrücke und für das Hauptrohr vom Sammelbecken bis zur Kreuzstraße zuständig; für die weiteren Hauptrohre hatten die Gesellschafter in den Kirchenspielen, für die Nebenrohre die einzelnen Nutzer zu sorgen. Das war im einzelnen genau festgelegt."

Bei Reparaturen an Rad oder Rohrnetz konnten die Schaffer die Gestellung von Hilfskräften verlangen, und zwar war pro Anschluß ein Mann abzustellen. Einer gerechten Wasserverteilung dienten die Vorschriften, wonach das Wasser nur auf dem angeschlossenen Grundstück selbst verbraucht, also nicht etwa in Krügen fortgetragen werden durfte. In diesem Sinne war auch zu verstehen, daß die Zapfstellen in einer bestimmten Höhe anzubringen waren.

Vor allem die hohen Kosten für das ins Haus gelieferte Wasser schlossen eine allgemeine Versorgung mit Trinkwasser auf diesem Wege aus. Deshalb konnten sich auch nur die wohlhabenden Bürger einen Anschluß leisten. Für die gewerblichen Großverbraucher hingegen, wie Brauereien und Bäckereien, war ein Anschluß unverzichtbar.

Die im Wasserrad untergebrachte Technik der Wasserhebung muß man in zwei aus den ersten Betriebsjahren stam-

Abb. 61 Bautzen. Der Turm der Alten Wasserkunst über der Spree

menden Urkunden zwischen den Zeilen ablesen, denn Zeichnungen oder Skizzen sind aus der Anfangszeit nicht überliefert. Die beiden hervorzuhebenden Urkunden aus den Jahren 1398 und 1399 beinhalten zwei Wartungsverträge mit einem Schmied („*dat he schall de keden holden...*") und einem Zimmermann („*brugghemestere*").

Auf diese Weise sicherte sich die Wasserrad-Gesellschaft auf 10 bzw. 4 Jahre den reibungslosen Betrieb der Wasserhebung. Aus der im ersten Vertrag angeführten Kette („*keden*") und den im zweiten Vertrag für die Reparaturen vorgesehenen Materialien wie Kupfer, Holz und Nägel läßt sich ersehen, daß zumindest in der Anfangszeit eine endlose Kette mit Krügen vom Wasserrad angetrieben worden war, und daß auf diese Weise das Wasser mit der eigenen Kraft der Weserströmung in einen Sammelbehälter („*Kump*") geschöpft wurde. Die in den Verträgen genannten Pauschalbeträge von 3½ bzw. 4 Bremer Mark entsprachen einer Leistung von etwa 30 bzw. 35 Arbeitstagen.

Damit war die durch das Grundkapital der Gesellschaft in Höhe von 48 Bremer Mark erwirtschaftete Rendite von 4 Bremer Mark allein für die Arbeiten des Zimmermanns aufgezehrt. Alle weiteren Unterhaltungskosten waren durch Umlagen auf die Gesellschafter aufzubringen, um das Grundkapital unangetastet zu lassen (Beschluß von 1430). Daß das nicht immer ohne Probleme gelungen sein muß, zeigt ein Gesellschafterbeschluß von 1487, wonach jedes zahlungsunwillige Mitglied ausgeschlossen wurde und erst nach Zahlung einer hohen Aufnahmegebühr wieder eintreten konnte. Versuche, durch Manipulation an der Entnahmestelle die Wasserentnahmemenge zu erhöhen, wurden mit Abbruch des Wasserständers bestraft.

Die letzte Erneuerung am Wasserrad ist durch Urkunden von 1790 belegt. In dieser Zeit waren etwa 450 Zapfstellen an das Versorgungsnetz angeschlossen. Das Wasserrad hatte 1822 gänzlich ausgedient und wurde teilweise abgebrochen; das Rohrnetz blieb noch einige Zeit in Betrieb, es wurde in der Folgezeit über ein Göpelwerk mit Pferdeantrieb, ab 1847 mittels einer Dampfpumpe gespeist. 1873 wurde das Wasserwerk auf dem Werder fertiggestellt, wodurch eine flächendeckende Versorgung mit gefiltertem Flußwasser möglich wurde.

1412 ist das Gründungsjahr der zentralen Wasserversorgung AUGSBURGS.[145] Dazu heißt es in einer Chronik der Stadt:[146] „*Nach Christi gepurt 1412 jar do hub man an die ersten rörprunnen ze machen und die teuchel ze legen, und zu mitvasten gieng der rörprunn auf dem Perlach und vor dem Weberhaus*".

Das Gründungsjahr 1412 ist zwar auch noch an anderer Stelle erwähnt,[147] wir finden den Vorgang aber auch 1416 noch einmal in den Chroniken, wobei sogar technische Details der Anlage beschrieben und die Ursachen für den Mißerfolg des Unternehmens angeführt sind:[148] *„Item da man zalt 1416 jar hueb man an zu machen die rörprunnen, und der ursprung derselben prunnen was im graben vor dem schmidpogen, da hett man ain heuslin gemacht, darinn der prunn gefaßet was. und was der erste kast auf dem platz oberhalb des manghaus vor sant Ulrich mit 2 rören; der ander prunnenkast was am weinmarkt vor dem ungelthaus mit drei rören; der dritt kast was bei unser frawen brüeder mit 1 rören; der viert kast was vor dem weberhaus mit zwai rören; der fünft kast was auf dem Perlach vor der herrn trinkstuben auf dem platz mit 4 rören; der sechst kast was oberhalb der Judengaßen am egg vor des Kölners haus, das darnach über etwa vil jar mein aigen ward, darauß ich auch auf das 1462. jar auf sant Michaels tag zu bezallen; der 7. kast was vor des Zertnitz, bierschenken, haus vor sant Lienharten über die straß. also waren der prunnenkasten überall siebn, die kosteten die stat groß guet und warn unnütz prunnen; die teuchel waren geschidt von eisen und waren zu eng. die stat kam derselben prunnen umb vil guets, dann der prunnenmaister Leopold Karg verdarb und kam von der stat und kriegt mit der stat und pracht sie zu großen schaden, wiewol er auch nit vil daran gewan".*

Nach schon im Jahre 1430 bestehenden Verhandlungen kommt 1433 der Ulmer Zimmermeister Hans Felber nach Augsburg, um die Mängel der städtischen Wasserversorgung erfolgreich zu beheben. In Augsburg war man „nu der prunnen gar notdurftig". Die Chronik zum Jahre 1433 berichtet wieder ausführlich:[149] *„Item in dem jar kam ain zimmermann her von Ulm gegen Augsburg, genant maister Hans Felber, und hueb ainem rat für, wolt man sich kosten laßen, so wölt er ander rörbrunnen machen, die kostlich, nutz und guet weren und auch warhaftig. und also ward man zu rat und hueb an zu machen die prunnen, als sie dann noch sind und darnach im 62. jar noch nutz und guet waren. und ist ze wißen, daß man ain turen macht in dem graben underhalb Haustetter tor und ain kasten darauf, der das waßer in sich faßet, und darnach auf der statmaur biß zu dem Öser, dem turn, und wider ob der maur und darnach in die rorkasten in ainen nach dem andern, und als sie dann auch noch auf das 62. jar aufgant.*

Item es ward gesetzt ain rörkast an dem kitzenmarkt bei der lachen, und stuend ain kast bei sant Ulrich auf dem platz bei dem alten manghaus, der ward gesetzt in der wuchen vor Jacobi. Item ain kast ward gesetzt am weinmarkt für das ungelthaus, geschach in der wuchen vor Bartolomei. Item

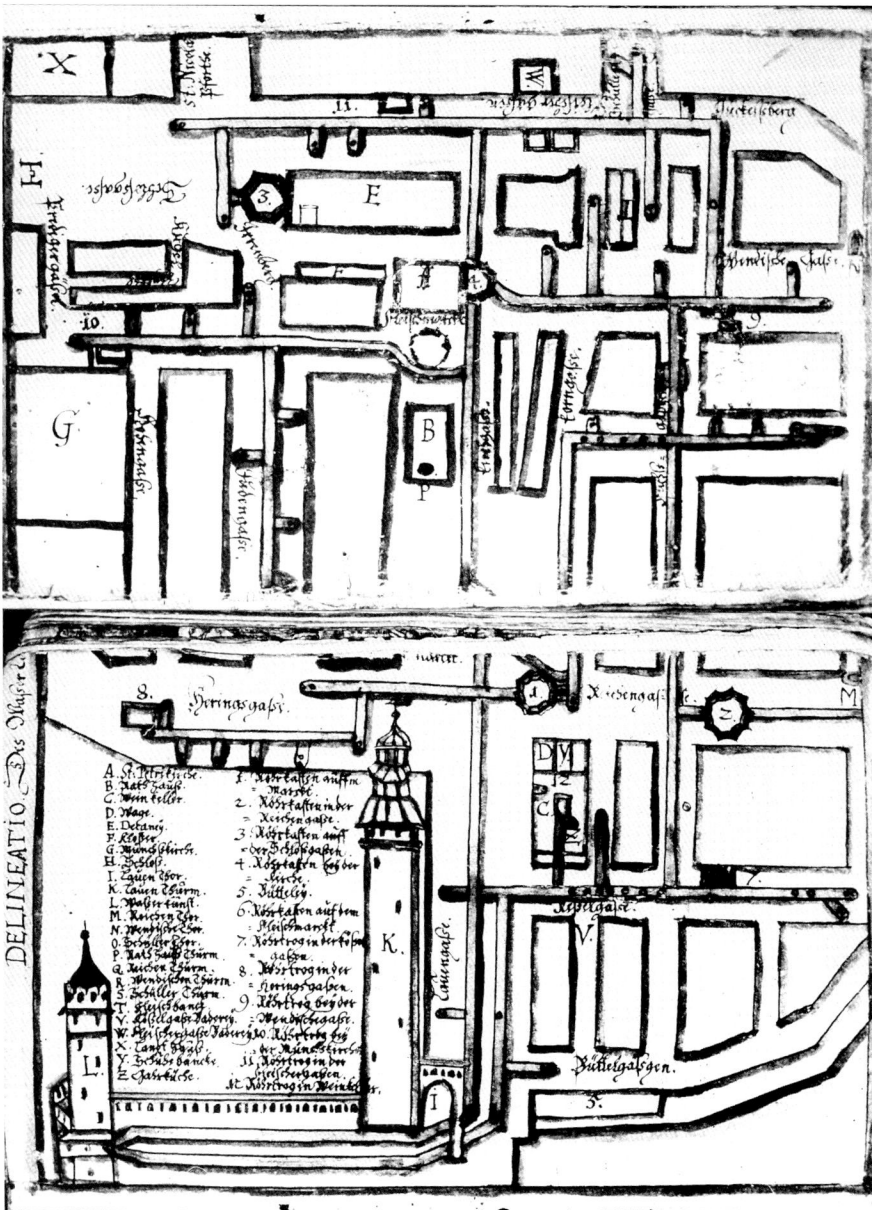

Abb. 62 Bautzen. Rohrnetzplan aus der Chronik Klahre-Wahren (17. Jahrhundert); unten links die Alte Wasserkunst (Stadtarchiv Bautzen)

der prun vor dem weberhaus ward gesetzt auf sant Michaels tag ano 33 und also wurden die rörprunnen und kasten nach ainander gemacht, als sie dann noch sind".

In den Jahren des ausklingenden Mittelalters erhält BAUTZEN eine Wasserkunst, die schon deshalb besonderes Interesse erregt, weil der Baubestand des 16. Jahrhunderts heute noch erhalten ist und als technisches Museum dient (Abb. 61–63).

„Die erste oder Alte Wasserkunst soll im Jahre 1495 angelegt und 1496 soweit vollendet gewesen sein, daß am Abend Allerheiligen das Wasser zum ersten Male aus der Spree durch Röhren bis auf den Fleischmarkt vor Barthel Scheidenreißers Haus, dem höchsten Punkt der Stadt, gebracht und nachmals von Jahr zu Jahr in die Gassen geführt werden konnte. Als Meister der Kunst (gemeint ist der Baumeister) wird Martin Gregor aus Breslau genannt, welcher ein Jahr frei Essen und Trinken, sowie 220 (nach einer anderen Angabe nur 200) ungarische Gulden erhielt."[150]

Die Alte Wasserkunst war in den Befestigungsring der Stadt integriert worden: sie bestand aus einem massiven Untergeschoß aus Granitsteinen, dem ein Holzturm aufgesetzt war.[151] Bei Lötarbeiten am aufsteigenden Rohr des Pumpwerkes kam es im Jahre 1515 zu einem Brand, der den gesamten Holzaufbau vernichtete. Dadurch war die Wasserversorgung Bautzens für drei Wochen unterbrochen, denn so lange nahm der Wiederaufbau in Anspruch. Aber da auch der neue Turmaufbau aus Holz gefertigt war, war auch dieses Werk nicht von großer Dauer. Die ständige Feuchtigkeit im Turm ließ ihn schon bald wieder baufällig werden.

Durch die schon 1550 offensichtlich gewordenen Schäden sollte es 1558 zum Abbruch der alten Anlage und zu einem Neubau kommen. Unter dem Ratsbaumeister Wenzel Röhrscheidt wurde ein nunmehr steinerner Turm von 84 Ellen (47,58 m) Höhe mit viereinhalben Ellen (2,54 m) dikken Außenmauern errichtet. Mit dieser Anlage war eine komfortable Versorgung der Stadt mit Trinkwasser möglich geworden. Um den steigenden Wasserbedarf vor allem der Gewerbetreibenden und der Bierbrauer befriedigen zu können, wurde die Anlage 1597 noch einmal erweitert: Im Turm wurde ein zweites Wasserrad installiert, dessen Durchmesser den gesamten Turminnenraum beanspruchte.[152] Das Wasser wurde mittels eines Steigrohres aus Messing in den offenen Kupferbehälter im vorletzten Obergeschoß des Turmes gepumpt. Von hier aus, 35 m über der Spree, wurde das Wasser durch ein Fallrohr auf das Niveau der Stadtstraßen hinabgeführt; angeschlossene Holzrohre verteilten das Wasser über das Stadtgebiet. Auf diese Weise waren selbst die am höchsten gelegenen Fließbrunnen der Stadt mit Wasser zu versorgen gewesen.

Das geförderte Trinkwasser war anfangs der Spree an Ort und Stelle entnommen worden, erst Ende des 19. Jahrhunderts sollte diese nur noch als Lieferant für die Energie zum Betrieb des Wasserrades dienen; das zu fördernde Trinkwasser wurde danach mittels hölzerner Röhrenleitungen von außerhalb liegenden Quellen an das Pumpwerk herangeführt.[153] Zuletzt wurde die Alte Wasserkunst Bautzens durch eine nach dem Zweiten Weltkrieg installierte Turbine betrieben, bis sie 1965 außer Betrieb gesetzt wurde. Heute als Museum genutzt, dient der Turm der Alten Wasserkunst Bautzens als eindrucksvolles Denkmal der frühen Wasserversorgung einer Stadt. Von einer zweiten, der 1610 vollendeten Neuen Wasserkunst, steht heute ebenfalls nur noch der Turm.

PADERBORN ist ein Beispiel für jene Städte, die vom Mittelalter bis zur Neuzeit immer wieder von verheerenden Feuersbrünsten heimgesucht sind.[154] Hier zeigte sich überdeutlich, wie wichtig ein ausreichender Löschwasservorrat für eine Stadt zu allen Zeiten war. Und so wie der Stadtbrand

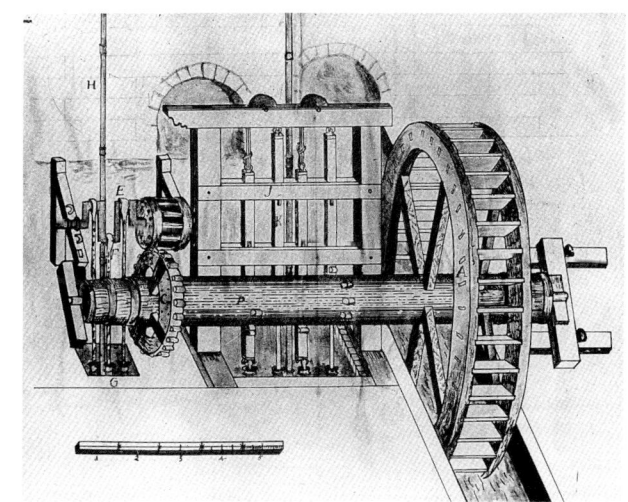

Abb. 63 Bautzen. Zeichnung (1597) des Pumpenantriebs der Alten Wasserkunst (Stadtmuseum Bautzen)

von 1506 den Bau der Wasserkunst an der Börnepader im Jahre 1523 bewirkte, so erleben wir später noch einmal, wie eine Feuerkatastrophe den Ausbau einer Wasserversorgung beschleunigen wird, nämlich für die moderne zentrale Wasserversorgung nach dem Brand von 1875.[155] Nach der Feuersbrunst von 1506 erbat der Rat Paderborns vom Domkapitel die Konzession zur Errichtung eines Pumpwerkes an der Pader, und 1523 kann dann ein unterschlächtiges Wasserrad in Betrieb genommen werden, durch dessen Antrieb eine Kolbenpumpe Paderwasser 60 Fuß (= ca. 19 m) hoch in einen Behälter förderte.

Mit dem Beispiel Paderborns haben wir zeitlich das Mittelalter bereits verlassen, wollen aber aus der Zeit des Übergangs in die Neuzeit noch zwei Wasserkünste anführen. BRAUNSCHWEIG, das schon in der Liste der Wasserversorgung ohne künstliche Hebung vertreten war, erhielt im Jahre 1525 seine „Ägidien-Wasserkunst", die ein Goslarer Baumeister im Stadtteil Ägidien errichtete.[156] Zur Finanzierung dieses durch eine Kolbenpumpe betriebenen Werkes hatten sich 29 Interessenten in einer „Pipenbruderschaft" zusammengetan. Von diesem Zeitpunkt an wurden in Braunschweig in rascher Folge weitere Werke gebaut: 1527 durch den Braunschweiger Barward Tafelmaker für 25 Brauer die „Säcker Wasserkunst", in der zwei Doppelkolbendruckpumpen die Arbeit verrichten und 1529 ebenfalls von Tafelmaker die „Neustädter Wasserkunst" mit drei Doppelkolbendruckpumpen. Tafelmaker tritt 1540, 1541 und 1561 noch weitere Male in Erscheinung, und die „Gieseler-Wasserkunst" wird nach seinem Tode 1565 nach seinen Plänen gebaut.

Auch in CELLE waren die Bierbrauer der Motor, der die Entwicklung der Wasserversorgung voranbringt.[157] So wurde vermutlich um 1530 unter Herzog Ernst dem Bekenner eine Wasserkunst gebaut, ohne daß technische Einzelheiten davon bekannt wären. Schriftliche Erwähnung findet dieses Werk dann 1532.[157]

HAMBURG soll diese Liste beschließen, denn in dieser großen Stadt haben wir ein eklatantes Beispiel dafür, daß es im 16. Jahrhundert zwar schon vereinzelt kleine private Holzrohrleitungen gegeben hat, aber eine allgemeine Versorgung der Bevölkerung in keiner Weise möglich war.[158] Und hier, wie in den vielen anderen Orten, die wegen mangelnder kollektiver Wasserversorgung keine Erwähnung gefunden haben, waren Verhältnisse zu ertragen, die erst im 19. Jahrhundert mit der Einrichtung der modernen zentralen Wasserversorgung ihr Ende finden sollten. Dann wird in Deutschland nämlich die Freie und Hansestadt Hamburg die Führung in einer Entwicklung übernehmen, die in kürzester Zeit allen Städten zu einer hygienischen, unentbehrlichen Wasserversorgung verhelfen wird. Hamburg nimmt seine Chance wahr, als es im Zuge des Wiederaufbaus nach dem verheerenden Stadtbrand von 1842 dem englischen Ingenieur William Lindley die Aufgabe überträgt, eine zentrale Wasserversorgung aufzubauen. 1848 wird in Hamburg die „Stadtwasserkunst" gegründet; das ist die Geburtsstunde der modernen zentralen Wasserversorgung in Deutschland.

5. *Wasserbereitstellung für die Feuerbekämpfung*

Ein Gesichtspunkt darf bei der Betrachtung der mittelalterlichen Wasserversorgung keinesfalls außer acht gelassen werden, der nämlich, daß das wie auch immer bereitgestellte Trink- oder Brauchwasser auch der Feuerbekämpfung zu dienen hatte. In diesem Zusammenhang fällt eine Parallelität der Verhältnisse in Klöstern und Städten deutlich ins Auge: In beiden Arten von Gemeinwesen sind nämlich oftmals die Wasserversorgungen erst ausgebaut worden, nachdem es vorher zu verheerenden Bränden gekommen war. Die Unzulänglichkeiten der jeweils vorher angewendeten Art der Brandbekämpfung scheint oftmals erst in Katastrophenfällen offenbar geworden zu sein, denn die den Ausbau von Wasserversorgungen betreffenden Urkunden datieren auffällig häufig in Zeiten nach solchen Großbränden.

Für den Klosterbereich trifft dies beispielsweise auf Christchurch in Canterbury und St. Emmeram in Regensburg zu, als städtische Beispiele sind Köln und Lübeck zu nennen; diese Liste wäre aber sicherlich ohne Schwierigkeiten zu erweitern.

Die Auswirkungen der Feuersbrünste waren zu allen Zeiten durchaus aus zweierlei Sichten zu sehen. Da war einmal der persönliche Verlust von Hab und Gut einzelner Haushalte, der durch Ersatzbeschaffung auszugleichen war; der Vorsorge in dieser Hinsicht dienten die Brandgilden, die in Norddeutschland schon im späten Mittelalter nachzuweisen sind, die aber eigentlich eher als Versicherungsvereine auf Gegenseitigkeit gelten müssen.[159] Aus anderer Sicht war im Feuersfalle der Verlust von Allgemeingut (oder, wenn man so will, von Staatsvermögen) zu beklagen. Daneben war bei Hausbränden auch die Gefahr des Übergreifens des Feuers auf die Nachbarschaft eine ernste Bedrohung; ein unzureichend bekämpftes Feuer war schnell nicht mehr einzugrenzen und konnte in Städten ganze Häuserzeilen – im schlimmsten Fall die ganze Stadt – einäschern. Diese Gefahren zu bannen, waren und sind die Ziele der Feuerbekämpfung.

Durch das Bemühen um die Verhinderung einer unkontrollierbaren Ausbreitung des Feuers wurde die Brandbekämpfung zur Gemeinschaftsaufgabe, wobei die Nachbarschaftshilfe in höchsten Maßen gefordert war. Das machte aber auch die Bereitstellung von Löschwasser erforderlich, was als technische Aufgabe angesehen werden muß. Dieses technische Problem der Wasserbereitstellung wurde im Mittelalter auf die verschiedenste Art und Weise gelöst, und man kann die Techniken grob unterscheiden:

a) Löschwasser aus öffentlichen und privaten Brunnen, die alltäglich der Trinkwasserversorgung dienten.
b) Stetig fließende Wasserleitungsrinnen und -gräben durch die Stadt, die ansonsten auch der Brauchwasserversorgung (z. B. für den Betrieb der Mühlen) und der Stadtreinhaltung dienten.
c) Von Wasserkünsten gespeiste Druckrohrleitungen der Trinkwasserversorgung.

Bei der Aufarbeitung der die Wasserversorgung KÖLNS betreffenden Schriftquellen des Mittelalters stieß M. Gechter zwangsläufig auch auf Urkunden, die die Brandbekämpfung in einer der seinerzeit größten Städte Europas betreffen.[160] Die ersten Maßnahmen muten im nachhinein zwar eher etwas hilflos an, aber dennoch muß man in ihnen echte Bemühungen um Vorsorge für eventuelle Brandfälle sehen. Durch Ratsbeschluß (in Köln in Form einer sog. Morgengabe) wird im Jahre 1397 von den Bürgern verlangt, *„dat (he) have in syme huyse wassers genoich"*,[161] wobei auf die Menge und die Art der Wasserbereitstellung nicht näher eingegangen wird. Jedoch wird für den Fall der Nichtbeachtung dieses Erlasses eine Strafe *„up 1 Marck"* angedroht, wobei die Befolgung dieser Anordnung von den Tirmtmeistern (Ratsbeauftragte in den Tirmten, Unterbezirken der Pfarreien) zu überprüfen war.

Eine ähnlich unbestimmte Anordnung des Rates wird in einer Morgengabe von 1400 bekannt gemacht. Konkreter werden die Feuerschutzbestimmungen im Jahre 1444, wo in einer Morgengabe die Bereitstellung von *„eynen emmer ind eyn putzseill"*, also eines Eimers nebst einem Brunnenseil innerhalb von acht Tagen gefordert wird.[162] Die wohl vorhandene allgemeine Unlust, derartige Vorsorgen zu treffen, wird mit einer auf *„drij Marck"* erhöhten Bußgeldandrohung zu begegnen versucht.

Diese Ratsbeschlüsse machen deutlich, daß die Maßnahmen zur Feuerbekämpfung nur langsam ausgebaut worden sind, wobei wahrscheinlich jedem neuen Ratsbeschluß eine Brandkatastrophe vorausgegangen sein dürfte. 1452 kommt es in Köln zu einer ersten Brandordnung, der organisatorische und in Ansätzen sogar taktische Gedanken zugrunde liegen.[163]

In der *„Ordinancie van brande"* von 1452 werden 4 Brandmeister *„ordiniert"*, deren Einsatzgebiete auf eine entsprechende Anzahl von Stadtbezirken verteilt ist. Jeder von ihnen soll zehn lederne Löscheimer bereithalten. Vor allem aber standen jedem von ihnen 12 Mann als Löschhelfer zur Verfügung, die im Einsatzfall *„1 Marck zu loyn"* vergütet bekamen. Im Brandfall standen die Helfer der Nachbarbezirke in Bereitschaft und bekamen dafür 4 Schilling Lohn, der sich im Einsatzfall auch für sie auf 1 Mark erhöhte. Alsdann werden in dieser Feuerschutzordnung unter Absatz 2 die Löschgeräte für die einzelnen Kirchspiele in Art und Anzahl festgesetzt: *„ . . . Columben 30 emmer, 6 leyderen, 3 heeghe. Item Laurencij 20 emmer, 3 leyderen, 2 heeghe . . ."*. Insgesamt werden 18 Kirchspiele genannt, die zusammen 302 Eimer, 71 Leitern und 40 Feuerhaken auf ihre Kosten aufbewahren und auch einsatzbereit (*„bewahren"*) halten sollen. Auch in dieser Brandordnung werden die Tirmtmeister noch einmal verpflichtet *„zo allen halven jairen"* das Bereitstehen von Eimern und Brunnenseilen in den Haushaltungen zu überprüfen, wobei die Buße für die Nichteinhaltung dieser Vorschrift auf *„5 marck"* erhöht worden ist.

Eimer, Leitern und Feuerhaken waren allerdings nutzlos, wenn nicht auch das Löschwasser in ausreichender Menge herangeschafft werden konnte. Im mittelalterlichen Köln standen hierfür nur die alltäglich der Trinkwasserversorgung dienenden Brunnen zur Verfügung. Die Ratsbeschlüsse, die die Instandhaltung der Brunnen betrafen, dienten deshalb immer auch der Vorsorge für den Fall der Brandbekämpfung. Das für Köln und seine Kirchspiele beschriebene Löschwerkzeug läßt nur eine Art der Brandbekämpfung zu, nämlich durch Bildung von Eimerketten zwischen der Brandstelle und den nächsten Brunnen. Dabei mußte eine solche Kette immer aus zwei Reihen von Helfern gebildet werden: Der am Brunnen gefüllte Eimer wurde von Hand zu Hand bis zum Feuer weitergereicht und dort in die Flammen geschüttet; über die zweite Hälfte der Kette wurde der Eimer zum Brunnen zurückgereicht, um erneut zum Einsatz zu kommen. Ganz einfach aus Gewichtsgründen waren die Eimer aus Leder gefertigt. Erhalten gebliebene alte Löscheimer weisen zudem eine möglichst schlanke Form auf, damit das Wasser gezielter in das Feuer auszuschütten war.

Die Löschwasserentnahme aus offenen, aber künstlich angelegten Gräben und Rinnen war besonders in den mittelalterlichen Stadtneugründungen Südwestdeutschlands die Regel. In Freiburg waren die „Bächle" innerhalb der Stadt sogar umzuleiten, um vor Ort die Wassermenge für den Brandeinsatz erhöhen zu können. Goslar kannte ein ähnliches System, während Kolmar, Straßburg und München als Beispiele für Städte gelten können, in denen ganze Bachläufe durch das Stadtgebiet verliefen, aus denen auch Löschwasser zu schöpfen war.

In zeitgenössischen Zeichnungen und Gemälden sind Brandkatastrophen nur selten dargestellt worden; dieses Thema sollte vermehrt erst in der Neuzeit zur künstlerischen Darstellung reizen. Die Stadtansicht von OSNABRÜCK beim Stadtbrand im Jahre 1607 (Sepia-Zeichnung Georg Bergers von 1607) gibt einen Eindruck von den Auswirkungen einer solchen Feuersbrunst wieder – besonders der bei Stadtbränden so gefürchtete Feuersturm ist hier realistisch dargestellt[164] *(Abb. 64).*

Daß derartige Katastrophen eine Stadt wiederholt treffen konnte, sei an den Beispielen Paderborns und Kölns aufgezeigt: in PADERBORN sind Stadtbrände belegt für die Jahre 1000 (mit Brand des Domes), 1058 wurde ein Großteil der Stadt vernichtet, 1135 brannte fast die ganze Stadt mitsamt eines Teiles des neuerrichteten Domes nieder, 1506 wurden innerhalb von nur drei Stunden rund 300 Häuser ein ‚Fraß' der Flammen, 1616 ein weiterer Stadtbrand und im Jahre 1875 wurden noch einmal 117 Gebäude vernichtet, wodurch 220 Familien mit 899 Personen obdachlos wurden. Der letzte Stadtbrand führte dann endlich zur Einführung einer modernen zentralen Wasserleitung.[165]

In KÖLN brannte 1150 das Martinsviertel nieder, 1192 brannten große Teile der Stadt, besonders um St. Aposteln, 1244 ging ein Stadtbrand vom Griechenmarkt aus. Weitere Brandkatastrophen sind datiert auf Karsamstag 1313, 1349, 1376, 1378 (Fischmarkt und der große Turm von St. Martin), 1404, 1435 (Schildergasse), 1445 (21 Häuser), 1462, 1463, 1502 und 1503.[166]

Jeder Großbrand in einer Stadt entfachte die Überlegungen neu, wie denn derartige Katastrophen für die Zukunft auszuschließen seien. So wurde in LÜBECK nach dem Brand von 1251 eine festere Bauweise eingeführt[167] und nach dem Großbrand von 1276, der große Teile der Stadt in Schutt und Asche legte, wurden einige Feuerbekämpfungsmaßnahmen erstmals schriftlich fixiert.[168]

Zu einer ersten zusammenhängenden Feuerlöschordnung kam es dann 1461; darin sind die Regeln einer erfolgreichen Brandbekämpfung zusammengefaßt, wobei besonderer Nachdruck auf einen schnellen Alarm und die beschleunigte Heranschaffung des Löschwassers gelegt wird.[169] 1545 wird diese Feuerordnung neu gefaßt, enthält aber bis auf die Benennung von Einsatzleitern gegenüber der alten Fassung keine wesentlichen Änderungen. Dennoch gibt schon die 1461er Feuerlöschordnung einen tiefen Einblick in Organisation und Taktik bei der Bekämpfung dieser städtischen Ur-Gefahr.

Sogar die Finanzierung der Kosten des Löscheinsatzes war geregelt: danach waren die Löschhelfer in Bier und Geld zu entlohnen. Die Höhe des Kostenanteils für den betroffenen Hausbesitzer war auf 60 Mark begrenzt, im Falle der Fahrlässigkeit allerdings unbegrenzt. Da diese Kosten anfielen, sobald die *„Stormklocke"* geschlagen war, hat mancher Hausbesitzer versucht, einen Brand nach Möglichkeit mit eigenen Mitteln zu löschen – sicherlich eine der Ursachen für die katastrophale Ausuferung manchen Brandes.

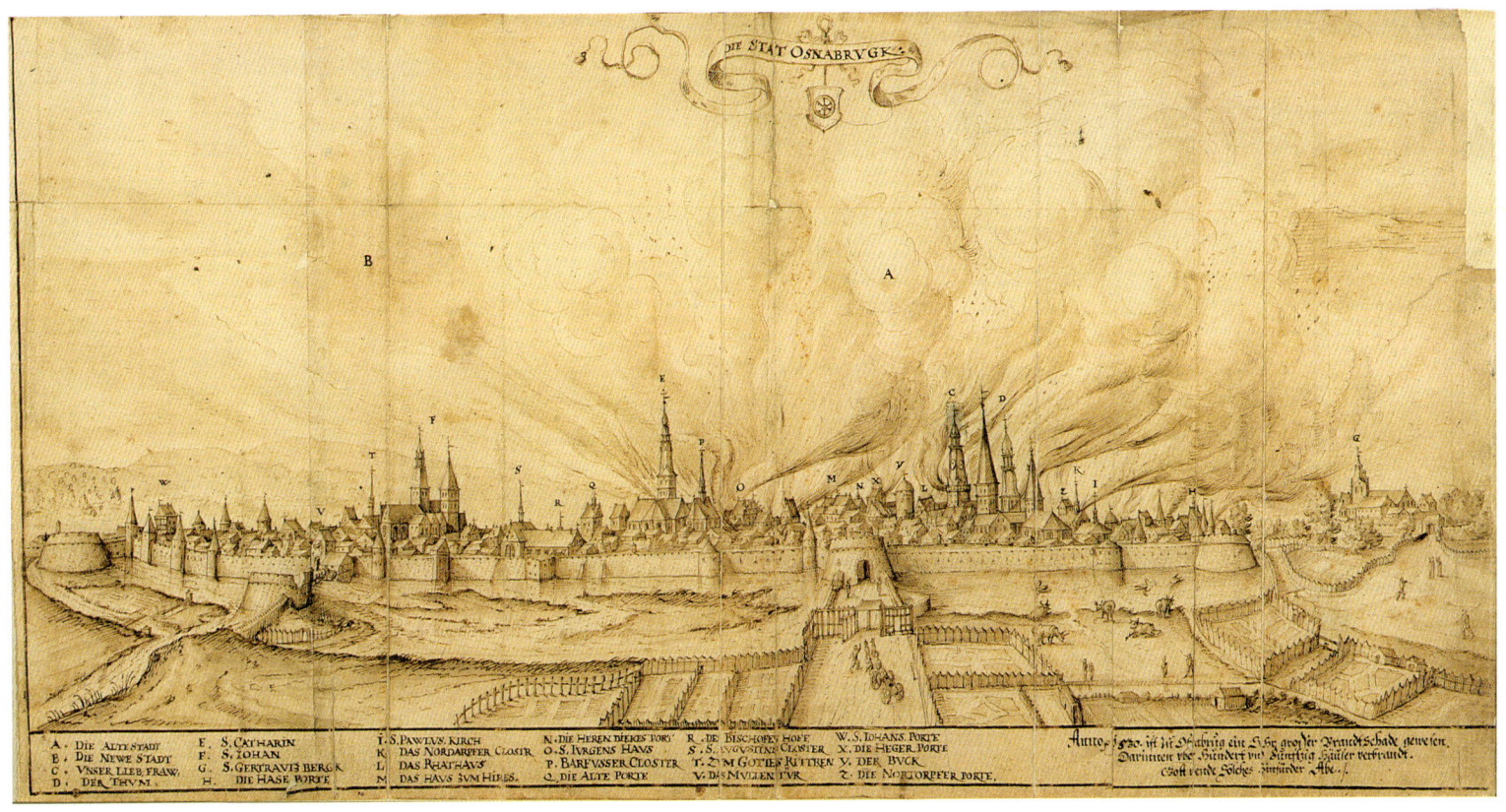

Abb. 64 Osnabrück. Stadtbrand des Jahres 1607 in einer Sepia-Zeichnung von Georg Berger (Kulturgeschichtliches Museum Osnabrück)

War die Glocke geschlagen, so hatten alle Ratsbediensteten zur Brandstelle zu eilen und dort zu löschen und zu bergen. Ausdrücklich erwähnt sind Belohnungen für fleißigen Einsatz und Bußen für Nachlässige. Jeder dieser löschdienstpflichtigen Träger war mit einem Eimer ausgerüstet, den er zuhause aufzubewahren hatte. Weitere 40 Eimer waren beim Rathausschließer deponiert. Im Einsatzfalle wurden derartige Löscheimer zu Zweidritteln gefüllt und faßten dann etwa 10 Liter Wasser. Die neben den Eimern zur Feuerbekämpfung unverzichtbaren Leitern und Feuerhaken waren an vier Stellen deponiert, die über das Stadtgebiet verteilt waren.

Schlechte Erfahrungen hatten wohl dazu geführt, eine Vorschrift in die Feuerlöschordnung von 1461 aufzunehmen, die dem Schutz des Rathauses galt. In einem eigenen Passus war sichergestellt, daß bei Ausbrechen von Bränden das Rathaus und das Stadtbuch besonders zu bewachen waren, damit niemand die allgemeine Panik in schlechter Absicht ausnutzen konnte.

Der Einsatz bei der Feuerbekämpfung ist straff organisiert. Die Bierspunder übernehmen mit ihren Fahrzeugen und wegen ihrer guten Ortskenntnis den Antransport von Löschwasser. Dieses wurde von den Brunnen und von den Entnahmestellen in den von der Wasserkunst betriebenen Rohrleitungen geholt. Der Kunstmeister hatte im Brandfalle dafür zu sorgen, daß nur der Leitungsstrang in Nähe der Brandstelle von der Wasserkunst aus versorgt wurde. Das geschah durch Öffnen und Schließen von Schiebern an den Zweigstellen des Rohrnetzes. Auf diese wichtige taktische Maßnahme der Brandbekämpfung hatte der Kunstmeister sich in seinem Amtseid verpflichtet. J. Meyer hat errechnet, daß in Lübeck beispielsweise selbst auf diese Weise nur 3,7–6,8 m³/h oder 90–160 m³/d Löschwasser an eine Einsatzstelle zu leiten waren.[170]

Das war sicherlich einer der Gründe, daß die Bierspunder ihre Behälter auch mit Wasser füllen mußten, das die Nachbarn des Geschädigten in „Kummen" vor ihrer Haustür bereitzustellen hatten. Deren Knechte hatten diese Gefäße immer wieder schnellstens aus dem Hausvorrat aufzufüllen.
An der Brandstelle selbst war ein Trägermeister mit 60 Trägern im Einsatz, die in Eimerketten das Wasser zum Feuer reichten. Die Organisation einer solchen Eimerkette haben wir am Beispiel Kölns (s. o.) bereits beschrieben.
Die 1545er Neufassung der bestehenden Lübecker Feuerlöschordnung betrifft hauptsächlich die Neuorganisation der Vorsorgemaßnahmen. Nun werden die Löscheimer über das gesamte Stadtgebiet verteilt. Danach stehen im Rathaus 200 Eimer, in jedem der fünf Kirchspiele 25, bei Junkern, Kaufleuten, Krämern, Schiffern und den vier großen Ämtern je 25, also insgesamt 525 Eimer zur Verfügung. Hinzu kommen noch je zwei Eimer bei Brauereien, Schmieden und Bäckereien, so daß im Ernstfall rund 600 Eimer einzusetzen waren. Hinzu kamen noch Leitern und Feuerhaken.
Eine echte Verbesserung in der Feuerbekämpfung kann in Lübeck erst im 17. Jahrhundert eintreten, denn eine fahrbare Feuerspritze, obwohl schon 1518 in Augsburg erstmals gebaut, wird erst 1614 angeschafft.

6. Die Wasserentsorgung

6.1 Entsorgungsprobleme

Die Fragen der Wasserversorgung stehen zwangsläufig in einem engen kausalen Zusammenhang mit denen der Entsorgung, und in der Kette, die sich von der Wassergewinnung bis zur Wasserableitung spannt, bildet der Verbraucher stets das wichtigste Glied. Da das genutzte Wasser von den Menschen zwar nur teilweise verbraucht, überwiegend jedoch gebraucht wird, entsteht eine Folgelast der Wasserversorgung, die zu allen Zeiten größere Probleme verursacht hat.
Wurde diese Kette gar zu einem Ring geschlossen, weil der Ort der Gewinnung vom Abwasser beeinträchtigt wurde, konnte ein verhängnisvoller Kreislauf entstehen, der oftmals tödliche Folgen hatte. Der Kreis Brunnen-Mensch-Kloake-Brunnen war ein Teufelskreis, der nur durchbrochen werden konnte, wenn die daraus erwachsende Gefahr erkannt oder zumindest erahnt wurde.
Einen ersten Ausweg sah man in dieser Hinsicht bereits in der Maßnahme, daß man den Brunnen aus der direkten Nachbarschaft einer Kloake in der Hoffläche eines Hauses nach vorn auf die Straße verlegt hat. Echte Abhilfe wurde aber erst geschaffen, indem man Trinkwasser von unverseuchten Stellen in die Stadt leitete und es dort dem Verbraucher möglichst direkt zuführte. Damit war dann zwar der verhängnisvolle Kreislauf durchbrochen, das Problem der Abwasserentsorgung bestand hingegen immer noch. Auch in dieser Hinsicht sollten hygienische Zustände erst eintreten, als man dazu überging, das Abwasser nicht mehr am Ort versickern zu lassen, sondern es genau auf die Weise wieder ableitete, nämlich in geschlossenen Rohrleitungen oder Kanälen.
Dabei müssen wir aber noch unterscheiden zwischen der Beseitigung der festen und der flüssigen Abfallstoffe; uns werden im folgenden eher die letzteren beschäftigen, obwohl gerade der Hausabfall mancherorts zu Zuständen geführt hat, die sich am Beispiel HAMBURGS folgendermaßen lesen:[171] „... überall herrschende Unsauberkeit, keine geregelte Wasserversorgung, keine Müllabfuhr, Tierkadaver in den Rinnsteinen, Schweinekoven vor den Häusern...". Zustände, die sich erst Mitte des vorigen (!) Jahrhunderts ändern sollten.
Und dererlei Zustände haben vorher nicht nur zu einer Beeinträchtigung der Lebensqualität der Menschen geführt, sondern damit haben wir auch den Nährboden der großen Volksseuchen und Epidemien in den vergangenen Jahrhunderten aufgezeigt. Es nimmt nicht wunder, daß jene Städte, die die Probleme einer gesunden Wasserversorgung und einer hygienischen Abwasserentsorgung am ehesten gelöst haben, von großen Epidemien oftmals verschont geblieben sind.
Um die Probleme mit der Entsorgung von den Abwassern in den Griff zu bekommen, hat man an vielen Orten Deutschlands zu den unterschiedlichsten Maßnahmen gegriffen; das Bild hiervon ist genauso bunt wie dasjenige der Wasserversorgung.

Abb. 65 Frankfurt. Ausfluß des Abwasserkanals zum Main in der Pfalzmauer, 12. Jahrhundert (Hist. Museum Frankfurt a. M.)

Um das auch im Mittelalter Machbare aufzuzeigen und den weiteren Ausführungen voranzustellen, sei noch einmal auf den Klosterplan von Canterbury aus der Mitte des 12. Jahrhunderts verwiesen (s. Beitrag im Bildanhang). In einer fast „klassisch" anmutenden Verfahrensweise hatte man dort – wie in vielen anderen Klöstern auch – den Kanal für das Überlaufwasser der Brunnen und Zapfstellen derart geschickt geleitet, daß er in seinem Verlauf noch die Abortanlagen der Krankenstation und der Mönche unterquerte und entsorgen konnte. Neben den Klöstern nehmen auch die Pfalzen noch einmal eine Sonderstellung ein. Auch hier galt es, lediglich ein kleines Areal zu entsorgen, und die entsprechenden Abwasserkanäle waren schon bei der Planung des Bauwerks im Gesamtkonzept untergebracht. Als Beispiel mag der Abwasserkanal zum Main in der Frankfurter Pfalz gelten *(Abb. 65)*.[172]

In den mittelalterlichen Städten lagen die Probleme allerdings wesentlich anders als in einem Kloster oder einer Pfalz mit einem zahlenmäßig beschränkten Personenkreis. Eine weitverbreitete Art der Abfallbeseitigung bestand darin, die festen Stoffe im Hof hinter dem Haus in eine Kloake zu werfen, während Flüssigkeiten einfach auf die Straße geschüttet wurden. Dabei vertraute man auf den Regen, der von Zeit zu Zeit für eine Durchspülung der Gassen sorgte. Da der feste Abfall im Mittelalter gänzlich aus organischen Stoffen bestand, verrottete dieser in den Kloaken recht bald und sackte dabei fest in sich zusammen; ein Ausräumen der Kloaken war – wenn überhaupt – nur in Abständen von Jahren oder Jahrzehnten üblich.

Da mancherorts die Straßen auch als Auslauf für die Schweine dienten, wurden die anfallenden Lebensmittelabfälle und Speisereste oft auch einfach auf die Straße geworfen – hier sorgten die Schweine dann für eine Beseitigung.

Das Problem der Fäkalienbeseitigung sei hier nicht unerwähnt. Hier zeigen neuere archäologische Untersuchungen, daß es durchaus Standards beim Bau von Kloaken und Latrinen gegeben zu haben scheint. Die zeitgenössische Beschreibung von Latrinenanlagen des Nürnberger Stadtbaumeisters Endres Tucher[173] (2. Hälfte des 15. Jahrhunderts) wird durch die neueren archäologischen Befunde beispielsweise in DUISBURG[174] und FREIBURG[175] bestätigt. Danach hat man sich vielerorts sehr wohl bemüht, die Geruchsbelästigung durch die Latrinen schon durch deren Bauart gering zu halten: Das „heimliche Gemach" war über der als Gewölbekeller ausgemauerten Abortgrube angelegt; die Fäkalien wurde über ein Rohr dort hineingeleitet. Lag der Abort in einem Obergeschoß, so war er meist als Erker gebaut und mit der Abortgrube durch ein an der Außenwand des Hauses verlegtes Rohr verbunden.

Die Entleerung dieser Abortgruben fand durch besonderes Personal statt: in KÖLN z. B. „Goldgräber", in NÜRNBERG „Pappenheimer" genannt. Die angefallenen Fäkalienmengen sind im Mittelalter natürlich nie gemessen worden, dürften sich aber bis in das vorige Jahrhundert nur unwesentlich verändert haben. Im 19. Jahrhundert konnte man nach Untersuchungen Pettenkofers für eine Person pro Jahr mit 34 kg Kot und 428 kg Harn, also mit insgesamt 462 kg Exkrementen rechnen.[176] Die sich auf die Entleerung der Abortgruben beziehenden Schriftquellen weisen für viele Städte nach, daß eine Entleerung nur des nachts stattfinden durfte, und daß der Transport der Fäkalien in fest verschlossenen Fässern durchgeführt werden mußte. In Köln waren für den nächtlichen Transport zum Rhein, denn dorthinein wurden die Fäkalien einfach entsorgt, zwei Stadttore vorgesehen, die zur Passage geöffnet wurden.[177]

Von den Bemühungen, die Fäkalienentsorgung in geordnete Bahnen zu lenken, zeugt auch eine Verordnung des STRASSBURGER Rates, durch die im Jahre 1381 den Bürgern verboten wurde, „*Urin auf die Straßen zu schütten*".[178]

Eine andere Methode der Fäkalienentsorgung bestand in der Benutzung der Stadtbäche, dann nämlich, wenn man die Abtrittserker an der zum Wasserlauf hin gelegenen Seite der Häuser anbringen konnte. Und in der Tat hat man diese Art der Entsorgung bis in die jüngste Neuzeit praktiziert, so wurden z. B. in NÜRNBERG noch 1915 Aborte über die Pegnitz gebaut,[179] in MÜNCHEN waren solche noch in den 50er Jahren in Gebrauch *(Abb. 66)* und anderenorts sind sie gar heute noch zu besichtigen.

Abb. 66 München, Kegelhofbach. Abtrittserker über einen Stadtbach und Aborteinleitung (1954)

6.2 Gossen und Kanäle

In den ungepflasterten Straßen und Gassen der mittelalterlichen Städte war natürlich ein Abfluß von Abwasser, aber auch von Regenwasser, nur schwer möglich, denn die lediglich festgetretene Straßendecke war uneben und zeitweilig aufgeweicht und schlammig. Hier stellte es schon einen Fortschritt dar, wenn gepflasterte Fahrbahnen und Gehwege vorhanden waren, auf denen in einer eingetieften Rinne das Abwasser oberflächig ablaufen konnte. Bis zum Bau tiefergelegter Kanalgräben, abgedeckt auf der gesamten Strecke oder nur bei übergeführten Gehwegen, bedeutete es dann nur noch einen kleinen Schritt.

Aus diesem Grund ist eine Betrachtung der Entwicklung des Ausbaus der städtischen Straßen, also der Pflasterung, dem eigentlichen Kanalbau vorwegzunehmen. Gerade zu diesem Thema haben einige Stadtkerngrabungen der letzten Jahre vielerorts neues und vor allen Dingen datierbares Material zutage gebracht. Als Beispiele hierfür sollen nur die Städte DUISBURG[180] und HANNOVER[181] angeführt sein, denn in beiden ließen sich schon für die Zeit um 1200 Spuren einer Befestigung des Marktplatzes oder von Stadtstraßen archäologisch nachweisen. Der in Duisburg von G. Krause freigelegte und durch Abgüsse sogar sichergestellte Befund läßt heute noch die Abdrücke der Fußspuren von Mensch und Tier im schlammigen Boden eines hochmittelalterlichen Marktplatzes sichtbar werden *(Abb. 67)*. In den Profilzeichnungen der archäologischen Ausgrabungen wechseln sich die durch Kiesschüttungen befestigten Schichten mit den aufgeweichten Schlammschichten in schöner Regelmäßigkeit ab – ein Zeichen dafür, daß immer dann für Abhilfe gesorgt worden war, wenn die Zustände sich als unhaltbar erwiesen hatten.

Der römische Ursprung verschiedener Städte könnte zu der Vermutung Anlaß geben, hier habe sich ein ehemals ausgezeichnetes Straßennetz möglicherweise bis in das Mittelalter hinein gut erhalten können. Aber schon am Beispiel des mittelalterlichen KÖLN wird deutlich, daß sich über die Zerstörung der Jahrhunderte hinweg nur die Hohe Straße, die Schildergasse und die Breite Straße in ihren alten Fluchtlinien haben erhalten können.[182] Und eine Unterhaltung der Stadtstraßen Kölns beginnt erst wieder im 13. Jahrhundert, als man Wegemacher in städtische Dienste nimmt.[183] Diese neuen Beamten waren bis zum 15. Jahrhundert dem Holzmeisteramt angegliedert, ein Hinweis darauf, daß es wohl meist Bohlwege waren, die angelegt und unterhalten wur-

Abb. 67 Duisburg. Ausgrabungen Alter Markt, Fläche 1. Marktplatzniveau des 13. Jahrhunderts mit Trittspuren von Menschen und Tieren in der aufgeweichten Oberfläche (Foto: Niederrhein. Museum Duisburg)

den. Steine als Material für den Straßenbau tauchen in Köln erst im 15. Jahrhundert auf; wie Stadtrechnungen belegen, werden sie auf dem Wasserwege antransportiert.

In HANNOVER gibt die Leinstraße im archäologischen Befund Einblick in die Entwicklungsstufen einer mittelalterlichen Stadtstraße: im 11. Jahrhundert noch unbefestigt, aber von einem Graben begleitet.[184] Der Belag bestand zu dieser Zeit aus unregelmäßigen Schichten von Schotter und Knochenabfällen einer Fleischerei. Im 12. Jahrhundert hat man einige feuchte Stellen mit einem Teppich aus Knüppeln zu befestigen versucht. Um 1200 dann erhält die Straße einen Belag aus Holzbohlen, die quer zur Straßenflucht auf längs gelagerte Stämme befestigt wurden; ein darunter angelegtes Polster aus Sand sollte die durch Fahrzeuge verursachten Erschütterungen abfangen. Die seitlichen Gräben waren an den Stellen mit Holzbohlen überdeckt, wo die Eingänge zu den anliegenden Häusern lagen. Im 15. Jahrhundert wird die Leinstraße mit kleinen Steinen durchgehend gepflastert.

Wie in Duisburg erhielt auch der hannoversche Marktplatz um 1200 schon eine Pflasterung aus Feldsteinen, die allerdings noch im 13. Jahrhundert aufgrund fehlender Straßenreinigung schon wieder mit bis zu 30 cm dicken Schlammschichten überlagert wurde. Mit einer Platzbedeckung aus Baumstämmen mit darauf befestigten Knüppeln wurde versucht, den Platz wieder passierbar zu machen.

In FRANKFURT ist eine feste Straßenbepflasterung aus Kalkbruchsteinen oder Flußwacken seit dem 14. Jahrhundert nachgewiesen.[185] „Wegemacher" sind nach Auskunft der Stadtbücher seit 1350 im Einsatz, um die Pflasterarbeiten durchzuführen. Der archäologische Befund zeigt, daß die Straßenbefestigungen bis zu 25 cm stark waren, wobei man die Steine in Sand verlegt hatte. Von einer regelmäßigen Pflasterung der Frankfurter Hauptstraßen kann man allerdings erst seit dem 15. Jahrhundert sprechen.

Mit dem Ausbau der Straßen war ein erster, aber ganz wesentlicher Schritt getan, die Schmutz- und Regenwasser aus den Städten zu bringen. Als nächstes galt es, die Belästigung, die von den offenen Rinnen mit ihrem oftmals nur ungenügenden Abfluß immer noch ausging, gänzlich zu beseitigen, oder aber möglichst weit herabzusetzen. Dazu mußten die Abwasserkanäle tiefergelegt und abgedeckt werden; diese Art der Abwasserentsorgung war an den meisten Orten als nächster Schritt zu verwirklichen.

Konnte die römische *Colonia* noch in den als Hafen genutzten alten Rheinarm vor der Stadt entwässert werden, so war eine solche Entsorgung durch die Zuschüttung des Hafenbeckens in nachrömischer Zeit schlechterdings unmöglich geworden. Man hatte durch diese gewaltigen Erdarbeiten zwar die Martinsinsel, die den römischen Hafen vom Rheinstrom trennte und mit Lagerhäusern bebaut gewesen war, an das Stadtgebiet angeschlossen, aber dadurch auch gleichzeitig das alte Kanalsystem seines Vorfluters beraubt. Abhilfe war nur zu schaffen wenn es gelang, Anschluß an einen neuen Vorfluter zu finden; dazu bot sich als einzige

Lösung ein Durchstich des Terrains der ehemaligen Martinsinsel zum Rhein hin an. Diese besondere Geländesituation in KÖLN machte den Bau einer großen Aducht erforderlich, die Erdarbeiten bis zu einer Tiefe von mehreren Metern verlangte.

Wie manche der übrigen Straßensoden Kölns, nannte man auch diesen großen Sammelkanal eine „Aducht" (von lat. *aquaeductus*), wovon Straßennamen noch heute belegen, z.B. „Auf der Aducht" (früher: *super Aquaeductum*). Der Bau eines solchen Tiefkanals, am Beispiel Kölns eine geländebedingte Notwendigkeit, ist ansonsten in den mittelalterlichen Städten nicht verbreitet. Dieser Tiefkanal zwischen Heumarkt und Rhein hat zumindest schon in der Mitte des 12. Jahrhunderts bestanden, denn in den ersten Schreinsakten werden einige Häuser bezüglich ihrer Lage als *super aquaeductum* bezeichnet. Der Bau dieses Abwasserkanals war für die Stadt lebensnotwendig, wollte sie nicht in ihren Abwässern ertrinken. Das mag für eine mittelalterliche Stadt ein wenig zu bedeutsam klingen, wird aber verständlich, wenn man die städtebaulichen Eingriffe in das Gelände der späteren Rheinvorstadt seit der Römerzeit betrachtet.[186]

Aber nicht nur durch diesen großen Sammelkanal sind im Mittelalter Abwasser und Fäkalien in den Rhein befördert worden, sondern darüber hinaus gab es auch noch eine Anzahl weiterer, wenn auch kleinerer Aduchte. So ist auch in dem von Mühlberg[187] als Fluchtweg gedeuteten Bauwerk zwischen der 1163 neu erbauten Residenz Rainald von Dassels und dem Rhein mit Sicherheit ein Abwasserkanal zu sehen.[188] Darauf deutet schon die Bauart hin, denn der in 4,3 m Tiefe liegende Kanal von 0,95 Breite und weniger als 0,90 m Höhe war im archäologischen Befund mit Platten bedeckt und muß zuvor in offener Bauweise errichtet worden sein. Eine Baumaßnahme dieser Größenordnung war sicherlich nicht mit der für den Bau eines Geheimganges erforderlichen Diskretion durchzuführen gewesen.[189]

Ein weiterer Kanal ist u.a. in den Archivakten des Jahres 1360 für das Schlachthaus und für das Kloster Groß St. Martin beschrieben, letzterem wurde eine widerrufliche Mitbenutzung der angeführten städtischen Aducht gestattet.[190]

Der Bau eines privaten Abwasserkanals ist in einer Urkunde vom 4. März 1334 belegt.[191] Danach erwarb der Bürger Heinrich Schwarz zum Preis von 30 Mark einen Streifen Landes aus dem Besitz seines Nachbarn Daniel von Hersel zur Verwirklichung seines Entwässerungsplanes. Er sicherte darin für sich und seine Nachkommen zu, den Kanal zu pflegen und instandzuhalten, widrigenfalls er der Stadt Köln bis zum Abschluß einer Reparaturmaßnahme wöchentlich 1 Mark Vertragsstrafe zahlen wollte.

Neben der Entwässerung in die Stadtbäche oder auf direktem Wege in den Rhein, gab es in Köln aber noch Stadtteile, deren Höhenlage keinen Anschluß an diese Vorfluter zuließ. Hier wurde das Abwasser dann oftmals sog. „Pfuhlen" zugeleitet, die für ganze Stadtviertel gemeinsam angelegt worden waren, und von denen heute noch Straßenbezeichnungen zeugen, wie „Rinkenpfuhl" oder „Perlenpfuhl". In derartigen Gemeinschaftspfuhlen konnte das Abwasser dann versickern. 1222 wird für die Pfarre St. Kolumba eine gemeinsame Kaule genannt *(communis fossa parochie)*, der die Abwässer zahlreicher Häuser zugeleitet worden sein müssen.

Köln, im Mittelalter eine der bedeutendsten Städte Europas, konnte durch seine Lage am Rhein und die Nutzung des Stromes als Vorfluter die Entsorgung großer Teile seines Stadtgebietes gewährleisten. Die Höhenlage des Rheins im Verhältnis zur Stadt ließ allerdings eine direkte Nutzung des Rheinwassers für die Speisung von Stadtgräben oder für die Durchspülung eines städtischen Kanalsystems nicht zu.

6.3 Stadtbäche

Eine bessere Abwasserentsorgung ließ sich in jenen Städten erreichen, die durch ihre Lage an Wasserläufen die Möglichkeit hatten, Flußwasser in Rinnen, Gräben oder auch Bächen durch die Mauern in das Stadtinnere abzuleiten. Hierzu war allerdings eine entsprechende Geländehöhe des städtischen Terrains die unabdingbare Voraussetzung. Im folgenden sollen nun einige der Städte vorgestellt werden, die auf diese Weise in ihren Mauern für ein sauberes Klima gesorgt haben. Am leichtesten zu verwirklichen war ein solches Kanalisationsprojekt natürlich bei der Neuanlage einer Stadt, wobei die Einzelheiten dann schon im Gesamtkonzept der Stadtplanung untergebracht werden konnten. Eine andere Möglichkeit wird in den Erweiterungsphasen man-

Abb. 68 Freiburg. Bächle, Nachfolgeeinrichtung der im 12. Jahrhundert begründeten Fließrinnen durch die Stadt; 1984 (Foto: H. Lilienthal)

cher Städte sichtbar, dann nämlich, wenn die ehemals die Stadt umgebenden Gräben zum innerstädtischen Gebiet werden und dadurch verstärkt zur Entsorgung herangezogen werden können.

Die besten Beispiele für Städte mit ständig durch die Straßen flutenden Wasserrinnen finden wir vor allem in Süddeutschland in den im 12. Jahrhundert gegründeten Städten der Zähringer und Staufer. Angeführt sei die Stadt FREIBURG im Breisgau, nicht nur weil dort die „Bächle" exemplarisch in der Ausführung sind, sondern auch, weil diese heute noch mitten durch die Straßen rinnen (*Abb. 68*). Schon in der Gründungszeit der Stadt sind diese offenen Rinnen in den gepflasterten Straßen angelegt worden.[192] Gespeist wurden sie von einem dem Gewerbebach abgezweigten Kanal, der sich in Oberlinden in zwei Strängen teilte. Diese verzweigten sich dann noch mehrfach über zwanzig Straßen, um sich im Anschluß daran wieder zu vereinigen und dem Gewerbebach zuzufließen. Die beiden wesentlichen Funktionen dieses Systems lagen auf dem Gebiet der Stadtreinigung, indem sie den Kehrichtunrat aufnahmen, und in der ständigen Bereitstellung von Löschwasser im Falle von Stadtbränden. Ohne Zweifel haben wir in Freiburg eine großartige infrastrukturelle Maßnahme für eine mittelalterliche Stadt vor uns, die für lange Zeit auch für andere Städte vorbildlich war.

Ständig fließende Wasserrinnen auf den städtischen Straßen findet man auch in anderen Stadtneugründungen (z. B. SCHWÄBISCH-GMÜND) oder auch als nachträgliche Baumaßnahme, wenn Orte sich zu Städten ausbildeten (z. B. BASEL, ERFURT, GOSLAR, QUEDLINBURG, HORHUSEN-NIEDERMARSBERG, SPEYER).[193]

Schon vor 1200 hatte man in GOSLAR ein aus der Gose gespeistes Rinnensystem durch die Stadt geführt, das anfangs sogar der Trinkwasserversorgung diente. Die Abwasser der Stadt wurden in offenen, gepflasterten Rinnen, den sog. Fahrwegwassern, abgeleitet, und zwar zu einem Teil in die Gose, die nun wegen der Aufnahme der Abwasser vom Bergbau im Rammelsberg „Abzucht" hieß, und zum anderen Teil über einen Sammelkanal in den „Neuen Fischteich".[194] Diese Fahrwegwasser konnten zur Reinigung mit Frischwasser durchspült werden, außerdem konnte in ihnen auch Löschwasser durch ein Schiebersystem in den Stadtteil gelenkt werden, in dem es gerade benötigt wurde. Ein schönes Beispiel für die mittelalterliche Stadtentwässerung liegt auch noch im Falle STRASSBURGS vor. Den Kolmarer Annalen können wir entnehmen, daß auch Straßburg ein solches System von Fließrinnen durch die Stadt besessen haben muß, denn zum Jahre 1292 heißt es dort:[195] „*Ein Handwerker* (artifex: *auch Techniker*) *erfand Kanäle* (fluentes aquas; wörtlich: *fließende Wasser*) *durch die gepflasterten Straßen von Straßburg.*"

Ein Jahr später findet dieser Meister noch einmal Erwähnung in den Kolmarer Annalen, allerdings aus einem traurigen Anlaß: „*Der Erfinder und Meister des Werkes, das in Straßburg die Brausch (mittelalterlicher Name der Ill) durch die Stadtteile fließen ließ, fiel von diesem herunter und verstarb.*"

Zu dieser Zeit war die Stadt bereits mächtig gewachsen. In den Jahren 1228-1244 war sie zum dritten Mal erweitert worden und – wie bei den Stadterweiterungen zuvor – waren auch dieses Mal die ehemals außerhalb der Mauern liegenden Stadtgräben dabei innerstädtisches Gebiet geworden.[196] Diese Wasserläufe bildeten nun auch die Vorflut für die Abwässer der jeweils neubebauten Stadtteile. Bei der dritten Stadterweiterung wurde ein Teilstück des vereinnahmten Gerbergrabens zugeschüttet, zu einem Teil aber als Wassergraben offengehalten, um die Vorflut für die „Dohlen" und die Oberflächenwasser aus dem neuen Stadtteil zu bilden.

Die Benutzung der auf solche Weise in die Städte gekommenen Stadtgräben bot sich im Falle der Stadterweiterung für die Entsorgung vielerorts an. Das gilt beispielsweise noch für WÜRZBURG[197] und KÖLN.[198] In Köln gilt das namentlich für die bei den Erweiterungen von 1106 und 1180 in die Stadt gekommenen Bäche.

Auch regelrechte Stadtbäche, also offene Gewässer, die oberhalb der Städte von den Flüssen abgeleitet und in mehreren Armen durch die Städte geleitet wurden, hat es in mittelalterlicher Zeit gegeben. Die Stadtbäche AACHENS[199] seien hier nur erwähnt, die Stadtbäche Münchens sollen kurz erläutert werden *(Abb. 69)*.

Auch in MÜNCHEN sind in den ehemaligen Festungsgräben die Anfänge der Stadtgräben zu sehen, denn seit der Gründung der Stadt im Jahre 1157 hatte sich ihre Grundfläche als Folge zweier Stadterweiterungen bis zum Jahre 1285 von 17 ha auf 90 ha vergrößert.[200] Von den ehemaligen Stadtgräben ausgehend war danach die Stadt von einer ganzen Reihe künstlicher Wassergräben durchzogen worden, die neben der Aufnahme der Abwässer vor allem auch der Gewinnung von Wasserkraft dienten. Reihenweise haben die vielen Getreide-, Walk-, Schleif-, Säge- und Hammerwerke die Kraft dieses Wassers für ihre Zwecke ausgenutzt. Der älteste Gewerbebetrieb an einem der Stadtbäche ist der Lohstampf der Lederer, der in einer Verleihungsurkunde Otto III. von 1241 bezeugt ist.

Die Stadtbäche bildeten also nicht nur die Vorflut für die Stadtentwässerung, sondern waren zudem ein wichtiger Faktor für den wirtschaftlichen Aufschwung der Stadt München. Dies gilt gleichermaßen auch für die vielen anderen Städte, die über eine solche Art von Wasserläufen innerhalb ihrer Stadtmauern verfügten.

Abb. 69 München, Englischer Garten. Reste der mittelalterlichen Stadtbäche dienen heute der Naherholung für die Bevölkerung

Anmerkungen

1 Zur Transportfrage im Mittelalter u. a.: K. Grewe, Fossa Carolina und Fossa Eugeniana – Über zwei vergebliche Versuche, Schiffahrtskanäle zu bauen. in: Das Rheinische Landesmuseum Bonn 1977, 53–56. – K. Grewe, Der Canal d'Entreroches in seinem technikgeschichtlichen Umfeld. in: K. Grewe (Hrsg.), Canal d'Entreroches. Forschungsbeiträge des Förderkreises Vermessungstechnisches Museum e.V., Bd. 1 (Stuttgart 1987) 11–26.

2 Aquädukt = Wasserleitung;
Äquäduktbrücke = Wasserleitungsbrücke.

3 K. Grewe, Römische Wasserleitungen in Spanien. in: Schriftenreihe der Frontinus-Gesellschaft, Heft 7 (Berg. Gladbach 1984) 7–48.

4 L. Falck, Geschichte von Mainz im frühen Mittelalter. in: Führer zu vor- und frühgeschichtlichen Denkmälern 11 (Mainz 1969) 58.

5 B. Heinrich, Am Anfang war der Balken – Zur Kulturgeschichte der Steinbrücke (München 1979).

6 K. Grewe, Atlas der römischen Wasserleitungen nach Köln. Rheinische Ausgrabungen 26 (Bonn 1986).

7 W. Haberey, Die römischen Wasserleitungen nach Köln. Kunst und Altertum am Rhein 37 (Bonn ²1972) 99.

8 K. Grewe (s. Anm. 6) XIII–XIV.

9 H. v. Petrikovits, Rheinische Geschichte I: 1. Altertum (Düsseldorf 1978) 190 f.

10 H. Cüppers, Die spätantike Stadt – Kaiserresidenz und Bischofssitz. in: Trier – Kaiserresidenz und Bischofssitz. Ausstellungskatalog (Mainz 1984) 69.

11 K. Grewe, Die römische Eifelwasserleitung als Steinbruch des Mittelalters. in: (s. Anm. 6) 269–287.

12 K. Grewe, Beispiele für das Überleben römischer Fernwasserleitungen in mittelalterlicher Zeit. in: Leichtweiß-Institut für Wasserbau der TU Braunschweig. Kolloquium „Wasserbau in der Geschichte" zu Ehren von G. Garbrecht (Braunschweig 1987) 101–127.

13 A. Neyes, Die Ruwer-Wasserleitung des römischen Trier (Waldrach o. J.).

14 Ladner, Über die römische Wasserleitung. in: Jahresberichte der Gesellschaft für nützliche Forschungen zu Trier 1855 (Trier 1856) 23–33.

15 P. Steiner, Die römische Wasserleitung von Trier. in: Trier. Volksfreund Nr. 236 v. 12.10.1926 (Beilage).

16 E. Zens, 2000 Jahre Trinkwasserversorgung in Trier – 100 Jahre Trierer Wasserwerke (Trier 1984) 16.

17 E. Zens, Die Taten der Trierer – Gesta Treverorum (Trier 1955).

18 Eine Gesamtbearbeitung der Bonner Legionswasserleitung durch Verf. ist in Vorbereitung.

19 Freudenberg, Epigraphische Analekten. in: Bonner Jahrbücher 29, 1860, 96.

20 Freudenberg (s. Anm. 19) s. d. Anm. 22.

21 Den Hinweis auf die Darstellung der Aquädukttrasse im Hundeshagen-Plan von 1819 verdanke ich M. Groß, Bonn. [Abb. s. in: K. Grewe, Römische Wasserleitungen nördlich der Alpen. in: G. Garbrecht, Die Wasserversorgung antiker Städte, Frontinus-Bücher Bd. 3 (Mainz 1988) 52.]

22 C. v. Veith, Castra Bonnensia. Festschrift zu Winckelmann's Geburtstage (Bonn 1888) 15.

23 K. Böhner, Bonn im frühen Mittelalter. in: Bonner Jahrbücher 178, 1978, 395–426.

24 E. Ennen; D. Höroldt, Vom Römerkastell zur Bundeshauptstadt – Kleine Geschichte der Stadt Bonn (Bonn 1976) 27.

25 W. Sölter, Vögel und Männer – Funde der Bonner Grabung 1972. in: Das Rheinische Landesmuseum Bonn 1972, 84 f. – W. Sölter, Die Ausgrabungen 1975 im römischen Legionslager Bonn. in: Das Rheinische Landesmuseum Bonn, Sonderheft Rheinische Ausgrabungen 1975 (Bonn 1976) 71–73.

26 E. Ennen; D. Höroldt (s. Anm. 24) 26.

27 E. Ennen; D. Höroldt (s. Anm. 24) 28.

28 W. Sölter, Die Bonner Ausgrabung 1971. in: Das Rheinische Landesmuseum Bonn 1971, 81–84.

29 K. Böhner (s. Anm. 23) 401.

30 H. v. Petrikovits (s. Anm. 9) 292.

31 E. Ennen; D. Höroldt (s. Anm. 24) 28.

32 K. Böhner (s. Anm. 23) 424. – H. Borger, Bemerkungen zur Entstehung der Stadt Bonn im Mittelalter. in: Aus Geschichte und Volkskunde von Stadt und Raum Bonn, Festschrift Josef Dietz (Bonn 1973) 10 ff.

33 W. Janssen, Studien zur Wüstungsfrage im fränkischen Altsiedelland zwischen Rhein, Mosel und Eifelnordrand II (Köln 1975) BN–42 Dietkirchen und BN–43 Kloster Dietkirchen, 138 f.

34 C. Bridger; F. Siegmund, Die Xantener Stiftsimmunität – Grabungsgeschichte und Überlegungen zur Siedlungstopographie. in: Beiträge zur Archäologie des Rheinlandes. Rheinische Ausgrabungen 27 (Bonn 1988) 103–106.

35 K. Grewe (s. Anm. 6) 192, [Abbildung s. d.].

36 K. Grewe, Planung und Trassierung römischer Wasserleitungen. Schriftenreihe der Frontinus-Gesellschaft, Suppl.bd. 1 (Wiesbaden 1985) 95.

37 K. Grewe (s. Anm. 3) 7–48.

38 Zum frühchristlichen Taufritus:
Anselm Grün, Taufstätten – Quellen des Lebens (Würzburg 1988). – Arnold Angenendt, Der Taufritus im frühen Mittelal-

ter. in: Settimane di Studio del Centro Italiano di Studi sull-'Alto Medioevo 33 (Spoleto 1987) 275–321. – E. Stommel, Christliche Taufriten und antike Badesitten. in: Jahrbuch f. Antike u. Christentum 2, 1959, 5–14. – E. Dinkler, s. v. Taufe im Urchristentum. in: Die Religion in Geschichte und Gegenwart. VI. (Tübungen ³1962).

39 Jean-François Reynaud, Lyon aux premiers temps chrétiens. Guides Archéologiques de la France 10 (Paris 1986) 99–105.

40 Michel Rérolle, Étude Archaeologique. in: Société des Antiquitaires de l'Ouest (Hrsg.), Le Baptistère Saint-Jean de Poitiers (Poitiers 1976) 19–25.

41 R. Guild; J. Guyon; L. Rivet, Les origines du baptistère de la cathédrale Saint-Sauveur. Etude de topographie aixoise. in: Revue archéologique de Narbonnaisse 16, 1983, 171–209.

42 Paul-Albert Février, Le groupe épiscopal de Fréjus (Paris 1981) 23-29.

43 L.-H. Labande, Venasque – Le Baptistère VIᵉ Siècle. Führungsheft (o.J.).

44 Nino Lamboglia, Albenga Romana e Mediovale (Bordighera ⁶1986) 50–61.

45 R. Laur-Belart, Ein frühchristliches Baptisterium mit Bad in Kaiser-Augst, Schweiz. in: Akten d. VII. Internationalen Kongresses für christliche Archäologie 1965 (Berlin) 43.

46 Hans Eiden, Stadtforschung: Boppard am Rhein. in: Archäologie in Deutschland 1988, Heft 1, 6–9.

47 W. Weyres, Die Domgrabung XIX, Das karolingische Baptisterium. in: Kölner Domblatt 36–37, 1973, 75–86. – Hansgerd Hellenkemper, Wasserbedarf, Wasserverteilung und Entsorgung der CCAA. in: K. Grewe (s. Anm. 6) 204.

48 Ein besonders anschauliches Beispiel für eine antike Beschreibung einer Ingenieurleistung ist die Inschrift des Nonius Datus über seine Tunnelvermessung in Saldae/Algerien. Darüber zuletzt: K. Grewe, Planung und Trassierung römischer Wasserleitungen. Schriftenreihe d. Frontinus-Gesellschaft, Suppl.bd.I (Wiesbaden 1985) 70.

49 F. Gregorovius, Geschichte der Stadt Rom im Mittelalter. Bd. I (1988) 119–123.

50 G. Bustacchini, Ravenna (Ravenna 1984) 66.

51 Vita Aviti c.5 (zit. n. E. Knögel, Schriftquellen zur Kunstgeschichte der Merowingerzeit. in: Bonner Jahrb. 140–141, 1936, 1 ff.).

52 Vita Venantii c.4 (zit. n. E. Knögel, s. Anm. 51).

53 Desiderii epist.I, 13 (zit. n. E. Knögel, s. Anm. 51).

54 Richard, De statu . . . c.3 (zit. n. E. Knögel, s. Anm. 51).

55 B. Buffet; R. Evrard, L'eau potable à travers les âges (Liège ²1951) 124.

56 G. Lill, s. v. Brunnen. in: O. Schmitt (Hrsg.), Reallexikon zur deutschen Kunstgeschichte (Stuttgart-Waldsee 1948) 1278.

57 G. Lill (s. Anm. 56).

58 Karl der Große. Ausstellungskatalog (Aachen 1965) 27. – H. Cüppers, Der Pinienzapfen im Münster zu Aachen. in: Aachener Kunstblätter 19/20, 1960/61, 90.

59 U. Weimann, Die Königspfalz in Nieder-Ingelheim. in: Führer zu vor- und frühgeschichtlichen Denkmälern, Bd. 12 (Mainz 1972) 113–121.

60 K. Weidemann, Die Königspfalz in Ingelheim, in: F. Lachenal; H. T. Weise (Hrsg.), Ingelheim am Rhein 774–1974 – Geschichte und Gegenwart (Ingelheim 1974) 43. – H. Schmitz, Pfalz und Fiskus Ingelheim. in: Hess. Landesamt f. geschichtl. Landeskunde (Hrsg.), Untersuchungen und Materialien zur Verfassungs- und Landesgeschichte 2 (Marburg 1974) 79–80.

61 C. Rauch, Die Ausgrabungen in der Königspfalz Ingelheim 1909–1914 [bearb. u. hrsg. von H. J. Jacobi] (Mainz 1976) 83.

62 K. Waller, Der Stickenbüttler Brunnen (zit. n. G. P. Fehring, s. Anm. 70).

63 W. C. Wijntjes, The Water Supply of the Medieval Town. in: J. G. N. Renaud (Hrsg.), Rotterdam Papers IV (Rotterdam 1982) 189.

64 W. C. Wijntjes (s. Anm. 63).

65 H. W. Dickinson, Water Supply of Greater London. in: The Engineer 186, 1948, 26 und folgende Ausgaben.

66 A. Kubinyi, Städtische Wasserversorgungsprobleme im mittelalterlichen Ungarn. in: J. Sydow (Hrsg.) Städtische Versorgung und Entsorgung im Wandel der Geschichte 8 (Sigmaringen 1981) 180.

67 G. H. Jaacks, Lübecks alte Wasserkünste. in: Stadtwerke Lübeck (Hrsg.), Von den alten Wasserkünsten zum modernen Wasserwerk (Lübeck 1967) 9.

68 H. Keussen, Topographie der Stadt Köln im Mittelalter, I. (Bonn 1910) 171.

69 Helmut Plath, Die Erforschung des mittelalterlichen Hannover. in: Der Niedersächsische Minister f. Wissenschaft u. Kunst (Hrsg.), Archäologie des Mittelalters und der Neuzeit in Niedersachsen. Ausstellungskatalog (Hannover o.J.).

70 G. P. Fehring, Ein Kastenbrunnen aus Eichenbohlen vom Jahre 1155. in: bbr – Brunnenbau, Bau von Wasserwerken, Rohrleitungsbau 1/1980, 5 ff.

71 Hist. Museum Frankfurt, Museum für Vor- und Frühgeschichte (Hrsg.), Ausstellung „Altstadtgrabung" im Hist. Museum Frankfurt. Informationsblätter (Frankfurt 1977).

72 Hansgerd Hellenkemper, Wasserbedarf, Wasserverteilung und Entsorgung der CCAA. in: K. Grewe, Atlas der römischen Wasserleitungen nach Köln. Rheinische Ausgrabungen 26 (Bonn 1986) 193–214.

73 Helmut Plath, Stadtgeschichtliche Abteilung. in: Abteilungskatalog des Historischen Museums am Hohen Ufer Hannover (Hannover 1970) 10.

74 Kurt Schietzel, Die archäologischen Befunde der Ausgrabung Haithabu 1963–1964. in: Berichte über die Ausgrabungen in Haithabu 1 (Neumünster 1969) 39–49.

75 Kurt Schietzel, Haithabu. in: Führer zu vor- und frühgeschichtlichen Denkmälern, Bd. 9 (Mainz 1968) 167–179.

76 Wilhelm Ruckdeschel, Die Tretrad-Brunnenwinde auf der Wülzburg. in: Jahrb. d. hist. Vereins f. Mittelfranken 89, 1977/81, 101.

77 Das Leitungsstück befindet sich heute im ehemaligen Kreuzgang des Klosters St. Emmeram.

78 Cronica S. Petri Erfordensis Moderna. Monumenta Germaniae Historica SS. 30a, 442 (Frdl. Hinweis von H.-W. Nicklis).

79 Wolfgang Zäschke, Keramische Werkstoffe in der Geschichte der Wasser- und Abwassertechnik. in: Schriftenreihe der Frontinus-Gesellschaft, Heft 4 (Köln 1981) 9–27.

80 Christian v. Kaphengst, Die Tonrohr-Wasserleitung für das ehemalige Kloster St. Johann in Alzey aus dem 13. Jahrhundert. in: Alzeyer Geschichtsblätter 21, 1986, 71–88.

81 Hans-Helmut Wegner, Eine bemerkenswerte Rohrleitung in Mönchengladbach-Rheydt, Ortsteil Geneicken. in: Das Rheinische Landesmuseum Bonn, Sonderheft Ausgrabungen im Rheinland '79 (Bonn 1980) 250–254.

82 Franz M. Feldhaus, Die Technik der Vorzeit, der geschichtlichen Zeit und der Naturvölker (Leipzig u. Berlin 1914) 123–124.

83 Bernd Dibner, Maschinen und Waffen. in: L. H. Heydenreich; B. Dibner; L. Reti, Leonardo der Erfinder (Stuttgart u. Zürich 1987) 85. – Marco Lianchi, Die Maschinen Leonardo da Vincis (Florenz 1984) 44.

84 Kunsthistorisches Museum Wien, WS cod. 5014, fol.11.

85 Karl-Heinz Ludwig, Zur Nutzung der Turbinenmühle im Mittelalter. in: Technikgeschichte 53, 1986, Heft 1, 35–38.

86 Museum für Kunst- und Kulturgeschichte der Hansestadt Lübeck (Hrsg.), Archäologie in Lübeck – Erkenntnisse von Archäologie und Bauforschung zur Geschichte und Vorgeschichte der Hansestadt. Ausstellungskatalog (Lübeck 1980).

87 Georg Agricola, De re metallica libri XII (Basel 1556 und weitere Ausgaben; Reprint München 1977).

88 Konrad von Megenberg, Das Buch der Natur. Hrsg. v. F. Pfeiffer (1861; ²1970) – H. Ibach, Leben und Schriften des Konrad von Megenberg. Dissertation (Würzburg 1938).

89 Freundlicher Hinweis von Clemens Kosch, Swisttal. – Richard Henn, Schloß Mildenburg. Führungsblatt (Miltenberg o.J.).

90 E. Ruopp, Die Wasserversorgung von Faistenoy. in: Erhard Berichte 5, 1968, 30.

91 Klaus Grewe, Zur Wasserversorgung und Abwasserentsorgung in der Stadt um 1200. in: Zeitschrift für Archäologie des Mittelalters, Beiheft 4, 1986, 287. – Ders., Planung und Trassierung römischer Wasserleitungen. Schriftenreihe der Frontinus-Gesellschaft, Suppl.bd. 1 (Wiesbaden 1985).

92 K.-A. Tietze, Vom Blasrohr zur Kontinental-Pipeline. in: Schriftenreihe d. Frontinus-Gesellschaft e.V., Heft 3 (Köln 1980) 23.

93 Max Piendl, St. Emmeram in Regenburg – Die Baugeschichte seiner Klostergebäude in: Thurn und Taxis-Studien 15, 1986, 133ff. – K. Bauer, Regensburg – Aus Kunst-, Kultur- und Sittengeschichte (Regensburg 1970) 535.

94 Das Original des wiedergegebenen Rohrnetzplans von 1758 liegt im Thurn und Taxis Zentralarchiv in Regensburg.

95 M. Piendl, Fontes monasterii s. Emmerami, 78.

96 M. Piendl (wie Anm. 95) 113f.

97 M. Piendl (wie Anm. 95) 135f.

98 Die Kunstdenkmäler von Oberpfalz und Regensburg, Heft 20, Stadtamhof (München 1914) 229–236.

99 W. Braunfels, Abendländische Klosterbauten (Köln 1969). zit. n. Die Zisterzienser. Ausstellungskatalog (Bonn 1980) 218.

100 Wolfgang Seidenspinner, Das Maulbronner Wassersystem – Relikte zisterziensischer Agrarwirtschaft und Wasserbautechnik im heutigen Landschaftsbild. in: Denkmalpflege in Baden-Württemberg 18, 1989, 181–191 und frdl. Hinweis von Dieter Müller, Stuttgart.

101 Handbuch der historischen Stätten Deutschlands. Bd. 6: Baden-Württemberg (Stuttgart ²1980) 517ff.

102 K. Müller, Die Wasserversorgung der Gebäude des Burgbergs bei Harzburg in alter und neuer Zeit. in: Braunschweigisches Magazin 5, 1899, 174–176. – F. Stolberg, Befestigungsanlagen im und am Harz von der Frühgeschichte bis zur Neuzeit (Hildesheim 1968) 139–140. – K. Weidemann, Die Wasserleitung der Harzburg. in: Führer zu vor- und frühgeschichtlichen Denkmälern 35 (Mainz 1978) 227–228.

103 A. Satrapa-Schill, Das Leben und die Versorgung auf mittelalterlichen Höhenburgen. in: Burgen und Schlösser 20, 1979, II, 74–83.

104 C. Platt, Dover Castle (London 1988).

105 Proceedings at Meetings: Dover Castle. in: The Archaeological Journal 86, 1929, 251–255.

106 F. Sprater; G. Stein, Der Trifels. Verwaltung d. Staatl. Schlösser Rheinland-Pfalz, Führungsheft 15 (Speyer ¹⁴1986) 46–47.

107 W. Meyer, Zisternen auf Höhenburgen der Schweiz – Zum Problem der Trinkwasserversorgung auf mittelalterlichen Burganlagen. in: Burgen und Schlösser 20, 1979, II, 84–90.

108 H. Plath, Die Erforschung des mittelalterlichen Hannover. in: Der Niedersächs. Minister f. Wissenschaft u. Kunst (Hrsg.), Archäologie des Mittelalters und der Neuzeit in Niedersachsen. Ausstellungskatalog (Hannover o.J.).

109 Richard Strobel, Das Bürgerhaus in Regensburg (Tübingen 1976) 104.

110 Otto Flachsbart, Geschichte der Goslarer Wasserwirtschaft. Beiträge zur Geschichte der Stadt Goslar, Heft 4 (Goslar 1928).

111 Hans-Günther Griep, Das Bürgerhaus in Goslar (Tübingen 1959) 15. – Ders., Das Bürgerhaus der Oberharzer Bergstädte (Tübingen 1975) 74. – Ders., Rathaus, Marktbrunnen und Gildehäuser [in Goslar]. in: Führer zu vor- u. frühgeschichtlichen Denkmälern 35 (Mainz 1978) 120.

112 W. Hillebrand, Stadtgeschichte [von Goslar]. in: Führer zu vor- und frühgeschichtlichen Denkmälern 35 (Mainz 1978) 51.

113 S. G. Mund, Versuch einer topographisch-statistischen Beschreibung der Kaiserlich freien Reichsstadt Goslar (Goslar 1800) 94.

114 Aufgrund einer im Auftrag des „Deutschen Vereins von Gas- und Wasserfachmännern" in den Jahren 1889 bis 1902 durchgeführten Umfrage unter den deutschen Wasserwerken hat der damalige Direktor der Kruppschen Wasserwerke, Ernst Grahn, eine umfangreiche Liste über die Entstehungsdaten und die technischen Einrichtungen von Wasserversorgungen im deutschsprachigen Raum zusammengestellt: Ernst Grahn, Die städtische Wasserversorgung im Deutschen Reich. 2 Bände (München, Berlin 1898–1902). – Zuletzt beschrieben bei: Johann Schnapauff, Frühe Wasserversorgung (Frankfurt/M. 1977) 26 ff.

115 Karl A. Huber, Die Basler Wasserversorgung von den Anfängen bis heute. in: Basler Zeitschrift f. Geschichte u. Altertumskunde 54, 1955, 63 ff. – Karl H. Fischer, Die Grundgedanken der städtischen Wasserversorgungspolitik im Mittelalter. in: Das Gas- u. Wasserfach 81, 1938, 320.

116 Bernd Gockel, Die Entwicklung der Wasserversorgung im deutschsprachigen Raum – Eine Übersicht. in: Bundesminister des Innern (Hrsg.), Wasserversorgungsbericht, Teil B: Materialien, Bd. 1 (Bonn o.J.) 1 ff. [Hierin auch eine auf Grahn (s. Anm. 114) beruhende Auflistung von Wasserversorgungsanlagen].

117 Die Geschichte der Wasserversorgung Stralsunds. in: Deutsche Licht- und Wasserfach-Zeitung 31, 1937, Heft 5, 95.

118 Freiburger Urkundenbuch 2. Hrsg. v. Friedrich Hefele, III.3 (Freiburg i. B. 1957) Nr. 432.

119 Ernst Ruedi, Brunnen und Brunnenwesen im alten Schaffhausen. in: Schaffhauser Beiträge z. vaterländischen Geschichte 21, 1944, 98.

120 Frankfurter Chroniken und annalistische Aufzeichnungen des Mittelalters, bearb. v. R. Froning, in: Quellen zur Frankfurter Geschichte 1 (Frankfurt 1884) VIII Annalen eines Anonymus aus dem Uffenbachschen Manuskript der Frankfurter Stadtbibliothek, 140. – Anneliese Rautenberg, Mittelalterliche Brunnen in Deutschland. Dissertation (Würzburg 1965).

121 Karl Obser, Quellen zur Bau- und Kunstgeschichte des Überlinger Münsters, 1226–1260. Festgabe d. Badischen Historischen Kommission (Karlsruhe 1917) 74, Nr. 13.

122 C. Lamb, Die Wasserversorgung [Würzburgs]. in: Festschr. z. 18. Versammlung d. Deutschen Vereins f. öffentliche Gesundheitspflege (Würzburg 1892) 152. – Alfons Fischer, Geschichte des deutschen Gesundheitswesens. Band 1: Vom Gesundheitswesen der alten Deutschen zur Zeit ihres Anschlusses an die Weltkultur bis zum Preußischen Medizinaledikt (Berlin 1933).

123 Wilhelm Appelt; Theodor Müller, Wasserkünste und Wasserwerke der Stadt Braunschweig. Braunschweiger Werkstücke, Veröffentlichungen aus Archiv, Bibliothek und Museum der Stadt 33 (Braunschweig 1964).

124 C. W. Sack, Die Gödebrunnen und Wasserleitungen zu Braunschweig. in: Altertümer des Landes und der Stadt Braunschweig (Braunschweig 1841) Kap. 2,14.

125 J. Meyer, Die Entwicklung des Feuerlöschwesens im alten Lübeck bis zum Anfang des 18. Jahrhunderts. Dissertation [masch. schr.] (Lübeck 1924) [über die Wasserversorgung Danzigs: Fußnote 94].

126 Endres Tucher, Baumeisterbuch (Nürnberg 1464–1470) [später bis 1475 ergänzt].

127 Karl H. Fischer, Die Wasserversorgung der Reichsstadt [Nürnberg]. in: Stadtmagistrat Nürnberg (Hrsg.), Die Wasserversorgung der Stadt Nürnberg von der reichsstädtischen Zeit bis zur Gegenwart. Festschrift zur Eröffnung der Wasserleitung von Ranna (Nürnberg 1912) 1 ff. – Walter Lehnert, Wasser in der Reichsstadt Nürnberg. in: Das Gas- und Wasserfach 107, 1966, 535 ff.

128 Conrad Justinger, Berner Chronik, hrsg. v. G. Studer (Bern 1861).

129 Die Kunstdenkmäler der Schweiz. Die Kunstdenkmäler des Kantons Zürich (Basel 1953) 105.

130 Die Kunstdenkmäler der Provinz Hannover III, 3 (Hannover 1906) 316.

131 H. Deichert, Geschichte des Medizinalwesens im Gebiet des ehemaligen Königreichs Hannover (Hannover, Leipzig 1908) 167.

132 Waldemar Küther, Von der mittelalterlichen Brunnenkunst zur modernen Wasserversorgung. in: Magistrat der Stadt Grünberg (Hrsg.), Grünberg – Geschichte und Gesicht einer Stadt in acht Jahrhunderten (Grünberg 1972) 294.

133 H. Zeller-Werdmüller (Hrsg.), Die Zürcher Stadtbücher des XIV. und XV. Jahrhunderts (Leipzig 1901) Nr. 195.

134 Konrad Hecht, Zur Geschichte des Brunnens auf der Konstanzer Marktstätt. in: Mein Heimatland 1939, 22.

135 Gustav Engel, Die alten Wasserleitungen der Stadt Bielefeld. in: Ravensberger Blätter 36, 1936, 49.

136 E. Peter, 400 Jahre Wasserversorgung in der Stadt Schleswig. in: Das Gas- und Wasserfach 78, 1935, 849.

137 Günther H. Jaacks, Lübecks alte Wasserkünste. in: Stadtwerke Lübeck (Hrsg.), Von den alten Wasserkünsten zum modernen Wasserwerk (Lübeck 1967) 9 ff. – Helmut Berndt; Werner Neugebauer, Lübeck – eine medizinhistorische Studie. in: Archaeologica Lundensia 3, 1968, 53 ff.

138 Torsten Lüdecke, Von Brunnenwasser zum „Kunstwasser" – die Wasserversorgung im mittelalterlichen und frühneuzeitlichen Lübeck. in: Museum f. Kunst- und Kulturgeschichte der Hansestadt Lübeck (Hrsg.), Archäologie in Lübeck – Erkenntnisse von Archäologie und Bauforschung zur Geschichte und Vorgeschichte der Hansestadt. Ausstellungskatalog (Lübeck 1980) 97 ff.

139 Max Kromer, Wasser in jedwedes Bürgers Haus (Frankfurt/M., Berlin 1962).

140 Theo Walter, 400 Jahre Wasserversorgung in Hannover. in: Neue Deliwa-Zeitschrift 1957, 193.

141 V. Schneider, Die Wasserversorgung Breslaus früher und jetzt. in: Festschrift zur XIII. Versammlung d. Dt. Vereins f. öffentliche Gesundheitspflege (Breslau 1886). – V. Schneider, Die Wasserversorgung Breslaus früher und jetzt unter Berücksichtigung der neuesten Erweiterungen (Breslau ³1896).

142 Gerhard Scheuermann, Breslaus alte Wasserhebungsmaschinen und „Künste". in: Der Schlesier v. 7. Juni 1985, 7.

143 Horst Vogel, Brunnen und Pumpereien in der Stadt Bremen. in: R. Pohl-Weber (Hrsg.), Wasser – Zur Geschichte der Trinkwasserversorgung in Bremen. Hefte des Focke-Museums Nr. 80 (Bremen 1988) 50–66.

144 Herbert Schwarzwälder, Das Wasserrad an der Weserbrücke 1393 bis 1822 – ein teures „Wunderwerk". in: R. Pohl-Weber (Hrsg.), Wasser – Zur Geschichte der Trinkwasserversorgung in Bremen. Hefte des Focke-Museums Nr. 80 (Bremen 1988) 15–49.

145 G. Ehlers, Die Wasserversorgung der deutschen Städte im Mittelalter. in: Technikgeschichte 25, 1936, 13. – A. Fischer (s. Anm. 122). – Adolf Klöpsch, Die Entwicklung der Augsburger Wasserversorgung durch fünf Jahrhunderte. in: das Gasu. Wasserfach 100, 1959, 133. – Max Kromer (s. Anm. 139). – Robert Pfaud, Das Bürgerhaus in Augsburg (Tübingen 1976) 143. – Wilhelm Ruckdeschel, Die Brunnenwerke am Roten Tor zu Augsburg zur Zeit des Stadtbrunnenmeisters Caspar Walter (um 1750). in: Zeitschrift d. Hist. Vereins f. Schwaben 69, 1975, 61 ff. – Ders., Das Untere Brunnenwerk zu Augsburg durch vier Jahrhunderte. in: Zeitschrift d. Hist. Vereins f. Schwaben 75, 1981, 87.

146 Chronik des Hector Mülich 1348 bis 1487. Die Chroniken der schwäbischen Städte: Augsburg, Band 3 (Leipzig 1866) 57.

147 Paul v. Stetten, Geschichte der Heiligen Römischen Reichs Freyen Stadt Augsburg (zit. n. G. Ehlers, s. Anm. 145, 21).

148 Chronik des Burkhard Zink 1368 bis 1468. Die Chroniken der schwäbischen Städte: Augsburg, Band 3 (Leipzig 1866) 144.

149 Chronik des Burkard Zink (s. Anm. 148) 154.

150 Richard Reymann, Geschichte der Stadt Bautzen (Bautzen 1902) 553.

151 Willy Mendel, Zur Wasserversorgung der Stadt Bautzen. in: Heimatkundliche Blätter f. d. Bezirke Dresden, Karl-Marx-Stadt, Leipzig 3, 1957, 298.

152 Museen der Stadt Bautzen (Hrsg.), Alte Wasserkunst. Faltblatt (Bautzen o.J.).

153 Max Heinz, Wasser für Budissin. in: Bautzener Kulturschau 1977, Heft 7, 6.

154 Toni Gembris, Die Wasserversorgung Paderborns früher und heute. in: Die Warte 9, 1941, 11.

155 Toni Gembris (s. Anm. 154) 13.

156 Wilhelm Appelt; Theodor Müller (s. Anm. 123).

157 Klaus Altmann, Die Celler Wasserversorgung – Von der Wasserkunst zum modernen Wasserwerk (Celle 1981). – Bomann-Museum Celle (Hrsg.), Archäologische Funde aus der Celler Altstadt. Ausstellungskatalog (Celle 1981) 18.

158 Hamburger Wasserwerke GmbH (Hrsg.), Vergangenheit, Gegenwart und Zukunft der Wasserversorgung (Hamburg 1954).

159 Das deutsche Versicherungswesen. Geschichte der Versicherungsanstalten der Freien und Hansestadt Lübeck, 442 f. [zit. n. J. Meyer, Anm. 167, Fußnote 1].

160 Marianne Gechter, Wasserversorgung und Entsorgung in Köln vom Mittelalter bis zur frühen Neuzeit. in: Kölner Jahrbuch für Vor- und Frühgeschichte 20, 1987, 219–270.

161 W. Stein, Akten zur Geschichte der Verfassung und Verwaltung der Stadt Köln im 14. und 15. Jahrhundert. Publikationen der Gesellschaft für Rheinische Geschichtskunde X, (Bonn 1893) II., Nr. 68.

162 W. Stein (s. Anm. 161) II, Nr. 192.

163 W. Stein (s. Anm. 161) II, Nr. 219.

164 C. Meckseper (Hrsg.), Stadt im Wandel – Kunst und Kultur des Bürgertums in Norddeutschland 1150–1650. Ausstellungskatalog (Stuttgart-Bad Cannstadt 1985) 1043.

165 Toni Gembris (s. Anm. 154) 11.

166 Hermann Keussen (s. Anm. 68) 175.

167 J. Meyer, Die Entwicklung des Feuerlöschwesens im alten Lübeck bis zum Ausgang des 18. Jahrhunderts. Dissertation [masch. schr.] (Lübeck 1924) [freundl. Hinweis von Heinz Behrens, Lübeck]. – H. Reghmann, Lübeckische Chronik (Lübeck 1619) [zit. n. J. Meyer].

168 Nach Lüb. Recht Cod. 2 CLXIV; 3 XXXXI [zit. n. J. Meyer (s. Anm. 167) Fußnote 3].
169 Feuerordnung von 1461 (Volumen-Feuerordnung) Staatsarchiv Lübeck.
170 J. Meyer (s. Anm. 167) 23.
171 H.-D. Loose (Hrsg.), P. Gabrielsson, Hamburg, Geschichte der Stadt und ihrer Bewohner von den Anfängen bis zur Reichsgründung (Hamburg 1982).
172 Hist. Museum Frankfurt, Museum für Vor- und Frühgeschichte (s. Anm. 71) 5.2; 11.3.
173 Endres Tucher (s. Anm. 126).
174 G. Krause, Ausgrabungen im mittelalterlichen Duisburg in den Jahren 1983/84. in: Ausgrabungen im Rheinland 83/84 (Bonn 1985) 188; 194.
175 P. Schmidt-Thomé, Die Abortgrube des Klosters der Augustinereremiten in Freiburg. in: Archäologische Ausgrabungen in Baden-Württemberg 1983 (Stuttgart 1984) 241f.
176 Oursin, Reinigung und Entwässerung der Stadt. in: Festschrift z. Versammlung d. Deutschen Vereins f. öffentliche Gesundheitspflege (Straßburg 1889) 240.
177 Marianne Gechter (s. Anm. 160) Quellen 22.
178 Oursin (s. Anm. 176).
179 M. Mengeringhausen, Die häusliche Wasserverwendung und Abwasserwirtschaft im Mittelalter. in: Technikgeschichte 25, 1936, 43.
180 G. Krause, Archäologische Zeugnisse zum mittelalterlichen Duisburg. in: Duisburg im Mittelalter. Ausstellungskatalog (Duisburg 1983) 23.
181 H. Plath (s. Anm. 73) 12.
182 H. Hellenkemper; E. Meynen, Köln. Deutscher Städteatlas, hrsg. von H. Stoob, Lieferung II, Nr. 6 (Dortmund 1979).
183 H. Keussen (wie Anm. 68) 156.
184 H. Plath (wie Anm. 73) 12.
185 Hist. Museum Frankfurt, Museum für Vor- und Frühgeschichte (s. Anm. 71).
186 H. Keussen (wie Anm. 68) 175.
187 F. Mühlberg, Ein Fluchtweg Reinalds von Dassel? in: Kölner Domblatt 21/22, 1963, 149.
188 Klaus Grewe (wie Anm. 91) 296.
189 Marianne Gechter (wie Anm. 160) 239.
190 L. Ennen; G. Eckertz, Quellen zur Geschichte der Stadt Köln, IV (Köln 1860ff) Nr. 415. – Marianne Gechter (wie Anm. 160) Quellen Nr. 15.
191 W. Stein, Akten zur Geschichte der Verfassung und Verwaltung der Stadt Köln im 14. und 15. Jahrhundert; Publikationen der Gesellschaft für Rheinische Geschichtskunde, X (Bonn 1893ff.) II, Nr. 1 – Marianne Gechter (wie Anm. 160) Quellen Nr. 16.
192 A. Poinsignon, Geschichtliche Ortsbeschreibung der Stadt Freiburg i.Br. (Freiburg i.Br. 1891) 56.
193 B. Schwineköper, Die Problematik von Begriffen wie Stauferstädte, Zähringerstädte und ähnliche Bezeichnungen. in: E. Maschke; J. Sydow (Hrsg.), Südwestdeutsche Städte im Zeitalter der Staufer, Stadt in der Geschichte 6 (Sigmaringen 1980) 95.
194 H.-G. Griep, Das Bürgerhaus in Goslar (wie Anm. 111).
195 Oursin (s. Anm. 176) – Annalen und Chronik von Kolmar. Übersetzt von H. Pabst, in: Die Geschichtsschreiber der deutschen Vorzeit, XIII. Jahrhundert, 7. Band (Berlin 1867) [Die abgedruckte Übersetzung ist sinngemäßer als die bei Oursin und Pabst zitierten Übersetzungen; sie wurde mir freundlicherweise von H.-W. Nicklis zur Verfügung gestellt].
196 Oursin (s. Anm. 176).
197 A. Stumpf, Die Kanalisation, Entwicklung der Kanalisation in Würzburg. in: Festschrift z. 18. Versammlung d. Deutschen Vereins f. öffentliche Gesundheitspflege (Würzburg 1892) 183.
198 H. Keussen (s. Anm. 68) 175.
199 G. Heuser, Entwässerung der Stadt. in: Festschrift z. 73. Versammlung Deutscher Naturforscher und Ärzte (Aachen 1900) 142.
200 H. Kleemaier, Zur Geschichte der Münchener Stadtbäche. in: Marie-Luise Plessen, Die Isar – Ein Lebenslauf. Ausstellungskatalog (München 1983) 79. – Helmut Schirmer, Die Stadtbäche der Landeshauptstadt München. Unveröffentl. Manuskript (München o.J.).

Wasserbaueinrichtungen in hochmittelalterlichen Konventanlagen Mitteleuropas

CLEMENS KOSCH

1. Einleitung

Der heilige Benedikt von Nursia (um 480 bis vor 553), Gründer der mittelitalienischen Abtei Montecassino, verdankt seinen Ehrentitel „Mönchsvater des Abendlandes" dem Anteil, der ihm an der Abfassung der „Regula Sancti Benedicti" zugeschrieben wurde. Die aus verschiedenen Wurzeln zusammengewachsene Vorschriftensammlung soll unter seinem Einfluß jene Form erhalten haben, in der sie für den gesamten Einzugsbereich des lateinischen Mittelalters als Leitfaden des gemeinschaftlichen Lebens von Männer- und Frauenkonventen verbindlich blieb. Ihre 73 Kapitel enthalten Angaben zum Tagesablauf im Kloster – also Einzelheiten über Gebet und Liturgie, Handarbeit und Lektüre, Ernährung und Schlaf – doch seltsamerweise kaum Hinweise auf den dafür vorgesehenen architektonischen Rahmen. Immerhin wird in Kap. 66 bestimmt: „Monasterium autem, si possit fieri, ita debet constitui, ut omnes necessaria, id est *aqua*, molendinum, hortus, vel artes diversae intra monasterium exerceantur, ut non sit necessitas monachis vacandi foras". (Soweit möglich, soll das Kloster derart angelegt sein, daß alles Notwendige, nämlich *Wasser*, eine Mühle, ein Garten und Werkstätten zur Ausübung verschiedener handwerklicher Betätigungen, sich innerhalb der Klosterumwehrung befindet, damit die Mönche nicht gezwungen sind, die Klausur zu verlassen.) Wie diese Formulierung deutlich macht, war in erster Linie eine gewisse Autarkie des Abteikomplexes angestrebt. Aus dem Kontext geht hervor, daß dabei der Versorgung mit fließendem Wasser eine entscheidende Rolle zugemessen wurde, nicht zuletzt wegen seiner Verwendungsmöglichkeit als Antriebskraft der Mühle und zur Bewässerung der die Selbstversorgung sichernden Kulturen.

Es ist naheliegend, daraufhin den Idealgrundriß eines großen, isoliert gelegenen Mönchsklosters der Karolingerzeit unter diesem Gesichtspunkt zu überprüfen. Der sogenannte St. Galler Klosterplan, entstanden im frühen 9. Jahrhundert auf der Bodenseeinsel Reichenau und als einziges Exemplar seiner Gattung auf uns gekommen, kann als bildlicher Niederschlag von Ideen und Vorstellungen gelten, die in dieser Zeit zur Vereinheitlichung und Neuorganisation des Ordenswesens auf mehreren Reichssynoden festgelegt wurden. Eben wegen seines schematischen Charakters, der – in der Forschung oft verkannt – eine direkte Projektion auf bestimmte topographische Verhältnisse nicht erlaubt, finden sich keine Eintragungen von Quellen, Brunnen oder Wasserläufen. Allerdings hat ein eigens diesem Aspekt gewidmeter Beitrag des z.Zt. führenden Experten W. Horn[1] zu Recht herausgestellt, daß zahlreiche Einzelbauten bzw. Gebäudeteile des Plans auf Frischwasser angewiesen sind (z.B. Küche, Badestube, Brauerei), mit einer Durchspülung rechnen (die Latrinen der Klausurräume und mehrerer anderer Häuser) oder die Wasserkraft nutzen (Mühle, Hammerwerk). Dennoch kann man der Ansicht des Autors nicht uneingeschränkt folgen, daraus lasse sich ein zusammenhängendes System von Leitungen und Kanälen erschließen, das nur deshalb nicht auf dem Pergament eingetragen sei, weil zusätzliche Linienführungen die Lesbarkeit beeinträchtigt hätten. Erst aus der zweiten Hälfte des 12. Jahrhunderts kennen wir einen solchen, nun jedoch individuellen und genau lokalisierbaren Wasserbauplan von dem südenglischen Kathedralkloster Canterbury [siehe Beitrag Grewe im Bildanhang]. Im alten Reichsgebiet nördlich der Alpen ist man dagegen auf die Auswertung einschlägiger Schriftquellen und auf gelegentlich aufgedeckte archäologische Befunde angewiesen, ehe dann – gleichfalls im 12. Jahrhundert – die Reihe der noch ganz oder in Teilen erhaltenen Baudenkmäler beginnt.

2. Historische Schriftzeugnisse

Zunächst sind einige Vorbemerkungen zur Einschätzung der Quellenlage angebracht. Man hat sich darauf einzustellen, daß aus dem Mittelalter keine den Kenntnisstand der Zeit zusammenfassenden theoretischen Abhandlungen zur Wasserbautechnik und Hydrologie bekannt sind, wie sie für die Spätantike etwa in den Werken von Vitruv oder Frontinus vorliegen und dann mit den Ingenieurtraktaten der Renaissance wieder einsetzen. Zur Verfügung steht lediglich ein buntes Gemisch verschiedenartiger, vielfach eher marginaler Textstellen, den unterschiedlichsten Zusammenhängen entstammend und von meist wenig präziser

Terminologie. Folgerichtig hat dieses Thema auch noch keinen Mediävisten zu einer Überblicksdarstellung anregen können, zumal der bereits edierte (und daher u. U. mit Registerhilfe erschließbare) Zitatenschatz[2] eine relativ schmale Untersuchungsgrundlage abgibt, die im Alleingang nur mühsam und mehr oder weniger unsystematisch durch Neuentdeckungen zu verbreitern ist.

In welchen Kategorien der zeitgenössischen Schriftüberlieferung lohnt die Suche nach Aussagen über Wasserbaueinrichtungen in mittelalterlichen Konventanlagen? In erster Linie bieten sich *Kloster- u. Stiftschroniken* an, die nicht selten Details über die Gründungs- und Baugeschichte der Abteien enthalten (Erkundung und Auswahl eines Bauplatzes in Wassernähe, Anlage von Brunnen, Leitungen, Latrinen, Wirtschafts- und Industriebauten etc.). Ähnlich ergiebig sind zuweilen *Nekrologien* (Totenbücher). Sie gelten dem Andenken und liturgischen Memorialdienst von Konventvorstehern und Klosterstiftern, erwähnen aber auch entsprechende Verdienste und Tätigkeiten anderer Persönlichkeiten, die in der betreffenden Abtei bestattet wurden. Die *Viten* (Lebensbeschreibungen) aus dem Kreis dieser Personengruppe können gleichfalls einschlägige Hinweise enthalten, zumal gerade Ordensbiographen gern die Verdienste ihrer Protagonisten an Errungenschaften herausstellen, die von bleibendem Nutzen auch für spätere Generationen der jeweiligen Kommunität waren. Generell ist die mittelalterliche *Annalistik* (fast ausnahmslos klösterlicher Provenienz) auszuwerten, schon wegen der zahlreichen Berichte über Unfälle und Katastrophen, die auf Einwirkung des Wassers beruhen. Schließlich darf in diesem Zusammenhang die *Ordensgesetzgebung* nicht vernachlässigt werden. Zwar ist, wie eingangs erwähnt, die Benedikts- und ebenso die Augustinusregel (maßgeblich für mittelalterliche Stiftsverfassungen) hier wenig aussagefähig. Anders verhält es sich aber mit den darauf im Laufe der Jahrhunderte aufbauenden Ausführungsbestimmungen („Consuetudines") einzelner Abteien und Klosterverbände. Meist im Zuge periodisch wiederkehrender Reformbewegungen der Ordensgemeinschaften niedergeschrieben, legen sie minutiös und detailreich den Tagesablauf im Kloster sowie die Nutzung und Unterhaltung seiner baulichen Einrichtungen durch den Konvent und auswärtige Besucher fest. Sehr wertvoll sind die daraus zu gewinnenden „Hintergrundinformationen" über Vorschriften und Gewohnheiten hinsichtlich der Körperreinigung und persönlicher Hygiene, der Säuberung von Kleidern, Gerätschaften und Räumlichkeiten, ferner sonstiger Verrichtungen, bei denen Wasser Verwendung fand.[3] Hier ist sicher die Grenze zur mittelalterlichen Realienkunde und allgemeinen Kulturgeschichte erreicht, doch fallen dabei genügend Einzelheiten wasserbautechnischer Art an, die als Resultat ordensspezifischer Bedingtheiten und Vorlieben zu werten sind. Erfreulich ist auch die vergleichsweise frühe Enstehungszeit dieser Texte. So reichen die verschiedenen Fassungen der cluniazensisch-hirsauischen Consuetudines alle in das 11. Jahrhundert zurück. Die ersten Generalkapitelsbeschlüsse der Zisterzienser, von denen wir wissen, sind nur wenig jüngeren Datums. Dadurch ergibt sich eine Art Ausgleich gegenüber den Klosterchroniken, die in Mitteleuropa mehrheitlich erst seit dem späteren 12. Jahrhundert als Informationsquelle zur Verfügung stehen. Als letzte Gruppe schriftlicher Hinterlassenschaften erwähnen wir die besonders für wirtschaftshistorische Forschungen relevanten *Ortsakten* (Inventare, Rechnungsbücher, Kartularien, Visitationsprotokolle etc.), in deutschen Abteien jedoch leider wiederum erst aus dem Spätmittelalter reichhaltiger verfügbar und bei weitem nicht vollständig ediert. Darin stößt man des öfteren auf Angaben zu Finanzierung, Wartung und Reparaturbedürftigkeit von Brunnen, Leitungen, Gräben und Kanälen. Auch der schriftliche Niederschlag rechtlicher Auseinandersetzungen über Anlage und Betreibung von Mühlen, Fischteichen u. a. sowie generell zur Gewässerregulierung kann verwertbare Hinweise bieten.

Im folgenden zitieren wir eine repräsentative Auswahl von Textstellen, die zumeist mitteleuropäische Klöster und Stifte betreffen. Inhalt und Vokabular werden kurz kommentiert und auf ihre Aussagefähigkeit zum Stand der konventualen Wasserver- und -entsorgung hin untersucht. Für Technikhistoriker und Bauforscher sind dabei mehrere Gesichtspunkte von Interesse: a) im Rahmen einer *monographischen Studie* kann bei abgegangenen oder gerade in diesem Bereich teilzerstörten bzw. durch spätere Veränderungen unkenntlichen Konventanlagen eine urkundliche Erwähnung, besser noch nähere Beschreibung die Aufdeckung von in Vergessenheit geratenen Wasserbaueinrichtungen anregen, möglicherweise sogar eine gezielte Nachsuche erleichtern. Auch eine mehr oder weniger exakte Datierungshilfe ist gegeben, u. U. kann die Personal- und Entwicklungsgeschichte der betreffenden Niederlassung schärfer gefaßt werden.[4] b) Bei *allgemeinen*, d. h. ohne direkten Ortsbezug formulierten *Textstellen* sind von Fall zu Fall Erkenntnisse darüber möglich, wie derartige Einrichtungen in ihrer Entstehungszeit technisch funktionierten und praktisch genutzt wurden; wann, weshalb und in welchem Umfang zu einem späteren Zeitpunkt Verbesserungen oder Neubauten erforderlich waren; welcher Rang bzw. welche Dringlichkeit der Wasserversorgung im Rahmen des übrigen Bauprogramms einer Klosteranlage zukam; auf welche Materialien und Herstellungsverfahren zurückgegriffen wurde; welche personellen, finanziellen, bau- und vermessungstechnischen Voraussetzungen erfüllt sein mußten. Auch auf regional- und zeittypische Besonderheiten wäre jeweils zu achten.

Der Abtskatalog des karolingischen Großklosters FULDA[5] berichtet über seinen ersten Konventsvorsteher Sturmius (747–779) „... fundator Fuldensis coenobii .. inter alia multa utilia partem fluminis Fulde monasterio per aqueductum introduxit" (der Gründer des Fuldaer Konvents führte, neben anderen nützlichen Taten, einen Teil des Flußwassers der Fulda über einen Kanal ins Kloster hinein). Diese Textstelle gilt als früheste Erwähnung von hydrotechnischen Maßnahmen in der Konventarchitektur Mitteleuropas. Der angesprochene Kanal ist zumindest in seinem letzten Abschnitt, vor der Wiedereinleitung in die Fulda, heute noch nachweisbar. Ähnliche Wendungen ohne individuelle Aussage werden in den kommenden Jahrhunderten fast zur Standardformel, wie ein stellvertretend für andere gewählter Auszug der Ende des 12. Jahrhunderts niedergeschriebenen Chronik des thüringischen Klosters GOSEK[6] zeigt: [Bertholdus abbas] officinas nostras restauravit, aquae ductu locum laetificavit" (Abt Bertold hat unsere Konventbauten neu aufgeführt und die Abtei durch eine Wasserleitung bereichert). Desgleichen hat es hauptsächlich statistischen Wert, wenn in die Aufzählung der verschiedenen Räumlichkeiten eines Klausurgevierts neben Kapitelsaal, Dormitorium (Schlafsaal), Refektorium (Speisesaal), Cellarium (Vorratsraum), Küche u. a. vielfach auch ein „lavatorium" (Brunnenhaus, u. U. auch Wasserbecken, Brunnen) eingereiht wird. Immerhin lassen sich aus dem gelegentlichen Fehlen einer solchen Nennung gleichfalls Folgerungen ziehen; ebenso kann man aus dem Platz, den eine Brunnenstube in der Reihenfolge der Regularräume einnimmt, eventuell auf Bauablauf, architektonischen Rang oder möglicherweise funktionsbedingte Nachbarschaft zu anderen Teilen der Klausur schließen. Des öfteren wird die Zweckbestimmung einer Wasserzuführung eigens erwähnt, dabei auch zwischen Trink- und Brauchwasser bzw. Nutzung der Wasserkraft unterschieden, wenn es etwa in der Chronik von *St. Lambert* zu LÜTTICH[7] vom dortigen Abt Hillinus († 1118) heißt „aquam vertit sub necessaria" (er führte einen Wasserlauf unter den Latrinensitzen hindurch). Ob übrigens die Toilettenanlage zuvor ohne Wasserspülung ausgekommen war?

In vielen Quellenauszügen fehlt nicht ein spezieller Hinweis auf die Verwendung kostspieligen Materials für die Rohre einer Leitung oder komplizierte, ungewöhnlich aufwendige technische Verfahren, die bei ihrem Bau zur Anwendung kamen. Beides sollte dem Nachruhm des Auftraggebers oder Förderers dienen, wie dies besonders deutlich wird am Grabstein des Abtes Peringer II. von *St. Emmeram* zu REGENSBURG[8] (1177–1201), der die Inschrift trägt „abbas huius loci qui fecit aqueductum plumbeum" (hier ruht der Abt dieses Klosters, der eine Wasserleitung aus Bleirohren anlegen ließ). Durch diesen, jedem Besucher des Sarkophags vor Augen stehenden Ruhmestitel, womöglich noch zu Lebzeiten des Adressaten von ihm selbst festgelegt, wurde die Wirkung noch gesteigert, die zumeist ganz ähnlich formulierten Einschüben in die Lebensbeschreibung von Äbten oder Stifterpersönlichkeiten gleichermaßen zugedacht war (s. o.) – mit dem Unterschied allerdings, daß dort der Kreis der Angesprochenen auf lesekundige Benutzer der Klosterbibliothek beschränkt war, hier jedoch alle am Grabe betenden Besucher den Text entziffern konnten oder sich erklären ließen. Bezeichnenderweise wird kein Konventvorsteher für die Anlage einer Leitung aus Holz- oder Tonrohren gelobt, was ja der archäologischen Evidenz eindeutig widerspricht (s. u.). Holzleitungen oder -becken finden in Schriftquellen allenfalls Erwähnung, wenn ihre Erneuerung in Stein oder Metall zu melden ist wie im englischen Kathedralkloster ROCHESTER:[9] „[Abt Radulf, † ca. 1199] lavendriam lapideam fecit que ante fuit lignea" (Abt Radulf ließ ein steinernes Brunnenbecken (?) anfertigen, dessen Vorgänger aus Holz gewesen war). Und nur nebenbei erfahren wir von einer Wasserleitung in der Abtei *St. Martial* zu LIMOGES,[10] daß sie aus hölzernen Deicheln bestand, weil für ihre Wartung ein Zimmermann zuständig war: „Carpentarius ... ad ipsum pertinet aquaeductus" (Zum Aufgabenbereich des Zimmermanns gehört die Wartung der Wasserleitung). Ebenso entnehmen wir beiläufig einer bereits 890 in ST. GALLEN ausgestellten Urkunde über Holzlieferungen, daß diese zur Anfertigung von Leitungsrohren bestimmt waren.[11]

Ähnliches gilt für die eigens hervorgehobene Herstellung von steinernen Brunnenbecken und -schalen, die ja monolith und aus hartem Gestein sein mußten; die Auffindung solch enormer Quader war schwierig, ihr Transport und die steinmetzmäßige Bearbeitung besonders mühsam. Darauf spielt die Chronik von *St. Peter* zu ERFURT[12] mit einem Eintrag zum Jahre 1136 an: „Hoc anno magnus lapis ad lavatorium multo labore apportatus" (in diesem Jahr wurde mit viel Mühe ein großer Steinblock für das Brunnenbecken herangeschafft). Noch deutlicher betont es die Lebensbeschreibung des FULDAER Klostervorstehers Markward (1150–65),[13] der mit Stolz von sich selbst in der ersten Person berichtet „videns etiam quod fons aquaeductus antiquitate et vetustate defecisset, et fratribus nostris ad ablutionem manuum dificilem aut rarum ... habiles canales adaptavi et per plumbeas harundines meatum fontis reparari feci, ut numquam amodo deficeret aqua ebulliens. Etiam aquaeductu fontis venam in curiam meam derivavi et lapidem grandem multo labore per muros urbis inductum replevi" (als ich bemerkte, daß unsere Wasserleitung wegen ihres hohen Alters nicht mehr richtig funktionierte und sich unsere Brüder nur selten und mit Mühe die Hände waschen konnten, ließ ich mit Geschick [neue] Leitungen/Gerinne (?) anlegen und mittels Bleirohren den Zulauf des Brunnens wiederherstellen, so daß es fortan nie mehr an fließendem Wasser mangelte. Ferner ließ ich einen Abzweig der Leitung in meine Wohnräume legen sowie ein enormes Steinbecken, das man mit großer Mühe durch die Klostermauer herangeschafft hatte, voll Wasser laufen). Diesem ungewöhnlich detailfreudigen Bericht sind gleich mehrere Informationen zu entnehmen. Das wegen Altersschwäche oft defekte Leitungsnetz behinderte die Händewaschungen der Brüder; gemeint ist wohl als pars pro toto die Reinigung vor den Mahlzeiten in einem Laufbrunnen, der wahrscheinlich in der Nähe der Refektoriumstür stand. „Canales" können offene Gerinne oder mit Steinplatten ausgekleidete, im Boden verdeckt angelegte Kanäle gewesen sein – wurde von ihnen erst zu diesem Zeitpunkt ein aus Blei gefertigtes Rohrsystem abgezweigt? Gewünscht war jedenfalls ständig sprudelndes Frischwasser, das nun als im 12. Jahrhundert keineswegs selbstverständlicher Luxus auch in den Privaträumen des Abtes verfügbar wurde. Man erfährt übrigens zusätzlich an anderer Stelle, daß für die Anlieferung des riesigen Quaders, aus dem die Brunnenschale gemeißelt werden sollte, eine Bresche in die kurz zuvor erst vollendete äußere Klostermauer zu brechen war; die Abmessungen der Klosterpforte reichten nämlich nicht aus.

Zuweilen ermöglichen Schriftzeugnisse den Rückschluß auf technische Verfahren, die wir sonst nur durch Grabungsergebnisse belegen könnten. Die betreffenden Texte haben allerdings keine adäquate Terminologie entwickelt, sondern sind in ihren Formulierungen interpretationsbedürftig. Immerhin eindeutig trotz ihrer Knappheit erscheint die Nachricht der ERFURTER Annalen von 1136, nochmals zum dortigen *St. Peterskloster:*[14] „aqua ducta est super montem" (das Wasser wurde den Klosterberg hinaufgeleitet). Es kann sich dabei nur um eine Druckleitung gehandelt haben, wie wir sie ausführlicher in der Lebensbeschreibung des BAMBERGER Bischofs Otto vom Anfang des 12. Jahrhunderts erwähnt finden; gemeint ist die dortige Abtei *St. Michael:*[15] „monasterium S. Michaelis ... a fundamentis ampliori statu reaedificavit. Fontem in medio claustri fieri iussit, venam aquae vivae de vicino monte in claustrum plumbeis fistulis copioso sumptu duci fecit" (der Bischof ließ das Michaelskloster von Grund auf in vergrößerter Gestalt wiedererrichten. In der Mitte des Kreuzganghofs befahl er einen Laufbrunnen aufzustellen, gespeist durch eine Leitung mit fließendem Wasser in Bleirohren, die er unter großen Unkosten von einem benachbarten Berg in die Klausuranlage führen ließ). Bemerkenswert ist die eindeutige Aussage, der Brunnen solle unüberbaut mitten im Binnenhof zu stehen kommen, also nicht im Schutz eines eigenen Brunnenhauses, wie es zu dieser Zeit bereits üblich war. Neben dem schon vertrauten Hinweis auf die Bereitstellung bedeutender Geldmittel wird auch hier unmißverständlich von der Überbrückung eines zwischen Quelle und Brunnen gelegenen Taleinschnittes gesprochen, was nur durch eine Druckleitung geschehen konnte. Ein Vergleich mit der für GROSSKOMBURG aus fragmentarischen archäologischen Daten rekonstruierten Wasserleitung liegt auf der Hand, zumal angesichts gleicher Entstehungszeit und geringer Distanz [siehe Beitrag Kosch im Bildanhang].

In diesen Zusammenhang gehört gleichermaßen die ungewöhnliche Ehrung eines offenbar in der erforderlichen Technik besonders erfahrenen und dadurch über die Klostermauern hinaus bekanntgewordenen Experten (vergleichbar etwa den orgelbauenden Klosterbrüdern, die gern an andere Ordenshäuser ausgeliehen wurden, oder zisterziensischen Konversen, die als gesuchte Architekten und Bauingenieure in Kathedralbauhütten tätig waren und sogar für weltliche Große Bauten errichteten). Es handelt sich ebenfalls um eine seltene Parallele zum bereits erwähnten Grabstein des Regensburger Abtes Peringer. Ein Bruder des englischen Zisterzienserklosters WAWERLEY[16] durfte sich nämlich nach Schaffung einer bald weithin berühmt gewordenen Wasserleitung an deren Endpunkt, auf dem Brunnenrande selbst, mit einer gereimten Verszeile verewigen: „Vena novi fontis/opere Symonis in pede montis" (die vom Fuß des Klosterberges heraufgeführte Zuleitung unseres neuen Brunnens ist das Werk Symons).

Weitere technische Vorrichtungen auf dem Wasserbausektor, nämlich innerhalb von Klausurgebäuden angebrachte Schleusen und Klappen zur Regulierung des Wasserdurchlaufs und der Strömungsgeschwindigkeit, finden in den HIRSAUER Consuetudines[17] Erwähnung. Dort heißt es von einem klösterlichen Amtsträger, dem Elemosinarius (Armenpfleger), er habe sich auch um das gute Funktionieren der Wasserspülung in den Latrinen zu kümmern: „faciat aperiri viam aquae quae currit in necessaria" (er soll dem Wasser seinen Weg öffnen, damit es durch die Latrinenanlage laufen kann). Im Sommer, bei Trockenheit und niedrigem Pegelstand, wurde durch folgende Regelung gewissermaßen die Erfindung des WC vorweggenommen: „faciat sclusas fieri ... ut [aqua] aliquantisper retenta maiori impetu veniat" (er soll Schleusenklappen einsetzen und das Wasser eine Zeitlang aufstauen, damit es anschließend mit um so größerer Kraft hervorbricht), d.h. die Strömungsgeschwindigkeit zum Fortspülen der Fäkalien ausreicht. Ein dieser Beschreibung genau entsprechendes kleines Stauwehr, über eine Haspel zu bedienen, hat man kürzlich nach vorhandenen Spuren im Latrinenkanal der südenglischen Zisterzienserabtei BOXLEY in allen Einzelheiten rekonstruieren können.[18]

Die meisten Schleusen werden aber natürlich außerhalb des eigentlichen Klosterbezirks zum Anstauen von Fischteichen, Abzweigen von Mühlkanälen u.a. gebaut worden sein. Wenn dabei Grundstücksübertragungen stattfanden, bewahren zuweilen klösterliche Kartularien entsprechende Schriftzeugnisse, wie etwa eine frühe Nachricht aus der Abtei REDON (Bretagne).[19] Dort stiftete um 1100 eine reiche Witwe das Gelände für einen Stausee, und „donatione facta, construxit Paganus monachus ibi exclusam ubi pisces caperentur in usibus monachorum necessarii" (sobald die Schenkung erfolgt war, legte dort der Mönch Paganus eine Schleuse [und einen Teich] an, wo später die der Klostergemeinschaft lebensnotwendigen Fische gefangen werden sollten). Erneut wird hier der dem Konvent angehörende Fachmann namentlich genannt.

Wenn in dieser Urkunde, wie bereits zuvor bei ähnlichen Anlässen, die besonders hohen Kosten im Zusammenhang mit Wasserbau-Maßnahmen betont werden, mag dies teilweise zu einer inhaltsleeren Formel geworden sein, die lediglich den jeweiligen Geldgeber ins rechte Licht rücken sollte. Daß dies in vielen Fällen aber auch wörtlich gemeint war, zeigt die auffallend häufige Beteiligung konventsfremder Personen an derartigen Bauvorhaben. In der REICHERSPERGER[20] Stiftschronik heißt es zum Jahre 1189 ausdrücklich „Philippus praepositus postquam longo et difficili deductu induxisset fontem aquae in claustrum fratrum labore suo et auxilio ... fidelium etiam extraneorum" (Propst Philipp führte, nach langwierigen und komplizierten Ableitungsverfahren, eine Fließwasserleitung in die Klausuranlage der Brüder, und zwar durch seinen persönlichen [Arbeits-] Einsatz und mit Unterstützung auch durch auswärtige, konventsfremde Gläubige). Hier wüßte man gern Genaueres: War der Einsatz der „Gläubigen" (Eigenleute des Stifts, die zu bestimmten Frondienstleistungen verpflichtet waren, oder gänzlich Fremde, die um Gotteslohn mitwirkten?) auf körperliche Betätigung etwa bei Ausschachtungsarbeiten und Materialtransport beschränkt, wie wir es vom zeitgenössischen Baubetrieb her kennen, wo oft wenige

Fachkräfte und viele dienstverpflichtete oder freiwillige Handlanger zusammenwirkten? Waren vornehmlich technische Fertigkeiten der „Auswärtigen" gefragt oder ihre finanzielle Unterstützung? Um letztere ging man gelegentlich bedeutende Einzelpersonen an wie etwa Wignand von Castell, einen vermögenden Handelsherrn und Ministerialen des Mainzer Erzbischofs, kurz vor 1100 beim Bau der Wasserleitung des HIRSAUER[21] Petersklosters; vielfach aber auch die Allgemeinheit: 1245 wurde eigens ein Ablaß gewährt für alle Förderer einer Fließwasserversorgung der Abtei *Neuwerk* in GOSLAR.[22] Weniger unklar ist in dieser Hinsicht der Gründungsbericht des oberpfälzischen Klosters ENSDORF:[23] „Heilica uxor Ottonis de Witilinisbac... fecit aquae ductum ex plumbi fistulis per occultos terre meatus de fonte rivum derivans ad singulas monasterii officinas" (Heilica, die Gattin des [Klostergründers] Otto von Wittelsbach [† 1170], ließ eine Wasserleitung aus Bleirohren unterirdisch verlegen, wobei sie das Wasser eines Baches an seiner Quelle ableitete und zu den einzelnen Klausurräumen der Abtei hinführte). Wir folgern aus dieser Passage, daß umfänglichere Wasserbaumaßnahmen nicht automatisch zur im 12. Jahrhundert üblichen Grundausstattung einer neuerrichteten klösterlichen Niederlassung gehörten. Was an Gebäuden und Liegenschaften für die Existenz des Filialkonvents unverzichtbar war, hatte schließlich der Stifter bereitzustellen und vertraglich abzusichern, noch ehe das betreffende Mutterkloster seine Mönche ausschickte. Wenn wie in Ensdorf anscheinend besonderer Luxus in Gestalt einer Frischwasserleitung gewünscht wurde, mußten dafür Extramittel beschafft werden, die hier aus der Privatschatulle der Ehefrau des Klostergründers stammten.

Auf die verschiedenen Standorte, die Laufbrunnen und Brunnenstuben innerhalb des Kreuzganggevierts einnehmen konnten, ist bei der Beschreibung von Baudenkmälern und Grabungsergebnissen noch näher einzugehen. Jedoch können auch Schriftquellen Auskunft darüber geben, welche Gesichtspunkte hier eine Rolle spielten. Im Rahmen einer längeren, überaus detailbetonten Baugeschichte macht die Klosterchronik von ST. TRUIDEN[24] (Belgien) zum Jahre 1133 genaue Angaben über Bauabfolge und Konstruktionsverfahren im Bereich des Klausurquadrums: „[Rodulfus abbas] murum claustri super quem stare debent columpnae, ab... fundamento usque ad ponendas columpnas evexit, pilariisque per circuitum erectis locum distantium columpnarum signavit... simul locum quem ad lavandas manus debet habere conventus fratrum" (Abt Rodulf ließ von der zum Binnenhof weisenden Arkadenwand des Kreuzgangs die Sockelmauer bis in Höhe der Brüstung aufführen, worauf [später] die Säulen gestellt werden sollten. Durch die Abstände, die zwischen den Kreuzgangpfeilern offenblieben, legte er ihre Anordnung fest und damit zugleich auch die Stelle, wo sich der zum Händewaschen der Brüder bestimmte Ort [das Brunnenhaus] erheben sollte). Zunächst beschränkt man sich also – wohl aus Geldmangel – auf das konstruktiv notwendige Pfeilergerüst der Kreuzganggalerie; die aufwendige Steinmetzarbeiten erfordernde Vergitterung der Arkaden mit eingestellten Säulchen verschiebt man auf spätere Zeit, kalkuliert aber die notwendigen Zwischenräume. Ebenso wird ein Durchgang ins vorerst nur projektierte Brunnenhaus freigelassen – in der Tat sind nicht wenige Beispiele bekannt, wo in den Binnenhof vortretende Lavatorien deutlich jüngere Stilformen zeigen als der rückwärtige Kreuzgangflügel, an den sie sich anlehnen. Es gab demnach eine abgestufte Dringlichkeit bzw. Reihenfolge bei der Errichtung der einzelnen Teile einer Klausuranlage. Übrigens läßt der Hinweis auf das Händewaschen erneut den Schluß auf einen geplanten Standort der Brunnenstube gegenüber dem Speisesaal zu. Ähnlich sorgfältige Planung galt nicht allein der Verteilung einzelner Konventräume innerhalb eines bereits abgesteckten Klausurgevierts, sondern notwendigerweise mit noch größerer Intensität der Platzauswahl überhaupt einer neu zu gründenden klösterlichen Niederlassung. Dabei sich abzeichnende, auch nach unterschiedlichen Vorlieben und Konditionen der einzelnen geistlichen Gemeinschaften differenzierungsfähige Lösungen wären lohnendes Objekt eigener Spezialstudien. Daß die große Bedeutung der hydrologischen Verhältnisse in diesen Zusammenhängen nicht erst der modernen Forschung im Nachhinein deutlich wurde, sondern auch den mittelalterlichen Entscheidungsträgern bewußt war, geht unter anderem mit erfreulicher Klarheit aus der vor 1050 verfaßten Chronik des Benediktinerklosters ST. MIHIEL[25] an der Maas hervor: „[Abbas Nanterus, ca. 1025–40] tanta rerum congruentia delectatus, scilicet proximorum fontium affluentia fluminis... ecclesiae fundamenta iacet, claustri aedificium versus collem destinans, ut praedictorum fontium aquae simul in omnem collectae per officinas deduci possent" (Abt Nanterus freute sich, daß [auf dem Bauplatz des Klosters] so viele Dinge gut zueinander paßten: der Flußlauf [der Maas] und nahebei entspringende, in jenen einmündende Quellen. Er ließ die Fundamente der Kirche legen und bestimmte für die [daran anstoßende] Klausuranlage die Richtung zum Berghang hin, damit das Wasser der dortigen Quellen angezapft und in die Konventräume abgeleitet werden konnte). Während in mittelalterlichen Klosterkomplexen die Kirche im allgemeinen den höchstgelegenen Platz einnimmt und Wohnbauten für das gemeinschaftliche Leben der Konventualen sich in der mehrheitlich üblichen Seitenlage hangabwärts möglichst in Richtung auf einen vorüberfließenden Wasserlauf hin entwickeln, zwang hier ein topographisch-hydrotechnischer Sonderfall zum Bruch mit dieser Tradition. Das Gotteshaus kam zuunterst und zwischen Klausur und Fluß zu liegen, weil man sich die Möglichkeit nicht entgehen lassen wollte, Quellwasser vom Berghang direkt in die Regularräume zu leiten. Die historische Lagebeschreibung kann noch heute an Ort und Stelle auf ihre Richtigkeit überprüft werden, auch wenn die ursprüngliche Klausuranlage der Abtei inzwischen durch (an alter Stelle stehende) barocke Neubauten ersetzt ist. Bei ungünstiger Hanglage zögerte man übrigens in ähnlichen Situationen nicht, gegebenenfalls einen von höhergelegenem Ort umgeleiteten Wasserlauf in Kanälen unter der Kirche hindurch in die auf der Gegenseite angeordnete Klausur zu führen; das Beispiel OTTERBERG wird noch [s. u. Abschnitt 3.2] beschrieben.

War eine Wasserbau-Einrichtung einmal finanziert, errichtet, unter Umständen qualitativ verbessert worden, blieb das tagtägliche Problem ihrer Unterhaltung, periodischen Reinigung und Instandsetzung; angesichts störanfälliger mittelalterlicher Technik und nicht immer hochwertiger Materialgüte und Verarbeitungs-Standards gewiß ein stets aktuell bleibender Aufgabenbereich des für die Pflege und Ausbesserung der Baulichkeiten zuständigen klösterlichen Amtsträgers. Dementsprechend zahlreich sind besonders aus dem Spätmittelalter Rechnungsbelege über Reparaturen und kleinere, offenbar laufend notwendige Erneuerungsarbeiten an Wasserleitungen. Säuberung und Wartung gingen merkwürdigerweise nicht immer zu Lasten des Klostervermögens oder wurden von Konventmitgliedern selbst erledigt, sondern – ähnlich wie im Falle der Kirchenbeleuchtung, für die eigene Wachszinsen und zweckgebundene Spenden sorgten – konnten dafür auch gezielt Dotationen von Auswärtigen, testamentarische Legate u. a. verwendet werden. Das galt wohl vielfach dann, wenn der Einsatz konventfremden Personals erforderlich wurde oder technische Spezialkenntnisse und -fertigkeiten gefragt waren, die über die Möglichkeiten der eigenen Kräfte hinausgingen. Dem Konvent von *St. Michael* zu BAMBERG[26] stiftete zu Beginn des 13. Jahrhunderts der Bamberger Domscholaster Tuto „quattuor libras ad purgandam cisternam" (vier Pfund zum Reinigen der Zisterne). Vergleichbare Geldzahlungen kennen wir aus dieser Zeit für die Kathedrale von DURHAM[27]: „in reparacione lavatorii ad hostium refectorii ... septem solidi" (sieben Solidi bestimmt zur Reparatur des Brunnens gegenüber dem Refektoriumportal).

Säuberung und Instandhaltung von Wasserleitungen, Brunnenbecken, Toilettenanlagen, Bädern etc. als regelmäßig wiederkehrende Aufgabe des dafür turnusgemäß eingeteilten klösterlichen Wochendienstes spiegelt sich naturgemäß in generalisierter Form in den monastischen Consuetudines. Zahlreich und explizit sind die darin enthaltenen kultur- und realienkundlichen Details über das Waschen (der Hände vor dem Essen, der Füße nach Barfußprozessionen im Kreuzgang) und Baden (für Gesunde selten, häufiger nur für Kranke und Rekonvaleszenten). Wir lesen von den Gegenständen (Handtücher, Rasierzeug, Warmwasser in aus der Küche herangeschafften Becken etc.), die beim gegenseitigen Bartscheren der Konventualen vor der Brunnenstube sowie der in regelmäßigen Zeitabständen notwendig werdenden Erneuerung ihrer Tonsur gebraucht wurden; daher erklärt sich übrigens die dem Zentralbau im Kreuzganghof des *Liebfrauenklosters* zu MAGDEBURG anhaftende, bis ins Mittelalter zurückreichende Benennung (s. u.). Entsprechende Angaben sind in mustergültiger Vollständigkeit von G. Zimmermann zusammengestellt und erläutert worden.[28] Im Rahmen unserer Themenstellung interessieren uns nur die sporadisch vorkommenden Details baulicher und hydrotechnischer Art. So findet es seine Bestätigung im erhaltenen Denkmälerbestand, wenn die HIRSAUER Consuetudines[29] über zweischalige Laufbrunnen sagen „lavatorium inferius, ubi aqua de manibus cadit" (im unteren Becken, wo das von den Händen abtropfende Wasser aufgefangen wird). Bemerkenswert ist das hier angesprochene Unterscheidungsvermögen zwischen reinem Trink- und durch Körperreinigung verschmutztem Brauchwasser; entsprechende Beobachtungen machen wir beim Studium der Funktionsweise eines klösterlichen Laufbrunnens [s.u. Abschnitt 4.2]. Die Differenzierung wird noch näher erläutert in einer späteren Passage, die lautet „utrumque lavatorium, vel quod est ad usum ecclesiae, vel quod ad manus"[30] (beim doppelschaligen Brunnen ist [das eine Becken] zum kirchlichen Gebrauch bestimmt, das andere zum Händewaschen). Die zur Fußreinigung der cluniazensischen Mönche benötigten „canales" scheinen offene Gerinne gewesen zu sein, die von einem Brunnenbecken gespeist wurden [siehe GROSSKOMBURG, Beitrag Kosch im Bildanhang] „pueri his diebus quibus processio nudis pedis est agenda, canales in quibus fratres pedes sunt lavaturi, ipsi prius expurgant scopis et aqua" (An den Tagen, an denen Prozessionen mit bloßen Füßen stattfinden, sollen die Klosterschüler zuvor die offenen Wasserkanäle, in denen sich die Brüder anschließend die Füße waschen werden, mit Besen und Wasser säubern). Zur Vorsicht mahnt jedoch, daß der Begriff „canales" auch als Behältnis für Seife begegnet; die Übersetzung dieser Vokabel kann jeweils nur im Sinnzusammenhang einer Textstelle entschieden werden. Bedenken erweckt auch die Feststellung, daß eine auf das burgundische Vorbild CLUNY bezogene Erläuterung „cum noster aquaeductus limosam habet aquam, scopant lavatorium"[31] (weil unsere Leitung schlammiges Wasser führt, muß der Brunnen ausgebürstet werden) kritiklos auf die Verhältnisse in HIRSAU übertragen wurde, wo man diese Formulierung ohne Kommentar in den eigenen Kodex aufnahm.

Als weitere Funktionsstörung neben einer Verstopfung der Zuleitung durch im Wasser enthaltene Verunreinigungen drohte den in anfangs unverglasten Brunnenstuben aufgestellten Laufbrunnen während der Wintermonate regelmäßig das Einfrieren. Die Consuetudines von ABINGDON[32] (England) machen dem „Camerarius" des Klosters in solchen Fällen zur Pflicht, am Küchenherd erwärmtes Wasser in Schüsseln heranzuschaffen und ins Brunnenbecken gießen zu lassen. Zisterziensische Gewohnheiten sehen dies gleichfalls vor. Übrigens wurde Warmwasser regelmäßig bei der im Kreuzgang stattfindenden Rasur der Mönche benötigt.[33]

Nur gestreift seien abschließend Berichte von Unfällen, bei denen Wasser und die ihm innewohnenden Naturkräfte sich als verhängnisvoll erwiesen. Betroffen sind vor allem jene Teile der Konventanlagen, die von Kanälen, Bachläufen und Wasserleitungen unterquert werden; desgleichen Hospitäler, Häuser auf Brückenbögen sowie sonstige Wohn- und Wirtschaftsgebäude, die über stehende oder fließende Gewässer auf Pfeilern hinausgebaut sind – in der Regel, um Abfallbeseitigung im weitesten Sinne zu erleichtern. Wenn von solchen Bauwerken immer wieder berichtet wird, daß Holzdecken einbrechen, im Obergeschoß befindliche Menschen in die Fluten stürzen und zu Schaden kommen, erheben sich Fragen nach den mittelalterlichen Möglichkeiten der Bauunterhaltung, Materialkontrolle und statischen Berechnung bzw. deren empirischer Kalkulation. Es geht ja bei den in der Annalistik als spektakuläres Ereignis (zumal wenn hochgestellte Persönlichkeiten beteiligt waren) oft breit geschilderten Unfällen kaum um ruinöse Gebäude; vielmehr ist bei herrschaftlichen Palästen und Klosteranlagen vermögender Ordensgemeinschaften die Baulast zweifellos in der Hand kompetenter Träger, so daß notwendige Reparaturen gewiß nicht an Geldmangel scheiterten. Zitiert sei der Bericht eines von den Zeitgenossen sicherlich als sensationell empfundenen Vorgangs, der sich im Jahre 1184 im Palast des Mainzer Erzbischofs zu ERFURT ereignete und Eingang in zahlreiche Annalen fand, weil neben weiteren hohen Würdenträgern auch der damalige König Heinrich VI. zugegen war.[34] Neben den tragischen, teilweise auch komischen Aspekten der Augenzeugen-Schilderung fesseln uns auch Einzelheiten konstruktions- und wasserbautechnischer Art. Ähnliche Begebenheiten kennt man – mit oder ohne Beteiligung prominenter Zeugen – auch aus Konventanlagen, städtischen und ländlichen Profanbauten. „Anno 1184 ... Erfordie domus palacii corruit et infinita multitudo in cloaca que desubtus fuit, interiit, ita quod alii in Gera fluvio, que latrinam transivit, inventi sunt ... Rex [Heinrich VI.] et archiepiscopus Moguntinus Chunradus ... in fenestris muri sedentes et ad columpnas se applicantes ... superstites remanserunt" (1184 brach im Bischofspalast zu Erfurt die Geschoßdecke ein, und eine große Menschenmenge stürzte in die im Untergeschoß befindliche Kloake. Dabei wurden einige vom Fluß Gera, der durch diese Latrine hindurchströmt, mitgerissen. König Heinrich VI. und der Mainzer Erzbischof Konrad hatten in den tiefen Wandnischen des Hauses gesessen und sich an die Fenstersäulen geklammert, daher blieben sie unversehrt).

3. Topographie und Archäologie

3.1 Lage der Klöster zum Wasser

Einer alten, in mehreren Varianten überlieferten Spruchweisheit zufolge, die auf unterschiedliche topographische Vorlieben der Ordensgründer anspielt, sollen der hl. Bernhard von Clairvaux (die prägende Persönlichkeit aus der Frühzeit der Zisterzienser) wasserreiche Täler, St. Benedikt Berge und der hl. Franziskus Ortschaften für ihre Klostergründungen bevorzugt haben.[35] Zwar kann man dieser Regel bei näherer Überprüfung nur eingeschränkte Gültigkeit zuerkennen und stellt zahlreiche Abweichungen fest. Doch ist andererseits nicht von der Hand zu weisen, daß gerade der im späten 11. und 12. Jahrhundert aufblühende Reformorden der Zisterzienser besonderen Wert auf die günstige Lage seiner Niederlassungen zu einem fließenden Gewässer legte und sich auch ausnehmend gut darauf verstand, alle Vorteile des Elements (Trink- und Brauchwasser, Wasserkraft) in den verschiedenen Wohn-, Wirtschafts- und Industriebauten seiner Abteien nutzbar zu machen. Davon zeugen nicht allein eindrucksvolle architektonische Überreste (besonders zahlreich und gut erhalten in England: siehe den Frankreich, dort in jüngster Zeit verstärkt ins Blickfeld der Forschung gerückt: siehe den Beitrag von Benoît/Wabont). Signifikant ist bereits die Tatsache, daß neugegründete Klöster dieses Ordens in den ersten Jahrzehnten ihres Bestehens überdurchschnittlich oft verlegt worden sind, wobei das auslösende Moment zumeist im hydrologischen Bereich lag.[36] Hier geht es in erster Linie um Fragen der monastischen Wirtschaftsorganisation:[37] Landwirtschaftliche Selbstversorgung, aber auch industrielle Produktion mit Hilfe klostereigener Kräfte – der bis ins 13. Jahrhundert hinein zahlenmäßig dominierenden Konversen oder Laienbrüder – machten die Zisterzienser von der Wasserkraft in erheblich größerem Maße abhängig als andere zeitgenössische Ordensgemeinschaften, die ihre Konvente gleichfalls fernab menschlicher Siedlungen und ohne Rücksichtnahme auf bereits bestehende Baulichkeiten anzulegen pflegten, wie etwa anfangs die Kartäuser. Im Gegensatz dazu waren auch der Missionstätigkeit und Gemeindeseelsorge verpflichtete Gemeinschaften, z.B. Regularkanoniker oder Prämonstratenser, u.U. an die Nachbarschaft bereits bestehender Ortschaften gebunden und deshalb (auch in wasserbautechnischer Hinsicht) bei der Ortswahl eingeschränkt. Dies traf in noch größerem Ausmaß zu für die bis ins frühe Mittelalter zurückreichenden alten Abteien und Stifte – sei es in städtischer, auch suburbaner Lage oder auf dem Lande: sie waren zumeist im Anschluß an einen vorgegebenen Kristallisationspunkt (Heiligengrab, Urpfarrkirche o.ä.) entstanden und mußten sich mit den vorhandenen hydrologischen Verhältnissen abfinden bzw. diese künstlich verbessern. Gleiches gilt für den besonders im 11. und 12. Jahrhundert nicht selten eingetretenen Fall, daß Profan- und Wehrbauten (oft auf Berggipfeln gelegen und ohne Zugang zu Wasserläufen) nachträglich an Konvente übergeben wurden, die vorhandene Gebäude übernehmen bzw. für ihre Zwecke herrichten mußten.

Es bleibt demnach festzuhalten: Ob mittelalterliche Konventanlagen mit technisch aufwendigen Vorrichtungen zur Trinkwasserversorgung sowie Kanalbauten zur Abfallbeseitigung bzw. zum Antrieb von Maschinen ausgestattet worden sind, war nicht allein oder jedenfalls nicht in erster Linie von ihrem Rang, ihrer Finanzkraft und der personellen Stärke der Kommunität abhängig. In dieser Hinsicht determinierend konnten sich gleichermaßen geographische und hydrologische Verhältnisse auswirken; auch die Entstehungsgeschichte und fernere Entwicklung, schließlich Verfassung und Statuten eines Klosters oder Stifts spielten dabei eine Rolle. Nicht zuletzt hat die moderne Forschung gerade mit Blick auf die Zisterzienserarchitektur deren relativ besseren Erhaltungs- und Dokumentationsstand in Rechnung zu stellen, was übrigens für das Studium der klösterlichen Wohn- und Wirtschaftsgebäude generell zutrifft und in der Sekundärliteratur gelegentlich zu Fehlurteilen führte. Falsche Gewichtungen lassen sich durch sorgfältigere Bestandsaufnahme und genaueres Beobachten vermeiden; als (sicher ausbaufähiges Zwischen-)Ergebnis steht bald fest, daß auch die verschiedenen Observanzen der Benediktinermönche und Kanoniker, ebenso der Ordensfrauen an Hydrotechnik interessiert waren und (unter anderen Bedingungen, gegebenenfalls zu anderen Zwecken) bemerkenswerte, wenn nicht gleichrangige Einrichtungen dieser Art geschaffen haben. Die Mittelalterarchäologie hat in den vergangenen Jahren immer wieder für Überraschungen gesorgt, indem sie entsprechende Befunde gerade auch in wenig bedeutenden, zudem vom wasserbautechnischen Standpunkt aus oft ungünstig gelegenen Ordenshäusern freilegte, wo man dergleichen nicht vermutet hätte.

Stellen wir uns die Situation etwa eines Gründungskonvents der Karolingerzeit vor, der im Zuge des kolonisatorischen Landesausbaues in die sprichwörtliche „Einöde"[38] ausgesandt wurde und an einem Bach- oder Flußlauf das zur Errichtung des neuen Klosters bestimmte Gelände herzurichten, dann den Grundriß einer Kirche und der ersten (vielleicht zunächst noch provisorischen) Klausuranlage abzustecken hatte. Zwei Konstanten vor allem waren dabei zu berücksichtigen und mit den Gegebenheiten der lokalen Topographie in Einklang zu bringen: Das Gotteshaus wurde traditionell geostet, und das Geviert der daran anstoßenden, um einen Kreuzgang gruppierten Regularräume sollte in ein günstiges Verhältnis zu den Gewässern (Bäche, Quellen) gebracht werden, die man zu nutzen gedachte. Mochten anfangs, zumal bei geringem Personalstand, gleichzeitige Trinkwasserentnahme und Abfallbeseitigung miteinander vereinbar gewesen sein, so waren im Zuge einer architektonischen Konsolidierung doch bald differenzierende Planungen erforderlich. Die von der Fließrichtung des betreffenden Wasserlaufs vorgegebene Reihenfolge liegt dabei auf der Hand: Zuerst muß die Versorgung mit sauberem Frischwasser zum Trinken, Kochen, auch für die Verwendung im sakralen Bereich erfolgen. An zweiter Stelle steht die Ableitung von Brauchwasser zu Reinigungszwecken und für die Bewässerung von Anpflanzungen, Flutung von Fischteichen etc. Anschließend kann die Strömung Maschinen und Mühlräder antreiben. Erst dann wird man weiter flußabwärts die Entsorgung von Abfällen und Fäkalien möglich machen. Weil das im abendländischen Hochmittelalter zum Allgemeingut gewordene Klausurschema eine funktionsbedingte Koppelung bestimmter Einzelräume vorsah (z. B. Toiletten am Ende des im Oberstock gelegenen Dormitoriums, gegebenenfalls auch mehrerer Schlafsäle; Wasserbecken zum Händewaschen vor dem Refektorium; diesem benachbart die Küche mit ständigem Frischwasserbedarf), traten mancherorts bei der Disposition der Klausurtrakte Probleme auf, für die Sonderlösungen zu finden waren. Es sind einige Fälle bekannt, in denen man den Dormitoriumflügel – üblicherweise mit dem Chorgestühl des Konvents in der Nähe des Hochaltars durch die sogenannte Nachttreppe direkt verbunden – aus dieser räumlichen Affinität gelöst und an die westliche Kreuzganggalerie verlegt hat, da nur so die zum Schlafsaal gehörenden Toiletten über einen Wasserlauf hinausgebaut werden konnten: genannt seien die englische Prämonstratenserabtei EASBY sowie die Kathedralklöster DURHAM und WORCESTER[39] (bei letzterem ist der Schlafsaalbau mit den Latrinen sogar noch atypisch um 90° gedreht und vom Kreuzgangquadrum wegführend in Richtung Flußufer angeordnet). Weniger auffällig, doch bei näherem Hinsehen als ähnlich motiviert erkennbar, sind die Verhältnisse im Damenstift GERRESHEIM[40] bei Düsseldorf. Dort blieb als einziger Teil des ehemals nördlich an die Kirche anstoßenden Klausurgevierts dessen Osttrakt aus der späten Stauferzeit erhalten; im Erdgeschoß befand sich das Refektorium mit eigenem Brunnen, darüber als großer ungeteilter Saalraum der gemeinsame Schlafsaal der Kanonissen. Spuren des diesem zugeordneten Toilettenanbaues fanden sich unerwartet nicht an der nördlichen Schmalseite des Traktes, sondern an dessen kirchseitigem Südende in unüblicher und schon fast unschicklicher Nähe zur Ostapsis der Basilika mit dem Hochaltar. Als Ursache dieser merkwürdigen Anordnung erkennt man die von Nord nach Süd verlaufende Strömungsrichtung des früher in geringem Abstand östlich an der Stiftsimmunität vorbeifließenden (heute verlegten) Baches. Ehe er zur Durchspülung der Latrine herangezogen wurde, wollte man offensichtlich weiter nördlich, in Höhe von Küche und Speisesaal, noch unverschmutztes Wasser aus ihm entnehmen können.

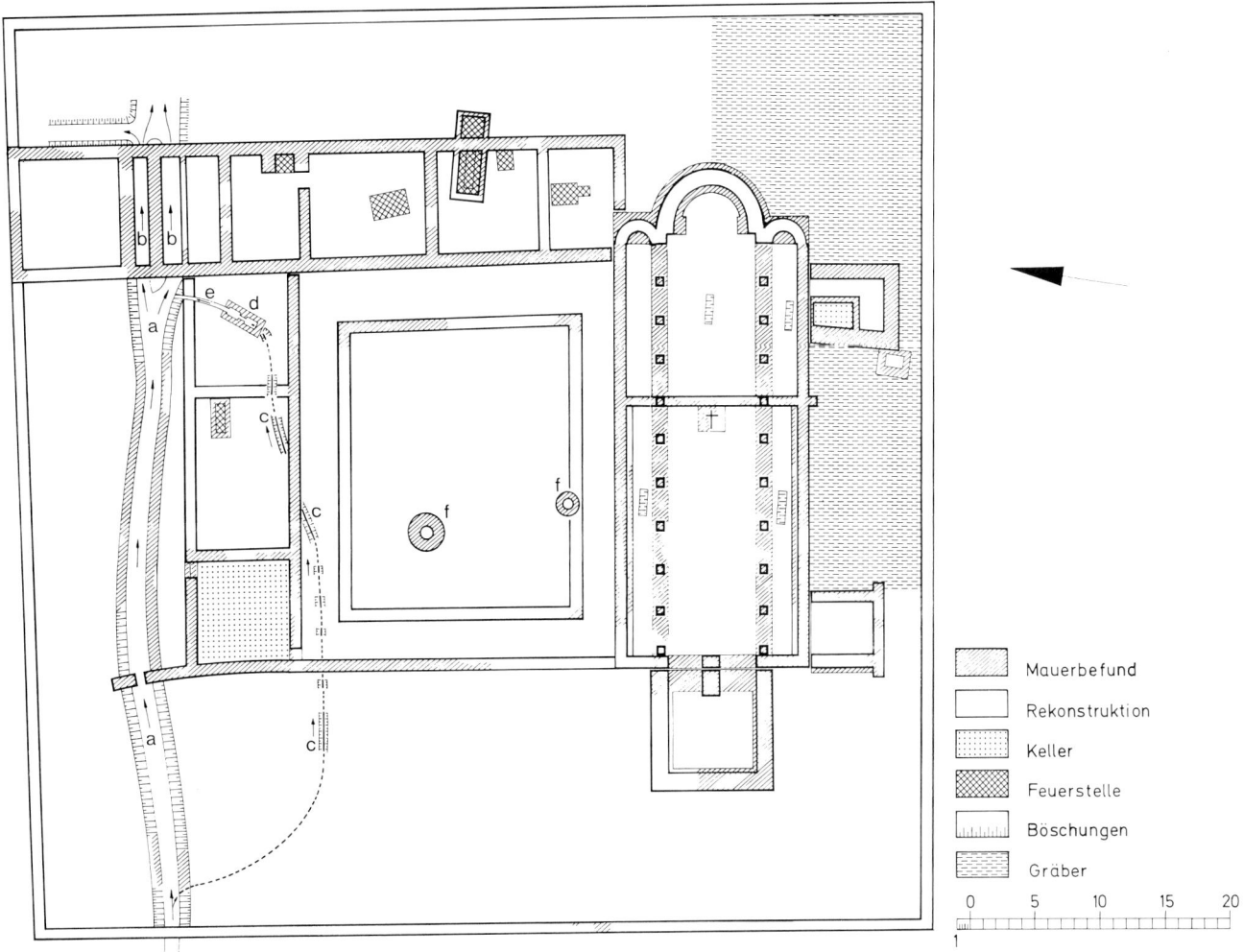

Abb. 1 Propstei tom Roden.
a) kanalisierter Bach
b) zweiteiliger Latrinendurchlauf des Klausur-Osttraktes
c) Verlauf der Bleirohr-Leitung
d) offenes Wasserbecken in der Klosterküche
e) Abflußkanal des Beckens
f) gemauerter Brunnenschacht
(nach G. Isenberg 1981)

3.2 Trinkwasserversorgung (Brunnenschächte, Rohrleitungen)

Mit etwas größerem Aufwand konnte die ungestörte Trinkwasserversorgung sichergestellt werden durch Verlegung der Entnahmestelle weiter bachaufwärts – natürlich nur unter der Voraussetzung, daß der gesamte Lauf oberhalb des Klosters möglichst bis zur Quelle zum eigenen Grundbesitz gehörte oder doch verhindert werden konnte, daß andere Anlieger in diesem Abschnitt für Verunreinigungen sorgten. Ein entsprechendes Niveau monastischer Hydrotechnik läßt sich gut anhand der unerwarteten Ergebnisse anschaulich machen, die eine in den Jahren 1975–80 vom Westfälischen Amt für Bodendenkmalpflege durchgeführte Flächengrabung erbrachte.

Die berühmte, im Zuge der fränkischen Sachsenmissionierung Karls des Großen entstandene Benediktiner-Reichsabtei CORVEY an der Weser gründete in der 2. Hälfte des 12. Jahrhunderts nur etwa 800 m vom Mutterkloster und Flußufer entfernt eine abhängige Propstei auf Rodungsland. Das bescheidene Filialkloster, daher in der niederdeutschen Form „TOM RODEN"[41] benannt, ging bereits vor Mitte des 16. Jahrhunderts wieder ein. Seine oberirdischen Bauten wurden so radikal abgetragen, daß eine präzise Lokalisierung noch in jüngster Zeit strittig war, ehe man durch tiefes Pflügen zufällig auf Grundmauern stieß. Daraufhin sind die Fundamente der Anlage in einer mehrjährigen Grabungskampagne vollständig freigelegt worden *(Abb. 1)*. Es ergab sich das Bild einer dreischiffigen, querhauslosen Basilika mittlerer Größe (Länge 34 m) mit westlichem Einturm. Der annähernd quadratische Kreuzganghof schloß auf der Nordseite an; er war nur auf zwei Seiten, nämlich im Osten und Norden, von Anräumen gesäumt. Parallel zum wohl nur eingeschossigen Nordtrakt hatte man in geringem Abstand einen von Westen kommenden Bach umgeleitet. Der doppelgeschossige Osttrakt enthielt zu ebener Erde mehrere heizbare Räume, darüber gewiß das Dormitorium. Er griff nach Norden noch ein Stück über den Bach hinaus, der unterhalb des Gebäudes als durch einen Mittelpfeiler zweigeteilter Kanal ausgemauert war *(Abb. 2)* und zur Latrinendurchspülung dienen konnte (auf den Bautyp ist noch zurückzukommen: siehe Abschnitt 4.3). Im dreiteiligen Nordtrakt vermutet man gewiß zu Recht aneinandergereiht (von Ost nach West) die Küche, das Refektorium und am Westende eine Vorratskammer, die allein unterkellert war. Deshalb mußte eine von Westen an das Quadrum herangeführte Bleirohrleitung zunächst unter die nördliche Kreuzgang-Galerie ausweichen, speiste hier jedoch keinen Laufbrunnen, sondern schwenkte gleich nach Norden in die Küche ab und mündete dort in ein nach oben offenes, in den Boden eingetieftes Becken *(Abb. 3)* mit Bruchsteineinfassung (Maße 100 x 50 cm). Es wurde mit noch schlammbedecktem Boden angetroffen und entleerte sich einstmals nach Norden in den Bachlauf durch einen unterirdischen Abfluß, der mit Steinplatten ausgekleidet war *(Abb. 4)* und unmittelbar vor dem Latrinenkanal unterhalb des Osttraktes endete. Nicht mehr exakt zu ermitteln war der Ausgangspunkt der ohne schützende Umhüllung im Boden verlegten Zuleitung: mit Dichtungsringen ineinandergesteckte Bleirohre *(Abb. 5)* konischer Form von ca. 3 mm Wandstärke und 3–4 cm Durchmesser aus rundgebogenen, an der Naht gelöteten Blechen. Sie funktionierte offensichtlich als Druckleitung, wie ihre erst nach Osten zu kontinuierlich absinkende, dann aber von der westlichen Außenmauer des Kreuzgangs an wieder deutlich in Richtung Küche ansteigende Höhenlage zeigt. Gespeist wurde sie wahrscheinlich von einem Staubecken, von dem man annehmen muß, daß es in nicht allzugroßer Entfernung den Oberlauf des Baches abriegelte. So konnten nördlich des Refektoriums, wo Stufen zum Bachbett hinunterführten, Küchenabfälle ausgeleert (reichhaltige Knochen- und Geschirrscherben-Funde bezeugen dies) und anschließend die Toiletten des Osttraktes gereinigt werden, ohne daß es an sauberem, ständig fließendem Wasser zur Bereitung der Mahlzeiten mangelte. Die nur sehr selten erhaltene oder archäologisch nachweisbare Schöpfmöglichkeit direkt in der Küche erinnert an etwa gleich alte, allerdings erheblich aufwendigere Vorrichtungen der portugiesischen Zisterzienserabtei ALCOBAÇA,[42] ferner an Brunnen im Inneren von Refektorien (s. u.).

Wollte man sich von einem vornehmlich der Brauchwasserentnahme dienenden, da eventuell bereits am Oberlauf durch Einleitungen verunreinigten Bach oder Fluß gänzlich unabhängig machen, lag bei mehr oder weniger leicht er-

Abb. 2 Propstei tom Roden. Klausur-Osttrakt: zweiteiliger Latrinendurchlauf von Osten (Foto: J.F. Jüttner, Westfälisches Museum für Archäologie/Amt für Bodendenkmalpflege)

Abb. 3 Propstei *tom Roden.*
Küche im Klausur-Nordtrakt: Bleirohr-Zuleitung ins offene Wasserbecken (von Südwesten) (Foto: J.F. Jüttner, Westfälisches Museum für Archäologie/Amt für Bodendenkmalpflege)

Abb. 4 Propstei *tom Roden.*
Küche im Klausur-Nordtrakt: plattenverkleideter Abflußkanal des Wasserbeckens (von Osten) (Foto: J.F. Jüttner, Westfälisches Museum für Archäologie/Amt für Bodendenkmalpflege)

reichbarem Grundwasserspiegel natürlich die Anlage von Trinkwasserbrunnen nahe. Tatsächlich fanden sich im Kreuzganghof der eben beschriebenen Propstei tom Roden zusätzlich zwei runde, in Bruchstein grob gegen das Erdreich gemauerte Schächte *(Abb. 1)* von 80 bzw. 85 cm Durchmesser, in denen sich seitlich eindringendes Sicker- und das in einer Tiefe von unter 4 m auftretende Grundwasser sammelten. Ein oder mehrere Zieh- bzw. Windenbrunnen dieser Bauart (in Norddeutschland auch mit Holzverschalung) sind innerhalb des Immunitätsberings von Konventanlagen in Tal- oder Hanglage, also unter relativ günstigen hydrologischen Verhältnissen, des öfteren anzutreffen. Sie waren ohne feste Regel oder Einhaltung von Symmetrieachsen im Binnenhof des Kreuzganggeviertes gelegen, zuweilen auch mit oder ohne Überbauung in eine seiner Arkadenstellungen einbezogen. Andere (oft zusätzliche) Winden- oder Schöpfbrunnen gab es in oder bei Neben- bzw. Wirtschaftsgebäuden und Stallungen, in Vorhöfen (Atrien) und Klostergärten. Wie in tom Roden, kann man auch anderwärts die parallele Existenz solcher Brunnenschächte zu im allgemeinen jüngeren Fließwasserleitungen feststellen, z.B. in den Klöstern WALKENRIED, *St. Johann* bei ALZEY und *St. Emmeram* in REGENSBURG, die noch näher beschrieben werden. Allerdings reichen archäologische und sonstige Erkenntnismöglichkeiten selten aus, um Fragen nach ihrer relativen Chronologie und Betriebsdauer zu beantworten. Denkbar wäre, daß eine ältere, primitivere Form der Trinkwasserversorgung (nur eimerweise unter Einsatz von Hebel- oder Muskelkraft; womöglich Grundwasser minderer Güte) im weiteren Verlauf der klösterlichen Entwicklung durch eine bequemere, technisch und qualitativ höherstehende, allerdings auch aufwendigere und störungsanfällige Methode (ununterbrochen fließender Laufbrunnen, gespeist von reinem Quell-

Abb. 5 Propstei tom Roden. *Ineinandergesteckte Bleirohre der Frischwasser-Zuleitung mit Dichtungsring (Foto: A. Brückner, Westfälisches Amt f. Denkmalpflege)*

wasser über eine Fernleitung) ersetzt wurde, wo und wann die Umstände dies erlaubten. Dann konnte der alte Schachtbrunnen aufgegeben oder aber für jene Zeitspannen gewissermaßen in Reserve gehalten werden, da wegen fälliger Reparaturen oder Reinigungsarbeiten das Leitungsnetz vorübergehend stillgelegt werden mußte. Auf dem Canterbury-Plan des 12. Jahrhunderts sieht dies eine Beischrift ausdrücklich vor (siehe Beitrag Grewe im Bildanhang).

Wir haben demnach mit einer größeren Zahl hochmittelalterlicher Abteien und Stiftsanlagen zu rechnen (namentlich in dichtbesiedelten Städten), deren ausschließliche Versorgung durch geschöpftes Brunnenwasser ganz ihrem profanen Umfeld entsprach und nie über dieses Niveau hinausgelangte. Auf eine Liste von Einzelbeispielen kann an dieser Stelle verzichtet werden, da im kirchlichen Bereich erwartungsgemäß keine vom Profanbau abweichenden konstruktiven Besonderheiten zu verzeichnen sind. Oberirdische Aufbauten (Brüstungen, Brunnenhäuschen) kennen wir in Mitteleuropa erst aus späteren Jahrhunderten; auch die notwendigen technischen Vorrichtungen (Göpel, Winde, u. U. Laufrad) haben sich aus der Frühzeit nicht erhalten und sind allenfalls durch Bildquellen (ebenfalls meist jüngeren Datums) überliefert. Zu erwähnen ist jedoch eine ungewöhnliche Schöpfbrunnenanlage, deren Schacht von zwei unterschiedlichen Niveaus her erreicht werden konnte.

St. Alban in BASEL,[43] eines der wenigen Cluniazenspriorate des deutschen Sprachraums, liegt dicht am Rheinufer. Seine nördlich an die Kirche anschließende Klausur wurde zwar im 19. Jahrhundert durchgreifend umgebaut, bewahrt jedoch in ihren Umrißlinien und einigen aufrechtstehenden Teilen Reste aus der Gründungszeit um 1100 *(Abb. 6)*. Bedingt durch das nach Norden zum Strom abfallende Gelände war die im Untergeschoß des Nordtraktes befindliche Kelter vom Ufer aus ebenerdig zugänglich, d.h. Weinfässer konnten direkt auf Rheinschiffe verladen werden. Über dem Kelterraum erstreckte sich, niveaugleich mit dem Kreuzganghof, das Refektorium. Gegenüber dem Eingang des Speisesaales war ein Brunnenschacht bis hinab zum Grundwasserspiegel abgeteuft. Sein oberer Abschluß, im Grundriß von Hufeisenform, stand in heute nicht mehr präzisierbarer baulicher Verbindung mit den Arkaden des nördlichen Umgangflügels. Um den Brunnen auch vom Keller des Refektoriumtraktes (der Kelter) aus direkt nutzen zu können, hat man einen tonnengewölbten, im Scheitel 1,80 m hohen Tunnel als Verbindungsgang angelegt. Er führt unter der Kreuzgang-Galerie hindurch zu einer Öffnung, die seitlich in der gequaderten Auskleidung des Schachtes ausgespart worden war: Hier konnte man einen wassergefüllten Eimer beim Heraufwinden auf halber Schachthöhe abfangen und an der Brunnenkette zur Seite ziehen. Möglicherweise gab es sogar eine zweite Winde auf Kellerniveau neben jener, die oben auf der Brüstung saß und vom Hof aus bedient wurde.

Wenn man in hochmittelalterlichen Konventanlagen dazu übergehen konnte, eine eigene Quelle zu fassen und ihr Wasser exklusiv in einen Laufbrunnen am Kreuzgang und eventuell noch weitere Becken in oder bei anderen Klausurbauten einzuleiten, war damit ein deutlicher Qualitätssprung in der klösterlichen Trinkwasserversorgung erreicht. Mußten größere Höhenunterschiede mittels einer Druckleitung überwunden werden, stellten sich Auftraggeber und Konstrukteure damit an die Spitze des technischen Fortschritts ihrer Epoche; zugleich nahmen sie den damals größtmöglichen Wohnluxus und Hygiene-Standard (auch im Vergleich mit adeligen Residenzen und den Palastbauten städtischer Oberschichten) für sich in Anspruch. Daß dies auch Zeitgenossen so empfanden, wurde bereits anhand von Schriftquellen belegt (s.o. Abschnitt 2). Möglicherweise haben Laufbrunnen, die in spätantiken Atrien den Gläubigen Gelegenheit zur Reinigung, auch zu rituellen

Abb. 6 Basel, *Priorat St. Alban. schematischer Grundrißplan*
a) *Klausur-Nordtrakt: im Erdgeschoß Refektorium, darunter Kelter*
b) *Kreuzgangbrunnen*
c) *Latrinenanlage am Klausur-Osttrakt, über das Rheinufer hinausgebaut*

Details zu (b):
Tunnel von der Kelter zum Brunnenschacht
d) *Querschnitt nach Norden*
e) *Querschnitt nach Süden*
f) *Längsschnitt nach Osten*
g) *Grundriß*
(nach: Kunstdenkmäler Basel-Stadt 3/1941)

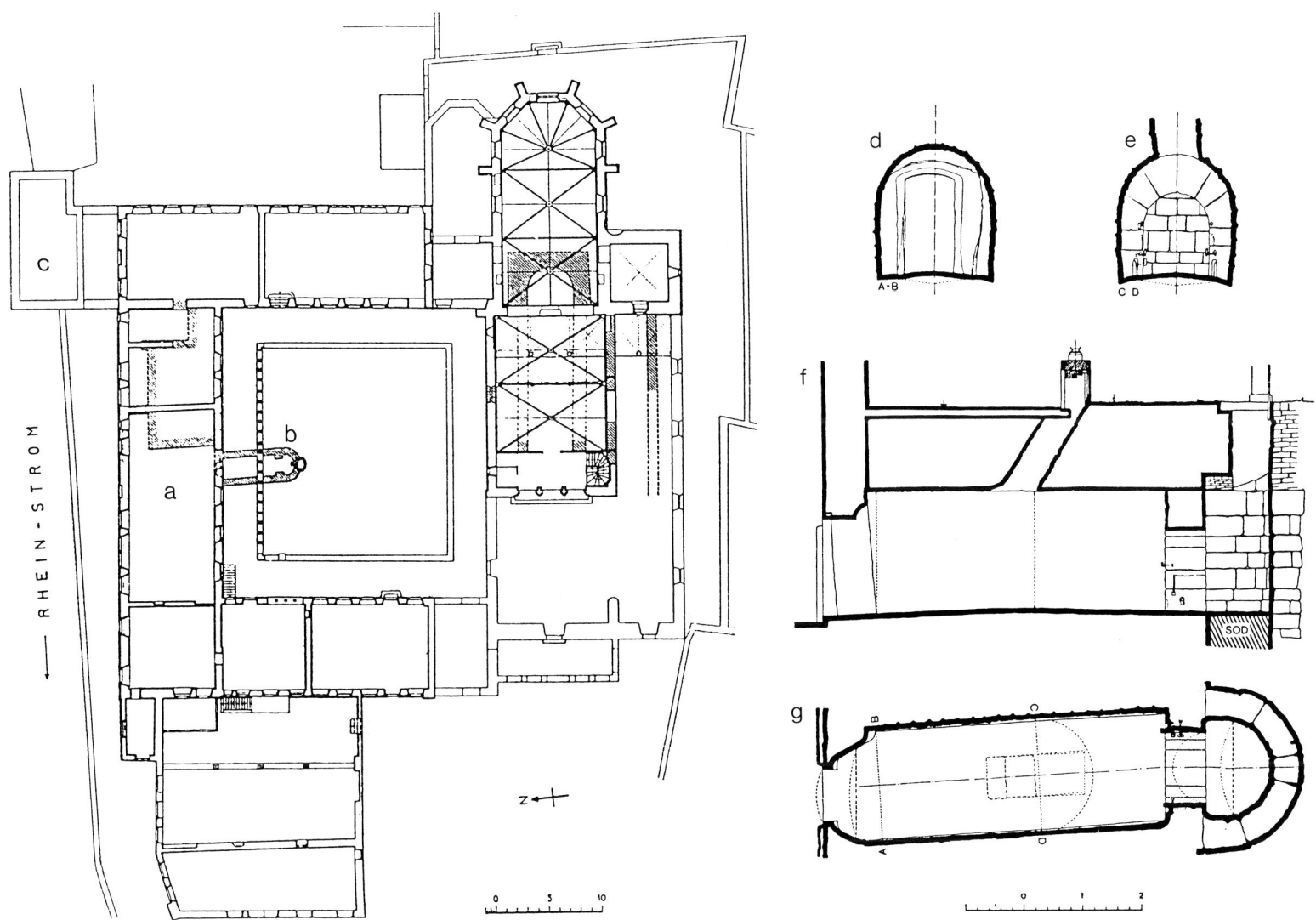

Waschungen boten, hier anregend gewirkt; ohnehin kann den von Zellen gesäumten Vorhöfen der berühmten konstantinischen Großbasiliken Italiens und Palästinas in der Entwicklungsgeschichte des mittelalterlichen Klausurquadrums eine gewisse Vorbildrolle zugeschrieben werden. Diese Tradition lebte in der Karolingerzeit wieder auf, wie sich durch einen Hinweis auf den erhalten gebliebenen bronzenen Pinienzapfen eindrucksvoll demonstrieren läßt, der als Aufsatz des Springbrunnens im Atrium des AACHE-NER Münsters[44] (der Pfalzkirche Karls des Großen) gedient haben wird. Seine Entstehungszeit und Provenienz ist nicht eindeutig geklärt (antike Spolie aus Italien oder karolingischer Neuguß?), doch steht fest, daß er in ottonischer Zeit (um 1000) einen neuen Sockel erhielt, verziert mit Verkörperungen der vier lebensspendenden Ströme des Paradieses – eine Symbolik, die gleichfalls bei Kreuzgangbrunnen begegnet (s. u. Abschnitt 4.2) und die oben erwähnten Einflußlinien bestätigt. Die zum Aachener Kantharos führende

Druckwasserleitung ist nicht erhalten; man hat aber den zu ihrer Verlegung vorgesehenen, mit Bruchsteinen gewölbten Tunnel in 2,10 m Tiefe gefunden. Er verläuft mit etwas Gefälle von Nordwesten nach Südosten und soll neben den Zuleitungs-Rohren auch das Überlaufwasser des Brunnens aufgenommen haben. Weil die Atriumfundamente auf den im Gewölbescheitel 1,10 m hohen Kanal Rücksicht nehmen, ist eine Datierung der Wasserleitung in die Bauzeit des ersten Vorhofes erwiesen, also die letzten Jahre des 8. Jahrhunderts.

Von Aachen läßt sich leicht der Bogen zur Damenstiftskirche in ESSEN[45] schlagen. Das Münster der Äbtissin Theophanu (1039–58), einer Prinzessin des ottonischen Kaiserhauses, greift in seinem Westbau bewußt architektonische Motive der Pfalzkirche Karls des Großen wieder auf – unübersehbar ist die charakteristische Vergitterung der dreiseitigen inneren Arkadenwand durch doppelgeschossige Säulenstellungen nach dem Vorbild des Aachener Oktogons – um die vornehme Abkunft der Bauherrin und ihren fast herrschergleichen Ranganspruch deutlich zu machen. Man hat bisher nicht genügend beachtet, daß dieser Aachen-Bezug im wasserbautechnischen Bereich noch eine zusätzliche Bekräftigung erfuhr. Der Kanonissenkirche des frühen 11. Jahrhunderts war nämlich gleichfalls ein Atrium vorgelagert, dessen Galerien die Verbindung zur westlich in der Längsachse errichteten Tauf-, später Kanonikerkirche St. Johannes herstellten; einen Brunnen im Zentrum dieses Atriums muß es ebenso gegeben haben. Leider ist über seine einstige Wasser-Zuleitung nichts bekannt, doch wurde deren anschließende Verlängerung in Richtung Klausur bei den Münstergrabungen der fünfziger Jahre aufgedeckt. Es handelte sich um ineinandergesteckte, gegossene Bleirohre geringen Durchmessers, eingepaßt in eine ausgehöhlte Steinbettung und mit weichem Kalkmörtel verdämmt *(Abb. 7)*. Die aneinandergelegten Steinquader waren seitlich begleitet von einer mit wasserdichtem Ziegelsplitt-Mörtel ausgestrichenen Rinne (offenbar für das Überlaufwasser des Atriumbrunnens bestimmt); über beiden lagen gemeinsame Abdeckplatten. Umhüllte Rohrleitung und Rinne verliefen mit starkem Gefälle (Höhendifferenz zwischen Kirchenvor- und Kreuzganghof ca. 160 cm) erst zum Südportal des Westbaues, unterquerten diesen in nördlicher Richtung und bogen dann nach Nordosten in das angrenzende Quadrum der Klausurgebäude ab. Dort verlor sich leider ihre Spur, doch kann als gesichert gelten, daß sie zu einem Laufbrunnen (Rohrleitung) und einer Zisterne (Überlaufrinne) im Binnenhof weiterführten. Archäologische Evidenz, nämlich die Einbindung in das Fundamentgitter des Westbaues, garantiert eine Datierung in die erste Hälfte des 11. Jahrhunderts, was die Bleirohre – soweit wir wissen – zu den ältesten mittelalterlichen Beispielen dieser an römische Vorbilder anknüpfenden Gattung in Deutschland macht. Nicht allein Nützlichkeitserwägungen, sondern vor allem das Prestigedenken einer hochadeligen Auftraggeberin waren für ihre Verwendung ausschlaggebend; darin eng verwandt einem wenig jüngeren Parallelfall aus dem Bereich herrschaftlichen Profanbaues, in offensichtlich gleicher Intention veranlaßt von der Persönlichkeit an der Spitze dieser gesellschaftlichen Gruppe: gemeint ist die von Kaiser Heinrich IV. geschaffene Wasserversorgung der pfalzähnlichen HARZBURG durch eine (im Belagerungsfalle nutzlose) Überland-Leitung (siehe Beitrag Busch im Bildanhang), dort als Nachahmung und Zitat karolingischer Palatien wie z. B. INGELHEIM.

Zurück zu hochmittelalterlichen Konventanlagen, deren Trinkwasser aus einer klostereigenen Quelle stammte. Vorteilhaft war es (aus besitzrechtlichen wie praktischen Gründen), wenn diese innerhalb des Immunitätsberings oder

Abb. 7 Essen, *Stiftskirche. Steinbettung der Bleirohrleitung unter dem Westbau (geborgenes Bruchstück, heute im Museum E.-Altenessen)*

Abb. 8 Otterberg, Abteikirche. Die hölzerne Wasserleitung durchquert eine Aussparung in den Langhausfundamenten (Foto: F. Escherich, Landesamt für Denkmalpflege Rheinland-Pfalz)

doch in dessen Nähe entsprang. Als passendes Demonstrationsobjekt für eine derartige, nur kurze Distanzen überbrückende Rohrleitung bietet sich die Zisterzienserabtei OTTERBERG[46] in der Pfalz an. Sie wurde 1144 gegründet, doch zog sich die Vollendung von Kirche und Konventgebäuden bis zur Mitte des 13. Jahrhunderts hin. Mehrere Quellen sind am steilen Abhang nördlich der Basilika gefaßt und unter ihrem Langhaus hindurch in das auf der Südflanke anstoßende Klausurgeviert weitergeführt worden, von dem nur noch Teile des spätromanischen Osttraktes aufrechtstehen. Daß überhaupt – und wo etwa – unter dem Kirchenschiff eine Wasserleitung verlief, wußte man bereits vor Beginn der ab 1979 durchgeführten Ausgrabungen durch Originalinschriften aus der Erbauungszeit, die in den vierten Pfeiler von Osten der nördlichen Mittelschiffsarkaden und genau gegenüber in die Außenmauer des südlichen Seitenschiffs eingemeißelt sind; sie lauten „Gumbe" (mittelhochdeutsch für Gewässer, Teich; hier „Wasserleitung") und „fons" (Quelle, Brunnen; hier „fließendes Wasser"). Ähnliche Hinweise an den Bauten selbst muß es mehrfach gegeben haben; bekannt ist noch der Schriftzug „ain rinn under sich" auf dem Sockel des Westportals der Klosterkirche in KAISHEIM.[47] Bezweckt wurde damit sicherlich, den unterirdischen Leitungsverlauf nicht nur auf vergänglichen Pergament-Plänen, sondern am Bauwerk selbst unverrückbar zu markieren. So konnte man später im Falle etwaiger Wartungsarbeiten gezielt den Plattenboden aufheben oder auch versehentliche Beschädigungen vermeiden, z. B. beim Ausheben eines Grabes. Wegen der kurzen Strecke, die überbrückt werden mußte, und offenbar begünstigt durch natürliches Gefälle und hohen, konservierend wirkenden Grundwasserstand, verzichtete man beim Otterberger Leitungsbau auf die Verwendung von kostspieligem Blei und griff stattdessen auf eine Technik zurück, deren Tradition ebenfalls aus der Spätantike ins Mittelalter hinübergerettet worden war. Dabei wurden (in diesem Falle Fichten) Holzstämme der Länge nach aufgebohrt und durch Metallringe miteinander verbunden. Mit Hilfe der Dendrochronologie konnten die Otterberger Deichel *(Abb. 8)* exakt auf das Jahr 1168 datiert werden. Da für sie in den Kirchenfundamenten Aussparungen von Anfang an vorgesehen waren (nicht etwa nachträgliche Durchbrüche), ist dieses Datum – es setzt den Baubeginn der Basilika erheblich früher fest als

bislang in der Forschung angenommen – auch architekturgeschichtlich bedeutsam. Zugleich dürfte es diese Holzrohrleitung zur ältesten festdatierten Vertreterin ihrer Art in Mitteleuropa werden lassen.

Schon über eine größere Entfernung verlegt war die gleichfalls aus Holzrohren bestehende Trinkwasserleitung der am südlichen Harzrand gelegenen Zisterzienserabtei WALKENRIED.[48] Wir kennen ihren Verlauf nur unzureichend aus topographischen Angaben in (neuzeitlichen) chronikalischen Texten sowie Zufallsbeobachtungen bei Erdarbeiten. Dafür ist ihr Ausgangspunkt genauer bestimmbar. Die Quellfassung, ein kleines Steinhaus wohl erst spätmittelalterlicher Entstehung (nicht erhalten), stand in einer Entfernung von ca. 600 m Luftlinie nördlich der Klostergebäude auf dem linken Ufer des Flusses Wieda. Von diesem zweigt

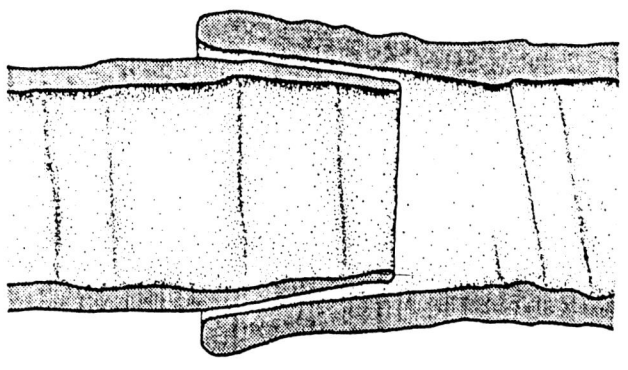

Abb. 9 Alzey, Abtei St. Johann. Tonrohr von der Wasserleitung des 13. Jh.: obere und untere Hälfte (letztere mit Sinter-Ablagerungen) (Foto: Ch. v. Kaphengst)

Abb. 10 Alzey, Abtei St. Johann. Muffenverbindung der Tonrohrleitung (wie Abb. 9): Längsschnitt (nach Ch. v. Kaphengst 1986)

ein Kanal ab, welcher die auf dem rechten Flußufer errichtete Abtei mit Brauchwasser versorgte (s. u.). Die Deichelleitung mußte demnach mit einer Brückenkonstruktion den Fluß überqueren und zudem möglichst in ganzer Länge ein natürliches Gefälle einhalten, da Holzrohre keinen hohen Wasserdruck vertragen.

Entsprechende technische Schlußfolgerungen sind schon aus der Materialbeschaffenheit einer weiteren Fernleitung zu ziehen, bei der man diesmal (gleichfalls nur begrenzt druckfeste) Tonrohre verwendet hat. Sie gehörte zum Zisterzienserinnenkloster *St. Johann* vor den Toren von ALZEY,[49] das Anfang des 13. Jahrhunderts gegründet und 1564 aufgehoben wurde. Seine Gebäude verschwanden in der Folgezeit gänzlich, wurden in den sechziger Jahren bei Erdbewegungen wiederentdeckt und 1963 in den Fundamenten durch eine Flächengrabung vollständig freigelegt. An eine zweischiffige, querhauslose Kirche mit gotisch erweitertem Chor schloß sich in Südlage das Kreuzgangquadrum an, nur am West- und Südflügel von Wohntrakten be-

gleitet. Ein polygonales Brunnenhaus mit 5/8-Schluß erhob sich angelehnt an die westliche Galerie, wohl Ergebnis einer Erneuerung des 14. Jahrhunderts und Ersatz für einen spätromanischen Vorgänger. Es wurde von einer Tonrohrleitung mit Wasser versorgt, die aus westlicher Richtung herangeführt war und auf dem Klosterareal noch mit verschiedenen (leider nicht systematisch dokumentierten) Abzweigungen angetroffen wurde. Zusätzlich gab es einen Schöpfbrunnen, eingebaut in die Arkadenwand des östlichen, nur gangbreiten Kreuzgangflügels. Außerhalb der Abtei, zum Teil in einer Entfernung von mehreren hundert Metern, hat man in den folgenden Jahren weitere Abschnitte der Tonrohrleitung immer wieder bei Ausschachtungen feststellen können (zusammengerechnet eine Länge von 200 m erreichend) und teilweise auch geborgen. Sie lassen sich auf dem Katasterplan zu einem kontinuierlich verlaufenden Strang ergänzen, dessen Ausgangspunkt mit guten Gründen auf einem quellreichen Hanggelände in 2 km Entfernung vermutet, bisher archäologisch aber noch nicht nachgewiesen wurde. Die einzelnen Tonrohre (*Abb. 9*) mit einem Innendurchmesser von 5–6 cm und durchschnittlicher Länge von 50 cm waren ohne Unterlage ins Erdreich gebettet. Sie sind auf der Töpferscheibe gedreht worden bis auf ihre von Hand angefügten, an einem Ende trichterförmig ausgeweiteten Verbindungsmuffen (*Abb. 10*). Gleichmäßiger Kalksinterniederschlag in der unteren Hälfte ihrer Innenrundung spricht für konstanten Wasserstand und relativ geringes Gefälle einer im Überland-Teil ohne Drucksystem auskommenden Freispiegelleitung, die längere Zeit in Betrieb gewesen sein muß.

Von Interesse ist noch der Fund einer ebenfalls aus Ton geformten rechteckigen Kiste, die zwischen zwei Rohrstücke eingespannt war und einen perforierten Filtereinsatz hatte. Derartige Kästen, aus Keramik oder auch einem ausgespitzten Steinquader bestehend, finden sich auch sonst in hochmittelalterlichen Leitungsnetzen. Als Vergleichsbeispiel kann man auf die gleichfalls dem 13. Jahrhundert entstammende Gefälle-Leitung aus Tonrohren verweisen, die zum spätromanischen Minoritenkloster SELIGENTAL[50] am Wahnbach in einem Seitental der Sieg führte (gegründet 1231). Entgegen früherer Lehrmeinung handelt es sich dabei wohl weniger um Senkkästen, die bei verringerter Durchlaufgeschwindigkeit des Wassers das Ablagern von

Schwebstoffen erlauben sollte, als vielmehr um eine sinnvollerweise in regelmäßigen Abständen vorgesehene Möglichkeit der Leitungskontrolle von außen sowie der Rohrreinigung mit langstieligen Besen.[51] Im älteren, romanischen Leitungsnetz des Benediktinerklosters *St. Peter u. Paul* zu HIRSAU diente eine solche Steinkiste mit oberem Falzrand für einen (heute fehlenden) Deckelverschluß zusätzlich zwischen einem Strang aus Bleirohren und einem hölzernen Deichel-Abschnitt von natürlich größerem Querschnitt als Verbindungsstück und Gelenkstelle (siehe Beitrag Teschauer im Bildanhang).

Kennen wir in Alzey den Endpunkt einer Überland Gefälleleitung, aber nicht die Gestalt ihrer Quellfassung, so liegen die Dinge bei einer ehemals die bedeutende Reichsabtei *St. Maximin* vor der mittelalterlichen Stadtmauer von TRIER[52] mit Frischwasser versorgenden Tonrohrleitung genau umgekehrt. Während offenbleiben muß, ob diese Leitung zum berühmten Kreuzgangbrunnen (Folcardus-Brunnen) führte oder lediglich in die als Fischteich genutzten, kreisförmig den Klosterbering einfassenden Gräften (s. u.) einmündete, wurde am Petrisberg in etwa 750 m Entfernung die zugehörige Quellenstube identifiziert. Die im Lichten 2,90 x 3,20 m messende Kammer *(Abb. 11)* war rückwärtig zum Teil aus dem anstehenden Schieferfels herausgehauen, talseitig durch eine Bruchsteinwand mit Türöffnung abgeschlossen. Direkt unter dem bei 2,30 m Höhe liegenden Scheitel ihres Tonnengewölbes mündet in der Rückwand ein Schacht, der offenbar Sicker- wie auch Quellwasser sammelt und über eine steinerne Rinne in ein Bodenbecken leitet (heute ersetzt durch jüngere Steintröge, wohl in Zusammenhang mit neuzeitlicher Weinberg-Bewirtschaftung eingebracht). In einer mit Bruchsteinen ausgemauerten Seitennische erkennt man das Endstück einer weiteren Zuleitung aus dem Berghang. Das verwendete Material – Steinzeugrohre mit grauer Glasur und einem Innendurchmesser von 5–7 cm – entspricht dem der in Richtung Kloster weiterführenden Sammelleitung, von der in geringer Tiefe (durchschnittlich 50 cm unter der Oberfläche) Spuren oder fragmentarisch erhaltene Abschnitte beobachtet werden konnten. Für das Gefälle der Leitung war die Höhendifferenz von 75 m zwischen Felskammer und Abtei mehr als ausreichend, doch verlief sie dem Geländerelief entsprechend und dennoch mehr oder weniger geradlinig, so daß mit unterschiedlich steilen Teilstrecken zu rechnen ist: abschüssig und fast einer Fallrohrleitung ähnlich im oberen Bereich am Berghang, nur wenig von der Horizontalen abweichend in der Ebene. Möglicherweise gab es auf halber Strecke, an der gefährdeten „Knickstelle" des Bergfußes, eine Vorrichtung (Staubecken mit Überlauf; Rückhaltemechanismus?) zur Vermeidung von Überdruck. Mangels stratigraphischer Anschlüsse war es bisher nicht möglich, die Zeitstellung der Anlage näher zu bestimmen, doch sprechen weder Technik noch Materialbeschaffenheit gegen eine Entstehung im Hochmittelalter.

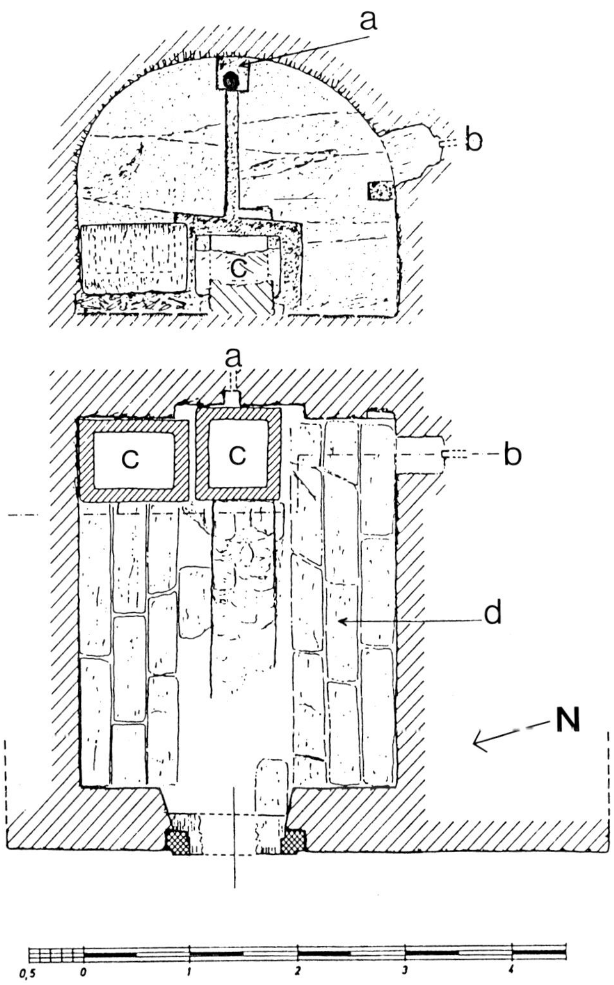

Abb. 11 Trier, Quellstube der Wasserleitung zur Abtei St. Maximin. Querschnitt nach Osten und Grundriß:
a) Mündung des rückwärtigen Wasserschachts mit Einlaufrinne
b) seitliche Zuleitung aus Steinzeugrohren
c) steinerne Auffangbecken (neuzeitlich)
d) Reste der Bodenplattierung
(nach A. Neyses 1985)

Anschließend an die Beschreibung der Felskammer von St. Maximin, die ja mehrere Zuflüsse aufnahm, gewissermaßen bündelte und in eine weiterführende Leitung einspeiste, ist auf einen Bautypus von vielleicht vergleichbarer Funktion hinzuweisen, dessen Existenz des öfteren theoretisch zu erschließen, aber kaum je archäologisch nachzuweisen ist. Gemeint ist ein Verteiler, der nicht am Anfangs-, sondern eher in der Nähe des Endpunktes einer Fernleitung einzelne Stränge in verschiedene Richtungen auffächert. Diese Rolle erfüllt in der Regel und zumal bei kleineren Netzen das Brunnenhaus im Kreuzganghof (s. u.), doch gibt es auch (einstweilen nur bruchstückhafte) Befunde, die mit der Möglichkeit einer Abspaltung bereits vor der Klostermauer rechnen lassen. Entsprechende Vermutungen formuliert der Ausgräber von HIRSAU (siehe Beitrag Teschauer im Bildanhang). In Kartäuserklöstern scheint ein derartiges Verteilerbecken außerhalb des Kreuzgangs (oder auch in dessen Binnenhof, doch unabhängig von einem Brunnenhaus, falls ein solches überhaupt existierte) besonders naheliegend. Dort mußten ja Einzelleitungen von einem zentralen „Wasserturm" aus in jede der individuellen Mönchszellen verlegt werden; die Gemeinschaftseinrichtungen benutzte man in diesem Orden nur an Sonn- und Feiertagen, ansonsten war jeder Konventuale ganz auf sich gestellt. Deutsche Niederlassungen haben, anders als etwa das englische MOUNT GRACE (siehe Beitrag Grewe im Bildanhang), offenbar keine Spuren derartiger Installationen bewahrt.
Umgekehrt konnte die Aufgabe der St. Maximiner Quellkammer auch in unmittelbare Nähe des Zielpunktes der Wasserleitung, d. h. der Konventgebäude verlegt werden. Dies scheint der Fall gewesen zu sein im Zisterzienserkloster HEISTERBACH aus dem frühen 13. Jahrhundert, wo in geringer Distanz zum Klausurquadrum eine kreisförmige Konstruktion von bedeutenden Abmessungen (Durchmesser des steinernen Sockels 10,50 m) Zuflüsse von am Hang austretenden Quellen, aber auch Oberflächenwasser sammelte und über eine Bleirohrleitung in Richtung Kreuzganghof weiterführte. Die oben postulierte „Unterbrecher"-Funktion eines solchen Bauwerks kann also nicht allein zum Zweck der Verteilung bzw. Abzweigung einzelner Stränge genutzt werden, sondern bei Bedarf auch zu ihrer Bündelung; gleichfalls ist vorstellbar, daß an dieser Stelle ein Wechsel hydrotechnischer Art (Umschalten von Freispiegel- auf Drucksystem) und – damit zusammenhängend – in der Materialverwendung (offenes Gerinne, steinverkleideter Kanal, Ton- oder Holzrohre: fortgesetzt durch Bleirohre) stattfand (s. Beitrag Rech im Bildanhang).

Über kaum eine Fernleitung des Hochmittelalters in Deutschland sind wir genauer informiert (durch Nachrichten und Befunde zu Länge, Technik, Ausführung und Funktion) als über die Bleirohr-Druckleitung des 12. Jahrhunderts in die REGENSBURGER Abtei *St. Emmeram*.[53] Ihren beachtlichen Bekanntheitsgrad verdankt sie gewiß auch der Tatsache, daß ihr Erbauer feststeht – Schriftquellen (noch dazu in monumentaler Form; s. o. Abschnitt 2) und archäologische Daten lassen sich mit erhaltenen Teilen der Anlage endlich einmal zu einem aufeinander bezogenen Gesamteindruck vereinen. Der bereits erwähnte Abt Peringer († 1201) des St. Emmeramer Benediktinerkonvents verbesserte gegen Ende seiner Regierungszeit die Frischwasserversorgung seiner Abtei nachhaltig und mit großem Einsatz in finanzieller und technischer Hinsicht; ausschlaggebend dafür war vielleicht die Erinnerung an einen verheerenden Klosterbrand unter seinem Vorgänger im Jahre 1166. Bruchstücke der Druckleitung aus gelöteten Bleirohren sind mehrfach entdeckt und geborgen worden; sie zeigen eine mit sorgfältiger Steinmetzarbeit hergerichtete Unterlage aus flachen Quadern, denen eine Rinne zur Aufnahme der Metallrohre eingetieft ist; darüber lagen Abdeckplatten zum Schutz vor Beschädigungen. Ausgangspunkt der Leitung ist der in Luftlinie etwa 3 km entfernte Ort mit dem sprechenden Namen Dechbetten, wo alter Grundbesitz des Klosters nachgewiesen ist. Das romanische Quellhäuschen wurde zwar 1580 neu aufgeführt, dürfte in dieser Gestalt jedoch dem ursprünglichen Zustand nahekommen. Ziel-, womöglich auch Endpunkt der Druckleitung war das (abgegangene) Brunnenhaus am Südflügel des Kreuzgangs, gegenüber dem alten Refektorium. Vorherige Abzweigungen in andere Klausurräume sind wahrscheinlich. Dennoch hat man ältere Schöpfbrunnen im Kreuzganghof und neben den Wirtschaftsgebäuden damals nicht beseitigt, wie das auch anderwärts zu beobachten ist; vielmehr wurden noch im Spätmittelalter neue Brunnenschächte gegraben. Ein Leitungs- und Wasserstellenplan des Klosters von 1758 macht anschaulich, wie das zu diesem Zeitpunkt noch komplizierter gewordene Rohrnetz funktionierte. Im 12. Jahrhundert dürfte bereits eine zwar anders organisierte, aber ähnlich dichte Versorgung erreicht gewesen sein.[54]

Mit den aus Bleirohren in Steinbettung gefertigten Druckleitungen in ESSEN (1. Hälfte des 11. Jahrhunderts) und *St. Emmeram* zu REGENSBURG (Ende 12. Jahrhundert) haben wir die äußeren Fixpunkte einer Zeitspanne markiert, in der dieser wohl aufwendigste und anspruchsvollste Typus einer hochmittelalterlichen Frischwasserversorgung gehäuft vorkommt. Neben Hinweisen in zeitgenössischen Schriftquellen (s. o.) zeugen davon noch die jüngsten Entdeckungen auf der GROSSKOMBURG, datiert um 1100 (siehe Beitrag Kosch im Bildanhang), und im HIRSAUER Peterskloster (vom Anfang des 12. Jahrhunderts; siehe Beitrag Teschauer im Bildanhang), soeben auch in der Zisterzienserabtei MAULBRONN.[54a] Während dieser Blüteperiode der romanischen Baukunst scheint man demnach auch technischen Projekten, vor allem im Bereich des Wasserbaues, besondere Aufmerksamkeit gewidmet und auf Perfektion bei ihrer Verwirklichung geachtet zu haben, ganz zu schweigen von der immer wieder feststellbaren Bereitschaft zu hohen Investitionen (Grundstückserwerb oder -tausch, Sicherung der Wasserrechte im gesamten Einzugsbereich der Quelle, Abtretung der Rechte zur Durchquerung fremder Besitzungen mit einer Leitung). Gleiches gilt für die Akzeptanz von kontinuierlich zu leistenden Reinigungs-, Wartungs- und Reparaturarbeiten, bis hin zum Schutz vor Frost, Metalldiebstahl und sonstigen Störfaktoren. Zwar wird das technische Niveau der spätantiken Wasserbautechnik bei weitem nicht erreicht (es gab z. B. keine Aquaedukte über Taleinschnitten, zumindest nicht in Mitteleuropa), doch bleibt die Einsatzbereitschaft in wirtschaftlicher und personeller Hinsicht beachtlich, ebenso wie der erreichte (im Spätmittelalter nicht immer beibehaltene) Grad handwerklicher und ingenieurmäßiger Ausführung

3.3 Kanäle (Entsorgung, Nutzung der Wasserkraft)

Wenn man bereits oberhalb einer klösterlichen Niederlassung aus einem vorbeifließenden Bach oder Fluß Trinkwasser mittels einer Leitung abzapfen und in die Klausuranlage führen konnte, lag es natürlich nahe, mit Hilfe eines Stauwehrs gleich einen regelrechten Kanal abzuzweigen. Bei ausreichender Kapazität des jeweiligen Bachlaufs war es dann möglich, nicht nur Trink-, sondern in größerer Menge auch Brauchwasser direkt zu den Konventgebäuden oder sogar unter ihnen hindurch zu leiten, die ja meist in einiger Entfernung vom Ufer auf hochwasserfreien Hängen oder Terrassen errichtet sind. Durch diese Höhendifferenz war man einerseits nicht selten genötigt, selbst bei geringstmöglichem Gefälle des Kanals dessen Einleitstelle ein beträchtliches Stück bachaufwärts anzulegen und dann ein manchmal mehrere hundert Meter (in Extremfällen einige km) langes, dem Geländerelief folgendes Bett für ein offenes Gerinne zu graben. Andererseits ergab sich gerade daraus der Vorteil, daß im unteren Kanalabschnitt – zwischen dem Kloster und der Stelle, wo das gebrauchte bzw. verschmutzte Kanalwasser sich wieder in den Unterlauf des Baches ergießt – ein desto steileres Gefälle zur Verfügung stand, wodurch eine erhöhte Fließgeschwindigkeit als effizienter Antrieb für Mühlräder, Hammerwerke u. a. sowie zum Fortschwemmen flüssiger und fester Abfälle aus Küche, Stallungen und Latrinen gewährleistet war. Bei ungünstigen Terrainverhältnissen hat man gelegentlich auch durch Hochbau-Vorkehrungen den angestrebten Höhenunterschied zwischen unterem und oberen Kanalabschnitt künstlich hergestellt. So ist auf den 1644 von Matthäus Merian gestochenen Vogelschau-Ansichten der Benediktinerabtei TEGERNSEE[55] deutlich zu erkennen, daß eine in der Nähe entspringende Quelle bald in eine offene Kanalrinne aufgenommen wurde *(Abb. 12)*. Auf Pfeilern, die am sanft abfallenden Hang kontinuierlich höher werden, überquert diese die turmbesetzte, von Gräften umgebene Ringmauer des Klosters und wird als regelrechter Aquaedukt bis zur Mühle nördlich der Kirche weitergeführt. Innerhalb des Gebäudes muß sie ein oberschlächtiges Mühlrad angetrieben haben, denn der Wiederaustritt auf der anderen Seite erfolgt als „Unterwasser" zu ebener Erde. Im weiteren Verlauf versorgt dieser offene Graben einen Fischkasten mit Wasser, durchquert zuletzt (gewiß zur Abfallbeseitigung) den Viehstall und mündet dann in den See. Das Alter der nur durch historische Abbildungen bekannten Anlage ist unklar, ihre Entstehung zusammen mit den spätmittelalterlichen Befestigungen der Abtei (Ringmauer und von Seewasser gespeister

Graben; s. u. Abschnitt 3.4) in den Jahren 1477–86 denkbar.

Vielleicht auffälliger noch, als dies bereits bei der Bestandsaufnahme hochmittelalterlicher Leitungsnetze festzustellen war, haben sich monumentale unter- wie oberirdische Kanalisationsbauten in großer Zahl bei auf dem Lande in Fluß- oder Bachnähe gelegenen Zisterzienserklöstern erhalten bzw. ihre Spuren nachweisen lassen. Den bekannten, noch als Ruine überaus eindrucksvoll wirkenden hydrotechnischen Komplexen Englands, etwa von FOUNTAINS, RIEVAULX oder BYLAND[56] (siehe Beitrag Bond) ist heute in Mittel- und Westeuropa nichts Gleichrangiges mehr an die Seite zu stellen. Wir wissen aber aus historischen Bild- und Schriftzeugnissen, ergänzt durch archäologische Befunde, daß auch französische und deutsche Häuser dieses Ordens umfangreiche Kanalsysteme angelegt und über die Jahrhunderte ihrer Existenz erweitert und technisch verbessert haben. Bei Großklöstern, die während ihrer Blütezeit im 12. und 13. Jahrhundert Konventstärken von zwei- bis dreihundert Mönchen und Laienbrüdern erreichen konnten, wurde die Trassenführung der Kanäle vor allem dadurch kompliziert, daß man dem natürlichen Gefälle folgend eine ganze Reihe von Örtlichkeiten entsorgen bzw. durchspülen mußte, die in das Schema des Klausurgevierts und seiner Annexe eingebunden und nicht wie an einer Schnur hintereinander aufgereiht waren: Latrinen jeweils am Mönchs- wie am gegenüberliegenden Konversendormitorium, ferner im Infirmarium (Krankenstation), Fremdenhospiz und eventuell einer Abtswohnung; mehrere Küchen, getrennte Speisesäle für Mönche und Laienbrüder; manchmal zwei Kreuzgänge (der kleinere am Infirmarium) mit jeweils eigenem Brunnenhaus, von dem Schmutzwasser abzuleiten war. So erklären sich Abzweigungen und Umwege, auch Überschneidungen mit auf anderem Niveau verlaufenden Frischwasserleitungen. Da die Kanäle in den seltensten Fällen genau vermessen und kartiert sind, dazu ihre im Klosterareal oft unterirdisch als Tunnel weitergeführten Abschnitte heute meist nicht betreten werden können, bleibt die Vorstellung von der originären Konzeption klösterlicher Brauchwasserversorgung in vielen Fällen notgedrungen vage und unvollständig. Außerdem fehlt von gemauerten bzw. überwölbten Kanalstrecken in der Regel ein moderner Baualterplan, der die Scheidung mittelalterlicher

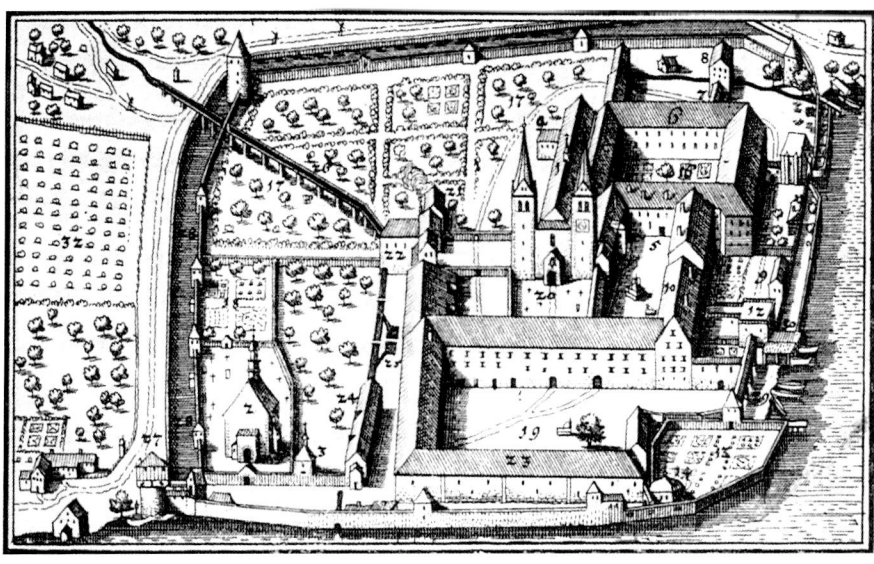

und neuzeitlicher Baumaßnahmen erlauben würde. Hier ist zweifellos für Architekturforscher und Wasserbauingenieure noch ein weites und dankbares Betätigungsfeld offen.

Unter den mitteleuropäischen Zisterzienserabteien, die aus hochmittelalterlicher Zeit bedeutende Reste eines Kanalsystems bewahrt haben, wäre vielleicht an erster Stelle Kloster ARNSBURG[57] in der Wetterau zu nennen. 1174 gegründet, doch erst 1197 nach einem Ortswechsel ins Tal der Wetter besiedelt, erlebte es seine Blüte im 13. Jahrhundert. Aus dieser Zeit stammen auch die heute ruinöse Kirche und auf deren Südseite das gleichfalls zum Teil abgebrochene Geviert der Klausurgebäude. Kreuzgang und Brunnenhaus, ehemals am Südflügel gegenüber dem Speisesaal gelegen, sind vollständig zerstört, doch durch Ausgrabungen im Grundriß nachgewiesen. Arnsburg liegt wasserbautechnisch vorteilhaft – man kann hier von einer zisterziensischen Ideallage sprechen – auf nach Süden leicht abfallender Terrasse in einer Schleife des Flüßchens Wetter, das von Norden kommend die Abtei auf drei Seiten (Nord-Ost-Süd) einfaßt (Abb. 13). Spuren mittelalterlicher Frischwasserleitungen, die von Nordwesten über die Landbrücke auf das Klosterareal zuführten (Blei- und Tonrohre), sind gefunden worden, auch ihre ca. 750 m entfernte Quellfassung ist bekannt. Etwa 1 km oberhalb der Abtei zweigt der Arns-

Abb. 12 Kloster Tegernsee. Vogelschau von Westen aus (Matthäus Merian, Topographia Bavariae 1644). Auszug aus der Bildlegende:
22. Mühle
24. Viehstall
25. Fischbecken
26. Mühlbach
28. Ringmauer und Wassergraben
29. Wassertor u. Schiffslände
30. Schiffshütten
(Foto nach dem Exemplar der Universitätsbibliothek Bonn)

Abb. 13 Zisterzienserabtei Arnsburg. Planskizze der wasserbautechnischen Anlagen aus mittelalterlicher Zeit (nicht vollständig, ohne die nur bruchstückhaft bekannten Frischwasser-Zuleitungen)
a) *Flußlauf der Wetter*
b) *davon abgezweigter Kanal*
c) *Kreuzganghof mit Brunnenhaus*
d) *Mönchsdormitorium im östl. Klausurtrakt*
e) *Laienbrüderdormitorium im westl. Klausurtrakt*
f) *Abtwohnung*
g) *Mühle*
h) *Brauhaus*
i) *Fischteich*
Gestrichelte Linien: Gesicherter Verlauf der zum Teil erhaltenen unterirdischen Abwasser-Kanäle des Mittelalters:
A) *von der Latrine des Mönchsdormitoriums unter dem Kanal hindurch in die Wetter*
B) *seitl. Zubringer von der Latrine des Laienbrüderdormitoriums*
D) *von der Abtwohnung in den Kanal (erst unterhalb der Mühle)*
(Umzeichnung nach Kunstdenkmäler Krs. Gießen 1919)

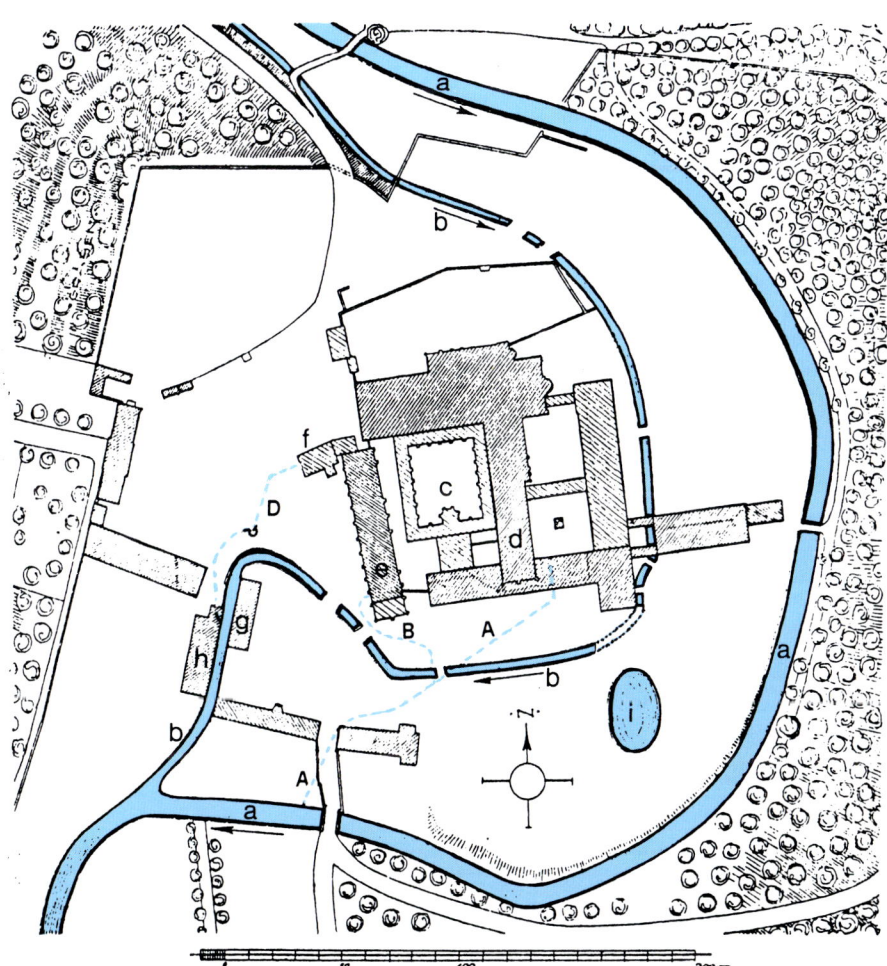

burger „Mühlgraben" von der Wetter ab – leider blieb hier wie andernorts das mittelalterliche Wehr mit Schleusenvorrichtung nicht erhalten. Daß derartige technische Zweckbauten gleichwohl mit künstlerischem Anspruch ausgeführt waren, zeigt ein beim Zisterzienserkloster EBERBACH[58] im Rheingau entdecktes (noch in situ befindliches?) Wehr von geringen Abmessungen, dessen hochrechteckige Durchlauföffnung mittels eines hölzernen Schiebers zu regulieren war. Das sorgfältig gearbeitete Großquaderwerk weist zur Talseite einen Blendbogen in Dreipaßform mit frühgotischem Knospendekor auf.

Wieder zurück nach Arnsburg: Mit etwas geringerem Radius konzentrisch zur Flußschlinge ist das offene Kanalbett im Dreiviertelkreis um die Abteigebäude herumgeführt, jedoch mit erheblich flacherem Gefälle. So erhält die im Südwesten des Klausurquadrums, erst kurz vor Wiedereinleitung des Kanals in die Wetter, angeordnete Klostermühle ihren als Energiehöhe nötigen Wasserstand; nach dieser Staustufe wurde noch das Brauhaus mit Wasser versorgt, oberhalb davon war bereits ein Fischteich gefüllt worden. Ein parallel zum östlichen Konventtrakt mit dem Mönchsdormitorium in Nord-Süd-Richtung verlaufender unterirdischer Tunnel erhielt Überlaufwasser vom Mühlgraben an einer nicht mehr feststellbaren Einleitung nordöstlich der Kirche. Er diente zur Entsorgung der am Südende des Schlafsaales befindlichen Mönchslatrine und nahm über einen seitlich einmündenden Stichkanal auch die Fäkalien aus dem Abort der Laienbrüder an deren Dormitorium auf, das den Oberstock des Klausur-Westtraktes einnahm. Um das Mühlwasser nicht zu verschmutzen, wurde der durchschnittlich 1 m breite, 1,80 m hohe und mit Sandsteinplatten gedeckte Tunnel anschließend so tief gelegt, daß er den offenen Brauchwassergraben unterqueren und direkt in die Wetter eingeleitet werden konnte. Der gleichen Überlegung liegt die Trassenführung eines zweiten, wohl erst spätmittelalterlichen Abwässer-Tunnels zugrunde, der die Abtwohnung am Nordende des westlichen Klausurtraktes entsorgte und – mit Bedacht über das Stauwehr der Mühle hinausführend – erst in deren Unterwasser etwa in Höhe des Brauhauses einmündete. Dieser unterirdische Kanal ist gewölbt, 60–85 cm breit und etwa 2 m hoch; er besitzt auf halber Strecke einen Einstiegschacht zur Wartung und Belüftung. Neben den beschriebenen mittelalterlichen Kanälen gibt es unter der Erde noch weitere gewölbte Gänge, deren Entstehung einem barocken Neu- und Umbau der Abtei zugeschrieben wird, was jedoch im einzelnen noch bauarchäologisch zu überprüfen wäre.

Weniger günstig ist das bereits wegen seiner hölzernen Frischwasserleitung erwähnte Zisterzienserkloster WALKENRIED[59] auf dem rechten Ufer der hier von Norden nach Süden fließenden Wieda gelegen. Bei geosteter Kirche und südlich angrenzendem Klausurgeviert stieß so ein vom Oberlauf des Flusses ausgehender Kanal zuerst auf die Küche in der Südwestecke des Quadrums, lief dann außen an dessen Südtrakt mit dem Refektorium der Mönche entlang und unterquerte den Osttrakt, wo sich bei deren Schlafsaal die zugehörige Latrine befand. Bereits vor der Küche bog ein Strang nach Norden unter das Konversenrefektorium im Westtrakt ab, wo man offenbar noch unverschmutztes Wasser entnehmen wollte, und führte dann weiter unter das Brunnenhaus am südlichen Kreuzgangflügel. Dort traf von Süden aus dem Hauptkanal kommend ein weiterer Abzweig ein (der bereits Küche und Speisesaal der Mönche entsorgt hatte); vereint führte dieser Nebenkanal dann unter dem Osttrakt an einer Stelle hindurch, wo neben dem Treppenaufgang ins Mönchsdormitorium ein ungewöhnlicher Schacht (die sog. „Lutherfalle") nochmals die Einleitung von Abfällen ermöglichte, um schließlich wieder im Hauptkanal zu enden. Das gesamte Netz unterirdischer Wasserwege gehört der gotischen Ausbaustufe der Konventanlage (Ende 13. und 14. Jahrhundert) an; von der kürzlich zu großen Teilen ergrabenen romanischen Klausur kennen wir in dieser Hinsicht keine Einzelheiten mit Ausnahme eines Schöpfbrunnens im Kreuzganghof, der wahrscheinlich auch später einsatzbereit gehalten wurde.

Dieses anhand von zwei charakteristischen Beispielen erläuterte Schema zisterziensischer Brauchwasserver- und Abfallentsorgung wird man in den meisten flußnahen Abteien des Ordens wiederfinden, lediglich den jeweiligen topographischen Bedingungen angepaßt und in unterschiedlich gut erhaltenem (meist allerdings neuzeitlich veränderten oder nur noch in Teilabschnitten auffindbaren) Zustand. Ohne auch nur entfernt Vollständigkeit anzustreben, verweisen wir in Mitteleuropa noch auf bemerkenswerte Reste solcher Kanal- und Tunnelbauten in den Klöstern DOBERAN (Mecklenburg), MARIENTAL (Niedersachsen), ZWETTL *(Abb. 35)*, LILIENFELD und HEILIGENKREUZ in Österreich; schließlich im schweizerischen HAUTERIVE, wo begehbare Gewölbe erhalten blieben.[60]

In einer den zisterziensischen Vorlieben vergleichbaren Lage an Fluß oder Bach konnten sich allerdings auch die Niederlassungen anderer geistlicher Gemeinschaften zu größeren hydrotechnischen Kunstbauten entschließen. Einen entsprechenden Eindruck vermittelt etwa die Schwarzwaldabtei ST. BLASIEN,[61] wie Hirsau im 11. und 12. Jahrhundert ein bedeutendes Zentrum benediktinischer Reformbestrebungen. Der Klosterbering liegt auf dem rechten Ufer der dort von West nach Ost fließenden Alb, von der bereits weiter oberhalb ein Mühlkanal abzweigte. Dieser wurde hauptsächlich zum Antrieb unterschlächtiger Wasserräder genutzt und anschließend nicht zurück ins Flußbett, sondern in den rechtsseitig von Süden kommenden Steina-Bach geleitet. Dieser trennte das alte, 1036 geweihte Münster von der am anderen Bachufer östlich davon um 1100 neugebauten Klosteranlage der Chormönche; die Gebäude der Gründungszeit hatte man damals den Laienbrüdern zur getrennten Unterbringung überlassen. Auch der Steina-Bach mit zweifellos größerem Gefälle und höhe-

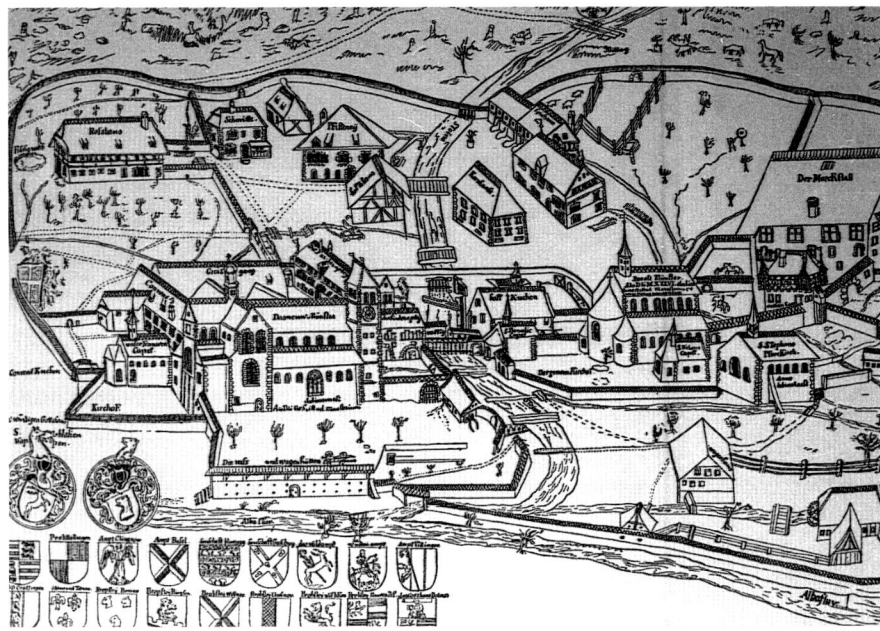

Abb. 14 Abtei St. Blasien. *Vogelschau von Norden Federzeichnung 1562 (nach L. Schmieder 1929)*

rer Fließgeschwindigkeit besaß rechtsseitig einen kanalisierten Nebenarm, der erst eine weitere Mühle antrieb und dann für die Entsorgung der jüngeren Konventbauten herangezogen wurde. Nach den durchgreifenden Veränderungen des 17. und 18. Jahrhunderts kann man diese Einzelheiten nicht mehr vor Ort feststellen, sondern nur auf einer detailgetreuen Vogelschau von 1562 *(Abb. 14)*.

Ein weiteres Benediktinerkloster, dessen Vorbildfunktion als Musterkonvent der anianischen Reform wesentlich früher, nämlich in der Karolingerzeit wirksam war, ist das von Kaiser Ludwig dem Frommen in der Nähe seiner Pfalz Aachen für den Reichsabt Benedikt von Aniane errichtete Inda, später KORNELIMÜNSTER[62] genannt. Das vielleicht schon bald darauf in diesem Abschnitt kanalisierte Bett der Inde umfaßt das Klostergelände auf der Südseite halbkreisförmig und nimmt zahlreiche seitliche Einleitungen noch ungeklärter Zeitstellung auf. Besonders bemerkenswert ist ein in den vergangenen Jahren erstmals näher untersuchter, von Süden herangeführter Kanal von über 100 m Länge, der größtenteils als übermannshoher Tunnel, auf ca. 30 m Länge als offenes Gerinne verläuft. In seinem unterirdischen Teil hat er Bruchsteinwände und ein Tonnengewölbe, das mehrfach von gurtbogenähnlichen Unterzügen gestützt wird, so bei dem „Kapelle" genannten Einstiegschacht von größeren Abmessungen (Breite 3,50 m, Höhe hier 4,25 m). Eine Zuweisung an die Gründungsperiode der Abtei im frühen 9. Jahrhundert aufgrund von vorgeblichen Analogien in Gewölbe- und Mauertechnik mit Aachener Bauwerken aus der Zeit Karls des Großen kann zumindest beim jetzigen Forschungs- und Dokumentationsstand nur als Hypothese gelten und wäre noch durch einen genauen Baualterplan zu erhärten, namentlich die Scheidung von frühneuzeitlichen Veränderungen.

Schließlich ist eines der aufwendigsten Projekte überhaupt, die sich in ganz Europa auf dem Gebiet mittelalterlicher Wasserbautechnik finden lassen, gemeinsam von einem Benediktinerkonvent und einem Domkapitel realisiert worden: die Brauchwasserversorgung der SALZBURGER Kathedralimmunität und des dortigen Klosters *St. Peter*[63] mit Hilfe eines Gebirgsdurchstichs im bergmännischen Tunnelvortrieb. Nach dem großen Stadtbrand von 1127, der auch den Dom zerstörte, entstand in den Jahren 1136–43 ein 370 m langer Stollen durch den Mönchsberg, auf dieser Strecke durchschnittlich 80–100 cm breit und 1,50–2,20 m hoch (also begehbar). Durch ihn wurde ein jenseits des Berges im 13. Jahrhundert noch um einige Kilometer bis zum Ausfluß des Königssees verlängerter Kanal in die wasserarme Salzburger Altstadt geleitet, mit zwei Armen natürlich vorab zum Domstift und ins Petersklosters (siehe Beitrag Dopsch im Bildanhang). Von seiner Größenordnung und den bautechnischen Anforderungen her ist dieses Monument in Mitteleuropa nur noch mit dem Stollen von MARIA LAACH vergleichbar.

Übrigens blieb ein Tunnelvortrieb zur Brauchwasserver- oder auch -entsorgung in felsigem Untergrund nicht auf Ingenieurleistungen von der Dimension des Salzburger Almkanals beschränkt, sondern wurde gelegentlich auch in vergleichsweise kleinem Maßstab verwirklicht, wenn die geo- und hydrologischen Verhältnisse dies zuließen. Hier wäre auf das 1142 gegründete Prämonstratenserstift STRAHOV[64] bei Prag hinzuweisen, das über einem ganzen Netz unterirdischer, etwa mannshoher Felsengänge steht. Sie haben größtenteils natürliches Gefälle und auf ihrem Boden offene Steinrinnen, durch die einerseits Frischwasser vom nahen Laurenziberg herangeführt, in Gegenrichtung aber auch Abwässer fortgeschwemmt wurden. Mangels steinerner Auskleidungen und datierbarer Streufunde ist es kaum möglich, die Entstehungszeit einzelner Gangteile genauer einzugrenzen; offenbar hat man vom Hochmittelalter bis ins 18. Jahrhundert ständig erneuert und erweitert. In diesem Zusammenhang wurde 1781 eine für die damalige Zeit sehr genaue Vermessung und Beschreibung durch den Geometer J. A. Kolbe angefertigt, die einen Anknüpfungspunkt für heutige Forschungen bietet.

Zu Reinigungszwecken begehbare Tunnel in erstaunlich sorgfältiger Ausführung scheint man schließlich selbst dann angelegt zu haben, wenn kein Fließwasser zur ständigen Durchspülung verfügbar war. Ein aufsehenerregender Fund dieser Art wurde 1988 beim ehemaligen Damenstift VILICH[65] an der Siegmündung gegenüber von Bonn gemacht. Soweit bekannt, waren die Benediktinernonnen, später Kanonissen nicht im Besitz einer Frischwasserzufuhr; die Einleitung eines Baches in den ovalen Immunitätsbering auf der südlichen Terrasse über dem alten Flußbett der Sieg schied wegen des Geländereliefs gleichfalls aus. Trink- und Brauchwasser mußte aus einem heute noch in-

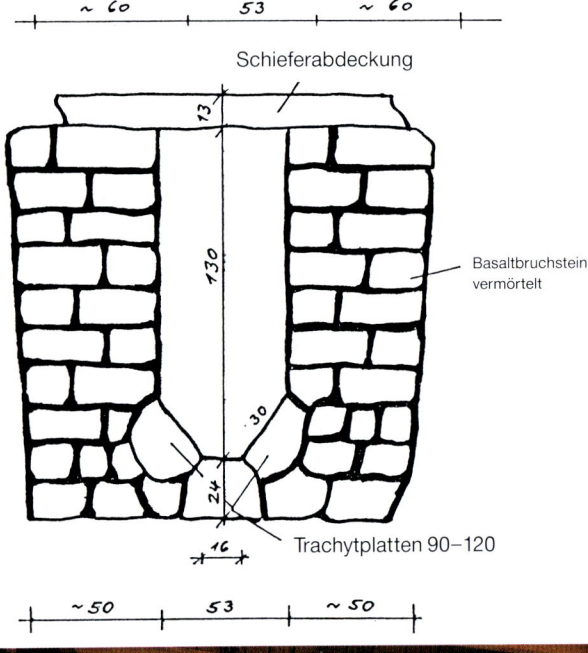

takten Brunnen im Keller des östlichen Klausurtraktes geschöpft werden, der 15 m tief bis auf das Niveau der Sieg hinunterreicht. Man war daher überrascht, als jüngst westlich außerhalb der Stiftsummauerung bei Erdarbeiten zufällig in 4 m Tiefe ein aus Basaltbrocken gegen das Erdreich gemauerter Abwässerkanal *(Abb. 15)* von ca. 50 cm lichter Breite und durchschnittlich 130 cm Höhe angeschnitten wurde, der mit sanftem Gefälle nach Norden in Richtung Uferhang verläuft und dort bis hin zu seiner Einmündung ins alte Flußbett früher bereits mehrfach lokalisiert worden war. Bis zu einem Erdeinbruch war er 1988 auf einer Länge von ca. 40 m begehbar. Seine obere Abdeckung besteht aus mächtigen Schieferplatten von 13–15 cm Stärke; auffällig ist besonders die sehr sorgfältige Herrichtung einer trapezförmig in Längsrichtung gebrochenen Bodenrinne aus Trachytplatten in Kiesbettung, die vorzügliche Steinmetztechnik zeigen. Eine dünne Schicht von Sinterniederschlägen legt die Vermutung nahe, daß der Tunnel zur Abwässerbeseitigung und als Überlauf einer Kloake genutzt wurde, deren flüssiger Inhalt demnach über mehrere hundert Meter vom Abteigebäude bis ins Flußbett rinnen konnte. Von Zeit zu Zeit wurde gewiß mit aus dem Brunnen geschöpftem Wasser nachgespült, ansonsten wird eine periodische Reinigung mit Schaufel und Besen erforderlich gewesen sein. Scherbenfunde in der Rinne, deren für die Stauferzeit im Rheinland charakteristisches Baumaterial sowie die Qualität der Steinmetzarbeit machen eine Entstehung um 1200 wahrscheinlich, als auch die Klausuranlage der Kanonissen neugebaut wurde. Ein etwa 3 m langes Teilstück des unterirdischen Kanals hat man 1989 gehoben und auf seiner originalen Trasse ebenerdig unter einem Schutzdach aufgestellt *(Abb. 16)*.

Auffällig ist die in den Einzelheiten (Form der Bodenrinne, Deckplatten statt Wölbung) weitgehende Ähnlichkeit des Vilicher Tunnels mit dem übermannshohen Kanal, der im Bereich des abgegangenen Klausurgevierts der Zisterzienserabtei HEISTERBACH aus dem frühen 13. Jahrhundert noch auf längere Strecken begehbar ist (siehe Beitrag Rech im Bildanhang). Als Vergleichsbeispiel hinsichtlich Zeitstellung, Dimensionierung und baulich-funktionalem Konstruktionsprinzip bietet sich ferner ein unterirdischer Gewölbegang im Benediktinerkloster *St. Matthias*[66] vor den Toren des mittelalterlichen TRIER an. Ihr Brauchwasser be-

Abb. 15 Kanonissenstift Vilich. Unterirdischer Abwasserkanal, Querschnitt (nach einer Skizze des Städt. Vermessungsamtes Bonn)

Abb. 16 Kanonissenstift Vilich. Teilstück des unterirdischen Abwasserkanals nach der Bergung 1989

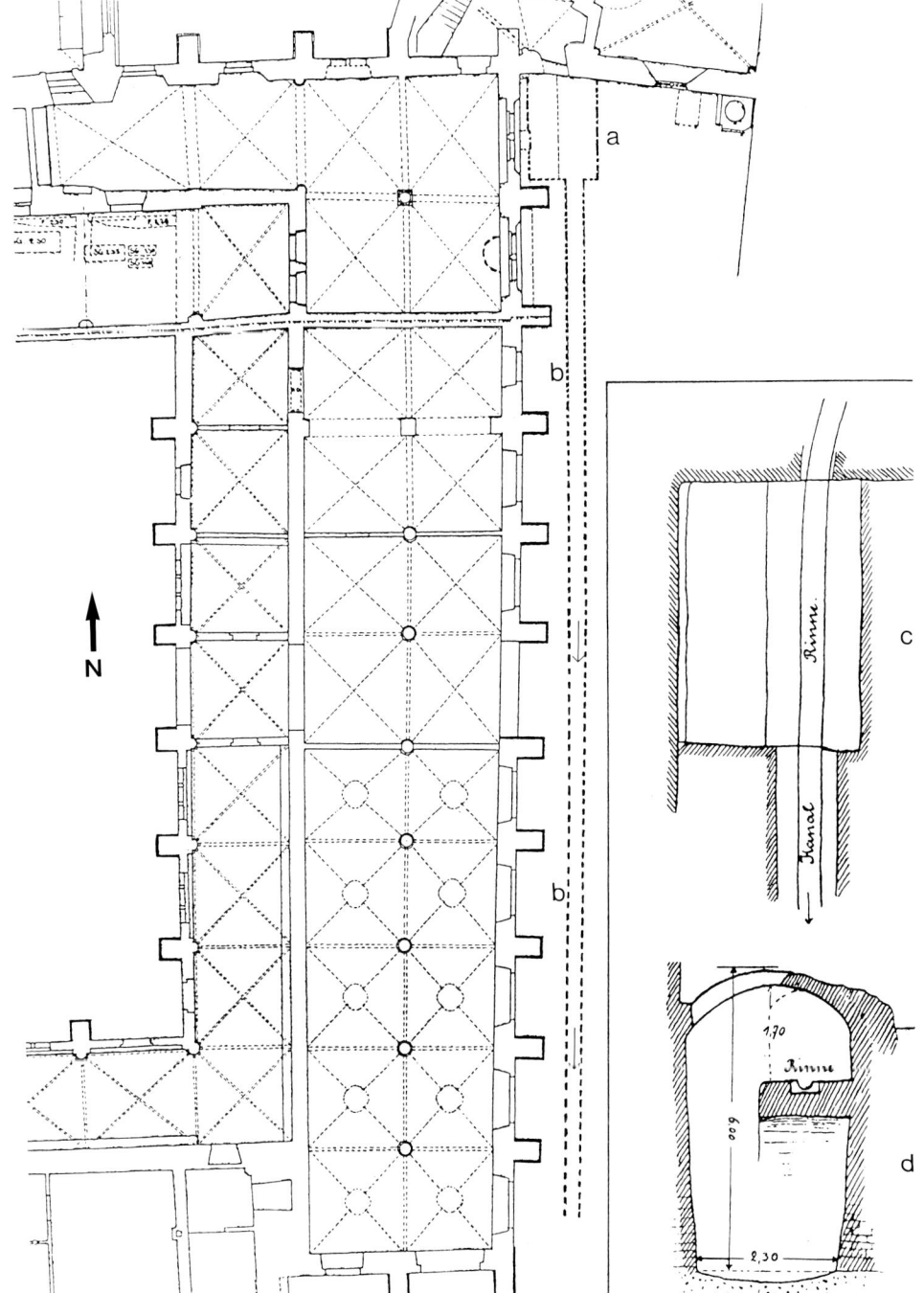

Abb. 17 Trier, Benediktinerabtei St. Matthias. Grundriß des Klausur-Osttraktes
a) Latrinengrube
b) unterirdischer Abwasserkanal
Details zu (a/b):
c) Grundriß
d) Querschnitt nach Norden
(Umzeichnung nach P. Marx 1911 und Kunstdenkmäler d. Stadt Trier 1937)

zog die Abtei von einem kleinen, eigens gestauten (s. u. Abschnitt 3.4) linksseitigen Moselzufluß, dessen Kapazität offenbar begrenzt war. Wohl mit Rücksicht darauf verzichtete man auch hier auf die ständige Flutung einer Latrine, die sich am nördlichen Ende des frühgotischen Mönchsdormitoriums (dem Schlafsaal im Obergeschoß des Klausur-Osttraktes) als außenseitiger Vorbau über einer 6 m tiefen Grube befand – möglicherweise eine Holz- und Fachwerkkonstruktion *(Abb. 17)*. Nach Süden ging von der Abortgrube parallel zum Dormitoriumtrakt ein dicht unter der Oberfläche verlaufender, tonnengewölbter Gang (Scheitelhöhe 1,70 m, Breite 1,10 m) ab, der nach ca. 80 m im benachbarten Wirtschaftshof der Abtei Anschluß an einen anderen, zur Mosel führenden Abwässerkanal fand. Den Boden des mit geringem Gefälle in südlicher Richtung versehenen Ganges bildet eine steinerne Rinne von halbkreisförmigem Querschnitt. Während die festen Bestandteile des Latrineninhaltes sich auf dem Grund der Grube absetzten und in größeren Zeitabständen ausgeräumt wurden, konnten demnach Abfälle flüssiger Konsistenz bei Erreichen des entsprechenden Pegelstandes durch die Rinne in die Mosel abfließen. Gegebenenfalls war auch hier mit Wasser aus einem Schachtbrunnen neben der Abortgrube nachzuhelfen.

Ein deutlicher Kontrast zur bisher beschriebenen Praxis der Heranführung von Brauchwasser in größeren Mengen und Nutzung der Wasserkraft tritt allerdings dann auf, wenn man sich die entsprechenden Möglichkeiten der auf Berggipfeln oder in dichtbesiedelten Städten errichteten Konventanlagen vor Augen führt. Während Fließwasser-Zuleitungen als Drucksystem notfalls auch einen Berghang hinauf bzw. meist problemlos in eine Ortschaft hinein verlegt werden konnten, gab es bei Bachumleitungen und Kanalbauten unüberwindliche technische Hindernisse; Ausnahmen wie das Salzburger Beispiel bestätigen diese Regel. Man wird sich daher die Vorstellung zu eigen machen, daß selbst berühmte und prosperierende Abteien und Stiftsanlagen des Hochmittelalters, ausgestattet unter Umständen mit repräsentativen, großzügig und auch technisch anspruchsvoll (z. B. mit für die Zeit modernsten Heizvorrichtungen) eingerichteten Konventgebäuden, in entsprechender Lage ständig mit Entsorgungsproblemen zu kämpfen hatten und sich mit (nicht nur nach heutigen Maßstäben) primitiven sanitären Verhältnissen abfinden mußten. Klostereigene Mühlen und sonstige mit Wasserkraft betriebene Maschinen konnten auch auf entferntem Grundbesitz unter günstigeren hydrologischen Standortbedingungen errichtet werden, doch dürfte in Eimern hochgewundenes oder über eine Druckleitung herangeführtes Frischwasser zu kostbar und auch nicht in ausreichender Menge verfügbar gewesen sein, um es für ständige Latrinendurchspülung zu verwenden. Daher ist damit zu rechnen, daß dem unter Umständen ja zahlenmäßig bedeutenden Konvent eines Bergklosters nur über die Außenmauern vorkragende Aborterker zu Gebote standen, wie wir sie aus dem zeitgenössischen Wehrbau kennen – allerdings bei meist nur kleinen Burgbesatzungen. Städtische Gemeinschaften in der Nähe der Befestigungsmauern profitierten gelegentlich von der Möglichkeit, Abwässer in die zugehörigen Gräben abzuleiten. Ein bescheidener unterirdischer Kanal, mit Brettern verschalt und durch Bohlen ausgesteift (eine regionaltypische „Verdolung") wurde vor einigen Jahren beim an der Wakenitzfront gelegenen LÜBECKER Kloster *St. Johann*[67] archäologisch untersucht, als Latrinendurchlauf gedeutet und mit Hilfe der Dendrochronologie in das Jahr 1205 (die mittlere Bauzeit der 1175 gegründeten Abtei) datiert.

War auch diese Lösung nicht möglich, richtete man – wie in den zeitgleichen Bürgerhäusern und Stadtpalästen auch – gemauerte unterirdische Toilettenkammern von großem Fassungsvermögen ein, in denen die Exkremente verrotten und sich ablagern konnten, so daß sie nur in größeren Zeitabständen ausgeräumt werden mußten. Bekannt ist die Latrine des KÖLNER Klarissenklosters in einem Eckturm der römischen Stadtmauer. Die Abortgruben des *Allerheiligenklosters* zu SCHAFFHAUSEN[68] (zum älteren Klausurgeviert des 11. Jahrhunderts gehörend) und des spätmittelalterlichen Konventgebäudes der FREIBURGER *Augustiner-Eremiten*[69] sind in jüngerer Zeit ausgegraben und wissenschaftlich analysiert worden. Gleichfalls vor kurzem ergraben, aber noch nicht ausreichend publiziert sind Latrine und damit in Verbindung stehender Abwässerkanal des Benediktinerklosters *Groß St. Martin*[70] in der KÖLNER Rheinvorstadt. Dessen völlig zerstörte, 1973–74 in den Grundmauern freigelegte Klausurgebäude lagen im Norden der Kirche um einen querrechteckigen Kreuzganghof. Der Dormitoriumtrakt nahm wie üblich die Ostseite ein. An seinem Nordende wurde die Latrine gefunden: Tiefkeller in Traktbreite mit rundbogigem Ausfluß in halber Höhe der östlichen Außenwand, durch den flüssige Stoffe in einen zum Rhein führenden Abzugsgraben austreten konnten, der vom 14. Jahrhundert an zusätzlich noch das dort erbaute städtische Fleischhaus zu entsorgen hatte. Vom klösterlichen Wirtschaftshof im Westen des Konventquadrums kommend, lief ein offenes Gerinne außen am Nordtrakt (dem Refektorium) entlang und mündete mit Sicherheit in den Latrinen-Keller (der archäologische Nachweis wegen einer Störung nicht mehr möglich). Dieser gering dimensionierte Abwasserkanal konnte durch Brunnenwasser zeitweilig geflutet werden, das aus einem Schöpfbrunnen bei Bedarf heraufzuwinden war – in diesem Punkt vergleichbar mit dem in VILICH und St. Matthias zu TRIER praktizierten Verfahren (s. o.) und im übrigen auch durch zeitgenössische Schriftquellen belegt (s. Abschnitt 2). Von besonderem Interesse ist die hier durch ungewöhnlich früh einsetzende urkundliche Überlieferung gesicherte Nachricht, daß laut vertraglicher Regelung Bürger eines benachbarten Privathauses ihre Abwässer gleichfalls in den Abzugsgraben des Klosters einleiten durften, der zudem noch eine von diesem abhängige öffentliche Badstube mit (doch wohl noch nicht verschmutztem) Brauchwasser zu versorgen hatte – eine angesichts beschränkter Kapazität und technisch anspruchsloser Ausführung (Schöpfbrunnen, Freispiegel-Gerinne!) bemerkenswerte „Multifunktionalität" und erklärlich allein durch die in der drangvollen Enge eines dichtbebauten mittelalterlichen Großstadtviertels einander überlagernden Besitz- und Nutzungsrechte von Privatleuten, städtischen und kirchlichen Institutionen.

3.4 Sonstige Wasserbaumaßnahmen (Fischteiche, Stauwehre, Entwässerung, Gräften, Transportkanäle)

Wie bereits am Rande erwähnt, dienten Brauchwasserkanäle auch zur Flutung von Fischteichen, deren Wasserstand meist durch einen mit Schieber verschließbaren Stichgraben konstant gehalten wurde. Allen geistlichen Gemeinschaften des Mittelalters war an reichlicher Versorgung mit Flußfischen gelegen, die als Fastenspeise, aber auch zum Weiterverkauf verwendet wurden. Innerhalb von oder auch vor Klostermauern finden sich oft noch heute umfängliche Teichsysteme, oder sie sind längst abgelassen – noch am Geländerelief zu erkennen, auch auf historischen Karten eingetragen. Wir nennen mehr oder weniger willkürlich nur einige Beispiele: die Zisterzienserabteien MARIENTHAL, RIDDAGSHAUSEN, LOCCUM und HIMMEROD, das Prämonstratenserstift ALLERHEILIGEN, das Prämonstratenserinnen-Stift SCHILLINGSKAPELLEN bei Bonn.[71] Wenn der Klosterbach wegen zu geringer Wasserführung keinen Abzweig erlaubte, konnte man stattdessen auch das Bachbett insgesamt durch ein Stauwehr abriegeln und so ein Rückhaltebecken anlegen, das nicht allein der Fischzucht diente, sondern auch Oberflächenwasser der umliegenden Hänge sammeln und die nötige Betriebshöhe für eine Nutzung der Wasserkraft schaffen sollte. Außerdem war man so in der Lage, mit Hilfe der Schleusentore den Wasserdurchlauf je nach Bedarf zu regulieren, die Strömung in bestimmte Kanäle zu lenken oder auch (etwa bei Reparaturen) umzuleiten; im Falle von Schneeschmelze und Hochwassergefahr stand ein Sicherheitsventil bereit. Bekannt ist der großflächige Teich, den die Mönche von MAULBRONN[72] (mit lobenswertem Vertrauen auf die Solidität des von ihnen errichteten Staudammes) gleich oberhalb ihrer Abtei angelegt haben; von ihm führen mehrere offene und gedeckte Gerinne in den Klosterbezirk hinab und vereinen sich erst wieder an seinem Ausgang in der Salzach. Wie jüngste Forschungen herausgefunden haben, war der sog. „Tiefe See" Teil einer ganzen Kette von Talsperren, die durch ein ausgeklügeltes System miteinander verbundener Gräben den Wasserhaushalt des gesamten Umfeldes stabilisierten und seine Nutzbarmachung zu Versorgungszwecken und als Energiequelle sicherstellten. Ähnlich, wenn auch weniger weit gespannt war das Tal des kleinen Aulbaches oberhalb der schon genannten TRIERER Abtei *St. Matthias*[73] hydrotechnisch umgestaltet – ein Beweis dafür, daß auch Benediktiner sich als Wasserbauingenieure bewährt haben. Auf einer Karte von 1802 *(Abb. 18)* sind dort hintereinandergereiht drei Stauseen oberhalb des Klosters eingetragen, von denen einer (der „Mattheiser Weiher") heute noch existiert.

War ein in der Ebene gelegenes Kloster oder Stift befestigt und zu seinem Schutz zusätzlich mit Wassergräben umgeben, konnten auch in diesen Fische ausgesetzt werden. Klo-

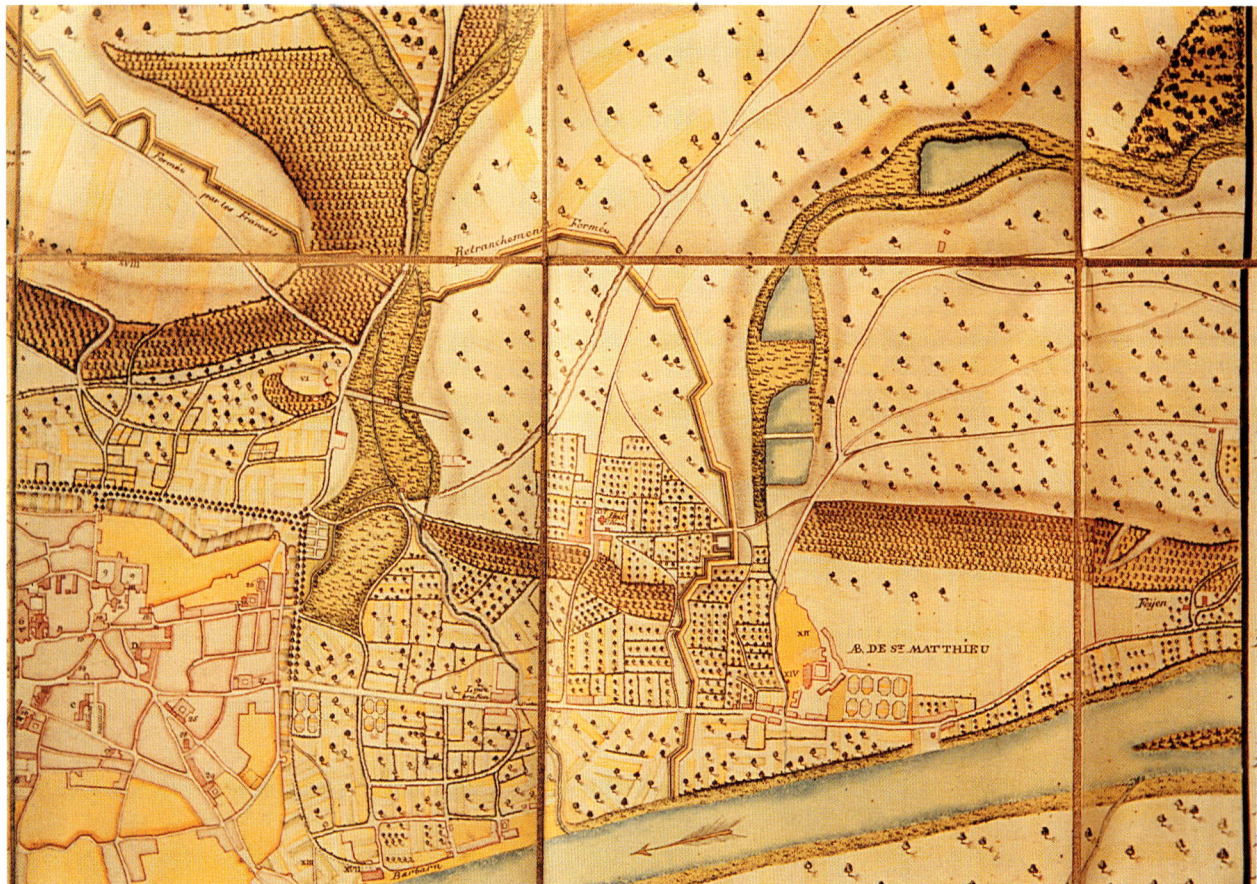

Abb. 18 Tal des Aulbaches mit mehreren Staubecken oberhalb der Abtei St. Matthias *zu Trier (Ausschnitt einer Karte von 1802, nach E. Zahn 1979)*

stergräften wurden je nach den geographischen Verhältnissen gespeist von Seewasser (TEGERNSEE) *(Abb. 12)* oder aus Flüssen (CORVEY), in ungünstigen Fällen auch nur durch Quellen und möglicherweise sogar eine Fernwasserleitung (die berühmte „Maximiner Acht", der kreisförmige Graben um die Reichsabtei *St. Maximin* bei TRIER: *Abb. 29*; s.o. Abschnitt 3.2). Bei Klöstern in Gipfellage kamen dafür auch gemauerte oder aus dem Fels herausgehauene offene Zisternen oder Löschteiche in Frage (Kloster LORCH/Württ.).

Die vor allem von Zisterziensern und Prämonstratensern übernommene Pionierrolle beim hochmittelalterlichen Landesausbau und in der deutschen Ostkolonisation ist oft beschrieben worden. Wir verweisen im Rahmen unserer Themen nur allgemein auf ihre dabei erworbene Meisterschaft in allen Techniken der Meliorationsarbeit, also beim Bau von Hochwasserdämmen, bei Flußregulierungen, Kanalbauten, der Entwässerung von Sümpfen etc.[74] Allerdings geht die zweifellos aufwendigste Baumaßnahme dieser Kategorie in Mitteleuropa auf ein Benediktinerkloster zurück: Unter Abt Fulbert (1152–77) von MARIA LAACH[75] wurde der Seespiegel des Eifelmaares abgesenkt und stabilisiert, das keinen natürlichen Abfluß besitzt und zuvor durch unkontrollierten Anstieg infolge Schneeschmelze oder reicher Niederschläge immer wieder zu Überschwemmungen der Abteigebäude und landwirtschaftlich genutzter Flächen geführt hatte. Daher durchstieß man an der schmalsten Stelle des Laacher Vulkankessels das Gebirge mit einem 880 m langen Tunnel, der künftig als Überlauf diente und die Wasserhöhe des Sees konstant hielt. Dieser für das 12. Jahrhundert in Mitteleuropa singulären berg- wie wasserbautechnischen Leistung wäre nur noch die Anlage des SALZBURGER *Almkanals* an die Seite zu stellen – ein in der Methode ähnliches Verfahren, doch mit umgekehrter Zielsetzung: dort Wasserzu-, hier -ableitung.

Übrigens soll angesichts des Laacher Großprojekts nicht das in etwa analoge, aber in deutlich kleinerem Maßstab häufig akute Problem einer vorbereitenden Drainage klösterlicher Bauplätze vergessen werden. Bei der Ausgrabung in WALKENRIED[76] wurden z.B. unter dem nördlichen Kreuzgangflügel hindurch in den Binnenhof führende Rohrleitungen entdeckt, die zur Ableitung des Traufwassers der gotischen Kirche bestimmt waren. In der Propstei SOLNHOFEN fanden sich Tonrohre in ähnlicher Funktion, desgleichen Holzrohre in OTTERBERG (s. o.) und flache Kanäle in MARIENTAL. Aus dem Kreuzganghof der Propstei *Heiligenberg* bei HEIDELBERG[77] wurde Oberflächenwasser in einer steinernen Rinne nach Süden unter dem Fußboden des Kapitelsaales hindurchgeleitet und außen am Hang von einer Zisterne aufgefangen.

Wir beschließen dieses Kapitel, indem wir nur am Rande auf die Ufer- und Insellage von Abteien und Stiften wie TEGERNSEE *(Abb. 12)*, HERREN- und FRAUENCHIEMSEE, SEEON, REICHENAU, PETERSHAUSEN bei Konstanz u.a. hinweisen. Vielfach besaßen diese Konvente eigene Flottillen, für die Häfen und Schiffsländen herzurichten waren; auch der regelmäßige Fährbetrieb eines bedeutenden Inselklosters wie z.B. REICHENAU-MITTELZELL[78] zu den konventeigenen Besitzungen am gegenüberliegenden Bodenseeufer machte Uferbefestigungen, Anlegebrücken, Schleppvorrichtungen etc. erforderlich. Fast als Kuriosum ist in diesem Zusammenhang die dicht am Lac du Bourget erbaute „Wasserscheune" der Zisterzienserabtei HAUTECOMBE[79] (Savoyen) aus dem 12. Jahrhundert zu werten. Das langgestreckte zweistöckige Gebäude war per Schiff über einen vom See her gegrabenen Stichkanal erreichbar, der im Inneren des Untergeschosses in einem winzigen, ausgemauerten Bassin endete. Dort konnten Lastkähne anlegen und ihre Ladung direkt in den darüberliegenden Vorratsraum geschafft werden. Endlich sei noch daran erinnert, daß in einigen Fällen Kanäle eigens zum Transport größerer Materialmengen auf den Bauplatz eines Ordenshauses geschaffen wurden; so z.B. beim Bau der nordenglischen Zisterzienserabtei RIEVAULX.[80] Mit gleicher Absicht hat man in Deutschland des öfteren kleine und kleinste natürliche Wasserläufe, die als günstige Verbindung zwischen Steinbruch und Bauplatz in Frage kamen, zur Versorgung kirchlicher Großbaustellen schiffbar bzw. für Lastflöße passierbar gemacht.[81]

4. Baudenkmäler

4.1 Brunnenhäuser

Vereinzelt in Frankreich (so beim Prämonstratenserstift BEAUMONT und auf dem MONT-SAINT-MICHEL), häufiger aber in England kennen wir Klausuranlagen, die als zentrale Zapfstelle einer in den Kreuzgang gelegten Frischwasserleitung Reihenwaschanlagen besitzen, welche eine langgestreckte Nische in der Rückwand einer der Galerien bilden; oft in praktischer Nähe zum Refektoriumportal wie in den Zisterzienserabteien FOUNTAINS und RIEVAULX, aber auch ohne diese Verbindung zum Speisesaal in den westlichen Flügeln von u.a. HEXHAM, KIRKHAM und HAUGHMOND.[82] In diesen Bauten des 12. und 13. Jahrhunderts hat man oberhalb eines längeren, in Hüfthöhe ins Mauerwerk eingelassenen Steinbeckens ein horizontales, unter Druck stehendes Leitungsrohr angebracht, das in regelmäßigen Abständen eine größere Zahl von Wasserhähnen aufwies. Oft abgebildet wird das jüngere, erst einer spätgotischen Bauperiode entstammende Lavatorium des Kathedralklosters von GLOUCESTER. Von identischer Konzeption und daher gleichfalls erstaunlich ähnelnd noch den vor wenigen Jahrzehnten eingerichteten Waschräumen in Kasernen, Jugendherbergen und anderen Massenquartieren, nimmt es allerdings – wenn auch als atypisch langgestreckter Anbau – den traditionellen Platz klösterlicher Brunnenhäuser an der zum Binnenhof weisenden Arkadenwand eines Kreuzgangflügels ein.[83]

Brunnenhäuser oder -stuben als Bestandteil eines mittelalterlichen Kreuzgangquadrums (nicht zu verwechseln mit auswärts gelegenen architektonischen Quell-Fassungen; s.o.) haben überall sonst im Bereich der abendländischen Konventarchitektur, also auch in Mitteleuropa, die Gestalt kleiner Zentralbauten von variantenreicher Grundrißform.[84] Sie galten anscheinend als notwendiges und angemessenes Gehäuse für Laufbrunnen eines aufwendigeren, oft mehrschaligen Typs von runder oder polygonaler Form (s.u. Abschnitt 4.2), während einfache Stockbrunnen wie auch mit Winden bediente Brunnenschächte offenbar selten überbaut waren. Brunnenhäuser wurden nur ausnahmsweise freistehend im Hof eines Kreuzgangs errichtet, vielmehr regelmäßig an einen seiner Flügel angelehnt oder im Winkel von zwei aufeinanderstoßenden Galerien. Sie sind nach außen (zum Hof hin) in Fenstern oder Arkadenfolgen geöffnet, deren Rhythmus dem der übrigen Kreuzgangarkaturen angeglichen ist, vielleicht mit geringen Abwandlungen. Fensterverglasung kam erst seit dem 13. Jahrhundert auf, war aber nicht die Regel. Romanische Bauten haben zumeist einen schlichten rechteckigen oder quadratischen Grundriß, Gewölbe können fehlen. In dieser Gestalt erhalten sind zum Beispiel die Brunnenhäuser der Domkreuzgänge von OSNABRÜCK und MERSEBURG, der Benediktinerklöster KÖNIGSLUTTER und *St. Peter* in SALZBURG,[85] der Prämonstratenserstifte STEINGADEN und SAYN *(Abb. 25)* bei Koblenz. Alle genannten Beispiele stammen aus dem 12. oder beginnenden 13. Jahrhundert und liegen nicht beim Speisesaal, sondern am westlichen Klausurtrakt (darauf ist noch zurückzukommen). Ergraben wurden quadratische Brunnenstuben unter anderem in Abteien des Benediktinerordens wie HERSFELD, PRÜFENING, *St. Jakob* und *St. Emmeram* zu REGENSBURG, *St. Matthias* bei TRIER, *St. Pantaleon* in KÖLN und dem Augustiner-Chorherrenstift PETERSBERG in der Nähe von Halle; ferner in den Zisterzienserklöstern MARIENTAL und EBERBACH *(Abb. 28)* sowie dem Prämonstratenserstift HAMBORN. Der Zufall will es, daß von den Vertretern dieser nicht erhaltenen, aber mehrfach in den freigelegten Fundamenten aufgemauerten und sichtbar belassenen Denkmälergruppe alle (außer Petersberg) den geläufigen Standort am Refektoriumtrakt, in der Nähe des Eingangs zum Speisesaal der Konventualen, eingenommen haben. Seltener sind kreisförmige Grundrisse: Neben dem ersten Brunnenhaus der Zisterzienserabtei MAULBRONN, dessen Sockel beim gotischen Neubau wiederverwendet wurde, wäre vor allem die „Tonsur" des MAGDEBURGER *Liebfrauenklosters (Abb. 19–21)* zu nennen, das noch näher beschrieben wird. Mit fortschreitender Stilentwicklung von der Spätromanik zur Gotik häufen sich dann polygonale, nun stets gewölbte Bauten. Das Sechseck wurde in den Zisterzen ALTZELLA, LILIENFELD und ZWETTL gewählt; achteckige Brunnenstuben haben die Benediktinerklöster *St. Bavo* zu GENT (spätromanisch, erhalten; s.u.) *(Abb. 22)* und *St. Peter u. Paul* in HIRSAU (15. Jahrhundert, Nachfolger eines romanischen Bauwerks? Fundamente kürzlich aufgedeckt; siehe Beitrag Teschauer im Bildanhang), ferner die Zisterzienserabteien LOCCUM, CHORIN und GEORGENTHAL (nur Grundrisse bekannt). Bereits von seinen Dimensionen her – Innendurchmesser und Scheitelhöhe seines Rippengewölbes betragen jeweils 8 m – und wegen des ungewöhnlich reichen Formenaufwandes mit Maßwerkfenstern und innenseitiger Blendarkatur als Sockelverkleidung stellt das neuneckige, Ende 13./Anfang 14. Jahrhundert entstandene Lavatorium der österreichischen Zisterze HEILIGENKREUZ einen unbestreitbaren Höhepunkt der Gattung dar. Neuneckig ist auch das zweite, um die Mitte des 14. Jahrhunderts neuerrichtete Brunnenhaus von MAULBRONN, sogar zehneckig der ausnahmsweise im Binnenhof freistehende Zentralbau des mährischen Klosters SAAR. In einigen Fällen hat man durch gerade Verbindungsjoche zum rückwärtigen Kreuzgangflügel rechteckige, kapellenähnliche Räume mit polygonaler Apsis im 5/8-Schluß geschaffen, so in den Zisterzienserabteien GOLDENKRON (Böhmen), WALKENRIED und BEBENHAUSEN; im 3/8-Schluß im Benediktinerkloster BLAUBEUREN.[86]

Unsere (durchaus unvollständige) Liste zielt nicht in erster Linie auf eine lediglich formale, typologisch-architekturgeschichtliche Klassifizierung hochmittelalterlicher Brunnenhäuser im deutschsprachigen Raum. Es geht vielmehr um ihre signifikante Ciboriumsgestalt und die evidente Zahlensymbolik der Grundrisse. Daraus ergeben sich naheliegende Analogieschlüsse auf funktionale Zusammenhänge und bedeutungsmäßige Beziehungen zu anderen kleinformatigen Zentralbauten dieser Epoche, vor allem Baptisterien und Heilig-Grab-Kopien sowie Begräbniskapellen (Mausoleen).[87] Die hiermit angeschnittenen Themenkreise von Taufe, Tod und Auferstehung – die durch das Kreuzesopfer Christi ermöglichte Wiedergeburt der Menschheit – sind im Gedankengebäude der mittelalterlichen Theologie eng miteinander verknüpft und haben eine entsprechende, bis zur Spätantike zurückreichende Bildtradition begründet. Wesentlich für den Bedeutungsgehalt der in Atrien und später Kreuzganghöfen aufgestellten Fließbrunnen sowie ihrer architektonischen Rahmung ist die Vorstellung vom „lebensspendenden Wasser" (fons vitae), erläutert durch zahlreiche literarische Kommentare frühchristlicher und mittelalterlicher Autoren: Eine der Ideen, die man sich vom Paradies (so auch ein bezeichnender alter Name für den Kirchenvorhof) machte, ist das Bild eines ummauerten Gartens mit dem Golgothahügel. Ort der Kreuzigung Christi und zugleich (oft mit einem Ciboriumturm überbaut dargestellter) Thron des Gotteslammes, steht er symbolisch für den kirchlichen Altar und die daran zelebrierte Meßfeier als Nachvollzug des Erlösungsopfers. Dort entspringen auch die vier Paradiesströme und tränken den Erdkreis, so wie das am Kreuz vergossene Blut Christi und analog dazu der im Kelch auf dem Altar konsekrierte Abendmahlswein die Gläubigen von ihrer Sündenschuld befreien und ihnen Zutritt ins „Himmlische Jerusalem" verschaffen.[88] Die Taufe als Voraussetzung für eine Teilhabe an der Eucharistie wurde auch allegorisch auf die Seitenwunde Christi am Kreuz bezogen, aus der neben Blut auch Wasser ausgetreten war. Ferner galten die vier Ströme als Sinnbild der durch die vier Evangelisten in alle Welt verbreiteten Glaubenslehre.[89]

Welche Konsequenzen ergeben sich aus dem vielschichtigen, hier nur angedeuteten Geflecht theologischer Anspielungen und Bildmotive hinsichtlich einer Deutung von Baugestalt und Anordnung klösterlicher Brunnenhäuser innerhalb eines Klausurgevierts? Einmal wird damit generell ihre formale Nähe vor allem zu Baptisterien erklärlich, wobei ein direkter Anknüpfungspunkt in der im Mittelalter geläufigen Vorstellung liegen könnte, die Mönchsprofeß (feierliche und definitive Aufnahme in eine Ordensgemeinschaft am Ende des Noviziats) komme einer zweiten Taufe gleich.[90] Zwar wurde diese Zeremonie am Hochaltar der Konventkirche und nicht im Brunnenhaus vollzogen, doch böte die periodische Erneuerung der Tonsur – die Kopfrasur der Mönche bis auf einen kreisförmigen(!) Haarkranz als äußeres Zeichen der Ordenszugehörigkeit, durchgeführt in der Nähe des Kreuzgangbrunnens – eine sinnfällige Bezugsmöglichkeit.[91] Schon die einfache Körperreinigung der Konventualen im Brunnenhaus wie der Kirchenbesucher am Atriumbrunnen verstand sich ja als Anspielung auf den Taufvorgang.

Zweitens sehen wir hier einen Grund für die besondere Affinität von Lavatoriumbauten zu Altären und Sakralräumen, was namentlich in mitteleuropäischen Klausuranlagen des öfteren zu doppelgeschossiger Bauweise führte. Anderwärts nur vereinzelt (z. B. in *St. Martin* zu LAON), dagegen hier in auffälliger Dichte haben sich Brunnenstuben mit darüber befindlichem Aufbau erhalten, der zumeist als Kapelle diente und in der Regel vom Oberstock des rückwärtigen Klausurtraktes her zugänglich war. In einigen Fällen gibt es (im Prämonstratenserstift SAYN; *Abb. 25*) oder gab es (im abgebrochenen Brunnenpavillon der Zisterzienserabtei EBERBACH, wo eine vermauerte Tür und ein Viertelkreisfundament davon künden; *Abb. 28*) zusätzlich noch eine direkte Treppenverbindung. Handelt es sich bei solchen Obergeschoßkapellen um das Privatoratorium des Konventvorstehers in Anschluß an dessen Wohnräume, ist eine Einflußnahme auf die Lage des überbauten Lavatoriums wahrscheinlich. So nämlich dürfte es zu erklären sein, daß außer in Sayn auch im gleichfalls prämonstratensischen STEINGADEN[92] und im Benediktinerkloster *St. Peter* zu SALZBURG[93] die kapellenüberhöhten Brunnenstuben vom Refektorium fort und an den westlichen Klausurtrakt gerückt worden sind, wo man (an der Grenzlinie zur Außenwelt) gerne die Abtwohnung unterbrachte. Umgekehrt hat die Abtkapelle über den wie vielfach üblich am Refektoriumtrakt gelegenen Brunnenstuben von *St. Matthias* zu TRIER[94] und *St. Emmeram* in REGENSBURG[95] (beide nicht erhalten) ausnahmsweise eine Verpflanzung der zugehörigen Wohnräume auf die der Kirche gegenüberliegende Seite des Klausurquadrums, in das Obergeschoß des Speisesaales, veranlaßt. Als aus lokalen Bedingtheiten erwachsenen Sonderfall, zugleich aber frühen Prototyp der beschriebenen Vertikalbezüge von besonders eindringlicher, evidenter Symbolwirkung hat man die um 1100 errichteten Konventgebäude der Benediktinerabtei GROSSKOMBURG zu werten. Sie bilden einen axial westlich der doppelchörigen Klosterkirche angeordneten Binnenhof, in den ein Westchorturm

Abb. 19 Magdeburg, *Prämonstratenserstift Liebfrauen. Blick nach Osten in den Kreuzganghof und auf das Brunnenhaus („Tonsur") am östlichen Klausurtrakt*

Abb. 20 Magdeburg, *Prämonstratenserstift Liebfrauen. Erdgeschoßgrundriß des Klausurgevierts*
a) *Kirche*
b) *Brunnenhaus („Tonsur")*
c) *Refektorium, darunter Cellarium*
(nach K. Weidel/H. Kunze 1925)

vortritt. Sein Sockelgeschoß, unterhalb des Sanctuariums mit dem Hochaltar, war vom Kreuzgang aus zugänglich und als Lavatorium mit Laufbrunnen eingerichtet (siehe Beitrag Kosch im Bildanhang).

Zwei turmartig wirkende, doppelgeschossige Brunnenhäuser, beide hofseitig einem Klausur-Osttrakt vorgebaut, seien gesondert vorgestellt; sie waren somit weder Speisesaal noch Abtwohnung benachbart, sondern dem Kapitelsaal und dem darüber befindlichem Dormitorium (Schlafsaal). Die bereits erwähnte „Tonsur" des MAGDEBURGER Prämonstratenserstifts *Unser Lieben Frauen*[96] ist ein besonderer Blickpunkt des noch vor Mitte des 12. Jahrhunderts angelegten Klausurgevierts auf der Nordseite der Stiftskirche *(Abb. 19).* Guter Erhaltungszustand und frühe Datierung machen den Zentralbau auf kreisrundem Grundriß zu einem herausragenden Monument dieses Typus von europäischem Rang. Im längsrechteckigen Kreuzganghof von 9 x 7 Jochen *(Abb. 20)* öffnet sich am Ostflügel das 5. Bogenfeld von Süden in sein kuppelgewölbtes Erdgeschoß (Innendurchmesser 4,58 m), dessen drei mit Säulchen auf niedriger Brüstung vergitterten Drillingsarkaden von mächtigen Strebepfeilern getrennt werden. Ein im Zentrum ehemals aufgestellter Brunnen ist leider nicht erhalten. Das Obergeschoß, ebenfalls gewölbt und von einem schweren steinernen Kegelhelm gedeckt, hat nur schmale Fensterschlitze und war allein vom rückwärtigen Dormitorium aus erreichbar *(Abb. 21).* Alle Eigenschaften deuten auf seine Zweckbestimmung als feuer- und diebstahlsichere Tresor-

kige Brunnenhaus *(Abb. 22)* am östlichen Kreuzgangflügel der Benediktinerabtei *St. Bavo* in GENT.[97] Auch hier ist unter dem kuppeligen Rippengewölbe des Erdgeschosses, das zum Klausurhof große ungeteilte Rundbogenöffnungen aufweist, ein Brunnenbecken nicht mehr vorhanden, doch wurde unter dem Fußboden der ringförmige Kanal zur Ableitung des Überlaufwassers gefunden (vergl. den Sockel des ARNSBURGER Laufbrunnens; siehe Abschnitt 4.2). In geringer Entfernung außerhalb des Lavatoriums ist ein runder, mit Großquaderwerk ausgekleideter Brunnenschacht offenbar für die Aufrechterhaltung der Wasserversorgung auch bei zeitweiliger Unterbrechung der Druckleitung be-

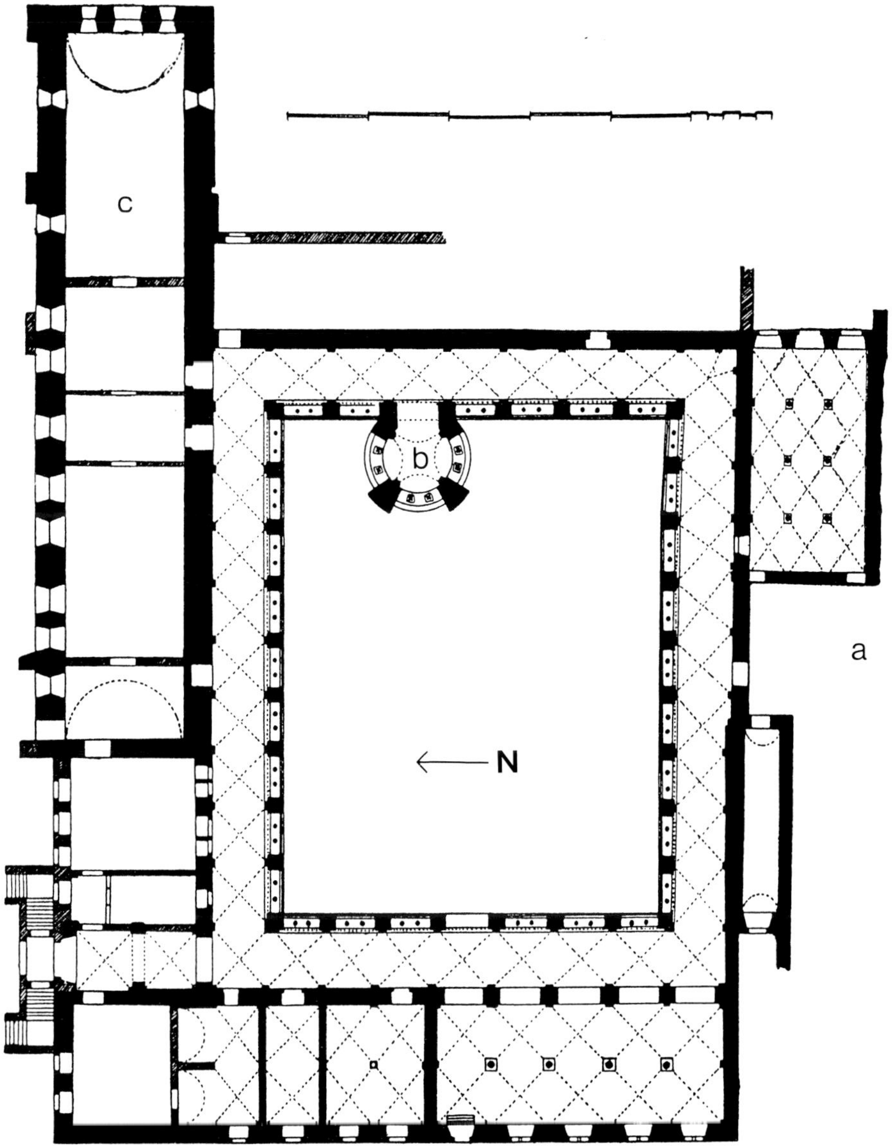

Abb. 21 Magdeburg. Prämonstratenserstift Liebfrauen. Schnitt durch Brunnenhaus u. östl. Kreuzgangflügel *(Blick nach Norden)* (nach J. Kothe 1985)

kammer zur Aufbewahrung des Reliquienschatzes und der Archivbestände des Konvents hin, überwacht von einem seiner Dignitäre, dessen Bett oder im Schlafsaal abgeteilte Zelle sich gewiß direkt neben der Tür in die Schatzkammer befand. Von erstaunlicher Ähnlichkeit hinsichtlich seines Standortes und (fast) aller baulichen Details ist das achtek-

stimmt gewesen, wie dies u. a. auch in WALKENRIED und *St. Emmeram* zu REGENSBURG der Fall war (s.o.). Dem Magdeburger Vorbild entsprechend, ist das Obergeschoß des Brunnenpavillons von St. Bavo ebenso nur mit dem Dormitorium verbunden gewesen, hier durch einen über die Wölbung des eingeschossigen Kreuzgangs hinweggeführ-

Abb. 22 Gent, Benediktinerabtei St. Bavo. Blick nach Osten in den Kreuzganghof u. auf das Brunnenhaus am Klausur-Osttrakt. Davor Einfassung eines Schöpfbrunnens

ten Stichgang. Von den Fenstern des Lavatorium-Aufbaues sind vier rundbogig, das fünfte durch einen Kleeblattbogen ausgezeichnet; darunter dürfte ein Altar gestanden haben, von dessen Weihe im Jahre 1179 berichtet wird. Das hochgelegene Oratorium hatte zugleich die Funktion einer Schatzkammer: Ein Inventar von 1482 verzeichnet 165 Einzelnummern (Reliquienschreine, Altargerät, Meßgewänder etc.). Vom beinahe identischen Brunnenhaus der irischen Zisterzienserabtei MELLIFONT,[98] das allerdings am Refektoriumtrakt lag, stehen nur noch Teile der Außenmauern aufrecht.

Ob Brunnenstuben von Kapellen oder Schatzkammern überbaut waren, die gleichermaßen Sakralraum-Charakter (und daher gelegentlich auch einen Altar) hatten, blieb sich letztlich also gleich: In jedem Falle gingen von dort verwahrten Reliquienschreinen und sonstigem liturgischen Gerät in der Vorstellung des Mittelalters ebenso wie vom Altarsepulcrum eines Oratoriums Heilswirkungen aus, die auf den darunter befindlichen Kreuzgangbrunnen ausstrahlten und das dort geschöpfte bzw. in andere Klausurräume weitergeleitete Fließwasser gewissermaßen heiligten. Diese geistige Dimension dürfte auch dem „Lavatory Tower" auf dem Wasserleitungsplan von CANTERBURY zukommen und seine technische Funktion als eine Art Wasserturm ergänzen.[99] Dagegen war die Doppelgeschossigkeit des aus ergrabenen Fundamenten und Maueranschlüssen rekonstruierbaren Brunnenhauses (erbaut mit dem Klausurquadrum bereits um 1050) im St. Simeonstift zu TRIER[100] rein praktischer Natur: Weil die in der Porta Nigra eingebaute romanische Konventkirche zwei Ebenen im oberen Teil des spätantiken Stadttores einnahm, mußte auch ihre gesamte Klausuranlage mitsamt dem Lavatorium durch Substruktionen auf ein Obergeschoßniveau angehoben werden. Deshalb stand auch im dortigen zweistöckigen Lavatorium der Brunnen auf der oberen Etage, in gleicher Höhe mit dem gegenüberliegenden Refektorium.

Neben der Tauf-, Paradies- und Jerusalem-Symbolik, ausgedrückt durch Architekturformen (Turm- und Zentralbautendenz), kamen im Bereich der Brunnenhäuser weitere Themen und Bildmotive zur Anwendung. Wir erfahren davon nur zufällig, wenn zuweilen Reste der Bauplastik oder einer dekorativen Ausmalung erhalten blieben. Durch den Verlust vergleichbarer Denkmäler steht etwa das kurz vor 1200 entstandene Tympanon aus der Benediktinerabtei St. Ulrich und Afra in AUGSBURG,[101] im 19. Jahrhundert aus dem abgebrochenen Kreuzgang als Spolie in museale Aufstellung überführt, heute ganz vereinzelt da. Das skulptierte Bogenfeld zeigt die bekannte, der Schilderung des Letzten Abendmahls im Johannes-Evangelium (Joh. XIII,9) entnommene Szene, in der Christus dem Apostel Petrus die Füße wäscht, und wird daher dem Portal des klösterlichen Brunnenhauses zugewiesen. Zwar gibt es dafür französische Analogien in MOISSAC und St. Trophime zu ARLES,[102] doch ist damit eine Lokalisierung innerhalb des Klausurgeviertes nicht zweifelsfrei gesichert. Das in der Nachfolge Christi zur monastischen Tradition gewordene „mandatum" (Fußwaschung) wurde nämlich mehrfach, zu verschiedenen Zeiten und an jeweils anderen Orten vollzogen:

während der Karwoche im kirchseitigen Kreuzgangflügel vom Abt oder Stiftspropst an seinen Konventualen, welche so die Rolle der Apostel übernahmen; aber auch das ganze Jahr über vom Klosterpförtner in der Almosenzelle bzw. Klausurpforte an Gästen und Armen – eine aus der Antike tradierte Begrüßungs- und Demutsgeste. Deren ständiger Wasserbedarf kann vielleicht ebenfalls zu den möglichen Gründen einer Verlegung (auch von nicht durch Kapellen überbauten) Brunnenhäusern an den pfortennahen Klausur-Westtrakt gezählt werden.

Aus spätmittelalterlicher Zeit haben wir schließlich Kenntnis von damals in Kreuzgängen vermehrt aufkommenden Fensterverglasungen. Manchmal lassen sich ihre nach Aufhebung der Klöster meist zugrundegegangenen oder als Einzelscheiben in alle Winde zerstreuten Bildzyklen noch in ihrer Thematik erschließen. So sind aus den Lavabo-Bauten von HIRSAU (15. Jahrhundert) und STEINFELD[103] (16. Jahrhundert) Glasmalereien mit einer Reihe von alt- und neutestamentlichen Darstellungen bezeugt, die Bezüge zum Wasser aufweisen: u. a. die Begegnung Christi mit der Samariterin am Jakobsbrunnen (Joh. IV,6), das Quellwunder Moses' und die Trinkprobe des Feldherrn Gideon im Kampf Israels gegen die Midianiter (Richter VII,4). Im hochgotischen Brunnenhaus der Zisterzienserabtei HEILIGENKREUZ[104] (s. o.) ist ausnahmsweise die Originalverglasung der acht spitzbogigen Maßwerkfenster intakt und in situ verblieben. Den darauf abgebildeten fürstlichen Stifterpersönlichkeiten der Babenberger und Habsburger Dynastie sollten die Fürbitten der Mönche gelten, die sich zur täglichen Körper- (und symbolisch damit auch Seelen-) Reinigung im neuneckigen Lavatorium mit seinen deutlichen architektonischen Anklängen an die Himmelsstadt Jerusalem einfanden – gewissermaßen Wohltäter des Konvents und dessen Angehörige vereint im zentralbauförmigen Brunnengehäuse, einer Präfiguration des beiden Personengruppen verheißenen Paradieses.

4.2 Brunnen, Zisternen, Wasserbecken

Unter den mit Leitungswasser gespeisten klösterlichen Fließbrunnen des Hochmittelalters nimmt der freistehende, aus einer oder mehreren Schalen mit zentralem Stock zusammengesetzte Typus den qualitativ höchsten Rang ein.[105] Mit Vertretern dieser Kategorie kann man in romanischen und gotischen Brunnenhäusern rechnen, doch lassen sich im ursprünglichen (oder diesem wenigstens nahekommenden) Zustand verbliebene Denkmäler heute kaum noch auffinden. Bei genauerer Überprüfung der Bausubstanz stellt sich nämlich rasch heraus, daß selbst so bekannte Exemplare wie der oft abgebildete, geradezu als Musterbeispiel einer Kreuzgangfontäne geltende Dreischalenbrunnen der Zisterzienserabtei MAULBRONN[106] lediglich willkürliche Kompositionen des vorigen Jahrhunderts unter Verwendung heterogener, nicht füreinander geschaffener Teile sind – in diesem konkreten Fall eines wohl noch dem 13. Jahrhundert angehörenden Sandsteinbeckens, darüber einer Schale von 1878 (dem Jahr der Neumontierung) und eines spätgotischen Bronzeaufsatzes anderer Provenienz. Ähnliche Erfahrungen macht man auch anderwärts, und die Gründe dafür liegen auf der Hand: In nachmittelalterlicher Zeit unter veränderten Lebensgewohnheiten der zahlenmäßig meist geschrumpften Konvente nicht mehr regelmäßig in Benutzung, daher häufig funktionsuntüchtig wegen schadhaft gewordener Zuleitungen, wurden die Kreuzgangbrunnen nicht selten abgebaut und ihre Einzelteile zweckentfremdet, die Schalen z. B. als Viehtränke, Blumenkübel oder Wasserbassin eines barocken Parks. Erst als im Zeitalter der Romantik das Interesse an plätschernden Laufbrunnen durch literarische Stimmungsbilder wiederbelebt wurde, hat man des öfteren alte, womöglich in die Umgebung abgewanderte Stücke wieder zusammengebracht und – nicht immer in korrekter Form – ein möglichst authentisch wirkendes Ensemble rekonstruiert. Fast ausnahmslos mußte dabei Fehlendes ergänzt und die Steigrohrleitung ganz erneuert werden, wenn nicht überhaupt auf eine Wiederinbetriebnahme verzichtet wurde. Dem heutigen Betrachter stehen also regelmäßig Produkte früher Denkmalpflege-Bestrebungen vor Augen, die er kritisch auf den verbliebenen Anteil originaler Substanz und auf sachgerechte Montage zu überprüfen hat. Trotz dieser ungünstigen Ausgangssituation lassen sich aber, zumal durch Vergleiche mit historischen Ansichten, einige gesicherte Erkenntnisse über Typendifferenzierung, Funktionsweisen und Dekor gewinnen.

Mit ununterbrochen fließendem Wasser wurde ein klösterlicher Laufbrunnen in der Regel durch eine unter Fußboden verlegte Druckleitung versorgt, die bis zu seiner Fundamentplatte führte und dort nach oben umknickend in das senkrechte Steigrohr des Brunnenstocks überging. An dessen oberem Ende erfolgte der Wasseraustritt – entweder nach Art einer Quelle durch eine einfache Öffnung im Schalenboden, durch einen oder mehrere Wasserspeier an oft künstlerisch gestalteten Aufbauten (Pinienzapfen, Brunnenfigur) oder auch als kleine, frei in einem offenen Gefäß aufsteigende Fontäne. Das überlaufende Wasser konnte auf einer oder mehreren Ebenen in flachen Schalen, aber auch tieferen, zum Schöpfen geeigneten Becken aufgefangen werden. Mehr oder weniger zahlreiche Ausflußöffnungen am Schalenrand oder -boden teilten den Überlauf in einzelne Rinnsale auf, so daß sich mehrere Personen gleichzeitig waschen oder ein Gefäß füllen konnten. Auf einem unteren Niveau (Eintiefung im Fußboden oder niedrig angeordnetem Becken) wurde das dann bereits nicht mehr reine Überlaufwasser wieder gesammelt, eventuell als Brauchwasser einer Zisterne zugeführt oder auch gleich dem Abwässerkanal eingeleitet. Es muß jedoch auch Vorrichtungen gegeben haben, um noch unverschmutztes Wasser über Zweigleitungen vom Brunnenhaus zu Zapfstellen in anderen Klausurräumen (z. B. Küche oder Refektorium) fließen zu lassen. Dies erreichte man zweckmäßigerweise durch Installierung eines Fallrohres im zentralen Brunnenstock, angebracht direkt neben dem und parallel zum Steigrohr. So war es möglich, einen Teil der im obersten Auffangbecken austretenden Wassermenge gleich zurück in den Sockelbereich zu leiten und einem dort horizontal weiterführenden Leitungsstrang einzuspeisen, der dann auch wieder unter Druck stand. Lediglich der am Endpunkt einer Zuleitung stehende Fließbrunnen konnte sich mit Überlauf und Brauchwasser-Evakuierung begnügen. Beide Varianten dieses zunächst theoretisch entwickelten Funktionsprinzips[107] lassen sich z. B. auf dem Plan von CANTERBURY verifizieren, doch ist eine Bestätigung anhand erhaltener, im Laufe der Jahrhunderte aber nicht in situ verbliebener Denkmäler problematisch, wenn betriebswichtige Einzelteile heute entweder fehlen oder (nach einer Wiederherstellung) unzugänglich sind. Auch weisen die in Mitteleuropa bekanntgewordenen Schalen und ihre nur noch selten originalen Schäfte meist größere Aussparungen bzw. Hohlräume zur Aufnahme der Leitungsrohre auf. Dagegen besitzen etwa die beiden Brunnenbecken in PONTIGNY,[108] einem der burgundischen Mutterklöster des Zisterzienserordens, mittig jeweils zwei exakt in Rohrstärke gebohrte Löcher direkt nebeneinander, wodurch die Existenz von Steig- und Fallrohr in einem Stock ungeachtet der geraubten Metallteile beweisbar ist.

Laufbrunnen von den geradezu enormen Abmessungen, wie sie die gleichwohl monolithen Steinschalen der französischen Abtei aufweisen (Außendurchmesser 4,26 m bzw. 3,34 m; 40 bzw. 31 Ausflußlöcher im Beckenrand), sucht man in Deutschland vergeblich. Unter den hier durchweg bescheideneren Beispielen aus hochmittelalterlicher Zeit lassen sich weitere typologische Unterschiede ausmachen. Gut miteinander zu vergleichen, vielleicht als Angehörige einer ehemals größeren Gruppe zu betrachten sind mehrere spätstaufische Kreuzgangbrunnen des Rheinlandes.

Aus der schon erwähnten Zisterzienserabtei HEISTERBACH[109] kennen wir durch 1832 von Sulpiz Boisserée veröffentlichte Stiche Aussehen und konstruktiven Aufbau eines Doppelschalenbrunnens *(Abb. 23)*, von dem allein die obere Hälfte und ein Teilstück des Mittelpfeilers erhalten blieben. Die zur Zeit auf dem ehemaligen Klosterareal unsachgemäß gelagerte obere Schale (Durchmesser 2,30 m) ist rund *(Abb. 24)* und an der bauchigen Unterseite gerippt. Das im Brunnenstock durch ein noch vorhandenes Steigrohr aus Blei hochgedrückte Wasser trat an ihrem Boden durch eine kegelförmige Erhöhung aus, lief über konzentrische Abtreppungen zum Beckenrand und rann dort durch sieben im Kreise verteilte Öffnungen (mit eingesetzten Bleiröhrchen) früher hinab in die nicht mehr vorhandene Unterschale. Darauf ausgerichtet, hatte diese Siebenpaßform und bot eine gleiche Zahl von Wasch- und Schöpfgelegenheiten etwa in halber Körperhöhe, was durch einen Rundsockel (den unteren Brunnenstock) mit attischer Basis erreicht wurde. In den Zwickeln der bauchig vortretenden Kreissegmente des Schalenrandes waren aus dem Stein sieben Blattstengel-Kapitelle für einen äußeren, aus Säulchen gebildeten Stützenkranz herausgearbeitet. Auch die auf einem kurzen Zwischen-Schaftstück sitzende Oberschale hatte (allerdings schmucklose) zusätzliche Stützen an ihrer Unterseite. Die Ableitung des Wassers zurück in das Fallrohr des Brunnenstocks erfolgte durch eine Bodenöffnung

Abb. 23 Zisterzienserabtei Heisterbach. *Kreuzgangbrunnen: Ansicht; Horizontalschnitt in Höhe des Stützenkranzes; Vertikalschnitt; Plan der oberen u. unteren Schale (Lithographie aus S. Boisserée 1832) (Foto nach dem Exemplar der Bonner Universitätsbibliothek)*

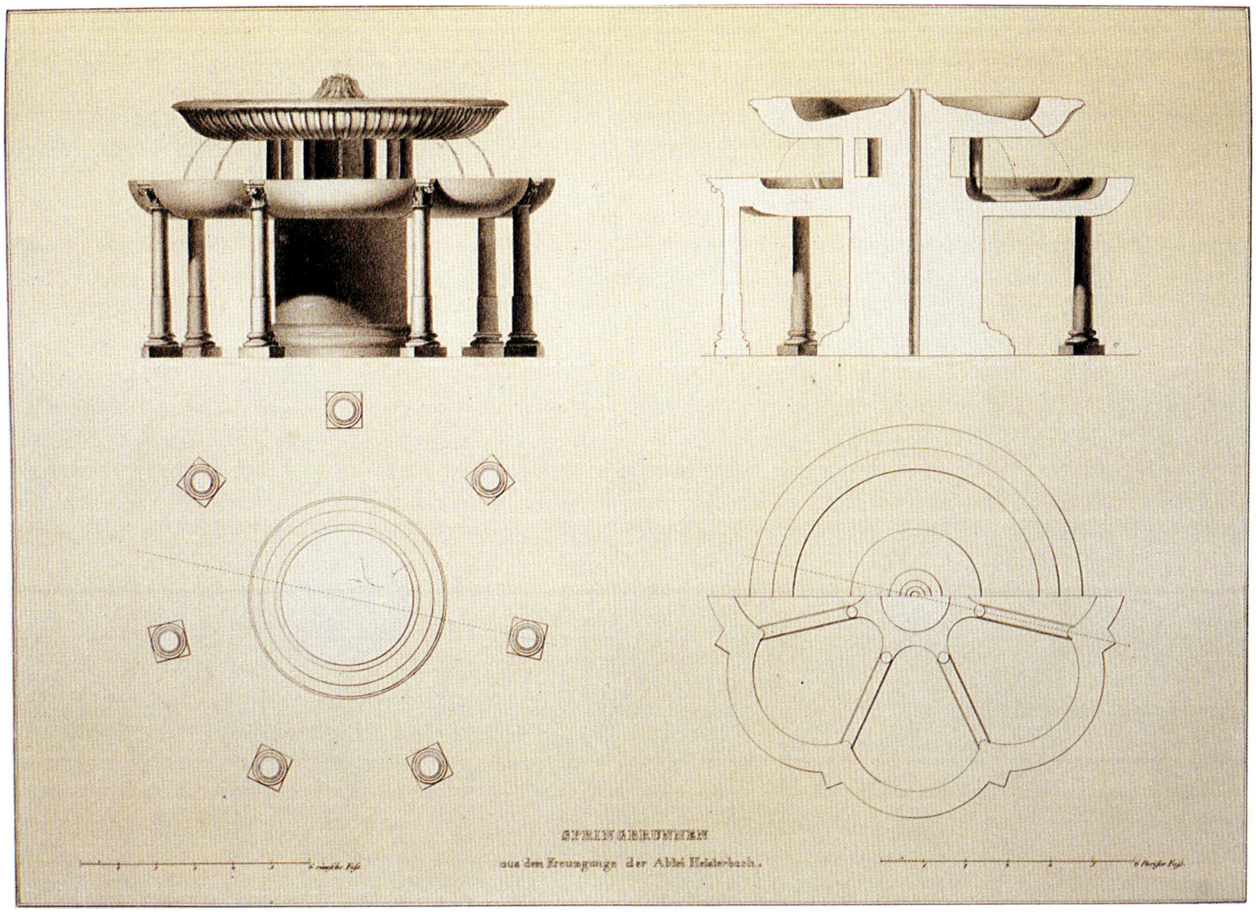

Abb. 24 Zisterzienserabtei Heisterbach. *Obere Schale des Kreuzgangbrunnens (Ausschnitt)*

der unteren Schale. Nach den Stilformen der Kapitelle und Basen zu urteilen, war der Brunnen zum Zeitpunkt der Kirchweihe 1237 vollendet.

Vom gleichen Typus ist der vielleicht etwas ältere, seit 1859 wieder im Lavatorium *(Abb. 25)* des spätromanischen SAYNER[110] Kreuzgangs (s.o.) aufgestellte Brunnen *(Abb. 26)*. Damals wurden fehlende Teile (Mittelpfeiler mit Basis, Ecksäulchen und vermutlich auch der den Stock bekrönende steinerne Pinienzapfen) in Basaltlava ergänzt; die beiden originalen Becken bestehen aus Granit. Das untere hat die Gestalt eines Sechspasses (Durchmesser 1,90 m), wobei die Zwickel hier nicht mit Kapitellen, sondern mit Masken besetzt sind, die gleichwohl als Säulenköpfe der äußeren (ansonsten erneuerten) Stützen dienen. Nur 80 cm Durchmesser hat das kleine obere Becken, in dessen gerader, an der Unterkante außen abgeschrägten Wandung einbezogen in Palmettendekor sechs originale Bodenöffnungen angebracht sind. Sie liegen heute genau über den Graten, welche die flachen Kreissegment-Mulden im Inneren der unteren Schale voneinander trennen – ein offensichtlicher Irrtum beim erneuten Zusammensetzen im 19. Jahrhundert. Weitere, jedoch sekundär angebrachte (d.h. nicht mittelalterliche) Ausflußöffnungen finden sich sowohl an der oberen wie der unteren Brunnenschale; bei letzterer als nachträgliche Durchbohrung in den Mündern der Kopfmasken. Wenn dort wirklich auf einer zweiten, unteren Ebene gleichfalls Wasserstrahlen ausgetreten wären, hätte dies ein Bodenbecken mit Abfluß (anstelle der heutigen, modernen Sockelplatte) erforderlich gemacht, wofür in der engen Sayner Brunnenstube aber der Platz nicht ausreichte.

Man hat zu Recht darauf hingewiesen, daß der in Heisterbach und Sayn vertretene Brunnentypus mit freistehendem äußeren Stützenkranz seine auffällige Entsprechung in etwa zeitgleichen Taufbecken [111] findet (z.B. in ANDERNACH, SIEGLAR, LEUSCHEID), was selbst Werkstatt-Zusammenhänge nicht ausschließt. Diese formale Verwandtschaft bestätigt symbolische Bezüge, die wir bereits beim Vergleich zentralbauförmiger Brunnenstuben und Baptisterien festgestellt hatten. Die weitere Entwicklung beider Gattungen (Taufbecken und Kreuzgangbrunnen) führte jedoch bald zum Verzicht auf diese Säulchen, wie eine Betrachtung des einschaligen Brunnens *(Abb. 27)* der Prämonstratenserabtei STEINFELD[112] in der Eifel deutlich macht. Dort ruht eine gleichfalls ins frühe 13. Jahrhundert zu datierende Zehnpaß-Schale (Durchmesser 1,80 m) heute auf einem jüngeren achteckigen Mittelschaft. Zwischen den Ausbuchtungen der Schale sitzen außen am Beckenrand keine Kapitelle mehr, sondern Blattknäufe und Tiermasken ohne Lochbohrungen als funktionslose Schmuckformen: eine Abwandlung und Reduktion des Sayner Vorbilds in rein dekorativer Manier. Ursprünglich stand mitten in der Schale, verankert in einem kreisförmigen Wulst, ein oben offener Metallkessel, aus dessen Wandung vier Wasserstrahlen herabbrannten. Der Abfluß erfolgte durch einen mit fünf Lochbohrungen versehenen Steinzylinder im Beckenboden. Gleiche Kriterien (Hauptschale in Hüfthöhe, ohne Ausflußöffnungen; Wasserableitung über mittleren Sockel) erfüllten noch weitere spätromanische Beispiele; das schon genannte Unterbecken in MAULBRONN sowie der im 19. Jahrhundert bei Verwendung einer alten Schale phantasievoll dreigeschossig neugestaltete, aber nicht am richtigen Ort im Kreuzgang wiedererrichtete HIRSAUER[113] Laufbrunnen. Auch der WALKENRIEDER[114] Klausurbrunnen in Form eines überdimensionalen Kelches wäre zu nennen, dessen oberer Aufsatz mit zwölf Ausgußöffnungen aus Kupfer bestand, während die kreisrunde untere Schale von ca. 2 m Durchmesser mit ausschwingendem Fuß in Bronze gegossen war (1813 eingeschmolzen). Das 1218 von einem Konversen der Abtei, Hüttenmeister in den metallverarbeitenden Produktionsstätten des Harzklosters, geschaffene Meisterwerk ist nur durch Beschreibungen und einen Kupferstich des 18. Jahrhunderts bekannt; die Beziehungen zum zweischaligen Bronzebrunnen auf dem GOSLARER Marktplatz (wohl ursprünglich in der dortigen Kaiserpfalz aufgestellt) sind so evident, daß man ihm dieselbe Herkunft unterstellen darf. Steinerne Schalen des 12. und 13. Jahrhunderts ohne Ausflußöffnungen, sämtlich nur als Spolie bewahrt geblieben, sind u.a. noch bekannt aus der thüringischen Zisterzienserabtei GEORGENTHAL (zwölfpassig, mit Abdruck der oberen Hälfte des Brunnenstocks), dem benachbarten Prämonstratenserstift VESSRA (rund, Durchmesser 2,20 m; eine Überlaufrinne in den Rand der seitlichen Wandung eingeschnitten) und der badischen Benediktinerabtei SCHWARZACH, heute im Landesmuseum Karlsruhe (rund, Durchmesser 2,09 m; mittige Verankerung des oberen Brunnenstocks und seitlich davon Abfluß).[115]

Einer abgewandelten Konzeption folgen ein- oder mehrschalige Klosterbrunnen, deren Hauptbecken selbst mit einer Reihe von Ausflußöffnungen versehen war. In diesen Fällen befinden sich die ausrinnenden Wasserstrahlen im Verhältnis zur Körpergröße des Benutzers auf niedrigem Niveau und müssen am Boden aufgefangen werden – scherzhaft ließe sich sagen, daß dieser Bautyp die Fußreinigung erleichterte. Als flache Eintiefung im Fußboden des (abgegangenen) Brunnenhauses wohl korrekt rekonstruiert, ist ein derartiges Abflußbecken im Zisterzienserkloster EBERBACH[116] zu besichtigen, dessen Wasserleitung 1174 urkundlich bezeugt wird. In seiner Mitte steht der zentrale Sockel,

Abb. 25 Prämonstratenserstift Sayn. Blick nach Westen in den Kreuzganghof und auf das Brunnenhaus am Klausur-Westtrakt

auf dem die sechzehneckige Hauptschale des wahrscheinlich etwas jüngeren Brunnens *(Abb. 28)* ruht; in ihrem Boden ebensoviele kleine Öffnungen für ausrinnende Strahlen. Eine achteckige ornamentierte Mittelstütze trägt das kleine obere Achteckbecken, dem seltsamerweise die entsprechenden Bodenlöcher fehlen: das Wasser muß in breitem Schwall über seinen Rand getreten und in die untere Schale gefallen sein. Stärker westeuropäischen Vorbildern oder Parallelen wie z.B. den bekannten Brunnenanlagen der Zisterzienserabteien von LE THORONET (Provence), POBLET und S. CREUS (Katalonien)[117] verpflichtet war der früher im Benediktinerkloster SCHÖNAU[118] bei Kaub befindliche Laufbrunnen, dessen Gestalt sich anhand von 1918 gefundenen Fragmenten erschließen läßt. Auf einem Stufenpodest erhob sich ein außen zwölfeckiges, innen rundes Bodenbecken (Durchmesser 2,80 m) mit gerader Wandung von 1,26 m Höhe, verkleidet mit Trachytplatten und an den Ecken mit vorgeblendeten Halbsäulchen besetzt (eine Erinnerung an die Freisäulen des Typus Heisterbach/Sayn ? s. o.). Darin stand mittig der zentrale Brunnenstock, dessen Fuß demnach ständig von Wasser bedeckt war. Er trug als oberes Becken eine halbkugelige Steinschale von 1,60 m Durchmesser mit vier als Tiermasken ausgebildeten Wasserspeiern. Die Zierformen der erhaltenen Teile legen eine Entstehung um 1230 nahe.

Ein größeres Wasserreservoir, aus dem mit Gefäßen direkt wie aus einer Zisterne geschöpft werden konnte, erhielt

Abb. 26 a/b Prämonstratenserstift Sayn. *Kreuzgangbrunnen*

man auch dann, wenn anstelle eines gemauerten Bodenbeckens die übliche monolithe (dann möglichst hochwandige) Schale ohne Sockel unmittelbar dem Fundament des Brunnens aufliegt. 1958 im Zisterzienserkloster ARNSBURG[119] durchgeführte Ausgrabungen haben im dortigen Brunnenhaus eine derartige Disposition aufgedeckt. Ein gemauertes Bankett enthielt einen ringförmigen Abflußkanal, korrespondierend mit vier in der darübergelegten Deckplatte von 85 cm Durchmesser ausgesparten Trichteröffnungen. In die Platte eingetieft war ferner eine Rinne zur Aufnahme der Bleirohrleitung, die in das nach oben abknickende Steigrohr des Brunnenstockes mündete. Von drei nach Aufhebung der Abtei 1803 in die benachbarte Ortschaft Lich verschleppten Steinbecken würde das größte mit einem Durchmesser von 1,50 m, glatter Unterseite und gerader, 46 cm

Abb. 28 Zisterzienserabtei Eberbach.
a) *Kreuzgangbrunnen*
b) *Blick nach Westen in den Kreuzganghof und auf die Fundamente des Brunnenhauses am Klausur-Nordtrakt*

◁ *Abb. 27 Prämonstratenserstift Steinfeld. Kreuzgangbrunnen*

Abb. 29 a/b Trier, *Benediktinerabtei* St. Maximin. *Grundrißplan des von einem kreisförmigen Wassergraben umgebenen Klosterareals („Maximiner Acht"). Der Folcardus-Brunnen (s. Abb. 30) stand im polygonalen Lavatorium am nördlichen Kreuzgangflügel* (Stich von C. Antony aus der 2. Hälfte des 17. Jh.) (Foto nach dem Exemplar im Stadtarchiv Trier)

hoher Wandung genau auf die Fundamentplatte passen, wie ihre Abmessungen und die exakt auf die Trichter bezogene Verteilung von Abflußlöchern im Beckenboden zeigen. Der heutige Arnsburger Kreuzgangbrunnen ist eine freie, ahistorische Konstruktion unter Verwendung einer anderen, achteckigen Schale aus Lich, die ursprünglich keine Ausflußöffnungen hatte.

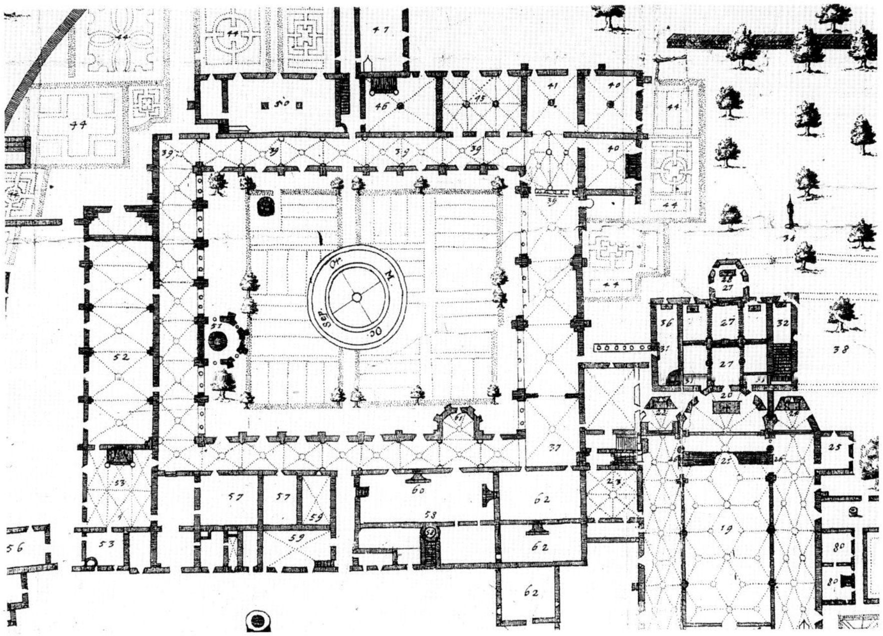

Bauplastischer Dekor klösterlicher Brunnen wurde bereits flüchtig erwähnt. Auf Schalen und an Sockeln angebrachter vegetabilischer Zierrat entspricht in der Regel dem Zeit- und Regionalstil. Charakteristisch ist eine Ausgestaltung von Wasserspeiern in Maskenform, die gelegentlich höheren Qualitätsnormen gerecht wird wie in der Benediktinerabtei THOLEY,[120] wo als Spolien eines Laufbrunnens vier spätromanische Dämonenmasken bewahrt blieben. Brunnenstock-Bekrönungen in Form eines Pinienzapfens sind als Sinnbild für Fruchtbarkeit seit der Antike geläufig. Während Zisterzienserabteien, dem generellen Bilderverbot dieses Ordens entsprechend, auch an ihren Kreuzgangfontänen auf figürliche Szenen verzichteten, trifft man in Benediktinerklöstern und Stiften noch auf vereinzelte Zeugen früher offenbar weitverbreiteter Dekorationsprogramme. Eher unvermutet zu nennen ist der Beweis klassischer Bildung, den die Mönche der französischen Königsabtei SAINT-DENIS[121] auf der runden Brunnenschale (Durchmesser 3,80 m) ihres Klosters hinterlassen haben: Durch Beischriften kenntlich gemacht, finden sich dort unter anderem Medaillons mit den Köpfen antiker Götter und Heroen. Gleichfalls um 1200 oder wenig früher datiert man den kreisförmigen Lavabo-Sockel des englischen Cluniazenserpriorats MUCH WENLOCK,[122] von dessen äußerer Verkleidung ein Relief erhalten blieb, das wahrscheinlich Jesus bei der Berufung mehrerer auf dem See Genezareth fischender Jünger zeigt (Matth. IV, 18–22). In Deutschland wäre zum Vergleich heranzuziehen das lange nicht als Kreuzgangbrunnen erkannte Sandsteinbecken (Durchmesser 2,59 m) des von Cluny abhängigen Priorats ST. ULRICH[123] im Schwarzwald, auf dessen gerader, 73 cm hoher Wandung sich außen ein breites Reliefband herumzieht. Oben und unten, eingefaßt von Ranken, Fabelwesen und erklärenden Inschriften, sind unter Blendarkaden die zwölf Apostel und zwölf Propheten des Alten Testaments aneinandergereiht; dazwischen thronen Christus und Maria. Anscheinend unübertroffen in seiner reichhaltigen Ikono-

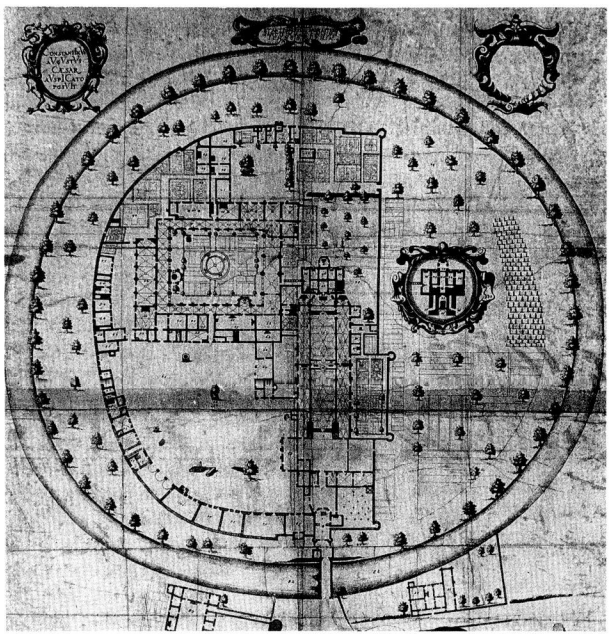

graphie, künstlerischen Gestaltung und Verwendung kostbaren Materials war der berühmte Folcardusbrunnen des Benediktiner-Reichsklosters *St. Maximin* bei TRIER,[124] benannt nach einem nicht eindeutig identifizierbaren Abt und zwischen 1100 und dem ausgehenden 12. Jahrhundert von einem „frater Gozbertus" gefertigt. Zuletzt in einem polygonalen Lavatorium am nördlichen Refektoriumtrakt der spätromanisch-frühgotischen Klausuranlage *(Abb. 29)* aufgestellt, ist er mit dieser bei der radikalen Zerstörung der Abtei 1674 zugrundegegangen. Sein Aussehen kennt man durch einen präzisen Kupferstich *(Abb. 30)* und historische Beschreibungen, die namentlich längere Inschriften und auch die Signatur des Künstlers überliefern, dem weitere bedeutende Metallbildwerke zu verdanken sind. Wie in Steinfeld (s. o.) erhob sich nämlich auch hier ein Bronzegefäß in der Mitte einer unteren, aus Marmor bestehenden Schale. Es hatte jedoch bedeutend größere Abmessungen, war wie ein Faß geformt und oben mit einem Deckel geschlossen; darauf eine Christusstatuette umgeben von den vier Evangelisten sowie Namensinschriften der vier Paradiesflüsse – diese symbolische Gleichsetzung wurde bereits erläutert. Der im steinernen Auffangbecken teilweise unter Wasser stehende Sockel war mit Seegetier und vier Rindern geschmückt: offenbar eine Anspielung auf das von Ochsen getragene, „Ehernes Meer" genannte Reinigungsbecken vor dem alttestamentlichen Tempel Salomons und darin mit der bekannten Bronzetaufe in *St. Bartholomäus* zu LÜTTICH vergleichbar.[125] In St. Maximin ergossen sich Rinnsale aus den geöffneten Mäulern von zwölf Löwenmasken am unteren Kesselrand. Darüber liefen zwei von einem Inschriftband geteilte Arkadenreihen um. In der unteren treten die zwölf Apostel (als Vorbilder und Stellvertreter des Mönchskonvents) zu Boden gestürzte Irrlehrer mit Füßen, in der oberen triumphieren Personifikationen der Tugenden über die der Laster. Brustbilder von Äbten und Mönchen füllen die Bogenzwickel aus, darunter wohl als Auftraggeber ein „Folcardus abbas" und mit Hammer und Zange gekennzeichnet der Künstler. Ein zweiter, im 17. Jahrhundert vor seiner Zerstörung näher beschriebener Laufbrunnen der Trierer Abtei hatte als Brunnenfigur eine Statue des Weltenherrschers Christus mit einem Weinstock, aus dem das Wasser durch vier Röhren zu den Standbildern der vier Evangelisten und weiter in ein unteres Becken floß, das im oben genannten Sinnzusammenhang den von der Göttlichen Heilsbotschaft befruchteten Erdkreis darstellte.

Von einem klösterlichen Brunnenhaus im Kreuzganghof ausgehende Zweigleitungen zu weiteren Laufbrunnen und Zapfstellen des Klausurbezirks sind offenbar keine Seltenheit gewesen, wie aus eingangs zitierten Schriftzeugnissen, archäologischen Spuren und historischen Bildquellen hervorgeht; mit besonderer Deutlichkeit etwa dem CANTERBURY-Plan. Daß dort neben dem Lavatorium des Hauptquadrums noch eine zweite Brunnenstube mit Fließbrunnen am Infirmarie-Kreuzgang existierte, hatte gewiß seine Entsprechung in bedeutenden Abteien namentlich des Zisterzienserordens, die ebenfalls zuweilen mehrere Klausur-

Abb. 30 Trier, *Benediktinerabtei* St. Maximin. *Folcardusbrunnen (Zeichnung des 17. Jh.)* (nach F.X. Kraus 1870)

Abb. 31 Benediktinerabtei Kastl *(Opf.) Spätgotischer Wandbrunnen im Refektorium*

höfe besaßen. Dafür fehlt jedoch in Mitteleuropa der architektonische oder durch Grabung gesicherte Nachweis. Des weiteren waren Fließwasserbecken im Inneren bestimmter Regularräume anzutreffen: vermutlich schmucklos zweckgebunden in der Küche (vergl. TOM RODEN, s. o. Abschnitt 3.2 mit *Abb. 4*), doch wohl auch künstlerisch gestaltet in einer Abtwohnung (z. B. in FULDA, s. Abschnitt 2) oder dem Refektorium wie etwa im Zisterzienserkloster ALTENBERG (nachträglich im 15. Jahrhundert eingebaut und nur literarisch überliefert).[126] Im Speisesaal der Stiftsdamen von GERRESHEIM[127] war uns ja bereits in vergleichbarer Anordnung ein Ziehbrunnen aufgefallen. Allgemein dürfte man in Innenräumen aber schon aus Platzgründen auf derartig freistehende Wasserspender verzichtet und weniger voluminöse Wandbrunnen bevorzugt haben. Eine als Spolie heute in Museumsbesitz gelangte spätromanische Samsonfigur aus *St. Emmeram* in REGENSBURG[128] wird, nach ihrer rückwärtigen Abbruchkante und der Höhlung eines Rohr-Mundstücks zu urteilen, Teil einer sonst nicht näher bekannten Wandfontäne in einem der Abteigebäude gewesen sein. Nur noch die aufwendige Rahmung eines Vertreters dieser Gattung hat das spätgotisch erneuerte Refektorium der Benediktinerabtei KASTL[129] (Opf.) innen neben dem Eingang bewahrt *(Abb. 31)*. Eine kielbogige Nische (Höhe 1,75 m, Breite 1,40 m) über einem hüfthoch in der Mauerstärke eingelassenem Steinbecken, in das die Zuleitung mündete, wird von Wimperg und Fialen bekrönt. Von deren reichem Blattschmuck heben sich die Halbfiguren zweier Mönche ab, die Wasserkrug und Handtuch bereithalten. Aus drei Löwenköpfen an der Vorderseite des Beckens rannen Wasserstrahlen in eine heute verschwundene Bodenschale mit Abfluß. Brunnendekorationen dieser Art, eher anekdotischen Charakters als der Darstellung heilsgeschichtlicher Symbolik verpflichtet, lassen sich gelegentlich feststellen. In der spanischen Zisterze S. CREUS[130] sind auf einem Kapitell des Lavatoriums zwei Wasserfäßchen abgebildet – offenbar eine Erinnerung an jene Zeiten, als noch kein Laufbrunnen zur Verfügung stand und Trinkwasser mühsam in diesen Behältnissen herangeschafft werden mußte. In der früheren Brunnenstube der Benediktinerabtei MARIA LAACH wird ein Zweischalenbrunnen mit zwölf Ausgußöffnungen geschildert, dessen oberer Aufsatz als Modell einer in störender Nähe gelegenen Burg des Klo-

sterstifters gestaltet war; deren Abbruch hatten die Mönche durchsetzen können und wurden so stets an die Bewahrung ihrer Unabhängigkeit erinnert.[131]

Ehemals freistehende polygonale bzw. kreisförmige Steinbecken, die weder Ausflußöffnungen am Rand noch zentrale Bohrungen für ein Steigrohr oder eine Wasserableitung aufweisen, sind in den Klöstern *St. Peter* zu ERFURT[132] und (angeblich) PAULINZELLA[133] vorhanden, doch nicht mehr in situ. Die Erfurter Schale hat Sechspaßform bei einem Durchmesser von 2,72 m und ist damit das größte bislang in Mitteleuropa bekanntgewordene Exemplar unter den erhaltenen Beispielen. Sollte man nur bei Bedarf aus einem benachbarten Ziehbrunnen, einer Zisterne o. ä. Wasser eingefüllt haben? Für St. Peter ist jedoch bereits im 12. Jahrhundert eine Bleirohr-Zuleitung bezeugt (s. o. Abschnitt 2).

Leichter zu erklären sind trichterförmige Ausgußbecken,

die sich in Wandnischen von Brunnenhäusern (z. B. in WALKENRIED),[134] aber auch an verschiedenen Stellen in der Arkadenbrüstung einer Kreuzgang-Galerie und schließlich – wie im zeitgenössischen Profanbau – im Inneren eines Konventgebäudes befinden können (z. B. im nördlichen Klausurtrakt der GROSSKOMBURG). Sie ermöglichen die Beseitigung von Schmutzwasser unmittelbar dort, wo es anfiel, entweder durch Einleitung in unterirdische Abwässerkanäle oder Sickergruben im Binnenhof. Derartige Ausgußsteine *(Abb. 32)* im kirchseitigen Kreuzgangflügel der belgischen Zisterzienserabtei ORVAL[135] werden mit der dort vollzogenen Fußwaschung („mandatum") des Konvents in Verbindung gebracht. Generell ist daran zu erinnern, daß in einem mittelalterlichen Klosterkomplex Wasser unabhängig von den Schöpfmöglichkeiten, die das Brunnenhaus oder andere Zapfstellen boten, aus vielerlei Anlässen in Kufen oder Schüsseln an verschiedenen Stellen der Konventanlage transportiert und dort nach Verwendung möglichst auch entsorgt wurde – etwa zur Kleider- und Gebäudereinigung, auf dem Küchenherd erhitzt für die Rasur etc. (s. o.). Im Gegensatz zu den besprochenen Laufbrunnen können die vielerorts zusätzlich im Kreuzganghof oder außerhalb davon im weiteren Umkreis des Klausurquadrums anzutreffenden Schöpf- und Windenbrunnen, sofern sie dem Hochmittelalter entstammen, unter architektonisch-künstlerischem Blickwinkel vernachlässigt werden. Erhaltene Originalaufbauten oberhalb des Erdbodens sind aus dieser Zeit nicht bekannt,[136] historische Ansichten zeigen keine bemerkenswerten, von profanen Beispielen abweichende Einzelheiten. Als unseres Wissens einzige mitteleuropäische Ausnahme ist ein kleines romanisches Baudenkmal der Benediktinerabtei PRÜFENING[137] bei Regensburg zu erwähnen, das infolge unkorrekter Lokalisierung innerhalb des Klosterareals zu Fehldeutungen Anlaß gegeben hat. Im ehemaligen klösterlichen Wirtschaftshof südwestlich der Kirche (also nicht mit dem quadratischen, heute verschwundenen Lavatorium im Kreuzganghof zu verwechseln) steht ein durch neuere Bodenanschüttungen halb verborgenes quadratisches Häuschen (Grundfläche ca. 3 x 3 m). Seine Nordwand ist mit Ecklisenen und Bogenfries als Schaufront gestaltet und weist ehemals zu ebener Erde eine verschließbare Rundbogentür auf, durch die Schöpfeimer herabgelassen werden konnten. Giebel und Satteldach sind modern, könnten aber dem ursprünglichen Zustand entsprechen. Innen reicht ein wie die Außenseiten mit sauber gearbeitetem Großquaderwerk verkleideter Schacht nur etwas über 2 m hinab bis zum Boden, wo in der Südwand ein gemauerter Kanaltunnel von geringer Höhe einmündet, dessen weiterer Verlauf und Ausgangspunkt unbekannt ist. Er hat womöglich Sickerwasser aus dem umgebenden Erdreich gesammelt – sonst wäre nach heutigem Erkenntnisstand von einer Quellfassung (?) oder einer Zisterne zu sprechen.

4.3 Latrinengebäude

Imposante Ruinen vielsitziger Latrinenbauten über einem Wasserlauf sind ein charakteristischer Bestandteil vor allem

Abb. 32 Zisterzienserabtei Orval *(Belgien). Ausgußbecken in der Brüstungsmauer des kirchseitigen Kreuzgangflügels. Im Hintergrund Reste des Brunnenhauses am Klausur-Südtrakt*

englischer Konventanlagen des Hochmittelalters. Als besonders eindrückliche und weitgehend unveränderte Beispiele können z. B. die „necessaria" (Aborte) der Zisterzienserabteien FOUNTAINS und KIRKSTALL sowie des Cluniazenserpriorates CASTLE ACRE[138] gelten. Auch in Frankreich finden sich in den Zisterzen ROYAUMONT und MAUBUISSON[139] guterhaltene Vertreter dieses Typus, die in der Regel am äußeren Ende des Mönchs- und Laienbrüderdormitoriums als quergelagerte Baukörper anschlossen und von den Schlafsälen im Obergeschoß dieser Trakte direkt erreichbar waren. In Mitteleuropa denkt man zunächst an die „Danzker" genannten Latrinentürme der Deutschordensburgen, über einem fließenden Gewässer erbaut und mit dem Hochschloß durch einen zuweilen längeren gedeckten Gang verbunden, der dann durch einen oder mehrere Pfeiler gestützt werden mußte. Ein wegen seiner fast übersteigerten Dimensionierung bekanntes Beispiel, bei dem die Burg beinahe wie ein Anhängsel ihres Danzkers wirkt, steht noch in MARIENWERDER[140] (Westpreußen) aufrecht. Diese Bauweise – ein separater Abortturm mit zum Dormitorium führender Schwibbogenbrücke – hat bereits einen Vorläufer auf dem St. Galler Plan und wurde ähnlich auch bei in Flußnähe errichteten Abteien wie *St. Alban* ZU BASEL (s. o. Abschnitt 3.2 mit *Abb. 6*) und *St. Johann* in LÜBECK verwirklicht.

Im deutschsprachigen Raum ist der am besten erhaltene romanische Latrinenbau im österreichischen Zisterzienserkloster ZWETTL[141] zu finden. Er ist zu beschreiben als schmale, steil aufragende Konstruktion von 22 m Länge, quergestellt vor der südlichen Stirnwand des Klausur-Osttraktes und somit dessen Fluchtlinien seitlich übertreffend. Vor dieser Stirnwand sind zwei Längsmauern parallel zueinander in jeweils 1,30 m Abstand angeordnet *(Abb. 33)*, jede von ihnen durch drei große Schwibbögen geöffnet, wobei die Scheitel der äußeren Arkaden deutlich höher liegen *(Abb. 34)*. Den Boden bildet ein mit Granitquadern sorgfältig ausgemauerter doppelter Wasserdurchlauf, in den durch niedrige Rundbogpforten am Fuß der Querwände das von Westen heranströmende Wasser eines Kanals ein- und wieder austritt, der weiter oberhalb vom Fluß Kamp abzweigt und in sinnvoller Reihenfolge zuvor bereits die Klostermühle angetrieben hat *(Abb. 35)*. Der innere (nördliche) Kanalschacht *(Abb. 36)* reicht mit seiner originalen Längstonnenwölbung in halbkreisförmigem Querschnitt bis in Höhe eines noch unter Kreuzgangniveau liegenden, romanischen Osttrakt-Untergeschosses ungesicherter Bestimmung, von dem aus ein schmales Podest betreten werden kann. In dessen Fußbodenhöhe angebrachte Konsolen trugen früher eine über dem Schacht verlaufende Bohlendecke mit den Toilettensitzen. Dagegen reichte der äußere (südliche) Kanalschacht ehemals höher hinauf bis zum Erd- oder sogar Obergeschoß des östlichen Klausurtraktes, wo man das in der Folgezeit von spätgotischen Bauteilen verdrängte Mönchsdormitorium des ältesten Konventquadrums (datiert um die Mitte des 12. Jahrhunderts) anzunehmen hat, zu dem der Latrinenbau gehört. Heute bildet eine barocke Flachtonne direkt unter dem nach Süden verlängerten Erdgeschoßfußboden seinen oberen Abschluß *(Abb. 33)*. Der Kunstgriff, durch eine Mittelwand Latrinenanlagen der Länge nach zu unterteilen und so von zwei Etagen aus gleichzeitig benutzbar zu machen, ist auch in der mittelalterlichen Profanbaukunst geläufig und wurde in ähnlicher, wenn auch nicht identischer Form in MAUBUISSON[142] verwirklicht (siehe Beitrag Wabont/Benoit). Wir sehen darin ebenso eine plausible Erklärung für die zweiteilige, aber nur im Fundamentbereich erhaltene Latrinenkammer mit Wasserspülung in der Propstei TOM RODEN (s. o. Abschnitt 3.2 mit *Abb. 2*), die man im Aufgehenden wohl entsprechend rekonstruieren darf.

4.4 Wirtschafts- u. Industriebauten

Mit Wasserkraft arbeitende Werkstatt- und Mühlenbetriebe sind Studienobjekte profaner Architektur- und Technikgeschichte[149] und gehören eigentlich nur der Vollständigkeit halber insofern an den Schluß unserer Zusammenstellung, als sie eventuell im Gesamtzusammenhang einer hochmittelalterlichen Konventanlage daraus erwachsene Besonderheiten erkennen lassen. Das betrifft weniger eine ohnehin kaum jemals auch nur in Resten erhaltene Maschinerie der Entstehungszeit, deren Konstruktionsprinzip ungeachtet kirchlicher oder weltlicher Betreiber im wesentlichen gleichartig gewesen sein dürfte; allenfalls gewisse Qualitätsunterschiede hinsichtlich der handwerklich-praktischen Ausführung könnte man einer in diesen Dingen besonders erfahre-

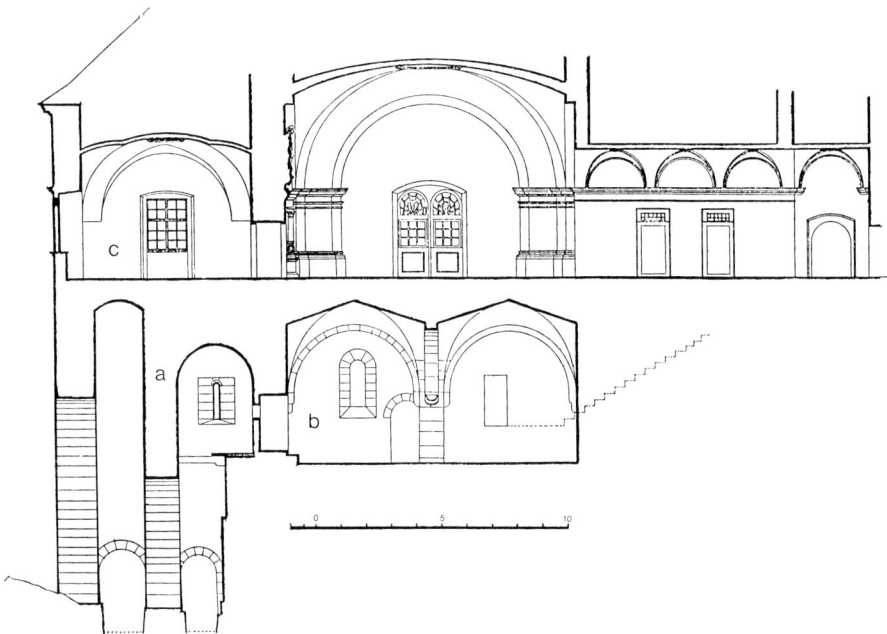

*Abb. 33 Zisterzienserabtei Zwettl (Österreich).
Schnitt durch den östlichen Klausurtrakt und die angrenzende
Latrinenanlage (Blick nach Westen)*
a) Latrinenkammern über dem Mühlkanal
*b) romanischer Untergeschoßraum mit Tür in die nördliche
 Latrinenkammer*
c) Erdgeschoß des Osttraktes (spätgotisch u. barock erneuert)
(nach Kunstdenkmäler Zwettl 1940)

*Abb. 34 Zisterzienserabtei Zwettl (Österreich).
Latrinenanlage am östlichen Klausurtrakt: Teilansicht von Süd-
osten.
(Foto: D. Leistikow)*

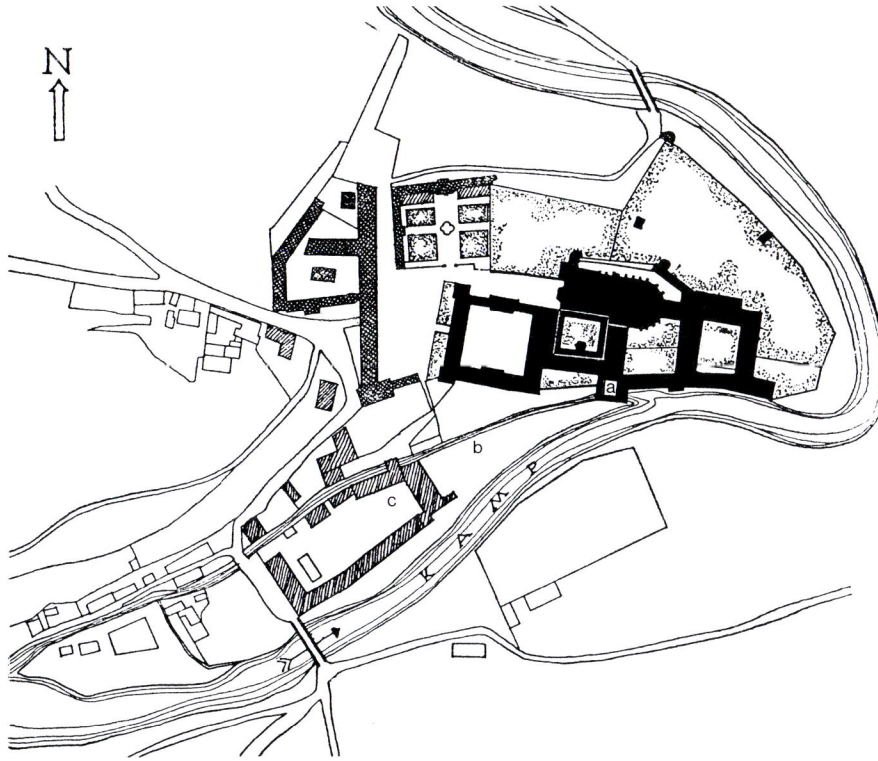

dergeschriebenen Schilderung des zisterziensischen Mutterklosters CLAIRVAUX zu erkennen gibt.[144]

Wie im Kapitel über die romanischen Latrinenanlagen, beschränken wir uns auch hier darauf, ein hochmittelalterliches Beispiel zu beschreiben, zumal das Auswahlkriterium noch aufrechtstehender ursprünglicher Bausubstanz den in Frage kommenden Kreis noch stärker einengt. Neben der „forge" (Schmiede) im burgundischen Zisterzienserkloster FONTENAY[145] (s. Beitrag Wabont/Benoit) gehören die als Mühle und Brauerei gedeutete Gebäude aus dem frühen 13. Jahrhundert in dem belgischen Prämonstratenserstift FLOREFFE[143] zu den herausragenden Vertretern dieser

Abb. 35 Zisterzienserabtei Zwettl (Österreich). Übersichtsplan
a) Latrinenanlage an der Stirnseite des Klausur-Osttraktes
b) vom Fluß Kamp abgezweigter Kanal
c) Mühle
(nach Kunstdenkmäler Zwettl 1940)

Abb. 36 Zisterzienserabtei Zwettl (Österreich). Latrinenanlage: Innenansicht der nördlichen Kammer (Blick nach Westen) (Foto: D. Leistikow)

nen klösterlichen Laienbrüderschaft zugute halten. Vielmehr richtet sich der Blick zunächst auf die in der Regel wohlüberlegte Art, wie klostereigene Mühlen oder Hammerwerke im Verhältnis zu den übrigen Wirtschaftsbauten im Außenbereich eines Immunitätsbezirks angeordnet waren, auch auf die sachgerechte Form ihrer Wasserzu- und ableitung bei geschickter Ausnutzung und Verbesserung der örtlichen hydrologischen Situation. Daß man gleich zu Beginn einer Neugründung sorgfältige wasserbautechnische Analysen vornahm und langfristige Vorausplanung betrieb, darin auch die weitere Umgebung mit sämtlichen Wasservorkommen einbeziehend, wurde bereits in einem vorangegangenen Abschnitt gewürdigt. Die Bedeutung der heute noch eindrucksvoll wirkenden Leistungen der Ordensingenieure und -techniker auf diesem Gebiet waren bereits den hochmittelalterlichen Zeitgenossen bewußt, wie eine fast lyrisch klingende und doch im praktischen Detail exakte Passage aus der bekannten, im 12. Jahrhundert nie-

Gruppe; gleich jener ist sie zudem durch jüngere Untersuchungen relativ gut erforscht. Der L-förmige Baukomplex erhebt sich im ehemaligen Wirtschaftshof südlich des Klausurquadrums. Ein von Südwesten nach Nordosten fließender, unterirdisch aus dem Flußbett herangeführter Kanal durchquert eine ausgemauerte Kammer, die als an den Schmalseiten offener Raumschacht den quadratischen Westteil des Hauses von seinem östlichen, langgestreckten Hauptteil trennt. Ersterer ist in 3 x 3 Jochen auf vier Säulen gewölbt und hat zwei Durchgänge zum Mühlkanal. Als (nicht mehr sicher bestimmbare) Nutzung wird Kelter vorgeschlagen. Im Erdgeschoß des longitudinalen, größtenteils flachgedeckten Traktes (Länge 26,70 m) befand sich die eigentliche Maschinenhalle, in der drei Mahlwerke aufgestellt waren. Sie wurden über Wellenbäume durch drei große Mühlräder angetrieben, die hintereinander im Kanalschacht angeordnet waren, wie man an entsprechenden Spuren in den gequaderten Seitenwänden sowie den Öffnungen für die Antriebsachsen gut erkennen kann. Da beim Eintritt des Kanals in das Gebäude in Höhe von dessen Westwand eine Staustufe von über 2 m Differenz der Wasserspiegel genutzt werden konnte, funktionierte das erste Rad mittel- oder oberschlächtig, die beiden folgenden unterschlächtig. Ein Gewölbe mit Kaminabzug am östlichen Ende des Saales läßt vermuten, daß dort auch Bierbrauerei betrieben wurde. Für die notwendige Vorratshaltung an Rohstoffen bot das Obergeschoß mit großem offenen Dachstuhl hinreichend Platz. Vergleichbare Bauten, die unter Ausnutzung der Wasserkraft handwerkliche bzw. frühindustrielle Tätigkeit verschiedenster Art in konventeigener Regie möglich machten, gehen auf karolingische, schon dem St. Galler Plan zu entnehmende Prinzipien klösterlicher Selbstversorgung zurück, die in der Folgezeit nicht selten zu regelrechtem Groß- und Fernhandel und zur Massenproduktion weiterentwickelt wurde. Namentlich die Zisterzienser waren auf diesem Gebiet überaus erfolgreich, ehe das seit dem 13. Jahrhundert langsam absterbende Laienbrüderinstitut Arbeitskräftemangel bewirkte und zu Verkauf oder Verpachtung vieler zuvor mit eigenen Kräften bewirtschafteten Anlagen zwang. Da diese bis in jüngste Zeit immer wieder umgebaut und dem technischen Fortschritt angepaßt wurden, sind Beispiele mit Resten hochmittelalterlicher Bausubstanz äußerst selten geworden; wir verweisen noch auf die „Brauerei" der belgischen Zisterze VILLERS sowie Klostermühlen in den Ordenshäusern DOBERAN, LOCCUM, SCHULPFORTA und EBERBACH.

5. Schlußbemerkungen

Am Ende einer ersten, provisorischen Bestandsaufnahme dieses in der Fachliteratur[147] bislang vernachlässigten Themenbereichs ist sich gerade der Bearbeiter darüber im klaren, daß vorliegende Darstellung lückenhaft und notgedrungen einseitig bleiben mußte. Dieses Resultat war vorherzusehen, selbst bei einer Beschränkung auf das begrenzte, zunächst überschaubar wirkende Gebiet der hochmittelalterlichen Entwicklungsstufe konventualen Wasserbaues. Auf die Gründe wurde schon hingewiesen: fehlende Überblick-Studien zum Thema, besonders unter Berücksichtigung ordensspezifischer Gegebenheiten; mangelhafte oder überhaupt unterlassene Veröffentlichung von oft komplizierten, nicht ohne weiteres zugänglichen Befunden; nicht existierende Aufmaße und Kartierungen etc. Daher soll an dieser Stelle auch keine Bitte um Nachsicht formuliert werden, sondern eher die Warnung vor einer Fehleinschätzung der historischen Lage anhand des ausgebreiteten Materials, verbunden mit einigen methodischen Anregungen, wie dessen Lücken in interdisziplinärer Zusammenarbeit mehr und mehr geschlossen werden könnten.

Vordringlich erscheint zunächst ein Abbau regionaler Ungleichgewichte in der wasserbautechnischen Erforschung mittelalterlicher Klöster, wodurch etwa zur Zeit noch jede vergleichende Statistik über Gebühr verfälscht würde. Guten Ansätzen im bereits durch Denkmälerdichte und Erhaltungszustand der Anlagen bevorzugten Großbritannien stehen in Frankreich und dem deutschsprachigen Raum nur vereinzelte, unkoordinierte Initiativen gegenüber, während man in Süd- und Osteuropa ein generelles Defizit an einschlägigen Vorarbeiten feststellen muß. Hier gilt es, durch gezielte, flächendeckende Sammeltätigkeit ausgleichend zu wirken, zumal auch unterschiedlich intensive Ausgrabungstätigkeit und Quellenedition eine realistische Einschätzung der historischen Verhältnisse auf diesem Gebiet erschweren.

Sodann wären konventuale Hydrotechnik und ihre Hinterlassenschaften häufiger nach der Ordenszugehörigkeit aufzuschlüsseln. Es wurde schon angemerkt, daß die wegen vergleichsweise guter Erhaltung in der Sekundärliteratur überrepräsentierten Baudenkmäler der Zisterzienser in ihrer Bedeutung durch systematische Überprüfung anderer hochmittelalterlicher Konventanlagen zu relativieren sind, namentlich der lange Zeit kaum beachteten Kartäuser, der Kanoniker sowie aller weiblichen Ordenszweige. Stadtklöster müßten gegenüber den ländlichen Niederlassungen stärkere Beachtung finden; frühe, vor dem 12. Jahrhundert erfolgte Klostergründungen, deren Wasserbaueinrichtungen meist oberirdisch nicht mehr sichtbar sind, sollten durch Ausgrabungen und funktionsgerechte Sicherung der Befunde besser ins Blickfeld gerückt werden.

Nicht allein Technikhistoriker werden bedauerlich finden, daß bei der Publikation mittelalterlicher Wasserleitungen oftmals selbst einfache Angaben über Abmessungen, Materialverwendung und Herstellungsverfahren der Rohre unterlassen sind. Weitergehende Untersuchungen über ihre Druckfestigkeit, die mittlere Fließgeschwindigkeit des Wassers sowie seine Durchflußmenge (Rohrkapazität) etc., wie sie zum Beispiel anhand der beim ALZEYER *Johanneskloster* geborgenen Tonrohre *(Abb. 9)* vom Leichtweiß-Institut für Wasserbau der Technischen Universität Braunschweig 1983 durchgeführt[148] wurden, sind bisher eine Ausnahme geblieben. Erwünscht wären weitere Feldversuche dieser Art, die neben Verbrauchsberechnungen etwa auch die Einschätzung der Störanfälligkeit eines Drucksystems erlauben würden. Warum nicht durch einen Simulationstest klären, welche Lebensdauer und Funktionsqualität eine Bleirohrleitung haben konnte, die durch einen Taleinschnitt und dann hangaufwärts in ein romanisches Bergkloster führte?

Zuständigkeitsbereiche der Geographie, Geologie und Hydrologie werden berührt mit Forderungen nach großflächiger Prospektion im Umfeld einer historischen Ordensniederlassung. War zu deren Wasserversorgung eine Überlandleitung eingesetzt, sollte nicht nur ihr Ausgangspunkt (die Quellfassung), sondern möglichst der gesamte Streckenverlauf durch Geländebegehung und auf dem Kartenbild ermittelt werden. Nicht die isolierte Betrachtung eines Konventbezirks, sondern nur eine möglichst vollständige hydrographische Erfassung auch der weiteren Klosterumgebung bis hin zu den jeweiligen Wasserscheiden ermöglicht unter günstigen Umständen die Aufdeckung eines Verbundnetzes von untereinander abgestimmten Talsperren, Kanälen und Abzugsgräben, wie dies jüngst in MAULBRONN gelang.[149]

Endlich sei unter den bisher oft vernachlässigten Fragestellungen, die Bau- und Kunstgeschichte betreffen, als besonders dringliches Desiderat ein Katalog der in Mitteleuropa heute noch auffindbaren Brunnenschalen aus dem Mittelalter genannt, vor allem der nicht mehr in situ befindlichen. Dabei hätte es nicht ausschließlich um die Analyse von Dekor und Steinmetztechnik zu gehen, sondern mehr noch um ein exaktes Aufmaß mitsamt Erfassung aller technischen Details wie Aussparungen für Zuleitungsrohre, Ausflußöffnungen, Verankerungen von Metall-Aufbauten u. ä.; Ziel wäre eine Funktionsbestimmung der Einzelteile und Rekonstruktion verlorener Ensembles, im Idealfall mit eventuell verfügbaren archäologischen Daten vom ursprünglichen Aufstellungsort zur Deckung zu bringen.[150] Nicht auszuschließen ist, daß im Zuge solcher Nachforschungen verschollene Stücke auftauchen und sich einem zerstörten Klosterbrunnen zuschreiben lassen. Willkommener Nebeneffekt dieser Sammel- und Suchtätigkeit wäre ferner, wenn sich daraus in bestimmten Fällen denkmalpflegerische Maßnahmen ergeben würden, d.h. Schritte zu einer angemessenen Aufstellung und Sicherung gefährdeter Spolien, überfällig z. B. in HEISTERBACH[151] *(Abb. 24)*.

In dieser thesenhaften Form mögen unsere Schlußbemerkungen einsichtig machen, daß auf dem noch kaum ausgeloteten Gebiet der Wasserbaueinrichtungen mittelalterlicher Konvente angesichts der großen Spannweite – von der Technik- und Kulturgeschichte bis zur Theologie und Symbolforschung – eine Betätigung nur dann wirklich fruchtbar sein kann, wenn alle angesprochenen Disziplinen einander zuarbeiten und sich durch Gedankenaustausch gegenseitig fördern.

Anmerkungen

1 Horn, Walter: Water Power and the Plan of St. Gall. in: Journal of Medieval History 1/1975, S. 219–257; siehe auch Horn, Walter u. Ernest Born: The Plan of St. Gall. A Study of the Architecture & Economy of, & Life in a Paradigmactic Carolingian Monastery (= California Studies in the History of Art 19) 3 Bde. Berkeley-Los Angeles-London 1979; zu wasserbautechnischen Fragen bes. Bd. I, S. 68 ff. und Bd. II, S. 300 ff.

2 Das Aufsuchen wird erleichtert durch eine Reihe von Kompendien mittelalterlicher Schriftquellen-Auszüge zu bau- und kunstgeschichtlichen Themen; für Mitteleuropa am ergiebigsten ist Lehmann-Brockhaus, Otto: Schriftquellen zur Kunstgeschichte des 11. und 12. Jahrhunderts für Deutschland, Lothringen und Italien. 2 Bde. Berlin 1938. Entsprechende Sammelwerke liegen auch für Großbritannien und Frankreich vor: siehe Anm. 8, 10, 12.
Dort wären in den Stichwortlisten nachzuschlagen, dann allerdings möglichst anhand der Originaledition im Kontext zu überprüfen u. a. die Begriffe lavatorium (Laufbrunnen, auch Brunnenstube); domus lavatoria (Brunnenhaus); puteus, puteolus (Schöpfbrunnen); cisterna (Zisterne); fons, fonticulus (Brunnen, B.-Becken, auch Wasserleitung, Quelle); canalis (offenes Gerinne, auch Becken); fistula, harundo (Rohr, Rohrleitung); aquaeductus (Kanal, Wasserleitung); vena (Abzweig einer Leitung); balneum, locus balnei u. a. (Bad, Badezuber); stupa (Badekufe, auch Badstube); piscina (Wasserbecken, Staubecken, Teich); sclusa (Schleuse, Wehr, Schiebeverschluß, Kran) sowie die zahlreichen Variationen für die Bezeichnung der Latrinen (necessarium, latrina, cloaca, camera privata, secessus etc.).
Bei häufig schwankender Bedeutung in ein- und demselben Schriftstück und gelegentlich unklarer Definitionsmöglichkeit empfiehlt sich in jedem Fall eine Interpretation allein aus dem Textzusammenhang heraus. Eine Identifizierung bestimmter Begriffe mit archäologischen Befunden ist oft problematisch und darf nicht generalisiert werden.

3 Beachtliche Vorarbeit auf diesem Gebiet leistet die Veröffentlichung von Zimmermann, Gerd: Ordensleben und Lebensstandard. Die cura corporis in den Ordensvorschriften des abendländischen Hochmittelalters. (= Beiträge zur Geschichte des Alten Mönchtums u. des Benediktinerordens 32) Münster i. W. 1973; das zweiteilige Werk bietet eine Zusammenstellung relevanter Textstellen (S. 404 ff.) sowie Kommentare und Schlußfolgerungen in dem Abschnitt „Hygiene" S. 117 ff.

4 Ideal wäre, wenn Schriftquelle und archäologischer Befund bzw. erhaltene Denkmäler aufeinander beziehbar sind und sich gegenseitig ergänzen. Umgekehrt kann auch archäologische Evidenz erst die Auffindung entsprechender historischer Nachrichten veranlassen.

5 A. Rautenberg (op. cit. Anm. 105), S. 295 Anm. 204; zu weiteren zeitgenössischen Beschreibungen des Kanals und zur Ortstopographie Richter, G.: Die ersten Anfänge der Bau- und Kunsttätigkeit des Klosters Fulda (= 2. Veröffentlichung d. Fuldaer Geschichtsvereins) Fulda 1900, bes. S. 40 ff.

6 O. Lehmann-Brockhaus (op. cit. Anm. 2), Nr. 456.

7 O. Lehmann-Brockhaus (op. cit. Anm. 2), Nr. 1852.

8 Abt. Peringer II. wird als Erbauer der Wasserleitung nach St. Emmeram nicht allein durch seinen Grabstein ausgewiesen, sondern auch durch einen entsprechenden Eintrag im Nekrolog des Klosters hinter seinem Namen: „... qui fecit aquaeductum" (der die Wasserleitung anlegen ließ); siehe M. Piendl (op. cit. Anm. 53), S. 248 Anm. 249.
Bei einer etwa zeitgleichen, auch hinsichtlich ihrer bedeutenden Länge mit Regensburg vergleichbaren Überland-Leitung ins englische Benediktinerkloster BURY ST. EDMUNDS wird ebenfalls die Verwendung von Bleirohren hervorgehoben; siehe Lehmann-Brockhaus, Otto: Lateinische Schriftquellen zur Kunst in England, Wales und Schottland vom Jahre 901 bis zum Jahre 1307 (= Veröffentlichungen d. Zentralinstituts f. Kunstgeschichte in München 1) 3 Bde. München 1955–60, Nr. 3347.

9 O. Lehmann-Brockhaus (op. cit. Anm. 8), Nr. 3347.

10 in einem Manuskript des 13. Jh., zit. nach Mortet, Victor u. Paul Deschamps: Recueil de textes relatifs à l'histoire de l'architecture et à la condition des architectes en France, au Moyen Age 12e–13e siècles. Paris 1929, Nr. 159.

11 A. Rautenberg (op. cit. Anm. 105), S. 295 Anm. 207.

12 A. Rautenberg (op. cit. Anm. 105), S. 296 Anm. 213; ähnliche Formulierungen in größerer Ausführlichkeit beziehen sich auf einen Marmorbrunnen, den Abt Durandus (1049–72) im Kreuzgang des südfranzösischen Klosters MOISSAC errichtete. Man stellte ihn wegen seines kostbaren Materials dem berühmten Tympanon des Hauptportals gleich. Siehe Mortet, Victor: Recueil de textes relatifs à l'histoire de l'architecture et à la condition des architectes en France, au Moyen Age 11e–12e siècles. Paris 1911, S. 147 f.

13 O. Lehmann-Brockhaus (op. cit. Anm. 2), Nr. 410.

14 O. Lehmann-Brockhaus (op. cit. Anm. 2), Nr. 369.

15 O. Lehmann-Brockhaus (op. cit. Anm. 2), Nr. 123.

16 O. Lehmann-Brockhaus (op. cit. Anm. 8), Nr. 4524.

17 G. Zimmermann (op. cit. Anm. 3), Nr. III/23.

18 Tester, P. J.: Excavations at Boxley Abbey. in: Archaeologia Cantiana 88/1973, S. 129–158; hier S. 137 f. mit Abb. 2. Auch zeitlich begrenztes Anzapfen eines Baches zur Latrinenspülung war gewiß mit derartigen technischen Vorkehrungen zu

regeln. Vergl. die den Kanonikern des WÜRZBURGER Stifts *Neumünster* 1169 von Bischof Herold erteilte Erlaubnis „semel in septimana dominica nocte ad suas necessitates purgandas aquam vicinam deducere .." (einmal pro Woche, in der Sonntagsnacht, [dürfen sie] einen benachbarten Wasserlauf zu Reinigungszwecken durch ihren Abort leiten). Zit. nach Wendehorst, Alfred: Das Stift Neumünster in Würzburg. (= Germania Sacra NF. 26/4) Berlin u. New York 1989, S. 33.

19 V. Mortet (op. cit. Anm. 12), Nr. 93.
20 O. Lehmann-Brockhaus (op. cit. Anm. 2), Nr. 1236.
21 O. Lehmann-Brockhaus (op. cit. Anm. 2), Nr. 614; siehe auch den Beitrag Kosch im Bildanhang.
22 A. Rautenberg (op. cit. Anm. 105), S. 233.
23 O. Lehmann-Brockhaus (op. cit. Anm. 2), Nr. 361.
24 O. Lehmann-Brockhaus (op. cit. Anm. 2), Nr. 2010; für heute noch sichtbare Indizien zur Bauabfolge von Kreuzgang und Brunnenhaus werden Beispiele genannt von A. Wagner (op. cit. Anm. 84), Sp. 1314.
25 O. Lehmann-Brockhaus (op. cit. Anm. 2), Nr. 1899; zu Topographie und erhaltenem Baubestand Girardot, Alain: Un bourg abbatial en Lorraine: Saint Mihiel avant 1300. in: Saint-Mihiel, Journées d'études meusiennes, 6–7 octobre 1973 (= Annales de l'Est, Mémoires 48) Nancy 1974, S. 35–55.
26 O. Lehmann-Brockhaus (op. cit. Anm. 2), Nr. 2924.
27 O. Lehmann-Brockhaus (op. cit. Anm. 8), Nr. 1471.
28 siehe Anm. 3.
29 G. Zimmermann (op. cit. Anm. 3), Nr. III/76.
30 wie Anm. 29. Von besonderem Interesse ist der Hinweis, daß neben dem Kreuzgangbrunnen gegenüber der Refektoriumtür verschiedene Handtücher für bestimmte Gruppen von Konventualen (Priestermönche, Laienbrüder, Novizen) hingen, davon eines ausschließlich für Brüder mit einer Hauterkrankung. Es handelt sich um eine Mischung aus hierarchischem Denken und modern wirkenden hygienischen Vorkehrungen.
31 G. Zimmermann (op. cit. Anm. 3), Nr. III/66.
32 O. Lehmann-Brockhaus (op. cit. Anm. 8), Nr. 76.
33 G. Zimmermann (op. cit. Anm. 3), Nr. III/48.
34 Hier der Chronik des Zisterzienserklosters ZWETTL (siehe Anm. 141) entnommen, die sich trotz großer Entfernung keine Einzelheit entgehen läßt: O. Lehmann-Brockhaus (op. cit. Anm. 2), Nr. 383; einen ähnlichen Unfall mit prominenten Opfern gab es 1045 auf Burg PERSENBEUG a.d. Donau, wobei ebenfalls eine Druckleitung zum Berggipfel erwähnt wird: O. Lehmann-Brockhaus (op. cit. Anm. 2), Nr. 1079.
35 Kommentar dazu von Dimier, Anselme: Les moines bâtisseurs. Architecture et vie monastique. Paris 1964, S. 37ff.
36 Niedermeier, Hans: Klostertranslationen bei den Zisterziensern. in: Cîteaux 24/1973, S. 31–52.
37 Die Zisterzienser. Ordensleben zwischen Ideal und Wirklichkeit. (= Schriften d. Rheinischen Museumsamtes 10) Bonn 1980; dort die ältere Literatur zum Thema zusammenfassend W. Ribe (S. 203–215) und W. Schich (S. 217–236).
38 Derartige Standardformeln der Klosterchroniken sind nicht immer wörtlich zu nehmen. Sie können nicht selten darüber hinwegtäuschen, daß Gründungskonvente u. U. bereits – auch wasserwirtschaftlich – erschlossenes Kulturland übernehmen. Vergl. dazu von der Nahmer, Dieter: Die Klostergründung „in solitudine" – ein unbrauchbarer hagiographischer Topos? in: Hessisches Jahrbuch f. Landesgeschichte 22/1972, S. 90–111.
39 Butler, Lionel u. Chris Given-Wilson: Medieval Monasteries of Great Britain. London 1979, hier S. 218ff., S. 212ff., S. 396ff.
40 Beiträge zur Rheinischen Kunstgeschichte und Denkmalpflege (= Die Kunstdenkmäler des Rheinlandes, Beiheft 16) Düsseldorf 1970; dort zur Baugeschichte I. Achter (S. 29–56) und H. Merian (S. 57–90), über die Latrine S. 73f.
41 Isenberg, Gabriele: Die Propstei „tom Roden" bei Höxter. in: Höxtersches Jahrbuch 6/1981, S. 1–42 u. 3 Faltpl.; Plitek, Karl-Heinz: Technische Einrichtungen in den Klostergebäuden. in: Kloster tom Roden. Eine archäologische Entdeckung in Westfalen. Ausstellung des Westfälischen Museumsamtes u. des Westfälischen Museums für Archäologie - Amt für Bodendenkmalpflege. Münster 1982, S. 61–69; zur Wasserversorgung bes. S. 64ff.
42 Die dortige Konventküche mit offenem Fließwasser-Durchlauf wurde zwar im 18. Jh. durchgreifend umgebaut, bewahrt jedoch in ihren wasserbautechnischen Einrichtungen mittelalterliche Substanz. Siehe van der Meer, Frédéric: Atlas de l'Ordre cistercien. Paris u. Brüssel 1965, Abb. 798.
43 Die Kunstdenkmäler des Kantons Basel-Stadt, Bd. 3, 1. (= Kunstdenkmäler der Schweiz) Basel 1941, S. 42–140; hier bes. S. 83ff., S. 133ff.
44 Buchkremer, Jos.: Das Atrium der karolingischen Pfalzkapelle zu Aachen. in: Zeitschrift des Aachener Geschichtsvereins 20/1898, S. 247–264; bes. S. 257f.; Grimme, Ernst Günther: Der Aachener Domschatz. (= Aachener Kunstblätter Bd. 42) Düsseldorf, 2. Aufl. 1973, Kat.Nr. 2, S. 7 u. Tafel 2.
45 Zimmermann, Walther: Das Münster zu Essen. (= Die Kunstdenkmäler des Rheinlandes, Beiheft 3) Essen 1956, bes. S. 77f.; technische Beschreibung eines aus seinem Steinmantel (Abb. 7) herausgelösten, aber im Museum Essen-Altenessen z. Zt. nicht auffindbaren Bleirohrs bei Potrykus, Franz: Die Wasserversorgung der Stadt Essen. in: Das Gas- und Wasserfach, Ausgabe Wasser 93/1952, S. 268–276, hier S. 268; der (archäologisch nicht nachgewiesene) Atriumbrunnen muß durch eine Druckleitung versorgt worden sein. Von dort in den Kreuzganghof konnten unter Ausnutzung des natürlichen Gefälles Bleirohr-Leitung und abgedeckte Rinne parallel verlaufen: Ein

Indiz dafür, daß man in diesem Leitungs-Abschnitt unterschieden hat zwischen Trinkwasser für einen weiteren, im Klausurbereich anzunehmenden Laufbrunnen und Brauchwasser vom Überlauf der Atrium-Fontäne, wohl bestimmt für eine Zisterne. Vergl. die Verhältnisse in GROSSKOMBURG (siehe Beitrag Kosch im Bildanhang).

46 Dölling, Regine u. Ernst Hollstein: Die Restaurierung der ehemaligen Zisterzienserklosterkirche Otterberg – erste Übersicht. in: Kunstchronik 33/1980, S. 449–453. Die dort S. 452 angekündigte hydrographische Untersuchung des Umfeldes der Abtei, namentlich eine genauere Lokalisierung von am Berghang im Nordosten entspringenden Quellen und deren Verhältnis zum westlich der Gebäude in Nord-Süd-Richtung vorbeifließenden Otterbach, ist noch nicht veröffentlicht.
Eine das Kirchenschiff unterquerende (Tonrohr-)Leitung, für die im Fundament Aussparungen vorgesehen sind, gibt es auch im Zisterzienserkloster FONTENAY; (siehe den Beitrag Wabont/Benoit).

47 Hinweis bei Arens, Fritz: Der Saalhof zu Frankfurt und die Burg zu Babenhausen. in: Mainzer Zeitschrift 71–72/1976–77, S. 1–56; hier S. 21 Anm. 52; im portugiesischen Zisterzienserkloster ALCOBAÇA (siehe Anm. 42) ist der Verlauf der Kanalisation unter dem Fußboden mehrfach im aufgehenden Mauerwerk darüber durch die Inschrift „aqua" (Wasser) markiert (freundl. Hinweis von L. Pressouyre).

48 Reinboth, Friedrich: Die historische Wasserversorgung des Klosters Walkenried. in: Zwanzig Jahre Verein f. Heimatgeschichte Walkenried und Umgebung e.V. 1964–1984, Festschrift. Walkenried 1984, S. 39–50; siehe auch Anm. 59.

49 v. Kaphengst, Christian: Die Tonrohr-Wasserleitung für das ehemalige Kloster St. Johann in Alzey aus dem 13. Jahrhundert. in: Alzeyer Geschichtsblätter 21/1986, S. 71–88; Stümpel, Bernhard: Grabungen auf dem Gelände des ehemaligen Klosters St. Johann. in: Alzeyer Geschichtsblätter 4/1967, S. 44–56.

50 Fundbericht von M. Schmitz in: Bonner Jahrbücher 169/1969, S. 518–519.

51 Freundl. Hinweis von K. Grewe.

52 Neyses, Adolf: Über die Wasserversorgung der Benediktinerabtei St. Maximin bei Trier. in: Kurtrierisches Jahrbuch 25/1985, Supplement: Funde u. Ausgrabungen im Bezirk Trier, Heft 17, S. 48–54; siehe auch Anm. 124.

53 Piendl, Max: St. Emmeram in Regensburg. Die Baugeschichte seiner Klostergebäude. in: Beiträge zur Baugeschichte des Reichsstiftes St. Emmeram und des Fürstlichen Hauses in Regensburg. (= Thurn- u.- Taxis-Studien 15) Kallmünz 1986, S. 133–364; hier bes. S. 248ff.

54 M. Piendl (op. cit. Anm. 53), S. 253 Abb. 48.

54a Im äußeren Vorhof des von 1147 an erbauten Klosters wohl bald darauf verlegte Rohre aus gebogenen Blechen mit Naht. Siehe Lutz, Dietrich: Beobachtungen im Klosterhof von Maulbronn, Enzkreis. in: Archäologische Ausgrabungen in Baden-Württemberg 1989. Stuttgart 1990, S. 263–266.

55 Lampl, Sixtus: Die Klosterkirche Tegernsee. Untersuchungen zum Bestand, zur Baugeschichte und zur Funktion. in: Oberbayerisches Archiv 100/1975, S. 5–141 u. Erg. Heft, bes. S. 14ff.; Zeiller, Martin u. Matthaeus Merian: Topographie Bavariae. Frankfurt a.M. 1644, Nachdruck Hamburg 1964, Nr. 16.

56 L. Butler u. Ch. Wilson (op. cit. Anm. 39), S. 237ff, S. 318 ff., S. 165 ff.

57 Die Kunstdenkmäler des Kreises Gießen, Bd. 2: Kloster Arnsburg mit Altenburg. Bearb. v. Heinrich Walbe u. Karl Ebel. (= Die Kunstdenkmäler im Freistaat Hessen, Provinz Oberhessen) Darmstadt 1919; zum Wasserbau bes. S. 162ff; Zschietzschmann, Willy: Ausgrabungen im Kloster Arnsburg 1958. in: Kunstchronik 12/1959, S. 67–79.

58 Eichholz, P.: Die verloren geglaubte Schleuse im Kloster Eberbach. in: Mitteilungen d. Vereins für Nassauische Altertumskunde u. Geschichtsforschung 1902–03, Sp. 87–88; siehe auch: Die Zisterzienser (op. cit. Anm. 37), S. 473 f.

59 Die Bau- u. Kunstdenkmäler des Kreises Blankenburg, 2. Halbbd. (= Kunstdenkmäler des Landes Braunschweig 6,2) Wolfenbüttel 1922, S. 263–367; Maier, Konrad u. Maria Keibel-Maier: Miszellen zur Baugeschichte des Klosters Walkenried. in: Niedersächsische Denkmalpflege 11/1983–84 [1985], S. 12–41; siehe auch Anm. 48.

60 Ringeling, Gerhard: Doberans älteste „Wasserleitung". in: Mecklenburgische Monatshefte 5/1929, S. 374–375; Kunstdenkmäler Zwettl (op. cit. Anm. 141), S. 15f., S. 155ff., S. 230f.; Waeber-Antiglio, Catherine: Hauterive. La construction d'une abbaye cistercienne au Moyen Age. (= Scrinium Friburgense 5) Fribourg 1976, S. 77ff.

61 Schmieder, Ludwig: Das Benediktinerkloster St. Blasien. Eine baugeschichtliche Studie. Augsburg 1929, S. XII ff. u. Tafel 12.

62 Koch, Wilfried Maria: Kloster und Profansiedlung Aachen-Kornelimünster. Entwicklung und Geschichte anhand einer Ortskernuntersuchung. in: Dörfer und Städte. Ausgrabungen im Rheinland 1985/86. Köln u. Bonn 1987, S. 103–112.

63 Dopsch, Heinz: Der Almkanal in Salzburg. Ein städtisches Kanalbauwerk des hohen Mittelalters in Vergangenheit und Gegenwart. in: Städtische Versorgung und Entsorgung im Wandel der Geschichte. Hg. v. Jürgen Sydow (= Stadt in der Geschichte. Veröffentlichungen d. Südwestdeutschen Arbeitskreises f. Stadtgeschichtsforschung 8) Sigmaringen 1981, S. 46–76 (siehe auch Beitrag Dopsch im Bildanhang). Vergl. Anm. 75.

64 Libal, Dobroslav: Románský klášter na Strahově. in: Umění 1/1953, S. 181–197; Krivský, Pavel: Popis Strahova a jeho vodovodu z roku 1782 a jeho autor J. A. Kolbe, Prag 1983.

65 Bisher unveröffentlicht; Angaben nach provisorischem Aufmaß des Städt. Vermessungsamtes Bonn (Vermittlung I. Achter).

66 Die kirchlichen Denkmäler der Stadt Trier mit Ausnahme des Domes (= Kunstdenkmäler der Rheinprovinz 13, 3) Düsseldorf 1937, S. 204–282; bes. S. 267ff.; Marx, Peter: Vorarbeiten zur Wiederherstellung der Pfarrkirche St. Matthias zu Trier. in: Gesellschaft f. Nützliche Forschungen zu Trier, Trierer Jahresberichte 4/1911 [1913], S. 46–58; hier S. 51ff.

67 Gläser, Manfred: Stadtmauer, „Steinwerk" und Verdolung. Einige Ergebnisse der Grabung „Johanniskloster" zur frühen Geschichte Lübecks. in: Die Heimat. Zeitschrift f. Natur- u. Landeskunde von Schleswig-Holstein u. Hamburg 89/1982, S. 205–214.

68 Guyan, Walter Ulrich: Das Salvator-Kloster zu Schaffhausen. Ergebnisse der Allerheiligen-Grabung von 1963 bis 1965. in: Zeitschrift f. Schweizerische Archäologie u. Kunstgeschichte 36/1979, S. 151–204; hier S. 178f.

69 Schmidt-Thomé, Peter: Die Abortgrube des Klosters der Augustinereremiten in Freiburg. in: Archäologische Ausgrabungen in Baden-Württemberg 1983, Stuttgart 1984, S. 241–244.

70 Gechter, Marianne: Wasserversorgung und Entsorgung in Köln vom Mittelalter bis zur frühen Neuzeit. in: Kölner Jahrbuch f. Vor- u. Frühgeschichte 20/1987, S. 219–270; hier S. 235f. und S. 250. Siehe dort auch S. 239 den Verweis auf einen im 14. Jh. schriftlich bezeugten „puteum pro aquaeductu fodiendo" (Brunnen, der Wasser für die Durchspülung einer Kanalrinne liefern soll) beim Kölner Stadthof der Zisterzienserabtei Altenberg.

71 Arntz, Ludwig: Die Klosterweiher von Allerheiligen im Schwarzwald. in: Zeitschrift f. Christliche Kunst 30/1917, S. 17–18; unter den deutschen Zisternen dürfte Kloster WALDSASSEN (Opf.) die umfangreichste Fischzucht in (1571 belegt) nicht weniger als 159 künstlich angestauten Teichen betrieben haben; siehe Muggenthaler, Hans: Kolonisatorische und wirtschaftliche Tätigkeit eines deutschen Zisterzienserklosters im 12. und 13. Jahrhundert (= Deutsche Geschichtsbücherei 2) München 1924, S. 129ff.

72 Seidenspinner, Wolfgang: Das Maulbronner Wassersystem – Relikte zisterziensischer Agrarwirtschaft und Wasserbautechnik im heutigen Landschaftsbild. in: Denkmalpflege in Baden-Württemberg 18/1989, S. 181–191.

73 Zahn, Eberhard: Eine archäologisch-topographische Karte der Stadt Trier aus der Zeit um 1802. in: Festschrift 100 Jahre Rheinisches Landesmuseum Trier. Beiträge zur Archäologie und Kunst des Trierer Landes. (= Trierer Grabungen u. Forschungen 14) Mainz 1979, S. 297–311 u. Planbeilage; siehe auch Anm. 66.

74 Arens, H.J.: Wasserwirtschaftliche Maßnahmen der Zisterzienser. in: Symposium über die historische Entwicklung der Wasserwirtschaft und der Wasserversorgung, Berlin 1981. (= Schriftenreihe d. Frontinus-Gesellschaft 5) Berlin u. Köln 1981, S. 83–96; Collin, Hubert: Les cisterciens lorrains experts en hydraulique au Moyen Age. in: Mémoires de l'Académie de Stanislas 8/1979-80 [1984], S. 135–146; Ferling, Franz: Wasserwirtschaftliche Erschließungsarbeiten der Cistercienser in Norddeutschland und ihre volkswirtschaftlichen Auswirkungen. in: Cistercienser-Chronik 86/1979, S. 133–138.

75 Grewe, Klaus: Der Fulbert-Stollen am Laacher See. Eine Ingenieurleistung des hohen Mittelalters. in: Zeitschrift f. Archäologie d. Mittelalters 7/1979, S. 107–142; (siehe auch den Beitrag Grewe im Bildanhang).

76 K. Maier u. M. Keibel-Maier (op. cit. Anm. 59), S. 17.

77 Marzolff, Peter: Ehem. Propstei St. Michael auf dem Heiligenberg. (= Schnell Kunstführer Nr. 1594), München u. Zürich 1986, S. 12/13 u. S. 16.

78 Zettler, Alfons: Die frühen Klosterbauten der Reichenau. Ausgrabungen – Schriftquellen – St. Galler Klosterplan. (= Archäologie u. Geschichte. Freiburger Forschungen zum ersten Jahrtausend in Südwestdeutschland 3) Sigmaringen 1988, S. 134ff.

79 Aubert, Marcel: La „grange d'eau" d'Hautecombe en Savoye. in: Bulletin monumental 112/1954, S. 89–94.

80 Rye, Henry A.: Rievaulx Abbey, its canals and building stones. in: The Archaeological Journal 57/1900, S. 69–77.

81 Eckoldt, Martin: Schiffahrt auf kleinen Flüssen Mitteleuropas in Römerzeit und Mittelalter. (= Schriften des Deutschen Schiffahrtsmuseums 14) Bremen 1980.

82 L. Butler u. Ch. Wilson (op. cit. Anm. 39), S. 237ff, S. 218ff., S. 272ff., S. 260ff.

83 L. Butler u. Ch. Wilson (op. cit. Anm. 39), S. 251ff.; zu diesem Typus in italienischen Klöstern auch Krammer, Gisela: Mittelalterliche Reihenwaschanlagen. in: Sanitäre Technik 20/1955, S. 377–378.

84 Godfrey, Walter H.: English Cloister Lavatories as Independant Structures. in: The Archaeological Journal, Supplement to 106/1949. London 1952, S. 91–97 u. Tafeln 21, 22; Grüger, Heinrich: Cistercian Fountain Houses in Central Europe. in: Studies in Cistercian Art and Architecture 2 (= Cistercian Studies Series 69) Kalamazoo (Michigan/USA) 1984, S. 201–222 u. Fig. 1, 2; Wagner, Alois: Art. „Brunnenhaus (in Klöstern)". in: Reallexikon zur Deutschen Kunstgeschichte 2/1948, Sp. 1310–1318.

85 Berger, V.: Das Brunnenhaus im Kreuzgang des Stiftes St. Peter in Salzburg. in: Mitteilungen der K. K. Central-Commission zur Erforschung u. Erhaltung der Kunst- u. Historischen Denkmale, NF. 17/1891, S. 27–29 u. Tafeln 1–3.

86 Götz, Wolfgang: Zentralbau und Zentralbautendenz in der gotischen Architektur. Berlin 1968, bes. S. 322 ff.

87 Hoffmann, Konrad: Zur Deutung klösterlicher Brunnenhäuser des Mittelalters. in: Schülerfestgabe für Herbert von Einem zum 16. Februar 1965. Bonn 1965 [masch. schr. verf.], S. 102–111.

88 Février, P.-A.: Les quatre fleuves du paradis. in: Rivista di archeologia cristiana 32/1956, S. 179–199; Lodolo, Gabriella: Il tema simbolico del paradiso nella tradizione monastica dell'occidente latino (secoli 6–12). in: Aevum 51/1977, S. 252–288 u. 52/1978, S. 177–194.

89 Binding, Günther: Quellen, Brunnen und Reliquiengräber in Kirchen. in: Zeitschrift f. Archäologie des Mittelalters 3/1975, S. 37–56; Elbern, Victor H.: Der eucharistische Kelch im frühen Mittelalter, Teil 2: Ikonographie und Symbolik. in: Zeitschrift d. Deutschen Vereins für Kunstwissenschaft 17/1963, S. 117–188, hier bes. S. 130 ff., S. 157 ff.; Hoffmann-Curtius, Kathrin: Das Programm der Fontana Maggiore in Perugia. (= Bonner Beiträge zur Kunstwissenschaft 10) Düsseldorf 1968, bes. S. 53 ff; Underwood, Paul A.: The Fountain of Life in Manuscripts of the Gospels. in: Dumbarton Oaks Papers 5/1950, S. 41–138.

90 Bacht, Heinrich: Die Mönchsprofeß als zweite Taufe. in: Catholica 23/1969, S. 240–277.

91 Hinweis bei K. Hoffmann (op. cit. Anm. 87), S. 105.

92 Hager, G.: Die Bau- und Kunstdenkmale des Klosters Steingaden. in: Oberbayerisches Archiv f. vaterländische Geschichte 48/1893-94, S. 124–177; hier S. 161 f.

93 Siehe Anm. 85.

94 Kunstdenkmäler (op. cit. Anm. 66), S. 272.

95 M. Piendl (op. cit. Anm. 53), S. 248 ff.

96 Weidel, Karl u. Hans Kunze: Das Kloster Unserer Lieben Frauen in Magdeburg. (= Germania Sacra, Serie B, Ic) Augsburg 1925, bes. S. 103 ff.; Kothe, Julius: Das Kloster und die Kirche Unserer Lieben Frauen in Magdeburg. in: Zeitschrift f. Bauwesen 45/1895, Sp. 25–46 u. Tafeln 4–6.

97 van de Walle, A.L.J.: L'abbaye de Saint-Bavon à Gand. in: Congrès archéologique de France 120/1962, S. 108-110.

98 F. van der Meer (op. cit. Anm. 42), Abb. 657 u. 658.

99 Das Kegeldach des „Lavatory Tower" auf dem Plan von Canterbury (siehe Planbeilage) hat eine Außentür mit der Beischrift „hostium crypte" [Eingang ins Gewölbe], also wohl ebenfalls eine Art Schatzkammer.

100 Kunstdenkmäler (op. cit. Anm. 66), S. 463-497; hier S. 495.

101 Suevia sacra. Frühe Kunst in Schwaben (Ausstellungskatalog Augsburg 1973) Augsburg 1973, Nr. 46, S. 95–96 u. Abb. 33.

102 Pressouyre, Léon: St. Bernard to St. Francis: Monastic Ideals and Iconographic Programs in the Cloister. in: Gesta 12/1973, S. 71–92; hier S. 75.

103 Kurthen, Josef u. Willi: Der Kreuzgang der Abtei Steinfeld und sein ehemaliger Bildfensterschmuck. in: Neuss, Wilhelm (Hg.): Die Glasmalereien aus dem Steinfelder Kreuzgang. (= Kunstgabe des Vereins d. Christliche Kunst im Erzbistum Köln u. im Bistum Aachen für das Jahr 1955) Mönchen-Gladbach 1955, S. 47-276; hier S. 65 ff. und S. 198 ff.; siehe auch Anm. 112.

104 Wagner-Rieger, Renate: Die Habsburger und die Zisterzienserarchitektur. in: Die Zisterzienser. Ordensleben zwischen Ideal und Wirklichkeit. Ergänzungsbd. (= Schriften des Rheinischen Museumsamtes 18) Köln 1982, S. 195–211; hier S. 199 ff.

105 Lill, Georg: Art. „Brunnen". in: Reallexikon zur deutschen Kunstgeschichte 2/1948, Sp. 1278–1310; Art „Brunnen". in: Lexikon des Mittelalters 2,4/1982, Sp. 764–784; Rautenberg, Anneliese: Mittelalterliche Brunnen in Deutschland. Diss. phil. Freiburg. i. Br. 1965, Bamberg 1965 (Diss. Druck).

106 A. Rautenberg (op. cit. Anm. 105), S. 121 ff.; E. Fassl (op. cit. Anm. 136), S. 41.

107 Freundl. Hinweis von K. Grewe. Die erste Variante findet sich auf dem Canterbury-Plan in den Lavatorien des Großen u. des Infirmarie-Kreuzgangs, die zweite in der „Aula nova" (siehe Beitrag Grewe im Bildanhang u. Planbeilage).

108 Freundl. Hinweis von T. Kinder.

109 Boisserée, Sulpiz: Denkmale der Baukunst vom 7ten bis zum 13ten Jahrhundert am Niederrhein. München 1832, S. 17 ff. und Tafeln 34, 40–44; A. Rautenberg (op. cit. Anm. 105), S. 73 f. (siehe auch den Beitrag Rech im Bildanhang).

110 A. Rautenberg (op. cit. Anm. 105), S. 75 ff.; R. Adolph (op. cit. Anm. 111), S. 143.

111 Adolph, Renate: Die Entwicklung des Schalenbrunnens in Italien und Deutschland. Diss. phil. Berlin 1943 (masch. schr.), S. 144 ff.; Zimmermann, Walter: Romanische Taufsteine am Niederrhein. in: Annalen des Historischen Vereins f. d. Niederrhein 155–156/1954, S. 472–500; hier S. 479 f.

112 A. Rautenberg (op. cit. Anm. 105), S. 78 f.

113 E. Fassl (op. cit. Anm. 136), S. 40 f. (siehe auch den Beitrag Teschauer im Bildanhang).

114 A. Rautenberg (op. cit. Anm. 105), S. 80; F. Reinboth (op. cit. Anm. 48), S. 44 ff. und Abb. 1; auch kelchförmige Taufbecken sind aus hochmittelalterlicher Zeit erhalten, z.B. in Jerichow und im Halberstädter Dom. Über die Motivbeziehungen zu Kreuzgangbrunnen siehe Anm. 111.

115 A. Rautenberg (op. cit. Anm. 105), S. 67.

116 A. Rautenberg (op. cit. Anm. 105), S. 63 f.

117 Dimier, Anselme: L'art cistercien hors de France. (= La nuit des temps 34) La Pierre-qui-vire 1971, Abb. 41, 107.

118 Backes, Magnus: Die Bau- und Kunstgeschichte von Kloster Schönau. in: Schönauer Elisabeth-Jubiläum 1965. Festschrift

anläßlich des achthundertjährigen Todestages der heiligen Elisabeth von Schönau. Kloster Schönau 1965, S. 101–133; hier S. 107; A. Rautenberg (op. cit. Anm. 105), S. 65 ff.

119 W. Zschietzschmann (op. cit. Anm. 57), S. 72 ff.
120 A. Rautenberg (op. cit. Anm. 105), S. 70.
121 Sauerländer, Willibald: Gotische Skulptur in Frankreich 1140–1270. München 1970, Nr. 65, S. 103.
122 Cranage, D. H. S.: The Monastery of St. Milburge at Much Wenlock, Shropshire. in: Archaeologia 72/1921–22, S. 105–132; hier S. 115 f.; English Romanesque Art 1066–1200. [Katalog] London 1984, S. 200–202, Nr. 169 a–c.
123 Hurni, Marie-Therese: Das Becken von St. Ulrich im Schwarzwald. Lizentiatsarbeit Basel 1981 [masch.schr.], Zusammenfassung in: Unsere Kunstdenkmäler 33/1982, S. 303–306; A. Rautenberg (op. cit. Anm. 105), S. 40 ff.
124 Kunstdenkmäler (op. cit. Anm. 66), S. 283–324; hier S. 306 ff.; Kraus, F. X.: Der Brunnen des Folcardus in S. Maximin bei Trier. in: Jahrbücher d. Vereins von Altertumsfreunden im Rheinlande [Bonner Jahrbücher 49/1870, S. 94-102 u. Taf. II; A. Rautenberg (op. cit. Anm. 105), S. 47 ff. u. S. 57 ff.; K. Hoffmann-Curtius (op. cit. Anm. 89), S. 81 ff.
125 von Erffa, Hans-Martin: Art. „Ehernes Meer", in: Reallexikon zur deutschen Kunstgeschichte 4/1958, Sp. 837-844.
126 A. Rautenberg (op. cit. Anm. 105), S. 296 Anm. 212.
127 Beiträge (op. cit. Anm. 40), S. 71 ff.
128 M. Piendl (op. cit. Anm. 53), S. 188 f.
129 Die Kunstdenkmäler von Stadt u. Bezirksamt Neumarkt (= Kunstdenkmäler von Oberpfalz u. Regensburg 17) München 1909, S. 136–204; hier S. 200.
130 A. Dimier (op. cit. Anm. 117), Abb. 108.
131 Die Kunstdenkmäler des Kreises Mayen, 1. Halbbd. (= Kunstdenkmäler der Rheinprovinz 17,2) Düsseldorf 1941, S. 329.
132 A. Rautenberg (op. cit. Anm. 105), S. 81. Die heute im Hof des Erfurter Angermuseums als Springbrunnen aufgestellte Schale ist 1964 restauriert und wohl damals durch eine zentrale Lochbohrung nachträglich für den Anschluß an eine Wasserleitung hergerichtet worden (freundl. Hinweis von R. Schmitt). Ursprüngl. Zustand abgebildet in: Die Stadt Erfurt: Dom, Severikirche, Peterskloster, Zitadelle. (= Kunstdenkmal der Provinz Sachsen 1) Burg 1929, S. 639 Abb. 530.
133 A. Rautenberg (op. cit. Anm. 105), S. 83; diese Angabe ev. nicht auf Autopsie der lange mit Erde gefüllten Schale beruhend, in deren Zentrum heute doch eine (alte?) Bohrung sichtbar ist (freundl. Hinweis von K. Grewe).
134 F. Reinboth (op. cit. Anm. 48), S. 41.
135 Grégoire, Christian: Contributions à l'histoire de l'abbaye d'Orval. L'ancien cloître, historique de son évolution. Fouilles de 1961–1962. in: Le Pays Gaumais 24–25/1963-64, 159–276; bes. S. 199 f.
136 Der im Kreuzganghof unüberbaut freistehende monumentale Jochbrunnen von *Jung St. Peter* zu STRASSBURG mit 2 Säulen u. Würfelkapitellen ist eine neoromanische Konstruktion des 19. Jh.; fälschlich für authentisch aus dem 11. Jh. stammend gehalten von Fassl, Erich: Der Brunnen in Südwestdeutschland. Typologie, architektonische und städtebauliche Bedeutung. Ein Beitrag zum Gestaltwandel historischer Brunnenbauten. Diss. TH Stuttgart 1966 [Diss. Druck], S. 34 f.
137 Die Kunstdenkmäler von Oberpfalz u. Regensburg, H. 20: Bezirksamt Stadtamhof (= Kunstdenkmäler Bayern 2, 20) München 1914, S. 162–240; hier S. 229 ff.
Das PRÜFENINGER Wasserhäuschen wurde in der Literatur oft als Kreuzgang-Brunnen angesehen, da man sich über seinen Standort außerhalb des Klausurquadrums nicht im klaren war. Vergl. selbst den betreffenden Artikel des wichtigsten deutschsprachigen Kunstgeschichts-Lexikons: A. Wagner (op. cit. Anm. 84), Sp. 1314/1315.
138 L. Butler u. Ch. Wilson (op. cit. Anm. 39), S. 237 ff., S. 274 ff., S. 183 ff.; siehe auch den Beitrag Bond.
139 M. P. Lillich (op. cit. Anm. 147), S. 134; siehe auch den Beitrag Wabont/Benoît.
140 Huber, Walter: Art. „Dansker". in: Reallexikon zur Deutschen Kunstgeschichte 3/1954, Sp. 1050–1052.
141 Die Kunstdenkmäler des Zisterzienserklosters Zwettl, bearb. v. Paul Buberl (= Ostmärkische Kunsttopographie 29) Baden bei Wien 1940, bes. S. 13 ff., S. 148 ff.; Kubes, Karl: Das Zisterzienserkloster Zwettl. Zu seiner romanischen und gotischen Anlage. Architektur und Schriftquellen. in: Jahrbuch für Landeskunde von Niederösterreich 46-47/1980-81, S. 314–386; hier S. 328 ff.
142 In MAUBUISSON haben Erd- u. Obergeschoß des Klausur-Osttraktes direkten Zugang zur Latrine, die jedoch nicht durch eine Längsmauer, sondern vertikal in zwei ungleich große Kompartimente unterteilt ist. Siehe den Beitrag Wabont/Benoît mit seiner Abb. 27.
143 Adam, Jean-Pierre u. Pierre Varène: La scie hydraulique de Villard de Honnecourt et sa place dans l'histoire des techniques. in: Bulletin monumental 143/1985, S. 317–332; Gille, Bertrand: Le moulin à eau. Une révolution technique médiévale. in: Techniques et Civilisations 3/1954, S. 1–15; Reynolds, Terry: Stronger than a Hundred Men. A History of the Vertical Water Wheel. Baltimore u. London 1983.
144 Braunfels, Wolfgang: Abendländische Klosterbaukunst. Köln 1969, S. 302 ff. Auszüge des lateinischen Textes mit deutscher Übersetzung.
145 Über die jüngsten Untersuchungen in dem als Schmiede und zur Metallverarbeitung dienenden Gebäude des 12. Jahrhunderts Benoît, Pierre: Un site industriel médiéval: L'abbaye de Fontenay. in: Mémoires de la Commission archéologique

de la Côte-d'Or 36/1988, S. 219–247 (siehe auch Beitrag Wabont/Benoit).
146 Floreffe: 850 ans d'histoire. Vie et destin d'une abbaye de Prémontrés. Floreffe 1973, S. 36ff.; Marchal, Nadine: Un bâtiment monastique: Le moulin-brasserie. in: Les constructions médiévales de l'ancienne abbaye de Floreffe. (= Centre d'histoire de l'architecture et du bâtiment, Publication 2) Löwen 1973, S. 133–191.
147 Trotz ihres kursorischen Charakters recht brauchbar ist die jüngste zusammenfassende Darstellung von Lillich, Meredith Parsons: Cleanliness with Godliness: A discussion of medieval plumbing. in: Mélanges à la mémoire du Père Anselme Dimier, III. Architecture cistercienne, 5. ordre, fouilles. Arbois 1982, S. 123–149.
Vorbildlich die sorgfältige, auf Großbritannien beschränkte Zusammenstellung von Bond, C.J.: Water Management in the Rural Monastery. in: The Archaeology of Rural Monasteries. (= British Archaeological Reports [BAR], British Series 203) Oxford 1989, S. 83–111 (siehe auch den Beitrag Bond).
Ferner ist unter Gesichtspunkten der mittelalterlichen Realienkunde heranzuziehen Kühnel, Harry: Beiträge der Orden zur materiellen Kultur des Mittelalters und weltliche Einflüsse auf die klösterliche Sachkultur. in: Klösterliche Sachkultur des Spätmittelalters. Internationaler Kongreß Krems a. d. Donau, 18. bis 21. Sept. 1978. (= Österreich. Akademie d. Wissenschaften, Phil.-Hist. Kl., Sitzungsberichte 367; Veröffentlichungen d. Instituts f. mittelalterliche Realienkunde Österreichs 3) Wien 1980, S. 9–29.
148 Technische Untersuchung veranlaßt durch Ch. v. Kaphengst (op. cit. Anm. 49).
149 W. Seidenspinner (op. cit. Anm. 71). Ähnlich umfassend die Untersuchungen in MAUBUISSON: (siehe den Beitrag Wabont/Benoit).
150 Dies war im Kloster ARNSBURG durch die Freilegung der Fundamente im Brunnenhaus möglich. Siehe W. Zschietzschmann (op. cit. Anm. 57), S. 77.
151 Die allein erhaltene obere Schale des HEISTERBACHER Kreuzgangbrunnens (siehe Anm. 109), früher in eine moderne Gartenfontäne eingebaut, ist seit mehreren Jahren provisorisch auf Stahlträger gelagert. Bei einer erwünschten Neuaufstellung möglichst unter Schutzdach sollte wegen des hier ausnahmsweise noch vorhandenen, wohl originalen Bleirohres der alten Steigleitung auf eine Wiederinbetriebnahme verzichtet werden.

Für Sachauskünfte, Literaturhinweise und Hilfe bei der Beschaffung von Bildvorlagen ist folgenden Institutionen zu danken:
Landesdenkmalamt Rheinland-Pfalz (Dr. R. Dölling, Dr. E. Finke),
Westfälisches Museum für Archäologie/Amt für Bodendenkmalpflege (Dr. G. Isenberg),
Universitätsbibliothek Bonn, Handschriftenabteilung (Dr. I. Fischer, Frau Weidlich),
Städt. Museum Essen-Altenessen (W. Völcker-Janssen),
ferner
Dr. I. Achter, Dipl.-Ing. K. Grewe, Dr. M. Huiskes, Prof. T. Kinder, Dr. D. Leistikow, Dr. P. Marzolff, Dr. M. Rech, Dipl. phil. R. Schmitt, Dr. O. Teschauer, K. und Dr. H.-W. Voigtländer, M. Wabont M. A.

Mittelalterliche Wasserversorgung in England und Wales

C. JAMES BOND

Vorbemerkung

Die Grenzen und Gebiete einiger englischer und walisischer Grafschaften wurden 1974 reorganisiert. Sobald ein Ort im folgenden Text zum ersten Mal erwähnt wird, steht in Klammern hinter seinem Namen der Name der *heutigen* Verwaltungs-Grafschaft, in der er liegt. Dieser kann gelegentlich von der *historischen* Grafschaft abweichen.

1. Einführung

Frischwasser ist eine grundlegende Lebensnotwendigkeit, aber an Orten, die mit natürlichen Wasservorkommen so gut ausgestattet sind wie den Britischen Inseln, wird es manchmal als selbstverständlich genommen. Es wird daher nicht immer gewürdigt, wieviel Scharfsinn über Jahrhunderte aufgewendet wurde, um Wasser von seiner Quelle zu dem Punkt zu leiten, wo es gebraucht wurde.[1] Dieser Aufsatz behandelt den gegenwärtigen Kenntnisstand über Archäologie und Geschichte der Wasserversorgung in England und Wales im Mittelalter. Er konzentriert sich auf den Bau von Brunnen und die Anlage von Leitungen für Burgen, Paläste, klösterliche Gebäude und Städte, wo der Bedarf am größten war. Zugehörige Aspekte der Wasserbewirtschaftung einschließlich der Verwendung von Wasser für verschiedene Zwecke – Waschen, Nahrungszubereitung, Fischzucht, Bewässerung, Verteidigung, die Energieerzeugung mit Hilfe von Wasserrädern und andere industrielle Aktivitäten, wie das Färben – sowie der Bau von Entwässerungen und Kanalisationen für die Entsorgung von Abwasser und Schmutzwasser werden hier nur gelegentlich behandelt.

Die Diskussion wird sich auf die Wasserversorgung im Zeitraum 1050–1550 konzentrieren. Um aber den Zusammenhang dieser Leistungen zu verstehen, ist es notwendig, einige Kenntnisse über die Wasserversorgung in früheren Zeiträumen zu haben.

2. Wasserversorgung vor dem Mittelalter

Der wahrscheinlich erste Nachweis von Wassersteuersystemen in Britannien datiert aus der vor-römischen Eisenzeit. Einige Hügel-Forts, wie CREDENHILL CAMP (Hereford & Worcester), besitzen natürliche Quellen innerhalb ihrer Verteidigungsanlagen. In MIDSUMMER HILL (Hereford & Worcester) gibt es Quellen nahe dem Süd-Tor des Hügel-Forts, die durch den eingezogenen Teil des Walles eingefaßt werden und damit ein kleines Reservoir bilden.[2] Das Hügel-Fort OLD OSWESTRY (Shropshire) hat anscheinend zwölf kleine Regenwasserbehälter in seinen westlichen Wällen.

Komplizierte Wasserversorgungssysteme, die während der römischen Besetzung entwickelt wurden, dienten den Erfordernissen von Bädern, öffentlichen Wasserspielen und Privathäusern. Britannien hat keine großen Monumente des Wasserbaus, die mit dem Pont du Gard in Frankreich oder den Aquädukten von Mérida, Segovia oder Tarragona in Spanien zu vergleichen wären. Trotzdem sollte der Beitrag der römischen Wasserbauingenieure nicht unterschätzt werden.

Die beeindruckendsten Überreste sind die Erdbauwerke der römischen Leitung in DORCHESTER (Dorset). Dies ist das längste bekannte Beispiel einer Wasserleitung in Britannien. Sie ist 18,2 km lang und besteht aus einem offenen Kanal, der ursprünglich ca. 1 m tief und 1,5 m breit war; sie verlief entlang einer Höhenlinie im Hang des Frome-Tales. Mit einer Höhendifferenz von 7,6 m zwischen ihrem Ursprung und der Stadt hatte sie ein ebenes Gefälle von 1 zu 2.400 und hätte pro Tag ca. 58.865 Kubikmeter Wasser liefern können.[3]

In WROXETER (Shropshire) ist der Damm noch immer zu sehen, der den Bell Brook (Bach) am Anfang der Leitung 1,2 km östlich der Stadt aufstaute. Von diesem Punkt führte ein offener Kanal Wasser in die Stadt, in der sowohl Holz- als auch Bleileitungen gefunden wurden. Privathäuser wurden von der Hauptleitung aus durch Hilfskanäle versorgt, die durch separate Schieber gesteuert wurden.[4]

In SILCHESTER (Hampshire) gibt es im Gegensatz dazu keinen direkten Hinweis auf irgendeine Wasserleitung von einer entfernten Quelle, aber es gab dort zahlreiche private

Brunnen. Allerdings kann der Bedarf größerer Wasserverbraucher auf diese Weise nicht gedeckt worden sein. Die öffentlichen Bäder im südöstlichen Stadtteil scheinen über hölzerne Rinnen versorgt worden zu sein, die Wasser aus einem höheren Gebiet in der Nähe des Stadtzentrums brachten. Auf der Westseite der Stadt wurden Hinweise auf eine Leitung aus Holzrohren gefunden, die mit eisernen Muffen verbunden waren. Diese Leitung war mindestens 215 m lang und versorgte wahrscheinlich ein kleines privates Badehaus. Sie verlief unter der Stadtmauer, in der Nähe eines gemauerten Fundamentes aus Feuerstein, das zu einem frühen Wasserturm gehören könnte, der ein Freispiegelsystem speiste, das vor Errichtung der Wehranlagen gebaut worden sein muß. Dieser kann nur von Quellen auf tieferem Grund außerhalb der Wehranlagen versorgt worden und das Wasser muß durch Pumpen gehoben worden sein. In einem Gebäude 100 m nördlich wurde der Eichenkolben einer hin und her gehenden Druckpumpe des Typs, den Vitruvius beschrieben hat, gefunden. Derartige Geräte könnten benutzt worden sein, um Wasser aus ebenerdigen Tanks in hochliegende Zisternen zu pumpen.[5]

In LEICESTER (Leicestershire) wurde das Erdbauwerk, das als Raw Dykes bekann ist, als eine Leitung interpretiert, die dazu da war, den Knighton Bach an einem Punkt 2,2 km im Süden anzuzapfen. Diese wäre aber in die Stadt ungefähr 6 m unter der Ebene der Bäder angekommen. Zwar hätte Wasser mit Pumpe und Wasserrad gehoben werden können, doch erscheint dies als unnötig komplizierte Anordnung, solange andere Quellen, die nicht weiter entfernt waren, auf höherem Niveau zur Verfügung standen. Eine andere Interpretation der Raw Dykes betrachtete das Bauwerk als einen schiffbaren Kanal.[6]

In LINCOLN (Lincolnshire) war die Wasserversorgung der Oberstadt ein besonderes Problem, da die Brunnen mindestens 12 m tief gebohrt werden mußten, um den Grundwasserspiegel zu erreichen. Überreste von zwei Verteilerbehältern in der Nähe der Stadtwälle zeigen, daß Wasser von anderswo herangebracht wurde, vielleicht von mehr als einer Quelle. Die einzige bekannte Leitung führte von Nordosten in die Stadt. Sie war aus Tonrohren gebaut, jedes 0,91 m lang mit 0,14 m Innendurchmesser, eingebettet in einen Druckmantel aus Beton mit quadratischem Querschnitt von 0,38 m Kantenlänge. Ihr Verlauf ist über ungefähr 1,9 km verfolgt worden. Der äußerste Abschnitt umfaßte eine Aquädukt-Brücke mit 11 Steinpfeilern, die offensichtlich im Gebiet einer ergiebigen Quelle mit Namen „Roaring Meg" endete. Es ist noch nicht klar, wie diese Leitung funktionierte. Wenn die Roaring Meg wirklich die Quelle der Wasserversorgung darstellte, dann hätten die Ingenieure eine Möglichkeit finden müssen, das Wasser über eine vertikale Höhe von 21 m in die Stadt zu pumpen. Eine mögliche Lösung war die Benutzung einer Druckpumpe, um das Wasser direkt durch eine ansteigende Hauptleitung zu drücken. Eine andere Lösung wäre es gewesen, das Wasser an der Quelle mittels einer Druckpumpe oder mittels einer Eimerkette zu heben, die durch ein hoch angeordnetes Tretrad getrieben worden wäre. Eine Möglichkeit bestünde ferner darin, durch ein Wasserrad oder durch archimedische Schrauben in eine Zisterne auf hohem Niveau oder in einen Wasserturm fördern zu lassen, die auf dem äußersten Pfeiler des Aquäduktes angeordnet war. Von hier aus hätte man die Stadt mit einer Druckrohrleitung versorgt. Jede dieser Erklärungen würde beträchtliche technische Schwierigkeiten bedeuten. Eine dritte Variante besteht darin, daß die entdeckten Überreste ganz einfach das Ende einer viel längeren Leitung sind, die Wasser mittels Schwerkraft von einer weiter entfernten Quelle brachte. Allerdings liegt der nächste Punkt, an dem dies möglich wäre, mehr als 30 km entfernt. Während aus dem übrigen Europa über längere Leitungen berichtet worden ist, wäre dies mit beträchtlichem Abstand das längste Beispiel in Britannien, und bis jetzt ist noch keine Spur des höheren Teils eines solchen Systems gefunden worden.[7]

In COLCHESTER (Essex) wurden mindestens neun flache, mit Holz ausgekleidete römische Brunnen im Nordwesten außerhalb der Wehranlagen gefunden, aber es gibt auch Anzeichen für einen Kanal, der Wasser von den Sheepen Quellen 1,2 km außerhalb der Wälle heranführte. In der Stadt wurde eine Anzahl von Hauptwasserleitungen entdeckt, die aus hölzernen Rohren bestehen, verbunden durch in das dicke Holz geschlagene eiserne Manschetten.[8]

Die Wasserverteilung in den Städten könnte mittels gemauerten Kanälen, Bleirohren, Tonrohren oder gebohrten Holzrohren erreicht worden sein. Zusätzlich zu den bereits erwähnten wurden Holzrohre in CAERWENT (Gwent), CAISTOR-BY-NORWICH (Norfolk), CIRENCESTER (Gloucestershire), EXETER (Devon), GLOUCESTER (Gloucestershire), LONDON, St. Albans (Hertfordshire) und WINCHESTER (Hampshire) ausgegraben. Eine von Bleirohren gespeiste Zisterne wurde in GLOUCESTER entdeckt, und Bleirohre sind auch aus BATH (Somerset), LONDON und SILCHESTER bekannt.

Öffentliche Badehäuser, die reichliche Wasserversorgung aus Rohren erforderten, gab es in vielen römischen Städten in Britannien. So zum Beispiel in CAERWENT, CAISTOR-BY-NORWICH, CANTERBURY (Kent), LEICESTER, LONDON, SILCHESTER, WROXETER und YORK.[9] Steinbecken, die zu öffentlichen Trinkbrunnen gehörten, wurden auch in verschiedenen Städten gefunden, so zum Beispiel in LEICESTER, LINCOLN und YORK.[10]

Wie auch immer, es gibt für viele römische Städte in Britannien keinen Nachweis über die Organisation der Wasserversorgung. Sogar in London hat man nur einen unvollständigen Einblick in die Einrichtungen. Wacher hält die Existenz einer Leitung, die Wasser vom höhergelegenen Gebiet um Highgate oder Hampstead hereinführte, für möglich. Allerdings gibt es dafür bisher keinen direkten archäologischen Beweis. Obwohl mit Holz ausgekleidete Kanäle und gemauerte Abwasserkanäle in vielen Teilen der Stadt entdeckt wurden, scheint ihr Zweck allgemein die Ableitung von Oberflächenwasser gewesen zu sein. An wenigen Stellen hat man gebohrte hölzerne Wasserrohre mit eisernen Manschetten sowie Ton- oder Bleirohre gefunden. Diese haben jedoch wahrscheinlich eher örtliche Quellen angezapft als die Verbindung zu einer äußeren Leitung hergestellt. Im Überblick wird es wahrscheinlich, daß sich London auf seine zahlreichen internen Quellen und Brunnen verließ, die sogar ausreichten, um damit größere Verbraucher wie den Palast des Gouverneurs und die verschiedenen Badehäuser zu versorgen.[11]

Abseits von den Städten ist eine Anzahl von Wasserleitungen für militärische Zwecke aus der nördlichen Grenzzone bekannt. Die längste ist ein gewundener 9 km langer offener Kanal, ca. 1 m breit x 1 m tief mit offenem Querschnitt, der das Wasser nahe an das Fort GREAT CHESTERS (Northumberland) des Hadrian-Walls brachte. Eine andere Wallbefestigung, BENWELL (Tyne & Wear), wurde durch einen Aquädukt von ca. 4,8 km Länge versorgt, der in eine Serie von fünf Becken führte, die als Beruhigungs-, Belüftungs- und Verteilerkammern dienten. BIRDOSWALD (Durham) besaß darüber hinaus eine Zisterne, in der die Überreste einer Holzkohle-Filtereinrichtung gefunden wurden. Bei dem Fort von LANCHESTER (Durham) vereinigten sich südlich des Walls zwei 3 km lange Aquädukte, von denen einer auf einem beachtlichen Damm verlief, um ein Reservoir zu speisen. Ein anderer Aquädukt von ca. 3 km Länge versorgte BOWES (Durham).[12] Wir kennen aus CAERNARVON (Gwynedd), CHESTER-LE-STREET (Durham), SOUTH SHIELDS (Tyne & Wear) und CHESTERS (Northumberland) Inschriften, die von der Erstellung oder Reparatur von Leitungen für militärische Zwecke aus dem ersten Viertel des dritten Jahrhunderts berichten.[13] Ein Abschnitt des offenen Kanals, der das Fort der römischen Flotte in Dover versorgte, wurde bei Bauarbeiten in den frühen siebziger Jahren dieses Jahrhunderts zusammen mit Holz- und Tonrohren für die Wasserverteilung entdeckt.[14]

Auch für industrielle Zwecke wurde Wasser in die Kanäle geleitet. Mindestens 27 römische Wasserräder sind heute in Britannien bekannt, oder ihre Existenz wird behauptet; dazu gehören verschiedene entlang des Hadrians Walls. Bei DOLAUCOTHI (Dyfed) wurde eine 13 km lange Leitung gebaut, um das Erz in den römischen Goldminen zu waschen.[15]

Es gibt Beweise dafür, daß einige römische Stadt-Wasserversorgungen bis in das fünfte Jahrhundert oder sogar noch länger funktionierten. Ausgrabungen in ST. ALBANS (Hertfordshire) ergaben eine ungewöhnlich alte Wasserleitung des römischen Typs, die aus mit eisernen Manschetten verbundenen Holzrohren bestand. Diese Rohre lagen an einer Folge von Gebäuden aus dem späten vierten und frühen fünften Jahrhundert. In diesem besonderen Fall hat also der römische Stadt-Aquädukt eindeutig nach 450 n. Chr., vielleicht aber auch noch erheblich später, funktioniert.[16] Als dem Bischof Cuthbert von Nordhumbrien im Jahre 685 die Stadtwälle von CARLISLE (Cumbria) gezeigt wurden, wird berichtet, daß er einen Brunnen oder eine Quelle (fons) sah, „wundervoll von den Römern gebaut" und noch in Betrieb.[17] Generell indessen scheint es während des fünften Jahrhunderts einen kompletten Zusammenbruch der Organisation der öffentlichen Wasserversorgung in Britannien gegeben zu haben. Bis heute ist nicht ein Fall bekannt, in dem römische Wasserleitungen kontinuierlich bis ins Mittelalter benutzt worden wären. Nach dem Ende der römischen Herrschaft vergingen einige Jahrhunderte, bevor irgendein erneutes Interesse an der Organisation der Wasserversorgung offensichtlich wurde.

Eine gewisse Wiederbelebung grundlegender technischer Fähigkeiten des Wasserbaus deutet sich durch die Wiedereinführung des Wasserrades an. 1957 wurde in OLD WINDSOR (Berkshire) eine komplizierte Mühle mit drei senkrechten Rädern ausgegraben, die aus einem Kanal versorgt wurde, der von der Themse abgezweigt worden war. Diese Mühle ist jetzt dendrochronologisch dem späten siebten Jahrhundert zugeordnet worden. Die erste dokumentarische Erwähnung findet sich in einer Urkunde im Jahre 762, in der das Recht, eine bereits vorhandene Mühle in CHART (Kent) zu benutzen, verliehen wurde. Auch die Mühle mit horizontalem Rad taucht früh auf; das in TAMWORTH (Staffordshire) ausgegrabene Exemplar wird auf 850 datiert. Anschließend vermehrte sich die Zahl der Wassermühlen stark. Im Domesday Buch von 1086 wird eine Gesamtzahl von 5.624 aufgeführt.[18]

Weiterreichende Wasserbauprojekte ergaben sich aus dem Wiederaufleben des Benediktinerordens um die Mitte des zehnten Jahrhunderts. Nach der Chronik von ABINGDON ABBEY (Oxfordshire), die im zwölften Jahrhundert zusammengestellt wurde, leitete Ethelwold, Abt von *circa* 954 bis 963, einen Teil des Themseflusses in einen Kanal für die neue Mühle. Wenn man dieser Aufzeichnung trauen kann (und falls die Mühle aus dem zehnten Jahrhundert den Platz der späteren Abtei-Mühle einnahm), war der von Ethelwold gebaute künstliche Wasserweg mindestens 1 km lang. Derselbe Abt soll auch den Bau eines Abflusses von der Latrine hinter dem Dormitorium der Abtei hinunter zum River Ock, einem nahegelegenen Nebenfluß der Themse, veranlaßt haben.[19] In WINCHESTER (Hampshire), wohin Ethelwold als Bischof 963 berufen wurde, gab es bereits ein ziemlich komplexes System von offenen Kanälen und Mühlenzuläufen, gespeist vom Fluß Itchen, der im späten neunten Jahrhundert von Nord nach Süd durch die Straßen der Stadt floß. Ethelwold scheint dort weitere Arbeiten unternommen zu haben, einschließlich der Umleitung eines Flußarmes durch den Münsterbezirk.[20]

3. Die mittelalterliche Wasserversorgung aus Quellen und Brunnen

Im frühen Mittelalter war das Vorhandensein von natürlichen Quellen und Wasserläufen oft ein wesentlicher Faktor für die Gründung von Siedlungen. Dies geht aus den Namen der Städte BATH (Avon) und WELLS (Somerset) hervor und den zahlreichen Dörfern, in denen das alte englische Wort *Well* (Brunnen) enthalten ist, wie in BARNWELL (Cambridgeshire), HALWELL (Devon), WELFORD-ON-AVON (Warwickshire), WHERWELL (Hampshire) und WILTON (Somerset). Der erste Schritt der Verbesserung war einfach, die Quelle mit Holz oder Mauerwerk einzufassen, um genügend Wassertiefe zum Eintauchen eines Schöpfgefäßes zu erhalten. Dieser Typ der gefaßten Quelle war in Oxfordshire unter dem veralteten Dialektwort „tite" bekannt. Für viele ländliche Gemeinden blieb die „tite" die einzige Wasserversorgung bis in dieses Jahrhundert.

Wo an der Oberfläche austretende Quellen nicht verfügbar waren, wurde Wasser durch das Graben von Brunnen gewonnen. Wenn das Grundwasserniveau nicht zu tief lag, wurden Brunnen im allgemeinen mit einem Eimer an einem Schwebebalken mit Gegengewicht betrieben. Beispiele sind auf einer Anzahl von zeitgenössischen Zeichnungen dargestellt: etwa einer Zeichnung von GREAT YARMOUTH (Norfolk), die auf ca. 1585 datiert wird. Abgebildet werden zwei Brunnen mit Galgen und Gegengewicht auf dem Marktplatz und ein dritter außerhalb des Stadtwalls auf der Seeseite.[21] Tiefere Schachtbrunnen wurden mit Eimer, Kette und Winde betrieben. Gelegentlich mußten Brunnen – besonders in Burgen, die aus Gründen der Verteidigung oft auf Hügelkuppen hoch über dem Grundwasserspiegel gelegen waren – bis zu einer Tiefe von 100 m oder mehr gegraben werden. Es ist zu bezweifeln, daß eine konventionelle Winde leicht das Gewicht einer mehr als ungefähr 50 m langen Kette gehoben hätte. Deshalb wurde für tiefere Brunnen eine Art Tretmühle benutzt. Im Jahre 1327 zahlte der Bischof von Winchester an Robert Prewes 3 £ für den Bau einer „Maschine" *(ingenio)*, die ein eisenverstärktes Rad mit Zähnen enthielt, um Wasser aus dem Brunnen seines Herrenhauses in HIGHCLERE (Hampshire) zu fördern.[22] Der Brunnen im königlichen Palast von CLARENDON (Wiltshire) scheint ebenfalls mittels einer Tretmühle betrieben worden zu sein.

An einigen Stellen wurden bei Ausgrabungen Gerätschaften zur Förderung von Wasser aus Brunnen gefunden. Im Turm des Lydford Castle (Devon), der ursprünglich im zwölften Jahrhundert als Gefängnis für den königlichen Forst von Dartmoor und die Devon Stannary (die besondere Gerichtsbarkeit für den Zinn-Bergbaudistrikt) gebaut wurde, gab ein großer Brunnen, der durch massiven Fels bis in eine Tiefe von über 10 m getrieben worden war, die Überreste verschiedener Weidenholzeimer, Bandeisenscharniere und Nägel vom Brunnendeckel frei; ferner Eichenhölzer, die anscheinend zum Hebemechanismus gehört haben.[23] Ein anderer hölzerner Eimer mit Eisenreifen wurde in WEOLEY CASTLE (West Midlands) gefunden, wo der Brunnen im Schloßhof über 6 m tief ist.

Klöster in Städten behielten häufig ihre ursprünglichen Brunnen als Reserve für Notfälle, auch nachdem Wasser in Leitungen geliefert wurde. Die wohlbekannte Zeichnung des Immunitätsbezirks der Canterbury Cathedral Priory (Kent) aus dem zwölften Jahrhundert zeigt zwei Brunnen: einen mit Schwenkarm und Gegengewicht auf dem Laienfriedhof, der für die Stadtbevölkerung zugänglich war, und einen im abgeschlossenen Krankenbezirk nahe bei einer als Reservetank dienenden Säule mit Kapitell (siehe Plan in der Anlage und Beitrag K. Grewe im Bildanhang). Eine Notiz auf der Zeichnung besagt, daß Wasser aus dem Brunnen geschöpft werden und in die Säule gegossen werden konnte, um alle Gebäude der Priory zu versorgen,[24] wenn die Leitung defekt war.

In Städten und Dörfern wurde Wasser aus Flüssen und Brunnen oft von berufsmäßigen Wasserträgern gegen Bezahlung herumgetragen. Der normannische Taufstein in der Dorfkirche von HOOK NORTON (Oxfordshire) zeigt zwei Tierkreisfiguren, eine davon Aquarius, der ein Paar lederner Wassereimer trägt. Obwohl das Thema mythologisch ist, waren die Eimer dem Bildhauer doch hinreichend geläufig. Der Luttrell Psalter von ca. 1338 beschreibt einen Wasserverkäufer mit seinem Pferd, das Wasserbehälter trägt, zwei große Häute, die, aufgehängt an ihren Hälsen, von einem T-Holz herunterhängen. Die Great Yarmouth Zeichnung von ca. 1585 enthält zwei Figuren, die vom Brunnen außerhalb der Stadt etwas forttragen, das wie eine Wassertasche aus Tierhaut aussieht, aufgehängt an einem Tragebalken. In London hatte die Gilde der Wasserträger, die sich 1496 konstituierte, ungefähr 4000 Mitglieder. Sie versuchten ihr Monopol aufrechtzuerhalten, indem sie Leute bestraften, die selbst Wasser aus der Themse holten. Von einer ähnlichen Gilde wird in Chester berichtet.[25]

4. Brunnen in Städten

Bei vielen städtischen Ausgrabungen sind Brunnen gefunden worden. Im mittelsächsischen Handelsplatz, der im allgemeinen unter dem Namen „Hamwih" oder „Hamwic" (in der Nachbarschaft der St. Mary's Kirche in SOUTHAMPTON, Hampshire) bekannt ist, wurden verschiedene Brunnen mit rundem Schacht und Auskleidung aus Holz oder geflochtener Weide festgestellt. Später im Mittelalter wurden diese meistens mit Steinen ausgekleidet. Im wohlhabenderen Teil von Southampton in der High Street befand sich in einem Haus aus der Mitte des 13. Jahrhunderts ein Brunnenraum aus derselben Zeit, der einen solchen mit Steinen ausgekleideten, 1,9 m tiefen Brunnen enthielt.[26]

Im mittelalterlichen WINCHESTER (Hampshire) scheinen sogar die kleinsten Hütten im höheren Teil der Stadt ihre eigenen privaten Brunnen gehabt zu haben. Auf Ausgrabungen wurden viele Beispiele gefunden, und die Haus- und Reparaturrechnungen weisen regelmäßig Ausgaben für Eimer, Seile und Ketten aus. Es gab in der High Street, in der Nähe des Rathauses, auch einen öffentlichen Brunnen, der im 15. Jahrhundert von den Schlachtern und Fischhändlern auf dem Markt benutzt wurde. Der unter Teil des Stadtzentrums scheint sich im späteren Mittelalter auf fließende Gewässer verlassen zu haben, obwohl auch hier Ausgrabungen in der Tanner Street mit Holz verschalte Brunnen freigelegt haben. Die meisten stammen aus dem zehnten oder elften Jahrhundert, aber in einem Fall möglicherweise sogar aus dem achten Jahrhundert.[27]

Die Gründung neuer Städte erforderte oft die Suche nach neuen Wasservorkommen. Nachdem der Hafen von OLD WINCHELSEA (East Sussex) durch Küstenerosionen zerstört worden war, plante König Eduard I. 1280–88 neben dem

Dorf Iham auf einem nahegelegenen Hügel eine neue Stadt. Iham selbst hatte bereits zwei Brunnen, und es wurden vier weitere gegraben, um die Stadt New Winchelsea zu versorgen. Als der Bischof von Winchester 1219–20 in HINDON (Wiltshire) einen neuen Marktflecken gründete, belegen Rechnungen das Graben eines neuen Brunnens, 14 fathoms (25,6 m) tief, für 21 s, dazu ein Seil und einen eisenverstärkten Eimer, der 1 s kostete.[28]

5. Brunnen in Burgen und Palästen

Regelmäßig waren in den Burgen und Palästen des Königs und des Adels Brunnen vorgesehen. Für normannische Burgen, die angelegt waren, um Belagerungen standzuhalten, war eine sichere Wasserversorgung unerläßlich. Die erste Generation steinerner Zitadellen, wie zum Beispiel der Tower von LONDON, COLCHESTER (Essex) und CASTLE RISING (Norfolk), besaß häufig einen Brunnen auf Kellerniveau. Dies war ebenso unpraktisch wie gefährlich, und bei späteren Zitadellen wurde die Brunnenkrone gern bis auf das Niveau des ersten Stocks oder noch weiter heraufgezogen. In ROCHESTER (Kent) befand sich der Brunnenschacht in der zentralen Zwischenwand des Turms und erstreckte sich bis auf die Höhe des dritten Geschosses, mit einer Öffnung in jeder Etage.

In NEWCASTLE-UPON-TYNE (Tyne & Wear) gab es im Burgfried der 1177 fertiggestellten Burg im Nordostflügel des Gebäudes eine Brunnenkammer, die man von der großen Halle im dritten Stock betrat. Der Brunnen war 30 m tief, bei 14 m Wassertiefe. Auf beiden Seiten der Brunnenkammer befand sich eine schalenförmige Nische, von der aus ein Bleirohr Wasser zu den darunterliegenden Räumen leitete. Außerdem füllte es eine Zisterne über den äußeren Treppen, von der die Küchen versorgt wurden.

Die Zitadelle der Burg in DOVER (Kent), erbaut 1181, besaß eine ziemlich ähnliche Anordnung mit einem Brunnen in einer kleinen rechteckigen Kammer zwischen dem Haupttreppenhaus und dem Bankettsaal. Die Ingenieure, die die Zitadellen von Dover und Newcastle gebaut haben, hießen beide Maurice; es ist wahrscheinlich, daß es sich um den gleichen Mann handelt. Der Brunnen in Dover wurde durch Quellen gespeist, deren Wasser auf mittlerer Meereshöhe, etwa 120 m unter dem Fuß der Burg, aus dem Kalk sickerte. Der Brunnen muß bis zu dieser Tiefe getrieben worden sein, und die Brunneneinfassung befand sich innerhalb des Gebäudes, 12,5 m über der Erdoberfläche. Der Durchmesser der obersten 52 m des Brunnens betrug 1 m. Er war ausgemauert mit Quadersteinen aus Caen, die keilförmige Gerüstlöcher freiließen. Weiter unten war der Brunnen enger und nicht besonders ausgekleidet. Eine kleine Vertiefung in der Nordostwand der Brunnenkammer enthielt zwei kleine Senken, welche die Enden von ungefähr 25 mm voneinander entfernten Bleirohren aufnahmen. Diese Bleirohre führten durch Schwerkraft Wasser in verschiedene andere Teile des Gebäudes.[29]

Brunnen wurden auch in die Hügel abgeteuft, auf denen die Burgen standen. Um 1173–4 berichtet die Pipe Roll (Königliche Steuerliste) über eine Ausgabe von nahezu 20 £ für die Fertigstellung des Brunnens in Oxford Castle. Dies könnte der Brunnen sein, der noch im Hügel existiert und dessen Kopf im frühen 13. Jahrhundert mit einer sechseckigen gewölbten Kammer überbaut wurde.[30]

Oft gibt es Brunnen im inneren Burghof. In SCARBOROUGH CASTLE (North Yorkshire) ist der Brunnen in drei Abschnitten insgesamt 54 m tief; die oberen 20 m sind kreisförmig, 2 m im Durchmesser und mit Steinen ausgekleidet, die nächsten 6 m sind durch festes Gestein getrieben, 3 m im Quadrat; der unterste Teil ist wiederum kreisförmig, mit einem Durchmesser von 2 m. In OLD SARUM (Wiltshire) ist der im Burghof immer noch gut sichtbare Brunnen aus dem zwölften Jahrhundert achteckig, etwa 36 m tief und hat ungefähr 1,8 m Durchmesser. Ein weiterer wurde südlich in kurzem Abstand davon entdeckt. In TAUNTON (Somerset), ist der kreisförmige Brunnen im inneren Burghof ca. 37 m tief. Der große Brunnen in BRISTOL CASTLE (Avon), der um 1880 im inneren Burghof entdeckt wurde, hatte eine glatte zylindrische Bohrung, 12 m Tiefe und ungefähr 3 m Durchmesser.[31]

In CARISBROOKE CASTLE (Isle of Wight) sind zwei Brunnen bekannt. Derjenige in der Mitte der Zitadelle soll über 90 m tief sein und ist vielleicht der ursprüngliche Schacht, der 1150 gebaut wurde. Es gibt einen Hinweis auf die Reinigung dieses Brunnens aus der Zeit von 1378–80. Der zweite

Brunnen im Burghof, 49 m tief, wurde wahrscheinlich unter der Gräfin Isabella de Fortibus 1270 gebaut. 1291 wurde für diesen Brunnen ein neues Rad mit Seilen und Eimern installiert. Er konnte nun von einer Tretmühle mit Esel betrieben werden. Diese wurde 1587 eingerichtet; ihr Durchmesser betrug 4,6 m, die Kosten betrugen 16 £.[32] Die Hubräder für Brunnen haben auch im ALNWICK CASTLE (Northumberland) und CILHAM CASTLE (Kent) überdauert.

Burgen aus dem 13. Jahrhundert ohne Bergfried hatten im allgemeinen ihre Brunnen entweder im Hof oder in einem besonders dafür gebauten Turm. In CAERNARVON steht der achteckige Brunnenturm auf der Nordseite des unteren Burghofs, und der Brunnen selbst befindet sich in einem Vorbau nach Osten. Von der Brunnenkammer im Erdgeschoß gemessen, ist der Brunnen 14 m tief. Sein Schacht ist nach oben verlängert, so daß er vom ersten Stock aus zugänglich war. Wasser aus dem Brunnen füllte einen mit Blei ausgekleideten Tank von dem aus Steinkanäle und Rohrleitungen den angrenzenden Wohnbereich versorgten. Ein zweiter Brunnen im Granary Tower versorgte den oberen Burgteil. Auch im oberen Bereich, der von seiner Südseite überkragte, gab es einen unfertigen Turm. Er enthielt in seiner oberen Etage eine sechseckige, mit Lehm ausgekleidete Steinzisterne, die Regenwasser vom Dach sammelte. Diese Zisterne besaß einen durch die gesamte Wand geführten Abfluß in einen Schacht zum nächstgelegenen Queens Gate.[33]

Die vollständigste Dokumentation über Brunnenbau in königlichen Burgen gibt es für die Regierungszeit von Eduard I. (1272–1307). In CAMBRIDGE wurde 1288 ein neuer Burgbrunnen in der Nähe des hinteren Tores gegraben. Neue Baumaßnahmen in den Burgen, die mit der Eroberung von Wales zusammenfielen, schlossen häufig auch Arbeiten an Brunnen ein. Im neuen Schloß von FLINT (Clwyd) wurden 1281 einem Londoner Maurer mit Namen John le Blund 19 s für das Einpassen von 152 Steinen in den Brunnen im großen Turm bezahlt. Die Überholung des Brunnens im ABERYSTYTH CASTLE (Dyfed) im Jahre 1286 kostete 20 £. Eine zweite Rechnung aus der Zeit 1287–9 berichtet über 1 £, ausgegeben für die Vertiefung eines Brunnens, und 10 s für dessen Abdeckung und die Beschaffung eines Seils. Als HOPE CASTLE (Clwyd) nach dem walisischen Aufstand von 1282 in die Hände Edards I. kam, stellte sich heraus, daß die Waliser vor Aufgabe des Schlosses den Brunnen verschüttet hatten. Als zeitlich begrenzte Lösung wurde ein tragbarer Tank gekauft, um von einer außenliegenden Quelle Wasser in die Burg zu bringen, während die Aufgabe in Angriff genommen wurde, mit Hilfe eines Seiles Steine aus dem Brunnen zu heben. Als der Brunnen soweit hergestellt war, daß er wieder benutzt werden konnte, wurde ein Bote mit zwei Fässern Wasser aus dem Brunnen zu König und Königin in Rhuddlan geschickt. Gelegentlich wird der Brunnen zur schmückenden Besonderheit. Der Brunnenkopf im Hof von RHUDDLAN CASTLE (Clwyd) war von einem kleinen, mit Lehm ausgekleidetem Fischteich umgeben, und 1282–3 waren darumherum Sitzplätze für die Königin eingerichtet.[34]

Die Baurechnungen des CRICCIETH CASTLE (Gwynedd) wiesen 1315–16 4 £ 8 s 7 d aus, und zwar für den Bau des „Cisterne-Tour" (Zisternenturm), der inzwischen zusammen mit dem Torhaus identifiziert wurde. Dort bildete der von einer Quelle gespeiste, mit Steinen ausgekleidete Tank auf dem Boden der Torhauspassage die einzig bekannte Wasserversorgung in der Burg.[35]

Die jüngste aller größeren mittelalterlichen königlichen Burgen, QUEENBOROUGH auf der Insel Sheppey (Kent), besaß in der Mitte ihres inneren Hofes einen Brunnen, der nachweislich eine bemerkenswerte Konstruktion darstellte. Im Jahre 1365 wurden einem Maurer mit Namen Robert of Westmalling 6 £ 18 s 4 d für das Graben und Mauern von 83 Fuß des Burgbrunnens ausgezahlt. Im folgenden Jahr erhielt er 20 s für weitere Arbeit am Brunnen. Der mittelalterliche Brunnenschacht scheint mindestens 95 Fuß tief gewesen zu sein, und eine spätere Rechnung beschreibt ihn als mehr als zweimal so tief. Er könnte im Erdbeben von 1382 beschädigt worden sein, denn 1393 wurde Arnauld Sauvage, dem die Obhut der Burg auf Lebenszeit anvertraut worden war, beauftragt, einen neuen Brunnen zu bauen. Robert Weldyker wurde für den Bau, für 60 Wochen Arbeit zu 3 s 4 d pro Woche, bezahlt, und drei Maurer wurden für die Auskleidung mit Steinen entlohnt. Es ist wahrscheinlich, daß es sich hier nur um eine größere Reparatur des vorhandenen Brunnens handelte. Der Burgbrunnen hat die Marineanlage weiter bis ins 18. Jahrhundert versorgt und die kleine Stadt Queenborough bis in unser Jahrhundert.[36]

Das königliche Schloß WOODSTOCK (Oxfordshire) bezog

sein Wasser ursprünglich aus Brunnen. 1233 wurden Bretter aus Tannen- oder Föhrenholz (tabulas de sap') um den Brunnen gelegt. Das ist einer der frühesten bekannten Hinweise auf die Verwendung dieses importierten Materials in England.[37] Im Palast von KINGS LANGLEY (Hertfordshire) wurde der „Große Brunnen" 1279–81 für die bemerkenswerten Kosten von 18 £ 1 s 7 d gegraben. Spätere Hinweise beschreiben die Reparatur des Brunnenhauses und dazu 1305–6 die Eisenbewicklung der Hauptwelle der Winde und die Herstellung eines Eisenreifens für den Eimer zu Kosten von 2 s 6 d und 1369–70 weitere Reparaturen an Winde und Kette. Ein bemerkenswerter Brunnen, wahrscheinlich identisch mit dem dokumentierten, wurde bei Ausgrabungen an dieser Stelle 1974–6 gefunden. Er war ausgekleidet mit Feuersteinen und scheint mindestens 50 m tief gewesen zu sein.[38]

Weiterhin boten Brunnen eine angemessene Versorgung auf dem Lande. In den Städten indessen führte der steigende Wasserbedarf einer zunehmenden Bevölkerung dazu, daß mehr und mehr Privatbrunnen angelegt wurden, so daß um das 13. Jahrhundert an vielen Orten die älteren Brunnen ausgetrocknet waren und neue immer tiefer gegraben werden mußten, weil der Grundwasserspiegel dauernd abgesenkt wurde.

Zunehmend beengte Verhältnisse führten häufiger zu enger Nachbarschaft von Brunnen, Latrinen und Senkgruben. Verseuchtes Wasser und schlechte sanitäre Einrichtungen waren die Hauptfaktoren bei der schnellen Ausbreitung von Krankheiten in städtischen Gebieten. Zunächst wurde von monastischen und kirchlichen Gemeinschaften und dann von den Stadtautoritäten selbst die Lösung praktiziert, Leitungen zu bauen, um frisches Wasser von entfernt gelegenen Quellen heranzubringen.

6. Die mittelalterliche Wasserversorgung aus Leitungen

Der römische Ingenieur Vitruvius beschrieb zwei grundlegende Typen von Wasserleitungen, die beide während des Mittelalters in England im Gebrauch waren.

Offene Leitungen, in denen das Wasser in einer offenen Steinrinne oder in einem mit Mörtel bzw. Lehm verputzten Kanal floß, waren ein häufig benutzter Typ in der römischen Welt. Sie hatten den Vorteil, daß sie für regelmäßige Inspektion, Reinigung und Wartung besser zugänglich waren, aber auch einige Nachteile. Sie benötigten ein ziemlich gleichmäßiges Gefälle, vorzugsweise von nicht weniger als 1:200, damit die Strömung gewährleistet war. Entweder mußten sie der Kontur der Erdoberfläche folgen, was in Einzelfällen lange und gewundene Streckenführungen nötig machte, oder sie erforderten teure Ingenieursarbeit, wie zum Beispiel Tunnel-Einschnitte und brückenförmige Aquädukte; eine Lösung, die im Britannien des Mittelalters selten gewählt wurde. Offene Leitungen waren auch anfälliger gegen Verunreinigung von außen. Dieses Prinzip wurde oft für Zuleitungen zu Mühlen und Fischteichen, für Entwässerungen und Kanalisationen benutzt, aber zum Zwecke der Wasserversorgung wurde es erst spät im Mittelalter wiederentdeckt.

Geschlossene Leitungen bestanden aus luftdichten Rohren, die völlig mit Wasser gefüllt waren. Sie wirkten wie eine Druckrohrleitung; man konnte sie daher bergauf oder bergab in jedem Winkel verlegen unter der Voraussetzung, daß sie nicht höher lagen als das Niveau des Einlasses. Diese Art von System war gut geeignet für die Verwendung in bereits besiedelten Gebieten, da die Rohre entlang der Straßen verlegt werden konnten und vergleichsweise gut vor äußerer Verunreinigung gesichert waren. Sie konnten auch durch Flüsse geführt werden, entweder an Brücken angelehnt oder unter dem Flußbett hindurch. Andererseits bestand für die Rohre Berstgefahr durch Wasserdruck, wenn sie weit unter der Quelle oder dem Ausfluß lagen. Sie waren auch anfälliger für Verstopfungen durch Sedimente, weniger zugänglich für Inspektionen und schwieriger zu reparieren. Dennoch waren für Städte und städtische Klöster die Vorteile des Systems mit geschlossener Leitung im allgemeinen größer als seine Nachteile, und so wurde es während des Mittelalters weitgehend benutzt.

Normalerweise wurde das Wasser aus den Quellen am Leitungskopf in einer Quellfassung gesammelt, bevor es in das Hauptrohr strömte. Die Zeichnung des Kathedralklosters von Canterbury aus dem 12. Jahrhundert zeigt einen kreisförmigen Leitungskopf, bei dem die Ausflußleitung durch ein perforiertes Rundblech abgedeckt ist, um Blätter und Teile von Zweigen fern zu halten. Normalerweise war die Quellfassung von einem kleinen Steingebäude überbaut.

Eine Anzahl von kirchlichen und klösterlichen Versorgungssystemen hat bis heute überlebt. Dazu gehören: LICHFIELD (Staffordshire), CANONS ASHBY (Northamptonshire), EDINGTON (Wiltshire), MONKTON FARLEIGH (Wiltshire), WALTHAM ABBEY (Essex), HAUGHMOND (Shropshire), VALLE CRUCIS (Clwyd) und MOUNT GRACE (North Yorkshire) *(Abb. 1–4)*.[39] Die Franziskaner-Mönche von London erwarben zwei Quellen, eine um die Mitte des 13., eine im frühen 14. Jahrhundert. Von beiden wurden die Leitungsköpfe archäologisch untersucht.[40]

Offene Leitungen, die noch in Betrieb sind, kann man in CAMBRIDGE, TIVERTON (Devon), CHARD (Somerset) und andernorts verfolgen. Ein nicht mehr in Betrieb befindliches Beispiel, das als Erdhaufen überkommen ist, ist in der Zisterzienser Abtei von STANLEY zu finden (Wiltshire) *(Abb. 5)*. Normalerweise wurden geschlossene Leitungen aus Bleirohren hergestellt, oft in Lehm eingebettet, um Leckagen zu vermeiden, und vielfach in einem mit Steinen ausgekleidetem Tunnel verlegt, zum Schutz und für leichteren Zugang. Viele Beispiele sind durch Ausgrabungen und aus dokumentarischen Aufzeichnungen bekannt. Gelegentlich wurden auch andere Materialien benutzt: In der BEAULIEU ABBEY (Hampshire) wurden zum Beispiel ausgehöhlte Ulmenstämme verwendet, und im Dominikanerkloster von CHELMSFORD (Essex) hat man Tonröhren ausgegraben. Aber die Abdichtungsschwierigkeiten an den Stoßstellen bewirkten, daß im allgemeinen Bleirohre trotz der Vergiftungsgefahr durch Bleioxyd vorgezogen wurden.

Die Länge der Leitungen konnte beträchtlich sein. Natürlich war es allgemeine Praxis, die nächste verfügbare Quelle brauchbaren Wassers zu benutzen, um Kosten und technische Schwierigkeiten des Leitungsbaus gering zu halten. Allerdings mußten manchmal aus den verschiedensten Gründen weiter entfernt liegende Quellen angezapft werden. Entfernungen von 3–5 km wurden oft überbrückt. Im Jahre 1327 erwarben die Dominikaner-Brüder von BOSTON (Lincolnshire) eine königliche Lizenz, um eine unterirdische Leitung von den Quellen bei Bolingbroke (mehr als 20 km entfernt) anzulegen.[41] Das Beispiel Boston ist so außergewöhnlich für das frühe 14. Jahrhundert, daß bezweifelt werden muß, ob diese Leitung je verwirklicht wurde. Aber in den Jahren 1585–91 wurde eine offene Leitung von nahezu 17 km gebaut, um die Stadt PLYMOUTH (Devon) zu versorgen. Im Jahre 1601 sicherte Sir Hugh Myddelton eine neue Versorgung für London. Dazu gehörte der Bau einer offenen Leitung von über 60 km Länge (siehe weiter unten).

Im Hinblick auf die Länge einiger Leitungen war großes Können beim Nivellieren erforderlich, um sicherzustellen, daß der Auslaß niedriger lag als der Leitungskopf an der Quelle. Es wurde berechnet, daß das Gefälle von der Quelle bei Christleton, 1282 von den Mönchen der St. Werburghs Abbey in Chester erworben, zur Zisterne im Kloster über eine Distanz von 3 km nur 3 m betrug.

Dies kann man mit einem Gefälle von 7 m auf 2 km Länge der Leitung des Londoner Franziskanerklosters vergleichen. Sogar hier wurde später von dem Hospital, das nach Auflösung der Abtei dieses Versorgungsnetz erworben hatte, gesagt, daß das Wasser „nicht gut nach Hause kam" – wegen des niedrigen Gefälles.[42]

Vitruvius empfahl die Anordnung von Absetzbecken in bestimmten Abständen entlang der Leitung, und diese Vorrichtungen wurden im Mittelalter regelmäßig angewendet. Die Zulaufleitung brachte Wasser in die Kammer, in der die Strömungsgeschwindigkeit abnahm und daher Sedimente ausfielen. Vom anderen Ende der Kammer zog die Abflußleitung, oft durch ein perforiertes Blech geschützt, das reine Wasser von den oberen Schichten innerhalb der Kammer ab. Am Boden der Kammer war normalerweise ein Absperrhahn oder ein Stopfen angeordnet, der die Entleerung der Kammer und die Reinigung von angesammeltem Sediment erlaubte. Die Rohrleitung des Kathedralklosters von Canterbury besaß eine Serie von fünf solcher Kammern zwischen den Quellen und dem Punkt, wo die Rohrleitung in den Immunitätsbezirk einmündete. Entsprechende Beispiele gibt es auch auf den mittelalterlichen Zeichnungen von WALTHAM ABBEY (Essex) und der Londoner Kartause *(Abb. 6 u. 8)*.[43] Die wohlüberlegte Verwendung einer Kiesvorlage, um Verunreinigungen auszufiltern, wird in der Westminster Abbey vermutet, wo es Anzeichen für die Existenz eines Filtertanks in einer Nische des Treppenhauses neben dem Refektorium gibt *(Abb. 7)*.[44] Andere Rohrleitungen wie zum Beispiel LICHFIELD, wo das Wasser beson-

Abb. 1–4 Quellfassungen in Klöstern

Abb. 1 Edington Priory (Wiltshire)

Abb. 2 Monkton Farleigh Priory (Wiltshire)

Abb. 3 Haughmond Abbey (Shropshire)

Abb. 4 Valle Crucis Abbey (Clwyd)

Abb. 5 Stanley Abbey (Wiltshire), Luftbild: Das Grundstück, auf dem sich Kirche und Konventanlage befinden, liegt oberhalb der Bildmitte. Die Gebäude werden von der Leitung versorgt, die sich unten in der Mitte befindet

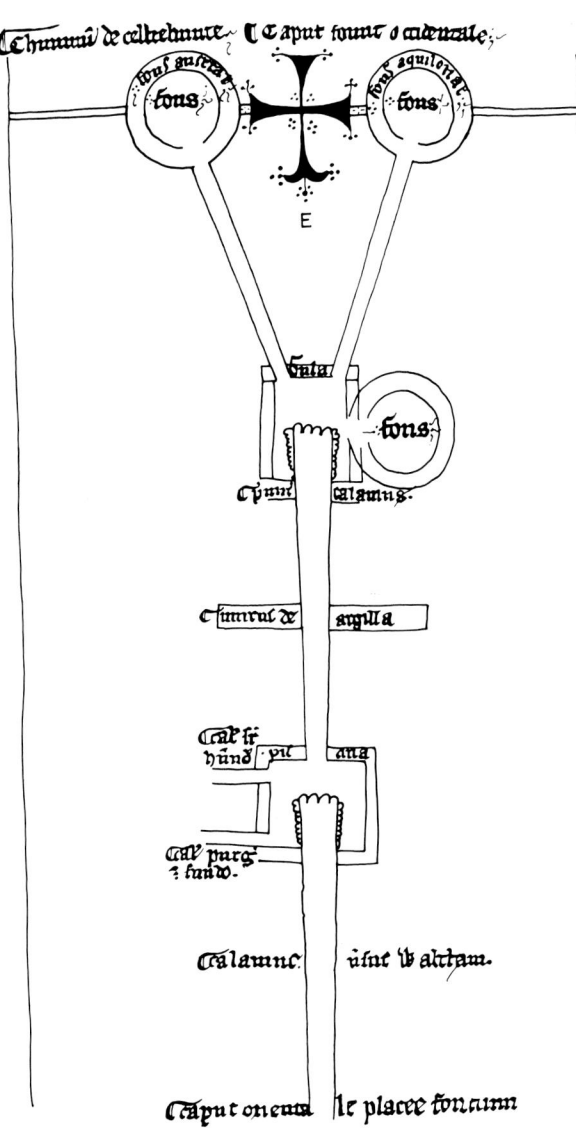

Abb. 6 Waltham Abbey (Essex): Zeichnung der Leitung von Wormley aus dem 13. Jahrhundert

Ihr Zweck bestand darin, eingeschlossene Luft herauszulassen, um die vermutete Gefahr des Berstens der Rohre durch Luft- oder Wasserdruck in den Rohren zu vermeiden. Die Rohrleitung der Lichfield Kathedrale hatte Stopfen überall dort, wo sie nahe einem Fluß verlief, damit man die Leitung mit Wasser spülen konnte, um Sediment zu entfernen oder sie vor Reparaturen zu entleeren.

In offenen Kanälen gab es manchmal Kammern mit Schützen, die die Abzweigung eines Teils oder der gesamten Wassermenge erlaubten. Ein Schütz im Kreuzgang der St. Peters Abbey, GLOUCESTER, entsprach möglicherweise der Steuerstelle, von der aus nach dem späten 13. Jahrhundert überschüssiges Wasser in die nahegelegene St. Oswalds Priory abgelassen wurde. In WELLS hatte eine der Leitungen ein ähnliches Schütz, das den Zufluß zu einem Abzweigkanal steuerte, der überschüssiges Wasser in den Burggraben des Bischofspalastes leitete.

Am unteren Ende der Leitung gab es normalerweise ein Leitungshaus, d.h. ein Gebäude, das einen Behälter zur Speicherung des Wassers vor seiner endgültigen Verteilung und Verwendung enthielt, oder einen Überlaufbehälter, der eine konstante Wassermenge in ein kreisförmiges Becken entließ, aus dem das Wasser geschöpft werden konnte. Die kompliziertesten Wasser-Verteilungssysteme findet man in Klöstern. In Canterbury wird das System, das vom Prior Wibert in der Mitte des 12. Jahrhunderts installiert wurde, auf einer zeitgenössischen Zeichnung in allen Einzelheiten (s. Planbeilage u. Beitrag v. K. Grewe im Bildanhang) dargestellt.[46] Ähnliche Anordnungen gab es in vielen anderen Klöstern.

Kartäuserklöster benötigten wegen der für sie charakteristischen Anordnung von individuellen Einzelzellen und Gärten besonders komplizierte innere Verteilungssysteme. 1430 erwarb die Londoner Kartause eine Quelle in Islington (3,2 km entfernt), von wo es eine unterirdische Leitung baute, die einen Verteilerturm in der Mitte des großen Kreuzganges speiste. Von hier gingen vier Rohre strahlenförmig aus, um die einzelnen Zellen zu versorgen, ferner das Lavatorium und verschiedene andere Stellen, an denen Wasser gebraucht wurde. Einzelheiten sind aus der Zeichnung, die Mitte des 15. Jahrhunderts entstand, klar ersichtlich *(Abb. 9–10)*. Überreste ähnlicher Anordnungen kann man noch heute im Kartäuserkloster MOUNT GRACE ders sauber gewesen zu sein scheint, funktionierten ohne Absetzbecken oder Filter.

Die Zeichnungen der Leitungsnetze des Londoner Kartäuserklosters und der Londoner Greyfriars (Franziskaner) zeigen, daß die Rohrleitungen in Abständen Entlüftungen hatten, die als „suspirals" bekannt waren *(Abb. 8, 9, 10)*.[45]

Abb. 7 Westminster Abbey (London). Rekonstruktion einer mittelalterlichen Filter-Zisterne (nach Micklethwaite, 1892)

(North Yorkshire) sehen, wo es außerhalb des Klosterbezirks drei eingefaßte Leitungsköpfe gibt.[47] In mehreren Zellen kann man dort immer noch die gewölbte Vertiefung sehen, in der sich ursprünglich eine metallene Rohrleitung befand (s. Beitrag von K. Grewe im Bildanhang).

In einigen Klöstern wurden auch Bronzeleitungen gefunden. Es sind hier zu nennen WESTMINSTER ABBEY, KIRKSTALL ABBEY (West Yorkshire) und FOUNTAINS ABBEY (North Yorkshire).

7. Leitungen in Klöstern

In zwei kürzlich erschienenen Veröffentlichungen wurden verschiedene Aspekte klösterlicher Wasserbewirtschaftung einschließlich Wasserversorgung behandelt;[48] hier kann nur eine kurze Zusammenfassung gegeben werden. Die Schwierigkeit, Wasserquellen in Städten frei von Verunreinigung zu halten, bewog früh im 12. Jahrhundert mindestens einen Augustinerkonvent dazu, von Cambridge auf ein neues Grundstück in Barnwell (2 km außerhalb der Stadt) umzuziehen. Es wird berichtet, daß der Abtei Westminster zur Zeit Königs Eduard des Bekenners (1042–66) die Anlage einer verrohrten Wasserversorgung vom heutigen Gebiet des Hyde Parks gestattet wurde, obwohl Belege für dieses Recht zu fehlen scheinen. Einige Beispiele aus dem 12. Jahrhundert sind etwas verläßlicher dokumentiert. Die Benediktinernonnen von GODSTOW (Oxfordshire) veranlaßten den Bau einer Leitung von Wytham im Jahre 1135; sie wurde um 1200 verbessert und mußte 1445 repariert werden. Das Leitungssystem in Canterbury, zur Zeit des Prior Wibert (1151–67) installiert, ist durch eine zeitgenössische Zeichnung gut bekannt (s. Beitrag von K. Grewe im Bildanhang und Planbeilage).

Eine andere frühe Kathedralenleitung, die sicher vor 1166 in Betrieb war, gab es in Lichfield, und möglicherweise bestand eine „Personalbeziehung" zwischen beiden: Walter Durdent, der in Canterbury Prior war, während Wibert als Subprior fungierte, wurde 1148 Bischof von Lichfield.[49]

Andere verrohrte Wasserversorgungen, die zeitgenössischen Berichten zufolge bereits vor dem Ende des 12. Jahr-

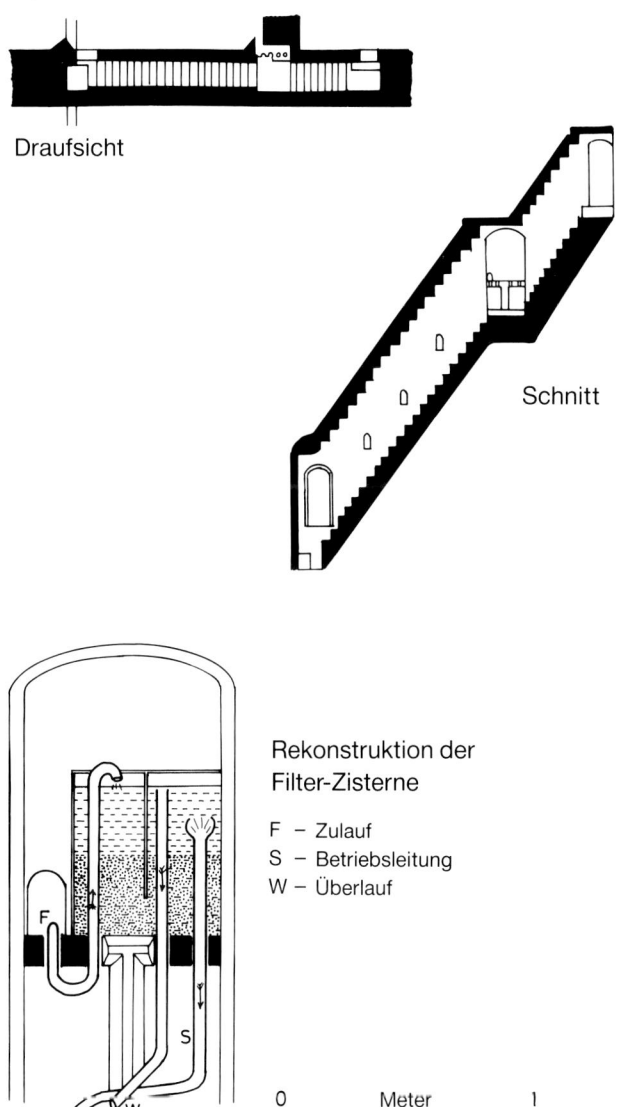

Draufsicht

Schnitt

Rekonstruktion der Filter-Zisterne

F – Zulauf
S – Betriebsleitung
W – Überlauf

0 Meter 1

hunderts existierten, sind EVESHAM ABBEY (Hereford & Worcester), 1160–89; St. Peters Abbey in GLOUCESTER, 1163–84; WAVERLEY ABBEY (Surrey), 1179; und WINCHCOMBE ABBEY (Gloucestershire), 1184–94. Unsere heutige Kenntnis geht soweit, daß mehr als 30 Klöster während des 13. Jahrhunderts neue Wasserleitungen bauten; von weite-

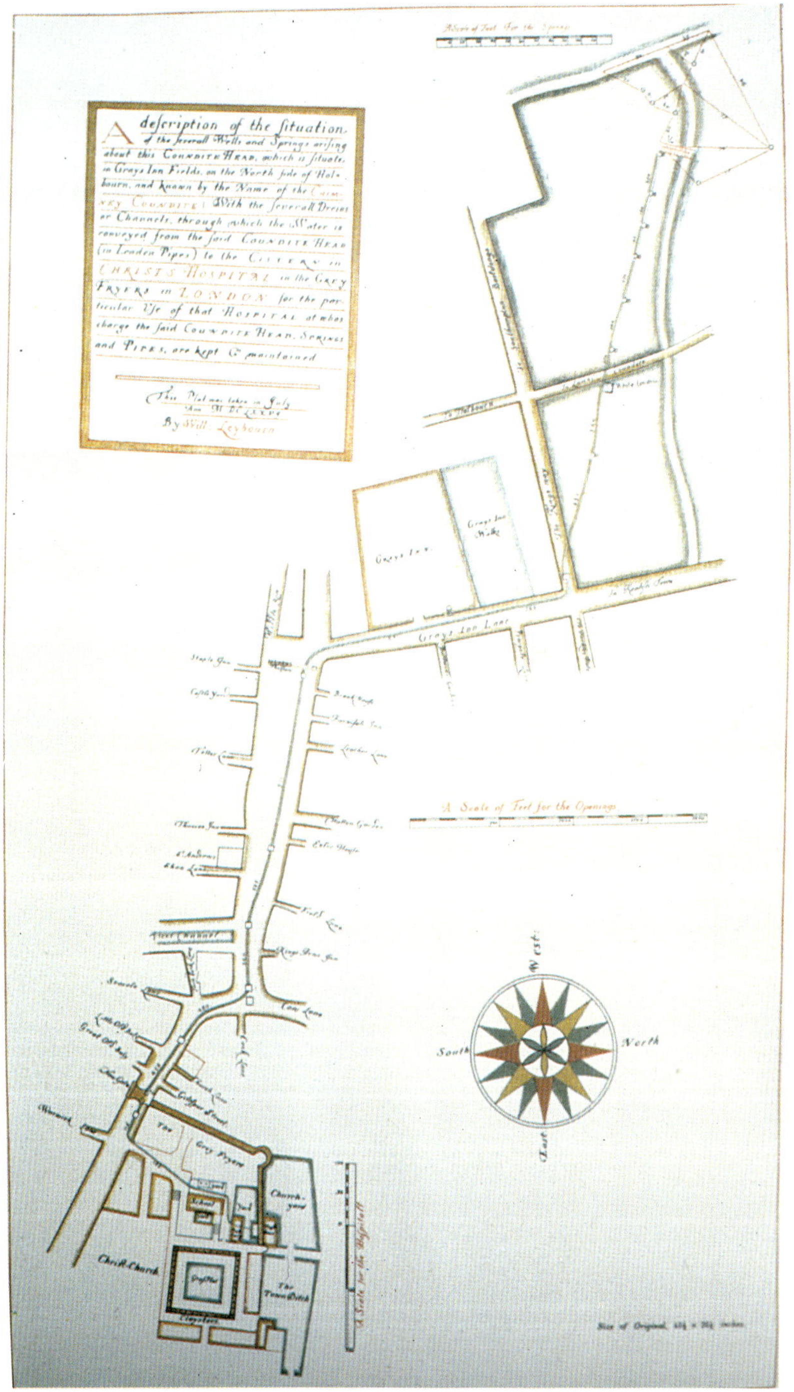

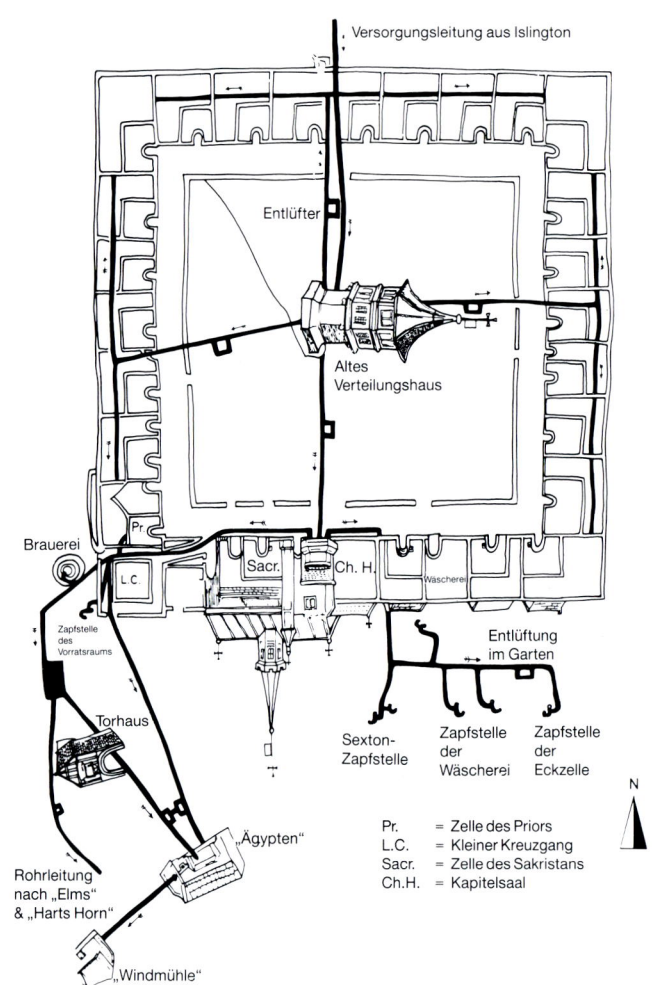

Abb. 8 Das Leitungssystem des Franziskanerklosters in London: Eine Zeichnung, angefertigt 1676 für das Christuskrankenhaus, das nach der Auflösung der Klöster die Wasserleitung übernahm

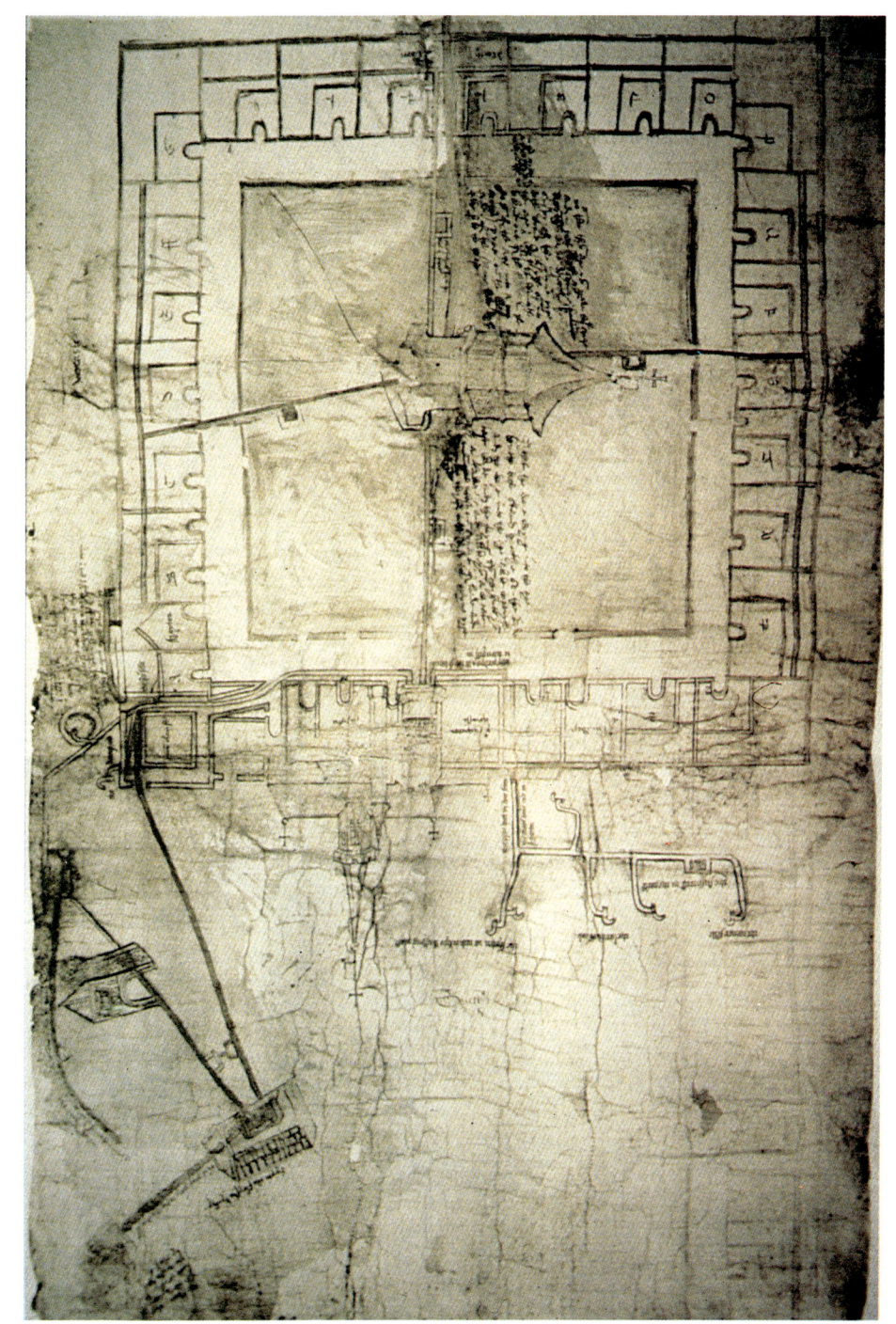

Abb. 9 London Charterhouse: Ausschnitt der Zeichnung aus dem 15. Jahrhundert, die das Kartäuserkloster darstellt

◁ *Abb. 10 Das Wassersystem der Londoner Kartause nach der Zeichnung aus dem 15. Jahrhundert (s. Abb. 9)*

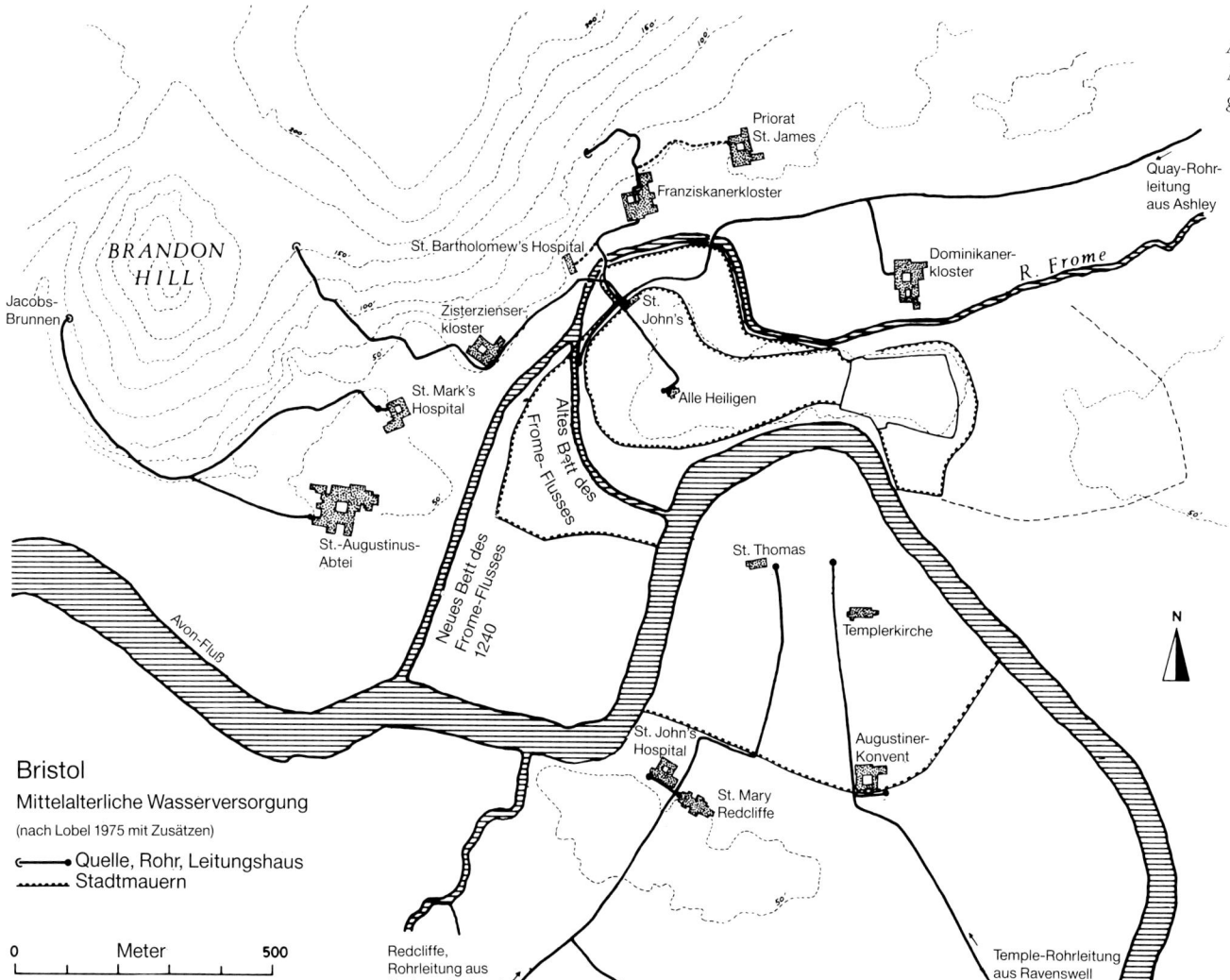

Abb. 11 Bristol (Avon): Mittelalterliche Leitungen (nach Lobel, 1975)

ren 20 wird zum ersten Mal während des 14. Jahrhunderts berichtet. Es ist sicher, daß viele erst noch entdeckt werden müssen, und zwar sowohl was dokumentarischen Nachweis anbelangt als auch archäologische Untersuchung.

Ein besonders wichtiger Beitrag wurde von den Orden derjenigen Brüder geleistet, die zuerst im Jahre 1221 in Britannien auftauchten und sich schnell in den größeren Städten niederließen. Sie waren verantwortlich für mehr als die Hälfte der Leitungen, die danach verzeichnet wurden. Neue Leitungen wurden buchstäblich noch bis zum Vorabend der Klosterauflösung angelegt. So erwarben zum Beispiel der Franziskanerbrüder von Lincoln im April 1539 das Recht, eine Wasserleitung durch die Straßen zu legen. Vier Jahre später, als die Bruderschaft aufgelöst wurde, wurde diese Leitung von der Stadtverwaltung übernommen.

In einer Stadt mit vielen klösterlichen und kirchlichen Einrichtungen, wie z.B. London, Oxford oder Bristol, konnten verschiedene Leitungen nebeneinander existieren *(Abb. 11)*.

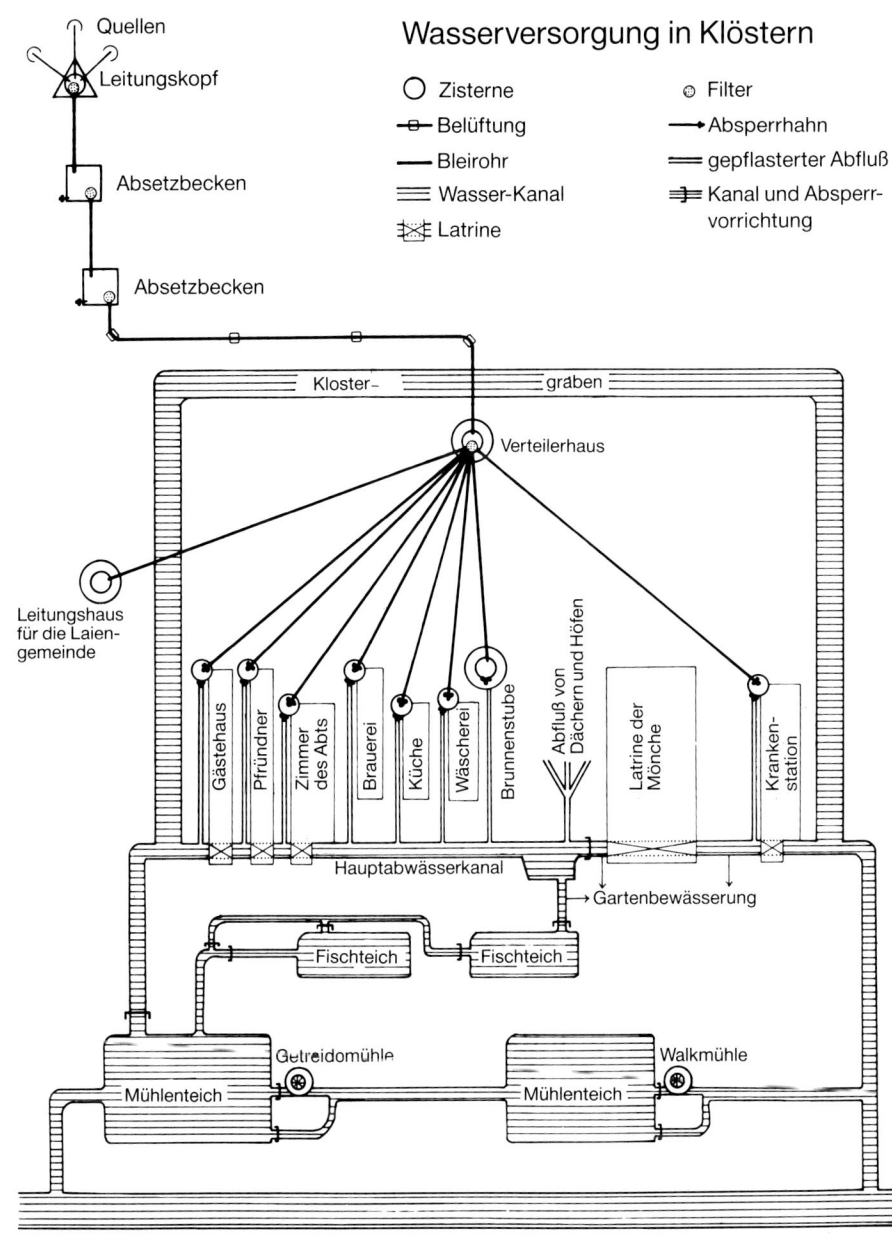

Abb. 12 Die Wasserverteilung in Klöstern; schematischer Plan

Jacobs Brunnen auf der Westseite des Brandon Hügels, und ihre beiden Rohre liefen mehr als 500 m nebeneinander her, bevor sie in Richtung auf den jeweiligen Endverbraucher auseinandergingen. Manchmal kreuzten sich die Leitungen. Auf ihrer Trasse von Islington zum Charterhouse kreuzte die Rohrleitung der Londoner Kartäuser die früher verlegten Leitungen der Ordensritter von St. Johns, Clerkenwell sowie die der Augustinernonnen von St. Marys in Clerkenwell.

Wo eine religiöse Gemeinde mehr als ausreichend Wasser für ihren eigenen Bedarf hatte, war sie manchmal bereit, den Überschuß an andere Verbraucher weiterzugeben. Zwischen 1263 und 1284 wurde dem Augustinerpriorat von St. Oswald in Gloucester erlaubt, den Überschuß der Benediktinerabtei von St. Peter zu verbrauchen; dazu wurde eine Verlängerung der Abteileitung gebaut. In EXETER (Devon) zahlte das Benediktinerpriorat von St. Nicholas dem Kathedralkapitel nach 1346 8 s pro Jahr für die Benutzung eines Wasserlaufes, der als Abzweig vom eigenen Leitungshause der Kathedrale angelegt wurde. Die St. Bartholomew Priory in SMITHFIELD (London) erlaubte 1433 dem St. Bartholomew Hospital den Verbrauch ihrer halben Wassermenge. Die Franziskaner aus Lichfield überließen ähnlich einen Teil ihrer Wasserversorgung dem St. Johns Hospital.[50]

Gelegentlich brach zwischen Ordenshäusern wegen der Benutzung der Wasserquellen Streit aus. Kurz nach 1230 gewährte ein Laienwohltäter mit Namen William Geraud Anteile an den Quellen auf dem Robinswood Hill, 3,6 km südlich der Stadt, sowohl der Abtei St. Peter in GLOUCESTER als auch dem neugegründeten Franziskanerkonvent. 1355 erhob sich zwischen den beiden Häusern ernster Streit, als die Abtei die Brüder beschuldigte, ihre Wasserversorgung zu stören. Eduard III. schickte den schwarzen Prinzen, um eine Vernehmung durchzuführen. Es wurde eine Übereinkunft erreicht, wodurch die Brüder die Erlaubnis erhielten, ihre Leitung parallel zur Rohrleitung der Abtei über das Land der Abtei zu legen, aber die Abtei behielt 2/3 der Wassermenge für sich und übernahm 2/3 der Wartungskosten.[51]

Von Wasserverteilungssystemen innerhalb klösterlicher Bezirke ist im allgemeinen wenig übriggeblieben (Abb. 12). Meist wurden die Bleizisternen und Rohre nach Auflösung

Verschiedene religiöse Niederlassungen zapften manchmal benachbarte Quellen an und führten ihre Leitung parallel dicht nebeneinander her. In Bristol bezogen die Abtei St. Augustin und das Hospital St. Mark beide Wasser vom

Abb. 13–14 Klösterliche Lavatorien (die in den Kreuzganghof vorspringende Form)

Abb. 13 Much Wenlock Priory (Shropshire)

Abb. 14 Sherborne Abbey (Dorset)

Abb. 15–19 Klösterliche Lavatorien (die aus der Kreuzgang-Rückwand ausgesparte Nischen-Form)

Abb. 15 Tintern Abbey (Gwent)

Abb. 16 Cleeve Abbey (Somerset)

Abb. 17 Hailes Abbey (Gloucestershire)

Abb. 18 Whalley Abbey (Lancashire)

Abb. 15

Abb. 16

Abb. 17

Abb. 18

der Klöster geplündert. Der Wasserturm des Priors Wibert in Canterbury ist ein seltener Überlebender. Am häufigsten gefundene Überbleibsel gehören zu Brunnenhäusern oder Lavatorien. Die früheste reguläre Form des Lavatoriums ist ein freistehendes, entweder quadratisches, kreisförmiges oder vieleckiges Gebäude, das in den offenen, von Kreuzgängen eingefaßten Hof vortrat. Durch eine zentale Säule wurde Wasser in ein hochgelegenes Reservoir geleitet, von wo es durch Rohre in ein außengelegenes Becken lief. Diese Form, die sich allgemein in Europa im Gebrauch befand, war in Britannien vergleichsweise wenig verbreitet. Godfrey beschreibt vier Beispiele, die aus dem späteren 12. Jahrhundert stammen, von denen heute an Ort und Stelle nur noch das Cluniazenserpriorat in MUCH WENLOCK (Shropshire) bedeutendere Spuren aufweist *(Abb. 13)*. In DURHAM wurde ein Lavatorium dieses Typs 1432–3 installiert; sein achteckiges Becken existiert noch. In SHERBORNE ABBEY (Dorset) ist von Abt John Mere (1505–35) das unüblich späte Beispiel eines sechseckigen Lavatoriums gebaut worden; es wurde nach der Auflösung des Klosters vor dem Osttor des Immunitätsbezirks wieder errichtet *(Abb. 14)*.[52]

In den Binnenhof vorspringende Lavatorien wurden nach dem Beginn des 13. Jahrhunderts allgemein unmodern und ersetzt durch eine neue Version: einen langen Trog, der unter einem oder mehreren Blendbögen als Vertiefung aus der Wand des Refektoriums ausgespart war. Dieser Typ war billiger zu bauen und weniger empfindlich gegen Frostschäden. Viele Beispiele haben überlebt, etwa in CLEEVE (Somerset), HAILES (Gloucestershire), TINTERN (Gwent), WHALLEY (Lancashire) und RIEVAULX (North Yorkshire) *(Abb. 15–19)*. In der Abtei St. Peter zu GLOUCESTER, jetzt die Kathedrale, hat sich am westlichen Ende des nördlichen Kreuzganges ein großartiges, fächerförmig gewölbtes Lavatorium erhalten, das von ca. 1400 stammt und immer noch den Steintrog enthält, der ursprünglich aus einem hochliegenden Bleitank gefüllt wurde *(Abb. 20)*.

8. Leitungen zu königlichen Burgen und Palästen

Der königliche Palast in WESTMINSTER wurde seit dem dritten Viertel des 12. Jahrhunderts durch eine Rohrleitung versorgt. Die genaue Quelle des Wassers ist nicht bekannt, doch ist wahrscheinlich, daß sie in der Nachbarschaft des Hyde Park lag, von wo die Wasserversorgung der Abtei Westminster kam.[53] Die Palastleitung wird zum ersten Mal 1169–70 erwähnt, und Reparaturrechnungen von 1175–6 und 1189 zeigen, daß sie aus Bleirohren bestand. 1183–5 speiste sie ein Waschbecken aus Zinn in des Königs Halle, das später von König Johann entfernt und 1214 den Domherren der Waltham Abbey übergeben wurde.[54] Eine neue Wasserversorgung wurde für Heinrich III. durch einen Leitungsbauer aus Reading mit Namen William im Jahre 1234 installiert, und im Hof des Palastes nahe beim Eingang zur kleineren Halle wurde ein rundes Becken gebaut. Im Jahre 1285–8 stellte im Inneren der kleineren Halle Master Richard of Crundale ein neues Becken her, mit Marmorsäulen, fünf Zapfstellen aus vergoldetem Kupfer und mit fünf vergoldeten Zinnfiguren als Schmuck. Während der Krönung Eduards II. im Jahre 1307 wurde der Trinkbrunnen von den Menschenmassen beschädigt, als die Leitung Tag und Nacht Wein anstatt Wasser spendete. Einige der Zapfhähne wurden abgebrochen oder gestohlen; bald danach wurde der Brunnen von einem Meisterspengler repariert.

Aus dem frühen 14. Jahrhundert setzen sich lückenhafte Aufzeichnungen über Reparaturen fort, und 1347–8 wurde das ganze System einer Generalüberholung unterzogen. Die „Große Leitung" im Regierungspalast wurde von einem Brother Silvester überholt und darüber ein neues, hölzernes Leitungsgehäuse gebaut. Es wurden zwölf Hähne aus *latten* (einer Legierung aus Kupfer, Zink, Blei und Zinn) geliefert, und aus dem Maul eines steinernen Leoparden, der an der Wand befestigt war, floß durch ein Röhrchen Wasser in eine Zisterne.

Ein weiteres Leitungshaus stand im äußeren Hof des Palastes gegenüber der Mitte der Giebelfassade der großen Halle. Dieses wurde zuerst 1390 erwähnt, als es vor der Krönung Heinrich IV. neu gestrichen wurde. Außerdem wurde aus dem gleichen Anlaß ein Adler oben auf das Haus gesetzt. 1443–4 wurde an gleicher Stelle ein neues und

Abb. 19 Rievaulx Abbey (North Yorkshire)

kompliziertes Leitungshaus gebaut, mit Steinfundament und Holzoberbau und gewölbtem Dach, das mit runden Erhebungen dekoriert war, in die Zeichen des Hauses Lancaster eingeschnitzt waren.[55] Dieser Oberbau wiederum wurde im folgenden Jahrhundert durch ein zwiebelförmiges Gewölbe auf Säulen ersetzt. In Braun und Hogenbergs Ansicht der Stadt London von ca. 1560 ist es eingetragen und in der Zeichnung des neuen Palasthofes von Wenceslaus Hollar vom Jahre 1647 detaillierter dargestellt.

Gewölbe und Pfeiler des Leitungshauses im Außenhof wurden ungefähr 1670 demoliert, aber anläßlich des Baus einer Tiefgarage wurden die Fundamente im Februar 1973 entdeckt und von B. K. Davison untersucht. Die Fundamente von 8 m im Durchmesser bestanden aus Quadern und Schotter; sie waren achteckig (und nicht sechseckig, wie von Agas und Hollar gezeigt), es gab Einlaß- und Auslaßkanäle, die mit Steinen und Ziegeln eingefaßt waren. Das Hauptbecken war aus Reigate-Stein. Diese Fundamente lagen über einer älteren unterirdischen Stein-Wasserleitung, die Fragmente eines reich geschmückten, zwölfeckigen Brunnens enthielt sowie eines Troges aus poliertem Purbeck-Marmor, datiert in das späte 12. Jahrhundert. Wahrscheinlich sind dies die Reste des ersten Brunnens, der ursprünglich im alten Palasthof stand. Er war schon einmal abgerissen und wieder neu aufgebaut worden, bevor er zum Kernstück der Leitung aus dem 15. Jahrhundert wurde.[56]

Die Leitung versorgte auch die Bäder im Königspalast und den Waschraum Heinrich III. 1351-2 zahlte ein Verwalter

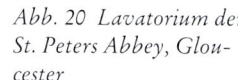
Abb. 20 Lavatorium der St. Peters Abbey, Gloucester

Eduards III. an Robert Fondeur 56 s 8 d für die Herstellung von zwei großen bronzenen Wasseranschlüssen, um sowohl heißes wie kaltes Wasser in des Königs Baderaum bringen zu können. Es gab auch Verbesserungen auf dem Gebiet des Wasserabflusses und der Schmutzwasserbeseitigung. 1260 ließ Heinrich III. eine neue Leitung bauen, um Schmutzwasser aus der Küche direkt in die Themse zu leiten, anstelle des vorherigen Verfahrens, bei dem eine offene Abflußrinne durch die Halle lief.[57]

Unter den königlichen Residenzen hatte WINDSOR CASTLE innerhalb seiner Verteidigungsanlagen Quellen, und 1256 wies Heinrich III. Godfrey de Liston an, das Wasser der Quelle im Hof neben dem Turm bis zum Kreuzgang im unteren Hof zu leiten und von dort zum Tor der Halle des Königs. Wenn es nicht ausreiche, so solle er eine weitere Leitung von einer anderen Quelle innerhalb des großen Turms anlegen. Das Gebäude über der Quelle, samt Fördereinrichtung, sollte erneuert werden, zusammen mit einer Badestube am Ostende der Halle. LEEDS CASTLE (Kent) war von 1278–1437 in königlicher Hand; um 1297–8 wurde seine Wasserleitung begutachtet und erneuert. Von weiteren Reparaturen wird 1361–2 berichtet. Im Rahmen der Erweiterung des Palastes von Sheen zur Zeit der Hochzeit Heinrich VI. 1445 wurde ein neuer Kreuzgang gebaut, mit einer achteckigen Bleizisterne in der Mitte, die durch eine unterirdische Leitung gespeist wurde.[58]

WOODSTOCK PALACE (Oxfordshire) hat anscheinend erst 1498–9 eine verrohrte Wasserleitung erhalten, als John Burwell und William East für die Verlegung einer Leitung in einem gedeckten Graben quer durch den Park Zahlungen erhielten. 1536 wurde diese Leitung repariert, wobei man neue Rohre aus dem Blei herstellte, das von den Dächern des kürzlich aufgelösten Priorats von Canons Ashby ungefähr 37 km nördlich stammte. Zur gleichen Zeit waren Maurer damit beschäftigt, den gemauerten Teil der drei Brunnen, den Leitungskopf und das Verteilerhaus zu reparieren und fünf Entlüftungen im Oberteil des Gewölbes anzubringen, um Frischluft für die am Rohr arbeitenden Klempner zu schaffen. Dort, wo die Leitung das Tal des River Glyme kreuzte, wurde sie mit Holz ummantelt und auf Steinpfeilern gelagert. 1584–5 wurde die Holzummantelung von Anthony Damary, dem dort ansässigen Maurer, durch Bögen ersetzt. 1593–5 stand im äußeren Hof des Palastes ein mit Tieren geschmückter Brunnen. Von weiteren Reparaturen und Änderungen wird im 17. Jahrhundert berichtet, aber archäologisch weiß man über dieses System wenig.[59]

9. Leitungen zu privaten Haushalten

Überschüssiges Wasser von einem königlichen Palast konnte durch des Königs Gnade benachbarten privaten Haushalten überlassen werden. 1244 wurde Edward Fitz Odo, einem Hausverwalter Heinrichs III., für den Palast und die Abtei Westminster das Privileg verliehen, zu seinem Haus eine Rohrleitung in Form eines „Gänsekiels" anzulegen (der Begriff „Feder" wurde oft für Abzweigungen dieser Art gewählt). Diese Leitung wurde mit Wasser vom Palast versorgt. 1288–9 wurde in ähnlichem Verfahren Wasser bis zum Hause eines Freundes und Beraters des Königs, des Burgunders Otto de Grandson, geleitet, der seinen eigenen Anschluß haben durfte. 1447 erhielten die Bürger von Westminster die Genehmigung, den Überschuß von des Königs Wasserleitung zu ihrem eigenen Leitungshaus an einen ihnen zusagenden Platz zu leiten. Der Beauftragte der königlichen Werkstätten verkaufte 46 1b (20,8 kg) Lot und 4857 1b (2203 kg) Blei, um ihre neue Leitung herzustellen.[60]

Viele private Burgen und Paläste hatten ihre eigenen verrohrten Wasserversorgungen. RESTORMEL CASTLE (Cornwall), vormals einer der Hauptsitze der Grafen von Cornwall, wurde 1337 Eduard, dem Schwarzen Prinzen, übergeben. Als seine Beamten ihm über den Zustand des Gebäudes berichteten, wiesen sie darauf hin, daß es dort eine Wasserleitung aus Blei gäbe, die Wasser in jeden Bereich des Gebäudes brächte und deren Bleirohre reparaturbedürftig seien. Wolvesey Palace, der Palast des Bischofs in Winchester, war in ähnlicher Weise mit einer Wasserleitung aus Bleirohren versehen. Der Herzog von Gloucester erhielt die Genehmigung, eine Wasserleitung zu seinem Haus in GREENWICH (Groß London) zu bauen,[61] welches ihm von 1426 bis zu seinem Tode 1447 gehörte.

Nachdem 1426 der neue Graben hergestellt worden war, floß beim Manor of the More (Rittergut) in RICKMANSWORTH (Hertfordshire) das Wasser einer Quelle von dem Hügel im Süden in Holzröhren zu Tal. Später, im 15. Jahrhundert, wurden die Holzrohre durch einen Kanal aus Ziegeln und Fliesen verdrängt, der wahrscheinlich ursprünglich mit Brettern abgedeckt war, wodurch sich eine durchgehende Inspektionsmöglichkeit ergab. Der Kanal führte zu einem Leitungshaus mitten auf dem Hof. Hinweise darauf, daß Klempner „die Rohre über den Graben brachten", legen den Schluß nahe, daß dieser Graben ein Bleirohr enthielt. Baurechnungen für die Jahre 1534–44, nachdem König Heinrich VIII. das Rittergut von Kardinal Wolsey gekauft hatte, beziehen sich auf die Reinigung des Leitungshauses und die Herstellung und Reparatur von Entlüftungseinrichtungen und zeigen, daß weitere Rohre von der zentralen Zisterne in andere Teile des Gebäudes liefen.[62]

John Leland, der im dritten Viertel des 16. Jahrhunderts schrieb, erzählt von der Herstellung einer Bleileitung in PETWORTH (West Sussex) durch den Pfarrer Edmundes. Sie nahm ihren Ausgang von einer Quelle, die ungefähr eine Meile entfernt lag und zum Teil das Gutshaus versorgte, zum Teil die Pfarrei; der Rest ging in verschiedene Leitungshäuser in den Straßen der Stadt. Leland erwähnt auch die Lieferung von Wasser in Rohrleitungen in die Obergeschosse der Türme von Killerby Castle nahe bei CATTERICK (North Yorkshire).[63]

10. Stadtleitungen

Wie bereits erwähnt, wurde die Versorgung von Städten mit Wasser in Rohrleitungen zuerst von der Kirche veranlaßt, die diese Ausgaben in erster Linie zu ihrem eigenen Vorteil tätigte. Manchmal war sie jedoch bereit, der Stadtbevölkerung die Nutzung des überschüssigen Wasser zu erlauben. Später im Mittelalter sicherten sich eine Anzahl von Gewerbetreibenden proportionale Rechte an der klösterlichen Wasserversorgung im Austausch für eine Beteiligung an den Wartungskosten; einige Beispiele werden weiter unten aufgeführt.

LONDON war unter den ersten Städten, die ihre eigene, unabhängige Wasserversorgung einrichteten. Die Beschreibung der City durch William Fitz Stephen ca. 1173–4 bezieht sich auf die „herrlichen Brunnen und Quellen mit süßem, heilenden, klaren Wasser" in den nördlichen Vororten Holywell, Clerkenwell und St. Clements Well.[64] Diese Quellen und andere, zusammen mit den Flüssen Themse, Fleet und Walbrook bildeten für die zwei Jahrhunderte nach der normannischen Eroberung die Hauptversorgung. 1236–7 kaufte die Stadtverwaltung Land, auf dem Quellen entsprangen, die in den Tyburn bei Marylebone flossen. Man installierte die erste städtische Versorgung mittels der großen Leitung im Osten von Cheapside, die unüblich große Bleirohre im Durchmesser von 152 mm verwendete. Später wurden andere Quellen angezapft und Holzbauten, die als „Standards" bekannt waren, errichtet. Auf ihnen befanden sich Brunnen, von denen die Bevölkerung gegen geringen Preis Wasser beziehen konnte. Ein „Standard" wurde 1378 gebaut, als die Leitung von Tyburn bis Cornhill, nahe der Gracechurch Street, verlängert wurde. Ein anderer, der in Cheapside nahe der Vereinigung mit der Bread Street stand, wurde aus Stein im Jahre 1443 neu aufgebaut. Eine separate Leitung versorgte die Fleet Street. 1312 wurde in Cheapside ein Aufseher beschäftigt, um die Leitung instandzuhalten und Sondergebühren für deren Benutzung durch Brauer, Fischhändler und fremde Kaufleute zu erheben. 1471 wurden weitere Quellen in Paddington angezapft und 1479 die Cheapside-Leitung aus Stein neugebaut, von der aus Wasser in ein Steinbecken lief. Im 15. Jahrhundert waren die Brauer der Stadt in einen Streit über die Verwendung des Wassers verwickelt. Nicht zufrieden damit, das obere Hauptrohr der großen Leitung an der Ostseite von Cheapside zu mieten, begannen sie auch noch Wasser aus der kleineren Leitung an der Westseite zu entnehmen, die bis dahin zur Trinkwasserversorgung für die Armen reserviert war. Die Brauer wurden verwarnt, daß sie bei jedem zukünftigen Verstoß mit 6 s 8 d bestraft würden.[65]

Privatleute, welche die Hauptleitung anzapften, mußten nach 1350 besondere Gebühren entrichten. Natürlich gab es viele Fälle, in denen der Leitung unerlaubt Wasser entnommen wurde. Von Zeit zu Zeit kam es zu Hausdurchsuchungen, und im November 1478 wurde William Campion der unerlaubten Wasserentnahme in der Fleet Street für schuldig befunden und dadurch bestraft, daß er mit einer Miniaturwasserleitung auf dem Kopf durch die City geführt wurde, und bei jeder öffentlichen Wasserleitung wurde die kleine Leitung gefüllt, um ihn mit Wasser zu durchnässen. Im folgenden Jahr wurde der Sheriff von London schuldig befunden, eine unpassende Sprache gegenüber dem Bürgermeister gewählt zu haben, und damit bestraft, 12 fothers (Gewicht) (11,887 kg) Blei für die Reparatur der Leitungen zu liefern; eine Strafe, die später in eine Zahlung von £ 51 umgewandelt wurde.[66]

Während des 15. Jahrhunderts waren gewisse Einkünfte für die Erhaltung und Verbesserung der Wasserversorgung Londons reserviert. Gegen Ende des Jahrhunderts gab es Leitungen in Cornhill, West Cheap, Aldermanbury, Fleet Street, Fleet Bridge, Cripplegate (gespeist von Highbury), Grass Market und Snow Hill, Holborn. Während der ersten Hälfte des 16. Jahrhunderts wurden weitere Leitungshäuser gebaut in Stocks Market (1500), Bishopsgate (1513), London Wall (1528), Aldgate (versorgt mit Wasser aus Hackney 1535) und Lothbury (versorgt aus Quellen zwischen Hoxton und Islington 1546). Im Jahre 1577 spendete William Lambe, Gentleman der Chapel Royal Heinrichs VIII. und früherer Vorsteher der Tuchmacherinnung, £ 1.500 für die Rekonstruktion der in ganz schlechtem Zustand befindlichen Snow Hill-Leitung und für die Verlegung von Bleirohren zu dieser Leitung von den Quellen in der Nähe von Bloomsbury, 1,8 km im Nordwesten.[67]

BRISTOL war mit verrohrter Wasserversorgung zur Abtei und zu verschiedenen Mönchsklöstern und Hospitälern gut versehen. Einige seiner Gemeindekirchen wurden in gleicher Weise versorgt. Um 1190 gewährte Robert de Berkeley der Kirche von St. Mary Redcliffe, in den südlichen Vorstädten, das Recht, eine Quelle mit Namen Rudgewell auf seinem Land bei Knowle Hill (2,4 km im Süden) durch eine Rohrleitung anzuzapfen. Der Verlauf der Bleirohre wurde oberirdisch durch Steine markiert, und jährlich gingen Repräsentanten der Kirche an diesen Markierungen entlang, um ihre Eigentumsrechte zu bekräftigen. Möglicherweise zur gleichen Zeit, obwohl erst 1381 ausdrücklich bezeugt, wurde ein Abzweig von der Redcliffe-Rohrleitung durch eines der Stadttore gelegt, um die Gemeinde von St. Thomas zu versorgen. 1566 erklärten sich die Kirchenvorsteher von St. Thomas mit einer jährlichen Zahlung von 1 s an St. Mary Redcliffe zuzüglich eines Beitrags von einem Drittel der Reparaturkosten an der Redcliffe-Hauptleitung von Knowle einverstanden. Ursprünglich stand ihr Verteilerhaus unter einer Überdachung mitten auf der St. Thomas Street, wurde aber 1673 auf einen Platz in der Church Lane verlegt, wo es den Verkehr weniger störte. Nahezu parallel mit der St. Thomas-Rohrleitung, in einem Abstand von 110 m bis 190 m weiter östlich, verlief die Temple-Rohrleitung; eine Abzweigung der Rohrleitung des Augustinerkonvents vom Ravens Brunnen (Abb. 21), die ein Leitungshaus in der Temple Street gerade unterhalb der Temple Kirche versorgte. Auf der Nordwestseite der Stadt erlaubten die Karmeliter, deren Kloster auf der anderen Seite des River Frome lag, den Bau einer Abzweigung von ihrer Klosterzisterne über das Tal zu einem Leitungshaus innerhalb der

Abb. 21 Bristol (Avon): Unterirdische, in den Felsen gebrochene Quellenkammer in Ravens Well, Kopf der Temple-Rohrleitung

Stadtmauer neben der Kirche St. John *(Abb. 22)*. An der Urkunde, die das Recht der St. Johns-Gemeinde auf diese Versorgung dokumentiert, ist mit einer Seidenschnur ein kleines Stück Silberrohr (25 mm lang, mit einer Bohrung von 12 mm) befestigt, das den Durchmesser des zu verlegenden Rohres festhält. Die Versorgung der Franziskaner von Bristol außerhalb der nördlichen Stadtmauer wurde gleichfalls im 14. Jahrhundert bis in die Stadt verlängert, und es wurde ein Leitungshaus neben der Allerheiligen-Kirche gebaut. Die erste durch die Stadtverwaltung angelegte Wasserleitung war die Key Pipe, die im späten 12. oder frühen 13. Jahrhundert von der Boiling Well bei Ashley zu einem Leitungshaus am Kai des Flusses Frome in der Nähe der St. Stephens-Kirche geführt wurde. Ihr Hauptzweck war, Seeschiffe mit Wasser zu versorgen. Das Leitungshaus am Ende der Key Pipe soll im 15. Jahrhundert kostbar und besonders schön in Stein ausgeführt worden sein. Ein zweites Leitungshaus am Kai zur Wasserversorgung der Schiffe stand am oberen Ende von Welsh Back unterhalb der Kirche St. Nicholas und wurde von einer in der Nähe gelegenen Quelle gespeist. 1376 gibt es die Aufzeichnung einer Vereinbarung zwischen dem Bürgermeister und der Stadtgemeinde einerseits und Hugh White, einem Klempner, andererseits, in der Hugh auf eigene Kosten die Versorgung der Key Pipe, All Saints-Pipe und der St. Johns-Pipe im Austausch für eine jährliche Zahlung von £ 10 gewährleisten soll. Wenn die Wasserversorgung über mehr als sechs Tage zusammenbräche, so sollten die £ 10 verwirkt sein. Leland nennt sieben Leitungen in Bristol, die noch im 16. Jahrhundert in Betrieb waren. Nach Aufhebung der Klöster ging die Verantwortung für die Wartung der meisten Leitungen auf die Kirchenvorsteher der verschiedenen Gemeinden über.[68]

In COVENTRY wurde die erste öffentliche Wasserversorgung 1332 eingeweiht, als die Einwohner der dem Earl of Chester gehörenden Hälfte der Stadt eine Lizenz erwarben, ein gemeinsames Leitungshaus (6 m lang, ungefähr 3 m breit) in derjenigen ihrer Straßen zu bauen, die sie für den allgemeinen Nutzen am geeignetsten hielten. Es gibt spätere Hinweise, daß Schwierigkeiten auftraten im Hinblick auf die Leitung und illegales Bierbrauen mit dem Wasser aus der Leitung. Aber bei der Auflösung der Klöster wurde berichtet, daß die Leitung der Franziskaner „viel besser als die der

Abb. 22 Bristol (Avon): Die St. Johns-Leitung am Ende der Verlängerung der Rohrleitung der Karmeliter-Bruderschaft (sie wurde von ihrer ursprünglichen Position gerade innerhalb des St. Johns Gate auf diesen Standort an der Nordseite der St. Johns-Kirche verlegt)

Stadt war und besseren Druck hatte", und der Gemeinde wurde ihre Erwerbung empfohlen, da in einem großen Teil der Stadt Wassermangel herrschen würde, wenn sie das nicht täte.[69]

In EXETER hatten die Kathedrale und das Dominikanerkloster im frühen 13. Jahrhundert beide verrohrte Wasserleitungen, aber ca. 1280–99 zog die Stadt ihre eigene Versorgung auf mittels eines Wasserlaufes, der durch den St. Martins-Turm in der Stadtmauer geführt wurde. 1420 wurde diese ergänzt oder ersetzt durch eine neue Stadtleitung vom Head-Brunnen in St. Sidwells, die durch das Osttor hereingeführt wurde und entlang der High Street bis zu zentralen Plätzen lief. 1950 wurde ein Teil dieser Leitung (1,5 m hoch x 0,8 m breit), gebaut aus dem örtlichen roten Bruchstein, in einem Abflußgraben gefunden. Es wurde auch über ein Einstiegsloch berichtet.[70]

In KINGSTON-UPON-HULL (Humberside) hatte es zu Beginn des 15. Jahrhunderts die zunehmende Verschmutzung des örtlichen Flusses und der Brunnen nötig gemacht, jeden Sommer zu Schiff Fässer mit frischem Wasser heranzubringen. Der König ernannte vier Beauftragte, die eine Lösung des Problems suchen sollten. 1401 empfahlen sie den Bau einer offenen Leitung (oben 3,7 m breit, unten 1,4 m breit und 1,5 m tief), um Wasser von drei Quellen ungefähr 6 km westlich in Anlaby heranzubringen. Die Stadt mußte für den Bau von Dämmen zahlen, die das Salzwasser fernhielten. Unglücklicherweise verursachte die sich daraus ergebende Beeinträchtigung der natürlichen Entwässerung periodische Überschwemmungen der benachbarten Wiesen – zum Ärger ihrer Besitzer –, während Sturmfluten in der Humbermündung gelegentlich die Leitung mit Salzwasser verunreinigten. 1447 kaufte die Gemeinde von Kingston-upon-Hull weitere Quellen mit der Absicht, eine unterirdische, verrohrte Wasserversorgung für die Stadt herzustellen, und die Bauarbeiten begannen. Unglücklicherweise aber erwiesen sich die Kosten als zu hoch, und die Gemeinde war gezwungen, die bereits verlegten Bleirohre wieder auszugraben und sie zu verkaufen, um ihre Schulden zu bezahlen. Es mag 1476 Pläne gegeben haben, den Bau der Rohrleitung wieder aufzunehmen, als John Adam vier fother (3962 kg) Blei für die Leitung gab, gegen lebenslängliche Befreiung von der Verpflichtung, in irgendeinem Amt der Gemeinde Dienste zu leisten. Indessen wurde die offene Leitung weiter durch jährliche Reinigung gewartet und bis in das 17. Jahrhundert in Betrieb gehalten. Wasser wurde in Karren (örtlich „bushes" genannt)[71] vom Endpunkt der Leitung in die Stadt gefahren.

In POOLE (Dorset) gab es um 1497 außerhalb der Stadt bei Tatnam eine Leitung, und 1542 wurde eine neue Bewilligung erworben, für eine nominelle Pacht auf Ödland der Krone einen Leitungskopf zu bauen. Auch hier wurde Wasser per Eselskarren von der Leitung in die Stadt gebracht.[72] Während des 14. und 15. Jahrhunderts erwarben viele Städte Rechte zur Benutzung von Wasserleitungen, die ursprünglich von kirchlichen Institutionen angelegt worden waren. 1310 wurde dem Franziskanerkloster von LICHFIELD die Benutzung der Quellen in Aldershaw (3 km südwestlich) unter der Bedingung erlaubt, daß die Mönche keinen Eimer Wasser ohne die Genehmigung ihres Gönners an irgend jemand anderen abgäben. Bald jedoch erwies sich die Wassermenge für die Bedürfnisse der Mönche allein als zu groß. Deshalb wurde ein Teil des Überschusses in ein großes Leitungshaus am Tor des Klosters geleitet und der Stadtbevölkerung zur Verfügung gestellt. Leland beschrieb die Leitung mit den zwei zugehörigen Quellen, eine an der Ostmauer des Klosterbezirks, die andere auf dem Marktplatz.[73]

1310 wurde den stimmberechtigten Bürgern von SOUTHAMPTON die Nutzung des Überschusses der 20 Jahre früher angelegten Leitung der Franziskaner genehmigt. Um 1420 war diese Rohrleitung in schlechtem Zustand, und die Mönche konnten sich ihren Unterhalt nicht länger leisten. Deshalb erwarb John Benet, seit kurzem Bürgermeister, die gesamte Leitung und ließ sie reparieren, damit sie durch die Stadt genutzt werden könnte. Sie trug bis zum Beginn dieses Jahrhunderts zur Versorgung der Gemeinde bei.[74]

1438 sicherten sich der Gemeinderat von GLOUCESTER das Recht, für den südöstlichen Teil der Stadt Dreiviertel der Wassermenge, die von den Franziskanern durch eine Leitung in ihren Klostergarten geführt wurde, zu entnehmen. Im Klosterbereich wurde das Wasser auf vier Kanäle verteilt, von denen nun drei Eigentum der Stadt wurden. Diese wurden bis zu günstigen Stellen in der Stadt verlängert, von denen High Cross die wichtigste war. In der städtischen Gebührenordnung von 1455 gibt es eine Darstellung von High Cross mit seinen Wasserspeiern. Die Buchführung

Abb. 23, 24 Wells (Somerset)

Abb. 23 Die abgezweigte Leitung aus dem 15. Jahrhundert und die Hauptwasserleitung aus Blei

Abb. 24 Einstiegsschacht, in dem ein Ventil zu sehen ist, mit dessen Hilfe Sediment aus dem Rohr gespült werden kann

von 1493–4 schließt Käufe von Holz und Nägeln ein, um die Bleileitung über Gooseditch („Gänsegraben" d.h. den Graben außerhalb der Ostmauer der Stadt) hinaus zu verlängern. 1630 kaufte die Stadt die gesamte Wasserversorgung ohne Ausnahme, und vier Jahre später baute der Ratsherr John Scriven in Southgate Street ein neues achteckiges Brunnenhaus. Zwar wurde Scrivens Leitung nach 1784 verlegt, aber die Quelle wurde bis 1940 genutzt.[75]

In WELLS wurde im frühen 13. Jahrhundert eine *mit Steinen überwölbte* Leitung gebaut, um Wasser vom St. Andrews-Brunnen durch den Bezirk der Kathedrale zum Marktplatz der Stadt zu leiten. 1451 erteilte Bischof Thomas Beckington eine neue Bewilligung an die stimmberechtigten Bürger, in der er ihnen erlaubte, einen Teil der Wasserversorgung der Kathedrale von der gleichen Quelle abzuzweigen. Auf dem Marktplatz wurde ein hohes Brunnenhaus aus quadratischen Steinen mit verzierten Kassetten gebaut, das bis ins späte 18. Jahrhundert überlebte. Als Bischof Stillington im späten 15. Jahrhundert östlich der Kreuzgänge eine neue Kapelle baute, mußten die Leitungen verlegt werden; eine Ausgrabung bestätigte ihre Neuverlegung *(Abb. 23, 24).*[76]

Die Auflösung der Klöster verursachte die Aufgabe und Verwahrlosung vieler klösterlicher Wassersysteme. In einigen Fällen übernahmen die Stadtverwaltungen selbst die Versorgung. 1539 verhandelten Bürgermeister und Ratsherren von LINCOLN erfolgreich über den Erwerb der Wasserleitungen sowohl der Dominikaner als auch der Franziskaner. 1540 verlängerte man die Rohrleitung vom Franziskanerkloster nach Süden in die Vorstadt Wigford. Dabei wurde ein neues Leitungshaus auf dem Kirchhof von St. Mary-le-Wigford gebaut. Dieses Gebäude, das viele erneut verwendete Steine von anderen, damals abgerissenen Kirchen enthält, wurde 1864 auf dem Kirchhof an einen Ort versetzt, wo es noch heute steht *(Abb. 25)*. In CAMBRIDGE wurde die Leitung der Franziskaner dem Trinity College überlassen. Sie versorgt dort noch immer den zierlichen Brunnen im College-Hof *(Abb. 26).*[77]

Kleinere Städte verließen sich meistens weiterhin auf Brunnen. Aus dem Westen Englands allerdings gibt es verschiedene Beispiele komplizierterer Anordnungen. In CHARD (Somerset) wurde das Quellwasser durch Bleirohre in vier Leitungen eingespeist, die das Wasser zu beiden Seiten entlang der Hauptstraße der Stadt führten. Die Straße diente

Abb. 25 Lincoln, Brunnenhaus bei der St. Mary-le-Wigford-Kirche

11. Wasserversorgung am Ende des Mittelalters: technische Verbesserungen

Die rapide Ausdehnung vieler Städte im 16. Jahrhundert brachte die drängende Notwendigkeit mit sich, die Leistungsfähigkeit der Wasserversorgung zu verbessern. MAIDSTONE (Kent) ernannte 1567 zwei Aufseher, die mildtätige Gaben für die Wartung der städtischen Wasserleitung sammeln sollten, und dort selbst wurde 1646 eine neue Wasserleitung gebaut. Derby hatte eine Leitung, für die 1577 ein Bleirohr über die alte Brücke gelegt wurde. Leicester versorgte ein Leitungshaus abseits der London Road in St. Margarets Fields, südöstlich der Stadt, das 1586–7 repariert wurde. HASTINGS (East Sussex) erhob 1606 eine spezielle Abgabe, um die Hereinführung einer Rohrleitung von einer weniger verunreinigten Quelle weiter im Inland zu finanzieren.[79]

Der Bau einer Leitung nach CAMBRIDGE wurde 1574 in Betracht gezogen, aber bis 1610 nicht realisiert; erst dann finanzierten Stadt und Universität das Projekt gemeinsam. Eine offene Rinne, 6 m breit und 0,8 m tief, bekannt unter dem Namen New River oder Hobsons Bach (nach einem örtlichen Wasserträger Thomas Hobson, der Geld für seine Instandhaltung hinterließ) wurde vom Vicars-Bach in den Süden der Stadt zu einem sechseckigen Brunnen auf dem Market Hill geleitet, der 1614 erbaut wurde. Diese Wasserversorgung wurde auch zur Straßenreinigung und zum Durchspülen der Abflußrinnen benutzt. Im Jahre 1856 wurde der Brunnen an den Anfang der Leitung verlegt.[80]

In OXFORD legte Otto Nicholson, der in der Londoner Kommission von 1605 tätig gewesen war (siehe unten), einen Plan vor, wie man Wasser in einer geschlossenen Leitung von Westen in die Stadtmitte bringen könne. Auf dem Hinksey Hill wurde ein Wasserbehälter gebaut mit 90 000 l Inhalt (Abb. 28). Ein Londoner Klempner namens Hugh Justyce bettete die Bleirohre dort, wo sie die Themse kreuzten, in Ulmenstämme. In Carfax, der zentralgelegenen Kreuzung der Stadt, ließ Nicholson ein zierliches Leitungshaus mit zwei Behältern bauen, von denen der obere die Universität versorgte, während der untere für die Stadt vom Überlaufwasser des oberen gefüllt wurde. Die Carfax-Leitung wurde 1616 in Betrieb genommen und blieb bis 1789 an

als Wasserscheide; der Überschuß nach Norden floß in Richtung Rivers Isle und Parrett in den Bristol-Kanal, der in Richtung Süden über den Fluß Axe in den englischen Kanal. Das Entstehungsdatum dieser Anlage ist nicht bekannt, aber es könnte zeitgleich mit der Planung der Stadt im frühen 13. Jahrhundert liegen. In TIVERTON (Devon) wurden die Quellen in Norwood Common, 8 km oberhalb der Stadt, in einen Wasserlauf geleitet, der als Stadtkanal bekannt ist und immer noch entlang der Castle Street verläuft (Abb. 27). Die Gewährung der hiesigen Wasserrechte wird traditionell auf das Jahr 1262 datiert und Isabella, der Gräfin von Devon, zugeschrieben. Es gibt einen alten Brauch, alle sieben Jahre die Länge des Wasserlaufes von seiner Quelle an abzuschreiten. Auch in AXMINSTER, BEER und HONITON (Devon) und HELSTON (Cornwall) sind Wasserversorgungssysteme mit offenen Kanälen bekannt, die mittelalterlichen Ursprungs zu sein scheinen.[78]

Abb. 26 Cambridge, Springbrunnen auf dem Hof des Trinity College, der von der Leitung des Franziskanerklosters versorgt wird

ihrer ursprünglichen Stelle. Erst dann fiel sie der Politik zum Opfer, die Straßen von Hindernissen zu befreien. Sie wurde Lord Harcourt angeboten, der sie als dekorative Besonderheit in seinem Park in Nuneham Courtenay (12 km südlich von Oxford) wieder aufbaute, wo sie sich noch heute befindet *(Abb. 29)*.[81]

Nach dem Ende des Mittelalters beschleunigte sich das Entwicklungstempo erheblich. Die verbesserten Systeme, die im späten 16. und frühen 17. Jahrhundert gebaut worden waren, unterschieden sich durch zwei Hauptmerkmale: Erstens durch den zunehmenden Umfang von Bauarbeiten, die unternommen wurden, um Wasser in größeren Mengen von weiter entfernten Quellen heranzubringen, und zweitens durch die Einführung neuer Techniken, besonders die Wiedereinführung von Pumpen. Diesen Entwicklungen kann hier nicht im einzelnen verfolgt werden, aber eine kurze Zusammenfassung anhand von drei Beispielen wird die Bedeutung des Wechsels illustrieren.

PLYMOUTH (Devon) ist ein gutes Exempel dafür, daß im späteren 16. Jahrhundert Wasserbauarbeiten in größerem Umfang unternommen wurden. Plymouth begann seine Entwicklung als kleiner Hafen im späten 12. Jahrhundert, blieb aber während des Mittelalters eine vergleichsweise unbedeutende Stadt, deren Bedarf in angemessener Weise durch Brunnen gedeckt wurde. Im späten 15. Jahrhundert beginnen die Gemeinderechnungen über Ausgaben zur

Abb. 27 Tiverton (Devon), der Stadtkanal

Abb. 28–29 Oxford, das Leitungssystem von 1616

Abb. 28 Der Wasserbehälter auf dem Hinksey Hill

Verbesserung der Wasserversorgung durch neue Brunnen und Leitungen zu berichten. Während des 16. Jahrhunderts, als die Bedeutung von Plymouth als Hafenstadt stieg, wuchs auch seine Bevölkerung, und die örtlichen Wasserquellen wurden stärker in Anspruch genommen. 1569 ließ William Hawkins, ein wohlhabender Kaufmann aus der Stadt, eine neue Leitung bauen, die einen ständig *wasserführenden Bach* im Shute Park anzapfte. Trotzdem mußte während der 1570er und 1580er Jahre, immer wenn eine größere Zahl von Schiffen im Hafen war, Wasser in Fässern auf Karren manchmal aus erheblicher Entfernung herangebracht werden.

Die Gemeinde begriff, daß größere Anstrengungen erforderlich waren, und nahm 1559–60 einen Zinnbergmann aus Bovey (Devon) mit Namen Forsland in ihre Dienste, der sehr erfahren im Bau von Kanälen zur Erzeugung von Wasserkraft und zur Verarbeitung von Erz war. Er sollte im Hinblick auf die Heranbringung von frischem Wasser über einen langen Kanal entsprechende Untersuchungen anstellen. Die Absicht bestand darin, in einer 16,9 km entfernten Stelle im Nordosten der Stadt einen Teil des River Meavy aus dem Oberland von Dartmoor abzuleiten. Dies war ein erheblich ehrgeizigeres Unternehmen als alles, was auf diesem Gebiet vorhergegangen war, und da die Gemeinde bereits zu anderen Ausgaben verpflichtet war, geschah für eine Weile nichts. Im Jahre 1576 jedoch wurde das Projekt wiederbelebt, und eine Gruppe von Landvermessern unter Führung von Robert Lampen aus St. Budeaux (Devon) be-

Abb. 29 Carfax-Leitung, die 1789 in den Nuneham Park verbracht wurde

gutachtete den Lauf des vorgesehenen Kanals erneut. Der Konflikt mit Spanien während der letzten beiden Jahrzehnte des 16. Jahrhunderts sah Plymouth zu Englands Hauptflottenbasis werden. Während dieses Zeitraums verdoppelte sich seine Bevölkerung nahezu, und der daraus entstehende Wasserbedarf erforderte, daß das Projekt nicht zum zweiten Mal zu den Akten gelegt wurde. Im März 1585 erhielt eine entsprechende Parlamentsvorlage die königliche Zustimmung. Von Anfang an wurde der neue Kanal als Mehrzweckprojekt betrachtet. Er sollte nicht nur Wasser für die Kriegs- und Handelsschiffe liefern, die den Hafen benutzten, sondern auch Wasserräder in der Stadt antreiben, Wasser für die Feuerwehr liefern, zum Spülen des Hafens dienen und das Gelände entwässern, durch das er geführt wurde. Der Bau begann 1589, wobei Sir Francis Drake Hauptunternehmer war, und er wurde im April 1591 beendet. Die Leitung wurde als offener Kanal gebaut, ungefähr 2 m breit und 28 km lang mit geringer Neigung von einer Höhe von 205,7 m bei Einlauf am River Meavy bis auf Meereshöhe bei Sutton Pool. Das Wasser aus dem Kanal wurde über Ziegel- und Holzleitungen sowie Bleirohre an die privaten Haushalte verteilt, und nach 1592 errichtete man 27 öffentliche Brunnenhäuser in verschiedenen Teilen der Stadt. Der 1585 genehmigte neue Wasserlauf wurde ständig gepflegt und verbessert, bis er schließlich 1894 ersetzt wurde.[82]

Im 16. Jahrhundert wurden Pläne eines sogar noch ehrgeizigeren Projektes für LONDON diskutiert, als Königin Elisabeth I. die Gemeinde ermächtigte, aus Hertfordshire oder Middlesex einen Fluß in die Stadt abzuleiten. Zu jener Zeit erwies sich dies als zu schwierig, aber 1605 wurde eine Kommission ernannt, um das Projekt wieder aufzunehmen. Vier Jahre später wurden von Sir Hugh Myddelton Zeichnungen für den „New River" vorgelegt. Myddelton war Goldschmied und Parlamentsmitglied. Sein Projekt betraf den Bau eines künstlichen Wasserlaufes von 62,4 km Länge, der die Chadwell- und Amwell-Quellen zwischen Hertford und Ware (Hertfordshire) anzapfte und für einige Kilometer parallel zum Fluß Lea verlief. Er sollte aus einem 3 m breiten und 1,2 m tiefen offenen Kanal bestehen, der in Islington, auf der Nordseite der Stadt, in einem kreisförmigen Reservoir endete. Um genügend Wasserdruck für die Versorgung der Stadt sicherzustellen, wurde das Islington-Reservoir etwa 25 m über dem Niveau der Themse gebaut. Somit war das Gefälle der Leitung extrem gering, und ihre Vermessung erforderte große Genauigkeit. Die Nivellierung der Wasserleitung wurde von Edward Wright, einem wohlbekannten Mathematiker und Kartographen, erfolgreich ausgeführt. Wo nötig, wurden Einschnitte und Dämme angelegt, Landstraßen und Feldwege durch Tunnel geführt; an zwei Stellen wurden Täler mit Holzaquädukten überbrückt, die mit Blei ausgeschlagen waren. An dem Projekt waren zeitweise bis zu 600 Mann beschäftigt. Trotz aller technischen Schwierigkeiten wurde der New River 1613 fertiggestellt und eröffnet.[83]

Der Plymouth-Kanal und der London New River waren größer als alles, was ihnen im Mittelalter vorangegangen war, aber sie basierten im wesentlichen auf traditioneller Schwerkrafttechnik. Was die Zukunft anbelangte, so hatten Experimente mit Pumpsystemen größere Bedeutung. Die Druckpumpe war in Britannien während der Römerzeit benutzt worden, wie es das Beispiel von Silchester belegt, aber die Prinzipien waren offensichtlich inzwischen vergessen worden. Die Wiedereinführung der Kolbenpumpe in Britannien scheint im 15. Jahrhundert erfolgt zu sein. Der Gedanke könnte aus der islamischen Welt nach Westeuropa gelangt sein, oder er könnte angeregt worden sein durch die Entdeckung eines Textes von Vitruvius im Jahre 1408 und dessen nachfolgender Veröffentlichung und Übersetzung in verschiedene europäische Sprachen; es könnte sogar ein echter Fall von spontaner, unbeeinflußter Neuerfindung vorliegen. Die ersten Entwicklungen vollzogen sich langsam und zaudernd, aber Schriftzeugnisse vom europäischen Kontinent wie zum Beispiel die Manuskripte von Taccola (ca. 1450), Francisco di Giorgio Martine (ca. 1475) und Leonardo da Vinci (ca. 1500) illustrieren zeitgenössische Experimente sowohl mit Saug- als auch mit Druckpumpen.

Pumpenmacher werden in London schon 1406 erwähnt, aber es ist nicht klar, welche Art von Pumpen sie gebaut haben; möglicherweise waren das nur Wasserhebevorrichtungen (in Abwandlung des Prinzips Kette/Eimer), angetrieben durch Göpel. Keine bedeutenden Fortschritte gab es bis 1578, als ein holländischer oder deutscher Ingenieur mit Namen Peter Morice das Patent für eine Druckpumpe erhielt, die durch ein unterschlächtiges Wasserrad angetrieben werden konnte. Morice sicherte sich die Unterstützung von

Sir Christopher Hatton; daraufhin gewährte ihm die Gemeinde von London im Mai 1581 einen Pachtvertrag über 500 Jahre für den nördlichsten Bogen der London Bridge. Dort sollte ein Wasserrad durch die Tiedenströmungen angetrieben werden, um Wasser von der Themse in die Innenstadt zu pumpen. Im Dezember 1582 war der Bau von Wasserrad und Pumpe abgeschlossen. Morice überredete die Stadtverwaltung, für die Finanzierung seines Plans aufzukommen, indem er sie einlud, sich die Möglichkeiten der Anlage anzusehen. Er beeindruckte die Herren dadurch, daß er einen Wasserstrahl über den Turm der Kirche St. Magnus neben der London Bridge lenkte. Im Jahre 1585 wurde ihm der nächste Brückenbogen zu den gleichen Bedingungen verpachtet, und schließlich waren in fünf Bögen der Brücke Räder installiert, die den gesamten Osten der Stadt versorgten. Die Pumpen des Peter Morice wurden durch das große Feuer von 1666 schwer beschädigt, aber vor 1706 waren sie wiederhergestellt und verbessert worden.[84] In der ersten Dekade des 18. Jahrhunderts wurden in einem Dutzend weiterer englischer Städte wasserbetriebene Pumpstationen errichtet. Damit hatte eine neue Ära der Wasserversorgung begonnen.

12. Danksagungen

Wie bei jedem Versuch, ein Ganzes aus Teilen zusammenzusetzen, ist vieles dieser Veröffentlichungen von der Arbeit anderer abgeleitet. Meine größte Schuld besteht gegenüber den zahlreichen Archäologen und Historikern, die im nachstehenden Quellenverzeichnis genannt sind. Ich danke meiner Frau Tina für Lesung und Kommentar eines früheren Entwurfes und für Bild 27. Ich verdanke die Bilder 2, 3, 4, 5, 9, 23 und 24 Mick Aston. Außerdem möchte ich Gordon Kelsey für andere fotografische Arbeiten danken.

Quellenverzeichnis

1 Die wenigen auf Englisch vorliegenden Zusammenfassungen schließen ein:
C.E.N. BROMEHEAD: 'The Early History of Water-Supply', *Geographical Journal* Vol. 99 (1942), pp. 142–51, 183–96; F. W. ROBINS: *The Story of Water Supply* (Oxford, 1946); N. SMITH: *Man and Water: History of Hydro-Technology* (London, 1976).

2 S. C. STANFORD: *Midsummer Hill: an Iron Age Hill Forton on the Malverns* (Leominster, 1981), pp. 65–6, 71–2.

3 M. COATES: 'The Water Supply of Ancient Dorchester', *Proc. Dorset Natural History & Antiquarian Field Club* Vol. 22 (1901), pp. 80–3; W. M. BARNES: 'Some Notes on Major Coates' Discovery of the Ancient Water Supply of Dorchester', *Proc. Dorset Natural History & Antiquarian Field Club* Vol. 22 (1901), pp. 84–90; P. FOSTER: 'The Roman Aqueduct at Dorchester', *Proc. Dorset Natural History & Antiquarian Field Club* Vol. 46 (1924-5), pp. 1–13; K. M. RICHARDSON: 'Excavations at Poundbury, Dorchester, Dorset, 1939', *Antiquaries Jnl.* Vol. 20 part IV (1940), pp. 429–48, bes. pp. 435–40; Royal Commission on Historical Monuments (im Folgenden R.C.H.M.), *An Inventory of Historical Monuments in the County of Dorset* Vol.2 part III (London, 1970), pp. 585–9.

4 G. WEBSTER & D. HOLLINGSWORTH: 'The Wroxeter Aqueduct', *Transactions of Shropshire Archaeological Society* Vol. 61 part II (1957-60), pp. 133–7; J. WACHER: *The Towns of Roman Britain* (London, 1974), pp. 368-9.

5 W. ST. J. HOPE & G. F. FOX: 'Excavations on the Site of the Roman City of Silchester', *Archaeologia* Vol. 55 part I (1896), pp. 215–53, bes. pp. 232-4; G. C. BOON: *Silchester: The Roman Town of Calleva* (2nd edn., Newton Abbot, 1974), pp. 85-9.

6 WACHER: *Towns of Roman Britain*, pp. 344-5; S. S. FRERE: *Britannia: a History of Roman Britain* (London 1967), p. 245.

7 I. A. Richmond: 'The Roman of Lincoln', *Archaeological Jnl.* Vol. 103 (1946), pp. 26–56, bes. pp. 36-7; F. H. THOMPSON: 'The Roman Aqueduct at Lincoln', *Archaeological Jnl.* Vol. 111 (1954), pp. 106–128; J. P. OLESON: *Greek and Roman Mechanical Water-Lifting Devices: The History of a Technology* (Toronto, 1984); WACHER: *Towns of Roman Britain*, pp. 126–31.

8 P. CRUMMY: *Excavations at Lion Walk, Balkerne Lane and Middleborough, Colchester, Essex* Colchester Archaeological Report no. 3 (Colchester Archaeological Trust, 1984), pp. 26–7, 115–7, 179.

9 FRERE: *Britannia*, pp. 242–4; WACHER: *Towns of Roman Britain*.

10 WACHER: *Towns of Roman Britain, pp. 346–7, 134;*

R.C.H.M., *An Inventory of the Historical Monuments in the City of York*, Vol. 1 (London, 1962), p. 51.

11 J. WACHER: The Water Supply in Londinium, in J. Bird, H. Chapman & J. Clark (eds), *Collectanea Londiniensia* London & Middlesex Archaeological Soc., Special Paper no. 2 (1978), pp. 104-8; T. WILLMOTT: 'Water Supply in the Roman City of London', *The London Archaeologist* Vol. 4 no. 9 (1982), pp. 234-42.

12 J. C. BRUCE: *Handbook to the Roman Wall* (9th edn., Newcastle-on-Tyne, 1933), p. 154; F. G. SIMPSON & I. A. RICHMOND: 'The Roman Fort on Hadrian's Wall at Benwell', *Archaeologia Aeliana* 4th series, Vol. 19 (1941), pp. 1–43, bes. pp. 12–17; R. TOMLIN: 'The Roman Aqueduct at Bowes, Yorkshire North Riding', *Yorkshire Archaeological Jnl.* Vol. 45 (1973), pp. 181-4.

13 R. G. COLLINGWOOD & R. P. WRIGHT: *The Roman Inscriptions of Britain*, Vol. 1 (Oxford, 1965), 430, 1049, 1060.

14 B. J. PHILP: 'Dover: Summary', *Current Archaeology* no. 38 (Vol. 4, no. 3) (1973), p. 86.

15. F. G. SIMPSON: (ed G. Simpson), *Water-mills and Military Works on Hadrian's Wall* (Kendal, 1976); G. D. B. JONES, I. J. BLAKEY & E. C. F. MACPHERSON, 'Dolaucothi: The Roman Aqueduct', *Bulletin of Board of Celtic Studies* Vol. 19 part I (1960), pp. 71–84.

16. S. S. Frere, 'Excavations at Verulamium, 1959: Fifth Interim Report', *Antiquaries Jnl.* Vol. 40 part I/II (1960), pp. 1–24, bes. p. 20; S. S. FRERE, 'Verulamium, Three Roman Cities', *Antiquity* Vol. 38 (1964), pp. 103–112.

17 B. COLGRAVE (ed.), *Two Lives of St. Cuthbert* (Cambridge, 1940), pp. 122–3, 242–5.

18 Siehe R. HOLT, *The Mills of Medieval England* (Oxford, 1988), mit weiteren Nachweisen.

19 J. STEPHENSON (ed.), *Chronicon Monasterii de Abingdon* (Rolls Series, London, 1858), part I., pp. 480–1, part II, pp. 270, 278–80, 282, 285; C. J. BOND, 'The Reconstruction of the Medieval Landscape: the Estates of Abingdon Abbey', *Landscape History* Vol. 1 (1979), pp. 59–75, bes. p. 69.

20 M. BIDDLE & D. J. KEENE, 'Winchester in the Eleventh and Twelfth Centuries', in M. Biddle (ed.), *Winchester in the Early Middle Ages: an Edition and Discussion of the Winton Domesday* (Winchester Studies Vol. 1, Oxford, 1976), pp. 282–4.

21 British Library, Cotton MS. Aug. 1, I, 74.

22 Zitiert bei J. HARVEY, *Medieval Craftsmen* (London, 1975), p. 97.

23 A. D. SAUNDERS, 'Lydford Castle, Devon', *Medieval Archaeology* Vol. 24 (1980), pp. 123–186, bes. pp. 137–8, 165, 180–2.

24 Das Original des Planes befindet sich im Trinity College, Cambridge, MS. R. 17.1.

25 ROBINS, *Story of Water Supply*, p. 151.

26 P. HOLDSWORTH, *Excavations at Melbourne Street, Southampton* (C.B.A. Research Report no. 33, 1980), pp. 25, 35, 37; C. PLATT & R. COLEMAN-SMITH, *Excavations in Medieval Southampton, 1953–1969* Vol. 1, (Leicester, 1975), pp. 240–1, 267.

27 D. KEENE, *Survey of medieval Winchester* (Winchester Studies, no. 2, Oxford, 1985), Vol. 1, pp, 65, 180; Vol. 2, pp. 258, 260, 466, 473, 475, 595, 655.

28 M. W. BERESFORD, *New Towns of the Middle Ages* (London, 1967), pp. 26, 177–8, 506.

29 E. R. MACPHERSON & E. G. J. AMOS, 'The Norman Waterworks in the Keep of Dover Castle', *Archaeological Jnl.* Vol. 86 (1929), pp. 253–5 and *Archaeologia Cantiana* Vol. 43 (1931), pp. 167-72.

30 *The Great Roll of the Pipe, 22 Henry II*, (Pipe Roll. Soc. Vol. 21, 1896), p. 77; R.C.H.M., *An Inventory of the Historical Monuments in the City of Oxford* (London, 1939), pp. 156–8.

31 ROBINS, *Story of Water Supply*, pp. 92–3.

32 ROBINS, *Story of Water Supply*, p. 93; R. A. BROWN, H. M. COLVIN & A. J. TAYLOR, *The History of the King's Works* (im folgenden H. K. W.), *The Middle Ages* (2 vols London 1963), Vol. 2, p. 594; C. PEERS, *Carisbrooke Castle, Isle of Wight* (London, 1948), pp. 5–6; Ministry of Works, *Carisbrooke Caste: an Illustrated Guide* (London, 1961), pp. 30–31; H. BRUNNER & J. K. MAJOR, 'Water Raising by Animal Power', *Industrial Archaeology* Vol. 9 part II (1972), pp. 117–51, bes. pp. 133–4.

33 A. J. TAYLOR, *Caernarvon Castle and Town Walls* (London, 1953), pp. 25, 29, 32.

34 Cambridge, H.K.W. Vol. 2, p. 585; Flint, H.K.W. Vol. 1, p. 313; Aberystwyth, H.K.W. Vol. 1, pp. 306–7; Hope, H.K.W. Vol. 1, p. 332; Rhuddlan, H.K.W. Vol. 1, p. 324.

35 H.K.W. Vol. 1, p. 367.

36 H.K.W. Vol. 2, pp. 797, 803–4.

37 *Calendar of Liberate Rolls*, 1226–40, pp. 220–1.

38 D. S. NEAL, 'Excavations at the Royal Palace of King's Langley, 1974–1976', *Medieval Archaeology* Vol. 21 (1977), pp. 124–65.

39 Vergl. z. B. J. GOULD, 'The Twelfth-Century Water-Supply to Lichfield Close', *Antiquaries Jnl.* Vol. 56 part I (1976), pp. 73–90; K. N. BASCOMBE, 'A Water Conduit-Head at Wormley', *Hertfordshire Archaeology* Vol. 3 (1973), pp. 124–5.

40 P. NORMAN, 'On an Ancient Conduit-Head in Queen Square, Bloomsbury', *Archaeologia* Vol. 56 (1899), pp. 251–66; P. NORMAN & E. A. MANN, 'On the White Conduit, Chapel Street, Bloomsbury, and its Connexion with the Grey Friars' Water System', *Archaeologia* Vol. 61 (1909), pp. 347–56; P. NORMAN, 'Recent Discoveries of Medieval Remains in London', *Archaeologia* Vol. 67 (1915–16), pp. 1–26.

41 *Calendar of Patent Rolls,* 1327–30, p. 182.
42 R. V. H. Burne, *The Monks of Chester* (London, 1962), p. 41; A. R. Martin, *Franciscan Architecture in England* Manchester, 1977, p. 204.
43 Der Plan von Waltham Abbey wird aufbewahrt in der British Library, London, Harleian MS 391, f. 6r. Das Original des Plans der Londoner Kartause wird dort verwahrt; siehe W. H. St. J. Hope, 'The London Charterhouse and its Old Water Supply', *Archaeologia* Vol. 58 part I (1902), pp. 293–312.
44 J. T. Micklethwaite, 'On a Filtering Cistern of the Fourteenth Century at Westminster Abbey', *Archaeologia* Vol. 53 (1892), pp. 161–70.
45 Hope, 'The London Charterhouse'; Norman & Mann, 'On the White Conduit, Chapel Street, Bloomsbury'.
46 Die vollständigste Beschreibung des Leitungsnetzes von Canterbury ist immer noch R. Willis, 'The Architectural History of the Conventual Buildings of the Monastery of Christ Church in Canterbury', *Archaeologia Cantiana* Vol. 7 (1868), pp. 1–206.
47 W. H. St. J. Hope, 'Mount Grace Priory, Architectural History', *Yorkshire Archaeological Jnl.* Vol. 18 (1905), pp. 270–309.
48 Ausführlichere Beschreibung u. Nachweise in C. J. Bond, 'Water Management in the Rural Monastery', in R. Gilchrist & H. Mytum (eds), *The Archaeology of Rural Monasteries* (British Archaeological Reports, British Series, no. 203, 1989), pp. 83–111; ferner C. J. Bond, 'Water Management in the Urban Monastery', in R. Gilchrist & H. Mytum (eds.), *Approaches to Monastic Archaeology* (British Archaeological Reports, erscheint 1990).
49 Gould, 'The Twelfth-Century Water-Supply to Lichfield Close'.
50 L. E. W. O. Fulbrook-Leggatt, 'The Water Supplies of the Abbey of St. Peter and the Priory of the Grey Friars, Gloucester, from Robinswood Hill', *Transactions of Bristol & Gloucestershire Archaeological Soc.* Vol. 87 (1968), pp. 111–8, bes. p. 115; P. Morris, W. Thornycroft & T. Brown, 'A Report on the Underground Passages in Exeter', *Proceedings of Devon Archaeological Exploration Soc.* Vol. 1 (1932), pp. 191–201, bes. p. 191; Norman, 'On an Ancient Conduit-Head in Queen Square, Bloomsbury', p. 256.
51 *Calendar of Patent Rolls*, 1354–58, p. 243; Fulbrook-Leggatt, 'The Water Supplies of the Abbey of St. Peter and the Priory of the Grey Friars, Gloucester', pp. 114-5.
52 W. H. Godfrey, 'English Cloister Lavatories as Independent Structures', *Archaeological Jnl.*, Supplement to Vol. 106 (1949), pp. 91–7; W. H. St. J. Hope, 'Recent Discoveries in the Cloister of Durham Abbey', *Archaeologia* Vol. 58 part II (1903).
53 A. M. Davies, 'London's First Conduit System', *Transactions of London & Middlesex Archaeological Soc.*, new series, Vol. 2 (1913), p. 26; *Letters and Papers, Foreign and Domestic, of the Reign of Henry VIII.*, Vol. 17 (London, 1900), p. 396.
54 T. D. Hardy (ed.), *Rotuli Litterarum Clausarum* (Record Commissioners, London, 1833), p. 140b.
55 H.K.W. Vol. 1, pp. 227, 507, 549–50.
56 R. Edwards, 'The Fountain at New Palace Yard, Westminster', *The London Archaeologist* Vol. 2 no. 3 (1973), pp. 60–61; *Medieval Archaeology* Vol. 18 (1974), pp. 207–8.
57 *Calendar of Close Rolls*, 1256-9, pp. 377–8, 380; *Calendar of Liberate Rolls*, 1251–60, p. 507; H.K.W. Vol. 1, pp. 502, 550.
58 *Calendar of Liberate Rolls*, 1251–60, p. 259; H.K.W. Vol. 2, pp. 698, 700, 1001.
59 H.K.W. Vol. 3, pp. 351–3.
60 *Calendar of Patent Rolls*, 1232–47, p. 430, 1446–52, p. 45; H.K.W. Vol. 1, p. 550n.
61 H.K.W. Vol. 2, pp. 805, 949; *Medieval Archaeology* Vol. 9 (1965), p. 184.
62 M. Biddle, L. barfield & A. Millard, 'The Excavation of the Manor of the More, Rickmansworth, Hertfordshire', *Archaeological Jnl.* Vol. 116 (1959), pp. 135–99, bes. pp. 154, 156, 196.
63 J. Leland, *The Itinerary of John Leland, c. 1535–1543*, ed. L. T. Smith (London, 1964), Vol. 4, p. 92; Vol. 5, p. 145.
64 J. C. Robertson (ed.), *Materials for the History of Thomas Becket, Archbishop of Canterbury* Rolls Series Vol. 67 part III (1877), pp. 3–4.
65 J. Stow, *A Survey of London* (1603), ed. C. L. Kingsford (Oxford, 1908), Vol. 1, pp. 11–17, 109–110, 264–5; Robins, *Story of Water Supply*, pp. 129–32.
66 Robins, *Story of Water Supply*, p. 132; Bromehead, 'Early History of Water Supply', p. 190.
67 Stow, *Survey of London*, Vol. 1, pp. 17–18, 109–10, 114, 128, 173, 191, 211, 240–1, 266, 283–5, 292–3, 300; Vol. 2, pp. 34, 173, 177, 179.
68 M. D. Lobel, Bristol, in M. D. Lobel & W. H. Johns (Hg.), *The Atlas of Historic Towns*, Vol. 2 (Baltimore, 1975), p. 9; Leland, *Itinerary*, Vol. 5, p. 92.
69 F. Smith, *Coventry: Six Hundred Years of Municipal Life* (Coventry, 1965), pp. 27, 57.
70 Morris, Thorneycroft & Brown, 'Report on the Underground Passages in Exeter'; A. Fox, 'The Underground Conduits in Exeter exposed during Reconstruction in 1950', *Transactions of Devonshire Association* Vol. 83 (1951), pp. 172–8.
71 E. Gillett & K. A. MacMahon, *A History of Hull* (Oxford, 1980), pp. 41-4, 111.
72 Robins, *Story of Water Supply*, pp. 138, 153.
73 H. E. Savage (ed.), *Magnum Registrum Album*, Staffordshire Historical Collections no. 528 (1924), pp. 252–3; Leland, *Iti-*

nerary, Vol. 2, p. 100; P. LAITHWAITE, *History of Lichfield Conduit Lands Trust* (Lichfield, 1947).

74 ROBINS, *Story of Water Supply*, p. 100–101.

75 FULLBROOK-LEGGATT, 'The Water Supplies of the Abbey of St. Peter and the Priory of the Grey Friars, Gloucester', pp. 115–6; ROBINS, *Story of Water Supply*, p. 135.

76 E. BUCKLE, 'On the Lady Chapel by the Cloister of Wells Cathedral and the adjacent buildings', *Proceedings of Somerset Archaeology & Natural History Soc.* Vol. 40 part II (1894), pp. 32–63, bes. pp. 35–6, 45–7; W. RODWELL, *Wells Cathedral: Excavations and Discoveries* (Wells, 1980), pp. 14–16.

77 A. WHITE, *St. Mary's Conduit, Lincoln* Lincolnshire Museums Information Sheets, Archaeology Series, no. 19 (1980); R.C.H.M., *An Inventory of the Historical Monuments in the City of Cambridge*, Vol. 2 (London, 1959), p. 233.

78 G. L. GOMME (ed.), *The Gentleman's Magazine Library: English Topography*, part X (London, 1898), p. 175; ROBINS, *Story of Water Supply*, pp. 111, 115.

79 ROBINS, *Story of Water Supply*, pp. 134, 138.

80 W. D. BUSHELL, *Hobson's Conduit: the New River at Cambridge* (Cambridge, 1938); R.C.H.M., *An Inventory of the Historical Monuments in the City of Cambridge*, Vol. 2 (London, 1959), pp. 307–9.

81 C. COLE, 'Carfax Conduit', *Oxoniensia* Vol. 29/30 (1964-5), pp. 142–66.

82 D. J. HAWKINGS, *Water from the Moor: an Illustrated History of the Plymouth, Stonehouse and Devonport Leats* (Exeter, 1987).

83 J. W. GOUGH, *Sir Hugh Myddelton* (Oxford, 1964); B. RUDDEN, *The New River: a Legal History* (Oxford, 1985).

84 STOW, *Survey of London*, Vol. 1, pp. 18, 42, 188; R. WAILES, *Tide Mills*, part I (1938, reprinted by Soc. for the Protection of Ancient Buildings, Wind- and Watermill Section, booklet no. 2); ROBINS, *Story of Water Supply*, p. 155; J. P. M. PANNELL, *An Illustrated History of Civil Engineering* (London, 1964), p. 196; SMITH, *Man and Water: a History of Hydro-Technology*, p. 101.

Mittelalterliche Wasserversorgung in Frankreich

Eine Fallstudie: Die Zisterzienser

PAUL BENOIT · MONIQUE WABONT

In den drei Jahren, die auf den Tod des mit ihm befreundeten Abtes von Clairvaux folgten, schrieb Abt Arnaud von Bonneval die Lebensgeschichte des heiligen Bernhard nieder. Er berichtet, daß die Mönche von Cîteaux diesen im Jahre 1135 baten, das zu klein gewordene Kloster in das Tal der Aube und zum dort reichlich vorhandenen Wasser zu verlegen. Der Abt antwortete ihnen, daß für Steinbauten und die Heranführung von Wasser bereits viel Geld und Schweiß aufgewendet worden seien. Da er sich jedoch sowohl den Forderungen seiner Mönche als auch der Notwendigkeit einer Vergrößerung des Klosters nicht verschließen konnte, bewilligte er den Umzug. Sofort gingen Spenden ein. In Eile wurden Handwerker unter Vertrag genommen, und die Klosterbrüder selbst begaben sich an die Arbeit:

„Alii caedebant ligna, alii lapides conquadrabant, alii muros struebant, alii diffusis limitibus partiebantur fluvium, et extollebant saltus aquarum ad molas. Sed et fullones, et pistores, et coriarii, et fabri, aliique artifices, congruas aptabant suis operibus machinas ut scaturiret et prodiret, ubicumque opportunum esset, in omni domo subterraneis canalibus deductus rivus ultro ebulliens; et demum congruis ministeriis per omnes officinas expletis, purgata domo ad cardinalem alveum reverterentur quae diffusae fuerant aquae, et flumini propriam redderent quantitatem. Inopinata celeritate consummati sunt muri, totum monasterii ambitum spatiosissime complectentes. Surrexit domus, et quasi animam viventem atque mobilitatem haberet nuper nata ecclesia in brevi profecit et crevit."[1] (Die einen fällten Bäume, andere bearbeiteten Steine, wieder andere errichteten Mauern und teilten den Fluß am Oberlauf, wo sie sein Gefälle anhoben und das Wasser zu den Mühlen hinleiteten. Aber auch die Walker, Müller, Gerber sowie die übrigen Handwerker und Künstler richteten Maschinen für ihre jeweiligen Arbeitsbereiche her, damit der sprudelnde Bach, wo immer er nützen könne, durch unterirdische Kanäle unter alle Gebäude geführt seinen Lauf nehme und sich hilfreich erweise. Und nachdem er schließlich seine Dienste in allen Werkstätten geleistet und die Gebäude von Schmutz befreit hat, werden die einzelnen, voneinander abgesonderten Wasserströme in das Hauptbett zurückgeleitet, so daß der Flußlauf wieder seine ursprüngliche Größe erhält. Mit unerwarteter Schnelligkeit sind die Mauern vollendet worden, die den gesamten Klausurbezirk weiträumig einfassen. Das Kloster wuchs empor, und als ob der soeben geborenen Kirche etwas Lebendiges und Bewegliches eigen gewesen wäre, stand sie binnen kurzer Zeit aufrecht und in Blüte.)

Bei dem sehr raschen Bau des neuen Klosters haben Arnaud de Bonneval die Bedeutung der wassertechnischen Anlagen und die ständige Nutzung der Wasserkraft am stärksten beeindruckt.

Unter den am besten bekannten mittelalterlichen Wasserbau-Einrichtungen nehmen diejenigen der Zisterzienser-Abteien einen guten Platz ein. Ihr Reichtum an fließendem Wasser hat die Erhaltung einiger Klöster nach der Aufhebung der religiösen Orden im Zuge der Revolution begünstigt. Nachdem sie nach 1791 verkauft worden waren, nahmen die Gebäude Industriebetriebe auf, die entweder hydraulische Energie benötigten oder großen Wasserbedarf hatten: Papierfabriken wie in Fontenay und anderswo, Spinnereien, Sägewerke, Brauereien, Wäschereien, die ihre gänzliche Verwandlung in Steinbrüche verhinderten. Zwar verweisen die Historiker seit Jahrzehnten auf die Bedeutung des Wassers für die Weißen Mönche, aber es wurden wenige umfassendere Studien darüber unternommen. Die Idee, den Zisterziensern eine große Anzahl von Innovationen zuzuschreiben, um ihren Orden zu einem Modell für die Verbreitung von Technik zu machen, ist ein Gemeinplatz geworden. Was davon entspricht den Tatsachen? Welche Rolle haben die Zisterzienser bei der Ausstattung des mittelalterlichen Frankreich mit wasserbautechnischen Anlagen gespielt? Sind sie selbst Neuerer gewesen oder nur Verbreiter von Innovationen? Was verdankten sie der Umwelt, in der sich der Orden entwickelte?[2]

So viele Fragen, die man im Augenblick mangels ausreichender Vorarbeiten nur schwer beantworten kann. Indessen kann das Studium des Falles Frankreich, der Wiege des Zisterzienser-Ordens, zu Erkenntnissen darüber verhelfen, welches der genaue Platz der Zisterzienser bei der Entwicklung der Wassertechniken im Mittelalter war. Aber nur Vergleiche mit den hydraulischen Einrichtungen anderer Klöster, Burgen oder vor allem Städte werden es ermöglichen, die besonderen Eigenheiten der Wasserbautechnik der Mönche von Cîteaux hervortreten zu lassen und sie in eine historische Gesamtdarstellung einzubringen.

In Frankreich wie in den anderen Ländern Westeuropas war das Mittelalter die Zeit, in der Wasser bevorzugt verwendet wurde. Abgesehen davon, daß es für tägliche Bedürfnisse nützlich war, stellte es auch die notwendige Energie für eine ganze Reihe von menschlichen Aktivitäten bereit. Es lieferte in viel größerem Ausmaß als heutzutage den Fisch aus Fluß oder Teich, und es diente dem Verkehr und Gütertransport. Da es die Wärmekraftmaschine noch nicht gab, trieb das Wasser Maschinen an, die sich im Mittelalter unaufhörlich vermehrt haben. Die Menschen mußten also lernen, die Wasserkraft zu beherrschen. Schon die Römer erzielten in Gallien auf diesem Gebiet beeindruckende Ergebnisse. Römische Städte billigten dem Wasser einen Platz zu, wie er sich nur in wenigen Zivilisationen findet. Indessen, während die antiken Wasserversorgungsanlagen manchmal noch im Mittelalter in Betrieb waren, tauchten damals auch neue Anlagen auf, sind jedoch oft weitgehend unbekannt geblieben. Während langer Zeit waren Studien über die mittelalterliche Wasserversorgung in Frankreich selten und beruhten nur ausnahmsweise auf eigenständigen Untersuchungen.[3]

Erst in allerjüngster Zeit bemühen sich – zum Teil noch unveröffentlichte – Arbeiten darum, die charakteristischen Besonderheiten der mittelalterlichen Wasserversorgung deutlich werden zu lassen.

Doch es fehlt ja keineswegs an Quellen. Zuerst zu den Schriftzeugnissen. Die gewaltige Masse an Dokumenten, die das Leben auf dem Lande betrifft, enthält eine große Menge an Daten über die Wasserversorgung. Einige erscheinen in den karolingischen Polyptychen und wurden im allgemeinen in deren Editionen kenntlich gemacht. Im Gegensatz dazu sind die Kartularien als wichtige Quelle zum Studium des Wassers auf dem Lande und ganz besonders in den Klöstern nie unter diesem Aspekt systematisch geprüft worden. Nur bei allgemeineren Studien über ganze Regionen oder Städte wurden diese Urkunden ausgewertet.[4] Die dabei gewonnenen Ergebnisse sind beweiskräftig, selbst wenn enorme Lücken bestehen bleiben. Im einzelnen enthalten die Kartularien nur Urkunden, die wegen einer Transaktion oder aus einem Konflikt heraus entstanden sind. Außerdem geben sie nur sehr selten einen Hinweis auf alles, was die einer Burg oder einer Abtei unmittelbar benachbarte Domäne berührt, wo die Besitzrechte nicht angefochten werden. Den Urkunden, die für die Jahrhunderte vom Jahre 1000 bis 1200 eine ergiebige Hauptquelle bilden, gesellen sich am Ende dieses Zeitraumes die ersten Rechnungsbücher hinzu. Die nur selten erhaltenen königlichen Einnahmen- und Ausgabenverzeichnisse aus der Zeit vor Mitte des 14. Jahrhunderts enthalten Informationen von allererster Bedeutung.

Wo historische Texte fehlen, können Bildzeugnisse einen wertvollen Beitrag leisten. Bis zum 14. Jahrhundert bleiben die Abbildungen von wassertechnischen Anlagen und Maschinen rar, mit Ausnahme der Darstellung von Mühlen. Einige sind hinreichend genau, um das Verständnis ihres Mechanismus und seines Funktionierens zuzulassen[5] *(Abb. 1)*. Auf diesem Gebiet jedoch bleibt die Forschung sehr unzureichend, weil bis heute keine systematische Auswertung erfolgt ist. Zum anderen sind die mittelalterlichen Dokumente für den Historiker, der sich mit Technikgeschichte beschäftigt, oft schwer zu interpretieren. Sie müssen durch spätere Quellen vervollständigt werden: Zeichnungen oder Darstellungen in Kavalierperspektive von Städten oder Klöstern aus neuerer Zeit, ab Beginn des 16. Jahrhunderts in größerer Anzahl vorhanden, enthalten wertvolle Angaben über frühere Wasserbau-Einrichtungen, die heute verschwunden sind. Ebenso liefert der erste Kataster (Napoleonischer Kataster genannt, selbst wenn er unter

Abb. 1 Wassermühle aus dem „Hortus deliciarum" der Äbtissin Herrad von Landsberg (2. Hälfte 12. Jh.)

der Restauration aufgenommen wurde) Auskünfte über den alten Zustand einer Landschaft vor den tiefgreifenden städtischen und dörflichen Umwälzungen des 19. und 20. Jahrhunderts.

Die Schriftquellen enthalten Angaben über Örtlichkeiten und Personennamen, manchmal nennen sie Einkünfte, in Ausnahmefällen Unkosten, aber was die Technik anbetrifft, sind sie wesentlich weniger detailfreudig. Das verwendete Vokabular erlaubt gelegentlich Rekonstruktionsversuche,[6] doch in keinem Falle ersetzen die Schriftquellen den Rückgriff auf die Archäologie. Aber die Archäologen haben sich lange Zeit mit dem Problem des Wasserbaus überhaupt nicht intensiv befaßt. Bis in jüngste Zeit erbrachten die Ausgrabungen in Burgen und Klöstern lediglich fragmentarische Informationen über die Wasserversorgung. Es gibt zahlreiche Erwähnungen von Kanalisationen in Berichten und Veröffentlichungen, sie sind aber selten in einen größeren Zusammenhang gestellt worden.

Seit einigen Jahren hat sich die Situation jedoch zum Besseren gewendet. Sowohl Historiker als Archäologen haben des öfteren, ohne sich untereinander abzustimmen, Untersuchungen eingeleitet, welche die Rolle des Wassers im täglichen Leben ebenso wie in der wirtschaftlichen und sozialen Organisation in Rechnung stellen.[7] Oft ist die Interpretation der Texte und archäologischen Spuren schwierig. Manchmal prägt die Dauerhaftigkeit der wassertechnischen Anlagen dort, wo alle anderen Überreste früherer Tätigkeit des Menschen verschwunden sind, die Landschaft besonders stark. Aber diese Dauerhaftigkeit ist auch sehr oft Grund für eine erneute Nutzung der Wasserkraft bis in die jüngste Vergangenheit. Die noch wahrnehmbaren Anlagen geben nur eine ganz entfernte Vorstellung von dem, was die erste Wasserbau-Einrichtung an dieser Stelle gewesen sein könnte. In den Städten hat das Wachstum der industriellen Ära die Spuren der alten Wirksamkeit des Wassers zerstört oder verschüttet.[8]

1. Das frühe Mittelalter

Die Wasserversorgung in frühmittelalterlicher Zeit ist noch recht wenig bekannt. Mehr als der Mangel an alten Anlagen erklärt die Unvollkommenheit der Ausgrabungen fehlende Angaben zum Thema. Die Texte bleiben rar, beweisen indessen eine gewisse Beherrschung des Wasserbaues. Eginhard berichtet, daß Karl der Große gern badete und deshalb in AACHEN residierte.[9] Falls die Wasserversorgung des Palastes großzügiger war als die der anderen Gebäude, liegt die Vermutung nahe, daß die Freude am Bad Bestandteil einer aristokratischen Kultur war.

Auf dem Gebiet der Warenproduktion erwähnen die karolingischen Polyptychen (das sind Bestandsverzeichnisse und Beschreibungen der Einkünfte, die aus den Domänen bezogen wurden) auch Wassermühlen. Das Polyptychon, das Abt Irminon von SAINT-GERMAIN-DES-PRÉS (heute Pariser Stadtgebiet) gegen 813 zusammenstellen ließ, rechnet zu den Domänen der großen Abtei 89 Mühlen, davon 10 neuerbaute.[10] In den Tälern der Eure und ihrem Zufluß, der Blaise, besaß Saint-Germain-des-Prés 22 Mühlen zwischen Villemeux und Aunay, ebenso viele Anlagen wie im 19. Jahrhundert. In derselben Region hatte die Abtei von Saint-Père zu CHARTRES (Eure) 5 Mühlen.[11] Ohne Ausgrabungen und Bildquellen kennt man diese karolingischen Mühlen schlecht. Man weiß nicht, ob sie mit vertikalen oder horizontalen Rädern ausgestattet waren, ob sie im Fall vertikaler Räder oberschlächtig oder aller Wahrscheinlichkeit nach unterschlächtig arbeiteten, welche Wasserbau-Maßnahmen sie erforderlich machten, welchen Umfang Wehre und Mühlkanäle hatten, wie hoch die Fallhöhe des Wassers war und die verfügbare potentielle Energie. Nur die Einkünfte der Mühlen sind bekannt, sie waren beträchtlich.[12]

Man hat lange geglaubt, daß die Mühle als bedeutende Investition Angelegenheit einzelner klösterlicher oder königlicher Großdomänen gewesen sei und die kleinen, unabhängigen Landwirte – d. h. der größte Teil der Menschen, die im Hochmittelalter lebten – dazu überhaupt keinen Zugang hatten. Neuere Arbeiten stellen diesen Standpunkt in Frage. In den Regionen, wo die Schriftquellen eine Aussage erlauben, scheint die Verbreitung der Mühlen wesentlich früher entwickelt gewesen zu sein, als man bisher angenommen hat. Im Roussillon erscheinen in zwischen dem 9. und dem 11. Jahrhundert abgefaßten Urkunden 35 Mühlen, deren Existenz gesichert ist, davon 7 aus dem 9. Jahrhundert und 15 aus dem 10 Jahrhundert.[13] Auf der anderen Seite der Pyrenäen, im spanischen Katalonien, melden die Schriftzeugnisse eine große Anzahl von Mühlen, die bereits im 9. und auch im 10. Jahrhundert arbeiteten. Errichtet an Abzweigungen von reißenden Flüssen, die in den Pyrenäen entspringen und Bewässerung und Anlage von Fischteichen erlaubten, gehörten sie oft freien Bauern. Diese waren in Genossenschaften organisiert, die sich sowohl die Investition als auch die Nutzung der Mühle teilten. Ende des 10. Jahrhunderts vervielfachte sich die Zahl derjenigen Mühlen, welche von der weltlichen oder Kirchen-Aristokratie abhingen; es waren dies bedeutendere Anlagen, ohne Zweifel technisch höherentwickelt. Die von Flüssen abgezweigten Kanäle wurden länger, und an ihnen waren mehr Mühlen angeordnet, bei deren Herstellung das Eisen eine größere Rolle spielte. Um das Jahr 1000 besaß Katalonien bereits bedeutende wasserbautechnische Einrichtungen, die damals im Begriff waren, weiter vervollkommnet zu werden.[14] War Katalonien, auf beiden Seiten der Pyrenäen, eine Ausnahme? Im Mâconnais, wo das Kartular von CLUNY die Situation vor der Gründung der Abtei im Jahre 910 erhellt, gab es bereits ein Netz von Mühlen, und zwar dort, wo keine Groß-Domänen geschaffen wurden.[15] In der Nachbarschaft von CHARTRES nennen die Texte erst 950 auch andere Mühlen als die der großen karolingischen Gutsbetriebe.[16]

Neben diesen Wasserbau-Einrichtungen von lediglich lokaler Bedeutung gibt es zumindest ein Anzeichen dafür, daß die Karolinger den Wunsch gehabt haben, auch eine regionale Wasserversorgungspolitik zu entwickeln.[17] Im Jahre 821 befahl Ludwig der Fromme in einem Kapitular den Bau von Deichen (aggeres), um das Tal der Loire zu schützen. Wir wissen heute nicht, ob diese Entscheidung ausgeführt wurde und ob die ersten Wasserbauarbeiten im Tal der Loire vor der Zeit König Heinrichs II. Plantagenêt liegen.[18]

Der Beitrag der Textzeugnisse ist wertvoll, aber im Hinblick auf ihre technischen Angaben begrenzt. Die heutzutage gefundenen materiellen Spuren bleiben selten, aber nur sie können jene Angaben liefern, die in den geschriebenen Dokumenten fehlen. Am Angelpunkt zwischen Antike und Mittelalter bezeugen die Taufkapellen die Dauerhaftigkeit der aus dem Altertum überlieferten Techniken. In der ersten Zeit des Christentums wurde die Taufe durch Eintauchen in ein fließendes Gewässer vollzogen, dies im Hinblick auf das Vorbild der Taufe Christi im Jordan. Diese Zeremonie konnte entgegen unseren Gebräuchen nicht im Inneren der dem Kult geweihten Räume, zu denen die Täuflinge ja noch keinen Zugang hatten, vollzogen werden. Also gab es bei den christlichen Sakralbauten, die in den Bischofsstädten errichtet wurden, immer noch ein kleines unabhängiges Gebäude. Im allgemeinen stellte sich die Taufkapelle als ein Bau mit symmetrischem Grundriß dar, z. B. außen quadratisch, innen achteckig. In ihrer Mitte befand sich das Taufbecken, in das man über drei oder vier Stufen hinabstieg. Die Untersuchung einiger ausgegrabener Gebäude zeigt, daß das Becken oft durch ein Leitungssystem aus Blei oder Ton versorgt wurde (AIX-EN-PROVENCE, LE PUY, NANTES, POITIERS, RIEZ, VÉNASQUE, LYON . . .); es war immer mit einem Abfluß ausgerüstet. Der genaue Ursprung der Wasserversorgung bleibt unbekannt. Anhand der Ausgrabung des Baptisteriums von AIX-EN-PROVENCE *(Abb. 2)* kann man von der Steigung der Zuleitung folgern, daß diese unter Druck stand, woraus sich die Notwendigkeit eines Staubeckens auf höherem Niveau ergibt.

Die Taufkapellen aus der Zeit der ausgehenden Spätantike, erbaut inmitten der gallo-römischen Hauptorte, konnten oft von römischen Aquädukten profitieren, die noch in Betrieb waren. Wo diese fehlten, war eine Zisterne, gespeist durch Regenwasser oder eine Quelle, unerläßlich für das Funktionieren des Taufbeckens. Außerhalb Frankreichs sind bedeutende Arbeiten festgestellt worden wie z.B. die von Damasus zur Wasserversorgung des vatikanischen Baptisteriums. Das spektakuläre Versorgungssystem des Taufbeckens von MAILAND benötigte eine bedeutende Fallhöhe: Das Wasser, durch Leitungen in den Säulen hochgepreßt, fiel als Regen auf die Täuflinge herab. Die bekannten Becken zeigen keine direkte Wasserversorgung. Sie könnten jedoch mit solchen Vorrichtungen versehen gewesen sein, die bei den oft lange zurückliegenden archäologischen Forschungen nicht gefunden wurden, da diese sich zumeist nur bis auf Fußbodenniveau erstreckten. Man ist versucht, die Kenntnis von wassertechnischen Verfahren, die es erlaubte,

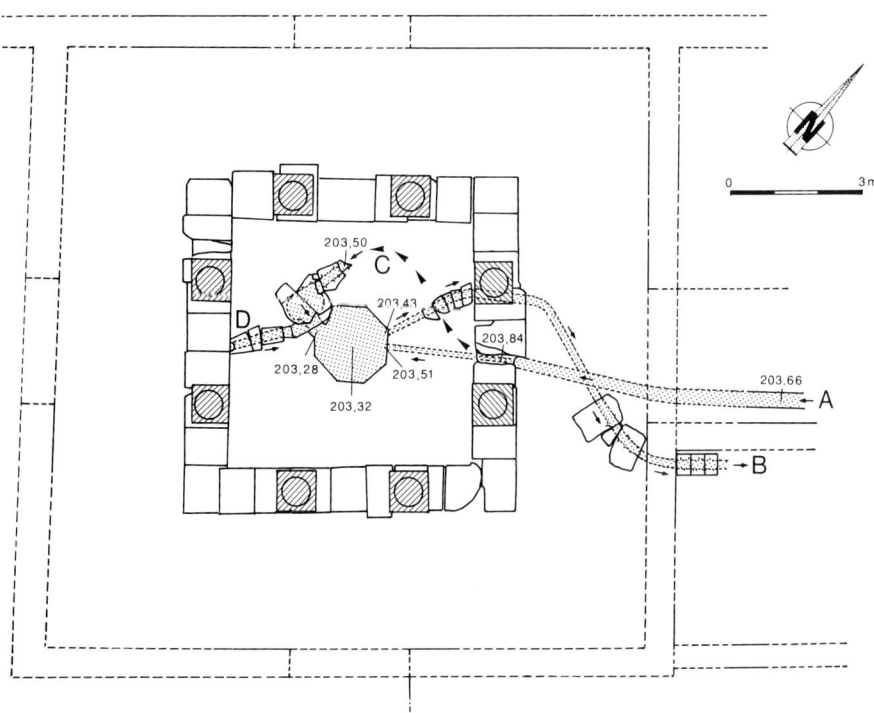

Abb. 2 Aix-en-Provence (Bouches-du-Rhône), Baptisterium der Kathedrale St. Sauveur: Funktionsschema (nach R. Guild, J. Guyon, L. Rivet) A und B: ursprüngliche Wasserzu- und -ableitung C und D: jüngere Leitungen

Wasserspiele zu veranstalten, mit Legenden in Verbindung zu bringen, die sich auf bestimmte Taufkapellen beziehen. Gregor von Tours berichtet über zahlreiche Beispiele von Taufbecken insbesondere in Italien und in Spanien, die sich auf wundersame Weise zu Ostern mit Wasser füllten – einem Zeitpunkt, an dem die Taufzeremonie stattfand. Ein Wunder erlaubte es, im Jahre 565 die Meinungsverschiedenheit zwischen Spanien und Gallien über das Osterdatum zu beseitigen: Die spanischen Taufbecken füllten sich an dem Tage, der von der Gegenpartei festgelegt worden war!
Manche Baptisterien haben die Jahrhunderte überlebt: Das Taufbecken von AIX-EN-PROVENCE und seine Wasserversorgung, mehrfach verändert, sind bei der Rekonstruktion im 9. Jahrhundert beibehalten worden. Es wurde erst im 14. Jahrhundert zugeschüttet und durch eine Fünte ersetzt. Die Taufkapellen sind Erben der römischen Wasserbautechnik und haben davon während mehrerer Jahrhunderte Zeugnis abgelegt. Sie konnten zu Recht als Merkmal für die Kontinuität der Kenntnisse auf diesem Gebiet gelten.[19]
Die ersten Klöster, in denen das Zusammenleben vieler Menschen eine geregelte Wasserversorgung erforderte, lagen oft in Städten oder deren Weichbild. Im Laufe der Jahrhunderte in die sich ausdehnenden Siedlungen einbezogen, haben sie nur wenige Spuren hinterlassen, die ohne Ausgrabung feststellbar wären. Mit den ausgedehnten Operationen der städtischen Archäologie, die im Augenblick im Gange sind, ändert sich diese Lage. In SAINT-DENIS, heute im Bereich der Bannmeile von Paris, haben Ausgrabungen einen Teil der mittelalterlichen Stadt freigelegt, die sich um die königliche Abtei herum entwickelt hatte. Dort wurde die Oriflamme (Königsbanner) aufbewahrt und wurden bis zur Französischen Revolution die Herrscher Frankreichs beerdigt. Von den wassertechnischen Anlagen des 7. Jahrhunderts blieben drei Becken und eine wiedergefundene Wasserleitung nicht weit von der Klosterkirche erhalten (Abb. 3, 4). Es ist zur Zeit nicht möglich zu präzisieren, ob diese Bauteile sich im Inneren des Klosters befanden, aber der Umfang der Arbeiten, die Bedeutung der Investition, insbesondere der Kauf und Transport von einigen 220 Tonnen Steinmaterial erlauben die Vermutung, daß ein derartiges Bauwerk der Abtei zuzurechnen ist.[20] Die unterirdische Wasserleitung wurde auf einer Länge von 110 m festgestellt. Sie könnte Wasser aus einer Quelle ungefähr 700 m von dem Becken entfernt herangeführt haben. Die Leitung ist in einen engen Graben von 2,2 m Tiefe hineingebaut. Sie besteht aus Platten, die aus einem groben Kalkstein gehauen sind; deren Fugen wurden mit Ziegelsplittmörtel verstrichen. Die Leitung ist 0,25–0,30 m breit und 0,45 m tief, abgedeckt mit horizontal liegenden Steinplatten. Sie besitzt ein erhebliches Gefälle von 7,5–8 m/km, d. h. ca. 1 Prozent. Ihre Trasse ist im allgemeinen geradlinig, wird aber markiert durch eine Biegung, um dem Geländerelief auf gleichbleibendem Niveau zu folgen und damit die Nähe der Abteikirche zu meiden, welche auf einer leichten Erhebung liegt.
Die drei Bassins haben eine ähnliche Form: Eine gerade Treppe, 1,40 m breit, erlaubte den Zugang zum Wasser. Ihre Wände, hergestellt aus 0,12–0,20 m dicken Steinplatten, sind wie die Leitung mit einem Mörtel, durchsetzt mit Ziegelbruch, ausgestrichen. Die Wasserversorgung geschieht per Überlauf: sobald das erste Bassin überläuft, füllt sich das zweite, welches dann Wasser in das dritte abgibt. Das Wasser des letzten Beckens fließt in ein Sumpfgebiet ab. Für

Saint-Denis ist das Vorhandensein von Thermen zur Merowinger-Zeit annehmbar; bei Ausgrabungen wurden „tubuli" von antiken Bodenheizungen gefunden. Da die Bekken recht klein sind und man das Wasser nicht erwärmen konnte, wird man sie nicht als Bäder betrachten, sondern vielmehr als Versorgungsbehälter. Die beiden ersten Bodenbecken befinden sich in der Nähe der „cella hospicium" und haben vielleicht einmal die Bäder des Gästehauses der Abtei versorgt.

Die in Saint-Denis entdeckten Wasserversorgungsanlagen sind die ersten dieser Art und dieser Epoche, die bei Ausgrabungen gefunden wurden. Für Bäder bestimmte Gebäude gab es bei einigen wichtigen Klöstern, aber erst in späteren Epochen.[21] In Saint-Denis waren diese Einrichtungen während zwei Jahrhunderten in Betrieb: Gegen 869 wurden sie aufgelassen, als unter Karl dem Kahlen der Verteidigungsgraben der Stadt angelegt wurde, der die Wasserleitung ihrer Zufuhr beraubte. Sie war damals völlig verstopft durch natürliche Ablagerungen, und die Ausgrabung hat gezeigt, daß ihre Wartung unmöglich war, da sie seit ihrem Bau verdeckt unterirdisch verlief. Es waren jedoch noch im Mittelalter entsprechende Nachforschungen angestellt worden, wahrscheinlich um ihre Verschlammung zu beheben.

Der Stadtgraben von 869, Teil der Verteidigungsanlagen gegen die Normannen, wurde angelegt in Zusammenhang mit weiteren Baumaßnahmen von bedeutendem Umfang. Ein Wasserlauf war in Richtung auf die Stadt abgeleitet worden, die er auch während des ganzen Mittelalters umflossen hat. Er folgte nicht der allgemeinen Hangneigung des Umlandes, sondern auf 7,5 km Länge einer Höhenlinie. Er verlief zunächst in Richtung des Klosters. Diese Ableitung, ein künstlicher Arm, existierte bereits im Jahre 862, als nämlich eine Urkunde seine regelmäßige Säuberung vorschrieb.

Der Umfang der Wasserbaueinrichtungen, die in Saint-Denis entdeckt wurden, und ihre Verknüpfung mit der Stadt lassen sich durch die Bedeutung der königlichen Abtei erklären; aber Hinweise auf ähnliche Arbeiten, selbst wenn sie von minderer Bedeutung sind, finden sich auch an anderen Stellen. In LANDEVENNEC z. B. wurde das Kloster zu karolingischer Zeit an einem kanalisierten Wasserlauf erbaut.[22]

Der Fortbestand der antiken Technik in den Städten und in den großen, städtischen Klöstern, aber auch die Ausbildung einer ländlichen Wasserbautechnik, basierend auf der Wassermühle, die dazu bestimmt war, das Getreide zu mahlen; ferner die Verteidigungseinrichtungen der Städte – dies scheinen die Charakteristiken der Hydrotechnik des Hochmittelalters in Frankreich zu sein, soweit die Quellen und die noch unvollständigen Studien uns deren Einschätzung gestatten.

Vom 11. Jahrhundert an ändert sich die Überlieferung; die Anzahl der Urkunden vervielfacht sich, und sie zeigen die Bedeutung der wassertechnischen Anlagen in Frankreich auf. Wie aus den Schriftzeugnissen hervorgeht, handelte es sich im wesentlichen um Getreidemühlen. R. Fossier, der selbst die Verhältnisse in der Picardie untersucht hat, konnte die bereits wahrnehmbaren Spuren dieser entscheidenden Mutation in der Geschichte der französischen Landschaften während der vorindustriellen Epoche nachzeichnen. Er notiert für Frankreich, zu dem Katalonien gezählt wird, 99 Erwähnungen von Mühlen in Akten des 10. Jahrhunderts, davon 70 nach dem Jahr 950. Die Gesamtzahl beläuft sich auf 170 für das 11. Jahrhundert. In der Picardie zählt er 42 Erwähnungen von 950–1080, ebenso viele von 1080–1125. Im Jahre 1125 ist eine erste Etappe erreicht.[23] Im Einzugsbereich der Charente vermehren sich die Mühlen, die in den Akten erst ab dem Jahre 900 erscheinen, besonders von dem Jahre 1000 an. Nach den Formulierungen, die in den historischen Texten benutzt wurden, könnte man denken, daß sie vor Mitte des 10. Jahrhunderts bereits zahlreich waren. Im Laufe der zweiten Hälfte des 11. Jahrhunderts waren 27 Prozent der erwähnten Mühlen soeben errichtet oder erst projektiert.[24]

Eine fundamentale Tatsache besteht darin, daß die Ausstattung des Abendlandes mit Mühlen nicht die einzige Manifestation wassertechnischer Arbeiten ist. Frankreich wird mit Burgen überzogen. Damals im 10. und im größten Teil des 11. Jahrhunderts bestanden sie aus einem natürlichen oder aufgeschütteten Erdhügel (Motte), umgeben von einer Palisade und mit einem Holzturm versehen. Ab 1080 entstehen mehr und mehr Steinburgen. Es gibt noch keine Informationen darüber, wie die ersten Burgen mit Wasser versorgt wurden, und auch nicht darüber, welche Rolle dieses Element bei ihrer Verteidigung spielte. Viele Gräben dürften trocken gewesen sein.[25] Aber gegen 1060, als Arnould

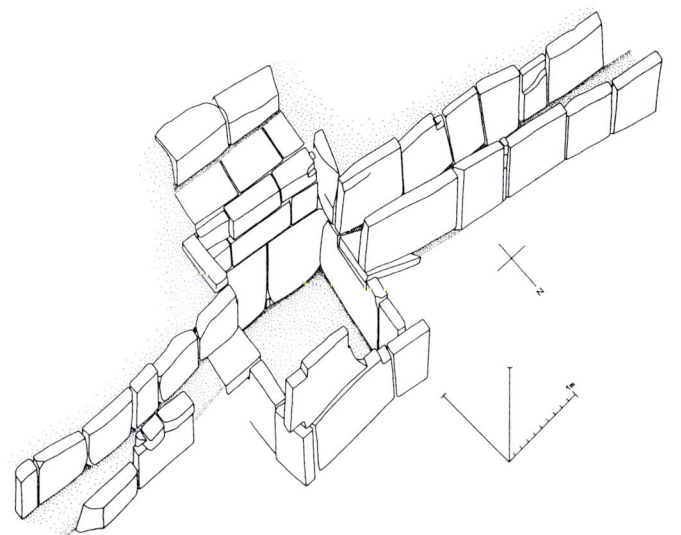

Abb. 3 Saint-Denis (Seine-Saint-Denis), merowingische Wasserversorgung der Abtei. Axionometrische Zeichnung des oberen Beckens mit offener Zuleitung und Überlauf, vom Ende des 7. Jahrhunderts (Zeichnung: M. Wyss)

Abb. 4 Saint-Denis (Seine-Saint-Denis), merowingische Wasserversorgung der Abtei. Ansicht des zweiten, trapezförmigen Beckens mit Plattenboden, vom Ende des 7. Jahrhunderts. Am oberen Bildrand Überlauf ins dritte Becken (Foto: O. Meyer)

die älteste Burg von ARDRES (Pas-de-Calais) bauen ließ, erlaubte ein System von Schleusen, gleichzeitig die Gräben und eine Mühle mit Wasser zu versorgen. Um 1100 statteten Arbeiten, die in VARZY (Nièvre) im Auftrage des Bischofs von Auxerre durchgeführt wurden, die Burg mit umfangreichen Gräben aus, die auch der Fischzucht dienten. Zugleich wurde so der Betrieb einer Mühle ermöglicht.[26] Schon zwischen 1030 und 1050 hatte Wilhelm der Eroberer in der Normandie einen Kanal von Francheville nach La Guéroulde graben lassen, um die Verteidigungsanlagen der Burg von BRETEUIL (Eure) mit Wasser zu versorgen. Diese Burg war ein befestigter Platz an der Südgrenze der Normandie, gegen eine eventuelle Bedrohung durch die Kapetinger gerichtet.[27]

Breteuil ist nicht nur eine Festung, sondern auch eine Siedlung. Die Städte, damals in vollem Aufschwung, nutzten das Wasser auch zur Verbesserung ihrer Verteidigungsanlagen. Während des Konfliktes zwischen Robert dem Frommen und Eudes, Graf der Champagne, erhielt CHALONS-SUR-MARNE (Marne) ein Verteidigungssystem, in dem der Fluß Mau, Ableitung der Moivre in Richtung auf die Marne, entscheidenden Anteil am Schutz der Stadt nach Süden hatte. Diese Baumaßnahmen fanden vor 1028 statt. Die Befestigungen von CAEN (Calvados) oder von BEAU-VAIS (Oise) aus der gleichen Zeit sind bezeichnend für diese Anwendung von Wasser zur Verteidigung der Städte.[28]. Aber in Beauvais ging der Bau der Verteidigungsanlagen Hand in Hand mit einer Regulierung des Flusses Thérain, der nicht nur die Stadtgräben versorgt, sondern auch in einem künstlichem Bett durch die Stadt fließt und ihr die benötigte Energie liefert.[29] Anderwärts bleiben diese Arbeiten der Wasserzuführung unbekannt, aber Mühlen existieren. Ab 978 sind sie in NARBONNE festzustellen, als Juden dem Kapitel von Saint-Paul die Mühlen verkaufen, die sie an der Aude hatten. In TOULOUSE wird über die ersten Mühlen des Bazacle zwischen 1071 und 1080 berichtet.[30] Die Wichtigkeit der städtischen Mühlen wird in BARCELONA deutlich. Um die Mitte des 11. Jahrhunderts gibt der Graf Raimond Béranger I. dem Müller Mir Suniel die Hälfte der Mühlen von Barcelona zu Lehen; er hilft ihm finanziell, sie zu überholen und erhält dafür pro Trimester 15 Sack Weizen und 105 Sack Gerste.[31] Die Bedeutung der Mühle, die Suche nach Energiequellen und nach einem Mittel, sich der Abfälle zu entledigen, zieht die Handwerker zum Wasser. Der Aufschwung von CHARTRES, nach der ersten Hälfte des 11. Jahrhunderts besonders fühlbar, hatte zwei Stoßrichtungen: im Westen auf die Hochfläche, aber besonders in Richtung Osten, wo die Geschäftsleute Wasser und

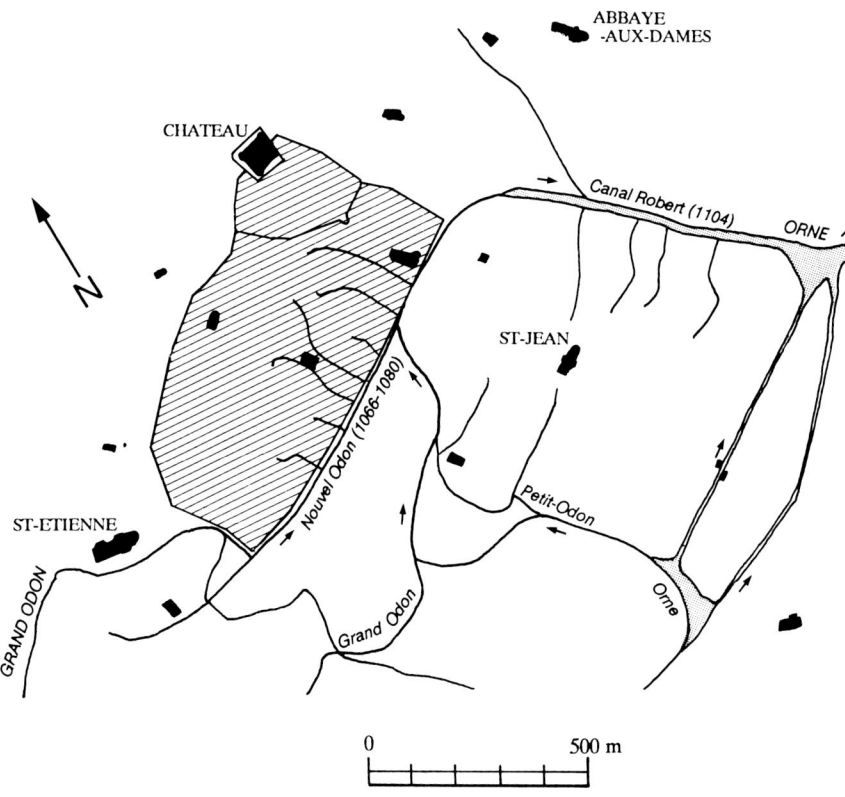

Abb. 5 Die Entwicklung wasserbautechnischer Maßnahmen im Bereich der Stadt Caen *(Calvados) während des 11. und frühen 12. Jh.*
(Umzeichnung nach A. Guillerme 1983)

preiswertes Land suchten.[32] Die Erschließung der neuen Stadtviertel veranlaßte die Herzöge der Normandie, in erster Linie Wilhelm den Eroberer, sowie die Abtei von Saint-Etienne dazu, am Ende des 11. Jahrhunderts die Sümpfe von CAEN zu entwässern. Zur gleichen Zeit ermöglichte es die Kanalisation des Odon (der „Nouvel Odon") den Seeschiffen, bis ins Herz der Stadt vorzudringen *(Abb. 5)*. Die Tatsache, daß diese Arbeiten ohne Zweifel sehr schnell durchgeführt wurden (nämlich von 1066–1080), beweist das Interesse, das Prinz und Abt diesem Projekt entgegenbrachten.[33] Die Stadt mit ihrem Bedarf an Platz, Energie, Hygiene, an Verteidigungseinrichtungen und an Transportmöglichkeiten wird ein privilegierter Ort auf dem Gebiet der wassertechnischen Innovation, während sie anfängt, vom Nutzen des Wachstums zu profitieren. Dies trifft auch für die Abteien zu.

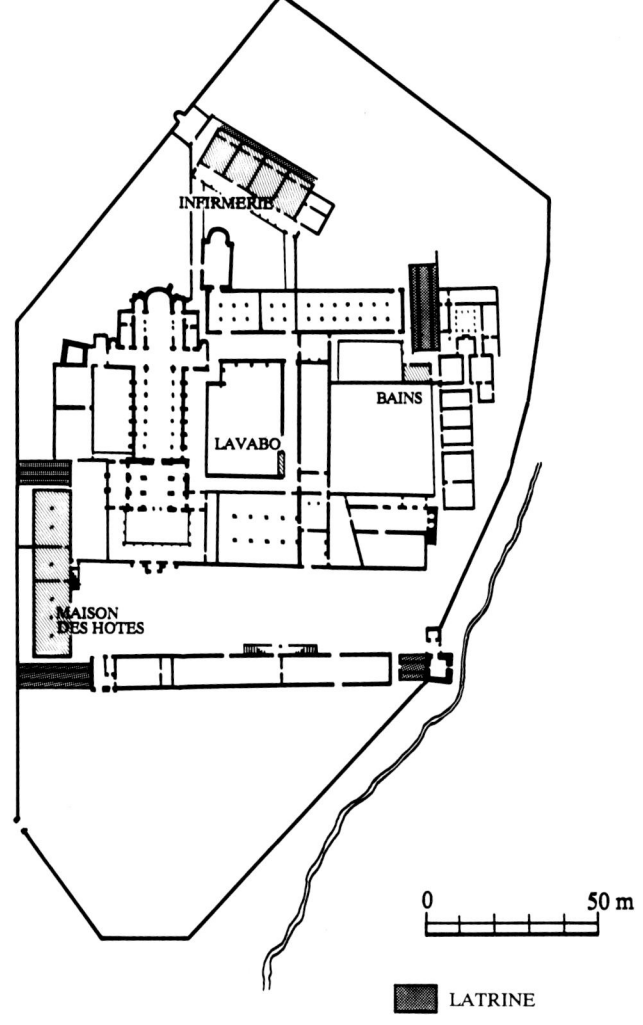

Abb. 6 Sanitäre Anlagen der Abtei Cluny *(Saône-et-Loire) im 12. Jh. nach der Beschreibung in den „Consuetudines Farfenses"*
(Umzeichnung nach K. J. Conant 1968)

Abb. 7 „La Grande Tucie", ein zum Schutz des Loiretales im 12. Jh. angelegter Hochwasserdamm (Umzeichnung nach R. Dion 1961)

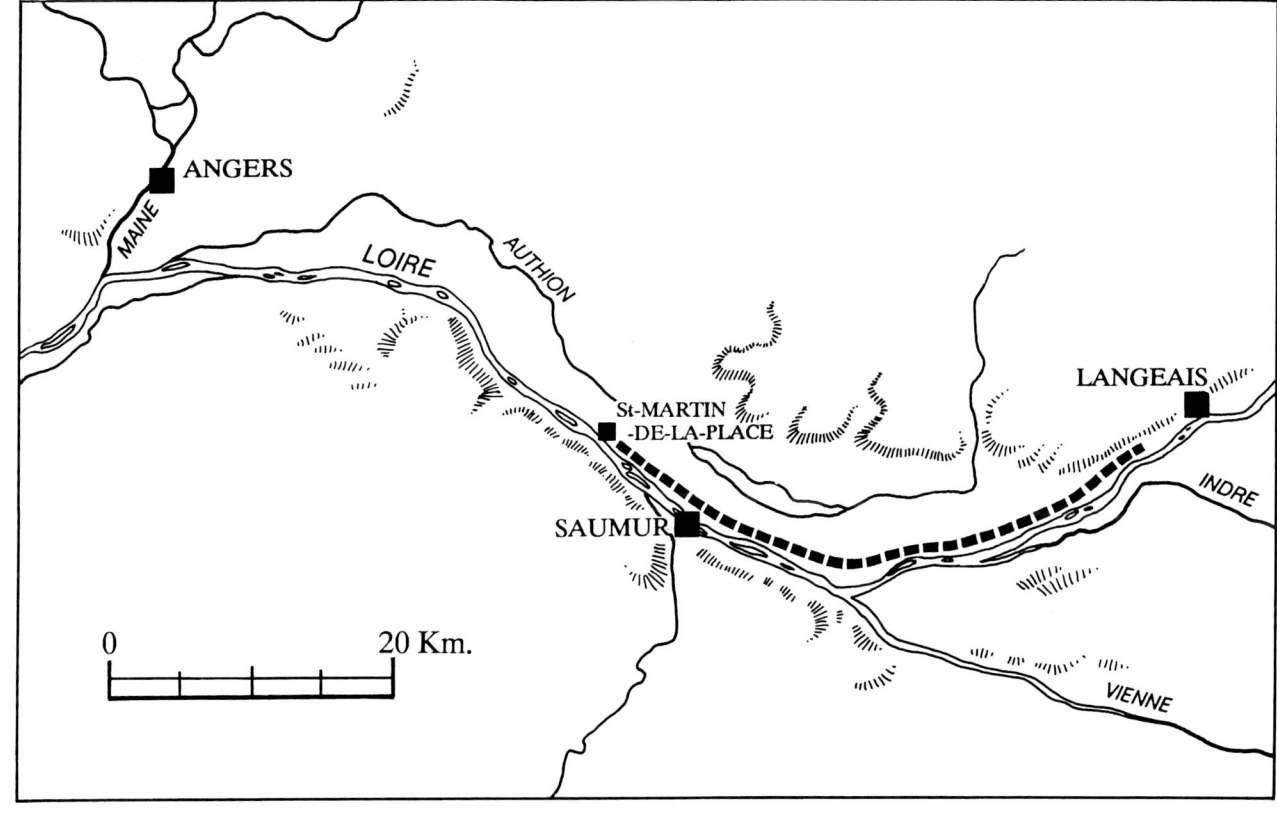

In CLUNY, dem größten Kloster der abendländischen Christenheit, lebten am Ende des 11. Jahrhunderts mehr als 400 Ordensbrüder.[34] Zu den Mönchen kamen die Gäste, für die bedeutende Bauwerke vorgesehen waren. Der Plan von Cluny, um 1050 gezeichnet von K. J. Conant ausgehend von der Beschreibung, die in den „Consuetudines Farfenses" enthalten ist, sowie archäologische Daten machen die Existenz von 5 verschiedenen Latrinen in der Abtei wahrscheinlich: für die Mönche und die Novizen, für die Laienbrüder, für die Kranken im Hospital, für die Gäste – und zwar getrennt nach Männern und Frauen *(Abb. 6)*. Die Latrinen der Mönche, an der südlichen Stirnseite des Schlafsaals gelegen, besaßen 45 Plätze. Sie waren besonders gut gebaut und belüftet. Neben dem Brunnenhaus des Klosters für die tägliche Reinigung gab es auch Bäder für die Mönche. Ein Heizkessel versorgte mit warmem Wasser zwölf mit Bottichen versehene Zellen, d.h. Bäder. Ein diskreter Waschplatz (lavatorium secretum) erlaubte es den Brüdern, ihre – wie im Text ausgedrückt – „femoralia", d.h. die intimsten Körperteile zu waschen. Die Küche hatte ihren eigenen Brunnen. Die an der Umfassungsmauer der Abtei gelegenen Werkstätten erforderten eine geregelte Abfallbeseitigung, aber nur eine Getreidemühle nutzte die Wasserkraft. Sie war an einer Erweiterung des Klausurbezirks gelegen und wurde durch das Wasser eines Kanals aus der Grosne betrieben, eines Zuflusses der Saône, die Cluny durchfließt. Die Mühle stammte aus dem 12. Jahrhundert, wenn auch das gegenwärtige Gebäude dem 13. Jahrhundert zugeschrieben werden muß.[35] Eine Sorge um Hygiene, sogar ein gewisser Komfort, außerdem warme Bäder charakterisieren die wassertechnische Ausrüstung der Anlage mehr noch als industrielle Notwendigkeiten: Die Abtei strebte offenbar nicht nach Autarkie. Das „opus dei", Gebet und liturgische Übungen, bildeten die Haupttätigkeit und dazu die Askese der Mönche. Selbst angesichts eingeschränkter handwerklicher Produktion war hier im Tal der Grosne ein Entwässerungssystem erforderlich, ferner die Heranführung von sauberem und trinkbarem Wasser und eine Kanalisation mit ausreichender Strömung, um Abfälle und Müll fortzuspülen. Unglücklicherweise blieben diese für das tägliche Leben der Abtei unerläßlichen Anlagen nahezu unbekannt. Das Auge der Forscher richtete sich mehr auf Kunstschätze als auf die Kanalisation.[36] Da die Archäologie keinen Blick auf die Probleme des Wassers geworfen hat, hat sie auch nicht zur Geschichte der Verwendung des Wassers im 10. und 11. Jahrhundert beigetragen, obwohl man zu Recht darauf hoffen durfte.

Im 12. Jahrhundert vermehren sich die Schriftquellen, und sie werden genauer. Bildliche Darstellungen kommen auf, während die nun erheblich besser erhaltenen archäologischen Spuren dank der einschlägigen Beobachtungen und Ausgrabungen umfangreichere Daten bereitstellen. Angesichts dieser reichlicheren Überlieferung offenbaren sich Kontinuitäten und Wandlungen. Die Getreidemühlen nehmen an Zahl ständig zu. Ab 1125 berichten die Texte, daß die Mühlen in der Picardie immer zahlreicher werden. Am Ende des 13. Jahrhunderts werden insgesamt 900 genannt; von mehr als 700 Dörfern ist bekannt, daß sie ihre eigene Mühle hatten. Trotz einer relativen Marktschwäche bleibt die Mühle teuer und einträglich.[37] In der Charente nimmt der Prozentsatz der Urkunden, die sich auf Mühlen beziehen, ab 1150 regelmäßig zu und erreicht seinen Höhepunkt zwischen 1200 und 1250.[38]

Die Beherrschung des Wasser bezieht sich nicht nur auf die Ausnutzung seiner Energie, sondern auch auf die des Raumes. Der Zunahme der Bevölkerung entspricht eine Zunahme der zu bearbeitenden landwirtschaftlichen Flächen. Umfängliche Kultivierungen betreffen nicht nur den Wald, sondern auch Moore, Täler oder Uferzonen. Örtliche Planungen werden ergänzt durch große Unternehmen, die Prinzen oder bedeutende Adlige ausführen.[39]. Heinrich II. Plantagenêt ließ den ersten Deich bauen („la Grande Tucie"), der im Anjou über nahezu 45 km auf dem rechten Loire-Ufer seine Landgüter schützte (Abb. 7): Anfang einer Bewirtschaftung, die sich bis heute fortgesetzt hat.[40]

Man begreift die Probleme besser, die das Wasser sowohl den Ritterburgen als auch den Festungen der Prinzen bescherte. Die Burg von BRIE-COMTE-ROBERT (Seine-et-Marne), gegen Ende des 12. und zu Beginn des 13. Jahrhunderts erbaut,[41] steht in einer Senke, in der sich als Zuflüsse der Yerre drei Bäche vereinen (Abb. 8). Sie ist von Wassergräben umgeben, die von Quellen und einem Bach mit Namen Tubeuf gespeist werden. Hochwasser fließt über zwei Überläufe ab; der eine ist natürlichen Ursprungs, der andere künstlich. An diesen gelegen, werden im 14. Jahrhundert Mühlen erwähnt. Zwischen der Wehrmauer und dem südwestlichen Wassergraben hat man Spuren einer Fischzucht gefunden. In zwei Türmen innerhalb der Burg und außen sind Zisternen mit Quellwasserversorgung untergebracht, die sich aber in jedem Falle innerhalb der Gräften befinden. Die eine ist oval und besitzt ein Kreuzrippengewölbe, von dem zwei Felder nicht geschlossen sind, so daß man zu ebener Erde Wasser schöpfen kann.

Den Burgen in der Ebene, die reichlich mit Wasser versehen waren, stehen die auf Hügeln gelegenen Festungen gegenüber. In den Vogesen wurden viele hochgelegene Burgen, die im Innern ihrer Mauern weder Quellen noch leicht zugängliche phreatische Grundwasserbrunnen besaßen (62 m tief in der HOHKÖNIGSBURG), durch Zisternen versorgt, in denen Regenwasser gesammelt wurde. Um sich reines und frisches Wasser zu verschaffen, ist ein ingeniöses System entwickelt worden, das anscheinend nur in Ostfrankreich existierte. Die Filterzisternen (Abb. 9) sind im allgemeinen viereckig und in die anstehenden geologischen Schichten hineingearbeitet. Ihre Abmessungen variieren zwischen 3,5 m auf dem DAUBENSCHLAGFELSEN und 6 m in EPINAL. Die Wände sind mit einer Schicht Ton versehen, die Dichtheit garantiert. In der Mitte ist ein sorgfältig gemauerter Sammelschacht außen mit Ton beschichtet. Der Raum zwischen dem Sammelschacht und den Wänden der Zisterne ist mit einer Mischung aus Sand und Kalkbrocken gefüllt, die das Wasser durchlaufen muß, bevor es durch den Boden in den zentralen Sammelschacht eindringt. Die Versorgung geschah durch Leitungen aus Stein oder aus Holz, wie in Epinal im 14. Jahrhundert. Von den Dächern wurde das Regenwasser aufgefangen. Es floß durch einen großen Steintrichter (OCHSENSTEIN, HELFENSTEIN) ab. Um übermäßige Verschmutzung zu vermeiden, wurde die Zisterne durch ei-

Abb. 8 Brie-Comte-Robert *(Seine-et-Marne), Wasserversorgung der Burg (nach einem Plan der „Association des Amis du Vieux-Château")*

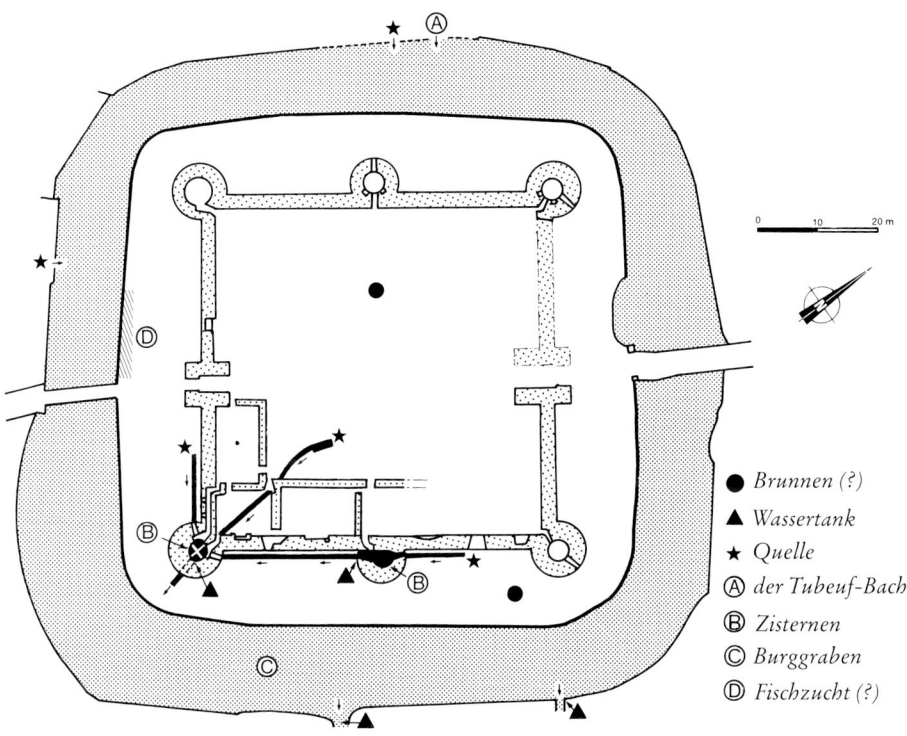

● Brunnen (?)
▲ Wassertank
★ Quelle
Ⓐ der Tubeuf-Bach
Ⓑ Zisternen
Ⓒ Burggraben
Ⓓ Fischzucht (?)

Abb. 9 Elsässische Burgen schematische Zeichnung einer Filterzisterne (nach J. P. Rieb und R. Kill)
1: anstehender Felsgrund
2: Auskleidung der Zisterne mit Hausteinen
3: Tonabdichtung
4: Filterfüllung
5: Zisternenschacht
6: Regenwasser von den Dächern
7: Trinkwasser

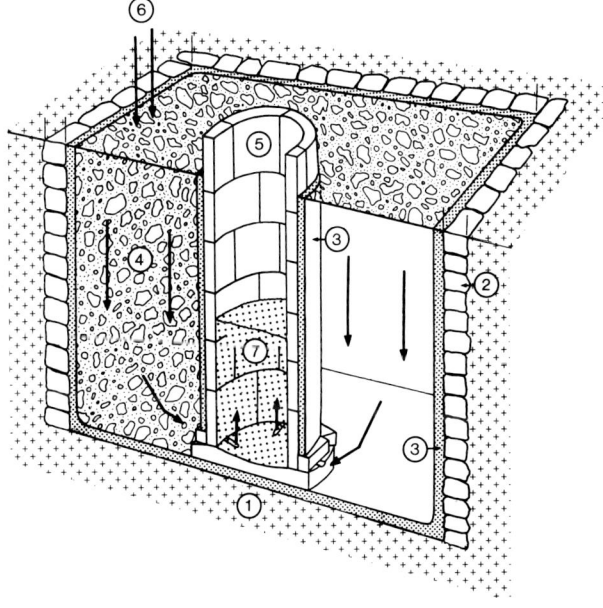

ten. Außerdem liefert er der Stadt auch die nötige Energie für die Mühlen.

Das Wachstum der Städte, das bereits im 11. Jahrhundert spürbar war, setzte sich fort. Es stellte neue Probleme. Die Stadt hatte immer erheblicheren Wasserbedarf sowohl hinsichtlich der Menge als auch der Qualität, nämlich vorwiegend Trinkwasser. In PARIS, wo die Bevölkerungsdichte größer war als in anderen Orten, versorgten die Quellen auf den Hügeln von Belleville das Priorat Saint-Lazare über eine 2 km lange Leitung. Diese Anlage, die auch die Pariser Templerniederlassung sowie Saint-Martin-des-Champs versorgt, erreicht eine Ausdehnung von 3 km. Am Ende des 12. Jahrhunderts, zu Beginn der Regierungszeit von Philippe-Auguste, kommt es zur ersten Erwähnung öffentlicher Brunnen (1184). Im Rahmen des Ausbaues der Hauptstadt wird für deren Vervielfachung gesorgt; im 14. Jahrhundert zählt man sechs, und zu diesem Zeitpunkt wurde eine Wasserleitung eigens zu ihrer Versorgung installiert. Auf dem linken Seine-Ufer ließen die Stiftsherren von Saint-Victor den Lauf der Bièvre, eines Nebenflusses der Seine, ableiten, um ihre Gärten zu bewässern und das Schmutzwasser zu entfernen.[43] Wiederum wurde in Paris

nen Lehm- oder Tonmantel geschützt (ROUGEMONT), oder man verzichtete auf das Wasser von Strohdächern, bei Gewitterregen und auf schmutziges Schnee-Schmelzwasser. Im allgemeinen waren die Zisternen durch ein Holzhaus geschützt, manchmal auch durch ein vollständiges Steingewölbe wie in Ochsenstein. Das Wasser wurde dem zentralen Brunnenschacht entnommen, dessen Tiefe bis zu 7 m gehen konnte (HOHBARR). Dieser Zisternentyp muß in jeder höher gelegenen Burg vorhanden gewesen sein; er ist im Elsaß ab Mitte des 12. Jahrhunderts nachgewiesen, und sein Funktionieren wurde noch im 18. Jahrhundert beschrieben.[42]

Auf der Grenze zwischen dem königlichen Einflußbereich und der Normandie, in der Gegend von EVREUX, ließ Heinrich I. Beauclerc, Herzog der Normandie und König von England, den Iton ableiten. Ein Teil des Wasserlaufes fließt in die Arvre durch einen künstlichen Kanal, den ungefähr 10 km langen „Bras Forcé de Verneuil", zurück. Das Gefälle zwischen den beiden Flüssen erlaubt es, die Gräben zu flu-

eine unterirdische Kanalisation installiert.⁴⁴ Wahrscheinlich haben sich die Färber und die Tuchwalker in dieser Zeit auf dem rechten Ufer der Seine angesiedelt. METZ (Moselle), am Zusammenfluß der Mosel und der Seille, kennt eine in einigen Punkten vergleichbare Situation. Wahrscheinlich war der Wasserbedarf der Gerber Grund für die Auflassung der Weinberge am Ufer der Seille. Ein Deich staute die Mosel und lenkte das Wasser zur Stadt um. So wurden der Bau von Mühlen und die Schiffahrt begünstigt.⁴⁵

In TOULOUSE werden die bis zum Ende des 12. Jahrhunderts nahezu stummen Schriftquellen plötzlich sehr beredt, was jedoch kein Beweis dafür ist, daß es vorher keine Mühlen gab; es läßt aber den Platz erkennen, den sie von jetzt ab in einer Stadt einnahmen, die sich damals in vollem Aufschwung befand. Schon die zwischen 1071 und 1080 verfaßte Gründungsurkunde des Hospitals Saint-Raymond bekundet, daß Graf Wilhelm IV. eine Schenkung der Mühlen auf dem rechten Ufer der Garonne vorgenommen hat. Im Jahre 1177 baten die Besitzer der Schiffsmühlen den Prior des Benediktiner-Klosters von La Daurade um die Genehmigung, einen Arm der Garonne durch einen Damm zu schließen und dadurch die Produktion ihrer Mühlen zu steigern.

Anders als in Städten, die an bedeutenden Wasserläufen erbaut wurden, erstreckt sich in PROVINS die Unterstadt in einen Bereich, wo die kleinen Flüsse Voulzie, Durtain und einige Bäche zusammenfließen. Das Gebiet ist von Natur her morastig. Als Sitz von zwei Jahrmärkten in der Champagne benötigt die Stadt Platz und Energie. Also wird der Lauf des Durtain nach Westen abgelenkt, an den Fuß des Hochplateaus, auf dem die Oberstadt liegt; einen Teil seines Laufes leitet man in den Graben, der in Richtung Osten um die Stadt fließt und in die Voulzie einmündet. Die inneren Bäche werden kanalisiert. So wird der Boden der Stadt trokkengelegt; die Teilung des Wasserlaufes erleichtert den Abfluß des Hochwassers. Wasserkraft kann die Gewerbebetriebe der Stadt, die um 1250 elf Mühlen umfaßten, mit Energie versorgen. Ebenso lassen sich die von der Textilindustrie produzierten Abfälle beseitigen. Provins, Ort eines Jahrmarktes, auf dem Tuche verkauft werden, wird seit Beginn des 12. Jahrhunderts ein Textilzentrum mit Färberei und Walkerei.⁴⁶

Im 12. Jahrhundert, als sich das flache Land mit Mühlen überzog, rüsten sich die Städte mit Einrichtungen aus, die ihnen Energie im Überfluß liefern sollen. Verfügbare Wasserkraft konnte man zu etwas anderem nutzen als nur zum Mahlen von Getreide: um Eichenrinde zu zerquetschen und Gerbsäure herzustellen oder um Hanffasern zu schlagen. Aber die hauptsächlichen Anwendungen gingen in Richtung auf die Woll- und Metallverarbeitung. Die Handwerker walkten das Tuch, um es endgültig von seinen Verunreinigungen zu befreien und ihm die Filzstruktur zu geben, die dem Geschmack der Zeit entsprach. Das Gewebe wurde in ein Faß gelegt, das mit einer Mischung aus Wasser und Lehm gefüllt war: der Walkerde, die zur Entfettung diente. Dann stampften Arbeiter das Gewebe während mehrerer Stunden mit Füßen. Das Walken in Handarbeit war kostspielig und stumpfsinnig wegen der einfachen und ständig wiederholten Bewegungen. Deshalb konnte es früh durch Maschinenarbeit ersetzt werden. Ein Wasserrad betätigte eine Welle mit Zapfen, die bei jedem Durchgang die Stapel, die in die Fässer gelegt worden waren, anhoben. Die Stapel fielen unter ihrem Eigengewicht wieder zurück. Der Gewinn an Produktivität war beträchtlich.⁴⁷ Es ist nicht einfach, der Entwicklung der mechanischen Walkerei von ihren Anfängen zu folgen. Zur kleinen Zahl verfügbarer Dokumente kommt die Schwierigkeit der Interpretation des Vokabulars.⁴⁸

Während die Texte das Vorhandensein von Walkmühlen in Norditalien ab dem 11. Jahrhundert bestätigen, sind französische Dokumente vor etwa 1180 selten und ungenau. Eine Durchsicht aller Texte, die das Vorhandensein von Walkmühlen in Nordfrankreich bezeugen (vorgenommen von A. M. Bautier), ergab eine Erwähnung vor 1100, die ein „molendinum fullonarium" in der unteren Normandie betraf; zwei zwischen 1100 und 1150, drei zwischen 1150 und 1170, gegen 27 für die drei letzten Jahrzehnte des 12. Jahrhunderts, wovon einige Namen mehrere Mühlen umfassen. Es gab Anlagen, die sehr bedeutend waren: In BEAUVAIS (Oise) führte eine Vereinbarung zwischen dem Bischof und dem Abt von Saint-Quentin zum Bau von 30 Walkmühlen. Der Bischof garantierte die Grund- und Wasserrechte, der Abt finanzierte die Anlagen.⁴⁹ Das Interesse der Großen für die neue Technik ist offenkundig. König Philippe-Auguste läßt Walkereien in ETAMPES *(Abb. 10)* bauen; in CHARTRES, wo sie 1169 auftauchen, sind sie das Monopol des Gra-

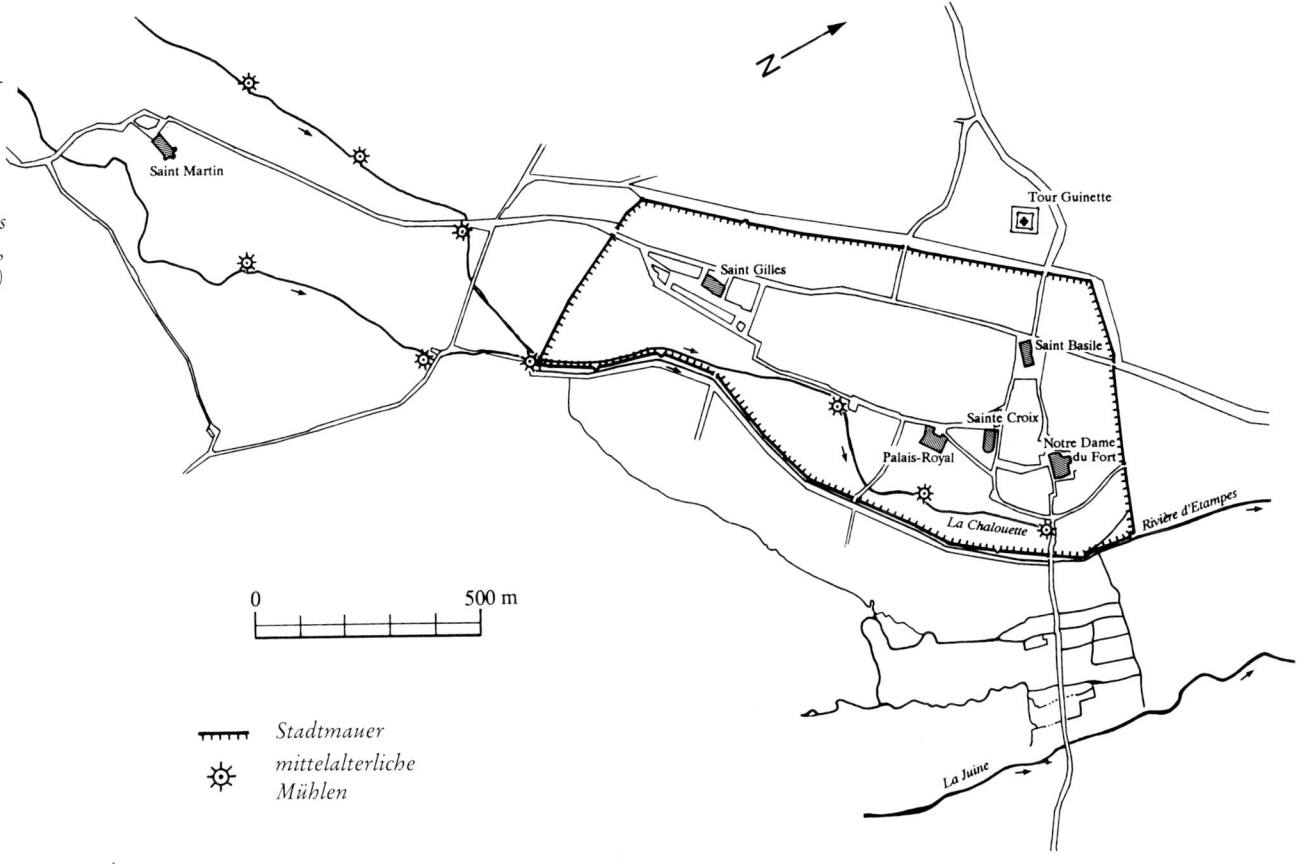

Abb. 10 "Cours forcé" (künstliches Bachbett) der Chalouette und wasserbautechnische Anlagen von Etampes (Essone) (Umzeichnung nach: Atlas historique des Villes de France, fasc. Etampes, von C. Billot, Paris 1989)

fen, der sie mit zahlreichen Anleihen belegt, was als Zeichen für die Bedeutung der daraus resultierenden Einkünfte gelten kann.[50] Die technische Innovation bedeutete eine Revolution und führte gelegentlich bereits ab Ende des 12. Jahrhunderts zu heftigen Reaktionen seitens derjenigen Tuchmacher, die deshalb ihre Arbeit verloren. Unter dem Vorwand, die Qualität zu verteidigen, verweigerten die großen Tuchmacher-Zentren eine Mechanisierung. Im Gegensatz dazu setzte sich in der unteren Normandie, im Languedoc wie auch in Beauvais, wo Zentren der Massenproduktion entstanden, die Walkmühle durch.

So hat Wasserkraft am Ende des 12. Jahrhunderts die Strukturen der Textilindustrie in Frankreich tiefgreifend verwandelt. Vielleicht noch einschneidendere Umwälzungen trafen das Eisenhüttenwesen. Die Metallfabrikation fordert zu wiederholten Malen den Rückgriff auf die Schmiede, bevor man das gewünschte Endprodukt erhält. Im Prozeß der Direkt-Reduktion, der damals in Europa ausschließlich angewendet wurde, erhielten die Metallarbeiter aus dem Niederschachtofen eine Luppe, eine fest miteinander verbundene Mischung aus Metall und Schlacke. Die erste Arbeit bestand also darin, die Luppe durchzuschmieden, d. h. sie zu erhitzen und dann mit dem Hammer darauf zu schlagen, um die Verunreinigungen auszuscheiden und einen Barren herzustellen. In einer Epoche, wo Metall noch teuer war, arbeiteten die Schmieden das Alteisen systematisch auf, um es neu zu verarbeiten. Ob bei der Herstellung von neuem Eisen, der Aufarbeitung von altem Eisen, der Herstellung von Werkzeugen und Waffen: die Schmiede war immer mit im Spiel. Durch Anbringung von Nocken an der Welle einer

Mühle wurde es möglich, den Kopf des Hammers anzuheben und dem Menschen eine sich ständig wiederholende und ermüdende Arbeit abzunehmen.

Die Geschichte dieser ersten Phase der Mechanisierung des Hüttenwesens ist noch ziemlich unbekannt. Vor dem 16. Jahrhundert liefern Ikonographie und Archäologie überhaupt keine Beispiele. Einzelne Texte können glauben machen, daß die ersten Hämmer oder Hüttenhämmer, die durch Wasser angetrieben wurden, im 12. Jahrhundert auftauchten, aber die ersten sicheren Dokumente datieren aus dem 13. Jahrhundert. Über den Typ des Werkzeuges weiß man gar nichts. Der Hüttenhammer wird zunächst zum Durchschmieden der Luppen benutzt worden sein. Bertrand Gille erfand für Ursprung und Verbreitung des Hüttenhammers die „Zisterzienser-Hypothese": das dichte Netz der Abteien dieses Ordens hätte in hohem Maße zur Verbreitung einer Innovation beigetragen, die möglicherweise von den Mönchen selbst entwickelt worden war.[51]

Es ereignet sich tatsächlich vor diesem Hintergrund, daß der Zisterzienser-Orden geboren wird. In einigen Jahrzehnten überzogen die weißen Mönche das Königreich Frankreich mit ihren Abteien. Im Jahre 1098 verläßt Robert, Benediktiner-Mönch und früherer Abt von Saint-Michel in Tonnerre, unbefriedigt in seinem Streben nach klösterlicher Perfektion das Kloster Molesme. Mit einigen Brüdern verzichtet er auf die traditionelle Lebensweise der alten Orden und zieht sich nach CÎTEAUX zurück, um dort in der Isolierung der „Wüste" Reinheit und Askese der ursprünglichen benediktinischen Regel wiederzufinden. Die Verfassung, die sie sich gaben, untersagte ihnen den Besitz von Ländereien, die bereits von anderen bewirtschaftet wurden. Dies war ein Bruch mit dem Herrschaftssystem, nach dem alle andere Klöster lebten. Durch ihre Arbeit sollten die Mönche, unterstützt von Laien-Brüdern, Güter für ihren Eigengebrauch produzieren. Im Jahre 1112 gab die Ankunft des jungen Adeligen Bernhard de Fontaine, der von 30 Verwandten und Freunden begleitet wurde, der Gemeinschaft einen neuen Ansporn. Durch den Zustrom der Brüder breitete sich der Orden aus. Er gründete von 1113 bis 1115 vier Tochter-Abteien, LA FERTÉ (Saône-et-Loire) im Jahre 1113, PONTIGNY (Yonne) im Jahre 1114, CLAIRVAUX (Aube) und MORIMOND (Haute-Marne). Die Tochterabteien wiederum bildeten ihrerseits Filiationen. Im Jahre 1153, beim Tod des heiligen Bernhard, umfaßte der Zisterzienserorden 350 Häuser von Portugal bis Polen, von Skandinavien bis Kalabrien. Eine große Anzahl dieser Klöster wurde in Frankreich gegründet. Der zisterziensische Aufschwung hat seine Dynamik in den Ländern Europas bis zum 13. Jahrhundert aufrechterhalten. Die Mehrzahl der Zisterzienserabteien wurde also in einer ziemlich kurzen Zeit und nach ähnlichen Prinzipien gebaut: Es gibt eine typisch zisterziensische Architektur.[52] Die Wasserbautechnik fügt sich hier in einen festumrissenen chronologischen, baulichen und institutionellen Rahmen ein.

Fast alle Zisterzienser-Klöster liegen in der Nähe eines Wasserlaufes. Für mehrere Gründungen aus der ersten Zeit des Ordens scheint das Vorhandensein von Wasser im Überfluß zwar kein Auswahlkriterium gewesen zu sein. Aber sobald es gefehlt hat, mußten sich die Mönche wie in CLAIRVAUX im Jahre 1135 den Bächen und Flüssen nähern. Dies ist in Burgund studiert worden. Die Abtei La Ferté hat ihren ursprünglichen Platz mitten im Wald verlassen, um sich an der Grosne niederzulassen. In REIGNY (Yonne) haben die Mönche ihre Abtei im Jahre 1131 um 9 km verlegt, um sich an der Cure anzusiedeln; damit wechselten sie von der Diözese Autun zur Diözese Auxerre. Im selben Jahr wurde eine Zisterzienser-Niederlassung in L'Oiserolle gegründet; zwölf Jahre später, 1143, wurden die Gebäude durch ein Feuer zerstört; alsdann wechselten die Mönche an das Ufer der Ouche nach LA BUSSIÈRE (Côte-d'Or).[53]

Es würde zu weit führen, alle diejenigen Abteien zu nennen, die künstliche Teiche innerhalb oder außerhalb ihres Immunitätsberings besaßen: Es ist jedenfalls die Mehrzahl. Das Beispiel von FONTAINEJEAN (Loiret), vielleicht ein Extremfall, ist deutlich: Im 13. Jahrhundert besaß die Abtei 16 Teiche und Fischzuchten zur Versorgung mit Wasser und Fisch. Die Spuren dieser Anlagen sind noch deutlich erkennbar. In CÎTEAUX füllen trotz der Trockenlegungsarbeiten zahlreiche Teiche, manchmal ineinander übergehend, das Tal der Vouge und ihrer Zuflüsse. In BEAUBEC (Seine-Maritime) erstreckt sich im Osten der Klosterruine eine Wasserfläche, ebenso in MORTEMER (Eure). Ein Damm, der einen Teich aufstaut, dominiert die Anlage von FONTMORIGNY (Cher). In CLAIRVAUX wird in einer Schilderung der Abtei aus dem 13. Jahrhundert ein fischreicher Teich beschrieben, der sich beim Abzweig des zum Kloster führenden Kanals vom Fluß Aube befand. Der Autor setzt seine Erläuterung fort, indem er erklärt, wie nützlich das Wasser für die Gartenkulturen der Mönche war. Ebenso ließen die Zisterzienser von SYLVANÈS (Aveyron) im oberen Tal des Dourdon einen Damm bauen, um das Wasser zu stauen und es entweder „zur Mühle oder auf die Wiese oder in den Garten . . ." zu leiten.[54]

Wie bereits Marcel Aubert in seiner Studie von 1943 über die Architektur der Zisterzienser in Frankreich bemerkt, hängt der Generalplan der Abtei vom Vorhandensein des Wassers ab: Das Klausurgeviert erstreckt sich nördlich oder südlich der Kirche, je nachdem ob sie nun am linken oder rechten Ufer des Flusses errichtet wird. Die Kirche baute man immer auf dem höchsten Punkt, die Klostergebäude schließen sich in Richtung des Wasserlaufes an, um von der Strömung besonders die Latrinen profitieren zu lassen. Dieses Wasser wurde meist durch einen Kanal von dem nahebei verlaufenden Flußbett abgezweigt. Im Falle unbedeutender Bäche wurde das Tal durch einen oder mehrere Deiche abgesperrt, welche die Wasserreserven konstant hielten und damit talabwärts die Schaffung der erforderlichen Anlagen erlaubten. Einer oder mehrere Kanäle konnten gebaut werden, um in einigen Fällen die Nutzung der Wasserkraft zu ermöglichen.[55]

Kürzlich durchgeführte Untersuchungen erlauben es, die Ausführungen von Marcel Aubert zu vervollständigen und zu präzisieren. Seit dem 12. Jahrhundert schälen sich zwei Haupttypen von Wasserbewirtschaftung heraus, die sogar die Existenzgrundlage der Klöster des Ordens von Cîteaux beeinflussen. Meistens siedelten sich die Mönche auf einer Terrasse an oder auf einem Talhang, um jede Überschwemmungsgefahr zu vermeiden *(Abb. 11)*. Manchmal waren Erdarbeiten nötig, um künstliche Terrassen herzustellen.[56] Die Abtei von COYROUX, ein von OBAZINE (Corrèze) abhängiger Frauenkonvent des Ordens, liegt auf einer künstlichen Terrasse von einem halben ha Oberfläche. Der Untergrund besteht aus gemauerten Kästen, deren Wände als Fundamente der Gebäude dienen.[57] Im allgemeinen ermöglichte ein talaufwärts liegender Damm, das notwendige Wasser zum Kloster abzuleiten. In FLARAN (Gers) leitet ein Deich über die Baïse einen Teil des Flusses auf ungefähr 0,75 km Länge ab. Der abgezweigte Teil isoliert die Abtei und erlaubt da, wo der künstliche Arm in den Fluß zurückfließt, den Betrieb einer Mühle *(Abb. 12)*. Die Anlagen gleichen Typs bei PONTIGNY haben eine Bedeutung ganz anderen Ausmaßes, da das Wasser mehr als 2,5 km von der Abtei entfernt aus dem Serein abgezweigt wird. Bevor das so gebildete Teilstück des Wasserlaufes den Bereich des Klosters erreicht, gibt es zwei Wehre, die im Fall des Hochwassers als Überlauf dienten. Der Kanal überquert mit Hilfe zweier Brücken die Taleinschnitte, auf deren Grund zwei Bäche weiter zum Serein fließen; für alle Fälle wurde das zweite Wehr noch mit einem Wasserrad ausgerüstet. Der Kanal führt durch eine Pforte in der Umfassungsmauer und durchquert als offenes Gerinne die Gärten im Norden der Abteikirche, wo früher die Klausurgebäude standen. Das Refektorium war wahrscheinlich über den Kanal gebaut, und es ist anzunehmen, daß sich die Latrinen am Ende des Dormitoriums befanden. Gegenwärtig führt ein Überlauf das Wasser in einen Teich, dessen Abfluß wiederum Verbindung mit dem Serein hat. Der Kanal erreicht die Einfriedungsmauer an der Stelle einer Mühle, die noch existiert; die „alte Mühle", wie sie an Ort und Stelle genannt wird. Hier liegt der Kanalspiegel 5,5 m über dem Serein. Es gibt Hinweise dafür, daß an diesem Gefälle drei wassertechnische Anlagen eingebaut waren, und zwar alle drei auf dem Gebiet der Abtei: die alte Mühle, die von einem Gefälle von 1,5 m profitiert; die neue Mühle, die um 1830 eine Spinnerei antrieb; dann ein Kleinkraftwerk, das in den Jahren um 1920 mit zwei Turbinen ausgerüstet war, von nur 1,3 m Höhendifferenz. Es ist unmöglich zu wissen, ob die Anlagen zu Zeiten der Mönche der heutigen Realität entsprechen; im Gegenteil, sie hatten damals eine Energiehöhe von ungefähr 5,5 m zur Verfügung und konnten drei Räder hintereinander anbringen.

In CÎTEAUX ist die Kanalableitung der Aube noch länger, ungefähr 4 km. In 0,5 km Entfernung vom Damm versorgt sie eine auf einem Wehr eingebaute Mühle, die einen Teil des Wassers dem Fluß zurückgibt. Der Bericht von Arnaud de Bonneval und die Beschreibung des anonymen Mönches aus dem 13. Jahrhundert bestätigen die doppelte Rolle des Wassers: den Unrat zu beseitigen und die Werkstätten mit Energie zu versorgen.[58] Arnaud zitiert eine Schmiede, der Text aus dem 13. Jahrhundert nimmt lediglich Bezug auf eine Mühle, eine Brauerei und eine Gerberei. Es finden sich aber vergleichbare Beispiele außerhalb Burgunds und

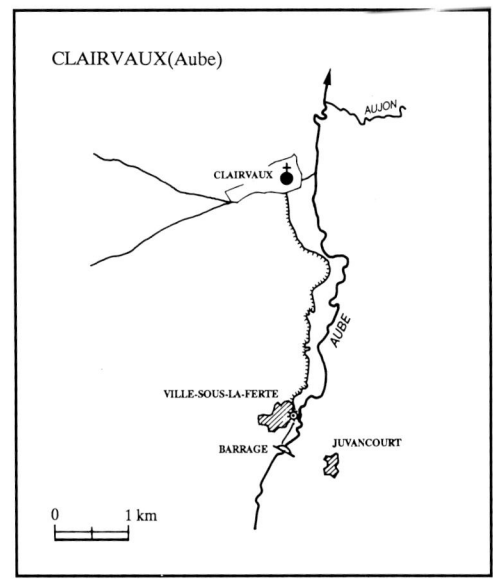
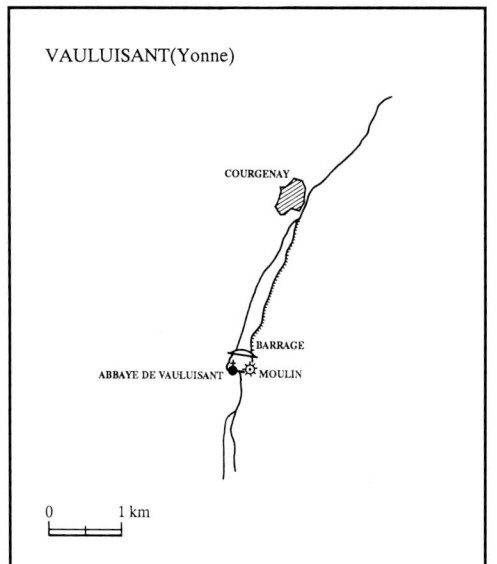
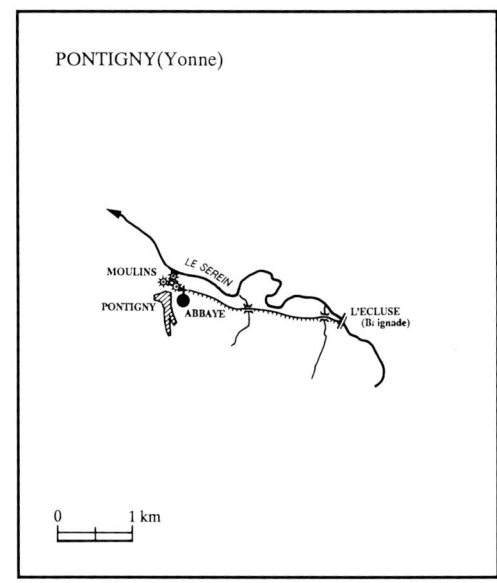
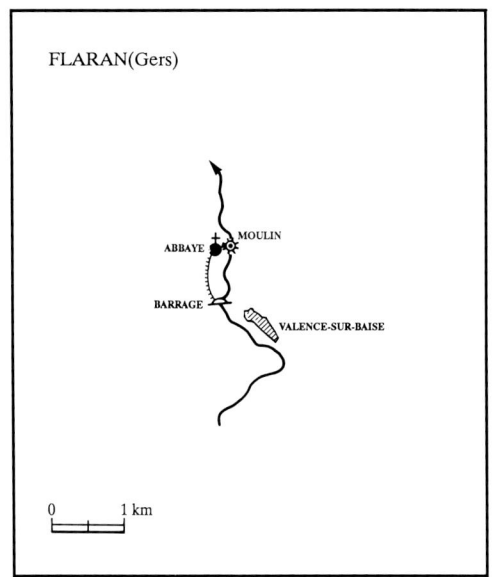
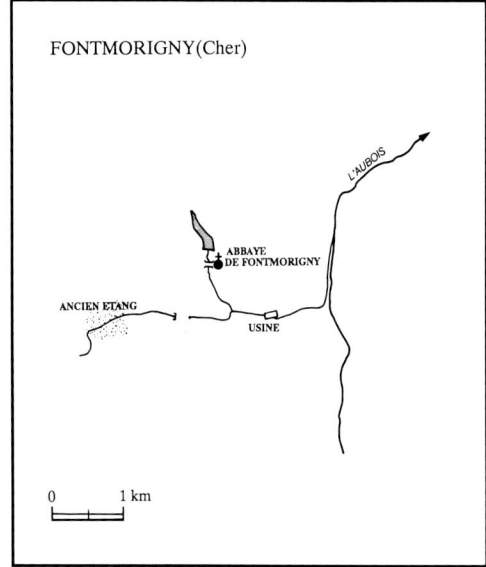
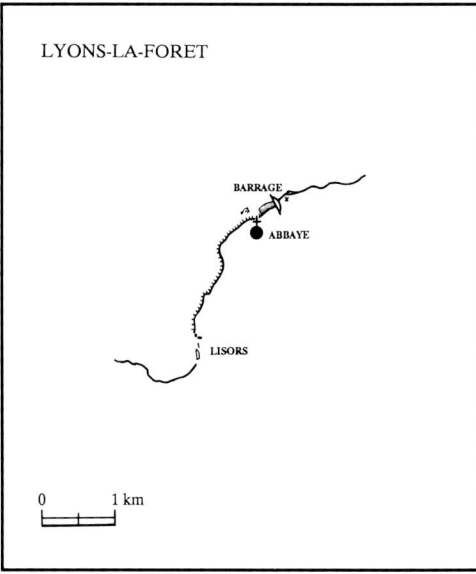

Abb. 11 Beispiele für wasserbautechnische Maßnahmen von französischen Zisterzienserabteien

Abb. 12 Zisterzienserabtei Flaran (Gers:) Ein Staudamm ermöglicht es, das Wasser des Flusses Baïse teilweise zum Kloster umzuleiten, wo damit eine Mühle angetrieben wurde. Der Damm ist im Laufe der Jahrhunderte mehrfach neu angelegt und repariert worden

Abb. 13 Zisterzienserabtei Vauluisant (Yonne), künstliches Bett des Baches Alain. Die Mönche haben den Bach gleich nach ihrer Niederlassung im Jahre 1127 abgeleitet und kanalisiert (Fotos: Equipe d'Histoire des Mines et de la Métallurgie)

außerhalb der Champagne. In OBAZINE leitet eine Wasserleitung, „der Kanal der Mönche" von ungefähr 1500 m Länge, einen Teil des Wasser aus dem Fluß ab und führt der Abtei Wasserenergie zu. Sie ist bald in den Felsen geschlagen, bald auf Stützen verlegt, um kleine Täler überqueren zu können.⁵⁹

Wenn sich die weißen Mönche auf Talsohlen ansiedelten, waren andere Einrichtungen erforderlich. In VAULUISANT (Yonne) haben die Zisterzienser das Tal des Alain durch einen Damm von über 400 m Länge abgeriegelt *(Abb. 13)*. Der Stausee befand sich talaufwärts von der Abtei. Im heutigen Zustand der Anlage sucht sich das Wasser seinen Weg durch eine Öffnung am Fuß des Dammes, aber östlich von der Abtei gibt es noch das Gebäude einer Mühle und ihren seit kurzem ausgetrockneten Zulauf.⁶⁰ Der Bau der Mühle stammt aus jüngerer Zeit, aber mit großer Wahrscheinlichkeit gehört der Wasserzulauf in die älteste Zeit des Klosters. Drainagearbeiten haben ermöglicht, den Boden des Tals zu kultivieren.

Auf den Lauf der Jahrhunderte verteilt, geben diese Maßnahmen nur selten genaue Angaben über die von den Zisterziensern durchgeführten Verbesserungen. In LAILLY, einer Grangia (Klostergut) in unmittelbarer Nähe der Abtei, hat die von den Mönchen gebaute Mühle bis ins 20. Jahrhundert Getreide gemahlen. Ihr Vorhandensein ist nur erklärbar im Rahmen einer ehemals ausgedehnteren Bewirtschaftung des Alain-Tales.

Das Wasser der Kanäle diente auch zur Entsorgung von Abfällen einer Abtei, und die Strömung spülte die Latrinen reichlich. In Frankreich sind nur wenige Bauten dieses Typs erhalten. Es gibt jedoch Hinweise auf bestimmte Zeichnungen oder Kavalierperspektiven des 17. und 18. Jahrhunderts, wo man sie oft daran erkennen kann, daß sie senkrecht an das Ende des Mönchsdormitoriums und an den Flügel für die Laienbrüder stoßen. Es sind aber auch andere Anordnungen möglich: In der Abtei Notre-Dame-du-Val in MÉRIEL (Val-d'Oise) zeigt ein Grabungsplan aus dem vergangenen Jahrhundert das Gebäude parallel zum Dormitorium, mit seitlichem Kanal. Es hatte Zugänge sowohl vom Erdgeschoß wie vom Obergeschoß. Einige Infirmariebauten in den großen Abteien konnten ebenfalls mit Latrinen versehen sein, die durch einen Kanal gespült wurden.

Ohne einen Gesamtüberblick oder eine chronologische

Einordnung vorzunehmen, können wenigstens einige Beispiele genannt werden. Bei den Zisterziensern in L'ESCALE-DIEU (Hautes-Pyrénées) trugen große Tonnengewölbe die Latrinen und deren Vorraum; zahlreiche kleine und enge Fenster sorgten für Beleuchtung und Belüftung. In FONTFROIDE (Aude) schwenkt der Gebäudeflügel der Mönche in seiner Mitte nach Osten, um einen Bach zu erreichen, der dort zur Spülung unter einem Tonnengewölbe durchfließt, auf dem die Latrinen ruhen.[61] In LONGPONT (Aisne) befindet sich auf einem Gemälde von Beginn des 17. Jahrhunderts in der Mitte des Schlafraumes, nach Osten gerichtet, ein senkrecht anstoßendes Gebäude, das im Erdgeschoß ohne Fenster ist; in der ersten Etage gibt es kleine, wenig zahlreiche Öffnungen (eine pro Joch). Es ist kein Kanal bekannt, aber die Verwendung dieses Bauwerkes scheint wenig zweifelhaft wegen des Fehlens von Fenstern im unteren Geschoß.[62]

Das Latrinengebäude von ROYAUMONT (Val-d'Oise) war kürzlich Gegenstand einer architektonischen und einer Funktionsstudie[63] *(Abb. 14)*. Aus 29 Arkaden bestehend, nahm der Abort in dem Gebäude einen zentralen Platz ein. Es gab im Erdgeschoß beiderseits zwei mit Kreuzrippen gewölbte Säle. Die Originalität des Gebäudes besteht im Vorhandensein dieser Säle, die den Druck der mittleren Arkaden auffangen; ferner in der Tatsache, daß der im Norden befindliche Saal seit seinem Bau im 13. Jahrhundert zwei monumentale Kamine aufweist. In den Zisterzienser-Abteien besaßen lediglich die Wärmehalle und die Küchen Heizungseinrichtungen. Sie waren im allgemeinen zu beiden Seiten des Refektoriums angeordnet. Die Anordnung dieses Raumes im Osten des Dormitoriumtraktes, wobei der Schlafsaal aber überhaupt keine Verbindung mit ihm hatte, könnte bedeuten, daß er ein Teil der Krankenstation war. Aber da die Mauern, welche die Latrinen der Obergeschosse stützten, keine Öffnungen hatten, gab es keine Möglichkeit, innen von einem Raum in den anderen zu gelangen. Auch vom Erdgeschoß aus konnte man die Latrinen nicht benutzen.

Wenn auch die Funktion dieser Säle hypothetisch bleibt, ist jedenfalls die in den die letzten 50 Jahren angenommene Verwendung des Gebäudes aufgrund der jüngsten Untersuchung nicht mehr haltbar. Da unter den Arkaden ein altes Wasserrad eingebaut ist, wurde das Gebäude demnach als

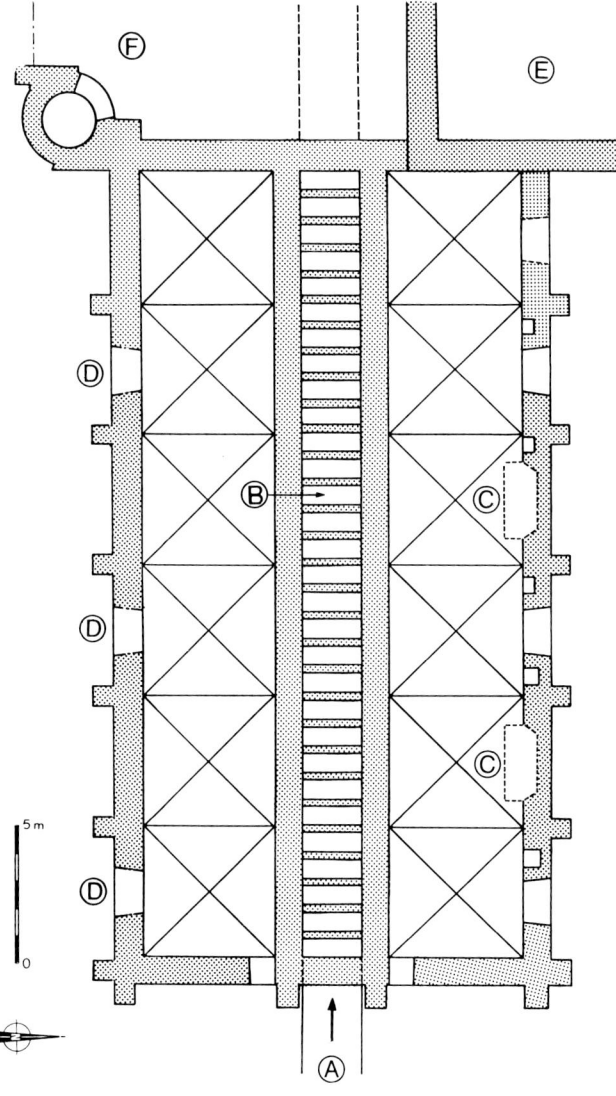

Abb. 14 Zisterzienserabtei Royaumont *(Val-d'Oise), Latrinenanlage. Erdgeschoßgrundriß mit Eintragung der Gewölbe (Aufmaß M. Viré und M. Wabont)*
A: *offener Kanal*
B: *Schwibbögen der Latrinensitze*
C: *Wandkamine*
D: *vermutete Eingänge*
E: *Dormitoriumtrakt*
F: *abgerissenes Gebäude*

die mittelalterliche Schmiede des Klosters angesehen. Eine Konsultation der Archive des 19. Jahrhunderts und die Analyse des Mauerwerkes zeigen, daß dieses Rad gegen 1870 an Stelle eines größeren, vom Anfang des 19. Jahrhunderts stammenden Vorgängers eingebaut wurde. Anlaß für den Einbau des älteren Rades war die Errichtung einer

Baumwollspinnerei nach dem Verkauf der Abteigebäude 1793.

Die Zisterzienser waren nicht die einzigen, die in ihren Klöstern diesen Typ von Bauwerken errichtet haben. Der Plan von CLUNY (Saône-et-Loire)[64] zeigt zwei Serien von Latrinen, die eine parallel zur großen Krankenstation, die andere gleichzeitig in Verbindung mit dem Schlafsaal der Mönche und dem Noviziat. In der Prämonstratenser-Abtei von LIEU-RESTAURÉ (Oise) wurde der Kanal der Latrinen aus dem 12. und 13. Jahrhundert ausgegraben.[65] Im grandmontanischen Priorat Notre-Dame de Pinel zu VILLARIÈS (Haute-Garonne) sind die Latrinen im 16. Jahrhundert zerstört worden.[66]

Klöster, die das Wasser benachbarter Flüsse oder Bäche nutzten, um ihre Kanalisationen zu versorgen und die Räder ihrer Mühlen zu drehen, benötigten auch trinkbares Quellwasser: jenes Wasser, das aus dem Laufbrunnen im klösterlichen Brunnenhaus floß. In CLAIRVAUX besang die Beschreibung des 13. Jahrhunderts die Qualitäten einer gedeckten Leitung, die reines, aus einer gefaßten Quelle stammendes Wasser über mehr als 1000 Schritte Entfernung heranbrachte. Die Anzapfung der Quelle vollzog sich im Inneren eines Bauwerkes, das eine Garantie gegen jegliche Verunreinigung bildete: Das Wasser konnte im Kloster wieder rein zutage treten.[67] Kloster REIGNY, obwohl am Ufer der Cure gelegen, wurde durch eine 900 m entfernte Quelle versorgt.[68] In CADOUIN (Dordogne) versorgte die 500 m entfernte „Quelle der Mönche" das Kloster.

Einige Quellfassungen gibt es noch heute, wie die der Abtei PEYROUSE (Dordogne), etwa 40 m von den Klostergebäuden entfernt gelegen. Ein Sickerkanal mündet in einen Steinbehälter, der früher durch eine Kuppel abgedeckt war. Da das Reservoir geschlossen ist, wurde das Wasser durch ein Loch im steinernen Deckel geschöpft. Weil keine Grabungen stattgefunden haben, kann man nicht sagen, ob das Wasser der Quelle bis ins Innere des Klosters gelangte.[69]

Die Abtei von ROYAUMONT (Val-d'Oise) wurde durch eine 3 km entfernte Quelle versorgt. Die mittelalterliche Wasserfassung gibt es noch, geschützt in einem unterirdischen Tunnel von 25 m Länge. Er besteht aus einer Sickergalerie und einem Becken, auf dessen Boden die Hauptquelle sprudelte, die im Jahre 1900 eine Wassermenge von 90 Litern pro Minute ergab. Anschließend wird das Wasser durch einen 2 m hohen Kanal, der in die Achse der Galerie eingelassen ist, in ein Absetzbecken geleitet. Dieses Reservoir schützt ein kleines Bauwerk aus dem 13. Jahrhundert. Das Wasser wird in Richtung Abtei durch Leitungen auf den Weg gebracht, die im Laufe der Jahrhunderte ausgewechselt worden sind. Sie bestanden aus Rohren von Ton, Blei und Gußeisen. Einige Teile der Domäne erhalten noch heute das Wasser aus der mittelalterlichen Quelle, das heute ziemlich verunreinigt ist.

Solche Wasserbauanlagen fanden sich auch in den Klöstern anderer Orden: Im 13. Jahrhundert verfügten die Augustiner-Chorherren von OBERSTEIGEN über eine Quellwasserversorgung durch eine Steinleitung von mehreren hundert Metern Länge.[70] Die Leitung besteht aus Elementen, die 0,27 m hoch und 0,45 m breit sind. In ihrem Inneren ist ein halbkreisförmiger Kanal (von 0,20 m) eingearbeitet. Die Elemente besitzen unterschiedliche Länge (von 1,20 m bis 1,67 m). An ihren Verbindungsstellen lagern die Elemente auf grob vierkantig zugeschnittenen Sandsteinklötzen, die wahrscheinlich dazu gedient haben, sie mit vorgesehener Neigung zu installieren. Die Abdeckung wurde gebildet aus Sandsteinplatten von 0,18 m Dicke. Die Stelle, an der die Leitung im Kloster ankam, sowie die Art der Verteilung des Wassers im Kloster sind noch unbekannt.

Die Wahl einer einzelnen oder auch von miteinander verbundenen Quellen mußte mit Sorgfalt erfolgen. Kriterien waren Liefermenge, Regelmäßigkeit und vielleicht auch schon die Wirkung des Wassers auf die Gesundheit. Es ist heute unmöglich, ein Urteil über den Wert der Quellen abzugeben, da sich die Umgebung der Klöster und das Netz der Wasseradern stark verändert haben. Die Entfernung der Quellen vom Kloster (manchmal mehrere hundert Meter, sogar mehrere km) spricht für sorgfältige Untersuchungen, ehe man zeitraubende und kostspielige Arbeiten unternahm.

Aber aus wirtschaftlichen oder topographischen Gründen haben nicht alle Klöster diese Möglichkeiten genutzt. Ein oder mehrere Brunnen – oft im Kreuzganghof gegraben, manchmal direkt in der Küche – lieferten ihnen Trinkwasser. Das Vorhandensein von Latrinen, herablaufendes Regenwasser oder Grabstätten in der Nachbarschaft wecken Zweifel über die Verträglichkeit des Wassers für die Gesundheit. Bestimmte Abteien, die auf Hügeln angesiedelt

waren, mußten Zisternen bauen, die durch Regenwasser gefüllt wurden. So wurde es auf dem Mont-Saint-Michel (Manche) aufgefangen und in Rinnen geleitet, ebenso in Saint-Félix-de-Montseault (Hérault).
Sobald das Wasser aus dem Brunnen, den Zisternen oder den Quellen entnommen war, wurde es im Kloster mit Hilfe von Leitungen aus Blei, Ton, sogar aus Holz verteilt. Aber die allein schon durch ihr monumentales Aussehen wichtigste Verteilerstelle, sicher auch die im Leben der Klostergemeinschaft am meisten gegenwärtige, war das in der Nähe des Refektoriums errichtete Lavatorium (Brunnenhaus). Über die interne Gestaltung des Wasserkreislaufes in Pontigny weiß man so gut wie nichts. Zwei Brunnenbekken sind erhalten, wurden aber später an einen anderen Platz gebracht, um einen Garten zu schmücken. Sie sind monolith und kreisförmig, ihr Inneres hat die Form eines sehr flachen Konus, um das in der Mitte austretende Wasser zu verteilen. Beide Springbrunnen besitzen eine Wandung, die aus dem Steinquader herausgearbeitet wurde. Löcher von einigen Zentimetern Durchmesser lassen kleine Wasserstrahlen austreten. Die größere dieser Brunnenschalen *(Abb. 15)* hat einen Außendurchmesser von 4,26 m und besitzt 40 Öffnungen; die kleinere hat nur 31 Ausflüsse und einen Außendurchmesser von 3,34 m. Beide Springbrunnenbecken könnten aus einem einzigen Brunnenhaus kommen, wo sie dann übereinander gestanden hätten. Sie können ebensogut aus zwei Lavatorien und sogar aus zwei verschiedenen Klöstern stammen. Die Abtei von Pontigny ist nicht gut genug erforscht, um diese Frage eindeutig zu klären. Wie dem auch sei, die im Kreuzganghof nördlich der Abteikirche gelegene Brunnenstube konnte ihr Wasser nicht vom tiefer liegenden Kanal erhalten. Man muß sich also vorstellen, daß eine Quellwasserversorgung aus südlicher Richtung existierte, die vielleicht durch die Kirche verlief. Andere Laufbrunnenbecken der Zisterzienser sind in Obazine (2,40 m Durchmesser) und in Bocquen (Côtes-du-Nord) erhalten, eine verzierte frühgotische Brunnenschale in der Benediktinerabtei Saint-Denis *(Abb. 16)*. Kreuzgangbrunnen wurden von kleinen Zentralbauten geschützt, was es den Mönchen erlaubte, sich zu jeder Zeit zu waschen. Es gibt nur noch wenige dieser Pavillons, die aufrechtstehen. Das bekannteste Beispiel ist Le Thoronet (Var), im vergangenen Jahrhundert restauriert.[71]

Diese kleinen Bauwerke gab es in Klöstern, die zu verschiedenen Orden gehörten: Benediktiner, Prämonstratenser, ... und sie waren meistens acht- oder viereckig. Man kennt sie aus Ausgrabungen, aus Texten oder aus Inschriften. Einige waren Gegenstand kürzlicher Ausgrabungen, aber die Arbeitsbedingungen oder die Erhaltung der Grabungsstelle erlaubten nicht, wie es scheint, ihr ursprüngliches Funktionieren zu ermitteln.[72] In Saint-Victor zu Marseille schützte, wie aus alten Zeichnungen hervorgeht, ein Pavillon, der ein Viertel der Oberfläche des Kreuzganghofes überbaute, Lavatorium und Laufbrunnen: ein Ensemble, das vielleicht dem Beispiel vom Chelles (Seine-et-Marne) ähnelte, wo man aus einem Brunnen das Wasser in Steinkanäle goß.[73]

Selbst wenn sie nicht in allen Punkten ordensspezifische Züge trägt, kann man von einer zisterziensischen Wassertechnik sprechen. Beim augenblicklichen Stand der Forschung bietet sie auf allen Gebieten, die die Versorgung und die Verteilung von Trinkwasser oder Beseitigung von gebrauchtem Wasser betreffen, keine bemerkenswerten Einzelheiten im Verhältnis zu Niederlassungen anderer Ordensgemeinschaften. Was die Zisterzienser im 12. Jahrhundert verwirklicht haben, dürfte sich kaum von den Anlagen Clunys in der Mitte des 11. Jahrhunderts unterscheiden. Andererseits weisen Vorkehrungen zur Gewinnung von Hydroenergie, die sich in der Ableitung von Wasserläufen und der Herstellung bedeutender Gefälle ausdrücken, den weißen Mönchen einen besonderen Platz in der Geschichte der Wasserbautechnik zu.

Zisterzienser haben mehr als alle anderen Mönche der Produktion eine grundsätzliche Bedeutung zugeordnet; dies war die Quelle des Reichtums dieses Ordens. Paradoxerweise zielten sie durch ihre Statuten selbst darauf ab, eine ursprüngliche Armut zurückzugewinnen, die vom heiligen Benedikt gewollt war. Dabei haben sie jedoch den Grund dafür gelegt, daß sie immer reicher wurden. Es war ihnen verboten, die Erträge der Arbeit anderer zu empfangen, Erträge von „Höfen, Mühlen und anderen ähnlichen Dingen zu besitzen, die der monastischen Armut widersprachen ..."[74] Zur Selbstversorgung genötigt und mit bedeutendem Grundbesitz ausgestattet, bedienten sie sich der Technik der Zeit, um die Standorte ihrer Ordenshäuser zu verbessern und ihre Klöster mit Getreide- oder Walkmüh-

Abb. 15 Zisterzienserabtei Pontigny *(Yonne), Schale eines Kreuzgangbrunnens. In der Abtei sind zwei alte Brunnenschalen erhalten geblieben, von denen die größere (hier abgebildet) einen Durchmesser von 4,26 m hat (Foto: Equipe d'Histoire des Mines et de la Métallurgie)*

Abb. 16 Benediktinerabtei Saint-Denis (Seine-St.-Denis), Becken des Kreuzgangbrunnens (Foto: M. Wabont)

len und gelegentlich mit wasserbetriebenen Schmieden auszurüsten.[75] Die Beispiele zeigen eine Geschlossenheit der Wassertechnik bei den Zisterziensern; kann man eine Evolution annehmen? Die vorgestellten Fälle gehören global zur großen Epoche der Zisterzienserarchitektur im 12. und 13. Jahrhundert, lassen sich jedoch nicht leicht fest datieren. Man müßte sich, um eine Chronologie aufzustellen, auf genauere Untersuchungen stützen.

2. Ein Baudenkmal aus der ersten Hälfte des 12. Jahrhunderts: FONTENAY

Für FONTENAY gilt als sicher, daß Hauptwassersystem und Kloster zur gleichen Zeit gebaut wurden.[76] Die Abtei wurde vom heiligen Bernhard 1118 gegründet, ihre Kirche 1147 geweiht. Sie ist auf einer Talsohle gelegen, am Zusammenfluß des Baches von Fontenay mit der „Combe Saint-Bernard"; an einem Platz, wo sich das kleine Tal verbreitert.[77] Das Gebiet war von Natur sumpfig und mußte vor Überflutung geschützt und entwässert werden, bevor mit dem Bau begonnen wurde. Es wurden zwei Dämme errichtet, ohne die die Abtei nicht hätte existieren können (Abb. 17). Der eine sperrt im Norden die Combe Saint-Bernard ab; er ist mehr als 35 m lang und wirkt wuchtig, weil seine Breite 23,5 m bei einer Höhe von 5 m erreicht. Seine Südseite besitzt zur Abtei hin eine Steinverblendung. Der Damm staute das Wasser zu einem Teich, dessen Abfluß wahrscheinlich wie heute durch ein Wehr geregelt wurde, über das ein Kanal in Richtung auf die Abtei versorgt wurde. Heute erfüllt der Damm nicht mehr seine Aufgabe, da der Teich nahe bei der Abtei durch ein Staubecken weiter im Norden ersetzt wurde. Es handelt sich um den Teich Saint-Bernard, der sich auf einer tonigen Schicht befindet und nicht mehr auf Kalkstein. Der zweite, viel größere Damm geht von der Nordflanke des Tales aus und erstreckt sich nach Süden über eine Länge von mehr als 80 m, bei einer Breite von 22 m und einer Höhe von 4,5 m. Er nimmt eine Ost-West-Richtung ein und folgt dem Talverlauf. Der Bach von Fontenay ist also auf seinen südlichen Abhang zurückgedrängt, und für das Kloster ist alle Überflutungsgefahr gebannt. Zapfstellen lieferten den Mönchen das Wasser, dessen sie Bedarf hatten *(Abb. 18)*. Eine Untersuchung des Untergrundes hat zwei gewölbte Kanäle ergeben, die das hinter dem Deich angestaute Wasser aufnehmen; sie fließen heute in ein modernes Bassin, aber das Verteilernetz ist alt. Vom Bassin geht eine Sammelleitung aus, welche die Abtei auf einer Ost-West-Achse versorgt. Sie verläuft unter der Halle der Mönche und unter den Standorten des alten Refektoriums und wahrscheinlich der Küche. Auf dieser Achse muß man auch die Latrinen suchen. Der Verlauf der Sammelleitung unter dem Mönchssaal beweist mit großer Wahrscheinlichkeit, daß dieses Kanalsystem vollendet war, noch ehe mit dem Bau des Klosters begonnen wurde. Die Abmessungen von 1,3 x 1,45 m Breite sind vergleichbar mit dem, was man von anderen Orten kennt. Es ist extrem schwierig, festzustellen, welche Fließrichtung und Geschwindigkeit im 12. Jahrhundert in diesem Kanalnetz herrschten. Ein wesentlicher Teil muß ungedeckt gewesen sein, aber von der Stelle an, wo die Sammelleitung die Gebäude erreichte, war der Kanal gewölbt.[78] Eine andere Rolle dieses Kanalsystems: Abführung von Regen- und Sickerwasser, die sich am Boden des Tals sammeln konnten, wo der Grundwasserspiegel dicht an der Oberfläche liegt. Quer zur Sammelleitung verlegte Abflüsse mit annähernd quadratischem Querschnitt von etwa 40 x 50 cm Seitenlänge führten das Wasser dorthin. Es gibt sie besonders senkrecht unter den Dachtraufen, um deren Niederschläge aufzufangen; aber andere kommen von Orten, die Wohnräume gewesen sein müssen.

Im südlichen Teil des Klosterareals, d. h. im Bereich der sog. Schmiede, laufen die Abflüsse zusammen. Das Wasser aus dem Bach von Fontenay versorgt in der Tat einen anderen Kanal: denjenigen, der entlang des Gebäudes der Schmiede verläuft *(Abb. 22, 23)*. Er dient hilfsweise der Entwässerung, aber seine notwendige Funktion ist es, Energie bereitzustellen. Als die Abtei nach der französischen Revolution und bis zum Anfang des 20. Jahrhunderts in eine Papierfabrik umgewandelt wurde, entwickelte sich die Schmiede zum Zentrum des Maschinenparks.[79] Wegen dieser neuen Verwendung wurden die wassertechnischen Anlagen zahlreichen Änderungen unterworfen, was die Interpretation der mittelalterlichen Spuren schwierig macht. Im einzelnen versorgte ein oberer Kanal, der im Lauf des 19. Jahrhun-

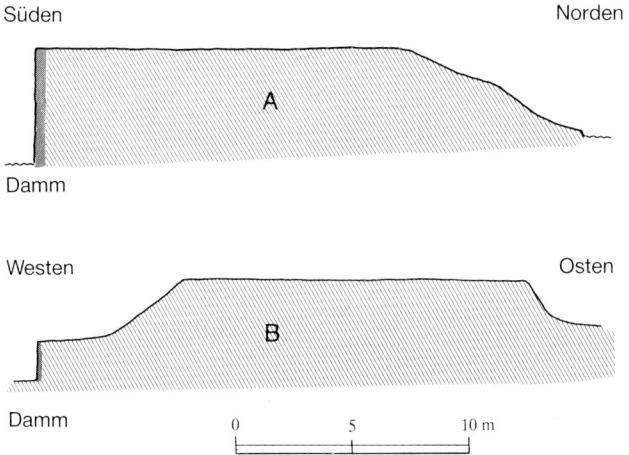

Abb. 17 Querschnitte durch zwei Dämme, die zum Schutz der Zisterzienserabtei Fontenay *(Côte-d'Or) angelegt worden sind
A: nördlicher Damm, der die „Combe Saint-Bernard" abriegelt
B: östlicher Damm, der den Bach von Fontenay zum südlichen Talhang umleitet
(Zeichnung: P. Benoit)*

derts gebaut wurde, ein oberschlächtiges Wasserrad. Die Architekturanalyse zeigt, daß die Schmiede in drei Phasen gebaut wurde, die mit aller Wahrscheinlichkeit in die zweite Hälfte des 12. und den Anfang des 13. Jahrhunderts zu datieren sind. In erster Zeit überspannte ein Gebäude den Kanal, und es ist gut möglich, daß eine Mühle in dieses Gebäude eingefügt war.[80] Im Westen entstand anschließend daran noch ein anderes Bauwerk, immer noch über dem Abwässerkanal und zwei Teile umfassend, davon einer auf zwei Ebenen. Dieser Raum besitzt in seiner Südwand, an der außen der offene Kanal entlangläuft, zwei monumentale Kamine; er muß wohl als die eigentliche Schmiede angesehen werden. Der mittlere Teil wurde später errichtet. Er hatte gleichfalls eine industrielle Zweckbestimmung, wie der gewölbte unterirdische Abwässerkanal beweist, der sich unter dem ganzen Gebäude hinzieht. Auch hier zeigt eine Untersuchung der unterirdischen Kanaltunnel, die übrigens zur Zeit der Papierfabrikation zwecks Aufnahme von Rohrleitungen wiederverwendet wurden, daß schon vor und während der Fundamentierungsarbeiten der Schmiede das gesamte Wassersystem installiert worden ist. Voraussetzung für die Anlage dieses Systems war bereits die Ableitung des Baches. In ihrem augenblicklichen Zustand existiert eine Wasserentnahmestelle am kanalisierten, abgeleiteten Flußabschnitt, dessen Gefälle 2,6 m beträgt. Berücksichtigt man den Wasserdurchlauf und die Gefälle-

Abb. 18 Zisterzienserabtei Fontenay *(Côte-d'Or), wasserbautechnische Anlagen (Zeichnung: P. Benoit)* höhe, so wäre es möglich, mehrere hintereinander angeordnete Wasserräder gleichzeitig zu betreiben. Zu Beginn des 19. Jahrhunderts vermochten die ersten Papierfabrikanten noch vor den Umbauarbeiten vier unterschlächtige Wasserräder hintereinander laufen zu lassen unter Bedingungen, die denen der mittelalterlichen Klosterzeit ähnelten.[81]

Ein drittes Leitungsnetz versorgte die Abtei mit Trinkwasser. Während der Ausgrabungen wurden seine Spuren aufgedeckt. Es war nicht daran zu denken, in die Brunnenstube Wasser des Baches von Fontenay einzuleiten, dessen Sauberkeit nicht gewährleistet werden konnte: Das Dorf Touillon, 3 km flußaufwärts gelegen, existierte damals bereits. Im Gegensatz dazu liefert das kleine Tal im Norden der Abtei, „la Combe Saint-Bernard", eine Wasserqualität, die immer schon als eine der reinsten in der Gegend angesehen wurde. Es ist kein Überrest mehr von einer Quellfassung gefunden worden, doch besitzt der quer durch das Klosterareal verlaufende offene Kanal ein Niveau, das eine Wasserentnahme an dieser Stelle möglich erscheinen läßt. In Frage käme dafür der Bereich oberhalb der Bresche, die einen Richtungswechsel des Kanals dort markiert, wo das Überschußwasser aus dem Kloster herausgeleitet wurde. Abteikirche und Klosteranlage bieten trotz aller Zerstörungen Hinweise auf den früheren Verlauf dieser Rohrleitung. Von ihr wurde nichts mehr in situ angetroffen, doch bewahrt man in der Abtei ein vollständiges Rohr und ein Fragment aus Ton *(Abb. 21)*. Der äußerer Querschnitt ist viereckig, das Innere kreisförmig; die Enden sind als Muffenverbindung ausgearbeitet. Sie fügen sich leicht ineinander; die Verbindungsstelle konnte mit Lehm abgedichtet werden. Es ist so gut wie sicher, daß diese Rohre aus jenem Kanal stammen, der als mit Steinen ausgekleideter unterirdischer Graben das Kirchenschiff in Höhe des sechsten Langhausjoches durchquert. Seine mittlere Breite ist ca. 50 cm. Der Durchbruch unter der nördlichen Außenmauer des Gotteshauses wird bezeichnet durch einen Entlastungsbogen; auch die südliche Seitenschiffswand passiert er durch eine Öffnung, welche die Bauleute der Abtei eigens freigelassen haben. Der Kanal unterquert den nördlichen Kreuzgang zwischen zwei Pfeilern; dort hatte er später die Gußrohre der Papierfabrik aufzunehmen. Das Innere des Kreuzganghofes ist zu sehr verwühlt worden, als daß man dort noch Befundreste aufdecken könnte. Aber es wurde eine Grabung am Rand des südlichen Flügels unternommen, dort wo Abbruchspuren an der Außenmauer darauf hinweisen, daß an dieser Stelle wahrscheinlich ein quadratisches Brunnenhaus von 7 m Seitenlänge gestanden hat. Eine erste Kanalisation diente als Überlauf für das Schmutzwasser des Brunnens und besitzt dieselben Abmessungen wie die Abwässerkanäle. Obwohl sie noch teilweise voll Sand ist, war es möglich, sie über einige Meter zu verfolgen; sie verläuft durch die Gebäude des 19. Jahrhunderts, aber sie hört an einem Einsturz auf, der ohne Zweifel auf moderne Baumaßnahmen zurückzuführen ist. Die Topographie beweist, daß sie zum Haupt-Abwassertunnel zurückführt. Entlang des südlichen Kreuzgangflügels führen Entwässerungsleitungen kleinerer Abmessungen, im Querschnitt etwa quadratisch in der Größenordnung von 20 cm Seitenlänge, das Wasser in Richtung auf den Abflußkanal des Lavatoriums.[82]

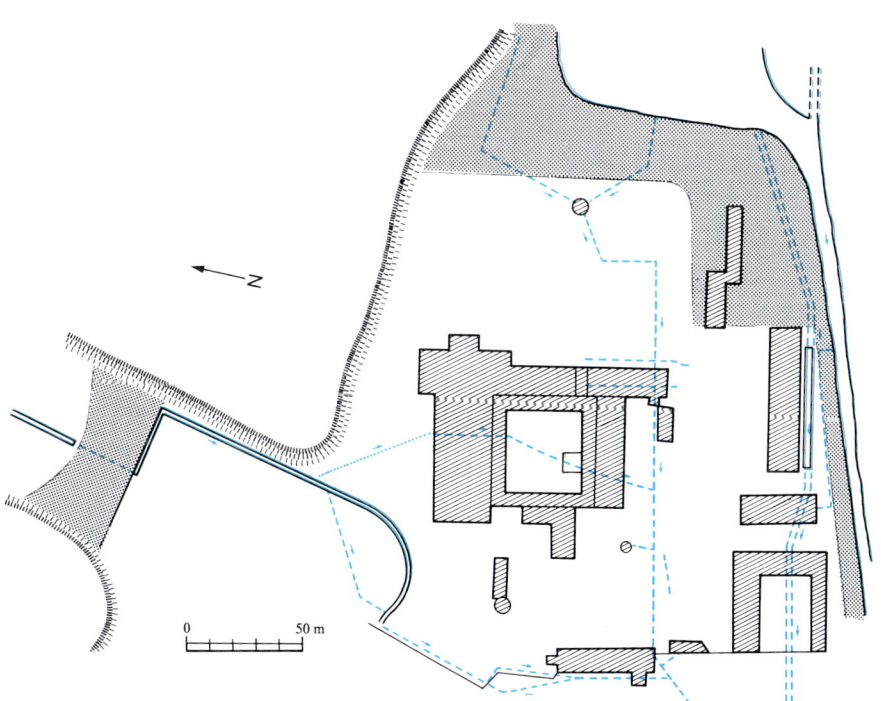

Abb. 19 Zisterzienserabtei Fontenay (Côte-d'Or), unterirdischer Haupt-Abwässerkanal
(Foto: Equipe d'Histoire des Mines et de la Métallurgie)

Abb. 20 Zisterzienserabtei Fontenay (Côte-d'Or), seitlicher Einlauf in den unterirdischen Haupt-Abwässerkanal, bestimmt zur Drainage des Klosterareals und der Ableitung des Regenwassers
(Foto: Equipe d'Histoire des Mines et de la Métallurgie)

Abb. 21 Zisterzienserabtei Fontenay (Côte-d'Or), Tonrohre der Frischwasser-Zuleitung
(Foto: Equipe d'histoire des Mines et de la Métallurgie)

Es ist möglich, daß die Versorgung durch „la Combe Saint-Bernard" nicht ausreichend gewesen ist und Wasser auch von der „Fontaine ferrée" herangeleitet wurde, die sich weniger als 200 m entfernt im Südwesten der Abtei befindet, also auf dem gegenüberliegenden Ufer des Baches von Fontenay. Eine Steinkonstruktion deckt die Quelle ab und beweist damit, daß Wasser dort abgezapft worden ist. Die einzige bis heute gefundene Spur, die diese Wasserfassung bestätigt, ist die Entdeckung einer unterirdischen Ablaßvorrichtung, deren Wasser in den Bach fließt, während dieser wiederum in Richtung auf die „Fontaine ferrée" verläuft. Die Beobachtung erfolgte anläßlich der Verlegung eines Kabels. Man kann die Hypothese, daß es sich um den Überlauf eines Beckens zur Versorgung eines Druckleitungsnetzes handelt, gewiß aufrecht erhalten, aber die Beweise sind ungenügend, um daraus eine Gewißheit abzuleiten. Es scheint nicht so, daß die Anlagen im Zusammenhang mit verbesserter Hygiene oder der Heranführung von Süßwasser in Fontenay ursprünglich sind. Die systematische Trennung zwischen dem Netz der Abfallbeseitigung und dem industriellen Netz ist es da schon eher. Dies wurde möglich durch einen Anlagentyp, der die wesentliche Strömung des Baches auf die Südseite der Abteigebäude verlagert, wo seine Energieleistung dann zur Verfügung steht. Die Mönche von Fontenay haben sie genutzt, um Getreide zu mahlen und wahrscheinlich Hüttenhämmer zu betreiben.

Außer einer eventuellen Heranführung von Wasser aus der „Fontaine ferrée" scheint das ganze Wassersystem von Fontenay aus den ersten Jahrzehnten des Klosters zu datieren: Ohne die Dämme und die Entwässerung wäre es unmöglich gewesen, die Abtei zu bauen. Staudämme und der Hauptsammelkanal müssen spätestens aus den Jahren um 1130 datieren. Die Zuführung des Wassers in das Klosters liegt kaum später, vielleicht gleichzeitig, da sie ja durch die Kirche und die Klostergebäude erfolgt. Das Datum des Baues der Schmiede ist noch unbekannt. Wir schätzen jedoch, daß die ersten Bauabschnitte für industrielle Nutzung im Ostteil des Gebäudes derselben Zeitstellung angehören dürften wie die Gesamtheit der Klausuranlage. Es ist nicht recht verständlich, weshalb jene Mönche, die die enormen Arbeiten zur Ableitung des Baches bewältigt hatten, nicht versucht haben sollten, daraus schnellstens Nutzen zu ziehen –

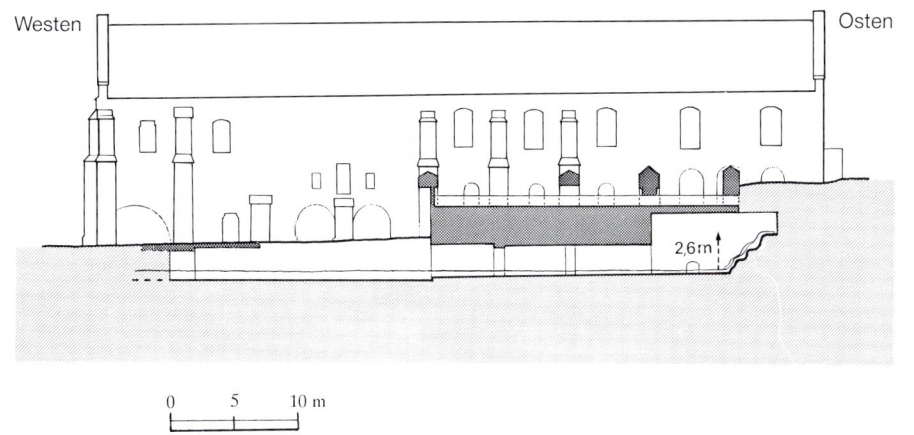

beschlossen also, die Sansfonds umzuleiten, einen Fluß von gleichmäßiger Wassermenge, um ihn in Richtung auf das Kloster zu führen[84] *(Abb. 24)*. Es handelte sich nicht mehr um die Ableitung längs eines Tales, sondern der Fluß sollte eine völlig andere Richtung erhalten, und zwar wegen der stets gleichbleibenden Kapazität seiner Quelle. Zunächst folgt die kanalisierte Sansfonds den Höhenlinien und wird dann zu einem über die Ebene angehobenen Kanal. Sie überquert einen Bach, den Chairon, mittels eines Aquäduktes und trifft in Cîteaux mit einer Niveaudifferenz von 8 m gegenüber der Vouge ein. Es konnten somit mehrere Staustufen eingerichtet werden.

Abb. 22 Zisterzienserabtei Fontenay *(Côte-d'Or), Wassereinleitung in den Kanal der „Forge" (Industriegebäude): heutiger Zustand. Der Kanal stammt aus der Entstehungszeit des Gebäudes (12. Jh.) und erhält Wasser durch eine Querverbindung zum Bach von Fontenay; die nutzbare Energiehöhe ist 2,60 m. Im 19. Jh. wurde nachträglich ein höhergelegenes Kanalbett angelegt (Zeichnung: F. Benoit)*

Abb. 23 Zisterzienserabtei Fontenay *(Côte-d'Or), Kanal der „Forge" (Industriegebäude) (Foto: Equipe d'Histoire des Mines et de la Métallurgie)*

und sei es nur, um ihr Getreide zu mahlen. Andererseits läßt die Bedeutung der späteren Arbeiten vermuten, daß man früh damit anfangen mußte. So wird man zu dem Schluß kommen, daß das Wassersystem von Fontenay als ungefähr zeitgleich mit den Arbeiten angesehen werden muß, die in Clairvaux vorgenommen wurden, um das Kloster näher an die Aube heranzubringen.

Überdies ist im 13. Jahrhundert der Wasserbedarf immer derart offenkundig. Die Gründungsurkunde der Abtei ROYAUMONT von 1228 erwähnt präzise die Wasserrechte: König Ludwig der Heilige verleiht das von der Parkmauer eingefaßte Gelände sowie einen benachbarten Fischteich „mit ihren Mühlen, frei von jeder Dienstbarkeit, mit ihren Rechten, die dergestalt sind, daß wenn irgendjemand woanders mahlen läßt, sein Lasttier mit allem Mehl, das es trägt, zur Abtei gebracht wird ... Was das Wasser anbelangt, das zu diesen Mühlen fließt und zu diesem Platz, so können es die Mönche in aller Freiheit vom Dorf, das sich Moleya nennt, bis zur Oise nutzen, mit der gesamten Fischerei und den dazugehörigen Rechten. Die genannten Brüder können außerdem für das Wasser, das ihnen gehört, Kanäle absperren oder öffnen; und niemand habe die Verwegenheit, den Lauf des Wassers zu unterbrechen oder abzulenken."[83]

Die in Angriff genommenen Wasserbauarbeiten konnten ihren Ursprung sogar im Wachstum selbst der Ordenshäuser haben. Zu Beginn des 13. Jahrhunderts mangelte es der Abtei CÎTEAUX, die an einem Bach, der Vouge, erbaut worden war, wegen des Zustromes der Mönche an Wasser. Sie

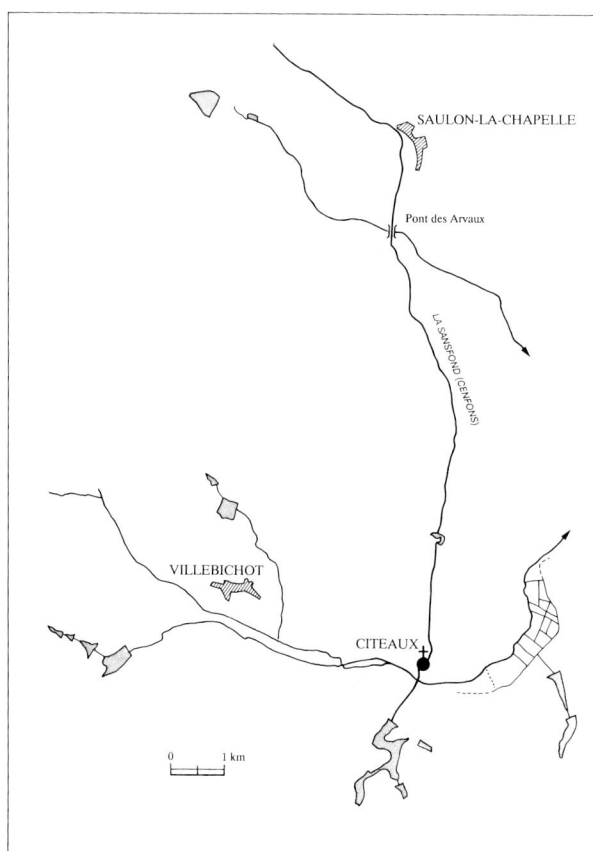

Abb. 24 *Zisterzienserabtei* Citeaux *(Côte-d'Or), Umleitung des Baches Sansfonds (Zeichnung: P. Benoit)*

Die Abtei von Maubuisson wurde im Jahre 1236 von der Königin Blanche von Kastilien gegründet, die sie dazu bestimmte, Zisterzienser-Nonnen zu beherbergen. Die Abtei befindet sich gegenüber der Stadt Pontoise, einer königlichen Residenz, und ist damit weit davon entfernt, in der „Wüste" zu liegen, wie es die Tradition des Ordens predigt. Alle Bedingungen waren vorhanden, daß sie von den hydrotechnischen Anlagen profitieren konnte, die ein konstant fließendes Gewässer ermöglicht.

Die Kloster-Gebäude und ein Wirtschaftshof wurden in der Nähe des Ortes errichtet, wo ein bedeutender Fluß, die Oise, einen kleinen Nebenfluß, den Bach Liesse, in sich aufnimmt. Der letztere fließt auf dem Grund eines tief eingeschnittenen Tals. Dort gibt es zahlreiche Quellen, welche die Anlage von vier Teichen unmittelbar oberhalb der Klostermauer erlauben *(Abb. 25)*.

Die Ausgrabungen haben gezeigt, daß die Erbauer den wichtigsten Teil der wassertechnischen Anlage, nämlich den großen Sammelkanal, vor Baubeginn der Gebäude an Ort und Stelle verlegt haben.

Der Abwassersammler, an der Grenze zwischen einer sumpfigen Zone und festem Boden am Südufer, dient der Terrasse als Stütze, auf der sich die Klostergebäude erheben. Gleich nach seinem Austritt aus dem letzten Teich treibt seine Strömung das Rad einer Getreidemühle, reinigt mindestens zwei Latrinenbauten, nimmt das Regenwasser derjenigen Gebäude auf, die sich um den Kreuzgang gruppieren, sowie das Überlaufwasser des Lavatoriums. Danach ist der Verlauf dieses Kanals punktuell bis zu seinem Austritt aus der Klostermauer flußabwärts bekannt: Er verläuft unter einem mittelalterlichen Gebäude, im 18. Jahrhundert bezeichnet als Ofen und Schweinestall, nachdem er wahrscheinlich die Küchenabwässer aufgenommen hat; dieser Bereich befindet sich aber schon außerhalb der Grabungsgrenzen *(Abb. 26)*.

Außer der Getreidemühle scheint Maubuisson keine Gebäude aufgewiesen zu haben, die Wasserenergie benötigt hätten. Zwei Gründe können dafür vorgebracht werden: Die Abtei war für Frauen bestimmt, die nicht zu harter körperlicher Arbeit verpflichtet waren; zweitens: Maubuisson wurde spät gegründet, die Abtei profitierte von beachtlichen Abgaben (Zehnt und Pachtzins), die dem Kloster ein nicht geringzuschätzendes Einkommen verschafften zu-

Abb. 25 *Zisterzienserinnenabtei* Maubuisson *(Val-d'Oise), wasserbautechnische Anlagen des Liesse-Tales*
A: *Liesse-Bach*
B: *Teiche (Staubecken)*
C: *Abteigebäude*
D: *Abzugsgräben (heutiger Zustand)*
E: *gefaßte Quelle*
F: *vermuteter Verlauf der Wasserleitung des 13. Jahrhunderts*

3. Ein Wasserbausystem, das im 13. Jahrhundert angelegt wurde: das Beispiel der Abtei Notre-Dame-la-Royale, genannt MAUBUISSON (Val-d'Oise)

Die Ausgrabungen und die Überwachung der Bauarbeiten an der Abtei von MAUBUISSON haben es ermöglicht, die Netze der Heranführung von Trinkwasser (Aquädukt und Verteilung in den Konventgebäuden) und Beseitigung der Fäkalien (Latrinen), der Abwässer (Laufbrunnen) und des Regenwassers zu studieren.

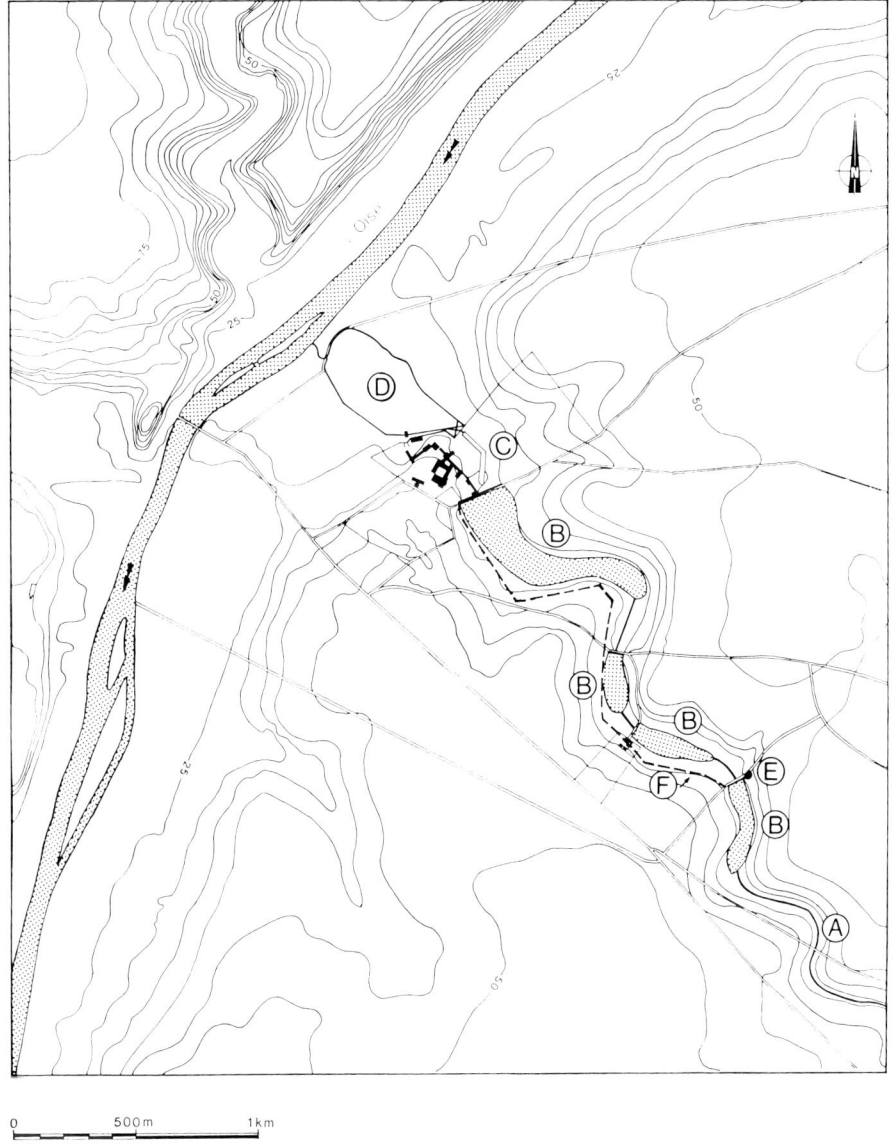

zehn Meter Höhe. Senkrecht zum Osttrakt der Klausuranlage beherbergt es die mittelalterlichen Latrinen *(Abb. 27, 28)*. Ebenerdig stand es mit dem Arbeitsraum der Nonnen in Verbindung (Noviziat?), und im ersten Stock war es vom großen Schlafraum (Nonnendormitorium) aus zugänglich. Spitzbogen-Arkaden (5 unten und 20 oben) dürften hölzerne Sitze getragen haben, die auf der Mittelachse der Räume angeordnet waren. 14 m unter dem oberen Latrinengeschoß spülte das Wasser des Kanals die Exkremente zum Fluß.

Eine zweite Gruppe von Latrinensitzen (auf 20 Arkaden), die bei Ausgrabungen zutage gefördert wurden, befand sich im Erdgeschoß eines heute verschwundenen Gebäudes. Sie waren wahrscheinlich für die Laienschwestern bestimmt.

Außer dem Abfluß der Latrinen nahm der Sammelkanal noch die Küchenabwässer sowie das Regenwasser aus den Drainagerohren auf. Letztere konnten bei starken Regenfällen eine Art verstärkte Wasserspülung bewirken, so daß Abfälle aller Art leichter in den Sammelkanal eingeleitet wurden. Regenwasser von den Dächern der Klausurgebäude, die um den Kreuzganghof herum angeordnet waren, floß über ein Ablaufrohr in den Kanaltunnel. Um seine Quaderwände vor Beschädigungen durch die herabstürzenden Wassermassen zu schützen, gibt es an dieser Stelle entsprechende Mauerverstärkungen mit abgeschrägten Oberflächen *(Abb. 29)*.

Die Kanalisation entlang der südlichen Galerie des Kreuzgangs (dem Kanal am nächsten) nahm das Wasser aller zum Binnenhof weisenden Dächer auf (wahrscheinlich über Traufen oder über Dachrinnen?), die alle mit geeigneter Neigung versehen waren. An ihrem Beginn hatte diese Kanalisation einen kleineren Querschnitt (0,35 m x 0,30 m); sie durchquerte die Wärmehalle und vergrößerte sich dann, um das Wasser weiterer Traufen (von Schlafsaal, Refektorium) aufzunehmen und nach 45 m in den Hauptsammelkanal einzumünden *(Abb. 26)*.

Der Kanal nahm auch das Überlaufwasser aus dem Brunnenhaus und aus einem Behälter auf, von dem später noch die Rede sein wird. Die Trasse des Lavatorium-Überlaufs zeigt die Sorge um genügend starke Strömung zur Reinigung der Latrinen: Während man den Abfluß geradlinig zu geringeren Kosten hätte bewerkstelligen können, führten die Erbauer die Leitung über eine Strecke von 150 m, um

sätzlich zu dem, was die Landwirtschaft einbrachte. Der Kanal war also im Wesentlichen konzipiert worden, um alle Abwässer der Abtei zu entsorgen und abzuführen.

Der heute in Maubuisson ankommende Besucher entdeckt als erstes ein großes, fensterloses Gebäude von mehr als

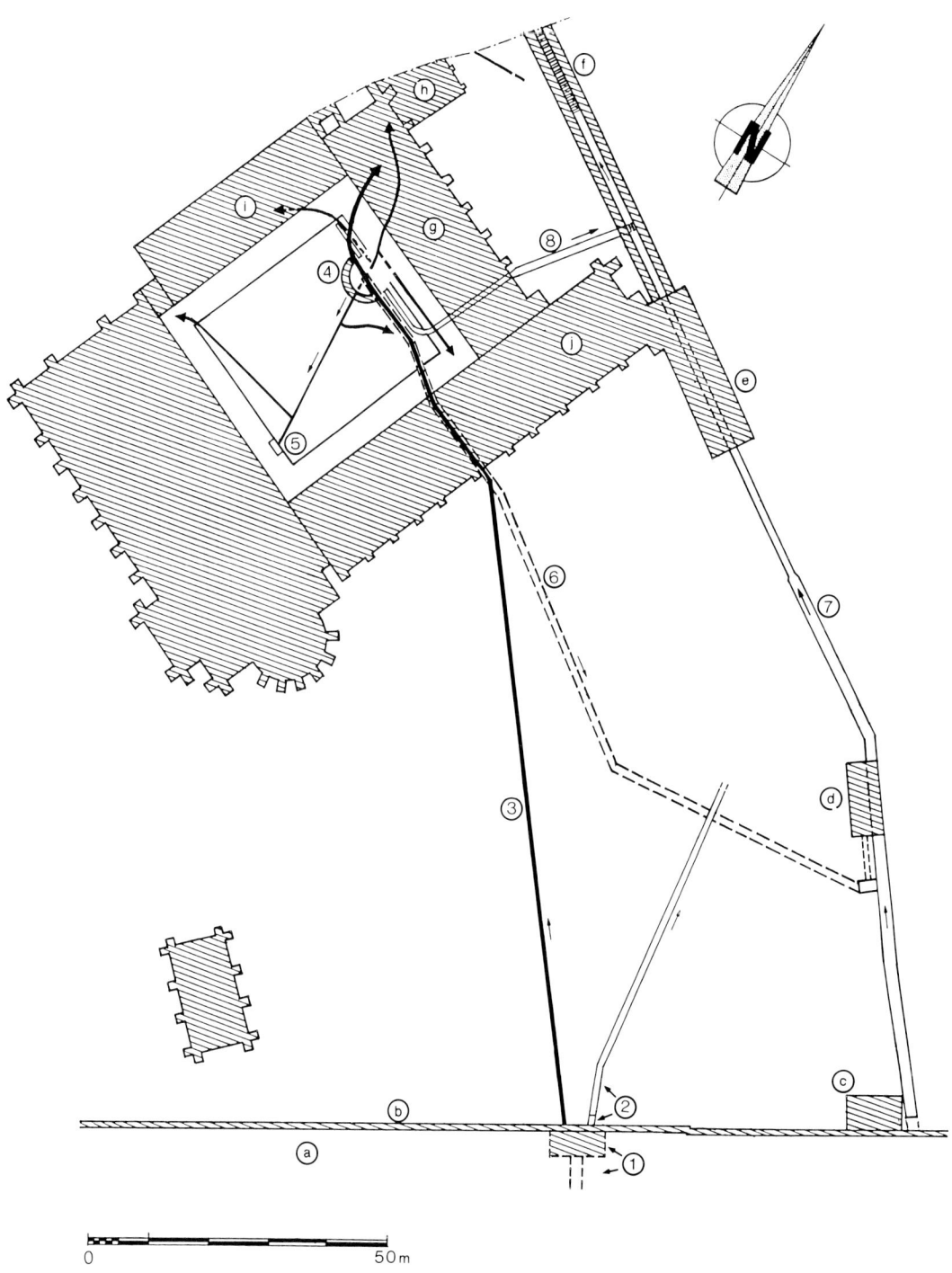

Abb. 26 Zisterzienserinnenabtei Maubuisson (Val-d'Oise), schematischer Plan des Leitungsnetzes aus dem 13. Jahrhundert innerhalb der Klosterumwehrung.
1: Wasserzufuhr und vermutetes Rückhaltebecken
2: Überlauf und Abflußrinne
3: Haupt-Trinkwasserzuleitung
4: Brunnenhaus
5: Becken für das „mandatum" (Fußwaschung)
6: Wasserableitung des Brunnenhauses
7: Haupt-Abwässerkanal
8: Ableitung von Oberflächenwasser
a) Staudamm
b) Klosterumwehrung
c) Mühle
d) Waschhaus
e) östliche Latrinenanlage am Nonnen-Dormitorium
f) westliche Latrinenanlage
g) Refektorium
h) vermuteter Platz der Klosterküche
i) Cellarium (Vorratsraum)
j) Klausur-Osttrakt: im Erdgeschoß Aufenthaltsraum der Nonnen, im Obergeschoß Dormitorium

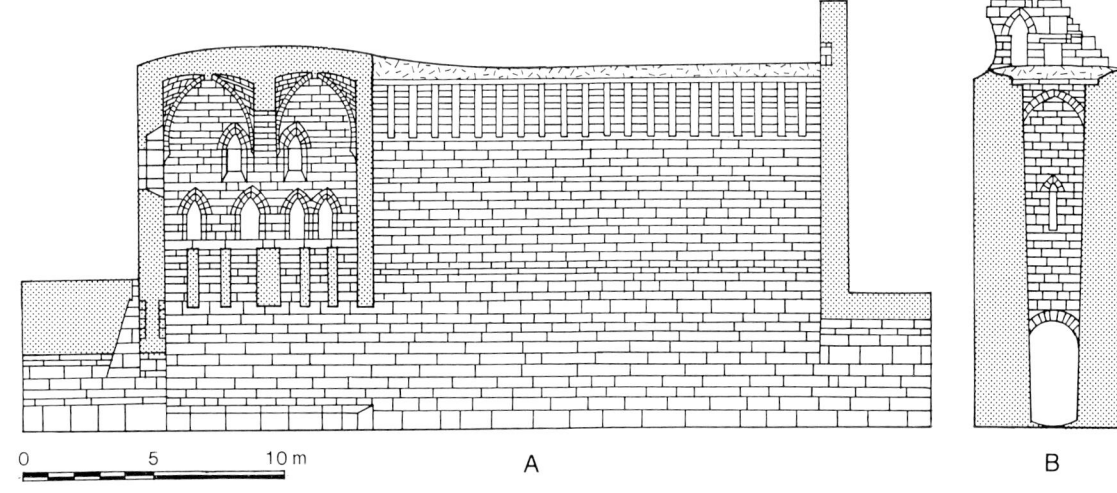

Abb. 27 Zisterzienserinnenabtei Maubuisson *(Val-d'Oise), östliche Latrinenanlage am Nonnen-Dormitorium: Zustand 1851. (Zeichnung nach P. Hérard)*
A: Längsschnitt Ost-West (Blick nach Norden)
B: Querschnitt Nord-Süd (Blick nach Westen)

Abb. 28 Zisterzienserinnenabtei Maubuisson *(Val-d'Oise), östliche Latrinenanlage am Nonnen-Dormitorium: Innenansicht nach Westen (Foto des 19. Jahrhunderts)*

Abb. 29 Zisterzienserinnenabtei Maubuisson *(Val-d'Oise), Innenansicht des gewölbten Abwasser-Hauptkanals.*
Rechts oben: Einleitungsöffnung (mit Traufrand) für Oberflächenwasser, das durch eine Rohrleitung aus dem Kreuzgang herangeführt wird.
Rechts und links unten: geböschte Wandverstärkung zur Brechung des herabstürzenden Wassers, um Beschädigung der Quader zu vermeiden

dieses saubere Wasser an eine Stelle oberhalb der Latrinen einzuleiten und damit die Durchlaufmenge des Sammelkanals zu erhöhen.

Im Zuge der Ausgrabungen wurden zahlreiche Exemplare derartiger Abflußrinnen für Regenwasser gefunden, zumal jene, die sich bei Anlage eines allseitig geschlossenen Binnenhofes (des Kreuzgangs) als notwendig erwiesen. Von allen zum Hof geneigten Dachflächen kam eine bedeutende Wassermenge zusammen, die nach außen abgeführt werden mußte, um bei starken Regenfällen Überschwemmungen zu vermeiden, sowie generell zur Trockenlegung der Gebäudefundamente. Man hat solche Rinnensysteme in vielen Gegenden und bei zahlreichen Klosteranlagen der verschiedensten Ordensgemeinschaften festgestellt: bei den Zisterziensern in CLAIRLIEU (Meurthe-et-Moselle), den Benediktinern in Saint-Etienne zu CAEN (Calvados) und in SAINT-MARTIN-DE-BOSCHERVILLE (Seine-Maritime), bei den Prämonstratensern in LIEU-RESTAURÉ (Oise) und in LA LUCERNE oder bei den Grandmontinern in CHASSAY-GRAMMONT und in VILLARIÈS ... [85].

Bei Klöstern, die auf feuchtem Gelände erbaut wurden (CLAIRLIEU, LA LUCERNE), können sie auch mit der Bodendrainage verbunden sein.

Die interessanteste Entdeckung, die in Maubuisson gemacht wurde, ist sicherlich das Leitungsnetz zur Heranführung von Trinkwasser. Die Quelle, die die Abtei im 13. Jahrhundert versorgte, ist jetzt versiegt; nur einige Steine und ein Name erinnern an diejenige, die ihre Einfassung veranlaßt hat („source Blanche de Castille", früher „source de la vacherie"). Eine Zeichnung von 1684, angefertigt anläßlich einer neuen Zuführung von Wasser, zeigt mehrere Sickerkanäle, die als alte Wasserleitungen bezeichnet werden. Das Wasser einer Quelle, die mehr als 2 km von der Abtei entfernt war, wurde durch einen Kanal aus Quadersteinen herangeführt. Diese Wasserleitung wird 1238 erwähnt, als die Abtei für Schäden, die bei ihrem Bau an einem Haus verursacht worden waren, eine Entschädigung zahlen mußte. Erdbewegungen auf einem Privatgrundstück erlaubten es kürzlich, die Spuren der Leitung zu kennzeichnen: Ihre Trasse muß bis zu ihrer Außerbetriebnahme bekannt gewesen sein, da man ihr Mauerwerk zum Teil ausbrach und wiederverwendete.

Die steinerne Zuleitung folgte dem Geländerelief entlang der Teiche bis zur Umgrenzungsmauer der Abtei und füllte dann ein Reservoir, von dem man als einzigen Abfluß seinen Überlauf kennt. Dieser Behälter bestimmte Höhe und Abgabemenge des Wassers. Von hier aus führte eine Leitung aus Tonrohren von 11 cm Durchmesser, ummantelt mit einem Mörtel aus Ziegelsplitt und sorgfältig geglätteter Außenhaut, Trinkwasser zu den Gebäuden des Klosters *(Abb. 30)*. Sie wurde verlegt auf dem Grunde eines großen Grabens, der 2,5 bis 3,5 m tief und 0,7 m breit in die kalkhaltige Erde eingetieft worden war. Die Anlage dieser Leitung erfolgte vor Baubeginn des Klosters. Dies bestätigt, wie im Falle des Sammelkanals, die wesentliche Bedeutung der Wasserinstallation im Rahmen der allgemeinen Bauplanung der Abtei.

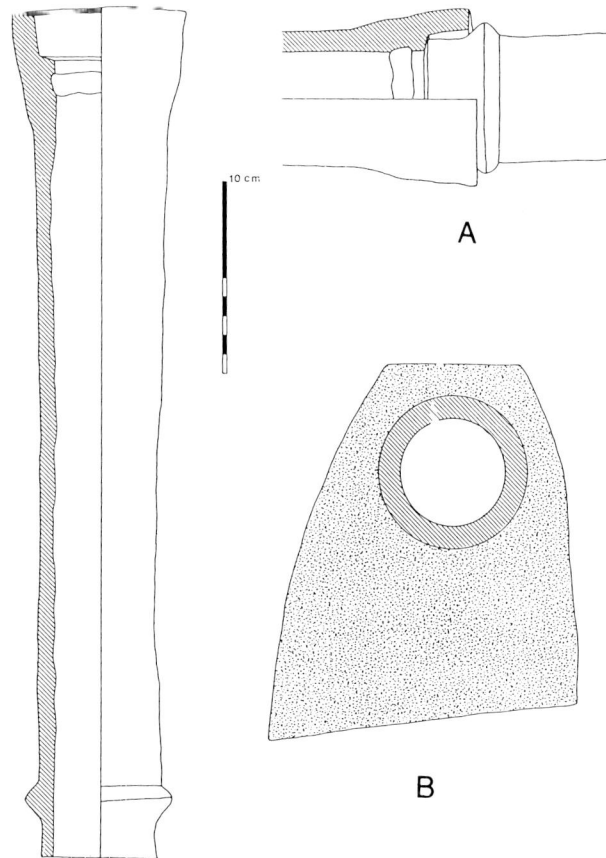

Abb. 30 Zisterzienserinnenabtei Maubuisson (Val-d'Oise), Wasserleitung des 13. Jahrhunderts aus Tonrohren.
A: Verbindung von zwei Rohren
B: Querschnitt durch ein Rohr in seiner Umhüllung aus Ziegelsplitt-Mörtel

4. Das Brunnenhaus von Maubuisson: Ein Lavatorium als „Wasserturm"

Die Brunnenstube von Maubuisson im Hof des Kreuzgangs bestand aus einem kleinen, achteckigen Pavillon, der sich auf die nördliche Galerie gegenüber dem Eingang des Refektoriums öffnete (Abb. 26). Er wurde zur gleichen Zeit wie die gesamten Klostergebäude gegen 1798 zerstört und war dann Objekt einer eigenen Grabungskampagne sowie einer speziellen Untersuchung seiner architektonischen Konzeption und Funktion.[86] Diese Bauanalyse zeigte seine besondere Rolle im Rahmen der Frischwasserversorgung des Klosters auf. Bei seiner Anlage waren die den Kreuzganghof einfassenden Klausurgebäude im Rohbau bereits vollendet. Soweit archäologische Nachweise ein Urteil ermöglichen, hatte man die Fußbodenplattierung nur in jenen Räumen noch nicht verlegt, die von den Trinkwasserleitungen durchquert werden sollten.

Vom Mittelalter bis zur Französischen Revolution wurde dieses kleine Gebäude im Laufe der Jahrhunderte mehrfach verändert, woraus man das Interesse ersehen kann, das die Nonnen ihm entgegenbrachten: Ursprünglich bestimmt für eine tägliche Notwendigkeit, wurde es später zu einem Element der Dekoration und des Prestiges für die Äbtissinnen von Maubuisson, die es ab 1684 unter großen Kosten modernisierten.

Anfangs wurde Frischwasser über die Hauptzuleitung des Klosters direkt aus jenem Reservoir am Staudamm herangeführt, das den Endpunkt der Überlandleitung bildete. Innerhalb der Klostermauern setzte sich die aus gebrannten Tonrohren bestehende Zuleitung auch jenseits des Lavatoriums fort bis in einen Bereich außerhalb unserer Grabungsgrenzen. Unterhalb des Bodenbeckens im Brunnenhaus war ein senkrechtes Bleirohr an die tönerne Leitung angeschlossen, durch das ständig Wasser in eine obere Brunnenschale hochgedrückt wurde.

Ein bemerkenswertes Ergebnis unserer Grabung war ferner die Aufdeckung und Funktionsanalyse eines weiteren Rohrsystems, ebenfalls aus gebrannten Tonrohren von geringerem Durchmesser (8 cm) als bei der Hauptzuleitung. Diese Rohre, verlegt in einer mittleren Tiefe von 80 cm, gingen sternförmig vom Lavatorium aus. Das Studium des nachmittelalterlichen Leitungssystems von 1684 hat uns auch das Funktionieren der mittelalterlichen Rohrleitungen besser verständlich gemacht. Deutlich wurde, daß die Zielrichtung der Rohrleitungen stets von der Strömungsrichtung des herbeigeleiteten Frischwassers abhängig war. Somit gilt für alle Trinkwasserleitungen des 13. Jahrhunderts, daß ihr Ausgangspunkt in der Brunnenstube lag.

Bei Anlage einer neuen Wasserversorgung der Abtei im Jahre 1684 wurde das alte Leitungsnetz teilweise zerstört. Aber die während unserer Grabung gemachten Beobachtungen sowie eine Berücksichtigung allgemeiner technisch-physikalischer Gesetzmäßigkeiten[87] machen einen Rekonstruktionsvorschlag des Verlegungsschemas möglich (Abb. 31). Von der Hauptzuleitung, die das Wasser vom Reservoir

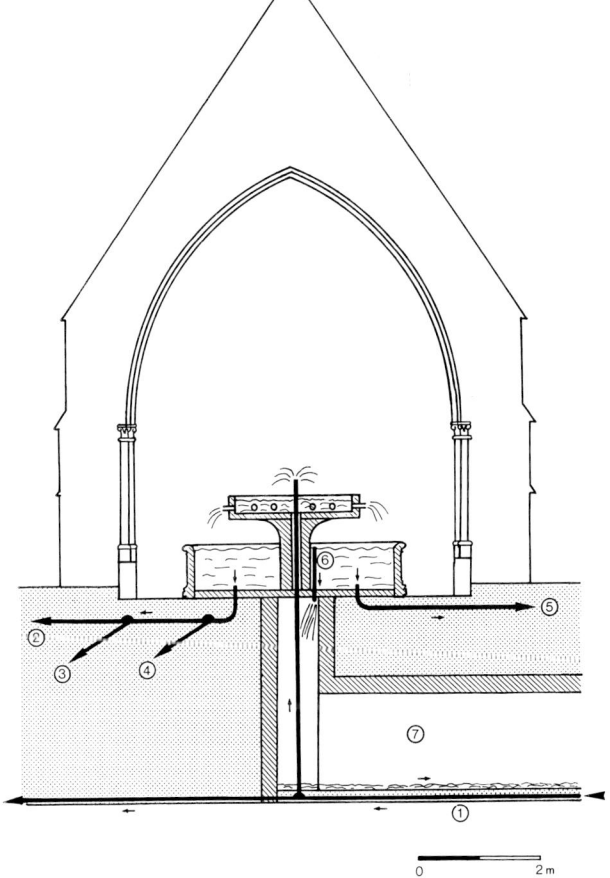

Abb. 31 Zisterzienserinnenabtei Maubuisson (Val-d'Oise), hypothetisches Rekonstruktionsschema des Laufbrunnens im Lavatorium des 13. Jahrhunderts
1: Trinkwasser-Zuleitung
2: Abzweig zur Küche (?)
3: Abzweig zum Aufenthaltsraum der Nonnen
4: Abzweig ins Cellarium (Vorratsraum)
5: Abzweig zum Becken für das „mandatum" (Fußwaschung)
6: Überlauf
7: gewölbter Abwässerkanal

am Staudamm heranführte, stieg ein Bleirohr auf, das den ständig in die obere Schale des Laufbrunnens sprudelnden Wasserstrahl speiste. Zwar ist die Brunnenschale von Maubuisson verloren, doch zeigen oben genannte Vergleichsbeispiele eine größere Anzahl von Ausflußöffnungen in ihrem Boden, durch die dünne Wasserstrahlen herunterliefen. Daran konnten sich die Nonnen ihre Hände waschen, bevor sie ins Refektorium gingen. Das ständig fließende Wasser wurde über eine Abflußöffnung im unteren Becken in die Kanalisation abgeleitet, durch die es bis an eine Stelle jenseits der östlichen, am Nonnendormitorium gelegenen Latrine zurückgeführt wurde. Die Abmessungen des Abwässerkanals machten eine Inspektion der Rohrleitungen unterhalb des Brunnenhauses und die Reparatur eventueller Leckstellen jederzeit möglich.

Zur Versorgung der verschiedenen Zapfstellen in den Klausurgebäuden um den Kreuzganghof konnten die Erbauer auf eine bedeutende Wassermenge zurückgreifen, die im unteren Becken des Laufbrunnens Platz hatte (ca. 6 m^3). An dieses Bodenbecken waren die Tonrohre des Trinkwassernetzes mittels Bleirohrverbindungen angeschlossen und somit der nötige Wasserdruck gewährleistet. In diesem Sinne funktionierte die Frischwasserversorgung des Cellariums (Vorratsraum in Westrakt der Klausur), im Aufenthaltsraum der Nonnen, in der Küche. Nach Durchquerung des Refektoriums gelangte so Frischwasser auch in ein Bodenbecken im südlichen, an das Kirchenschiff angrenzenden Kreuzgangflügel. Es diente dem „mandatum" (rituelle Fußwaschung).[88] Weil hier ununterbrochen fließendes Wasser nicht gebraucht wurde, konnte man gewiß die Leitung mit Hähnen vorübergehend abstellen.

Die Brunnenstube des Kreuzgangs, ursprünglich für die notwendige Körperreinigung bestimmt, wurde so durch die zisterziensischen Baumeister optimal für eine umfassende Wasserversorgung der ganzen Konventanlage genutzt. Sie war wichtigster und zentral gelegener Verteiler für die Gebäude um den Binnenhof und spielte für sie eine Rolle, die heute ein Wasserturm zu übernehmen hätte.

5. Technische Vorrichtung an der tiefgelegenen Frischwasser-Leitung von MAUBUISSON

In 4 m Entfernung von der Versorgungsleitung des Kreuzgangbrunnens wurde ein Bleirohr gefunden, das an die Tonleitung angeschlossen war. Bereits zur Zeit des Baues der Abtei wurde es durch einen Holzstopfen und einen Kegel aus Ziegelsplittmörtel verschlossen *(Abb. 32)*. Sein ursprünglicher Verwendungszweck bleibt unbekannt; verschiedentlich geäußerte Hypothesen sind wenig befriedigend: War es eine Vorrichtung zur Entlüftung, als das Hauptleitungsnetz in Betrieb genommen (d.h. mit Wasser gefüllt) wurde? (Wenig wahrscheinlich wegen der unmittelbaren Nähe des Brunnenhauses sowie der Unmöglichkeit, bei späteren Reparaturen die Vorrichtung nochmals zu verwenden.) War es Teil einer bei den Grabungen nicht erfaßten älteren Leitung unterhalb des Lavatoriums? Oder ein Irrtum der Erbauer: zwar als Abzweig für den geplanten Kreuzgangbrunnen vorgesehen, doch falsch eingemessen und deshalb funktionslos geblieben? Archäologische Untersuchungen in anderen Konventanlagen machen vielleicht künftig einmal den Sinn dieser Vorrichtung verständlich.

Im Laufe des Mittelalters wurden zwei neue Wasserzapfstellen im Kreuzgang-Garten geschaffen und an die Leitung des zum „mandatum" gehörigen Beckens angeschlossen. Später wurden umfangreichere Änderungen vorgenommen, was vielleicht andeutet, daß das System schlecht funktionierte; dies war vor allem wohl auf die Verschlammung der Hauptleitung zurückzuführen. Der Boden des Brunnenhauses ist ungefähr 80 cm tiefergelegt worden. Dadurch wurde die Wasserversorgung des „mandatum"-Beckens endgültig unterbrochen. Aber alle anderen Abzweig-Leitungen hat man durch neue Bleirohr-Verbindungsstücke wieder an das Netz angeschlossen; sie wurden unter der zum eingetieften Fußboden des Lavatoriums hinabführenden Treppe verlegt. Diese Absenkung des Laufhorizonts im Inneren des Lavatoriums bedeutete vielleicht eine Rückgewinnung der Förderhöhe des oberen Brunnenbeckens, das damals möglicherweise trockenlag.

Die Lebensdauer einer solchen Installation konnte nicht genau definiert werden. Im Jahre 1489 wurde das Brunnenhaus bezeichnet als „der Ort, der früher als Springbrunnen

*Abb. 32
Zisterzienserinnenabtei Maubuisson (Val-d'Oise), Vorrichtung an der tiefliegenden Trinkwasser-Zuleitung beim Brunnenhaus
a) während der Freilegung in ihrer Mörtelumhüllung
b) Bleirohr und halbierte Mörtelhülle*

diente", und die Brunnenbauer von Paris erklärten, daß es nicht möglich sei, ihn wieder in Betrieb zu setzen. Außer dem Problem der partiellen Verschlammung, die im Laufe der Ausgrabungen offenbar wurde, könnten während des Hundertjährigen Krieges durchgeführte Plünderungen diese Wasserzuführung, die uns für ihre Epoche so perfektioniert erscheint, zum Versiegen gebracht haben. Die Überlaufleitung des Behälters wurde vermutlich im Laufe der 14. Jahrhunderts zerstört und mit Erde aufgefüllt. Dies war übrigens ein sehr unruhiger Zeitraum für die Abtei: Im Jahre 1356 flohen die Nonnen nach Paris und überließen den Platz den Soldaten. Maubuisson erlitt großen Schaden, und seine Finanzen dürften nach dem Krieg kaum ihren Vorkriegsstand wieder erreicht haben.

Die mittelalterliche Trinkwasserversorgung dieser Zisterzienserinnenabtei bleibt nach augenblicklichem Erkenntnisstand in ihrer Art singulär. Ein kürzlich erst ausgegrabenes Vergleichsbeispiel, noch nicht veröffentlicht, könnte mit der Wasserzuführung des Lavatoriums von Maubuisson einige Gemeinsamkeiten aufweisen: das Priorat der Grandmontiner von Notre-Dame-de-Pinel in VILLARIÈS (Haute-Garonne).[89] Das dortige Brunnenhaus im Südostwinkel des Kreuzganges bestand aus einem achteckigen Zentralbau und wurde durch eine Zuleitung aus Tonrohren versorgt, die Wasser aus einer 350 m entfernt entspringenden Quelle heranführte. Es gibt keinen Hinweis auf eine Weiterverteilung des Brunnenwassers durch Abzweigleitungen in die verschiedenen Klausurgebäude, doch fanden sich im Kreuzganghof mehrere Becken, „um den Zufluß des Wassers zu regulieren". Abwässer wurden mittels eines ausgemauerten Sammelkanals durch die Küche nach draußen entsorgt. Die Anlage dürfte dem 13. Jahrhundert entstammen.

Wenn weitere zeitgenössische Vergleichsmöglichkeiten zum hydrotechnischen Versorgungsnetz der Abtei Maubuisson fehlen, ist dies wohl lediglich darauf zurückzuführen, daß kaum speziell auf diese Thematik ausgerichtete Grabungen und Nachforschungen unternommen wurden. Da in mittelalterlichen Klöstern Brunnenhäuser fast regelmäßig zum Grundbestand des Klausurschemas gehörten, sollte ein genereller Überblick über die Wasserbautechnik der Ordenshäuser in dieser Zeit und ihre historische Fortentwicklung eigentlich naheliegen. Maubuisson war wegen seiner relativ späten Gründung (1236) und seines Reichtums (königliche Abtei) vielleicht ein Sonderfall. Aber seine Erbauer haben die zu diesem Zeitpunkt geläufigen Kenntnisse der Wasserbautechnik angewendet, die man auch in anderen Konventanlagen wiederfinden müßte. Erstaunlicherweise ist die Versorgung der Lavatorien mit Frischwasser noch nicht in größerem Zusammenhang aufgegriffen worden. Daß man nicht selten auf ausgemauerte Kanäle stieß, hat offenbar bei der bisherigen Erforschung von Klosteranlagen zu Irrtümern geführt. Oft haben Archäologen zwei Kategorien verwechselt: Brauchwasser aus den Kanälen und Trinkwasser aus dem Brunnenhaus. Die technische Unmöglichkeit einer solchen Gleichsetzung wurde nicht immer bemerkt.

Archäologische Kampagnen und die Auswertung mittelalterlicher Urkundenverzeichnisse müssen intensiviert werden, um genauere Vorstellungen vom Stand der Wasserbautechnik zu erhalten, die dem Zisterzienserorden zu verdanken ist. Dazu sollten die monographischen Untersuchungen einzelner Abteien fortgeführt werden, aber auch die der Gutsbetriebe (Grangien), Mühlen und sonstigen Niederlassungen des Ordens. Der augenblickliche Forschungsstand erlaubt lediglich die Herausstellung einiger Grundzüge dieses Problemkreises. Wasser war eine ständige Notwendigkeit für das tägliche Leben der Mönchsgemeinschaften, als Bestandteil der Ernährung und für die körperliche Hygiene. Den abgeschlossenen Welten der Klöster mußte Trinkwasser zugeführt werden, ebenso waren von dort alle Abfälle zu entsorgen. Daher hat man stets mit von Fließwasser durchspülten Abwässerkanälen zu rechnen, bestimmt zur Beseitigung von Abfällen und Regenwasser.

Das Streben nach einem asketischen Leben kann erklären, warum man nie für Bäder reservierte Örtlichkeiten gefunden hat. Ferner war es notwendig, die Produktionsmöglichkeiten einer Gemeinschaft zu sichern, die nur von ihrer Hände Arbeit leben durfte, ihr also die notwendige Energie zu sichern, damit sie vor allem ihr Getreide mahlen konnte. Kann man eine Evolution annehmen? Zwischen Fontenay, einer vom heiligen Bernhard gegründeten und in der ersten Hälfte des 12. Jahrhunderts erbauten Abtei, bis zu Maubuisson und Royaumont, königlichen Klöstern, davon eines kurz vor der Mitte des 13. Jahrhunderts für Nonnen errichtet, gibt es merkliche Unterschiede. Von den Latrinen in Fontenay ist nichts erhalten, aber es ist wenig wahrscheinlich, daß sie die Größe der von königlichen Zuwendungen finanzierten Bauten des 13. Jahrhunderts erreicht hätten. Ein Trinkwasser-Verteilungssystem, so perfektioniert wie in Maubuisson, scheint es in Fontenay nicht gegeben zu haben, wo auch nicht sicher ist, daß die Küche ihren eigenen Brunnen besaß. Aber in beiden Fällen war der häusliche Wasserkreislauf im Inneren des Klosters rationell organisiert. Das ist folgendermaßen zu erklären: Diese Abteien sind wie beinahe alle Niederlassungen des Ordens von Cîteaux in kurzen Zeitspannen erbaut worden, und zwar nach vorher bereits festgelegtem Planschema, das mit der Nähe eines fließenden Gewässers rechnet. Zum anderen muß man die Wasserbau-Einrichtungen im Inneren eines Klosterkomplexes als Teilbereich einer größeren, die gesamte Umgebung einbeziehenden hydrotechnischen Neuorganisation des Baugeländes verstehen. Französische Zisterzienserabteien liegen meist in Flußtälern oder Senken, also in Bach- bzw. Flußnähe, und haben damit größere Wassermengen zu ihrer Verfügung, als für die klosterinternen Zwecke benötigt wurden. Dahinter steht ein grundsätzliches planerisches Streben nach Autarkie, wenn auch der jeweiligen örtlichen Situation entsprechend verschiedenartige Lösungen zur Anwendung kamen. Die Zisterzienser strebten überall danach, in Fragen der Energiegewinnung unabhängig zu sein. Von Flüssen und Bächen abgezweigte Kanäle ermöglichten ihnen das Betreiben von Mühlen und Werkstätten. Wo fließende Gewässer fehlten, wurden Abteien sogar nachträglich in ihre Nachbarschaft verlegt, so Clairvaux noch zu Lebzeiten des heiligen Bernhard. War dies unmöglich wie in Cîteaux zu einem Zeitpunkt, als das Kloster bereits ein Jahrhundert bestand, dann leiteten die Mönche eigens einen Fluß in den Abteibezirk um. So brachten die Mönche dadurch, daß sie die lebensnotwendigen Bedürfnisse ihrer Gemeinschaft sicherstellten, gleichzeitig beträchtliche Energiekapazitäten in ihre Verfügungsgewalt. Dadurch ermöglichte Lebensmittel- und Warenproduktion überstieg rasch den Umfang, der für die Selbstversorgung der Konvente erforderlich war. Durch den Verkauf anfallender Überschüsse erlangte der Orden beträchtliche Reichtümer. Die Beherrschung der Wasser-

Abb. 33 Hydraulisch betriebene Säge aus dem Album von Villard de Honnecourt (13. Jh.). Die Übersetzung der Beischrift lautet: „So erreicht man, daß eine Säge von selbst arbeitet"

bautechnik trug mit dazu bei, ihm eine wichtige Rolle in der damals wiederaufblühenden Geldwirtschaft zu sichern.

Aber dieser Zustand war nicht von langer Dauer. Es ist nicht leicht, eine Chronologie der wasserbautechnischen Entwicklungen im Bereich des Zisterzienserordens in Frankreich aufzustellen, doch läßt sich wahrscheinlich machen, daß größere Unternehmungen dieser Art hauptsächlich im 12. und zu Beginn des 13. Jahrhunderts durchgeführt wurden. Die den Rahmen des Üblichen sprengenden Anlagen von Royaumont und Maubuisson repräsentieren dann einen Höhepunkt klosterinterner Hydrotechnik, während die Umleitung des Flusses Sansfonds in die Mutterabtei Cîteaux als Spitzenleistung zisterziensischen Wasserbaues von bereits industrieller Größenordnung zu werten ist.

Das Ende des 13. und der Beginn des 14. Jahrhunderts erscheinen in Frankreich als die Zeit großer Umbrüche in der Verwendung des Wassers für industrielle Zwecke. Aus der ersten Hälfte des 13. Jahrhunderts stammt Villard de Honnecourts sehr genaue Zeichnung einer wasserbetriebenen Säge *(Abb. 33)*; das Gerät schneidet nicht nur die Hölzer, sondern läßt sie durch ein Vorschubsystem in Richtung auf das Sägeblatt vorrücken.[90] Um 1240 tauchen in der Picardie Färberwaid-Mühlen auf, ihre Verwendung generalisiert sich ab 1285.[91] Aus dieser Zeit datieren auch die ersten genauen Auskünfte über wasserbetriebene Schmieden. Der König von Frankreich bezog Einkünfte aus der Verbreitung dieser Einrichtungen. In der „Montagne Noire", im Süden des Massif Central, geben königliche Rechnungsbücher Auskunft über zahlreiche Eisenmühlen, d.h. Hüttenhämmer, die Eigentum der Krone sind und verpachtet werden. Die Bedeutung dieser Anlagen und ihre Produktionskapazität wird klar durch die Höhe der Pachtbeträge, die 1000 Pfund erreichen oder sogar überschreiten konnte.[92] Ähnlich intensive Verwendung der Wasserkraft kommt auch außerhalb der Eisenindustrie vor: in BRANDES-EN-OISANS, in den Alpen, führt ein bedeutendes Kanalsystem das Wasser zu Anlagen, in denen Mineralien gewaschen und aufbereitet wurden.[93] An anderen Orten treiben die Wasserräder die Gebläse der Reduktionsöfen für Nicht-Eisenmetalle.[94]

Nach unserem aktuellen Wissensstand meint man, daß diese auf einer systematischen Anwendung der Wasserkraft basierende Fortentwicklung industrieller Produktion nicht

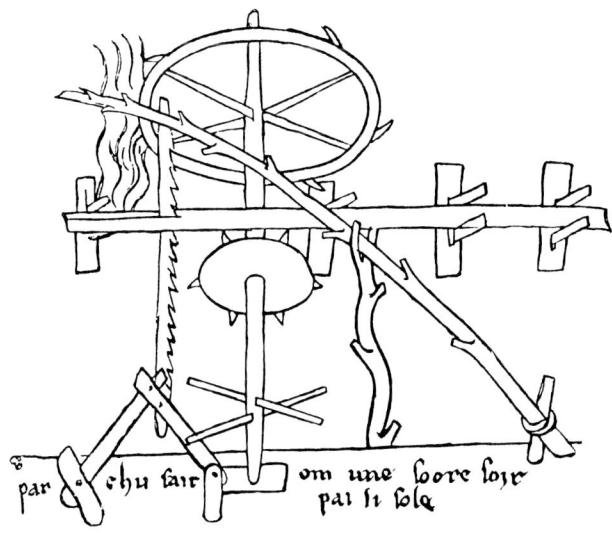

mehr in erster Linie von den Klöstern getragen wurde, sondern nunmehr die Monarchie, der Adel und das Bürgertum in den Vordergrund traten. Die Initiative liegt nicht mehr bei den Mönchen; viele Zisterzienserabteien florierten zwar, lenkten ihre Investitionen jedoch mehr in den Weinbau und die städtische Geldwirtschaft.

Zum anderen ist die Zeit der großen Abteigründungen vorbei. Als die Krise das Abendland in der Mitte des 14. Jahrhunderts trifft, hat die klösterliche Wassertechnik bereits seit Jahrzehnten ihre Pionier-Rolle aufgegeben. Als sich Europa in der zweiten Hälfte des 15. Jahrhunderts aus der Depression erhebt, benutzt von den großen Zisterzienser-Abteien nur Clairvaux sein wassertechnisches Potential, um eine Fabrik zur indirekten Eisen-Reduktion einzurichten. Allerdings wurde sie verpachtet, nicht in eigener Regie des Klosters betrieben.[96]

Die Leistungen der Zisterzienser sind geblieben, sie prägen ihre Epoche. Soll man sie als außergewöhnlich oder musterhaft bezeichnen? Als die Werke von Pionieren auf diesem wie auch anderen Gebieten? Die Frage ist im Augenblick nicht pauschal zu beantworten. Der Orden von Cîteaux hat von bedeutenden Einkünften profitiert, die aus Spenden und den Erträgen seines Vermögens herrührten. Besser als viele andere hat er in die Wassertechnik investiert und damit Entscheidungen getroffen, die gelegentlich vom heiligen

Bernhard selbst als zu kostspielig bezeichnet wurden. Aber diese Entscheidungen sind vor einem gesamtgeschichtlichen Hintergrund zu bewerten, der weit über die historische Fortentwicklung gerade dieses Ordens hinausgeht. So waren etwa gleichfalls wasserwirtschaftliche Baumaßnahmen erforderlich – die noch zu erforschen wären –, als die Abtei CLUNY im Tal der Grosne gegründet wurde. Das hochbedeutende Benediktinerkloster besaß jedenfalls schon im 11. Jahrhundert ein unterirdisch verlegtes Netz von Frischwasser-Zuleitungen sowie Abwasserkanäle zur Latrinenspülung. In diesem Bereich mögen die Zisterzienser also zwar als Erfinder gelten, doch war ihr Einfluß gewiß nicht entscheidend. Die von ihnen angelegten und weiterentwickelten Wasserbaueinrichtungen wären vor allem mit den entsprechenden städtischen Vorkehrungen zu vergleichen. Als die Mönche begannen, Kanäle von Flußläufen abzuzweigen und in ihre Abteien zu leiten, haben auch schon zahlreiche mittelalterliche Städte wie Evreux und BEAUVAIS Flußläufe kanalisiert und teilweise in ihre Mauern umgeleitet. Mehr als hundert Jahre vor der Zeit, als die Ordensbrüder von CÎTEAUX dem Fluß Sansfonds ein neues Bett in ihr Kloster gruben, hatten die Herzöge der Normandie bereits Ähnliches für den Fluß Iton veranlaßt, der nach VERNEUIL und BRETEUIL geführt wurde.

Die Meliorationsarbeiten der Zisterzienser sind oft heute noch landschaftsprägend und zeugen von der dynamischen Kraft dieses Ordens. Seine Konvente waren zweifellos in vielen Dingen Erneuerer und haben im ländlichen Bereich Leistungen von einer Bedeutung und Vielfalt erbracht, wie man sie bis dahin selten feststellen kann.[97] Klöster der weißen Mönche waren systematisch für eine weitreichende Nutzung der Wasserkraft ausgerüstet und dienten darin als Vorbild für ihre Umgebung; was diesen Aspekt anbelangt, kann man die zisterziensische Wasserbautechnik exemplarisch nennen. Der Modellcharakter beruhte natürlich auf der weiten Verbreitung und guten Organisation des Ordens. Dennoch ist die moderne Vorstellung von einer Sonderrolle der Zisterzienser auf diesem Gebiet durch die vergleichsweise gute Erhaltung ihrer Abteien beeinflußt. Diese Tatsache beruht nicht zuletzt auf dem Respekt, den das frühe 19. Jahrhundert nicht nur den mittelalterlichen Baudenkmälern entgegenbrachte, sondern auch den damit verbundenen und für die eigene Industrialisierung nach wie vor bedeutsamen wasserbautechnischen Einrichtungen. Wenn Klosteranlagen besser als andere bauliche Hinterlassenschaften des Mittelalters eine perfekte Anpassung ihrer technischen Möglichkeiten an eine vom Wasser geprägte Umwelt zu erkennen geben, liegt einer der Gründe darin, daß sie in einer Zeit entstanden sind, in der Wachstum und Fortschritt entscheidend von hydrotechnischen Fertigkeiten abhingen. Lassen wir uns nicht vom Beispiel der Abtei Cîteaux täuschen, die inmitten siedlungsfeindlicher Sümpfe gegründet wurde. Die meisten Klöster der Zisterzienser in Frankreich liegen auf hochwasserfreien Talterrassen. Der Orden hat mehr die Nähe der Wasserläufe gesucht, als daß er deren negative Auswirkungen zu spüren bekam. Wasserkraft war ein wesentlicher Faktor seines wirtschaftlichen Erfolges. Zur Zeit im Gang befindliche Forschungsprojekte werden beweisen, daß die weißen Mönche auf dem Gebiet der Hydrotechnik in weitaus geringerem Umfang Neuerer gewesen sind, als man bisher annahm. Allerdings waren sie zweifellos besser als andere Gruppen und Institutionen ihrer Zeit in der Lage, die damals existenzbestimmenden Kräfte des Wassers und deren technische Beherrschung für sich fruchtbar zu machen und weiterzuentwickeln.

Anmerkungen

1 Sancti Bernardi vita prima. Liber II auctore Ernaldo, Patrologia latina, Migne J. P., t. CLXXXV, vol. 4, S. Bernardi abbatis Clara-Vallensis, Mabillon J., 1885, col. 285.

2 „Parmi les groupements humains qui contribuèrent à diffuser le progrès technique, il n'en fut peut-être pas de plus efficace que l'ordre cistercien". Gille, B. in Daumas, M., Histoire générale des techniques, t. I, Paris, 1962, S. 584.
(Unter den menschlichen Gemeinschaften, die dazu beigetragen haben, den technischen Fortschritt zu verbreiten, ist vielleicht keine erfolgreicher gewesen als der Zisterzienser-Orden.)

3 Viollet-le-Duc bleibt eine Quelle von unschätzbarem Wert für alles, was die mittealterliche Wasserversorgung in Frankreich berührt; sein „Dictionnaire raisonné de l'Architecture française du XIe au XVIe siècle", Paris 1858–1868, enthält zahlreiche Artikel, die anhand konkreter Beispiele wasserbautechnische Probleme behandeln.

4 Die Bestandsaufnahme der ländlichen Mühlen in bestimmten Regionen Frankreichs und darüber hinausgehend Europas, erarbeitet von Fossier, R., L'équipement en moulins et l'encadrement des hommes. in: L'histoire des sciences et des techniques peut-elle servir aux historiens? Colloque organisé par la Société française d'Histoire des Sciences et des Techniques, Paris 1985 stützt sich zum einen auf neuere Dissertationen, zum anderen auf die sprachwissenschaftlichen Zettelkataloge des Nouveau Du Cange. Die mit diesen Forschungen betraute Arbeitsgruppe hat eine beträchtliche Anzahl mittelalterlicher Kartularien ausgewertet. Von Guillerme, A., Les moulins hydrauliques urbains XIe-XIIIe siècle. in: Milieux 1980, S. 44–48 zusammengestellte Angaben über städtische Verhältnisse beruhen auf älteren, weniger zuverlässigen Werken.

5 Eine der zuverlässigsten Bildquellen über Konstruktion und Struktur einer Mühle im 12. Jahrhundert bleibt die Darstellung des „Hortus deliciarum" der Herrade von Landsberg.

6 In der Einleitung zu: Cartulaires des templiers de Douzens. Hg. v. Gerard, P. und Magnou, E. unter Leitung von Wolff, Ph., Paris 1965, versucht E. Magnou Zahl und Lage der entlang des Flusses Aude existierenden Mühlen zu erschließen.
Bonnassie, P.: La Catalogne du milieu du Xe à la fin du XIe siècle. Croissance et mutation d'une société. Toulouse 1975 (= Publications de l'Université de Toulouse-Le Mirail I), S. 460, geht ebenso vor.

7 Archäologische Untersuchungen über die Wasserversorgung der Zisterzienser in Frankreich machen gegenwärtig Fortschritte. Außer den Arbeiten der Autoren dieses Artikels (Monique Wabont in Maubuisson und Royaumont, Paul Benoit in Fontenay) haben die Ausgrabungen von Bernadette Barrière in Obazine und Coyroux, von Patrick Pegeot in Clairlieu (Meurthe-et-Moselle), von Pater Courtois in Vauclair (Aisne) Klarheit über die wassertechnischen Einrichtungen gebracht. Folgende Magisterarbeiten wurden dem Thema gewidmet: Hauss-Steck, C., L'hydraulique cistercienne d'après les exemples des abbayes de Cîteaux et de Fontenay, Université de Paris I, 1984, und Preux Th., La maîtrise de l'eau chez les cisterciens: le cas de Vauclair, Université de Lille III, 1989. Eine unterirdische Untersuchung wurde in Bellevaux (Haute-Saône) durch Michel Py durchgeführt.

8 Guillerme, A., Les temps de l'eau, S. 189.

9 Eginhard, Vie de Charlemagne, Hg. v. Halphen, L., Paris, 1967, S. 69.

10 Guerard, B., Polyptique d'Irminon ou dénombrement des manses, des serfs et des revenus de l'abbaye de Saint-Germain-des-Pres sous le règne de Charlemagne. Paris 1844; Lognon, A., Polyptique de l'abbaye de Saint-Germain-des-Prés rédigé au temps de l'abbé Irminon. Paris 1895, t. 1, S. 108.

11 Chedeville, A., Chartres et ses campagnes (XIe–XIIIe s.) Paris 1973, S. 195.

12 Als Beispiele sei genannt, daß die drei Mühlen der Domäne von Palaiseau (Essone), die zur Abtei Saint-Germain-des-Prés gehören, jährlich einen Zins von 190 Faß Getreide an die Abtei einbringen, die in Nogent-l'Artaud (Aisne) von 30 Faß. Der Wert des Fasses ist nicht mit Sicherheit bekannt; nach dem von B. Guérard ermittelten Äquivalent hätten die Mühlen von Palaiseau ungefähr 100 hl ergeben und die von Nogent-l'Artaud ungefähr 16 hl. Longnon, A., op. cit.

13 Caucanas, S., Les premières mentions de moulins du Roussillon. in: Etudes Roussillonnaises offertes à Pierre Ponsich. Perpignan 1987, S. 167–174.

14 Bonnaissie, P., La Catalogne, op. cit., S. 459–464.

15 Bois, G., La mutation de l'an Mil. Paris 1989, S. 180.

16 Chedeville, A., Chartres et ses campagnes. op. cit., S. 195.

17 Im Jahre 793 hatte Karl der Große umfangreiche wasserbauliche Arbeiten vornehmen lassen bei dem Versuche, einen Kanal zu graben, der das Rheinbecken mit dem der Donau verbinden sollte, um sowohl seine Truppen als auch landwirtschaftliche Produkte zu transportieren, insbesondere Getreide aus dem Maingebiet. Der Versuch endete mit einem Mißerfolg, da die politische Lage Karl den Großen zwang, das Projekt fallenzulassen. Aber auch unabhängig davon machten technische und meteorologische Bedingungen die Durchführung extrem schwierig. Birzer, F., Der Kanalbauversuch Karls des Großen, in: Geologische Blätter für Nordbayern, t. VIII, 1958; Hoffmann, H. H., Fossa Carolina, in: Karl der Große, t. I, Stuttgart 1965; La Roncière Ch. M. de, Delort R., Rouche M., L'Europe au Moyen Age, t. I, Paris 1969, S. 208–215.

18 Dion, R., Histoire des levées de la Loire, Paris, 1961, S. 104–105.

19 Cabrol u. Leclercq, Dictionnaire d'archéologie chrétienne et de liturgie, Paris 1924–1951; Guild R., Guyon, J., Rivet L., Les origines du baptistère de la cathédrale Saint-Sauveur. Etude de topographie aixoise. in: Revue archéologique de Narbonaise, 1983, t. XVI, S. 171–232.

20 Meyer, O., [„. . . eine solche Einrichtung bildet, einmal abgesehen vom Willen und den technischen Möglichkeiten, die sie ausdrückt, eine beachtliche Investition, insbesondere durch den Kauf und Transport von ungefähr 220 Tonnen Steinmaterial aus einem Steinbruch . . . (gelegen außerhalb) der unmittelbaren Nachbarschaft"] Chronique des fouilles. in: Archéologie médiévale (17), 1987, S. 179–181.

21 Der jüngere Plan von St. Gallen (gegen 815) zeigt die Existenz eines Gebäudes, das den Bädern der Mönche und der Wäscherei angegliedert ist. Es gab auch Bäder für den Abt, aber es bleibt offen, wie sie versorgt wurden. Karl der Große: Werke,

Ausstrahlung und Nachleben, Katalog der Ausstellung von 1965 in Aachen, S. 420. In SAINT-DENIS bestätigt eine Urkunde von 862 das Vorhandensein eines „Balnetario", aber die entdeckten merowingischen Leitungen waren nicht mehr im Gebrauch, Meyer O., Chronique des fouilles. in: Archéologie médiévale (15), 1985, S. 228; (17), 1987, S. 179–180; (18), 1988, S. 304.

22 Bardel, A., Chronique des fouilles. in: Archéologie médiévale (16), 1986, S. 188–189. Ebenso wurde in Saint-Cybard d'ANGOULÊME ein Wasserkanal von 0,46 m Breite in der Mauer eines Gebäudes angelegt, Boissavit-Camus B., Chronique des fouilles. in: Archéologie médiévale (18), 1988, S. 313–314.

23 Fossier, R., La terre et les hommes en Picardie. Paris u. Löwen 1968; ders., L'équipement en moulins et l'encadrement des hommes. op. cit. Seine Synthese stützt sich auf bedeutende Forschungsarbeiten über die Geschichte des Landlebens, die in den letzten Jahren veröffentlicht wurden.

24 Debord, A., La société laïque dans les pays de Charente. Paris 1984, S. 323–324.

25 Fournier, G., Le château-fort dans la France médiévale, Paris, 1978, S. 77. [„ . . . die Verteidigung stützte sich notwendigerweise auf eine steile Böschung, die von vertikalen Holzwänden überragt wurde."]

26 Fournier, G., op. cit., S. 131 und doc. 10.

27 Benoit, S., Au fil de l'eau et du temps. Les moulins et les ateliers hydrauliques de l'agglomération vernolienne du XIIe au XXe siècle, Verneuil-sur-Avre. Bulletin municipal, Nr. 23, juillet 1987, S. 3–15.

28 Guillerme, A., Les temps de l'eau. La cité, l'eau et les techniques, Seyssel, s. d., S. 47–52.

29 Guillerme, A., Les temps de l'eau, op. cit, S. 68–73.

30 Sicard, G., Aux origines des sociétés anonymes. Les moulins de Toulouse au Moyen Age, Paris, 1953, S. 30 und 37.

31 Bonnaissie, P., La Catalogne, op. cit., t. I, S. 464.

32 Chedeville, A., Chartres et ses campagnes, Paris, 1973, S. 411–413.

33 Guillerme, A., Les temps de l'eau, op. cit., S. 66–68.

34 Zahl genannt von Pacaut, M., Les ordres monastiques au Moyen Age, Paris, 1970, S. 65.

35 Conant, K. J., Cluny, ses églises et la maison du chef d'ordre, Cambridge (Massachussets), The Medieval Academy of America, 1968, bes. S. 43 und 61-64; Abteilung I, Tafel IV, Abb. 4.

36 Conant, K. J., op. cit., S. 61, verweist auf einen besonders bedeutenden Abwässerkanal, über dem die Latrinenanlage der Novizen errichtet war.

37 Fossier, R., La terre et les hommes . . . , op. cit., S. 253 und 284–286.

38 Debord, A., La Société laïque, op. cit., S. 329.

39 Wir behandeln hier nicht die Ausweitung landwirtschaftlicher Flächen bis in Talsohlen oder durch Eindeichung von Küstenzonen, obwohl dies die Wassertechnik betrifft. Zuletzt darüber Sarrazin, J. L., Les cisterciens de Buzet et l'aménagement de l'estuaire de la Loire au Moyen Age (XIIe–XVe siècles), in: Mémoires de la Société d'Histoire et d'Archéologie de Bretagne, t. LXV, 1988, S. 57–79.

40 Dion, R., Histoire des levées . . ., op. cit., S. 109–121, Karten S. 210–213.

41 Ausgrabung der „Association des Amis du Vieux Château de Brie-Comte-Robert" (Robert Bonithon).

42 G.A.M.A., Metz, B., Sur quelques éléments du comfort dans les châteaux forts alsaciens. Erscheinen angekündigt in den Akten des 1988 in Lyon veranstalteten „Colloque sur les châteaux forts". Kill, R., La citerne à filtration du château de Grand-Ochsenstein. in: Etudes médiévales 3, 1985, S. 125–143; Bur, M., Fouilles au château d'Epinal. in: Annales de la Société d'Emulation des Vosges 1985–88.

43 Belgrand, E., Les travaux souterains de Paris, t. III, Paris 1872; Gerards E., Paris souterrain, Paris 1908.

44 Viollet-le-Duc, E., Dictionnaire raisonné de l'Architecture française du XIe au XVe siècle, Paris, 1858–1868, t. V, S. 195.

45 J. Schneider, La ville de Metz aux XIIIe et XIVe siècles, Nancy, 1950, S. 11–12 und 49.

46 Guillerme, A., Les temps de l'eau, op. cit. S. 66–68; Chapin E.,

47 Usher, A. P., A history of mechanical inventions, Harvard University Press, 1954, S. 269: eine Walkmühle ersetzt die Arbeit von 40–60 Menschen; Endrei W., Annales E.S.C. 1971 schätzt, daß ein Walker 0,33 bis 0,4 PS/h liefert, während die Walkmühle 3,48 PS/h hergibt.

48 Bautier, A. M., Les plus anciennes mentions de moulins hydrauliques industriels et de moulins à vent. in: Bulletin philosophique et historique du Comité des travaux historiques et scientifiques 1960, S. 567–626.

49 Labande, L. H., Histoire de Beauvais et de ses institutions communales jusqu'aux amendements du XVe siècle. 1892, S. 271–272; zitiert nach Bautier, A. M. op. cit.

50 Chedeville A., Chartres et ses campagnes (XIe–XIIIe s.) Paris, 1973, S. 446–448.

51 Le martinet, Revue d'histoire de la sidérurgie, 1960, 3, eine Ausgabe, die vollkommen dem Hüttenhammer gewidmet ist. Die Artikel sind nicht signiert, Bertrand Gille hat bei ihrer Redaktion eine entscheidende Rolle gespielt; Gille B., Histoire générale des techniques, t. I, Paris, 1962, S. 586.

52 Aubert, M., L'architecture cistercienne en France, Paris, 1943, 2 Bde.

53 de Chevanne, J., Le site primitif de l'abbaye de Maizières. La paroisse disparue de La Bretennière. Le déplacement général

des abbayes cisterciennes en Bourgogne. in: Les débuts des abbayes cisterciennes dans les anciens pays bourguignons, comtois et romands. XXIVe Congrès de l'Association bourguignonne des Sociétés savantes, Dijon, 1953, S. 13–18; Marillier J., Les débuts de l'abbaye de Citeaux, id, S. 71–76; Richard J., Les débuts de La Bussière et de Fontenay, id, S. 77–83, bezweifelt eine ansonsten in der Literatur allgemein angenommene Verlegung der Abtei Fontenay.

54 Cartulaire de Sylvanès, hg. v. Verlaguet, P. A., Rodez, 1910.
55 Aubert, M., L'architecture cistercienne . . ., op. cit.
56 Die Zisterzienser waren nicht die einzigen, die ihre Anlagen auf künstlichen Terrassen bauten, wie dies drei Priorate von Cluny an der Oise beweisen (NANTHEUIL-LE-HAUDOUIN, SAINT-NICOLAS D'ACY und AUTHEUIL-EN-VALOIS), Racinet Ph., Chronique des fouilles. in: Archéologie médiévale, (16), 1986, S. 184–185; (17), 1987, S. 194.
57 Barrière, B., Chronique des fouilles. in: Archéologie médiévale, (13), 1983, S. 258; (18), 1988, S. 314–315; auch: Actes du colloque de Noirlac (im Druck).
58 d'Arbois de Jubainville, H., Etude sur l'état intérieur des abbayes cisterciennes et particulièrement Clairvaux aux XIIe et XIIIe siècles. Paris 1858, Anhang 1, S. 328–338.
59 Barrière, B., op. cit.
60 Der Kanal war vor einigen Jahrzehnten noch voller Wasser, da ja das Gefälle hergerichtet worden war, um elektrischen Strom zu produzieren.
61 Aubert M., L'architecture cistercienne . . ., op. cit.
62 Montesquiou, A. P. de, Abbaye de Longpont, s. l., s. d., S. 27.
63 Viré, M., Wabont M., Les latrines de Royaumont (im Druck).
64 Conant K: J., Cluny, op. cit., Abt. I, Tafel IV, Abb. 4.
65 Freundl. Hinweis von J. L. Francois, L. Maitre.
66 Falco, J., Chronique des fouilles, in: Archéologie médiévale (17), 1987, S. 222; (18), 1988, S. 345.
67 Arbois de Jubainville H. d', Etude . . ., op. cit., S. 337–338.
68 Aubert, M., L'architecture cistercienne . . ., op. cit.
69 Freundl. Hinweis von J. Doucet, Société historique et archéologique du Périgord.
70 Kill R., Chronique des fouilles. in: Archéologie médiévale, (13), 1983, S. 287–288.
71 Viollet-le-Duc, E., Dictionnaire . . ., op. cit., Artikel „Lavabo".
72 Manchmal sind nur noch die Brunnenbecken erhalten: SAINT-DENIS (Seine-St-Denis) *(Abb. 16)*; DAOULAS (Finistère); SAINT VICTOR DE PARIS, heute im Jardin des Plantes; SAINT-MICHEL DE CUXA (Pyrénes-Orientales) im Museum von Philadelphia oder Saint-Geniès im „Cloisters"-Museum von New York. Ausgegrabene Brunnenstuben: Saint-Etienne de CAEN (Calvados); NOIRLAC: Hugoniot, Y., Chronique des fouilles. in: Archéologie médiévale (17), 1987, S. 192; FONTEVRAUD: Prigent D., Chronique des fouilles. in: Archéologie médiévale (18), 1988, S. 320–321; LIEU-RESTAURÉ (Oise) und das Hospiz Saint-Jean d'ANGERS (Maine-et-Loire): Grabung von F. Comte.
73 Abtei Saint-Victor de MARSEILLE nach alten Abbildungen: Drocourt D. und G., Archeologia (66), 1974, S. 47. CHELLES: unveröffentlicht, Grabung von J. Ajot.
74 1134 erlassene Bestimmung, Pacaut M., op. cit., S. 114.
75 Eine Walkmühle erscheint in der Beschreibung von CÎTEAUX. In SYLVANÈS wird den Mönchen die Möglichkeiten gegeben, eine Walkmühle für den Eigenbedarf zu errichten (Cartulaire de Sylvanès, op. cit., n. 210, 1159).
76 Benoît, P.: Un site industrial médiéval. L'abbaye de Fontenay. in: Mémoires de la Commission archéologique de la Côte-d'Or 36, 1988, S. 219-247. Hauss-Steck, C.: L'hydraulique cistercienne d'après les exemples de Cîteaux et de Fontenay, Mémoire de Maîtrise d'Archéologie, Université de Paris I, 1984; Kuhn-Regnier M., Relevé et étude archéologique du bâtiment de la forge de l'abbaye de Fontenay en Bourgogne, Mémoire de Maîtrise d'Archéologie, Université de Paris I, 1983.
77 Entgegen der Auffassung von Begule, L., L'abbaye de Fontenay, Lyon 1912, die wir in unserem in Anm. 67 zitierten Artikel übernommen hatten, gibt es keinen Beweis dafür, daß eine erste Niederlassung der Zisterzienser auf der Hochebene beim „Etang Saint-Bernard" gelegen hätte. Offenbar hat man die Verhältnisse in Fontenay mit denen anderer Ordenshäuser gleichgesetzt, die nachträglich in die Nähe eines Wasserlaufs verlegt worden sind. Vergl. Richard, J., Les débuts de La Bussière et de Fontenay. op. cit.
78 Die Küche und das Refektorium sind heute zerstört; es wurde dort auch nicht gegraben. Daher ist es absolut unmöglich zu wissen, ob Nahrungsmittel-Abfälle auf diesem Wege beseitigt wurden.
79 André, L., La papeterie des Montgolfier à Fontenay au XIXe siècle. in: Annales de Bourgogne, 1987, t. LVIII, S. 29–44.
80 Das ist zumindest die Ansicht von Bertrand Gille.
81 André, L., op. cit.
82 Das von den Mönchen installierte System ist lange Zeit funktionstüchtig geblieben, da die mittelalterlichen Befunde von den Resten einer Abwasserleitung überdeckt waren, die vom Anfang des 20. Jahrhunderts stammt, als der neue Besitzer Edouard Aynard die Abtei restaurierte und sie unter Verwendung alter Teile bewohnbar machte.
83 Übersetzung des Abbé Duclos, Histoire de Royaumont, Paris, 1967.
84 Der Fluß Sansfonds verdankt seinen gegenwärtigen Namen der Abwandlung einer ursprünglichen Bezeichnung „Centfons", d.h. hundert Quellen; dies besagt, daß die Wasserführung des Flusses in einer sehr quellreichen Gegend gleichmäßig war.

85 CLAIRLIEU: Pégeot, P., Chronique des fouilles. in: Archéologie médiévale (16), 1986, S. 203–204; (17), 1987, S. *222–223*; (18), 1988, S. 346–47; SAINT-MARTIN-DE-BOSCHERVILLE: Ausgrabungen von Le Maho, J.; LA LUCERNE (Manche): Ausgrabungen von Ducoeur, D. und G., Chroniques des fouilles, in: Archéologie médiévale, (18), 1988, S. 326–327; CHASSAY-GRAMMONT: Grabungen von Gade, P., Chroniques des fouilles. in: Archéologie médiévale, (17), 1987, S. 217. Saint-Etienne in CAEN: siehe Burnouf, J., Colin-Souef, M., Flambard, A. M., Letellier, A., Recherches archéologiques sur le site de Saint-Etienne de Caen. in: Archéologie Médiévale (13), 1983, S. 185–230.

86 Toupet, Ch., Lemoine, M., Soulier, Ph., 1981 und Wabont-Lemoine, M., 1984.

87 Technische Angaben: freundl. Mitteilung von K. Grewe. Nach Vermutungen von C. Grégoire mußte auch die Weiterleitung des Wassers zu anderen Zapfstellen durch ein Fallrohr bereits von der oberen Schale aus erfolgen, weil nur so unverschmutztes Wasser zu erhalten war. Vorteilhaft wäre in diesem Fall auch der bessere Leitungsdruck wegen des dann ausgenutzten höhergelegenen Wasserspiegels. Da über die Ausmaße der nicht erhaltenen oberen Brunnenschale keine Erkenntnisse vorliegen, ist ein Urteil nicht möglich.

88 Mandatum: Zeremonie der Fußwaschung. Liturgischer Ritus, ausgeführt zur Erinnerung an die Geste der Demut Christi gegenüber den Aposteln. Es ist überraschend, daß die Erbauer auf Installation von fließendem Wasser selbst für diese Verwendung Wert gelegt haben.

89 Falco, J., Chronique des fouilles. in: Archéologie médiévale, (17), 1987, S. 222 und (18), 1988, S. 345.

90 Carnet de Villard de Honnecourt XIIIe siècle, hg. v. Erlande-Brandenburg, A., Pernoud, R., Gimpel, J., Bechmann, R., Paris 1986, pl. 44 und S. 31–32.

91 Fossier, R., La terre et les hommes . . ., op. cit.

92 Comptes royaux, 1285-1314, Hg. v. Fawtier, R., Maillard R., Paris, 3 vol. 1953–1956, t. 2, Nr. 24190–24227.

93 Bailly-Maitre M. C., Brandes-en-Oisans, s.l., 1987.

94 Bautier, R. H., Notes sur le commerce du fer en Europe occidentale du XIIIe au XVIe siècle. in: Revue d'Histoire de la Sidérurgie 1960, S. 7.

95 Verna, C., La sidérurgie cistercienne en Champagne méridionale et en Bourgogne du Nord. in: Flaran 3. L'économie cistercienne. Auch 1983, S. 207–212.

96 Benoît, S., La sidérurgie du Châtillonnais après l'avènement du procédé indirect (c. 1480–c. 1570): matériaux et hypothèses. in: Mines, carrières, métallurgie dans la France médiévale. Hg. v. P. Benoît u. P. Braunstein. Paris 1983, S. 77-116.

97 Die Tatsache dürfte auch zutreffen für verschiedene von den Zisterziensern eingerichtete Mühlen, wie die von PONTIGNY sur l'Armançon. Dort steht eine Untersuchung noch aus.

Bildanhang

*Beispiele mittelalterlicher
Wasserversorgungsanlagen und
mittelalterlichen Wasserbaus*

Der Wasserversorgungsplan des Klosters Christchurch in Canterbury (12. Jahrhundert)

Canterbury, in der Grafschaft Kent im Südosten Englands gelegen, war schon zu römischen Zeiten eine durchaus beeindruckende Stadt. Im ‚Canterbury Heritage Museum' kann man sowohl die originalen archäologischen Funde der Stadt *Durovernum Cantiacorum* wie auch eindrucksvolle gemalte Stadtansichten dieser frühen Epochen sehen. Reste der mittelalterlichen Blütezeit Canterburys sind dagegen in zahlreichen Bauten heute noch erhalten. Dazu gehört vor allen Dingen die Kathedrale, die unter Wilhelm dem Eroberer in großem Stil wiederaufgebaut worden ist, nachdem ein Feuer sie 1067 zerstört hatte – sie sollte auch in der Folgezeit noch manche baulichen Änderungen und Erweiterungen erfahren *(Abb. 1)*. Für die englische Kirchengeschichte bedeutend ist der Mord Thomas Beckets im Jahre 1170 in der Kathedrale, wodurch dieser Ort für viele Gläubige zur Pilgerstätte wurde. Damit sind wir in der Zeit, in welcher der hier zu beschreibende Plan der Wasserversorgung und Wasserentsorgung des Klosters Christchurch von Canterbury entstanden ist (s. Anlage). Unter Prior Wibert (1151–1167) um die Mitte des 12. Jahrhunderts angefertigt, stellt er ein außerordentliches und bedeutendes Dokument der Technikgeschichte dar. Er ist bezüglich seiner Bedeutung in einer Reihe zu sehen mit den Stadtplänen und -reliefs der Antike und ist im Mittelalter neben dem St. Gallener Klosterplan (9. Jahrhundert) und den Wasserversorgungsplänen der Londoner Kartause *(Abb. s. im Beitrag von J. Bond, S. 163)* wohl ohne Parallelen. Hinsichtlich seiner technikgeschichtlichen Bedeutung steht der Canterbury-Plan für die gesamte mittelalterliche Zeit einzig da.

In diesem Plan finden wir einmal die Klostergebäude in sehr detaillierten Ansichten wiedergegeben. Die Bauten orientieren sich in der Zeichnung zur Mitte des Planes hin, und man muß diesen zur besseren Lesbarkeit entsprechend der Himmelsrichtung drehen. Dabei vermag man sogar einzelne Standorte des Zeichners wiederzuerkennen, denn verschiedene Funktionseinheiten des Klosters sind in ihrer Darstellungsart auf derartige Punkte bezogen: so sind die Frontalansichten der einen Hof umsäumenden Gebäude in der Zeichnung einfach nach außen umgeklappt worden. Gerade die einfache Darstellungsart der Gebäude, die tatsächlich jede perspektivische Anschauung vermissen läßt, hat in der kunstgeschichtlichen Bewertung des Plans in früheren Zeiten mehrfach für Irritationen gesorgt. So muß man in diesem Plan das sehen, was er ist und wofür er dienen sollte: Nicht das Werk eines Künstlers oder eines Architekten haben wir hier vor uns, sondern vielmehr die Arbeit eines versierten Ingenieurs oder Technikers. Dieser Plan diente der Instandhaltung der Systeme für die Wasserversorgung sowie der Regenwasser-, Abwasser- und Fäkalienentsorgung eines bedeutenden mittelalterlichen Klosters.

Der Plan befindet sich heute – neben einem zweiten kleineren Versorgungsplan, der eine Vorstufe darstellen könnte – eingebunden in den ‚Canterbury Psalter' in der Trinity College Library von Cambridge. Diese Einbindung in ein religiöses Textbuch mag man zwar als ungewöhnlich für einen technischen Plan bezeichnen, sie hat jedoch letztendlich sicher dazu beigetragen, daß er überhaupt erhalten geblieben ist.

Betrachten wir diesen Rohrnetzplan genauer, so wird auf den ersten Blick offensichtlich, daß durch die Farbgebung versucht worden ist, die dargestellten Leitungen in verschiedene Klassen einzuteilen, um sie somit zu unterscheiden *(Abb. 2)*. So sind die Frischwasserzuleitungen von der Quelle bis zum zweiten Wasserturm im Kreuzgang „grün" dargestellt [A], das Verteilungsnetz über das Kloster [B] und die Abwasserkanäle „rot" und die Ableitungen für das Regenwasser [C] „gelb". Die Abwasserkanäle sind im Plan nicht durch die Farbgebung, wohl aber durch die Auszeichnung von Doppelstrichen hervorgehoben worden *(Abb. 3)*.

Folgen wir dem Weg des Wassers im Abschnitt [A], so müssen wir im Norden an zwei runden Gebäuden *(Turris)* beginnen, die wohl die Quellfassung und das Sammelbecken darstellen. An letzterem nimmt die Rohrleitung ihren Anfang; im Plan ist selbst der Abfluß im Wasserbecken in Form eines Seihers eingezeichnet. Auf ihrem gut 1,5 km langen Weg zum Kloster passiert die Leitung Kornfelder *(Campus)*, Wein- und Obstgärten *(Vinea, Pomerium)*. Das beim Bau der Leitung verwendete Material ist uns nicht näher beschrieben, wir dürfen aber annehmen, daß auch in diesem Fall Bleirohre zur Verwendung gekommen sind. Als technische Einrichtungen sind bis zum Erreichen der Stadtmauer vier Absetzbecken mit Grundablässen zur Klärung des Wassers erkennbar, ohne näher bezeichnet zu sein.

Es hat den Anschein, als seien diese Absetzbecken nicht im Grundriß, sondern im Aufriß gezeichnet worden. Dann nämlich macht die dargestellte Technik der Wasserklärung Sinn: Durch den vergrößerten Querschnitt und den höher liegenden Abfluß kann sich das Wasser im Becken etwas beruhigen, und es kommt dadurch zur Ablagerung von Schwebstoffen. Diese sammeln sich auf der Beckensohle an und können von Zeit zu Zeit durch den Grundablaß entfernt werden.

Der Graben vor der Stadtmauer wird auf einer vierbogigen Brücke überquert. Am Ende der Brücke, noch außerhalb der Stadtmauer, sehen wir ein letztes Absetzbecken mit Grundablaß, danach fließt das Wasser offensichtlich in einen Wasserturm, der innen an die Stadtmauer angelehnt ist. Weiter verläuft die Leitung unter der Straße zwischen Stadt- und Klostermauer, wobei letztere wohl unterirdisch durchstoßen wurde. Damit hat die Leitung das Kloster erreicht und strebt nun in gestreckter Linienführung dessen Kernbereich zu.

Vor der Infirmarieküche *(Coquina infirmorum)* knickt die Leitung schräg ab, unterquert mehrere Gebäude und erreicht den ersten Wasserturm in einem kreuzgangartigen Innenhof, der je zur einen Hälfte als Kräutergarten *(Herbarium)* und als Infirmarie-Kreuzgang genutzt wurde. Der hier eingezeichnete Wasserturm ist mit seinen vielen normannischen Bauteilen selbst heute noch gut erhalten *(Abb. 4)*. Der Turm besteht aus zwei Stockwerken, deren unteres durch Bogenstellungen von außen frei zugänglich ist, und man sieht im In-

Abb. 1 Die Kathedrale von Canterbury durch eine Pforte in der Umfassungsmauer des ehemaligen Klosters Christchurch gesehen

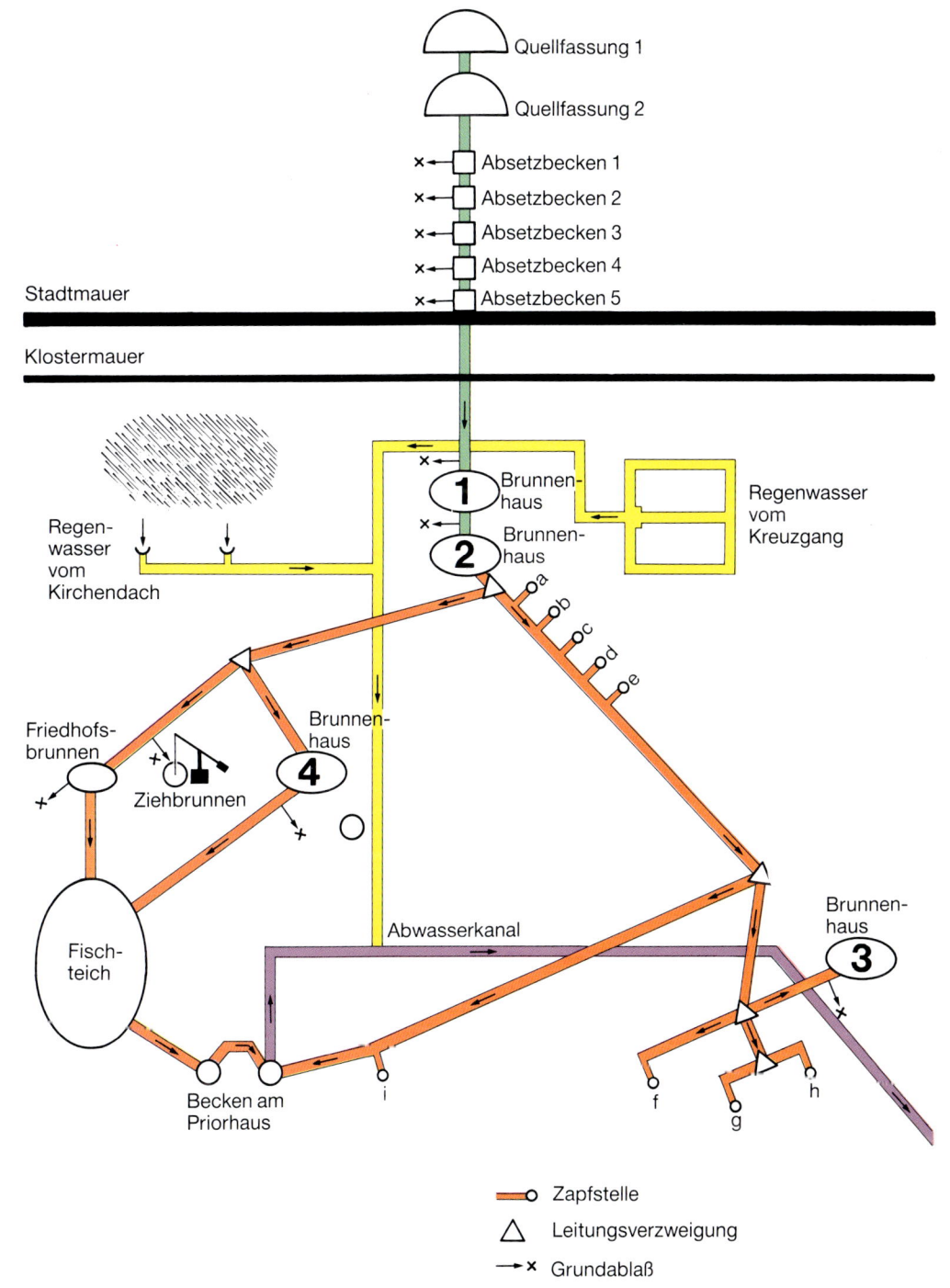

Abb. 2 Schematischer Plan des Rohr- und Kanalnetzes von Canterbury

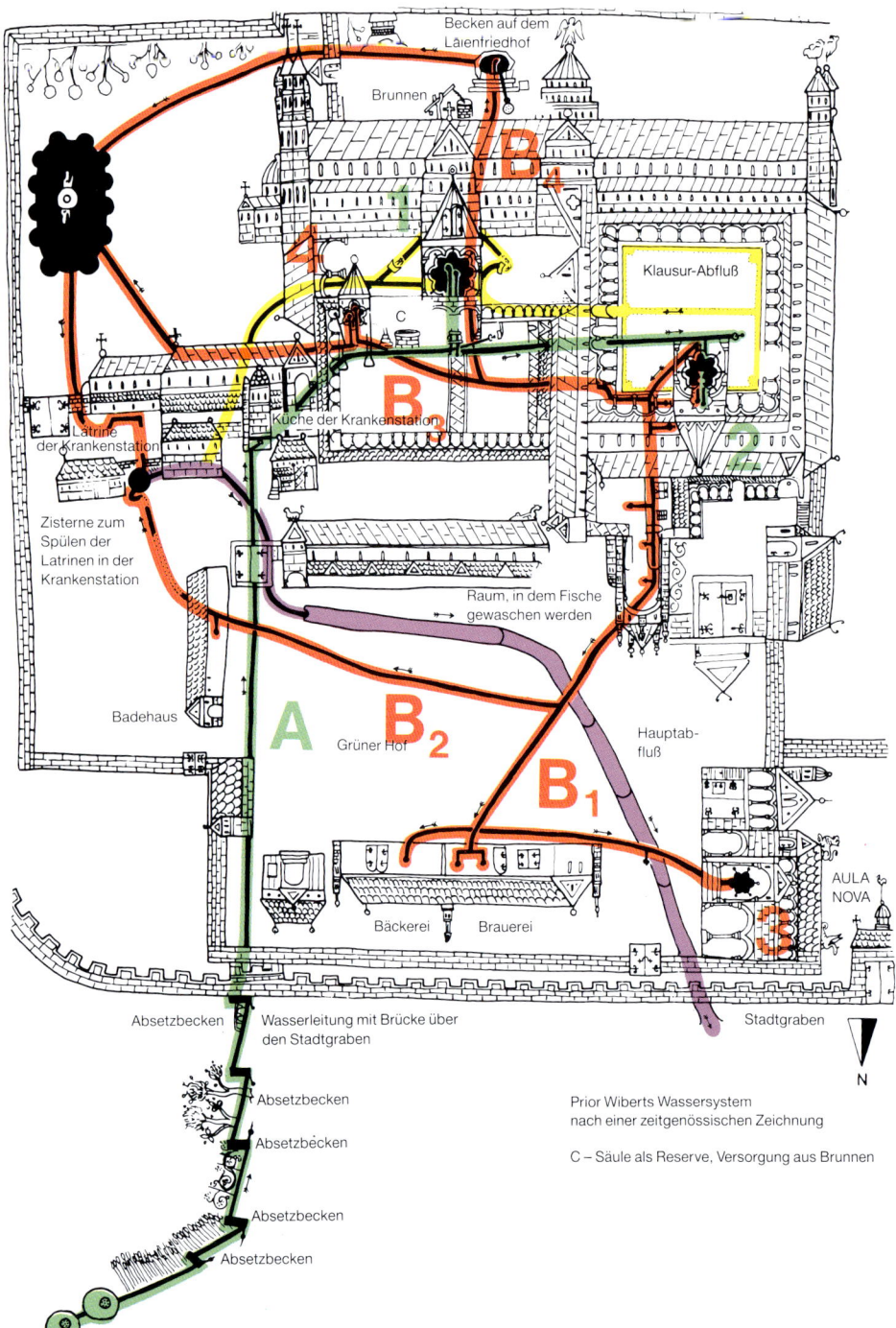

Abb. 3 Der verkleinert wiedergegebene Rohrnetzplan von Canterbury mit farblicher Hervorhebung der einzelnen Leitungsstränge

Abb. 4 Der gut erhaltene Wasserturm im Infirmarie-Kreuzgang, im Obergeschoß war ehemals der Fließbrunnen untergebracht

Abb. 5 Wasserturm im Infirmarie-Kreuzgang, Untergeschoß. Der mächtige Mittelpfeiler nahm ehemals Steig- und Fallrohr des Brunnens im Obergeschoß auf

neren eine mittig angebrachte mächtige Pfeilerkonstruktion, in welcher ehemals sowohl das Steigrohr als auch das Fallrohr der Brunnenzu- und -ableitung untergebracht gewesen waren *(Abb. 5)*.

Diesen beiden Rohre sind im Wasserleitungsplan deutlich dargestellt, und es ist erkennbar, daß das Steigrohr ein wenig länger ist als das Ableitungsrohr für das Überflußwasser. Zudem ist erkennbar, daß das Steigrohr im Knickpunkt nach oben einen Grundablaß installiert hat, der zu Reinigungsarbeiten geöffnet werden konnte, wobei das dann abfließende Wasser über einen Einlauf in den Regenwasserkanal (s. u.) abgeleitet werden konnte. Dieser Grundablaß ist hier erstmals als Reinigungsstelle *(Purgatorium)* bezeichnet.

Das obere Stockwerk hat ehemals den Brunnen aufgenommen und diente für die Waschungen der Mönche auf dem Weg vom *Dormitorium* zur Kirche.

An dieser Stelle muß ein kleiner Unterschied in der zeichnerischen Darstellung der Anschlußstellen des Leitungssystems erklärt werden: All diese Ausläufe, Einläufe und Zapfstellen sind im Plan durch einen kleinen Kreis markiert worden, der einen etwas größeren Durchmesser hat als das an ihm endende Rohrstück. Diese Darstellungsart ist beispielsweise bei allen Übergängen von den jeweils zusammen-

Abb. 6 *Ehemaliges Brunnenhaus der* Aula Nova, *heute als „Normannische Treppe"* bezeichnet

gehörenden Steig- und Fallrohren gewählt worden, und es ist klar, daß an diesen Stellen das Wasser ständig fließen mußte, um den jeweils nachgeordneten Leitungsast ausreichend zu versorgen.

Die Auslaufstellen der Absatzbecken sind auf dieselbe Art dargestellt; auf die Mitte des Kreises, der eine solche Stelle kennzeichnet, zeigt aber ein stecknadelähnliches Zeichen. Da diese Auslaufstellen – im Gegensatz zu den Steig- und Fallrohranschlüssen – aber beim Normalbetrieb geschlossen sein mußten, scheint es, als sei in jeder dieser kleinen Stecknadeln die Signatur für einen Absperrhahn zu sehen. Da nun diese Signatur auch in den Becken aller vier Brunnenhäuser zu finden ist, kann man aus dieser Darstellungsart nur folgern, daß die Laufröhren aller Brunnen mit Absperrhähnen ausgerüstet waren.

Der nächste Abschnitt der „grünen" Hauptleitung beginnt in der Brunnenschale des ersten Wasserturms, wo das angeschlossene Fallrohr das Überlaufwasser aufnimmt und wieder nach unten auf Bodenhöhe führt; unterirdisch erreicht dieser Anschluß den Kreuzgang und das dort befindliche Brunnenhaus. Auch hier sehen wir im Plan wieder ein *Purgatorium* an der Stelle eingezeichnet, wo die Leitung nach oben zur Brunnenschale hin abknickt. Dieser Brunnen ist zweischalig dargestellt. Die obere Schale dient hier als Freispiegelbecken für Aus- und Einlauf von Steig- und Fallrohr. Rund um den Brunnenstock sind wiederum (wohl acht) Wasserstellen mit Absperrhähnen angebracht.

Das Überlaufwasser des Kreuzgangbrunnens füllt nun ein weitverzweigtes Rohrnetz [B], das – mit dem Fallrohr beginnend – im Plan nunmehr „rot" koloriert ist. Noch im Kreuzgang teilt sich die Wasserführung. Ein Zweig [B₁] führt in den nördlichen Bereich des Klosters, wobei der Speisesaal *(Refectorium)* durchfahren wird. Hier sind zwei Entnahmestellen eingezeichnet: eine im Nordumgang des Kreuzgangs gegenüber der Refektoriumstür [a] und eine weitere im Eingang zum Refektorium [b]. Die Küche *(Coquina)*, wiederum mit zwei Entnahmestellen [d und e] wird erreicht, nachdem eine Wasserstelle vor dem Küchenanbau zum Geschirrspülen [c] versorgt worden ist. Auch ein Anbau für die Reinigung der Fische *(Camera ubi piscis lavatur)* ist eigens eingezeichnet.

Abb. 7 Bleirohr der Steigleitung des 12. Jahrhunderts zur Versorgung des Brunnens in der Aula Nova. Aus Bleiplatten gebogenes und gelötetes Rohrstück

Abb. 8 Im 16./17. Jahrhundert erneuertes Rohrstück der Hauptleitung zum Kloster: aus Blei gegossen und an den Stoßstellen zusammengelötet

Die Leitung erreicht danach wieder unbebautes Klostergelände und verzweigt sich erneut [B₂], um im Osten das Badehaus mit Vorratsraum (*Balneatorium et camera*) [i], im Norden das Brauhaus (*Bracinum*) mit zwei Anschlüssen (g und h) und die Bäckerei (*Pistrinum*) [f] zu versorgen. Vor dem Brauhaus zweigt ein Arm nach Westen, um das Brunnenhaus [3] der Neuen Halle (*Aula nova*) zu speisen, wo ehemals eine Gästehalle untergebracht gewesen war. Dieser Abzweig kreuzt den später noch zu beschreibenden Abwasserkanal, und möglicherweise ist es kein Brunnenstock im Freien, der an dieser Stelle dargestellt ist, sondern ein Grundablaß für diesen Zweig der Trinkwasserleitung, wodurch diese bei Reinigungsarbeiten in den Abwasserkanal hinein entleert werden konnte.

Das Brunnenhaus der *Aula nova*, deren erhaltener Teil heute als ‚Normannische Treppe' bezeichnet wird, ist noch in gutem Zustand, wenngleich auch die im Plan eingezeichnete Brunnenschale mit fünf Zapfstellen nicht mehr am Ort zu sehen ist *(Abb. 6)*.

Zurück in den Kreuzgang. Von dort ist der zweite Arm der vom Kreuzgangbrunnen ausgehenden Leitung wieder in den Küchengarten hinein zu verfolgen. Er verzweigt sich dort noch einmal: Ein Teil [B₃] speist das Becken in einem weiteren kleinen Brunnenhaus [4], von dem aus die Krankenstation (*Infirmorum*) versorgt wurde. Nach Versorgung der Krankenstation leitet eine Röhre das nicht benötigte Überlaufwasser in den Fischteich. Sonderbarerweise ist in diesem kleinen Brunnenhaus vor der Krankenstation [4] der Grundablaß am Fuß des Fallrohres und nicht – wie bei den anderen Brunnen – am Fuß des Steigrohres angebracht, jedenfalls nach Ausweis des Planes.

Der letzte Zweig dieser Sekundärleitungen [B₄] verlief vom *Herbarium* aus quer unter dem Kirchenschiff zum Laienfriedhof, wo er einen Fließbrunnen speiste *(Fons in cimiterio laicorum)*. Dieser Brunnen hat auffälligerweise keinen Absperrhahn installiert, sondern das Steigrohr der Zuleitung speist mit stetigem Fluß das Becken. Da dieser Brunnen vornehmlich von den Stadtbewohnern benutzt wurde und etwas außerhalb der klösterlichen Aufsicht lag, hätte ein unsachgemäß bedienter Absperrhahn zu großer Wasserverschwendung oder gar zum Leerlaufen eines Teils des Systems führen können. R. Willis vermutet, man habe deshalb bewußt auf eine Absperrvorrichtung verzichtet und statt dessen einen Laufbrunnen gebaut; diesen dann allerdings in einer Höhe gelegt, die Gefahren für die klosterinterne Wasserversorgung ausschloß. Die nach diesen Gesichtspunkten gebaute Brunnenschale war nun allerdings nicht mehr benutzerfreundlich von ebener Erde aus zu erreichen. Um Wasser schöpfen zu können, mußte man sogar ein kleines steinernes Podest erklimmen – genau jenes, das im Plan dargestellt ist.

Unmittelbar vor Erreichen des Brunnens, der mit einem eigenen Grundablaß (*Purgatorium fontis*) versehen war, geht ein weiterer Grundablaß aus der zuführenden Röhrenleitung (*Purgatorium calami*) seitwärts in den Schacht eines alten Ziehbrunnens, der sicherlich noch aus der Anfangszeit der klösterlichen Wasserversorgung stammte.

Das Überlaufwasser des Friedhofsbrunnens speiste über eine Röhrenleitung den großen Fischteich (*Piscina*), dem über eine andere Leitung auch das aus der Krankenstation kommende Überlaufwasser zugeführt worden war (s. o.).

Damit war die Ausnutzung des Wassers im Kloster nicht zu Ende, denn das Überlaufwasser des Teiches füllte noch zwei Becken am Neuen Priorshaus und durchspülte danach den Abort der Krankenstation sowie die große Abortanlage (*Necessarium*) neben den Schlafsälen (*Dormitorium*). Zwischen den beiden Abortanlagen nimmt der Abwasserkanal [C] noch die Regenwasser auf, die in einem eigenen kleinen Kanalsystem von den Regenrinnen des Kirchendaches (*Stillicidia*) und im Kreuzgang in offenen Bodenrinnen (*canales*) gesammelt worden waren. Selbst der Grundablaß des Brunnenhauses [1] am *Herbarium* hatte, wie wir oben bereits gesehen haben, an dieses System einen Anschluß.

Für Notzeiten, in welchen die Fernwasserversorgung aus technischen Gründen ausgefallen war, gelangte einer der älteren Tiefbrunnen zu neuer Bedeutung. Im Plan ist außer dem alten Brunnen im Laienfriedhof ein weiterer im In-

235

firmarie-Kreuzgang eingezeichnet. Zwischen diesem und dem Brunnenhaus der Infirmarie [4] ist eine freistehende Säule mit Kapitell [S] dargestellt, der durch den ausführlichen Begleittext eine ganz besondere Funktion für die Wasserversorgung des Klosters zugewiesen war: „*Columpna in quam ductu aque deficiente potest hauriri aqua de Puteo et administrabitur omnibus officinis*". In diese Säule sollte also bei Ausfall der Aquäduktversorgung aus dem Brunnen geschöpftes Wasser gegeben werden, um von hier aus alle Räume zu versorgen.

Was auf den ersten Blick merkwürdig erscheinen mag, macht bei näherer Betrachtung durchaus Sinn. Dann nämlich, wenn diese Säule hohl war und an die in ihrer Nähe verlaufende Druckleitung [B$_3$] angeschlossen war. Bei ausreichender Höhe der Säule machte dieser Anschluß an das Druckleitungsnetz selbst beim Normalbetrieb keine Probleme. War allerdings die Wasserzuleitung von außen gestört, so fielen als erstes die Brunnenhäuser [1] und [2] trocken und danach auch das ganze angeschlossene System. Von der Säule aus konnten jedoch sämtliche tiefer liegenden Anschlüsse im gesamten Klostergelände versorgt werden, dazu wurde – getreu der Anleitung – Brunnenwasser geschöpft und in die Säule gegeben, wobei dann das Kapitell eine Art Trichterfunktion auszufüllen hatte.

Da die Brunnenhäuser [1] und [2] auf diese Weise nicht zu versorgen waren, mußte in ihrem Bereich die Notversorgung entweder aus dem Schöpfbrunnen (für den Bereich der Infirmarie-Kreuzgangs) oder den Zapfstellen beim Refektorium (für den Kreuzgang) entnommen werden.

Der Rohrnetzplan aus der Zeit des Priors Wibert gibt uns einen tiefgehenden Einblick in den Stand der Technik, aber auch in die hygienischen Vorstellungen zumindest eines Klosters des 12. Jahrhunderts. Die darin ausgewiesene Technik war praxisbezogen, ausgereift und von hohem Standard – in diesem Sinne haben wir im Wasserversorgungsplan von Canterbury eines der bedeutendsten zeitgenössischen Dokumente mittelalterlicher Technikgeschichte vor uns.

KLAUS GREWE, BONN

Literatur

ROBERT WILLIS: *The Architectural History of the Convental Buildings of the Monastery of Christ Church in Canterbury*, X. Waterworks. Archaelogia Cantiana X (London 1868) 158–206.

W. DOUGLAS CARÖE: *The Water Tower* (Cambridge 1929).

The Canterbury Psalter. With Introduction by M. R. James (London 1935).

JOHN HAYES: *Prior Wibert's Waterworks*. in: Canterbury Cathedral Chronicle, Nr. 71, 1977, 17–26.

KLAUS GREWE: *Die Wasserversorgung und Abwasserentsorgung in der Stadt um 1200*. in: Zeitschrift für Archäologie des Mittelalters, Beiheft 4/1986, 284.

Die Wasserleitung vom Ende des 11. Jahrhunderts im ehem. Kloster Großkomburg

Im mittleren Kochertal, an der südlichen Stadtgrenze von Schwäbisch Hall, hatte sich im Zuge fortschreitender Erosion der Flußlauf so tief in einen Prallhang aus anstehenden Muschelkalkschichten gegraben, daß es während der jüngsten Eiszeit zum Durchbruch am Hals eines alten, nunmehr trockenfallenden Mäanders kam. Der dadurch entstandene, landschaftstypische Umlaufberg bot im frühen 11. Jahrhundert gute Voraussetzungen für die Anlage einer Gipfelburg der im Kochergau begüterten Grafen von (Komburg-) Rothenburg. Jedoch wurde die befestigte Residenz schon wenige Jahrzehnte später von der letzten Generation der Dynastenfamilie, die aus vier Brüdern ohne direkte männliche Nachkommen bestand, in ein Benediktinerkloster umgewandelt. Die 1078 gegründete Abtei erlebte ihre größte Blüte im 12. Jahrhundert, wovon als Teile ihrer alten Ausstattung heute noch hochbedeutende Metallbildwerke (monumentaler Radleuchter, vergoldete Altartafel) zeugen. Von der romanischen Konventkirche stehen dagegen nur ihre drei Türme aufrecht, während das Gotteshaus selbst in den Jahren 1706–15 durch eine barocke Halle ersetzt wurde. Die westlich daran anschließenden Klausurgebäude der Gründungszeit sind größtenteils erhalten, allerdings im Spätmittelalter zu Einzelwohnungen umgebaut worden, als man das Gemeinschaftsleben nach der Ordensregel zugunsten einer weniger strengen Stiftsverfassung aufgab (1488). Von diesem Zeitpunkt bis zur 1803 erfolgten Säkularisierung ist die malerische Gebäudegruppe durch weitere Neubauten für die adeligen Chorherren bereichert worden. Dennoch blieb ein geschlossener, harmonischer Gesamteindruck gewahrt dank der im späten 16. Jahrhundert errichteten, türmebewehrten Ringmauer, die das ovale Stiftsareal auf der Bergkuppe vollständig umschließt *(Abb. 1)*. In der Neuzeit durch schonende öffentliche Nutzung nur unwesentlich in der Substanz beeinträchtigt, ist die nach dem 2. Weltkrieg gründlich renovierte Großkomburg heute Sitz einer Staatlichen Akademie für Lehrerfortbildung.

Über die Wasserversorgung der Abtei im Mittelalter wußte man bis vor einigen Jahren nichts Näheres. Der Waschbach, ein rechter Zufluß des Kocher, entspringt auf dem benachbarten Haller Hochplateau und nimmt seinen Weg durch die alte Schleife des vor-eiszeitlichen Urkochers entlang der Südseite des Klosterberges. Dort hatten gewiß bereits die ersten Mönche mehrere Fischteiche angestaut, die auf Karten des 19. Jahrhunderts noch eingetragen sind *(Abb. 2)*. Eine Reihe von Brunnen innerhalb der Ringmauer sind bisher nicht genauer überprüft worden. Darunter könnten Schächte sein, die aus der älteren Klosterzeit stammen. Auch mit hochmittelalterlichen Zisternen ist zu rechnen (s. u.).

Erst die archäologischen Untersuchungen des Landesamtes für Denkmalpflege Baden-Württemberg, im Zuge von Restaurierungsmaßnahmen in Kirche und ehemaliger Klausur während der Jahre 1965-71 unter Leitung von G. Fehring und R. Schweizer vorgenommen, er-

Abb. 1 Großkomburg
Gesamtansicht von Süden über das Waschbachtal hinweg.
rechts: verbindender Geländesattel zwischen Umlaufberg und Hochebene
links: im Hintergrund die Stadt Schwäbisch Hall

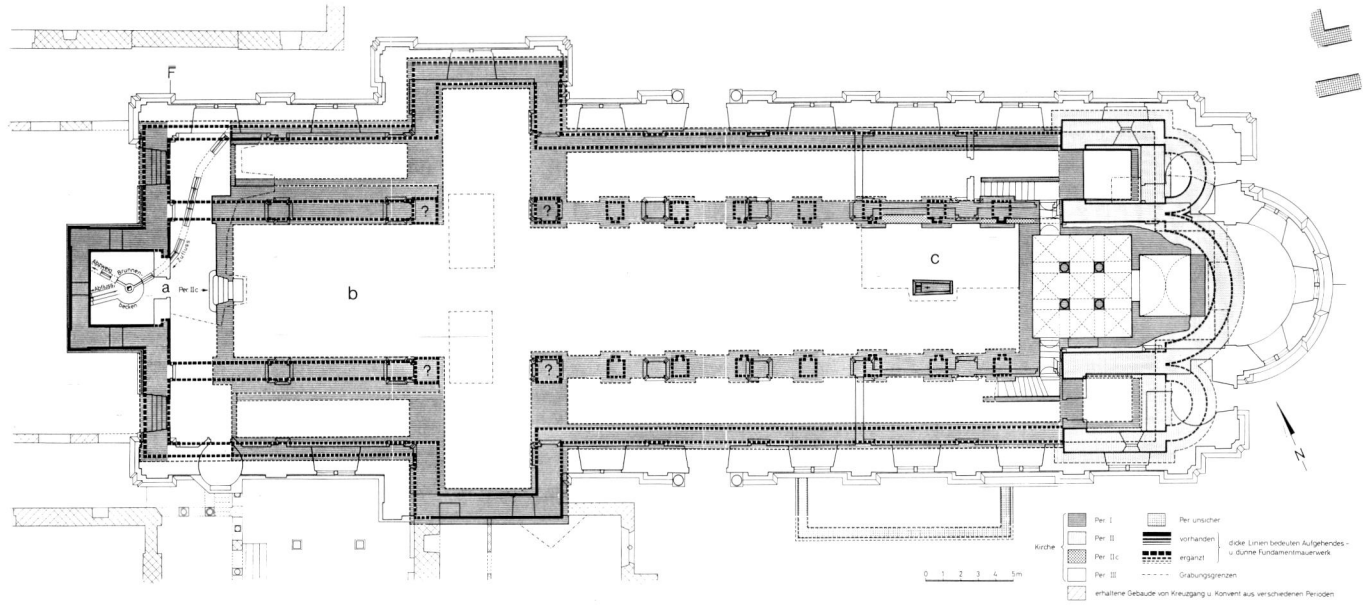

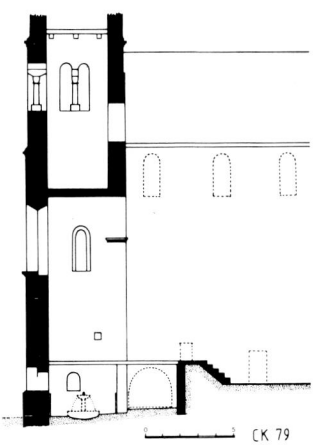

meinsam mit denen anderer verdienstvoller Würdenträger aus der Frühzeit der Abtei in verschiedenen Fächern eines steinernen oberirdischen Sarkophages wieder beigesetzt. Dabei handelt es sich um die sterblichen Überreste des Grafen Heinrich von Komburg († 1116), jüngerer Bruder Burkhards und Gründer des benachbarten Priorats Kleinkomburg, sowie des bedeutendsten (3.) Großkomburger Abtes Hertwig († um 1140) und des Klosterbruders Wignand; von letzterem wird noch die Rede sein. Als man 1967 das originäre Bodengrab des Grafen Burkhard nochmals öffnete, fand sich ein Wirbelknochen, der im frühen 13. Jahrhundert bei der Übertragung in die Steintumba übersehen worden war, jedoch nach anthropologischer Beurteilung eindeutig Teil desselben Skeletts ist. Über die Identität der umgebetteten Gebeine besteht keinerlei Unklarheit, da die Gefache im spätromanischen Sarkophag mit Namenstäfelchen versehen waren.

Ist dieser Tatbestand schon ungewöhnlich, so machte man im alten Stiftergrab vor dem Kreuzaltar eine weitere bemerkenswerte Entdeckung: Nach Anheben der Abdeckplatten stellte sich heraus, daß eine von ihnen an der Unterseite die gleichen charakteristischen Ausmeißelungen zur Aufnahme eines Metallrohres zeigt, wie wir sie bereits aus dem östlichen Kreuzgangflügel kennen. Neben den verbreiterten Höhlungen zur Aufnahme der Muffen an beiden Enden der etwa 170 cm langen, ca. 35 cm breiten Sandsteinplatte kommt hier

Abb. 4 Großkomburg
rekonstruierter Grundrißplan der romanischen Abteikirche
(ergänzt nach G. Fehring u. R. Schweizer 1972)
a) Brunnenstube und östlicher Kreuzgangflügel mit Befunden der Ausgrabung 1965-71
b) heutiger Aufstellungsort des spätromanischen Stiftersarkophags
c) ursprüngliches Bodengrab des Grafen Burkhard, ehemals vor dem Kreuzaltar
(Vorlage der Zeichnung aus: Württembergisch Franken 56/1972, Beilage 1)

Abb. 5 Großkomburg
rekonstruierter Längsschnitt (Blick nach Norden) des Westchores der romanischen Abteikirche, mit Brunnenstube und östlichem Kreuzgangflügel unter dem hochgelegenen Altarraum

Die Wasserleitung vom Ende des 11. Jahrhunderts im ehem. Kloster Großkomburg

Im mittleren Kochertal, an der südlichen Stadtgrenze von Schwäbisch Hall, hatte sich im Zuge fortschreitender Erosion der Flußlauf so tief in einen Prallhang aus anstehenden Muschelkalkschichten gegraben, daß es während der jüngsten Eiszeit zum Durchbruch am Hals eines alten, nunmehr trockenfallenden Mäanders kam. Der dadurch entstandene, landschaftstypische Umlaufberg bot im frühen 11. Jahrhundert gute Voraussetzungen für die Anlage einer Gipfelburg der im Kochergau begüterten Grafen von (Komburg-) Rothenburg. Jedoch wurde die befestigte Residenz schon wenige Jahrzehnte später von der letzten Generation der Dynastenfamilie, die aus vier Brüdern ohne direkte männliche Nachkommen bestand, in ein Benediktinerkloster umgewandelt. Die 1078 gegründete Abtei erlebte ihre größte Blüte im 12. Jahrhundert, wovon als Teile ihrer alten Ausstattung heute noch hochbedeutende Metallbildwerke (monumentaler Radleuchter, vergoldete Altartafel) zeugen. Von der romanischen Konventkirche stehen dagegen nur ihre drei Türme aufrecht, während das Gotteshaus selbst in den Jahren 1706–15 durch eine barocke Halle ersetzt wurde. Die westlich daran anschließenden Klausurgebäude der Gründungszeit sind größtenteils erhalten, allerdings im Spätmittelalter zu Einzelwohnungen umgebaut worden, als man das Gemeinschaftsleben nach der Ordensregel zugunsten einer weniger strengen Stiftsverfassung aufgab (1488). Von diesem Zeitpunkt bis zur 1803 erfolgten Säkularisierung ist die malerische Gebäudegruppe durch weitere Neubauten für die adeligen Chorherren bereichert worden. Dennoch blieb ein geschlossener, harmonischer Gesamteindruck gewahrt dank der im späten 16. Jahrhundert errichteten, türmebewehrten Ringmauer, die das ovale Stiftsareal auf der Bergkuppe vollständig umschließt *(Abb. 1)*. In der Neuzeit durch schonende öffentliche Nutzung nur unwesentlich in der Substanz beeinträchtigt, ist die nach dem 2. Weltkrieg gründlich renovierte Großkomburg heute Sitz einer Staatlichen Akademie für Lehrerfortbildung.

Über die Wasserversorgung der Abtei im Mittelalter wußte man bis vor einigen Jahren nichts Näheres. Der Waschbach, ein rechter Zufluß des Kocher, entspringt auf dem benachbarten Haller Hochplateau und nimmt seinen Weg durch die alte Schleife des vor-eiszeitlichen Urkochers entlang der Südseite des Klosterberges. Dort hatten gewiß bereits die ersten Mönche mehrere Fischteiche angestaut, die auf Karten des 19. Jahrhunderts noch eingetragen sind *(Abb. 2)*. Eine Reihe von Brunnen innerhalb der Ringmauer sind bisher nicht genauer überprüft worden. Darunter könnten Schächte sein, die aus der älteren Klosterzeit stammen. Auch mit hochmittelalterlichen Zisternen ist zu rechnen (s. u.).

Erst die archäologischen Untersuchungen des Landesamtes für Denkmalpflege Baden-Württemberg, im Zuge von Restaurierungsmaßnahmen in Kirche und ehemaliger Klausur während der Jahre 1965-71 unter Leitung von G. Fehring und R. Schweizer vorgenommen, er-

Abb. 1 Großkomburg
Gesamtansicht von Süden über das Waschbachtal hinweg.
rechts: verbindender Geländesattel zwischen Umlaufberg und Hochebene
links: im Hintergrund die Stadt Schwäbisch Hall

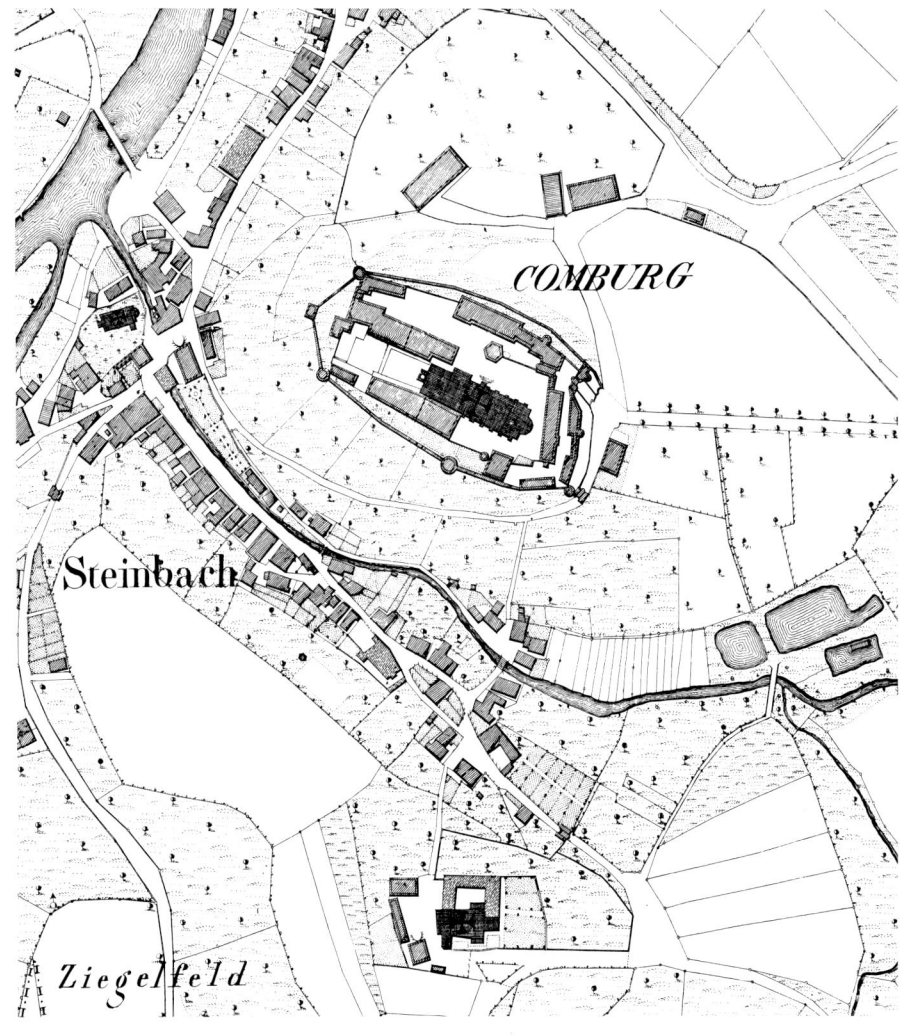

Abb. 2 Großkomburg
*mit Waschbach und älteren Klosterteichen.
Primärkataster des Geometers Daxer von
1827
(Foto: Landesvermessungsamt Baden-Württemberg)*

Abb. 3 Großkomburg
*Blick vom Kreuzganghof nach Osten auf den
romanischen Westchorturm der ehem. Abteikirche mit Brunnenstube*

brachten genauere Aufschlüsse über die ungewöhnliche Lage des klösterlichen Brunnenhauses sowie die nicht weniger bemerkenswerte Form seiner Frischwasser-Zuleitung. Zum besseren Verständnis sind summarische Angaben zur Rekonstruktion der ältesten Abteikirche und ihres Gevierts von Konventgebäuden vonnöten, soweit es die bislang nur vorläufige Veröffentlichung der damals gemachten Beobachtungen ermöglicht.

Die 1088 der Gottesmutter und dem hl. Nikolaus geweihte Kirche war eine doppelchörige Pfeilerbasilika mit westlichen Querhausarmen. Ihren östlichen Altarraum über einer Vierstützenkrypta dürften von Anfang an Flankierungstürme seitlich eingefaßt haben; die in den Barockbau einbezogenen Osttürme sind erst spätromanisch und wurden zu Beginn des 13. Jahrhunderts errichtet, wahrscheinlich anstelle älterer Vorgänger. Auf jeden Fall dem Gründungsbau des 11. Jahrhunderts zugehörig ist der westliche Einzelturm (mit Ausnahme der oberen, Anfang des 13. Jahrhunderts zugefügten Aufhöhung) *(Abb. 3)*. Durch sein zum Kirchenschiff voll geöffnetes Hauptgeschoß erfüllte er die Rolle eines „Chorturmes" über dem westlichen Hochaltar, in dessen Nähe das Chorgestühl des Konvents aufgestellt war. Außerdem verklammerte er in höchst origineller Weise die romanische Kirche mit dem Quadrum des Kreuzgangs und seiner Anräume. Dieser lag nämlich auf der Großkomburg nicht wie üblich zu Seiten, sondern westlich anschließend in der Längsachse der Basilika. Dabei führte sein östlicher Querflügel wie ein Tunnel unter dem hochgelegenen Westchor hindurch, aus dessen Nebenchören man jeweils über Seitentreppen zur Klausur hinabstieg. Zugleich ermöglichte dieser östliche Kreuzgangflügel den Zutritt ins Brunnenhaus, das im Untergeschoß des in den Binnenhof vorspringenden Chorturmes eingerichtet war, also unterhalb des westlichen Sanctuariums mit dem Hochaltar (Abb. 4 u. 5). Auf die daraus ableitbare architektonische Symbolik ist noch zurückzukommen.

Im Verlauf der Ausgrabungen wurden 1968 im Kreuzgang-Ostflügel Reste einer von Norden kommenden Wasserleitung auf einer Länge von ca. 8 m festgestellt. Direkt dem anstehenden, nur geglätteten Felsgrund aufliegend, fanden sich aneinandergereiht flache Sandsteinplatten unterschiedlicher Abmessungen, in deren Mittellinie der Hohlraum für eine (verlorene) Metallrohrleitung ausgemeißelt ist. Deutlich erkennbar sind die in unregelmäßigen Abständen von 150–180 cm angeordneten breiteren Höhlungen zur Aufnahme der Muffen, mit denen die Einzelrohre ineinandergegriffen haben (Abb. 6). Dichtungsringe aus Blei von diesen Verbindungen sind im Grabungsschutt gefunden worden, außerdem Spuren von Kalksinter, der sich im Rohrinneren niedergeschlagen hatte. Offenbar lagen die Metallrohre den Rinnen eingepaßt in einer Ton- oder Lehmbettung und wurden auch nach oben durch steinerne „Deckel" vor Beschädigungen geschützt. Auf jeden Fall war die gesamte Leitung unsichtbar unter dem Fliesenboden des Kreuzgangs verlegt. Im Brunnenhaus, ihrem ersten Zielpunkt, schloß diese Bodenplattierung bündig ab mit einem in der Mitte des quadratischen Raumes (Seitenlänge ca. 4,20 m) in den Felsen eingelassenen kreisförmigen Steinbecken von etwa 170 cm Durchmesser. Es weist in seinem Zentrum den Abdruck eines runden Brunnenstockes auf, der mittels eines metallenen Zapfens verankert war. Der Rundpfeiler trug zweifellos eine klei-

nere obere Schale mit einer Reihe von Ausflußöffnungen, durch die Wasserstrahlen hinab in das Bodenbecken rinnen konnten. Vom Kreuzgangbrunnen zweigen zwei weitere Leitungen ab; dazu durchstoßen sie die Sockelmauer des Westturms. Eine unterirdisch verlaufende Rohrleitung in nordwestliche Richtung diente wahrscheinlich der Wasserversorgung von Küche und Refektorium (Speisesaal der Mönche) in der Nordhälfte des Klausur-Westtraktes. Nach Südwesten führte ein offenes Gerinne als Überlauf zu einer Zisterne im Kreuzganghof (Abb. 4 u. 7).

Ungeachtet des rudimentären Erhaltungszustandes der Anlage lassen sich Schlußfolgerungen darüber anstellen, wie sie ursprünglich funktionierte. Es handelte sich eindeutig um einen der in Kreuzgängen seit hochmittelalterlicher Zeit üblichen Laufbrunnen. Er diente als erste und wichtigste Entnahmestelle einer außerhalb des Klosterareals beginnenden Druckwasserleitung aus Metallrohren in Stein-Ummantelung, zugleich als Verteiler für eine weiterführende Zweigleitung mit zusätzlichen Zapfmöglichkeiten. Da permanenter Wasserzufluß auf isolierte Berggipfel im Mittelalter nur nach dem Prinzip der kommunizierenden Röhren möglich war, muß die Leitung von einer etwas höherliegenden Quelle am gegenüberliegenden Nordosthang der alten Urkocher-Schleife gespeist worden sein. Außerhalb des Klosterberings ist ihr Verlauf im Gelände bislang nicht festgestellt worden, doch wäre eine Spurensuche in östlicher Richtung an der flachsten Stelle des Sattels, der den Umlaufberg mit der Haller Hochebene verbindet, nicht aussichtslos. Wünschenswert ist ferner eine angemessene Sicherung und Präsentierung der damaligen Grabungsfläche im Westturm durch die Staatliche Denkmalpflege.

Sind Entstehungszeit und Auftraggeber der aufwendigen Großkomburger Wasserleitung erschließbar? Archäologische Indizien sprechen für ihre Fertigstellung noch während der Bauzeit des Westchores, nämlich vor Einbringung des ältesten Plattenbodens im Kreuzgang-Ostflügel. Die Betriebsdauer des Laufbrunnens war spätestens in der Mitte des 17. Jahrhunderts beendet, als man – noch vor Er-

richtung der Barockkirche – den westlichen Gegenchor aufgab und die bisherige Brunnenstube nun als Karner nutzte. Erstaunlicherweise gibt es auch konkrete Hinweise auf historische Persönlichkeiten, denen die Mönche ihre in einem Bergkloster des Mittelalters nicht selbstverständliche Versorgung mit fließendem Wasser zu verdanken hatten. Unter den überlieferten Klosterstiftern war offenbar einer der gräflichen Brüder namens Burkhard die treibende Kraft. Er übereignete seinen gesamten Erbteil der Neugründung und trat selbst als Laienbruder dem Konvent bei. Kurz vor 1100 verstorben, erhielt er seinem Rang entsprechend an ausgezeichneter Stelle ein Grab auf der Mittelachse der Basilika, und zwar am Ostende des Langhauses vor dem Kreuzaltar, wo neben den Pfarr- auch die Totenmessen gefeiert wurden und der Verstorbene so eines regelmäßigen Gebetsgedenkens teilhaftig werden konnte (Abb. 4). Im Zuge spätromanischer Umbauten hat man über 100 Jahre danach seine Gebeine aus der ursprünglichen, in den Felsen eingetieften Grablege erhoben und ge-

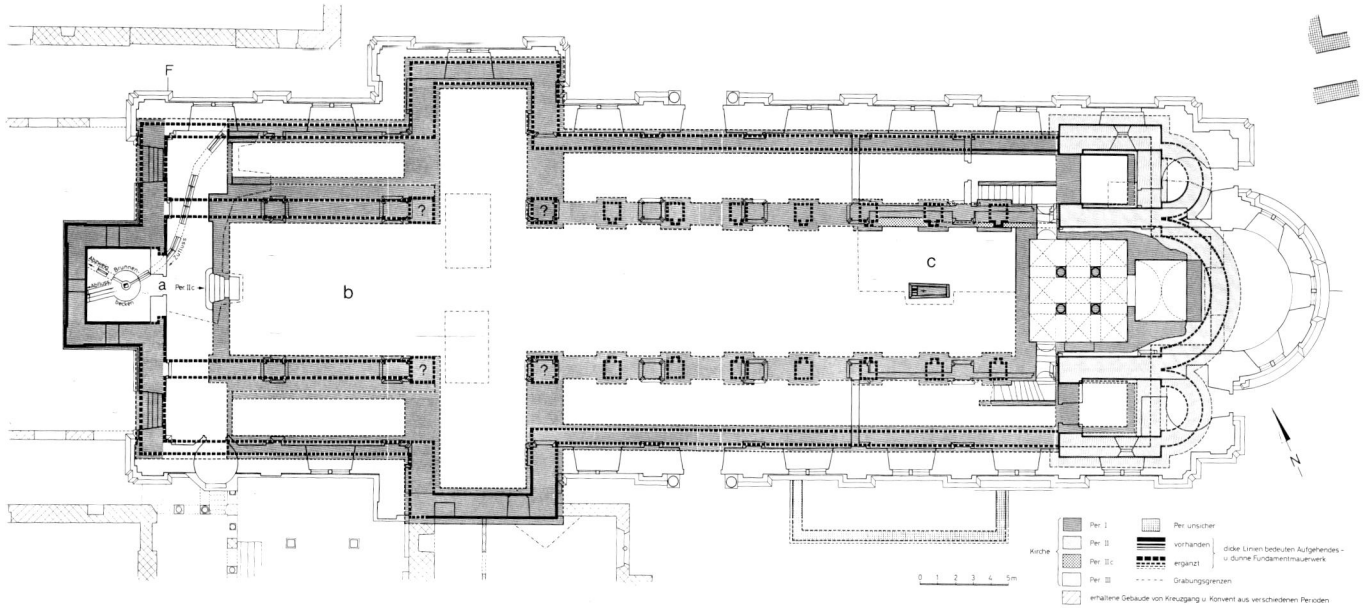

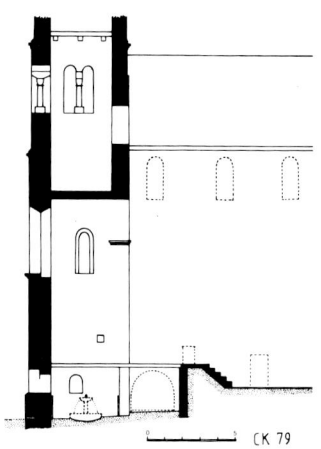

des bedeutendsten (3.) Großkomburger Abtes Hertwig († um 1140) und des Klosterbruders Wignand; von letzterem wird noch die Rede sein. Als man 1967 das originäre Bodengrab des Grafen Burkhard nochmals öffnete, fand sich ein Wirbelknochen, der im frühen 13. Jahrhundert bei der Übertragung in die Steintumba übersehen worden war, jedoch nach anthropologischer Beurteilung eindeutig Teil desselben Skeletts ist. Über die Identität der umgebetteten Gebeine besteht keinerlei Unklarheit, da die Gefache im spätromanischen Sarkophag mit Namenstäfelchen versehen waren.

Ist dieser Tatbestand schon ungewöhnlich, so machte man im alten Stiftergrab vor dem Kreuzaltar eine weitere bemerkenswerte Entdeckung: Nach Anheben der Abdeckplatten stellte sich heraus, daß eine von ihnen an der Unterseite die gleichen charakteristischen Ausmeißelungen zur Aufnahme eines Metallrohres zeigt, wie wir sie bereits aus dem östlichen Kreuzgangflügel kennen. Neben den verbreiterten Höhlungen zur Aufnahme der Muffen an beiden Enden der etwa 170 cm langen, ca. 35 cm breiten Sandsteinplatte kommt hier

meinsam mit denen anderer verdienstvoller Würdenträger aus der Frühzeit der Abtei in verschiedenen Fächern eines steinernen oberirdischen Sarkophages wieder beigesetzt. Dabei handelt es sich um die sterblichen Überreste des Grafen Heinrich von Komburg († 1116), jüngerer Bruder Burkhards und Gründer des benachbarten Priorats Kleinkomburg, sowie

Abb. 4 Großkomburg
rekonstruierter Grundrißplan der romanischen Abteikirche
(ergänzt nach G. Fehring u. R. Schweizer 1972)
a) Brunnenstube und östlicher Kreuzgangflügel mit Befunden der Ausgrabung 1965-71
b) heutiger Aufstellungsort des spätromanischen Stiftersarkophags
c) ursprüngliches Bodengrab des Grafen Burkhard, ehemals vor dem Kreuzaltar
(Vorlage der Zeichnung aus: Württembergisch Franken 56/1972, Beilage 1)

Abb. 5 Großkomburg
rekonstruierter Längsschnitt (Blick nach Norden) des Westchores der romanischen Abteikirche, mit Brunnenstube und östlichem Kreuzgangflügel unter dem hochgelegenen Altarraum

Abb. 6 Großkomburg
*Brunnenstube im Untergeschoß des Westchorturmes: Sandsteinquader mit eingetiefter Rinne für Metallrohre mit Muffenverbindung.
(Foto: Landesdenkmalamt Baden-Württemberg, Archiv Archäologie des Mittelalters)*

Abb. 7 Großkomburg
*Brunnenstube im Untergeschoß des Westchorturmes. Zustand der Grabungsfläche 1968 (Osten oben).
Zu erkennen sind: Bodenplatte des Laufbrunnens mit Abdruck des runden Brunnenstockes; Steinbettung der Frischwasser-Zuleitung und eines (z. T. ausgebrochenen) Abzweigs; offene Überlaufrinne
(Foto: Landesdenkmalamt Baden-Württemberg, Archiv Archäologie des Mittelalters)*

in etwa deren halber Länge noch eine seitliche, trichterförmige Ausbuchtung hinzu, die nicht ganz bis zum Plattenrand reicht – möglicherweise Ansatzstelle eines abzweigenden Leitungsstranges. Die heute in einem Vorraum der Sakristei aufbewahrte Platte *(Abb. 8)* wurde von den Ausgräbern als Gußform für die Herstellung der hier verarbeiteten metallenen Wasserrohre gedeutet. Dagegen erheben sich allerdings Bedenken. Einmal haben eher um einen Rundstab gebogene und dann an der Naht verlötete Bleirohre Verwendung gefunden, wie wir sie aus hochmittelalterlicher Zeit auch von anderen Ausgrabungen kennen. Sodann fehlen dem Großkomburger Stück die beim Ausschmelzverfahren unerläßlichen Gußkanäle. Wahrscheinlicher dürfte sein, daß die Grabplatte zunächst in der oben beschriebenen Form und Verwendung für die Umhüllung der Wasserleitung vorgesehen war und dann für eine andere Zweckbestimmung ausgesondert wurde – entweder als verworfenes Exemplar oder bewußt einem Vorrat bereits entsprechend hergerichteter Werkstücke entnommen. Denn an der Erklärung des singulären Befundes kann kein Zweifel aufkommen, unabhängig davon, ob die Steinplatte erst im frühen 13. Jahrhundert bei der geschilderten Graböffnung an ihren Platz kam oder (mit einiger Gewißheit) von Anfang an den Sarg Burkhards bedeckte. Beabsichtigt war jedenfalls, demjenigen unter den Klosterstiftern, der am Bau der Wasserleitung besonderen Anteil hatte, auf solche Weise sinnfälligen Dank abzustatten. Mit Hinweis auf seine speziellen Verdienste um die Mönchsgemeinschaft sollte sein Andenken gewährleistet und sein liturgisches Gedächtnis mit besonderem Nachdruck sichergestellt werden. Man wird kaum fehlgehen in der Annahme, daß dies sich nicht nur verborgen im Inneren des Grabes (gewissermaßen ideell) vollzog, sondern auch nach außen hin jedem Betrachter sichtbar gemacht wurde, etwa durch eine darüber angebrachte Deckplatte mit entsprechender Inschrift (wie z.B. in St. Emmeram zu REGENSBURG; vergl. S. 41) oder bildlicher Darstellung.

Mit der vierten Persönlichkeit, deren Gebeine in den spätromanischen Sarkophag übertragen wurden, hat es noch eine besondere Bewandnis. Wignand von Kastell war ein in zeitgenössischen Schriftquellen oft genannter Gefolgsmann (Ministeriale) des Mainzer Erzbischofs, dazu reicher Handelsherr. Er trat in höherem Alter dem Großkomburger Konvent als Laienbruder bei und übertrug ihm große Teile seiner Besitztümer, so daß er später der Hausüberlieferung als zusätzlicher Klosterstifter galt. Auch der Schwarzwaldabtei St. Peter u. Paul zu HIRSAU – im 11. und 12. Jahrhundert ein wichtiges Reformzentrum des Benediktinerordens, deren innere Verfassung man in Großkomburg noch vor der Kirchweihe 1088 übernommen hatte – machte Wignand umfangreiche finanzielle Zuwendungen, was chronikalischen Berichten zufolge überhaupt erst die Anlage der dortigen Wasserversorgung ermöglichte.* Die in den vergangenen Jahren zum Teil ergrabene Hirsauer Leitung [siehe Beitrag Teschauer im Bildanhang] weist so große Ähnlichkeit mit der Komburger Bauweise auf, daß auch ohne ausdrücklichen Hinweis einer Schriftquelle – lediglich im Analogieschluß – vermutet werden darf, hier habe Wignand gleichfalls die erforderlichen Geldmittel und möglicherweise auch technisches Fachwissen zur Verfügung gestellt.

Schließlich ist noch auf eine Interpretationsmöglichkeit der Großkomburger Klosteranlage hinzuweisen, die der Form ihrer Wasserversorgung besondere Bedeutung zumißt. Man weiß aus mittelalterlichen Texten, daß geistliche Gemeinschaften (Mönche und Kanoniker) sich als Nachfolger des Apostelkollegiums fühlten und ihr von der Ordensregel geprägtes Leben im Kloster oder Stift wie eine Vorwegnahme des verheißenen Paradieses auffaßten. Dieses „Himmlische Jerusalem" stellte man sich nach der Beschreibung im Neuen Testament (Apokalypse XXI–XXII) unter anderem als einen maucrumgürteten Garten vor, auf manchen Darstellungen auch wie ein Kreuzganghof von Galerien eingefaßt. Dort thront im Zentrum das Lamm Gottes auf einem turmbekrönten Hügel mit dem Lebensbrunnen, von dem die vier Paradiesströme ausgehen und den Erdkreis bewässern. So wird die Erlösung der Menschheit durch das am Kreuz ver-

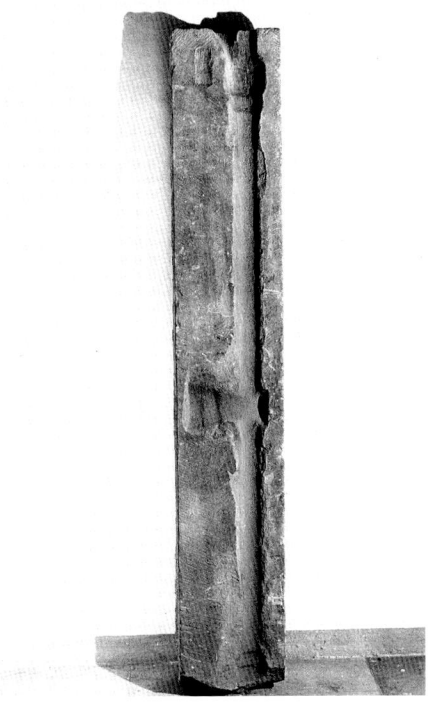

Abb. 8 Großkomburg
*Abdeckplatte vom ursprünglichen Bodengrab des Klosterstifters Graf Burkhard († vor 1100) mit eingemeißelter Rinne zur Aufnahme eines Leitungsrohres
(Foto: Landesdenkmalamt Baden-Württemberg, Archiv Archäologie des Mittelalters)*

gossene Blut Christi versinnbildlicht, wie sie die Eucharistiefeier auf dem Altar täglich nachvollzieht. Durch ihren auffälligen Vertikalzusammenhang mit dem hochgelegenen Sanctuarium im Westturm der Großkomburger Basilika wurde das darunter befindliche Lavatorium und sein Laufbrunnen, der ständig fließendes Wasser abgab und in andere Klausurräume weiterverteilte, nicht nur im räumlich-architektonischen Sinne, sondern gleichsam auch geistig überhöht. Somit wuchs einer Wasserleitung, deren Existenz zunächst einmal auf praktischen und technischen Erwägungen beruhte, darüber hinaus auch ein gewisser Sakralcharakter zu. Diese Symbolik, heute lediglich am Verhältnis der Bauteile zueinander ablesbar, wurde früher vielleicht anschaulicher durch das Programm von Wandmalereien, deren geringe Reste im Westchorturm nachweisbar sind.

CLEMENS KOSCH, SWISTTAL

*

Auszug der im 12. Jahrhundert verfaßten Chronik von St. Peter u. Paul in Hirsau (MGH, SS XIV, S. 257):

„... claustrum et omnes pene claustri officine sub eo [Abt Gebhard von Hirsau, 1092 ff.] constructe sunt. Vir denique honorabilis Wignandus nomine, Moguntine civitatis civis, eas ex proprio sumptu edificavit. ... Ipse primum aqueductum subterraneum in cellam duci fecit..."

(Die Klausuranlage und fast sämtliche Konventbauten wurden unter der Regierung von Abt Gebhard errichtet. Ein ehrenvoller Mann namens Wignand, Bürger der Stadt Mainz, ermöglichte ihren Bau durch Einsatz des eigenen Vermögens. ... Gebhard ließ ferner eine erste unterirdische Wasserleitung ins Kloster legen.) Wenn nicht grammatikalisch, so doch sinngemäß bringt das Zitat zum Ausdruck, der spätere Großkomburger Konventuale Wignand von Kastell habe den Bau der Hirsauer Wasserleitung finanziert.

Literatur

GRADMANN, EUGEN (Bearb.): *Die Kunst- u. Altertums-Denkmale im Königreich Württemberg.* Inventar Jagstkreis, 1. Hälfte. Esslingen 1907, S. 584–634.

EHRHARDT, SOPHIE: *Mittelalterliche Gräber von der Komburg.* in: Württembergisch Franken 43/1959, S. 158–171.

FEHRING, GÜNTER P. und ROLF SCHWEIZER: *Großkomburg. Der romanische Gründungsbau der Klosterkirche und seine Geschichte. Erste Ergebnisse einer Grabung und Bauuntersuchung...* in: Württembergisch Franken 56/1972, S. 5–33 u. Tafeln 1, 2.

JOOSS, RAINER: *Kloster Komburg im Mittelalter. Studien zur Verfassungs-, Besitz- und Sozialgeschichte einer fränkischen Benediktinerabtei.* (= Forschungen aus Württembergisch Franken 4) Sigmaringen, 2. Aufl. 1987.

KOST, EMIL: *Bodenzeugnisse der Vorzeit und des Mittelalters in Württembergisch Franken 1948–1950.* in: Württembergisch Franken NF. 24–25/1949-50, S. 5–68; zum Gr. Komburger Stiftergrab S. 56 ff.

Archäologische Beobachtungen zur Wasserversorgung des Klosters Hirsau im Mittelalter

Das erste, 830 im Nordschwarzwald, an der Grenze des fränkisch-alemannischen Stammesgebietes als Eigenkloster einer lokalen Adelsfamilie gegründete und dem heiligen Aurelius geweihte Benediktinerkloster Hirsau war nach Aussage der historischen Überlieferung bereits in der ersten Hälfte des 11. Jahrhunderts wieder aufgegeben und verlassen worden. Die an gleicher Stelle, auf dem rechten Nagoldufer, im Jahr 1059 unter der Schutzherrschaft des Grafen Adalbert von Calw erfolgte Neugründung ersetzte die karolingische Klosteranlage vollständig. Die überlieferte, archäologisch nur in Ansätzen faßbare Neubautätigkeit fand vermutlich mit der für das Jahr 1071 bezeugten Fertigstellung und Weihe der romanischen Aureliuskirche, noch vor Ausbruch des folgenschweren Konflikts zwischen Kaiser und Papst, im wesentlichen ihren Abschluß.

Im Investiturstreit gelang es der Abtei unter der Leitung Abt Wilhelms (1069–1091), eines entschiedenen Parteigängers der von Gregor VII. propagierten Kirchenreform, sich innerhalb kurzer Zeit aus den überkommenen Abhängigkeitsverhältnissen zu lösen. Die in Hirsau angestrebte und nach Zugeständnissen der Stifterfamilie auch erreichte Selbständigkeit wirkte modellbildend und verhalf dem entlegenen Schwarzwaldkloster zu einer führenden Stellung innerhalb der monastischen Reformbewegung Südwestdeutschlands.

Wesentlich zur Verbreitung hirsauischen Gedankengutes beigetragen hatten die 1079 von Wilhelm erstellten „Constitutiones Hirsaugienses", deren Vorschriften Grundlage der künftigen Lebensführung des Hirsauer Konvents bilden sollten.

Dieses am Reformkonzept des burgundischen Klosters Cluny orientierte, die benediktinische Ordensregel interpretierend erweiternde Vorschriftenkompendium bestimmte bis in die Einzelheiten Verfassung, liturgische Pflichten und Alltag der Mönchsgemeinschaft. Seine strenge, asketischen Lebensformen verpflichtete Auffassung der Ordensregel wurde als vorbildhaft empfunden und von zahlreichen neugegründeten oder sich der Reform anschließenden Klostergemeinschaften übernommen.

Die hohe Wertschätzung, die Hirsau bis in die Mitte des zwölften Jahrhunderts nicht nur von Seiten des schwäbischen Adels, sondern auch von Bürgern der Rheinstädte erfuhr, belegen umfangreiche Schenkungen, die der um 1500 angelegte „Codex Hirsaugiensis" überliefert hat. Dieses auf Quellen des 12. Jahrhunderts basierende, mit knappen Angaben zur Klostergeschichte erweiterte Schenkungsverzeichnis läßt gegenüber den ersten Stiftungsausstattungen einen weit gestreuten und erheblich angewachsenen Klosterbesitz erkennen. Er war Lebensgrundlage des seit Einführung der Reform beträchtlich angewachsenen Personenstandes und bildete zugleich den Grundstock für den 1082 von Wilhelm begonnenen, unfern des alten auf dem linken Nagoldufer geplanten Neubaues der Klosteranlage. Die Weihe der zu Ehren der Apostel Peter und Paul errichteten neuen Klosterkirche fand im Frühjahr 1091 noch zu Lebzeiten Wilhelms statt. Der Ausbau des gegenüber dem Aureliuskloster bedeutend erweiterten Petersklosters, dessen großzügige Konzeption trotz spätmittelalterlicher Umbauten und intensiver, der Brandzerstörung von 1692 folgender Abbruchtätigkeit in den Hauptzügen noch faßbar ist, wurde von seinen Amtsnachfolgern bis in die zweite Hälfte des 12. Jahrhunderts fortgeführt *(Abb. 1)*.

Die älteste, dem heiligen Aurelius geweihte Klosteranlage war über einer Vorgängersiedlung errichtet, deren Existenz historische Nachrichten und spärliche archäologische Funde verbürgen. Sie war auf dem flachen, in die schmale Talaue der Nagold vorspringenden, hochwasserfreien Schotterfächer des Tälesbaches angelegt, dessen etwa 150 auf 200 m messende Grundfläche im Osten der steile Hang des Ottenbronner Berges und auf der Südseite das tief eingeschnittene Tal des Tälesbaches begrenzten. Im Norden und Westen schränkte die Überschwemmungszone der Nagold den zur Verfügung stehenden Platz ein.

Über den Charakter dieser Vorgängersiedlung, zu der eine mehrfach bezeugte, am Fuß des be-

Abb. 1 Hirsau. Ansicht von Süden nach der Zerstörung des Petersklosters 1692. Im Vordergrund rechts das ältere Aureliuskloster, links an der Anhöhe über dem Fluß das jüngere, teilzerstörte Peterskloster (WLB Stuttgart)

nachbarten Berghanges gelegene, heute jedoch nicht mehr nachweisbare Nazariuskirche gehörte, lassen sich mangels weiterführender Aufschlüsse bisher keine Aussagen machen. Sicher ist nur, daß sie an einer von Ost nach West aus dem Altsiedelland auf die Schwarzwaldhöhe führenden und hier die Nagold querenden Wegverbindung lag und, in Übereinstimmung mit den Schriftquellen, nach den bis jetzt bekannt gewordenen Bodenfunden kaum vor der zweiten Hälfte des 8. Jahrhunderts sein kann.

Mit Ausnahme des seit dem 19. Jahrhundert in Ausschnitten bekannten Kirchenbaues liegen auch zur Klosteranlage des 9. und 10. Jahrhunderts bis auf vereinzelte, bei den jüngsten Grabungen nördlich und östlich der Kirche angeschnittene und vorläufig nicht zu deutende Baureste keine Beobachtungen vor.

Der 838 geweihte und 1059 niedergelegte Gründungsbau, eine querschifflose, im Lichten 10,60 m auf mindestens 20,50 m messende Saalkirche mit eingezogenem, annähernd quadratischen, 9,00 m tiefen Chorabschluß wird von der jüngeren, 1071 geweihten Aureliuskirche überlagert. Von dieser, einer dreischiffigen, im Mittelschiff flachgedeckten und in den Seitenschiffen gewölbten Säulenbasilika mit voll ausgebildetem Querhaus, Hauptapsis und Nebenapsiden, deren Grundriß einem gängigen Kirchentypus der Zeit entspricht, ist nach dem Teilabbruch von 1585 das veränderte Langhaus bis heute erhalten *(Abb. 1)*. Die Haußtmaße des knapp 39 m langen, und einschließlich der Seitenschiffen gerade 13,70 m breiten Baues zeigen, daß, abgesehen von den jeweils 5,50 auf 5,50 m messenden Querhäusern die Dimensionen der ersten Klosterkirche nur geringfügig überschritten wurden. Wie den Größenverhältnissen der beiden einander ablösenden Kirchenbauten entnommen werden kann, rechnete auch das romanische Aureliuskloster, dessen bauliche Binnenstruktur leider noch weitgehend unbekannt ist, zunächst mit grundsätzlich ähnlichen Bedingungen wie die karolingische Gründungsanlage.

Ersichtlich ist dies auch aus der Beibehaltung des Standortes, dessen zur Verfügung stehende, von Gewässerverlauf und Berghang eingeschränkte Grundfläche kaum Erweiterungsmöglichkeiten zuließ. Die von der Klostermauer umschlossene Fläche des romanischen Aureliusklosters beträgt nicht ganz 1,5 Hektar.

Neben unwägbaren, aus Mangel an Informationen nicht näher zu bestimmenden Gründen, dürften sicherlich zwei durch die topographischen Verhältnisse gegebene Bedingungen für die Standortwahl der vorklösterlichen Siedlung ausschlaggebend sein: einmal der günstige, durch gegenüberliegenden Taleinmündungen erleichterte Abstieg zu dem genannten Nagoldübergang und zum anderen ein unmittelbar benachbarter Quellhorizont, dem eine heute noch vorhandene, knapp 50 m nordöstlich der Aureliuskirche am Felshang austretende, ungefaßte Quelle zuzurechnen ist. Mit weiteren, dem gleichen Horizont angehörigen Quellaustritten ist hangaufwärts in östlicher Richtung, nahe der Einmündung des Tälesbaches in die Nagoldaue zu rechnen, dessen eiszeitlich entstandener, den Bachlauf in nordwestliche Richtung ablenkender Schotterfächer die Talsiedlung ermöglicht hatte.

Seit der zweiten Hälfte des 19. Jahrhunderts sind durch die unmittelbar östlich des Aureliusklosters geführte Bahnstraße, verbunden mit der Verlegung des Bachlaufes und enormen, bei Anlage der Bahnhofseinrichtung vorgenommenen Terrainaufschüttungen einschneidende Veränderungen entstanden, die die Ursprungssituation im Mündungsgebiet des Tälesbaches kaum noch erkennen lassen. Dennoch ist auf Grund der Geländebeschaffenheit mit hoher Wahrscheinlichkeit anzunehmen, daß in günstiger Lage und nicht allzu großer Entfernung nutzbares Quellwasser zur Verfügung stand, das mit einfachen Mitteln zur Siedlung bzw. dem späteren Kloster entweder transportiert oder geleitet werden konnte.

Eine funktionierende, möglicherweise in den achtziger Jahren des 11. Jahrhunderts ausgebaute Trink- und Brauchwasserleitung mit angeschlossenem Laufbrunnen kann mit einiger Sicherheit für das Aureliuskloster aus den Bestimmungen der „Constitutiones Hirsaugienses" erschlossen werden; vorausgesetzt der ältere Vorlagen z. T. wörtliche wiedergebende Hirsauer Text, entspricht auch Hirsauer Realitäten.

Diese Frage ist bei dem zur Zeit noch ungenügendem Kenntnisstand und dem Fehlen einer kritischen Textbearbeitung leider nicht eindeutig zu beantworten. Zu bedenken ist jedoch, daß die Einhaltung der Bestimmungen – was für Hirsau zu Wilhelms Lebzeiten sicherlich angenommen werden darf – eine erhebliche Steigerung des Verbrauchs an Wasch- und Reinigungswasser bedeutete, ganz abgesehen vom Trinkwasserbedarf für Mensch und Tier, der kaum anders als über eine ständige, geregelte Wasserzufuhr zu decken war, zumal die topographischen Voraussetzungen dafür günstig waren.

Gert Zimmermann hat in seiner Arbeit zur „Cura corporis" in den Klöstern des 11. und 12. Jahrhunderts die auf Hygiene und Sauberkeit Bezug nehmenden Textstellen der Vorschriften vergleichend nebeneinandergestellt und dazu angemerkt, daß „die Angaben der Quellen ... relativ spärlich und vor allem sehr ungleichmäßig verteilt (sind), da die Consuetudines ja nicht aufzeichnen wollen, was im Kloster alles vorhanden ist, sondern was die Mönche zu tun hatten ...". Dies gilt auch für die archäologisch nicht nachgewiesene Wasserleitung des Aureliusklosters die, im Text der „Constitutiones Hirsaugienses" wiederholt als „aquaeductus" erwähnt, von Wilhelm zweifellos vorgesehen und vermutlich in den siebziger oder achtziger Jahren des 11. Jahrhunderts auch angelegt wurde. Ergänzend kommt hinzu, daß in diesem Zusammenhang nie der Begriff „puteus" (Schachtbrunnen) erwähnt wird. Die auf die Wasserversorgung bezogenen, von Zimmermann bereits kommentierten Textstellen werden im folgenden kurz angeführt.

Zur ausführlich geschilderten Standardeinrichtung der Klosterküche, der ein ganzes Kapitel gewidmet ist, sollte ein bewegliches Schaff oder Becken gehören, das als Auffangbehälter für das Leitungswasser bestimmt war und in dem zugleich das zum Kochen vorbereitete Gemüse gewaschen werden sollte „ ... altera (sc. cuppa) in quam cadit aquaeductus, et in qua olera prius lavantur, quam in caldarium mittantur;" (Cons. Hir. I, 98 p.1032 C).

Der gleiche, nicht ausdrücklich genannte, aber aus dem Kontext zu erschließende Wasseranschluß wird am Ende des Küchenkapitels nochmals erwähnt. Dem Text zufolge war unabdingbarer Bestandteil der Küchenausstattung eine schwenkbare Vorrichtung, an der große, zum Kochen und zur Warmwasserbereitung vorgesehene Kessel mittels Ketten aufgehängt werden konnten. Mit Hilfe dieser Vorrichtung war es dann möglich, die mit Leitungswasser gefüllten Kessel mühelos über die Feuerstelle zu dirigieren „... caldaria ... suspensa implentur aqua prope aquae ductum, et ita deducuntur absque labore usque super ignem" (Cons. Hir. I, 98 p. 1033 B).

Falls der „Aquädukt" schlammiges Wasser führte, mußte an festgelegten Tagen ein dem kirchlichen Gebrauch vorbehaltenes „Lavatorium" und ein weiteres, das zum Händewaschen bestimmt war, eigens gereinigt werden „... cum noster aquae ductus limosam habeat aquam, ... scopant utrumque lavatorium, tam quod est ad ecclesiae usus quam quod ad manus." (Cons. Hir. I, 97 p. 1031 D).

Zur Pflege und Wartung der Leitung, zumindest innerhalb des Klausurbereichs, war der Elemosinarius verpflichtet, dem neben der Sorge für die Sauberkeit des Klosters und seiner Baulichkeiten die Verantwortug für die Reinhaltung der unterirdischen Leitungen übertragen war „Omnes subterraneos aquaeductus et mundiciale, cum opus fuerit, facit purgari, ..." (Cons. Hir. II, 52 p. 1115 C).

In seinen Aufgabenbereich fiel deshalb auch die Sicherung einer ständigen, in die Gemeinschaftslatrine eingeleiteten Wasserzufuhr. Falls in der Trockenperiode der Wasseranfall zurückging, sollte er veranlassen, mittels wiederholter, vorrübergehender Sperrungen einen Rückstau herbeizuführen, so daß bei Öffnung der Leitung, der Schwall den erforderlichen Spüleffekt bewerkstelligen konnte „... debet procurare, ne aqua per necessarias fratrum ductilis aliquando desit, et ideo in aestate, cum pro siccitate aqua minuitur, facit clausas fieri frequenter, ut aliquantisper retenta majori impetu veniat" (Zitat wie oben).

Den angeführten Belegen ist zu entnehmen, daß der mehrfach genannte „aquaeductus" eine

unterirdisch verlegte Leitung war, die einen nicht näher beschriebenen Wasseranschluß in der Klosterküche und mindestens einen, im Waschraum gegenüber der Eingangstür des Refektoriums aufgestellten Laufbrunnen (nach Cons. Hir. II, 21 p. 1067 D) mit Frischwasser versorgte. Der in diesem Zusammenhang verwandte Begriff „Lavatorium" kann sowohl Waschraum wie auch Waschbecken bedeuten, so daß ein zweiter, dem für kirchliche Zwecke vorbehaltenen „lavatorium" zugehöriger Brun-

Abb. 2 Hirsau, Aureliuskloster. Tonrohr einer mittelalterlichen Wasserleitung aus dem Garten südlich der Aureliuskirche (Klostermuseum Hirsau)

Abb. 3 Hirsau, Peterskloster. Vereinfachter Lageplan mit Eintragung der Grabungsschnitte bis einschließlich 1988. Innerhalb der Grabungsflächen nördlich und südöstlich der Peterskirche sind im wesentlichen die romanischen Baubefunde berücksichtigt. Die festgestellten hoch- und spätmittelalterlichen Leitungsabschnitte sind hypothetisch durch Dreiecksreihen ergänzt, deren Spitzen die Fließrichtung anzeigen.
A Fundort eines mittelalterlichen Tonrohres,
B spätmittelalterliches Badhaus,
C Standort des hoch- und spätmittelalterlichen Brunnenhauses im Kreuzgang,
D romanisches Brunnenhaus und Leitungsverzweigung westlich der Infirmerie

		bestehende Bebauung
		aufgehendes Mauerwerk der Ruine
		moderne Terassenmauern und Ergänzungen
- - - - -		Grabungsgrenzen 1931–1988

		ältere Frischwasserleitung,	gesichert – ergänzt
		ältere Abwasserleitung,	gesichert – ergänzt
		jüngere Frischwasserleitung,	gesichert – ergänzt
		jüngere Abwasserleitung,	gesichert – ergänzt

247

nen nicht auszuschließen ist, doch können hier, wie Zimmermann annimmt, auch zwei neben- oder übereinanderliegende Becken gemeint sein.

Der zur Spülung der Latrine vorgesehene Kanal – anders ist die oben zitierte Stelle kaum zu verstehen – zeigt, daß neben der Frischwasserleitung auch eine Brauchwasserleitung in das Klosterareal geführt wurde. Voraussetzung für das Funktionieren des Kanals, einschließlich der genannten Stauvorrichtung, müssen ein entsprechend angelegtes Gefälle und angemessen dimensionierte Querschnitte gewesen sein, die ihrerseits eine sorgfältig ausgebaute Abwasserleitung erforderlich machen. Auf schlichte Weise, möglicherweise auch als offenes Gerinne konnte das anfallende Überlaufwasser der Brunnen abgeleitet werden.

Mit Ausnahme eines 0,53 m langen, zehn cm starken mittelalterlichen Tonrohres *(Abb. 2)*, einem Einzelfund, der den Fundangaben nach vor längerer Zeit südlich der Klosterkirche zu Tage kam, sind jedoch bisher keine Überreste der aus den Quellen zu erschließenden Wasserversorgung des Aureliusklosters beobachtet worden.

Während die Wasserversorgung des Aureliusklosters nur aus den Quellen erschlossen werden kann, sind seit den jüngsten Grabungen im Peterskloster an verschiedenen Stellen innerhalb des Klosterareals Überreste einer Bleirohrleitung angeschnitten worden, deren zunächst noch hypothetische Verbindung in groben Zügen ein weitverzweigtes Leitungsnetz erkennen läßt *(Abb. 3)*.

Allein der Standort des „Neuen Klosters", dessen Hauptbauten auf einer zwölf bis fünfzehn Meter über der Nagold gelegenen, abgestuften Lößterrasse errichtet wurde, setzt nicht zuletzt auch wegen der Vergrößerung des von der Klostermauer umschlossenen Areals auf mehr als drei Hektar, einen bereits in der Planung berücksichtigten Leitungsbau voraus.

So ist es denn auch nicht weiter verwunderlich, daß der „Codex Hirsaugiensis" den „aquaeductus" des Peterskloster an zwei Stellen ausdrücklich erwähnt.

Die Kurzbiographie des Nachfolgers Wilhelms, Abt Gebhards, dessen Amtszeit in die Jahre zwischen 1091 und 1105 fällt, würdigt als eine seiner Leistungen neben der Fertigstellung der Konventsgebäude den Bau der ersten Wasserleitung „Ipse primum aquaeductum subterraneum in cellam duci fecit . . ." (Cod. Hir. 6 v). Die Entstehungszeit dieser Leitung darf wohl mit dem für 1092 bezeugten Umzug des Konvents in Verbindung gebracht werden, denn die Belegung der neu errichteten Konventsbauten setzte aus naheliegenden Gründen funktionierende Basiseinrichtungen voraus, zu denen unabdingbar auch eine ausreichende Wasserversorgung gehörte. Auf eine Erweiterung oder Erneuerung dieses ersten Leitungsbaues dürfte eine zweite, in die lange Amtsperiode des Abtes Volmar (1120–1156) zu datierende Erwähnung Bezug nehmen „frater noster Winterus . . . dedit: in aquaeductu triginta marcas" (Cod. Hir. 57 v).

Obwohl bei sämtlichen bisher festgestellten Leitungsabschnitten die Bleirohre in alter Zeit herausgerissen wurden, soweit datierbar ist dies bereits vor der Mitte des 15. Jahrhunderts geschehen, ist die Leitung archäologisch einwandfrei nachzuweisen, da die Rohre in einer aufwendigen Steinbettung verlegt waren. Die Stoß an Stoß nicht immer ganz dicht anschließenden längsrechteckigen Steine sind von den offensichtlich nur am Metallwert interessierten Plünderern der Leitung, von Ausnahmefällen abgesehen, „in situ" belassen worden. Sie sind durchschnittlich 0,80 bis 1,00 m lang, zwischen 0,30 und 0,40 m breit und 0,20 bis 0,25 m hoch, an der Oberfläche sorgfältig bearbeitet und weisen in Längsrichtung eine sechs bis acht cm breite und nicht ganz so tiefe halbkreis- bis U-förmige Ausnehmung auf, die zur Aufnahme der Rohre angebracht war. Schwache, hier stellenweise noch vorhandene Lehmreste zeigen, daß die Rohre von einer Dichtungs- oder auch Ausgleichsschicht aus Lehm umgeben waren. Der Außendurchmesser dürfte danach kaum mehr als sieben bzw. fünf cm betragen haben. Gelegentlich zu beobachtende, meist auf gleicher Höhe angelegte grobe Ausstemmungen *(Abb. 6, rechts),* sind wohl als zusätzliche Erweiterung für muffenartige Verbindungsteile der Rohre anzusehen. Trifft dies zu, dann dürfte die Rohrlänge etwa 1,00 bis 1,20 m betragen haben. Da bisher keine genügend langen Abschnittstrecken der Leitung freigelegt werden konnten, ist nicht zu entscheiden, ob die Ausstemmungen in regelmäßigen Abständen auftauchen, also auch eine gleichmäßige Rohrlänge voraussetzen oder nicht. Zum Schutz vor Beschädigung und um ein Bersten der Leitung zu verhindern, waren die Rohre mit heute meist verschwundenen Steinplatten abgedeckt.

Die innerhalb des Klosterareals bis jetzt festgestellten Leitungsabschnitte sind bis auf geringfügige Schwankungen in der Breite der Ausnehmung im wesentlichen einheitlich in der geschilderten Konstruktionsweise ausgeführt und als Teile eines größeren, weit gefächerten und miteinander verbundenen Systems anzusehen. Auf der Grundlage der Befunde ist leider nicht zu entscheiden ob der Ausbau des Leitungsnetzes in einem Zug erfolgte oder ob es sich um eine gewachsene, in Etappen erweiterte Anlage handelt.

Hypothetisch kann eine das Klosterareal von West nach Ost querende „Hauptleitung" erschlossen werden, deren vom natürlichen Gefälle sowie von den angeschlossenen Brunnen bestimmter Verlauf außerhalb und innerhalb des Klausurbereichs durch mindestens drei von Nord und Süd geführte „Nebenleitungen" in den Hauptzügen gesichert ist *(Abb. 3)*.

Nach dem bisherigen Kenntnisstand und gleiche Bedingungen vorausgesetzt dürfte der Ausgangspunkt der Bleirohrleitung in einem nicht näher festzulegenden Areal auf Höhe des barocken Pfarrhauses (zwischen Buchstabe A und B des Übersichtsplanes *Abb. 3)* zu suchen sein. Dies geht hervor aus Position und Richtung der westlichen Nebenleitung, die bei der Freilegung der spätmittelalterlichen Zehntscheuer des Klosters unmittelbar an der Südwestecke dieses im 19. Jahrhundert abgebrochenen Baues beobachtet werden konnte. Der von der Gebäudeecke überschnittene, nur im Grabungsprofil festgestellte Leitungszweig versorgte den tiefliegenden, vermutlich wirtschaftlichen Zwecken dienenden Westteil des Klosters, dessen hochmittelalterliche Bebauungsstruktur noch unbekannt ist. Unmittelbar benachbart verläuft in annähernd gleicher

Abb. 4 Hirsau, Peterskloster, Bettungsstein und Abdeckung der westlichen Nebenleitung mit parallel verlaufendem Abwasserkanal; von Westen (Grabung 1980)

Abb. 5 Hiersau, Peterskloster, Bettungssteine des Ostabschnitts der Hauptleitung und Durchlaß im Westfundament des Infirmeriebrunnenhauses, überlagert von jüngerer Abwasserleitung; von Westen (Grabung 1987)

Richtung ein relativ älterer, etwas tiefer liegender, kleiner Abwasserkanal, dessen aus Steinplatten aufgesetztes, rechteckiges Gerinne mit feinkörnigen Einschwemmungen vollständig aufgefüllt ist *(Abb. 4)*. Die auffallende Parallelführung von Frisch- und Abwasserleitung ist sicherlich geländebedingt, deutet aber auch einen ursächlichen Zusammenhang an. Die an diesem Punkt notwendige ungewöhnliche Ausschachtungstiefe über 2,00 m, bezogen auf die nordöstlich anstehende Geländeoberfläche, spricht für Gleichzeitigkeit. Denkbar ist zumindest, daß der Kreuzungspunkt von Haupt- und Nebenleitung, der auf dem westlich der Peterskirche gelegenen Freiraum anzunehmen ist, mit einem Brunnen besetzt war, dessen Überlaufwasser von dem kleinen Kanal aufgenommen werden konnte.

Bedingt durch den Umstand, daß die Leitung hier tief am Hangfluß austritt und deshalb hangaufwärts nicht ausgeraubt wurde, hat sich an dieser Stelle die ehemalige Rohrabdeckung noch erhalten. Deckstein und Bettungstein weisen eine halbkreisförmige Ausnehmung auf, die zusammengesetzt eine annähernd kreisrunde, 0,13 m weite Öffnung ergeben. Gegenüber den sonst festgestellten kleineren Maßen läßt der Befund hier auf eine ungewöhnliche Rohrgröße mit einem Außendurchmesser von ca. 0,10 m schließen. Überreste dieses Rohres sind leider nicht gefunden worden.

Innerhalb des Westflügels der Klausur konnten bei den Grabungen 1968 die Bettungssteine eines von Nordost nach Südwest ziehenden Leitungsabschnittes auf eine Länge von 6,20 m festgestellt werden *(Abb. 3)*. Die Breite der für die Bettung angelegten U-förmigen Ausnehmung beträgt hier acht, die Tiefe bis zu sieben cm. Die Bleirohre waren alt herausgerissen, in der Füllung des Raubgrabens fanden sich Teile der glatten Abdecksteine. Obwohl das zugehörige Fußbodenniveau nicht mehr vorhanden war, geht aus dem Befund hervor, daß die Leitung relativ früh entstanden ist und spätestens im Zusammenhang mit dem spätmittelalterlichen Umbau des Klausurwestflügels ausgeraubt und aufgegeben wurde.

In geradliniger Verlängerung führt die Flucht der Bettungssteine auf den in der Südwestecke des Klausurgevierts gelegenen Raum, in dem traditionell und auch den Angaben der „Constitutiones Hirsaugienses" zufolge die Klosterküche untergebracht war. Der hier angetroffene Leitungsabschnitt versorgte den in den Constitutiones geforderten eigenen Küchenanschluß mit Frischwasser und war, wie die Richtungsverlängerung nach Nordost nahelegt, als rechtwinklig oder leicht schräg geführte Nebenleitung an die Hauptleitung angeschlossen. Der Abzweig selbst dürfte noch innerhalb des Klausurwestflügels gelegen haben.

Die Fortsetzung der Hauptleitung nach Osten, ist innerhalb des Kreuzgartens durch geoelektrische Widerstandsmessung im Herbst 1989 festgestellt worden. Die bemerkenswert deutlichen Meßergebnisse zeigen, daß sie etwa in der Mitte des westlichen Kreuzgangsflügels in den Garten eintritt, in schräger Richtung auf das spätgotische Brunnenhaus (Buchstabe C des Übersichtsplanes *Abb. 3*) am Südflügel des Kreuzganges zuführt und von hier aus in der Gegenrichtung nach Nordost weiterführt. Das Ergebnis der Messungen zeigt, daß das hochmittelalterliche Brunnenhaus im Kreuzgang an derselben Stelle gelegen hat wie der in Verbindung mit dem spätgotischen Kreuzgang entstandene und nach der Zerstörung bis auf die Fundamente abgebrochene Neubau.

Die Messungen haben wegen der massiven, unmittelbar benachbarten jüngeren Fundamente leider keine Aussagen zur Größe und Architekturform des romanischen Brunnenhauses erbringen können.

Ganz im Osten des Klosterareals, der südlich der Marienkapelle gelegenen Infirmerie, dem Krankenbau des Konvents zugeordnet, fand sich bei der Grabung 1986/87 der Endpunkt der Hauptleitung. Die Steinbettung der Leitung konnte unter dem Boden des Klausurostflügels, den sie etwa in der Mitte querte, und im nachträglichen Durchbruch des Ostfundaments nachgewiesen werden. Von hier aus führte sie in gerader Linie nach Nordost, über den Freiraum südlich der Marienkapelle hinweg in das westlich der Infirmerie errichtete kleine Brunnenhaus *(Abb. 3 und 5)*.

Das spätestens in der zweiten Hälfte des 15. Jahrhundert abgebrochene, im Fundament nur 3,20 auf 3,20 m messende Brunnenhaus stand in Verbindung mit einem nur im spätmittelalterlichen Zustand nachgewiesenen, parallel zur Westwand der Infirmerie geführten, knapp 3,00 m breiten Gang. Der Zugang zum Brunnen lag schräg gegenüber der romanischen Eingangstür der Infirmerie, vergleichbar der ganz ähnlichen Situation im Kreuzgang, wo im Südflügel Brunnenhaus und Refektoriumstür auch im romanischen Bauzustand leicht versetzt zueinander angelegt waren.

Ziel des Ostabschnittes der Hauptleitung war ganz offensichtlich die eigenständige Wasserversorgung des Krankenhauses. Der ungestörte Befund im Westfundament des Brunnenhauses *(Abb. 5)*, wo für den Durchlaß der Leitung eine Lücke ausgespart und mittels einer großen, in den Fundamentverband eingepaßten Steinplatte überbrückt wurde, zeigt, daß Leitungsbau und Anlage des Brunnenhauses als ineinandergreifende Maßnahme konzipiert sind. Die Datierung des Brunnenhauses und damit auch der östlichen Leitungsabschnitte ist mangels anderer Funde nur über die charakteristische, von den Fundamentverbänden des ausgehenden 11. und beginnenden 12. Jahrhunderts abweichende Fundamenttechnik möglich. Selbst für verhältnismäßig bescheidene Bauten sind im Petersklosters Fundamente aus großformatigen, grob zugerichteten Steinen im Lehmverband frühestens seit dem mittleren Drittel bis in die zweite Hälfte des 12. Jahrhunderts zu belegen. In den genannten Zeitraum dürfte daher auch die Entstehungszeit des Brunnenhauses der Infirmerie einschließlich des zugehörigen Leitungsabschnitts zu setzen sein.

Der vermutlich aus Steinplatten bestehende Boden des Brunnenhauses war spätestens in der zweiten Hälfte des 15. Jahrhunderts bei Aufgabe des Baues zusammen mit den Bleirohren der Leitung und dem gesamten Oberbau der wassertechnischen Anlage entfernt worden. Bei der Grabung 1986 fand sich deshalb nur mehr der Unterbau, dessen auffälliges „Arrangement" dennoch aufschlußreiche Hinweise auf die Konstruktionsweise eines mit einer Leitungsverzweigung gekoppelten Brunnenstandortes zu bieten vermag *(Abb. 5)*.

Die schräg zur Bebauungsrichtung des Brunnenhauses geführten Bettungssteine der Hauptleitung endeten in Raummitte in einem großen 0,80 auf mindestens 0,94 m messenden, an der Oberfläche sorgfältig mit der Fläche geglätteten Block. Von der bis an den Ostabschluß des Blockes geführten, sechseinhalb cm breiten Ausnehmung der Hauptleitung zweigt 0,25 m vor dem Blockende im stumpfen Winkel eine zweite zur Aufnahme der hier anschließenden Nebenleitung vorgesehene Ausnehmung ab, die nachträglich auf 0,12 m verbreitert wurde. Diese auch auf den ersten Bettungsstein der Nebenleitung übergreifende nachträgliche Verbreiterung endet nach etwa 0,60 m in einer dreiecksförmigen, in Fließrichtung spitz zulaufenden, groben Ausarbeitung, an deren Ende dann die „normale" sechs cm breite Ausnehmung ansetzt. Auch auf dem Endblock der Hauptleitung ist südlich des Abzweigs die nachträglich hergestellte Verbreiterung deutlich sichtbar.

Sie diente offenbar zur Aufnahme einer knieförmigen über beiden Bettungssteinen verlegten Rohrverbindung, deren (zur Steckverbindung?) vergrößerter Querschnitt die nachträgliche Ausstemmung erforderlich machte. Wohl noch vor dem „Knie", in der Mitte des Endblocks setzte eine im hier anzunehmenden Brunnenstock senkrecht nach oben führende Steigleitung an, sowie die Vorrichtung für den Ablauf. Der jetzt verschwundene Abdeckblock dürfte zugleich als Fundament oder Sokkel des Brunnenstockes ausgebildet worden sein. Die zum Anpassen an den Kanten der Bettungssteine vorgenommenen Abarbeitungen lassen eigentlich nur den Schluß zu, daß die Verlegung der unterirdischen Leitungssub-

Abb. 6 Hirsau, Peterskloster. Leitungsverzweigung unter dem Boden des Infirmeriebrunnenhauses mit sekundär verwendetem Steinbecken; von Westen (Grabung 1986)

Abb. 7 Hirsau, Peterskloster. Überlaufleitung (von West nach Ost) nördlich der Peterskirche; von Westen (Grabung 1985)

struktion gleichzeitig und in einem Zug erfolgte. Zu Größe und Form des Brunnens gibt es leider keine Anhaltspunkte.

Unmittelbar am Ostrand des Endblocks schließt ein rechteckiges Steinbecken mit lichten Maßen vo 0,64 auf 0,36 m und einer Tiefe von 0,28 m an *(Abb. 6)*. Die 0,15 m breite Wandung des Beckens weist einen abgesetzten, acht cm breiten und sechs cm tiefen zur Aufnahme eines Deckels vorgesehenen Rand auf, der mit Ausnahme der Ostseite größtenteils nachträglich abgearbeitet ist. Eine knappe zehn cm breite, an den Innenseiten abgerundete und leicht ausmittig angelegte Öffnung in der westlichen Schmalseite setzt mit ihrer Nordkante an die Ausnehmung der Hauptleitung an.

Die Unterkante dieser Öffnung liegt um gut drei cm höher als der ebene Beckenboden. Schräg gegenüber, auf Bodenhöhe des Beckens und im stumpfen Winkel zur Hauptachse durch die Beckenwandung geführt ist eine kreisrunde Öffnung von 0,12 m Durchmesser angebracht, an deren Außenseite sich zungenförmig eine in gleicher Richtung geführte flache Grube anschließt, die als Ansatz einer Überlaufleitung anzusprechen ist. Ihre Fortsetzung als nach Osten zu abfallende Ausbruchgrube konnte unter dem Boden des Krankenhauses beobachtet werden, der Austritt aus dem Infirmeriegebäude ist unbekannt.

Das rechteckige Becken, das hier als Sammelbehälter am Ausgang der Überlaufleitung, vielleicht auch als Revisionsschacht diente, ist ganz offensichtlich in zweiter Verwendung versetzt worden, wie aus den Abarbeitungen und Beschädigungen hervorgeht. In der Primärverwendung scheint es als am Knickpunkt einer Leitung verlegtes Reinigungsbecken gedient zu haben, wobei der Zulauf über die runde, schräggeführte und bodengleiche Öffnung, der Ablauf über die rechteckige, etwas höher als der Beckenboden angelegte Aussparung erfolgte, so daß sich Schwebstoffe über dem Boden absetzen konnten. Der verhältnismäßig große Durchmesser der runden Öffnung deutet darauf hin, daß es sich eher um eine Tonrohr- oder Deuchelleitung gehandelt hat. In der Zweitverwendung, als Kopf der Überlaufleitung des Infirmeriebrunnens und im Gegensinn verlegt, sind die genannten Besonderheiten des Rechteckbeckens ohne Bedeutung.

Die unter dem Brunnenhaus abzweigende östliche Nebenleitung verlief parallel zur Westwand der Infirmerie und konnte an der Südwestecke des Baues, wo sie schräg nach Südosten hin abknickt, noch auf eine kurze Strecke nachgewiesen werden. Sowohl die Leitungsführung wie auch eine das Fundament des Krankenhausbaues berücksichtigende Aussparung in der Steinbettung verweisen auf die relativ junge Zeitstellung des ganzen östlichen Leitungsabschnittes. Völlig unbekannt ist zur Zeit der südlich der Infirmerie innerhalb oder auch außerhalb der Klausur gelegene Funktionsbereich des Klosters, den die hier angetroffene Leitung mit Wasser versorgte.

Von der Abzweigung bis zu dem südlichsten hier festgestellten Punkt beträgt die Gefälledifferenz auf einer Strecke von etwa 30 m gerade 1,25 m, also etwas mehr als 4%. Dieser relativ hohe Wert wird ähnlich wie bei der westlichen Nebenleitung durch das mehr oder weniger senkrechte Anschneiden eines auch heute noch deutlich ausgeprägten Geländeabfalles verursacht. Das sonst nachweisbare, weitgehend mit der heutigen Geländeoberfläche im Einklang stehende Leitungsgefälle scheint dagegen kaum mehr als 1,5 bis 2% betragen zu haben.

Wie eingangs erwähnt, zeichnet sich in den bisher bekannt gewordenen Grabungsaufschlüssen ein Wasserleitungssystem ab, von dessen im Einzelnen noch weitgehend hypothetisch bestimmtem Verlauf mindestens drei von Nord nach Süd führende Nebenleitungen erfaßt sind, aus deren Position und Richtungsverlauf eine das Klosterareal von West nach Ost querende Hauptleitung erschlossen werden konnte. Ein vierter, westlich der Peterskirche in nördlicher Richtung abbiegender Leitungszweig kann auf Grund einer nördlich der Peterskirche angeschnittenen Überlaufleitung angenommen werden *(Abb. 7)*.

Von der hier beschriebenen Bleirohrleitung ist durch die Grabungen der letzten Jahre der östliche Abschnitt am besten bekannt und vorderhand als einziger näher zu datieren. Die zur Verfügung stehenden Kriterien verweisen auf eine Entstehungszeit im mittleren Drittel des 12. Jahrhunderts. Etwa im gleichen Zeitraum ist die Stiftung der „Frater Winterus" erfolgt, die eine erhebliche Geldsumme zum Umbau der Vorkirche und für einen „aquaeductus" vorsah. Es liegt nahe, beides miteinander zu verbinden, doch ist aufgrund des jetzigen Kenntnisstandes schlechterdings nicht zu entscheiden, ob das erschlossene Leitungsnetz nach einheitlichem Plan und in einem Zug entstanden ist oder als Ergebnis einer allmählichen Erweiterung aufgefaßt werden muß.

Für einen älteren, in den Schriftquellen bezeugten und vermutlich bald nach 1092 entstandenen Leitungsbau gibt es erste, allerdings noch sehr spärliche Hinweise. Dazu gehört einmal das oben ausführlich besprochene Steinbecken und zum andern ein westlich des Pfarrhauses (Buchstabe A des Übersichtsplanes *Abb. 3*) gefundenes, in Privatbesitz befindliches Tonrohr, das etwas größer ist, als das im Aureliuskloster gefundene Gegenstück *(Abb. 2)*. Wie dieses ist auch das im Peterskloster gefundene Rohr ein Einzelfund, doch verweist die Fundposition, die im westlichen, bisher noch völlig unbekannten Abschnitt der Hauptleitung liegt, auf das Westtor des Klosters als den mutmaßlichen Eintrittsbereich dieser, wie auch aller weiteren Leitungen in das Klosterareal.

Westlich des Klosters, im hier anschließenden Schweinsbachtal, ist daher vermutlich auch der Ausgangspunkt der Leitung zu suchen, sei es in Form einer Quellfassung oder Bachaufstauung. Trotz mehrfacher Geländebegehung haben sich aber bisher keine Anzeichen für die vermutete Leitungsstraße gefunden.

Die bisherigen Untersuchungen lassen ein in der Mitte des 12. Jahrhunderts bestehendes weit verzweigtes Leitungsnetz erkennen, das offensichtlich alle wesentlichen Funktionsbereiche der Anlage mit Frischwasser versorgte. Parallel dazu sind die Vorkehrungen zur Ableitung des Überlauf- und Abwassers zu sehen, die mittels kleiner, auf unterschiedliche Weise konstruierter Kanäle vorgenommen wurde.

Wieweit diese frei geführt oder systematisiert wurden, ist nicht zu entscheiden, da bis jetzt nur Ansätze faßbar sind.

Außer den nachgewiesenen Brunnenstandorten im Kreuzgang und westlich des Krankenhauses ist überraschenderweise für das Hochmittelalter mit einer Vielzahl von Brunnen oder Wasseranschlüssen innerhalb und außerhalb der Klausur zu rechnen, deren Anzahl sicher bei weitem die aus den jüngeren Perioden bekannten Brunnenstandorte übertroffen hat. Dieser außerordentliche, optisch und sicher auch akustisch beeindruckende Wasserreichtum hat zweifellos für die Mönche, sicher aber auch für die Besucher des Klosters dem Erscheinungsbild Hirsaus eine charakteristische Prägung verliehen.

Wie lange die hochmittelalterliche Bleirohrleitung in Funktion war, hat sich bisher nicht eindeutig ermitteln lassen. Möglicherweise war sie schon in der zweiten Hälfte des 15. Jahrhunderts lange außer Betrieb, in welcher Zeit die Abtei nach einer längeren Periode des Niedergangs eine durch umfangreiche Bautätigkeit gekennzeichnete zweite Blütezeit erlebte.

Damals entstandene Mauerverbände überschneiden die romanische Leitung mehrfach, und spätestens im Zusammenhang mit dem sukzessive auf den alten Fundamenten neu errichteten Konventsbauten und dem Neubau der Infirmerie scheint die systematische Plünderung der Bleirohre des hochmittelalterlichen Leitungsnetzes erfolgt zu sein.

Die spätmittelalterliche Wasserleitung des Klosters ist zusammen mit der Errichtung des nach fünfjähriger Bauzeit 1489 vollendeten südlichen Kreuzgangsflügels entstanden. Wie Trithemius, der Chronist des Klosters, berichtet, ist in diesem Jahr der zweite Flügel des Kreuzganges mit dem Brunnenhaus und ein westlich der Klausur gelegenes Badhaus (Buchstabe B des Übersichtsplanes *Abb. 3*) fertiggestellt worden. Von der mittelalterlichen Ausstattung des Badhauses, das bereits im 16. Jahrhundert zu einem Wohnhaus umgestaltet und später mehrfach verändert wurde, ist nichts bekannt. Das spätgotische Brunnenhaus des Kreuzganges, ein nach Norden gerichteter, schmalrechteckiger und gewölbter Raum mit

Abb. 8 Hirsau, Peterskloster. Fundamente und Substruktion des Brunnenhauses im Südflügel des spätgotischen Kreuzganges; von Süden

Dreiachtelschluß, der sich in weitem Bogen zum Kreuzgang hin öffnete, war im 18. Jahrhundert bis auf die Fundamente abgebrochen worden. Der hier aufgestellte Dreischalenbrunnen wurde nach dem nahegelegenen Bad Teinach verbracht und dort auf dem Marktplatz aufgestellt *(Abb. 9)*.

Die Ruine des Brunnenhauses, das Ende des 19. Jahrhunderts bereits freigelegt wurde, bietet mit seinen weitgehend noch intakten Substruktionen einen ungewöhnlichen Einblick in die sorgfältige Planung und außerordentlich solide Ausführung dieses in das architektonische Konzept des Kreuzganges integrierten Brunnenstandortes *(Abb. 8)*.

Das im Lichten 5,40 m breite und tiefe Brunnenhaus steht mit dem südlichen Kreuzgangflügel im Verband. Sein kleinsteiniges, in festem, kalkreichen Mörtel verlegtes Fundament, das in seiner Struktur an römisches „opus caementicium" erinnert, bildet zusammen mit der in gleicher Technik ausgeführten Unterkonstruktion des abgestuften Fußbodens eine kompakte Einheit, die erkennbar in drei Ebenen aufgebaut ist.

Die untere Ebene wird durch einen umlaufenden im Querschnitt U-förmigen Ringkanal definiert, dessen Durchmesser, am Außenrand des Kanalgerinnes gemessen, 3,64 m beträgt. Boden und Seitenwangen des mit flachen Steinplatten abgedeckten Ringkanals sind aus sorgfältig gearbeiteten Werksteinen hergestellt.

Eingebettet in das Fundament münden von außen im Querschnitt U-förmige Steinkanäle in den Ringkanal. Sie gehören zur hofseitigen Dachentwässerung des Kreuzganges, die in Form offener Steinrinnen parallel zu den Kreuzgangflügeln geführt und an der Nord-

und Westseite des Kreuzganges größtenteils noch vorhanden ist.

Die Mitte des durch den Ringkanal beschriebenen Kreises wird von dem Block des Brunnenstockauflagers eingenommen, dessen Rundform, ein regelmäßiges Sechseck mit einem Durchmesser von 0,72 m und Seitenlängen von 0,36 m, an der Westseite durch ein leicht abgesetztes halbes Achteck erweitert ist. Von Westen, das Fundament und den Ringkanal querend, führt auf das Auflager ein im Querschnitt rechteckiger Kanal zu, der zur Aufnahme der Frischwasserleitung bestimmt war. Jenseits des Brunnenstockes ist in Fortsetzung dieser Richtung ein im Querschnitt U-förmiger Abwasserkanal angelegt. Der Abwasserkanal mündet auf gleicher Höhe wie der östliche Strang der Dachentwässerung in den Ringkanal ein.

Senkrecht zu den beiden genannten Kanälen ist in der unteren Substruktionsebene ein dritter Kanal angelegt, wieder mit rechteckigem Querschnitt, der unter dem Plattenboden des Kreuzganges hindurch zu einem in der Mittelachse des Sommerrefektoriums aufgestellten Brunnen führte. Auf dieser Strecke übernahm der Kanal neben der Zuleitung für den verschwundenen Brunnen des Sommerrefektoriums auch die Ableitung des Überlaufwassers und der Dachentwässerung.

Ab dem Standort des in einer Beschreibung des 17. Jahrhunderts erwähnten Refektoriumsbrunnens ist er dann in gleicher Richtung als Überlauf- und Abwasserkanal weitergeführt, das mit groben Platten abgedeckte U-förmige Gerinne konnte außerhalb der Klausursüdwand bei einer Sondage festgestellt werden.

Die Seitenwangen der weitgehend noch intakten, in die Substruktion des Brunnenhauses integrierten Kanäle werden sämtlich von großen, kreissegmentförmigen Platten unterschiedlichen Zuschnitts gebildet, die eine Stärke bis zu 0,40 m aufweisen und an ihrer Oberkante mit Falzen zur Aufnahme der jetzt größtenteils verschwundenen Abdeckplatten versehen sind.

Innerhalb der von den Kanalführungen bestimmten Restflächen sind gleichfalls unregelmäßig geschnittene, doch an der Kreisform des Ringkanals orientierte Platten verlegt. Außerhalb der Randplatten des Ringkanals sind die Zwickel zur Innenkante des Brunnenhausfundaments – gleichzeitig mit dem Fundament und in der gleichen Technik – mit sorgfältig abgeglichenem kleinsteinigen Mauerwerk gefüllt, das zusammen mit der beschriebenen Plattenlage die mittlere Ebene der Unterkonstruktion bildet. Der Verlauf des Ringkanals bestimmt zugleich die Ausdehnung der Plattenlage, die dadurch entstehende kreisförmige Fläche von knapp 4,00 m Durchmesser wird durch eine allseitig umlaufende Stufe von 0,22 m Höhe begrenzt.

Diese mittlere, von der Unterkante des Brunnenstocks und den Abdeckplatten der Kanäle bestimmte Ebene ist mit der Benutzerebene gleichzusetzen. Die umlaufende Stufe und der Außenrand des unteren Brunnenbeckens schränken diese auf eine gerade ausreichende Breite von 0,80 bis 0,90 m ein.

Der niveaugleich zum Plattenbelag im Südflügel des Kreuzganges angelegte obere Boden des Brunnenhauses bildet die abschließende Ebene der Unterkonstruktion. Bis auf einen kleinen, an der Westseite und im Zwickel zur Kreuzgangssüdwand noch erhaltenen Rest ist diese Lage vollständig abgetragen. Der komplizierte Zuschnitt dieser Platten wird zur Mitte hin von der Kreisform des Absatzes und am Rand von dem Polygon des Brunnenhausgrundrisses bestimmt.

In die Oberfläche des sechseckigen Auflagers für den Brunnenstock ist in den Fluchten der T-förmigen Kanalführungen eine 0,12 m breite und 0,20 bzw. 0,12 m tiefe, auffallend grobe Ausnehmung angelegt, die zur Aufnahme der vermutlich aus Metall gefertigten Verbindungsstücke für die Zu- und Ableitungen innerhalb des Brunnenstocks bestimmt war.

Eine weitere, auf der Mittelachse des Stocks angelegte Ausnehmung von unregelmäßigem, ovalen Umriß dürfte als Rest eines Dübelloches der Stockverankerung anzusprechen sein.

Der niedrige, im Querschnitt sechseckige untere Abschnitt des Brunnenstockes trug eine zwölfeckige Schale mit reich profilierten Außenrand und einen Durchmesser von 2,76 m *(Abb. 9)*. Die 0,72 m messenden Seitenlängen des Zwölfecks sind gleich dem Durchmesser des sechseckigen Auflagers für den Brunnenstock.

Im mittleren und oberen Abschnitt des Stocks ändert sich der Querschnitt. Seine sternförmige, aus sechs profilierten, an der Vorderseite gerade abgeschnittenen „Zacken" zusammengesetzte Grundrißfigur ist von dem regelmäßigen Sechseck des Stockauflagers abgeleitet. In den Achsen dieses „Sterns" mißt der Stock 0,64 m.

Die mittlere Schale, ein Zwölfeck mit einem Durchmesser von 1,71 m und Seitenlängen von 0,43 m weist eine dreifache, bis an den Ansatz des flachen Beckenbodens reichende Profilierung aus Wulst und Kehle auf. Unterhalb des Beckenrandes sind in der oberen, tiefen Hohlkehle mittig zu den Seiten des Zwölfecks groteske Tier- und Menschenmasken ausgearbeitet, aus deren Mundöffnungen feine Wasserstrahlen in die untere Brunnenschale fallen.

Als Zwölfeck ist auch die obere, heute stark verwitterte Brunnenschale angelegt. Ihr Außendurchmesser beträgt 1,04 m; der Innendurchmesser mit 0,71 m entspricht dem Durchmesser des sechseckigen unteren Brunnenstockabschnittes.

Heute tritt das Wasser als kleine Fontäne aus dem modern umgearbeiteten, oberen Abschluß des Stocks aus, füllt die flache obere Schale und quillt über deren Rand. Eine unterhalb des profilierten Randes nachträglich angebrachte Traufleiste bewirkt, daß das Überlaufwasser als ständig wechselnder „Wasservorhang" in das mittlere Becken einfällt.

Im ursprünglichen Zustand waren vermutlich am oder dicht unterhalb des Randes der oberen Brunnenschale als Wasserspeier ausgebildete Metallröhrchen angebracht, denn eine aus dem Anfang des 17. Jahrhunderts stammende Beschreibung charakterisiert den Brunnen als „... hoher von steinwerckh und Bilder außgehawener Spring Brun mit 24 Röhrern und mit 3. steiner waßernapffen über einander ..."

Zwei nicht anpassende Bruchstücke eines spätgotischen in filigraner Steinmetzarbeit ausgeführten und ehemals freistehenden steinernen Aufsatzes, die heute im Hirsauer Klostermuseum aufbewahrt werden, sind seit dem 19. Jahrhundert als oberer Anschluß des Brunnens

Abb. 9 Bad Teinach. Dreischalenbrunnen aus dem Brunnenhaus des Petersklosters in Hirsau, der im 18. Jahrhundert nach Bad Teinach verbracht und dort neu aufgestellt wurde. Die Stützen unterhalb der mittleren und unteren Schale sind nicht ursprünglich

im Kreuzgang angesprochen worden. Obwohl der Fundort der Bruchstücke nirgends angegeben ist, kann diese Vermutung auf Grund des formalen Aufbaues und der noch faßbaren Maße nicht ganz ausgeschlossen werden.
Beide Bruchstücke des in Form einer Fiale über der Grundrißfigur eines sechsstrahligen Sterns konstruierten Aufsatzes messen zusammen 1,76 m, wahrscheinlich kaum mehr als zwei Drittel seiner ursprünglichen Gesamthöhe.
In den Achsen mißt der „Stern" 0,64 m, ein Maß, das um sieben cm geringer ist als der Innendurchmesser der oberen Brunnenschale und exakt dem des mittleren und oberen Brunnenstockabschnittes entspricht, der die gleiche, allerdings sehr viel einfacher durchgebildete Grundrißfiguration aufweist.
Für die ehemalige Zugehörigkeit des Aufsatzes spricht auch die Ausbildung des vorhandenen Brunnenstocks, der jetzt ohne formale Änderung des Querschnitts nur noch bis zur Unterkante der oberen Brunnenschale reicht, ursprünglich aber sicher über die obere Schale hinaus weitergeführt war.
Leider war es bisher nicht möglich die obere Brunnenschale auf Spuren von Auflagern oder Einlassungen hin zu untersuchen, um hier weitere Anhaltspunkte für die angesprochene Vermutung zu gewinnen.
Am heutigen Aufstellungsort mißt der Brunnen von der Bodenoberkante bis zum Rand der oberen Schale knapp 2,65 m. Rechnet man in ergänzter Form die Bruchstücke des genannten Aufsatzes hinzu, dann dürfte die daraus resultierende Höhe mindestens etwa fünf bis fünfeinhalb Meter betragen haben, ein beachtliches Maß, das ganz in der Nähe der lichten Breite und Tiefe des Brunnenhauses mit jeweils 5,40 m liegt. Die heute merkwürdig gedrückt und

Kloster Heisterbach bei Königswinter, Rhein-Sieg-Kreis

Das Zisterzienserkloster Heisterbach galt nicht nur wegen seiner Ausdehnung, sondern auch wegen der einheitlichen und technisch unübertroffenen Ausführung des Baugedankens als eine der stattlichsten Klosteranlagen im Westen Deutschlands. Nach Caesarius von Heisterbach wurde der Grundstein der Kirche 1202 gelegt. Ihre Weihe erfolgte 1247. Das Besondere der Kirchenarchitektur bestand vor allem darin, daß man sich einerseits an fremden Vorbildern orientierte, wie der Zisterzienserkirche von Pontigny mit einem Langhaus aus der Zeit um 1150, andererseits aber bewußt gotische Stilelemente nicht aufgenommen wurden. So entwickelte sich ein eigener Stil, der in Deutschland keine Nachfolge gefunden hat.

Von der einstigen Pracht des Klosters ist kaum etwas übrig geblieben. Nachdem 1803 die Aufhebung des Klosters erfolgte, konnte man sich über die weitere Nutzung der Kirche und der übrigen Klostergebäude nicht einigen. Nach einer öffentlichen Versteigerung kam es schließlich zum Abbruch von Kirche und Kreuzgang. Aufgrund günstiger Umstände blieb die Chorruine mit der halbrunden Apsis und einem Kranz von sieben Kapellen sowie Ansätzen des Chorquadrats erhalten *(Abb. 1)*. Bei archäologischen Untersuchungen in den Jahren 1986/1987 wurden in dem Areal unmittelbar vor dem Chor noch guterhaltene Teile des Querhauses sowie Gräber gefunden.

Aber nicht von diesen Untersuchungen soll die Rede sein, die zum Teil die bekannten Zeichnungen S. Boisserée's aus dem Beginn des 19. Jahrh. korrigierten und auf die in kleineren Mitteilungen bereits hingewiesen wurde, sondern auf eine Befundaufnahme bzw. Grabung in der Parkanlage südlich der ehemaligen Klosterkirche.

Bei Erdbewegungen in Zusammenhang mit einer Veränderung der Oberflächenstruktur des Parks kamen 1979 Befunde zutage, die sich nun nicht auf kunstgeschichtlich wertvolle Teile der ehemaligen Klosteranlage bezogen, son-

Abb. 1 Kloster Heisterbach, Apsis der Klosterkirche (Foto: G. Füssenich-Hintzen)

Abb. 9 Bad Teinach. Dreischalenbrunnen aus dem Brunnenhaus des Petersklosters in Hirsau, der im 18. Jahrhundert nach Bad Teinach verbracht und dort neu aufgestellt wurde. Die Stützen unterhalb der mittleren und unteren Schale sind nicht ursprünglich

im Kreuzgang angesprochen worden. Obwohl der Fundort der Bruchstücke nirgends angegeben ist, kann diese Vermutung auf Grund des formalen Aufbaues und der noch faßbaren Maße nicht ganz ausgeschlossen werden.
Beide Bruchstücke des in Form einer Fiale über der Grundrißfigur eines sechsstrahligen Sterns konstruierten Aufsatzes messen zusammen 1,76 m, wahrscheinlich kaum mehr als zwei Drittel seiner ursprünglichen Gesamthöhe.
In den Achsen mißt der „Stern" 0,64 m, ein Maß, das um sieben cm geringer ist als der Innendurchmesser der oberen Brunnenschale und exakt dem des mittleren und oberen Brunnenstockabschnittes entspricht, der die gleiche, allerdings sehr viel einfacher durchgebildete Grundrißfiguration aufweist.
Für die ehemalige Zugehörigkeit des Aufsatzes spricht auch die Ausbildung des vorhandenen Brunnenstocks, der jetzt ohne formale Änderung des Querschnitts nur noch bis zur Unterkante der oberen Brunnenschale reicht, ursprünglich aber sicher über die obere Schale hinaus weitergeführt war.
Leider war es bisher nicht möglich die obere Brunnenschale auf Spuren von Auflagern oder Einlassungen hin zu untersuchen, um hier weitere Anhaltspunkte für die angesprochene Vermutung zu gewinnen.
Am heutigen Aufstellungsort mißt der Brunnen von der Bodenoberkante bis zum Rand der oberen Schale knapp 2,65 m. Rechnet man in ergänzter Form die Bruchstücke des genannten Aufsatzes hinzu, dann dürfte die daraus resultierende Höhe mindestens etwa fünf bis fünfeinhalb Meter betragen haben, ein beachtliches Maß, das ganz in der Nähe der lichten Breite und Tiefe des Brunnenhauses mit jeweils 5,40 m liegt. Die heute merkwürdig gedrückt und

unharmonisch wirkende Proportion des Brunnens wird, wie es die zeichnerische, möglicherweise etwas übertriebene Rekonstruktion des 19. Jahrhunderts zeigt, optisch erheblich verbessert durch die Zufügung des ergänzten Aufsatzes. Stellt man sich den so ergänzten Brunnen an seinem ursprünglichen Aufstellungsort, in der Mitte des engen und hohen Brunnenhauses vor, dessen architektonische Fassung sicher mit den Proportionen des Brunnens in Wechselbeziehung stand, so muß dieser, verstärkt durch den akustischen Reiz der zahlreichen in das mittlere und untere Becken niederfallenden Wasserstrahlen, auf den Betrachter eine faszinierende Wirkung ausgeübt haben.

Zweifellos noch gesteigert wurde dieser Eindruck durch das gedämpfte Licht, das über Farbverglasungen der großen zwei- und dreibahnigen Maßwerkfenster des Brunnenhauses einfiel. Die bunten, bei der Zerstörung des Klosters vernichteten Glasmalereien, deren Bilderfolge eine Beschreibung des 16. Jahrhunderts überliefert, stellten im Wechsel alt- und neutestamentliche Szenen dar, in denen das Wasser eine Rolle spielte, wie z. B. das Wasserwunder des Moses und das Weinwunder zu Kana.

Leider ist es hier nicht möglich, auf die feinen Abstimmungen näher einzugehen, die in den Dimensionen und der formalen Ausbildung der einzelnen Brunnenschalen zu erkennen sind und die deutlich in Wechselbeziehung zu den im Grundriß noch greifbaren Maßverhältnissen des Brunnenhauses stehen.

Die Zuleitung des spätmittelalterlichen Brunnens konnte an zwei Stellen in der Grabung erfaßt werden und zwar unter dem Boden des Klausurwestflügels und in einem kleinen Schnitt knapp 18 m südöstlich des spätmittelalterlichen Badhauses *(Abb. 3)*. In beiden Fällen handelt es sich um einen im Querschnitt rechteckigen Kanal von 0,60 m Breite mit Plattenboden, sorgfältig gesetzten Seitenwangen und teilweise noch erhaltenen steinernen Abdeckplatten.

Stratigraphisch ist der unter dem Boden der Westklausur verlaufende Leitungsabschnitt eindeutig den spätmittelalterlichen Umbaumaßnahmen zuzuordnen. In der Füllung des Leitungskanals fand sich hier ein stark korrodierter eiserner Deuchelring mit einem lichtem Durchmesser von neun cm, als einziger Beleg einer vollständig vergangenen, im Kanal verlegten Holzdeuchelleitung. Ob der aufwendig gebaute spätmittelalterliche Leitungskanal von Anfang an zur Aufnahme der nachgewiesenen Holzrohrleitung bestimmt war oder ob diese eine ältere Metalleitung ersetzte, ist leider mangels aussagekräftiger Befunde vorderhand nicht zu entscheiden.

Wie es die Baunachrichten nahelegen, ist auf Grund der bisher festgestellten Leitungsabschnitte ganz deutlich zu erkennen, daß die spätmittelalterliche Wasserleitung des Klosters in Verbindung mit den Umbaumaßnahmen im Bereich der West- und Südklausur und dem Neubau des kleinen Badhauses entstanden ist. Aus der Position des um gut 30 m von der Bauflucht der Klausur nach Westen abgesetzten Badhauses geht ferner hervor, daß auch die spätmittelalterliche Leitung von Westen her möglicherweise auf der gleichen Trasse wie die romanische Wasserleitung in das Klosterareal geführt wurde. Im Gegensatz zu dem in ersten Ansätzen erkennbaren weitverzweigten romanischen Leitungsnetz scheint sich die jüngere Leitung nach dem bisherigen Kenntnisstand auf einen Hauptstrang beschränkt zu haben, dessen Verlauf zwischen Badhaus und Brunnenhaus im Kreuzgang wenigstens in den groben Zügen festliegt. Denkbar ist, daß auch die beiden spätmittelalterlichen Abteigebäude, die „Alte Abtei" südwestlich der Klausur und die „Neue Abtei" im Norden des Klausurwestflügels, mit Frischwasser versorgt wurden, doch fehlt hierzu noch der archäologische Nachweis.

Die sorgfältige Ausführung der nach Querschnitten differenzierten Zu- und Ableitungskanäle im Unterbau des spätgotischen Brunnenhauses läßt deutlich erkennen, daß im Konzept des Leitungsbaues neben der Ableitung des Überlaufwassers der Brunnen auch die Vorsorge zur Wegführung des über die großen Dachflächen der Klosterkirche und der Klausurbauten anfallenden Abwasser enthalten war.

Weitere Überreste von z. T. stark gestörten Abwasserleitungen konnten innerhalb des Klosterareals sowohl im Osten wie im Westen der Klausur festgestellt werden. Sie stammen mit Ausnahme der am romanischen Brunnenhaus der Infirmerie orientierten Leitungsreste *(Abb. 5)* überwiegend aus dem späten Mittelalter oder der frühen Neuzeit und verlaufen entsprechend der Geländeoberfläche in der Regel von Nord nach Süd.

Nach den bisherigen Feststellungen scheinen die westlich der Klausur vorhandenen Abwasserleitungen in Richtung des tiefgelegenen unteren Tores zu führen, in dessen engerer Umgebung mit einer Bündelung und wohl auch Querschnittsvergrößerung der Leitungen zu rechnen ist. Leider fehlen gerade hier im innerhalb der Umfassungsmauer gelegenen Eingangsbereich des Tores die entsprechenden Beobachtungen.

Ein außerhalb des Klosters vor längerer Zeit bei Erdarbeiten zufällig angeschnittener Befund könnte diese Vermutung bestätigen. Hier fand sich acht Meter von der südlichen Umfassungsmauer des Klosters entfernt ein aus Steinen sorgfältig aufgemauerter und gewölbter Kanal. Der Beschreibung nach verläuft er in einer Tiefe von 1,60 m unter der heutigen Geländeoberfläche von Ost nach West und mißt im Querschnitt 0,80 auf 0,80 m. Er besitzt keinen festen Boden und ist z. T. eingeschwemmt.

Mit ziemlicher Sicherheit handelt es sich um einen Abwasserkanal, der im Klosterareal anfallendes Schmutz- und Oberflächenwasser, das über kleinere Kanäle in Richtung des unteren Tores geführt wurde, sammelte und nach Westen in den nahe gelegenen Schweinsbach einleitete. Der Kanal ist sehr wahrscheinlich älter als die Zerstörung des Klosters, zu einer genaueren Datierung fehlen jedoch die Anhaltspunkte.

Daneben sind aber auch ganz individuelle Leitungsführungen angelegt worden, wie mehrere auf der Ost- und Südseite der Klostermauer vorhandene Leitungsaustritte zeigen. Sie sind als offene Gerinnsteine mit flachen U-förmigen Querschnitt ausgebildet, die knapp über dem Außenniveau um ca. 0,15 bis 0,20 m über die Mauerflucht vorspringen. Da es sich hier um isolierte Befunde handelt, die nicht datiert werden können, ist der Zusammenhang vorderhand nicht zu klären, zumal bei den Gerinnesteinen auch Zweitverwendung in Betracht kommt.

Der Kenntnisstand zur mittelalterlichen Wasserversorgung des Klosters ist immer noch sehr lückenhaft und beruht auf eher zufällig innerhalb der Grabungsflächen der letzten Jahre angeschnittenen Befunden. Die Ergänzung der Einzelbefunde im Übersichtsplan läßt ein komplexes Bild einander ablösender Zu- und Ableitungssysteme erkennen, dessen Erforschung noch ganz am Anfang steht. Wünschenswert wäre daher eine genauere Kenntnis der Anlagen, die neben dem besseren Verständnis der technischen Ausführung sicherlich auch wichtige Hinweise auf die noch unbekannte Infrastruktur des Klosters zu liefern vermag.

Da die Leitungsführungen jedoch ganz individuelle Bedingungen des Geländes, der Bebauung und der Nutzung unterworfen sind, können weiterführende Aufschlüsse über Grabungen nur in sehr begrenztem Umfang gewonnen werden, bevor nicht der tatsächliche Verlauf der Leitungen besser festgelegt werden kann. Die durchweg positiven Ergebnisse der im Herbst letzten Jahres im bebauungsfreien Kreuzgarten vorgenommenen geoelektrischen Widerstandsmessungen zeigen, daß mit Hilfe dieser Methode sehr wohl Möglichkeiten bestehen, den bisher noch weitgehend hypothetischen Leitungsverlauf zu überprüfen und auf den noch zugänglichen Freiflächen innerhalb und außerhalb des Klosterareals gezielt zu verfolgen.

OTTO TESCHAUER, KARLSRUHE

Literatur

SCHREINER, K.: *Hirsau.* in: Die Benediktinerklöster in Baden-Württemberg. Bearb. v. F. Quarthal u.a. (= Germania benedictina 5) Augsburg 1975, 281-303.

GREINER, K.: *Hirsau. Seine Geschichte und seine Ruinen.* Überarb. u. erw. von S. Greiner. Alzenberg 1983.

TESCHAUER, O.: *Neue Beobachtungen zur Baugeschichte des Klosters Hirsau, Stadt Calw.* in: Archäologische Ausgrabungen in Baden-Württemberg 1986. Stuttgart 1987, 211-215.

PUTZE, M. und O. TESCHAUER: *Neue Beobachtungen zur Geschichte des Aureliusklosters in Hirsau, Stadt Calw.* in: Archäologische Ausgrabungen in Baden-Württemberg 1988. Stuttgart 1989, 261–265.

ZIMMERMANN, G.: *Ordensleben und Lebensstandard. Die cura corporis in den Ordensvorschriften des abendländischen Hochmittelalters.* (=Beiträge zur Geschichte des Alten Mönchtums u. des Benediktinerordens 32) Münster i.W. 1973.

BECKSMANN, R.: *Die mittelalterlichen Glasmalereien in Schwaben von 1350 bis 1530, ohne Ulm.* (= Corpus vitrearum medii aevi, Deutschland I, 2) Berlin 1986, 77ff. und 366ff.

Kloster Heisterbach bei Königswinter, Rhein-Sieg-Kreis

Das Zisterzienserkloster Heisterbach galt nicht nur wegen seiner Ausdehnung, sondern auch wegen der einheitlichen und technisch unübertroffenen Ausführung des Baugedankens als eine der stattlichsten Klosteranlagen im Westen Deutschlands. Nach Caesarius von Heisterbach wurde der Grundstein der Kirche 1202 gelegt. Ihre Weihe erfolgte 1247. Das Besondere der Kirchenarchitektur bestand vor allem darin, daß man sich einerseits an fremden Vorbildern orientierte, wie der Zisterzienserkirche von Pontigny mit einem Langhaus aus der Zeit um 1150, andererseits aber bewußt gotische Stilelemente nicht aufgenommen wurden. So entwickelte sich ein eigener Stil, der in Deutschland keine Nachfolge gefunden hat.

Von der einstigen Pracht des Klosters ist kaum etwas übrig geblieben. Nachdem 1803 die Aufhebung des Klosters erfolgte, konnte man sich über die weitere Nutzung der Kirche und der übrigen Klostergebäude nicht einigen. Nach einer öffentlichen Versteigerung kam es schließlich zum Abbruch von Kirche und Kreuzgang. Aufgrund günstiger Umstände blieb die Chorruine mit der halbrunden Apsis und einem Kranz von sieben Kapellen sowie Ansätzen des Chorquadrats erhalten *(Abb. 1)*. Bei archäologischen Untersuchungen in den Jahren 1986/1987 wurden in dem Areal unmittelbar vor dem Chor noch guterhaltene Teile des Querhauses sowie Gräber gefunden.

Aber nicht von diesen Untersuchungen soll die Rede sein, die zum Teil die bekannten Zeichnungen S. Boisserée's aus dem Beginn des 19. Jahrh. korrigierten und auf die in kleineren Mitteilungen bereits hingewiesen wurde, sondern auf eine Befundaufnahme bzw. Grabung in der Parkanlage südlich der ehemaligen Klosterkirche.

Bei Erdbewegungen in Zusammenhang mit einer Veränderung der Oberflächenstruktur des Parks kamen 1979 Befunde zutage, die sich nun nicht auf kunstgeschichtlich wertvolle Teile der ehemaligen Klosteranlage bezogen, son-

Abb. 1 Kloster Heisterbach, Apsis der Klosterkirche (Foto: G. Füssenich-Hintzen)

Abb. 2 Kloster Heisterbach, Entwässerungskanal mit abgehobenen Deckplatten

Abb. 3 Kloster Heisterbach, Blick in den Entwässerungskanal

Abb. 4 Lageplan von 1923 zum Antrag auf Eintragung von Wasserrechten, umgezeichnet

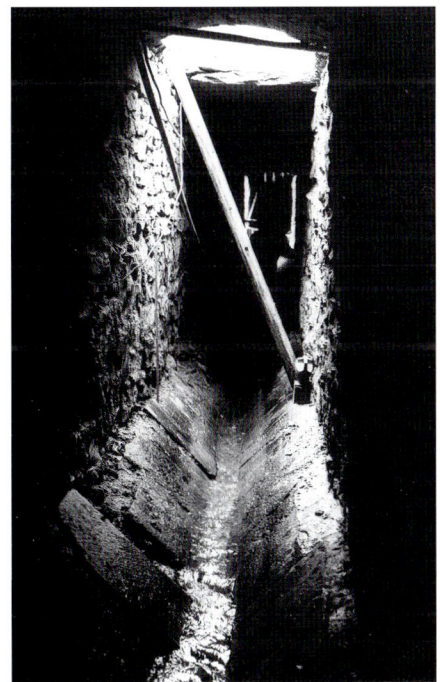

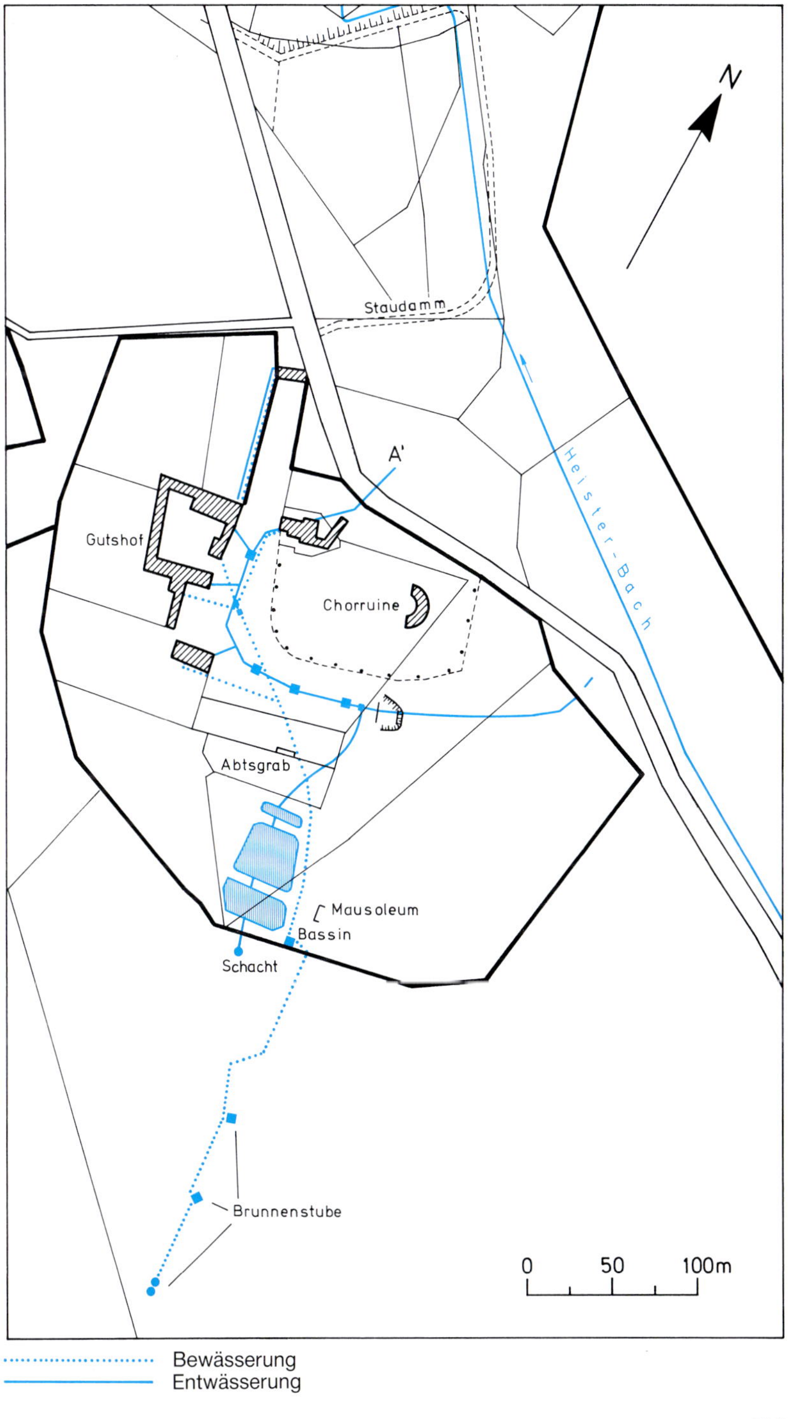

.... Bewässerung
———— Entwässerung

dern Teile der alten Be- und Entwässerung darstellten und so Fragen zur Infrastruktur eines Klosters aufwarfen.

Zu den Befunden im einzelnen: Im Februar 1979 wurden zunächst im Frontbereich der ehemaligen Klosterkirche Leitungen neu verlegt, bei denen Grundmauern der Kirche sowie Architekturteile vom ab 1811 erfolgten Abbruch zutage kamen. Etwa 40 m südwestlich dieses Bereichs wurde bei Erdbewegungen und Planierungsarbeiten die Decke eines gemauerten Stollens angeschnitten. Die genauere Untersuchung ergab, daß es sich um einen im Mittel 2,2 m hohen Stollen oder Kanal handelte, der Ost-West ausgerichtet war. Nur streckenweise war er oben mit großen Steinplatten abgedeckt *(Abb. 2)*.

Aus jüngerer Zeit scheinen Teile der Decke zu stammen, die als ziegelgemauertes Gewölbe aufgeführt waren. Die Wände des Kanals bestanden aus behauenen Bruchsteinen, der Boden besaß eine Rinne aus schräg gestellten Steinplatten *(Abb. 3)*.

Über die Funktion dieses Kanals, der nach Osten hin über etwa 50 m begehbar, dann aber eingebrochen war, gab es zunächst nur Mutmaßungen. Als sicher konnte gelten, daß er bis in die Gegenwart genutzt wurde, denn es wurden neben älteren Bleileitungen auch Anschlüsse moderner Leitungen gefunden. Ein von der Klosterverwaltung zur Verfügung gestellter Katasterplan von 1923, bei dem es um die Eintragung von Wasserrechten zugunsten des Klosters geht, half weiter *(Abb. 4)*. Auf diesem Plan ist die Trasse des Kanals gut auszumachen. Er beginnt im Osten im Bereich der Straße Oberdollendorf–Heisterbacherrott, unterquert die Klostermauer, verläuft im Süden parallel zum eingefriedeten alten Sakralbereich des Klosters und knickt dann vor Brauhaus und Gutshof nach Norden um. Quadratische Symbole in der Trasse bedeuten wahrscheinlich alte Einstiegschächte. An der Kanaltrasse ist „Entwässerung" eingetragen, was mehreres bedeuten kann, und wahrscheinlich besaß dieses Bauwerk auch eine Multifunktion. Bei den Grabungen an der Chorruine und in der freigelegten Vierung der Kirche war aufgefallen, daß der gesamte Bereich der Kirche offenbar durch austretendes Quellwasser gefährdet war; deutlich ließen sich im feuchten Lehmboden feine Schlickstreifen erkennen. Merkwürdige, bisher nicht ganz gedeutete Kanälchen aus Steinplatten, die sich am Übergang von der Vierung zum Kirchenschiff befanden, wurden unter anderem so interpretiert, daß sie vielleicht Quellwasser auffangen und aus dem Kirchenschiff leiten sollten; die gesamte Ausdehnung dieses Systems konnte nicht erfaßt werden. Insofern könnte man den Kanal als Ringleitung auffassen, die austretende Quellen in dem östlich der Kirche stark ansteigenden Gelände abfangen und ableiten sollte.

Die weiterhin erwogene Möglichkeit, daß der Kanal darüber hinaus im Osten abgeleitetes Wasser des Heisterbaches aufnehmen sollte, trifft wohl nicht zu, da das Niveau des Kanals in dem fraglichen Bereich erheblich höher gelegen haben muß als das des Baches. Sicher ist jedoch, daß der Kanal an seinem anderen Ende unfern des Bachlaufes und noch jenseits der Straße bei Punkt A' austrat *(Abb. 4)*. In der Legende zu dem Plan ist bei Punkt A' „Ausmündung der Hauptentwässerung" vermerkt. Wie sich aus dem Vergleich mit Bauskizzen und alten Lageplänen ergibt, lief der Kanal vermutlich hart an der Südseite des Kreuzganges vorbei, wo das Dormitorium der Mönche zu vermuten ist. Hieraus ließe sich ein bis in die Entstehungszeit des Klosters reichendes Alter ableiten. Andererseits ist auch folgende Überlegung zu berücksichtigen: Aus dem Lageplan ergibt sich, daß von dem Hauptkanal verschiedene Stichkanäle zu dem Gutshof bzw. dem südlich davon liegenden Brauhaus führen *(Abb. 4)*. Daß verbindende Kanäle vorhanden sind, ergibt sich auch aus Auskünften des Hausmeisters oder älterer Ordensschwestern; direkt neben dem Brauhaus ist noch die verschüttete Treppe zu einem der Kanäle vorhanden. Wenn nun nachgewiesen wäre, daß der Hauptkanal mit seinen Abzweigungen in einem Zug errichtet wurde, wäre zu folgern, daß das ganze Kanalsystem nicht älter ist als der Gutshof und das Brauhaus. Beide Gebäudekomplexe wurden von dem energischen Reformabt Ferdinand Hartmann (1704–1728) errichtet, und zwar 1711 das Brauhaus und 1722/23 der Gutshof (Küchenhof). In dieser Zeit oder schon vorher waren auch neue Gebäude für die Mönche erstellt worden. Wie man die zeitliche Stellung des Kanals auch immer sehen will – nur eine genaue Inspektion des unterirdischen Systems würde Aufschluß bringen –, so kann doch als sicher gelten, daß seine Hauptaufgabe darin bestand, einerseits Hangwasser abzufangen, andererseits aber auch Abwasser und Fäkalien, vielleicht auch Regenwasser abzuleiten.

Daß ähnliche Kanalsysteme auch in anderen Klöstern vorhanden waren, ist erwiesen. Nach G. Binding und M. Untermann dienten sie hauptsächlich zum Ableiten der „Abwässer aus Werkstätten, Küche, Refektorium und Abortanlagen (necessaria)"; in dem Dominikanerkloster von Buda wurde ein nicht näher datierter Kanal direkt neben dem Kreuzgang aufgedeckt.

Da bei den Erdarbeiten etwa 37 m weiter südlich – gemessen von dem eben beschriebenen Heisterbacher Kanal – eine Mauer angeschnitten wurde und an dieser Stelle in dem Lageplan von 1923 die Bezeichnung „Abtsgrab" eingetragen war, wurde von seiten des Fachamtes einige Monate später eine kleinere Untersuchung eingeleitet. Im Bereich der Grabungsstelle stieg das Gelände etwa 1 m steil an. An dem südlich gelegenen, erhöhten Teil des Parks befinden sich zwei künstlich angelegte Teiche, die auch schon in dem bekannten, aus der 1. Hälfte des 19. Jahrh. stammenden Klosterplan vorhanden sind. Es erwies sich bald, daß der Geländeabsatz nicht zufällig war, sondern daß dem rückwärtig anstehenden Erdreich eine sorgfältig gesetzte Mauer aus behauenen Grauwacke- und Basaltblöcken vorgeblendet war. Die Stärke der Mauer betrug 0,9 m, ihre noch erhaltene Höhe 0,8 m. Eingefügt in die Mauer fand sich eine zum größten Teil noch erhaltene, gemauerte Anlage, die nur als Brunnenstube oder „Wasserschloß", wie es im Volksmund gerne heißt, anzusprechen ist. Zunächst war jedoch angenommen worden, daß es sich um eine Gruft handeln würde, weil einerseits, wie erwähnt, an dieser Stelle sich die Bezeichnung „Abtsgrab" in dem Katasterplan befindet, andererseits sich alte Leute daran erinnerten, daß

Abb. 5 Kloster Heisterbach, Fundamente und Rückseite der großen Brunnenstube nach Freilegung

Abb. 6 Kloster Heisterbach, steingerechte Planaufnahme der Brunnenstube

hier einst eine senkrecht angebrachte Grabplatte eines Abtes aus dem frühen 18. Jahrh. stand. Von diesem „Abtsgrab" ist bei E. Beitz ein Foto vorhanden, das um 1926 oder kurz davor aufgenommen wurde. Es zeigt zwei in eine etwa 1,50 m hohe Mauer eingepaßte Grabplatten, die von dem bekannten, um 1230 datierten Türsturz des Hauptportals der Klosterkirche bekrönt werden. Die eine Grabplatte bezieht sich auf den Abt Adam Pangh (gest. 1728), die andere auf den Abt Engelbert Smits (gest. 1747). Beide Grabplatten befinden sich heute in der Vorhalle der Augustiner-Cellitinnenkirche zu Heisterbach und wurden wahrscheinlich beim Bau dieser erst nach dem letzten Krieg errichteten Kirche von ihrem alten Standort entfernt.

Wann dieser Bereich umgestaltet und die Grabplatten angebracht wurden, ist wohl nicht mehr zu ermitteln, möglicherweise erfolgte dies, als im frühen 19. Jahrh. der neue Eigentümer des Klosterareals, Graf zur Lippe-Biesterfeld, den Klostergarten in einen englischen Park umwandeln ließ. Ein damals (1827) von dem Oberkasseler Gärtner und Geometer P. J. Commans gezeichneter Plan des Klostergeländes ist insofern bedeutsam, als er zeigt, daß in dem fraglichen Bereich zu dieser Zeit bereits eine Treppe bestand, welche helfen sollte, die Geländestufe zu überwinden. In dem begleitenden Text Commans ist von einer verfallenen steinernen Treppe die Rede, „die zu beiden Seiten Öffnungen von Wasserleitungen hat". Bei dem Bau dieser Treppe, der vielleicht im 18. Jahrh. erfolgte, ist die Brunnenstube wahrscheinlich zum größten Teil zerstört worden, was darauf hindeutet, daß sie zu diesem Zeitpunkt schon keine Funktion mehr besaß.

Die Ausgrabungen belegten, daß die ursprüngliche Anlage im vorderen Teil bis auf die Grundmauern abgerissen und umgestaltet worden war. Im Verlaufe der Untersuchung wurde auch die Aussparung in der rückwärtigen Wand gefunden, in welche die Grabplatten eingepaßt waren. Der vordere, nach Norden weisende Teil der Anlage war sorgfältig eingeebnet und mit einer Pflasterung aus Grauwacke, Ziegeln und Spolien versehen; letztere können entweder von der Brunnenstube selbst oder vom Abbruch der Abtei stammen. Trotzdem konnte auch in diesem abgerissenen Teil der Anlage Neues von Altem einwandfrei getrennt und so die Züge der ursprünglichen Fundamentierung herauspräpariert werden *(Abb. 5)*. Die Brunnenstube bestand danach im Innern aus einer kreisrunden Plattform von etwa 2,2 m Durchmesser, die, nach oben verlängert, ehedem vermutlich einen Zylinder bildete. Durch die Mitte der Plattform führte eine etwa Nord-Süd gerichtete Aussparung von 20–30 cm Breite, die das Mauerwerk in zwei gleiche Hälften teilte *(Abb. 6)*. Im nördlichen Teil dieser Aussparung befand sich ein Bleirohr von etwa 8 cm Stärke, das nach außen in Richtung Abtei führte und beim Abbruch und Einebnen dieses Teils der Anlage liegengelassen worden war.

Von innen nach außen gesehen folgte der zentralen Plattform ein kreisrunder Gang bzw. eine Aussparung von 0,4 m durchschnittlicher Breite, die außen von einer weiteren, im Mittel 0,7 m starken Mauer umgeben war. Der äußere Mauerring war aus unregelmäßigen Grauwackeplatten, gut behauenen Blaubasaltsteinen sowie Trachytsteinen gefügt; letztere werden vom nahe gelegenen Stenzelberg stammen. Die Fugen des Mauerwerks waren mit einem nicht besonders harten, hell-sandigen Mörtel ausgefugt. Im hinteren, zum größten Teil erhaltenen Teil des Mauerrings befand sich eine türähnliche Öffnung, deren Türsturz und Seitenwangen aus sorgfältig behauenen Trachytblöcken bestanden *(Abb. 7)*. Die „Tür", durch welche ein weiteres Bleirohr der oben beschriebenen Art führte, war offenbar im Zuge einer Umgestaltung der Brunnenstube teilweise zugemauert worden, offen blieb nur ein kleines Geviert in der oberen rechten Ecke.

Bei sorgfältiger Inspektion der Mauerzüge war übrigens gut auszumachen, daß der hintere Teil der Brunnenstube bis auf die Aussparung für die Grabplatten zugemauert worden war, indem man die oben erwähnte, vor die Böschung gesetzte Mauer auf beiden Seiten der Anlage etwas verlängerte. Auffällig war, daß nach Wegnahme des Erdreichs hinter der Anlage zahlreiche Süßwasserschnecken am Fuß des Mauerrings sowie Schwemmschichten beobachtet wurden, die den Schluß nahelegen, daß sich unmittelbar südlich ursprünglich ein kleiner aufgestauter Teich anschloß. Dieser Teich sammelte vermutlich Quellwasser, das in die Brunnenstube geleitet wurde, wo sich Sicker- und Schwemmstoffe vollständig absetzen konnten, ehe das Wasser dann weitergeleitet wurde. Aus dem Lageplan *(Abb. 4)* möchte man weiterhin erschließen, daß die eigentliche Versorgung der Anlage nicht über die Anbindung an einen Teich, sondern über eine eigene Leitung erfolgte – im Plan gestrichelt eingetragen –, deren Ausgangspunkt mehrere Brunnenstuben außerhalb der Klostermauer waren. Zwei der im Plan eingetragenen Brunnenstuben sind in dem engen und am Grund ganz versumpften Tälchen noch erhalten, wenn auch stark in Mitleidenschaft gezogen. Die besser erhaltene Stube – die nördliche im Plan – befindet sich in dem Osthang des Tälchens und besteht aus einer quadratischen, etwa 2,0 x 2,0 m im Grundriß betragenden Aufmauerung aus Bruchsteinen, die über eine Tür und eine flache Gewölbekappe verfügt; das Ganze wurde in moderner Zeit mit einer dicken Zementschicht zur Stabilisierung überzogen, der Zugang durch eine Metalltür verschlossen.

Wie dem Lageplan weiterhin zu entnehmen ist, führte die von den Brunnenstuben ausgehende Leitung direkt am „Abtsgrab" vorbei, was darauf hindeutet, daß sie einst die dort befindliche „große Brunnenstube" versorgte, und von da mit Abzweigungen zum Brauhof und zum Gutshof (Küchenhof). Vor Abriß der Klosterkirche und des anschließenden Kreuzgangs sowie anderer Bauten mögen Leitungen auch dorthin geführt haben.

Da die bei den archäologischen Arbeiten aufgedeckte „große Brunnenstube" vermutlich in ein gartenarchitektonisches Gesamtkonzept eingefügt war und schon aufgrund ihrer imponierenden Größe auffallen mußte – der Gesamtdurchmesser betrug immerhin 10,5 m –, ist anzunehmen, daß der obere, nicht mehr erhaltene Teil künstlerisch gestaltet war. Aus welcher Zeit die Anlage schließlich stammt, konnte nicht geklärt werden. Scherben des 16./17. Jahrh. traten nur als Streufunde auf, so daß ihnen keine Beweiskraft zukommt. Nicht ganz

Abb. 7 Kloster Heisterbach, Brunnenstube mit „Tür" in der Rückwand

Abb. 8 Kloster Heisterbach, Mittlere Brunnenschale aus dem ehemaligen Brunnenhaus des südlichen Kreuzgangflügels (Foto: G. Füssenich-Hintzen)

auszuschließen ist, daß sie bis in die älteste Geschichte des Klosters zurückreicht. Vermutlich würden Vergleiche mit ähnlichen Brunnenstuben Hinweise auf das tatsächliche Alter ergeben. Der ursprüngliche Plan der Klosterverwaltung, die Brunnenstube in die gärtnerische Gestaltung des Parkgeländes einzubeziehen, wurde leider aufgegeben und die Anlage wieder zugeschüttet.

Von dem romanischen Schalenbrunnen, den Boisserée seinerzeit zeichnete und der an der Südseite des Kreuzgangs gestanden haben soll, ist noch die obere Schale erhalten *(Abb. 8)*. Weitere Objekte aus Stein, wie eine kleinere Schale, ein Delphin oder die „Heisterbacher Löwen" sind als Teile des Barock-Gartens der Abtei aufzufassen. Auch wenn sich davon heute nichts mehr in situ befindet, vermitteln sie doch einen kleinen Eindruck von den Brunnen und Wasserspielen, die sich einst in Heisterbach befunden haben.

MANFRED RECH, BONN

Literatur

BEITZ, E.: *Kloster Heisterbach.* (= Deutsche Kunstführer an Rhein u. Mosel 1) Köln-Augsburg-Wien 1926.

BINDING, G. und M. UNTERMANN: *Kleine Kunstgeschichte der mittelalterlichen Ordensbaukunst in Deutschland.* Darmstadt 1985.

KNOPP, G.: *Der Landschaftspark und das Mausoleum der Grafen zur Lippe in Heisterbach.* in: Jahrbuch d. Rhein-Sieg-Kreises 1989. Siegburg 1988, 39-46.

Die Kunstdenkmäler des Siegkreises, hg. v. Edmund Renard (= Kunstdenkmäler der Rheinprovinz V, 4) Düsseldorf 1907, 50-76.

RECH, M.: *Archäologie im Bereich der Außenstelle Overath.* in: Dörfer und Städte. Ausgrabungen im Rheinland 1985/86. Köln u. Bonn 1987, 23-34.

RECH, M. und J. KLAUS: *Ausgrabungen, Funde und Befunde 1986 (Heisterbach).* in: Bonner Jahrbücher 188/1988, 466-467.

RECH, M. und U. GIRNDT: *Eine Brunnenanlage im Kloster Heisterbach, Rhein-Sieg-Kreis.* in: Ausgrabungen im Rheinland 79. (= Das Rheinische Landesmuseum Bonn, Sonderheft 5) Bonn 1980, 270-273.

Zisterzienser und Heisterbach. Spuren und Erinnerungen. (= Schriften d. Rheinischen Museumsamtes 15) Bonn 1980.

Mount Grace Priory (Yorkshire, GB)

Der Kartäuser-Orden, 1084 von Bruno von Köln in La Chartreuse in den französischen Alpen gestiftet, stellt insofern eine Besonderheit unter den Orden dar, als seinen Mitgliedern auferlegt ist, zwar in einer klösterlichen Gemeinschaft, dort allerdings fast wie Einsiedler zu leben. Die Gemeinschaft stellt lediglich die Versorgung und den Schutz der Mönche sicher. Ihren Ausdruck findet diese Lebensweise u. a. auch in der baulichen Aufteilung der nach den Kartäuser-Regeln gebauten Klosteranlagen.

Nach England kam diese Bewegung erst gegen Ende des 12. Jahrhunderts, und insgesamt sind hier bis 1414 neun Kartäuser-Klöster gegründet worden. Der Stifter von Mount Grace Priory, der 8. Kartäuser-Niederlassung in England, war Thomas de Holand, Herzog von Surrey und Graf von Kent; mit der Erlaubnis König Richard II. wurde im Jahre 1398 mit den Bauarbeiten begonnen. In den Wirren um die Abdankung und Festsetzung Richard II. verlor auch Thomas de Holand sein Herzogtum, und die Entwicklung des halbfertigen Klosters kam ins Stocken. Seine Ausstattung sollte sich erst Mitte des 15. Jahrhunderts wieder verbessern. *(Abb. 1 u. 2)*.

Mit der Abschaffung der Klöster in England unter Heinrich VIII. ging auch Mount Grace Priory unter – der Konvent gab die Anlage 1539 auf. Das Kloster ging danach durch viele private Hände; die neuen Eigentümer waren aber immer mehr an den Ländereien interessiert als an den Gebäuden. Durch diesen Umstand war zumindest die Grundsubstanz der Bauten geschützt, und heute – nunmehr in Besitz des National Trust und unterhalten vom English Heritage – lassen die Bauwerksreste einen hervorragenden Einblick in die Lebenswelt und die Organisation eines mittelalterlichen Kartäuser-Klosters zu. Wegen des hohen Standes der Technik von Wasserversorgung und Entsorgung jeder einzelnen Klosterzelle, in Mount Grace Priory mustergültig konserviert, sei dieses Beispiel hier angeführt und näher erläutert.

Um einen geräumigen viereckigen Innenhof mit unterschiedlichen Seitenlängen sind die Klostergebäude angelegt worden: Im Süden die Kirche mit Kapitelhaus und der Zelle des Priors, an den übrigen Seiten insgesamt 15 Mönchszellen. Das Wort Zelle mag den Eindruck einer gefängnisartigen Unterbringung der Mönche erwecken, tatsächlich aber stand jedem von ihnen ein kleines Häuschen mit Garten zur Verfügung. Da die Mönche weitgehend auch den Kontakt untereinander vermieden, wurden die meisten der täglichen Gebete allein im Schlaf- und Betraum ihres Hauses gesprochen. Auch die Essen wurden nicht gemeinsam eingenommen, sondern zu den Mahlzeiten durch eine eigens dafür vorgesehene Luke ins Haus gereicht. Auf eine Wärmestube zur gemeinsamen Nutzung, wie in den Klöstern anderer Orden üblich, konnte in Mount Grace Priory verzichtet werden, da jedes der Mönchshäuschen über einen Tagesraum mit eigener Feuerstelle verfügte *(Abb. 3)*. Daneben gab es noch ein Studierzimmer und im Obergeschoß Arbeitsräume *(Abb. 4)*.

Besonderes Augenmerk verdient die Wasserversorgung, deren Reste am Mount Grace besonders gut erhalten sind. Das Kloster bezog sein Wasser von nahen Quellen im östlichen Berghang. Die Hauptquelle liegt nur wenige Meter außerhalb der Klostermauer hinter der Zelle 4, sie ist gefaßt in einem kleinen steinernen Quellhaus *(Abb. 5)*. Das hier gewonnene Trinkwasser wurde in einer unter der Klostermauer hindurchgeführten Druckleitung zum inmitten des Klosterhofes gelegenen Brunnen geführt, von wo aus es über angeschlossene Zweigleitungen in die einzelnen Zellen unterverteilt wurde. In einem überdachten Gang neben dem Haus war jeweils eine Wasserstelle mit Zapfhahn untergebracht.

Das Abwasser wurde durch Kanäle entsorgt. Wie auch das Regenwasser, das in eigenen Rinnen gesammelt wurde, lief das Abwasser zu einem Sammelkanal, der außen an der hinteren Klostermauer angelegt war. Vor dem Abfluß in diesen Kanal durchspülte das Wasser noch die Toilette, die ebenfalls in diesen Außenkanal entsorgt wurde. Zu dem am hinteren Ende des Zellengrundstücks angelegten Toilettenhäuschen gelangte man durch einen schmalen, überdachten Gang.

Um eine gute Durchspülung auch des im oberen Bereich des Klosters gelegenen Sammelkanals zu erreichen, nutzte man das Wasser einer zweiten östlich gelegenen Quelle. Deren Wasser wurde in einem Steinkanal herangeführt und durchspülte den an der nördlichen Außenwand des Klosters angelehnten Sammelkanal, der in westlicher Richtung entwässerte *(Abb. 6)*. Auf diese Weise wurden die Zellen 5 bis 10 hygienisch entsorgt: Die in der rückwärtigen Außenwand des Klostergrundstücks als Erker angelegten Toilettenhäuschen

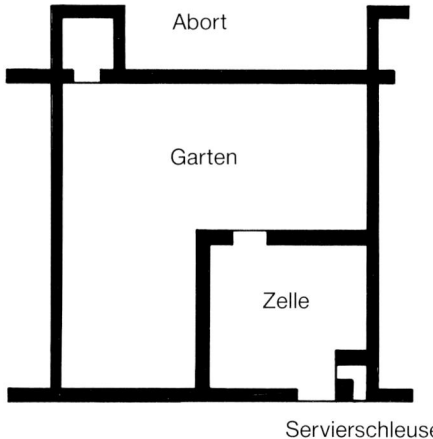

Detail der Servierschleuse

Abb. 1 Mount Grace Priory, Ansicht der Klostergebäude in ihrem heutigen Zustand

Abb. 2 Mount Grace Priory aus der Sicht eines Zeichners; vorne im Bild die Umfassungsmauer des Klosters mit den Erkern der Aborte (Zeichnung: English Heritage)

◁ *Abb. 3 Grundriß vom Erdgeschoß einer typischen Zelle in Mount Grace Priory*

Abb. 4 Blick über den Klosterhof mit der um 1900 wiederaufgebauten Zelle Nr. 8. In der Mitte des Hofes stand ehemals der Wasserverteiler in Form eines Brunnens

Abb. 5 Quellhaus hinter Zellgrundstück Nr. 4. Das hier gewonnene Wasser diente der Trinkwasserversorgung

Abb. 6 Steinerne Rinne zur Herleitung des Quellwassers für die Durchspülung des Abwasserkanals hinter den Zellen 5 bis 10

Abb. 7 Aborterker über dem Sammelkanal hinter den Zellen 7 und 8. Der vordere ist stark beschädigt, gibt dadurch aber Einblick in die Konstruktionsweise

sind in diesem Bereich besonders gut erhalten *(Abb. 7)*. Wahrscheinlich hat man an dieser Quelle auf einen Schutzbau verzichtet, da deren Wasser nicht der Trinkwasserversorgung zugeführt worden war.

Mit dem Wachsen des Klosters hatte man auch noch das Gelände südlich der Kirche erschlossen. Eine Mauer umfaßte den neuen äußeren Hof, von dem aus man Zugang zu weiteren Zellen und Wirtschaftsgebäuden hatte. Der Wasserversorgung dieses Bereichs diente eine östlich außerhalb der Mauer gelegene dritte Quelle, die man wiederum mittels eines steinernen Quellhauses gefaßt hatte *(Abb. 8)*. Eine vierte Quelle, St. John's Well, liegt in etwas größerer Entfernung zum Kloster, war aber ebenfalls zur Versorgung genutzt worden.

KLAUS GREWE, BONN

Literatur

H. V. le Bas: *Mount Grace Priory.* in: The Yorkshire Archaeological Journal 18, 1905, 241–309.

English Heritage (Hrsg.), Mount Grace Priory, Handbook (London 1986).

Stuart Ridsdale: *Mount Grace Thrives Again.* in: English Heritage Magazin, Sept. 1989, 18–19.

Abb. 8 Quellhäuschen über der zweiten für die Trinkwasserversorgung genutzten Quelle, nach der Klostererweiterung gefaßt

Die Harzburg in Bad Harzburg, Niedersachsen

Die Geschichte der Harzburg auf dem Großen Burgberg ist gründlich erforscht[1] und auch durch neuere Grabungen untersucht.[2] Um und nach 1065 ließ König Heinrich IV., seit 1084 Kaiser, diese als königliche Residenz mit dem Sitz eines Kollegiatstifts erbauen, als dessen Baumeister Benno, der spätere Bischof Benno II. von Osnabrück, gilt.

Diese repräsentative Anlage war nicht von langer Dauer, obwohl ihr dies zugedacht war. Während des Sachsenaufstandes wurde Heinrich der IV. durch den Frieden von Gerstungen 1074 zu ihrer Niederlegung gezwungen. Der Wiederaufbau gelang nur zögernd und nicht mehr mit gleicher Bedeutung. Nur unter Kaiser Otto IV., der 1218 hier starb, hat sie noch einmal residenzartige Funktionen erhalten. Nur in der ältesten, ganz auf eine Residenz angelegten Bauphase ist die Anlage einer Wasserleitung als ein Bestandteil der Reichsburg denkbar.

Wasserleitungen waren in karolingischer Zeit allein Klöstern vorbehalten.[3] Städtische Anlagen folgten erst im 13. Jahrhundert. Nach klösterlichen Anlagen scheinen sie auch dem Repräsentationsbedürfnis von Pfalzen zugeordnet zu sein. Bezüglich der Burgen hingegen ist als einziges konkretes Beispiel bisher nur die Harzburg zu nennen, die zwar nicht Pfalzcharakter besaß, aber doch herausragende Funktionen (und vielleicht Hoffnungen in dieser Richtung) unter Heinrich IV. erhielt.

Reste einer Wasserleitung zur Harzburg auf dem Großen Burgberg wurden 1855, 1898 und 1929 entdeckt.[4]

Entlang des Kaiserwegs führt eine Wasserleitung von einer Quelle am Kleinen Spüketal über das Obere Stübchental zur Harzburg (Abb. 1). Im Bereich des Oberen Stübchentals ist die Trasse der Wasserleitung im Gelände erkennbar (Abb. 2), wenn auch nur dem geübten Auge. Nirgends ist allerdings die Wasserleitung selbst noch offen erkennbar.

Das, was 1898 geborgen wurde, ist erhalten geblieben: neun Tonrohre.[5]

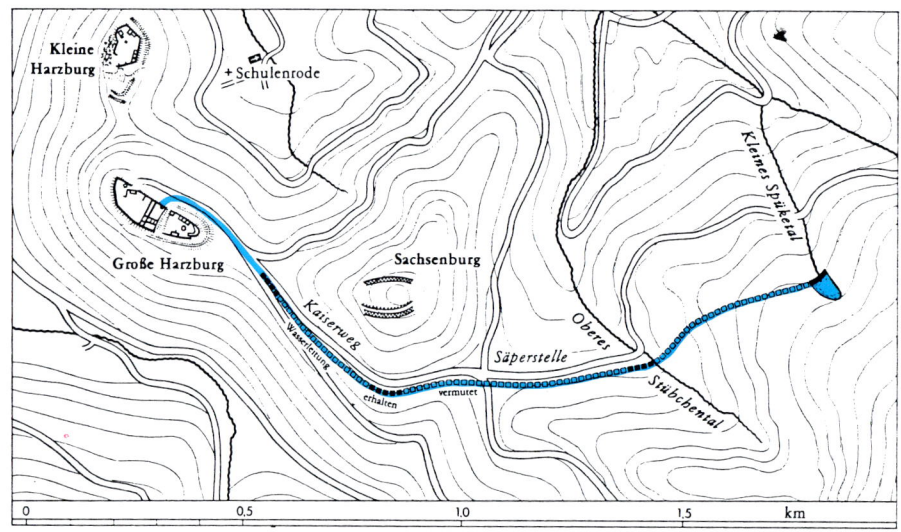

Abb. 1 Die Wasserleitung zur Harzburg (nach K. Weidemann 1978)

Abb. 3 Fünf aneinandergelegte Rohre aus Ton der Wasserleitung in der Harzburg, eines mit Luftloch

Abb. 2 Gelände des Oberen Stübchentals mit der Trasse der Wasserleitung (in der Bildmitte von rechts nach links verlaufend, hinter den Binsen)

Abb. 4 Der Brunnen der Harzburg mit seiner Überdachung (von 1968) heute (1989)

Es handelt sich um konisch handgeformte Tonrohre, 46–55 cm lang. Der weiteste Durchmesser beträgt 13,3 cm, der engste 9,5 cm. In ein Rohr ist nach dem Brand ein Luftloch eingeschlagen worden. Spuren einer Abdichtung ließen sich nicht erkennen, es scheint demnach naheliegend, daß sie mit leicht vergänglichem Lehm isoliert wurden *(Abb. 3)*.

Nach bisher vorliegenden Nachrichten handelt es sich um die älteste Wasserleitung an einem nicht klösterlichen Ort, errichtet lange bevor in Städten Wasserleitungen üblich wurden. K. Weidemann[6] hat deren Bedeutung charakterisiert: „Die Versorgung der Harzburg mit einer Wasserleitung stellt eine Besonderheit dar, um so mehr, da die Burg über den tiefen Burgbrunnen verfügte. Der Bau der Wasserleitung ist ein weiterer Hinweis für die besondere Bedeutung der Harzburg und für die Rolle als geplante Königspfalz. Wasserleitungen waren nämlich offenbar seit karolingischer Zeit ein charakteristisches Zubehör von Pfalzen. Entsprechende Aquädukte sind für Ingelheim, Aachen und Gembloux nachgewiesen. Dabei ist bemerkenswert, daß für die Anlage nicht so sehr die praktische Notwendigkeit als vielmehr die Repräsentationsrolle ausschlaggebend war. Bei allen drei Orten waren im Pfalzgebiet ausreichende Quellen vorhanden, die eigentlich den Bau der Aquädukte überflüssig gemacht hätten. So zeigt dieses Detail ebenso wie die Anlage des Stiftes in der Burg, daß Heinrich IV. bemüht gewesen ist, seine neue Residenz mit allen Zeichen herrschaftlicher Macht auszustatten."

Aber nicht nur ihre Funktion im Rahmen einer residenzartigen Burg ist beachtenswert, sondern auch ihre hier auf der Harzburg wohl einmalige Funktion. Die Wasserleitung mündete in den Burgbrunnen, der heute bis zu einer Tiefe von ca. 42 m offen liegt, ohne daß dessen Sohle erreicht ist.

Dieser Brunnen war bereits im 19. Jahrhundert entdeckt worden[7] und ist heute durch ein 1968 errichtetes Brunnenhaus überdacht *(Abb. 4)*.

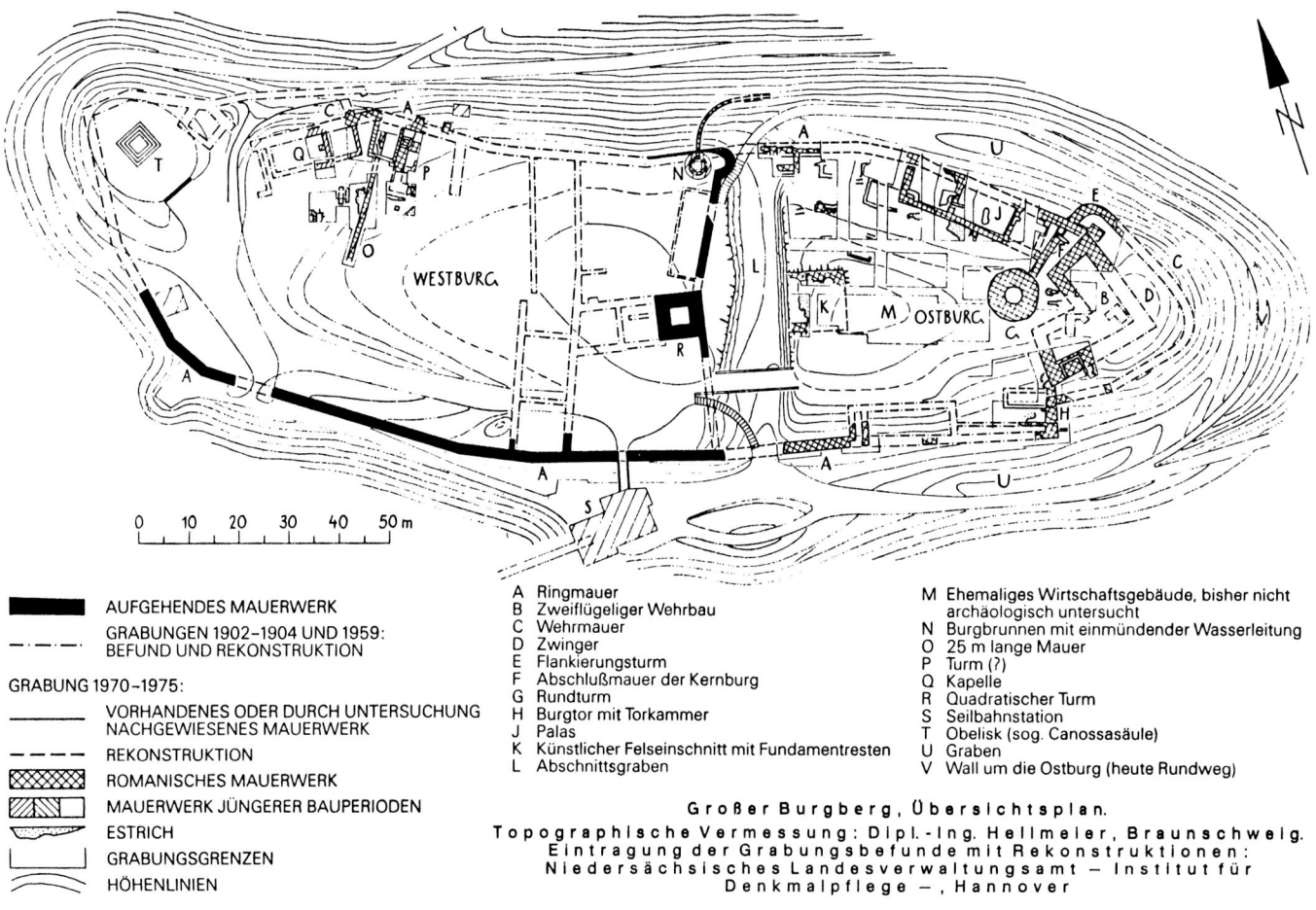

Abb. 5 Grundriß der Harzburg mit Brunnen (N) und Zuleitung der Wasserleitung in diesen (nach M. Keibel-Maier, 1980)

Das ist besonders bemerkenswert: Die Wasserleitung diente also nicht der unmittelbaren Versorgung direkt verbrauchender Anlagen der Burg oder des Stifts, sondern mündete in den Brunnenschacht: „Am Nordhang des großen Burgberges führte ein 12 m langer Stollen, aus der Richtung Antoniusplatz kommend, mit zwei Öffnungen in den Brunnenschacht des Burgbrunnens. Die im Stollen noch in Resten erhaltene, mit einer Steinplatte abgedeckte Wasserrinne mündete in die kleine untere Öffnung des Schachtes. Der Zufluß liegt etwa 10 m unter der Oberkante des gemauerten Brunnenkranzes."[8]

Damit erhält diese Anlage ihre einmalige Bedeutung. Die Wasserversorgung der Burg schien mit dem Brunnen, der ebenfalls im 11. Jahrhundert angelegt wurde, gesichert zu sein. Die zusätzliche Wasserleitung erscheint damit als überflüssig. Ihren Sinn erhält sie durch die von K. Weidmann gegebene Erklärung, die aber nicht vergessen lassen darf, daß hier ein hoher technischer Aufwand betrieben wurde, der weit über das Nötige hinausging.

Ist somit die technische Leistung als einmalig zu bezeichnen, so bleibt bemerkenswert, daß diese Wasserleitung noch vor den ersten städtischen Anlagen entstand, die dann auch technisch anders konstruiert waren. So bleibt diese Wasserleitung einmalig in der Geschichte, wie auch diese Burg unvergleichbar ist. Ihre Bedeutung in der Geschichte erkennt man kaum, wenn man ihre heutigen Ruinen betrachtet, erahnt aber ihre einstige Funktion, wenn man sie einmal besucht hat. Ein Blick von hier in das Nordharzvorland verdeutlicht, was mit Worten kaum beschreibbar ist. Ein weites Land liegt einem zu Füßen. Daß eine Burg an diesem Ort höchstem Standard genügen wollte, kann man an dem Erleben der Landschaft und der topographischen Situation noch heute verstehen.

RALF BUSCH, HAMBURG

Anmerkungen

1 Allgemein und zusammenfassend: M. Keibel-Maier, Die Harzburg. Große Baudenkmäler. Heft 327, München-Berlin 1980. H. Spier, Die Harzburg. Goslar 1980.
2 Noch nicht abschließend, aber zusammenfassend: M. Keibel-Maier, Die Grabungen auf der Harzburg 1970–1975. Harz-Zeitschrift 29, 1977, 1–31.
3 R. Busch, Die Wasserleitungen des Mittelalters und der frühen Neuzeit in norddeutschen Städten. In: Stadt im Wandel, Braunschweig 1985, Bd. 4, 301–315.
4 Vgl. R. Busch, wie Anm. 3; K. Müller, Die Wasserversorgung der Gebäude des Burgberges bei Harzburg in alter und neuer Zeit. Braunschweigisches Magazin 1899, 174–176.
Neuerlich erinnert durch K. Weidemann, Die Wasserleitung der Harzburg. Führer zu vor- und frühgeschichtlichen Denkmälern 35, 1978, 227–228.
5 Sie gelangten in das Museum, das sich auf der Harzburg nach den Ausgrabungen von 1902–04 etabliert hatte. Nach dessen Auflösung gelangten sie über verschiedene Stationen mit dem dezimierten Museumsbestand Mitte der 70er Jahre in das Braunschweigische Landesmuseum, Abt. Archäologie, in Wolfenbüttel, wo sie dann ausgestellt waren, um endlich teilweise in der Dauerstellung des Braunschweigischen Landesmuseums Braunschweig gezeigt zu werden.
6 K. Weidemann, wie Anm. 4.
7 R. Busch, Bad Harzburg in alten Ansichten. Zaltbommel 1985, Abb. 21.
8 M. Keibel-Maier, 1980 (Große Baudenkmäler, wie Anm. 1), 13.

Das mittelalterliche Kanalnetz von Douai (Nordfrankreich)

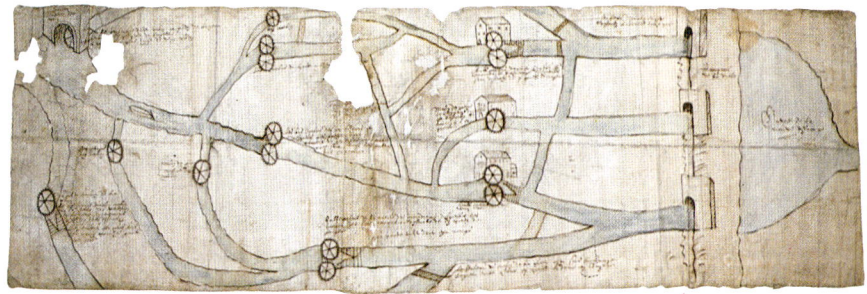

Abb. 1 Plan der Mühlen und Kanäle um 1580

Die Stadt Douai im heutigen nordfranzösischen Département Pas-de-Calais zählt seit dem 12.–13. Jahrhundert zu den fünf wichtigsten Handels- und Gewerbezentren der Grafschaft Flandern. Gleichberechtigt erscheint ihr Name neben Lille, Ypern, Saint-Omer, Brügge und Gent. Wichtigste Bereiche des gewerblichen Sektors im Mittelalter waren Textil- und Ledergewerbe, Getreidehandel und Getreideverschiffung über die Scarpe und Schelde bis in die volkreichen Städte des nördlichen Flandern, insbesondere Gent.

Seit ihren Anfängen als eigentliche Stadt um die Mitte des 10. Jahrhunderts spielen Wasserbauten im Zentrum wie im weiteren Umkreis von Douai eine bedeutende Rolle. Die Sorge um eine ausreichende Wasserversorgung hat die Verantwortlichen der Stadt zu keinem Moment ihrer Geschichte verlassen. Bedrohung des Wasserzulaufs von außen war praktisch mit jeder Belagerung gegeben. Solche Belagerungen aber hat die Stadt im Spannungsfeld zwischen Frankreich, Flandern, der Grafschaft Hennegau und dem Reichsbistum Cambrai durch lange Jahrhunderte immer neu erfahren. Hinzu kam in einem Land mit naturgemäß geringem Gefälle auch während der Friedensperioden die ständige Verpflichtung zur Pflege und Unterhaltung sämtlicher Wasserläufe.

Das ältere Kanalsystem innerhalb der Stadt zeigt am besten ein farbig ausgemalter Plan von ca. 1580 *(Abb. 1)*. Datiert wird er durch einen etwa zeitgleichen Prozeßbericht. Eingebaut in den Stadtwall *(rampart)* erkennt man drei Einlaßpforten für das Wasser des Flusses Scarpe. Die so gebildeten Kanäle teilen sich alsbald in eine Vielzahl weiterer, sämtlich untereinander verbundener Stadtkanäle *(riviers)*. Ein älteres zentrales Flußbett ist allenfalls zwischen der linken Einlaßpforte und dem am anderen Ende des Planes liegenden Stadttor zu vermuten. Unweit vom Stadttor beginnt denn auch, nachdem die Mühlenkanäle sich wieder vereinigt haben, die Schiffahrt auf der Scarpe. Das Ganze ist offensichtlich ein stark vom Menschen gestaltetes System, in dem die Mühlräder eine entscheidende Rolle spielen. Ein früher Bericht aus Cambrai zeigt, wie der Schiffs- oder Bootsverkehr vor der Stadtgründung noch bis über Douai hinausreichte, dann aber zugunsten der Energiegewinnung und der Stadtgründung *(incolatus huius castelli)* zurückgenommen wurde.

Die Zahl der Mühlen an den voll ausgezeichneten Kanälen beträgt zunächst 14. Diese Mühlen bilden deutlich zwei Fronten von Wasserfällen. Entsprechend sind sie in den Textbeschriften des Planes als jeweils sieben *hault molins* und *bas molins* (Ober- und Untermühlen) bezeichnet. Sämtliche 14 Mühlen liegen innerhalb des ältesten Siedlungskernes von Douai (10.–11. Jh.; vgl. *Abb. 2)*. Erst nachträglich entstehen im Zuge der (zweiten) Stadtummauerung um das Jahr 1100 zwei weitere Gräben und an ihrem Ende zwei weitere Mühlen; eine von ihnen (unter dem Turmtor nur als halbes Rad zu erkennen) trägt 1187 den Namen Neumühle *(Neuf moulin)*.

Die Beischriften des Plans kennzeichnen die Stauanlagen der meisten Mühlen in ausgesprochenem Verfallszustand. Ihre Wehre sind in unterschiedlicher Länge gebrochen, in einem Falle auch die Spitze, die das Wasser auf die gemauerten Gerinne der Doppelmühlen verteilt. Vor den Untermühlen liegen Balken. Näher erklärt werden die Schwierigkeiten indes nur in einem etwa gleichzeitigen, noch unedierten Gutachten, das im Februar 1581 (n. s.) durch vier Fachleute der Stadt Douai erstellt wurde. Diese sogenannten *maistres desseveurs des heritages de la ville* waren jeweils zwei Schreiner- und Maurermeister, die im Auftrag der Stadt seit dem 13. Jahrhundert arbeiteten. Jede Mühle, so erklären sie, hat einen Schieber *(ventelle)* vor dem Mühlrad und einen seitlichen Schieber *(costers)* vor dem Überlauf. Einer der beiden Schieber muß immer geöffnet sein. Statt dessen öffnen die Obermüller bei starkem Zufluß beide Schieber und schließen die Untermüller bei Niedrigwasser ebenfalls beide Schieber. Die Folge ist jeweils ein zu starker Stau zwischen den Ober- und Untermühlen (Abstand nur ca. 220–240 Meter). Betroffen sind vor allem die Obermühlen; durch den Rückstau stehen ihre Räder still.

Eine weitere Ursache der Schwierigkeiten bilden die Stauvorrichtungen der Untermühlen. Mit Hilfe von Balken sind sie stark überhöht und müssen unter Rückgriff auf eine Verordnung des frühen 15. Jahrhunderts auf einheitlich 10 Fuß Höhe zurückgeführt werden. Zwei sich widersetzende Untermüller werden vorübergehend aus der Stadt verbannt und mit Geldstrafen belegt. Ältere Erlasse, die dem Gutachten eingegliedert sind, wiederholen das ständige Verbot des Einwerfens von Abfällen in die *riviers* und bestätigen das Monopol der einzigen Malzmühle. Ferner erwähnen sie einen Schmied, der das Wasser seiner Schneidemühle gegen Zins ausgegeben hat, obwohl dieses öffentlich ist; zur Strafe schuldet er 50 Pfund und muß eine Wallfahrt zur Mutter Gottes nach Hal (südlich Brüssel) unternehmen. Diese älteren Einschübe reichen bis 1382 zurück.

Schon ein städtisches Zinsverzeichnis von ca. 1250 verzeichnet in Douai die Zahl von 16 Mühlen, die auch der Plan und das Gutachten von 1580 erkennen lassen. Im 13. Jahrhundert sind die 9 Obermühlen deutlich leistungskräftiger als ihre Konkurrenten weiter unterhalb. Sie schaffen 226 *modii*, wo die Untermüller gerade 63 bewältigen. Deutlich erkennt man auf dem Plan, daß sie allein über gemauerte Gerinne verfügen und somit vom Gesamtgefälle der beiden Mühlenfronten (nach Angaben von 1817 ca. 2,75 m bei mittlerem Wasseraufkommen von 4,8 m³/sec) den größeren Anteil beanspruchen. Durch ein ausführliches Weistum wird der Betrieb der Mühlen schon um 1250 genau geregelt. Das System ist insgesamt noch wesentlich älter. Die Neumühle (vor 1187) liefert einen weiteren Datierungshinweis, doch sind mehrere Einzelmühlen auch schon 988, 1076 und 1104 belegt. Besonders aufschlußreich wirkt 988 die Obermühle *Miredol*, denn ihr Wasser soll ganz der Untermühle *Bucca dampnosa* zufließen. Manche Schwierigkeiten des 16. Jahrhunderts bestanden offenbar auch schon im 10.

Mit erheblichen Problemen war indes nicht nur der innerstädtische Mühlenbetrieb verbunden. Auch die Wasserzuleitung von außen bot solche, denn den einzigen natürlichen Zufluß zu der präurbanen Siedlung *Duacum* bildeten drei Bäche, die sich oberhalb bei dem karolingischen Fiskus Lambres vereinigten (*Abb. 3*). Für einen größeren Mühlenbetrieb reichte ihr Wasseraufkommen keineswegs. Schon der eigentliche Stadtgründer, Graf Arnulf I. von

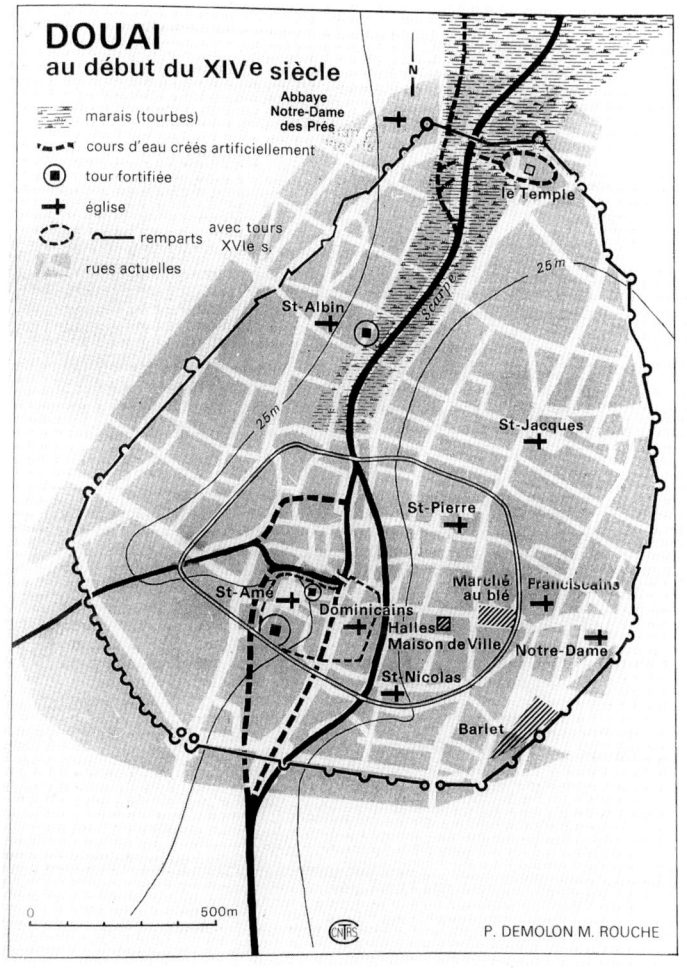

Abb. 3 Karte Ostrevant 6.–10. Jh.

Abb. 2 Stadtentwicklung bis Anfang 14. Jh.

Abb. 4 Umleitung der Satis *in Grand-Marais zwischen Vitry, Biache und Sailly (Aquarell 1590)*

Flandern, begann deshalb, nachdem er zuvor 931 den Mündungsort Mortagne, 932 am Oberlauf die Stadt Arras und 945–46 in der Mitte zwischen beiden auch Douai in seine Hand gebracht hatte, mit der Umleitung des antiken Flusses *Satis* (6. Jh.). Dieser Fluß war zuvor westlich von Vitry, dem Niveau folgend, nach Südwesten abgebogen und hatte die Schelde nördlich Cambrai auf 35 m NN er- reicht. Nach dem Durchstich einer ca. 3 km breiten Kreideschwelle bei Vitry flossen nun- mehr erhebliche Teile seines Wasseraufkom- mens in Richtung Douai. Sie trieben schon auf der Strecke bis Douai bei starkem Gefälle (fast 20 Meter) eine Anzahl neuer Mühlen, die seit dem 11. Jahrhundert bezeugt sind, und er- reichten die Schelde erst bei Mortagne auf einer Höhe von ca. 15 m NN.

Diese partielle Umleitung der antiken *Satis*, die zuvor (nächst der Leie) der zweitbedeutendste Nebenfluß zur Schelde gewesen war, hat die weitere Verbindung zur heutigen Sensée nicht ganz unterbinden können *(Abb. 4)*. Zu schlie- ßen ist das unter anderem aus einer Angabe des 13. Jahrhunderts (1270), wonach die Müller von Douai außer für die Reinigung des Teiches von Vitry auch für die eines weiteren Teiches

Abb. 5 Umleitung der Sensée bei Arleux (Aquarell 1590)

Abb. 6 Defensiv-Überschwemmung der Alliierten 1710 im ursprünglichen Verlauf der Satis. *Kupferstich von 1710*

aufzukommen hatten, der am alten Verlauf der *Satis* in Richtung Arleux gelegen war (Teich von Sailly-en-Ostrevant). Diese Verpflichtung setzt nämlich voraus, daß auch von dorther Wasser nach Douai gelangte, was nur durch eine zweite Umleitung möglich war, die von Arleux ausging.

Eine Ingenieursskizze von 1590 *(Abb. 5)* zeigt den Verlauf des Senséeflusses bei Arleux in starker Verzweigung. Hinter der Burg biegt eine aus mehreren Gräben gespeiste Ableitung nach Norden ab. Vier Brücken deuten auf einen deutlich ins Gelände eingeschnittenen Kanal. Dieser erreicht eine neue Gefällestrecke erst beim Punkt N *(molin le comte)*. Eine Grafenmühle an dieser Stelle kann nur bedeuten, daß auch die zweite Umleitung in diesem Grenzgebiet zwischen Flandern und Hennegau auf gräfliche Initiative zurückging. Welcher Graf gemeint ist, ergibt sich aus der Zielrichtung des Wassers, der flandrischen Stadt Douai. Der Zufall will es, daß zwischen 1050 und 1070 Flandern und Hennegau in der Hand desselben Grafen lagen (Balduin V.) und um dieselbe Zeit (vor 1074 bzw. 1104) neue Mühlen in Douai belegt sind. Auch bei der vergeblichen Belagerung von Douai 1107 durch Kaiser Heinrich V. scheint zusätzliches Wasser in den Stadtgräben eine Rolle gespielt zu haben. Die Stadtentwicklung von Douai im 11. Jahrhundert hat so allem Anschein nach neuen Bedarf ausgelöst, und dieser wurde in Form einer zweiten Flußumleitung, nunmehr von der Sensée bei Arleux aus, auch befriedigt.

Die Bewohner von Douai haben in den nachfolgenden Jahrhunderten vor allem die Umleitung von Vitry nicht mehr als künstliche Maßnahme verstanden, sich um einen geregelten Ablauf aber doch ständig bemühen müssen. Zahlreiche Nachrichten des 14.–15. Jahrhunderts belegen, daß schon vor Vitry (in der Höhe von Biache) komplizierte Schleusenanlagen installiert waren. Bei Vitry selbst war das Wasser besonders leicht zu sperren. Hier ist es selbst zu einem nächtlichen Auszug der Leute von Douai und gewaltsamer Öffnung der Schleusen gekommen (1410). Nachfolgend kaufte die Stadt die Wasserrechte bei Vitry. Bei Belagerungen konnte Douai auf seiner Südseite durch künstliche Überschwemmung geschützt werden. Dies setzte selbstverständlich geregelten Zufluß voraus. Die Belagerer erhielten leicht Kenntnis von den natürlichen Niveauverhältnissen, und so hat schon König Philipp der Schöne 1303 die Stadt trockengelegt. Erneut tat es 1710 das Heer der Alliierten im Spanischen Erbfolgekrieg und schützte sich damit gegen ein von Süden anrückendes Ersatzheer. *Abb. 6* zeigt, wie damals die Sensée aufgestaut war und man die beiden Umleitungen des 10.–11. Jahrhunderts zeitweise wieder rückgängig gemacht hat.

DIETRICH LOHRMANN, AACHEN

Literatur

Histoires de Douai, sous la direction de Michel Rouche, Westhoek 1985.

Georges Espinas: *La vie urbaine de Douai au Moyen âge*, 4 Bände, Paris 1913.

D. Lohrmann: *Entre Arras et Douai: les moulins de la Scarpe au XIe siècle et les détournements de la Satis*, in: Revue du Nord 66 (1984), S. 1023–1047.

Ders: *Mühlenbau, Schiffahrt und Flußumleitungen im Süden der Grafschaft Flandern-Artois (10.–11. Jahrhundert)*, in: Francia. Forschungen zur westeuropäischen Geschichte 12 (1985) S. 149-192.

Der Fulbert-Stollen am Laacher See

Zwei Gründe mögen ausschlaggebend gewesen sein, daß die Mönche des Klosters Maria Laach unter ihrem 2. Abt Fulbert zwischen 1152 und 1170 einen Tunnel durch den südlichen Rand des Laacher Kessels gebaut haben. Durch diesen künstlichen Abfluß wurde einmal ein maximaler Hochwasserstand erreicht, so daß eine Überschwemmungsgefahr für die Klostergebäude in Zukunft ausgeschlossen wurde. Zudem wurde auf diese Weise direkt vor den Toren des Klosters eine große Fläche fruchtbaren Landes gewonnen.

Ähnlich wie bei verschiedenen antiken Tunnelbauten wurde die Achse über Tage abgesteckt. Im Verlauf dieser Linie wurden dann in unterschiedlichen Abständen senkrechte Schächte bis zu einer vorher errechneten Tiefe ausgeschachtet. Von hier aus wurden jeweils zu den Anschlußschächten nach beiden Seiten Stollen vorgetrieben. Nach dem Durchbruch der gesamten Strecke wurde dem Kanal das notwendige Gefälle gegeben. Auf welche Weise das Wissen um diese in der Antike häufig angewandte Bauweise von Italien in das Rheinland gekommen ist, oder wie es die Zeit vom Ende der Römerherrschaft bis in das hohe Mittelalter überdauert hat, ist unklar.

Der Fulbert-Stollen* erreichte eine Gesamtlänge von etwa 880 m bei einem mittleren Querschnitt von 1,5 x 3,5 m. Nach diesen Maßen ergibt sich für den Aushub die imposante Menge von rund 5000 m^3.

Der Tunnel erfüllte bis in das vorige Jahrhundert hinein seinen Zweck und wurde dann durch Einbrüche an seinem Südende unbrauchbar. 1844 wurde unter dem damaligen Besitzer Delius 5 m unter dem Fulbert-Stollen ein neuer Abzugskanal gebaut. Dieser ist heute noch in Betrieb.

Der Laacher See

Nicht einmal einen Kilometer vom Kloster Maria Laach entfernt, unmittelbar am Außenhang des Laacher Kessels gelegen, verläuft seit wenigen Jahren die Bundesautobahn Köln-Ludwigshafen. Die dadurch hervorgerufene verkehrstechnische Erschließung des Naturschutzgebietes Laacher See eröffnete für viele Bewohner der nahen Großstädte Köln und Bonn ein attraktives Ziel für einen Ausflug am Sonntagnachmittag.

See und Benediktiner-Abtei, in einer einmaligen Naturkulisse gelegen, ziehen heute an manchen Tagen tausende Besucher an. Ziel der ungezählten Besucher ist das Teilgebiet einer der jüngsten Vulkanlandschaften Europas. Der Laacher Kessel entstand seit etwa 9000 v. Chr. durch Einbrüche der Erdkruste, die durch Ausfließen von Lavamassen und das dadurch aufgetretene Massendefizit in der Tiefe verursacht wurden. Nach diesem Einbruch traten auch im Laacher Becken selbst noch Vulkane in Tätigkeit, einer davon war der heute an der südöstlichen Seeseite gelegene Kopf „Alte Burg".

Bei unseren Betrachtungen wird die Frage nach der ursprünglichen Seehöhe eine wichtige Rolle spielen. Der See hat keinen natürlichen Abfluß und wird von meist im See liegenden Quellen und den Niederschlägen gespeist. Entsprechend der unregelmäßigen Wasserzufuhr (650 mm Niederschläge im Jahresmittel) wird auch die Höhe des Seespiegels geschwankt haben. Da bei steigender Höhe aber die Wasseroberfläche entsprechend größer wird, nimmt auch die Menge der Verdunstung zu. Daß der See jemals voll- oder gar übergelaufen ist, erscheint höchst unwahrscheinlich. Von gelegentlichen Überschwemmungen abgesehen, die schließlich auch den Fulbert-Stollen erforderlich gemacht haben, wird der Wasserspiegel vor dem Bau bis zur Höhe der Straße am Kloster gereicht haben. Daß die Flächen

Abb. 1 Das Laacher Münster, vom See aus gesehen

Abb. 2 Verschüttetes Mundloch am Ende des Fulbert-Stollens. Mit dem anschließenden Abflußgraben (Foto: H. N. Loose)

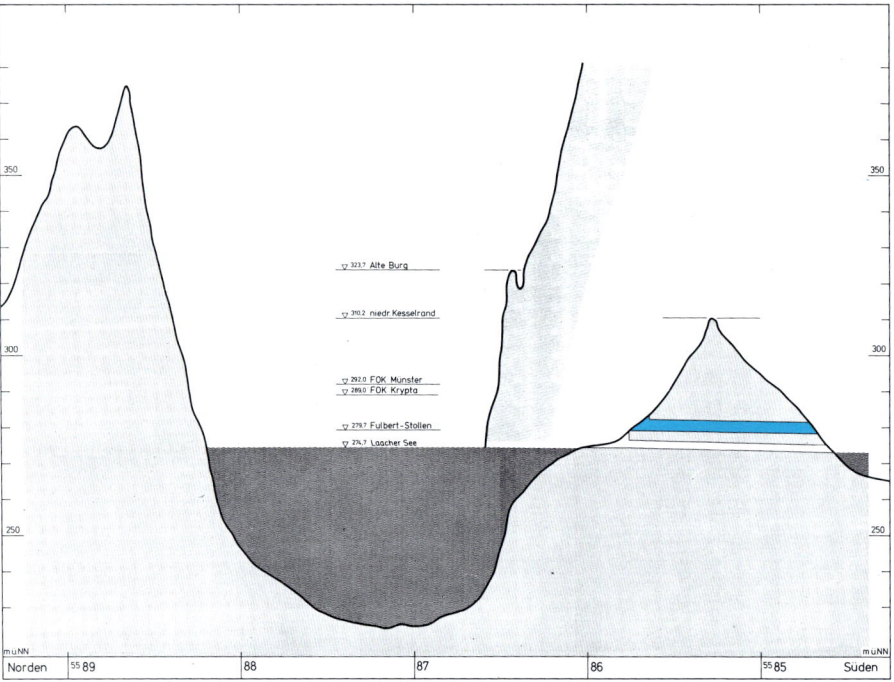

Abb. 3 Nord-Süd-Profil durch den Laacher Kessel zur Verdeutlichung der Höhenverhältnisse (15fach überhöht)

Abb. 4 Längenprofil und Lageplan beider Tunnel durch den südlichen Kesselrand des Laacher Sees. Der Fulbert-Stollen (oben) ist zum größten Teil mit eingetrocknetem Schlamm und mit Aushubmaterial des 1844er Tunnels verfüllt worden (10fach überhöht)

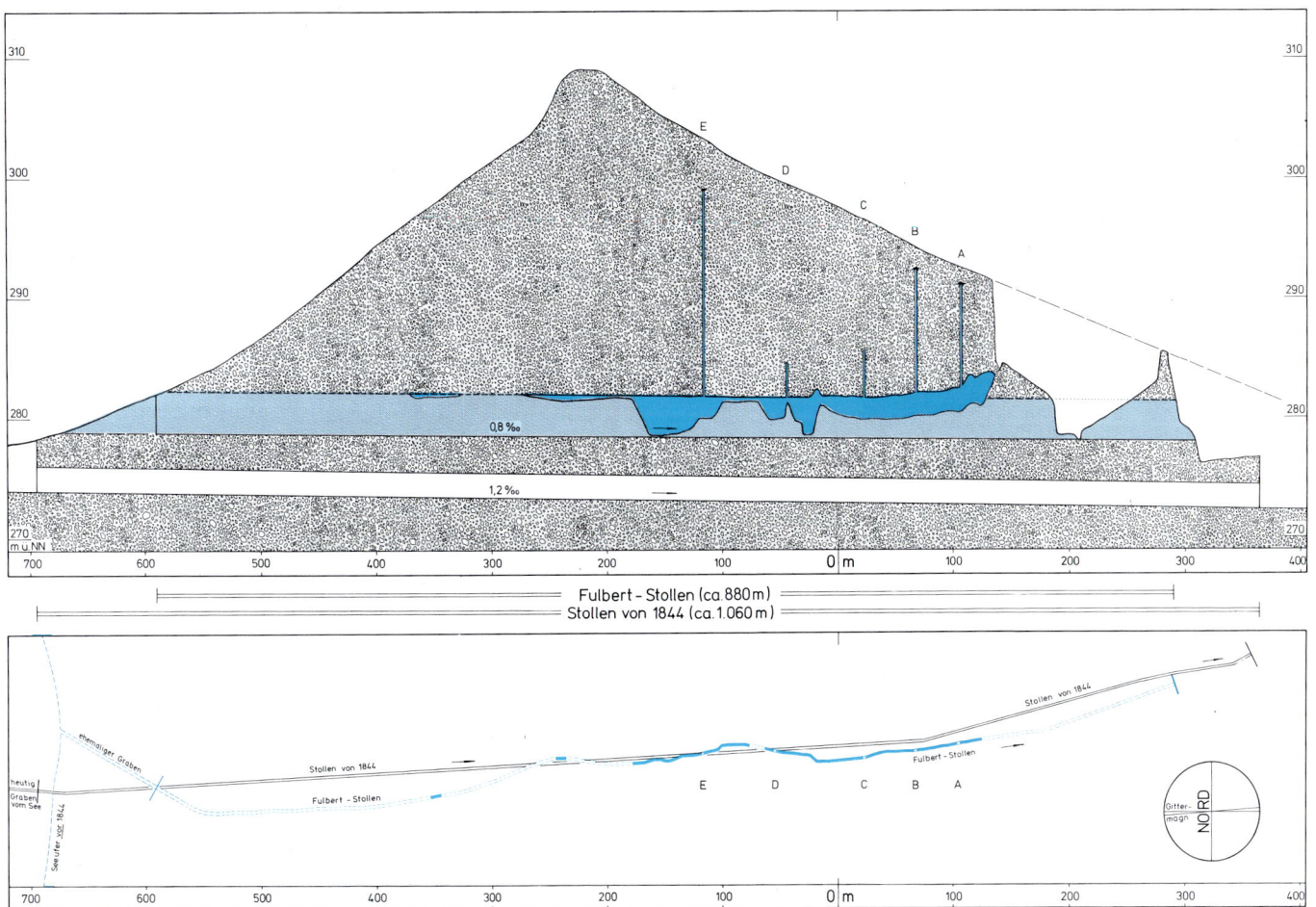

zwischen der Straße und dem heutigen Seeufer lange Zeit unter Wasser gelegen haben, beweisen die dort gefundenen ein Zentimeter großen Schalen der Schnecke *Bithynia teutaculata*. Funde von menschlichen Bewohnern des Seeufers reichen über die römische bis in die vorgeschichtliche Zeit zurück. Die Funde einer Laacher Altertums-Sammlung sind aber seit langem vernichtet, auch ein 3,68 m langer Einbaum aus Ulmenholz, der 1923 noch vorhanden war.

Von mittelalterlicher Besiedlung zeugen ein paar Mauerreste und der Flurname „Alte Burg". Hiermit wird der Platz bezeichnet, an dem bis Anfang des 12. Jahrhunderts die Pfalzgrafenburg stand. Diese Burg stand nicht nur an hervorragender Stelle, nämlich auf dem leicht in die Seefläche hineinragenden Vulkankegel, sondern sie lag auch absolut hochwasserfrei. Nach Gründung des Klosters soll diese Anlage abgebrochen worden sein, um die Ruhe der Mönche nicht zu stören. Im Kreuzgang des Klosters soll eine Nachbildung der Pfalzgrafenburg in Form eines Brunnens gestanden haben, bestehend aus einer kreisrunden Anlage mit einem viereckigen turmartigen Pfeiler, den vier Türme umgaben.

Das Laacher Kloster war 1093 von Pfalzgraf Heinrich und seiner Gattin Adelheid zu Ehren der Gottesmutter und des hl. Nikolaus auf ihrem Besitz zu Laach gestiftet worden. Nach Heinrichs Tod im Jahre 1095 wurde die Stiftung von seinem Nachfolger Siegfried zwar anfangs vernachlässigt, später aber erneuert und der Besitz schließlich 1112 den Mönchen übergeben. Der Bau der Kirche wurde unter dem 2. Abt des Klosters, Fulbert (1152–77), soweit vollendet, daß die Kirchweihe am 24. August 1156 durch den Trierer Erzbischof stattfinden konnte.

Die Abtei wurde 1802 aufgehoben und die Gebäude erst verpachtet und später an den Trierer

Regierungspräsidenten Delius verkauft. 1892 wurde das Kloster von der Benediktiner-Abtei Beuron aus neu besiedelt.

Die wechselnden Wasserstände des Sees dürften nicht nur zu gelegentlichen Überschwemmungen des neugegründeten Klosters geführt haben, sondern den Mönchen auch gezeigt haben, welch große Fläche fruchtbaren Landes direkt vor ihren Toren lag. Die deutlichen Verwitterungsspuren im Mauerwerk der Krypta könnten durchaus von einer solchen Überschwemmung verursacht sein; der Landgewinn war nur zu realisieren, wenn es gelang, den Wasserspiegel konstant zu halten. Diese beiden Ziele dürften die Mönche unter Abt Fulbert im Auge gehabt haben, als sie den Tunnel in Planung nahmen. Leider gibt es aus der Planungs- oder der Bauzeit des Tunnels keine Unterlagen mehr. Der erste schriftliche Bericht vom Tunnel stammt aus der Amtszeit des 11. Laacher Abtes Theoderich II. von Lehmen (1256–1295). In seinen Wirtschaftsannalen heißt es: *„Item aquaeductum laci collapsum reparavit"*, der dafür aufgewendete Betrag wird mit *„60 Marc"* angegeben.

Als Bauzeit wurde für den ersten Tunnel am Laacher See bisher immer nur die Amtszeit des zweiten Laacher Abtes Fulbert (1152–77) angegeben. Leider fanden sich bei unseren Untersuchungen im Stollen weder Einzelfunde, noch Holzverbauungen, die einer exakten Datierung nützlich sein könnte. In die Regierungszeit des Abtes Fulbert fällt in diesem Zusammenhang nur ein Wert in der Eichenchronologie auf, und zwar in Form einer besonders auffälligen Niederschlags-Depression des Jahres 1164. Dieses Jahr ist für die Dendrochronologen ein wichtiges Weiserjahr, weil es sich bei allen Proben im Gebiet der westdeutschen Eichenchronologie zeigt. Da wir annehmen müssen, daß der Stollen unter Fulbert ohne großen technischen Aufwand gebaut worden ist, kommt der Bau von großartigen Abdeichungen eigentlich nicht in Frage. Vielmehr müssen wir annehmen, daß Fulberts Ingenieure ein Jahr mit extrem niedrigem Wasserstand für den Bau am geeignetsten fanden, in einem solchen den Bau auch durchgezogen haben und dabei während der ganzen Bauzeit über der Wasserlinie arbeiten konnten. Ob aus der Depression in den dendrochronologischen Werten auf das Baujahr des Stollens geschlossen werden kann, läßt sich nicht mit Sicherheit sagen, da noch nicht bekannt ist, in welcher Weise sich Klima und Niederschläge auf das Wachstum von Bäumen auswirken. Wir wollen deshalb diese Auffälligkeiten wertfrei nebeneinander stellen, um daraus vielleicht zu einem späteren Zeitpunkt Schlüsse ziehen zu können.

Den geringsten Aufwand erforderte der Bau eines Abzugkanals an der Stelle, wo der Rand des Laacher Kessels die niedrigste Höhe aufweist. Um die zweckmäßigste Stelle für den Tunnelbau sichtbar zu machen, wurden in der Topographischen Karte 1:25 000 sämtliche Flächen, die unter 310 m über NN liegen, schraffiert dargestellt.

Dadurch wird deutlich, daß die von der BAB-Anschlußstelle Mendig zum Kloster Maria Laach führende Straße das Randgebiet bei etwa 310 m ü. NN passiert und hier auch nach heutigen Verhältnissen der rationellste Tunnel anzulegen wäre. Der Vergleich dieses Höhenbildes mit der tatsächlichen Linienführung des Fulbert-Stollens zeigt schließlich, daß auch Fulberts Ingenieure sich diesen Geländevorteil schon nutzbar gemacht haben. Hier am Südrand des Laacher Sees liegen also sowohl der Tunnel des 12. Jahrhunderts, als auch der Tunnel von 1844.

Der abflußlose See wäre erst bei einer Seehöhe von 310,2 m ü. NN auf natürliche Weise übergelaufen.

Die Lage der Alten Burg war absolut hochwasserfrei, denn noch heute weist der Bergkegel eine Höhe von 323,7 m ü. NN auf. Nun ist der Kessel allem Anschein nach niemals vollgelaufen, dennoch dürften bei Hochwasser oftmals Höhen von über 290 m ü. NN erreicht worden sein. Eine derartige Situation muß bei den Erbauern des Klosters eine ziemliche Schockwirkung gehabt haben, denn nun waren die neuen Gebäude ernsthaft gefährdet. Die Fußbodenoberkanten der Krypta mit 289,0 m ü. NN und der Münsterkirche mit 292,0 m ü. NN lagen also nicht hochwasserfrei. Mit dieser großen Gefahr vor Augen ließ dann schon der zweite Abt des Klosters, Fulbert, einen Abzugkanal bauen, der eine maximale Seehöhe von 279,7 m ü. NN gewährleistete.

Der Tunnel

Um den Bauwerksquerschnitt zu ermitteln, wurden in dessen südlichem Bereich an fünf ausgesuchten Stellen Tunnelquerschnitte nach dem Laserschnittverfahren ermittelt. Das erste Profil liegt bei 28,92 m Nord.

Die lichte Höhe beträgt hier 3,2 m; die Breite 1,3 m bis 1,65 m. Aufgrund der Rekonstruktion des Tunnelgesamtverlaufes ergibt sich, daß die Bauhöhe der Sohle bei 279,30 m ü. NN lag.

In den nächsten Profilen ist die bis 1844 eingefüllte Schlammschicht noch gut erhalten. Wir sehen deutlich die bei der Austrocknung entstandene konkave Form und sind nach Rekonstruktion der ehemaligen Tunnelsohle überrascht von ihrer Mächtigkeit, die bis zu 2,4 m ausmacht. In den Querprofilen bei 39,90 m Süd und bei 61,62 m Süd lassen sich Tunnelsohlenhöhen von 279,25 m ü. NN und 279,23 m ü. NN ermitteln.

Die kürzeste Verbindung zwischen zwei Punkten ist die gerade Linie. So würde man mit heutigen Mitteln einen Tunnel am Laacher See wohl auch schnurgerade durch den Berg stoßen. Beim Bau eines Tunnels in der Schacht- (od. Qanat-)Bauweise war die Gerade zwar auch die kürzeste Linie, aber nicht unbedingt die zweckmäßigste. Darum ist auch in der gewundenen Linienführung des Fulbert-Stollens nicht etwa Planlosigkeit der Erbauer zu sehen, sondern vielmehr ein Anpassungsversuch an die natürlichen Geländeeigenschaften. Das wird besonders deutlich, wenn wir den Gesamtverlauf in die Deutsche Grundkarte 1:5000 kartieren. Beim Vergleich der Linienführung mit den Höhenlinien in der Karte wird klar, daß Fulberts Ingenieure in etwa der Linie niedrigster Höhen über den Kesselrand gefolgt sind und damit dem Bau kürzerer Schächte den Vorzug vor einer kürzeren Trasse gaben. Nach Absteckung der Trasse im Gelände wurden in unterschiedlichen Abständen Schächte in den Boden gearbeitet und zwar bis zu der vorher

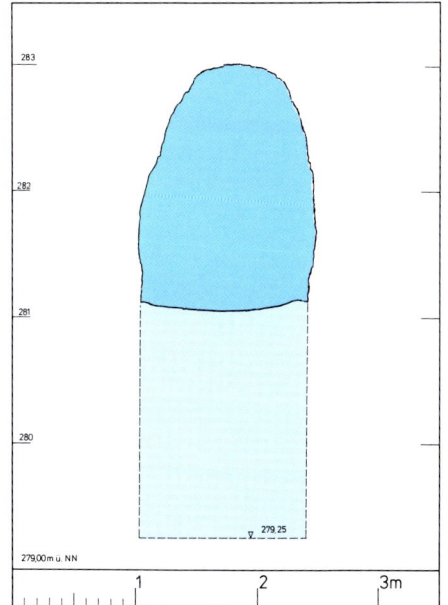 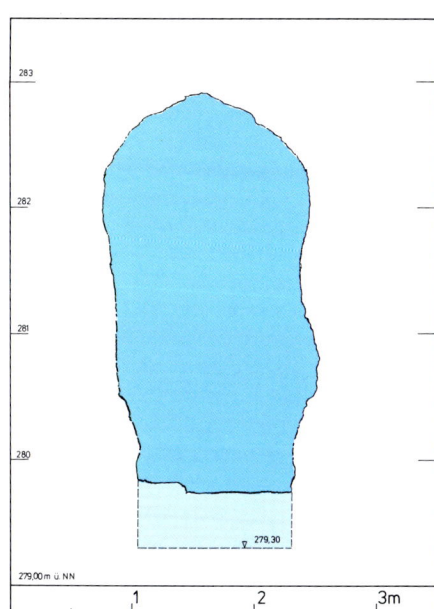

Abb. 5 u. 6 Zwei Profile durch den Fulbert-Stollen. Links (39,90 m Süd) ist die nach Versturz des Tunnelendes eingeschwemmte Schlammschicht erhalten; rechts (28,92 m Süd) durch Ausgrabungen teilweise entfernt worden

errechneten Tunnelsohle. War diese erreicht, so wurden Stollen in zwei Richtungen in den Berg getrieben und zwar im Idealfall so weit, bis man sich mit dem vom nächstliegenden Schacht jeweils gegenüber arbeitenden Trupp traf. Daß das nicht immer exakt gelang, zeigen die Ausgleichsstücke mit denen Richtungsfehler korrigiert werden mußten. Nachdem der Tunnel auf seiner ganzen Länge durchstoßen war, konnte man ihm durch Ausgleichen und Abtragen der Sohle ein ausreichendes, künstliches Gefälle geben.

Schon bei oberflächlicher Betrachtung der Linienführung fällt auf, daß der Gesamtverlauf des Fulbert-Stollens ungefähr in nord-südlicher Richtung liegt. Deshalb stellt sich die Frage, ob den Ingenieuren um 1160 etwa ein Magnetkompaß zur Absteckung des Tunnels unter Tage zur Verfügung gestanden hat. Nun kann aus dieser Übereinstimmung der Richtung nach Norden nicht ohne weiteres auf die Benutzung eines Magnetkompasses im 12. Jahrhundert geschlossen werden, denn uns ist zwar exakt die Deklination unserer Zeit bekannt, die aus mittelalterlicher Zeit aber gar nicht und ab dem 16. Jahrhundert nur für ganz wenige Daten. Die Ansicht, aus der Ostrichtung romanischer Kirchen auf die Benutzung eines Magnetkompasses beim Bau schließen zu können, ist nicht haltbar. Die Nachrichten über die früheste Bekanntmachung des Magnetkompasses in Europa gehen allerdings ziemlich auseinander. Halten wir uns an das Handbuch der Physik, so stammt die erste Erwähnung in der europäischen Literatur von Alexander Neckam aus dem Jahre 1180, ohne die Ursachen des Erdmagnetismus zu nennen. Darüber berichtet zuerst W. Gilbert im Jahre 1600.

Wir können also als gesichert annehmen, daß der Magnetkompaß im 12. Jahrhundert in England bekannt war. Da es sich in dieser Zeit aber um ausschließlich für nautische Zwecke beschriebene Instrumente handelte, erscheint die Benutzung eines solchen Instrumentes für den Tunnelbau um 1160 am Laacher See völlig unwahrscheinlich. Vielmehr wird es so gewesen sein, daß nach Anlage der Bauschächte lediglich die Richtung zum jeweils benachbarten Schacht nach Untertage übertragen wurde und von den Bauarbeitern mehr oder weniger genau eingehalten werden konnte.

KLAUS GREWE, BONN

Anmerkung

* Richtig würde man ein derartiges Bauwerk nicht als Stollen, sondern als Tunnel bezeichnen. Im anschließenden Text dieser Arbeit wird aber die eingebürgerte Bezeichnung „Fulbert-Stollen" beibehalten.

Literatur

KLAUS GREWE: *Der Fulbert-Stollen am Laacher See – Eine Ingenieurleistung des hohen Mittelalters.* Zeitschr. f. Archäologie d. Mittelalters 7, 1979, 107.

Der Salzburger Almkanal

Die Schönheit der Stadt Salzburg zieht alljährlich Millionen von Besuchern aus aller Welt an. Die vom italienischen Barock geprägte Silhouette der Festspielstadt hat Salzburg den ehrenvollen Beinamen eines „deutschen Rom" eingetragen. Daß unter den Plätzen und Straßen der Stadt nicht nur die Fundamente römischer Bauten mit qualitätsvollen Mosaiken ruhen, sondern auch eines der ältesten Kanalsysteme des Mittelalters verborgen ist, das bis heute in Betrieb steht, wissen selbst viele Einheimische nicht. Nachdem im Altstadtbereich fast alle Arme des verzweigten Kanalnetzes wegen der zunehmenden Verschmutzung und Geruchsbelästigung zugedeckt und unter die Erde verbannt wurden, gibt es nur noch zwei kurze Strecken im Bereich der ehrwürdigen Erzabtei St. Peter, wo der Kanal als offenes Gerinne sichtbar ist. Für den Historiker ist dieses einzigartige Bauwerk der mittelalterlichen Wasserversorgung auch deshalb besonders interessant, weil seine Geschichte zumindest seit dem 11. Jahrhundert durch einen außerordentlichen Reichtum an schriftlichen Quellen hervorragend dokumentiert ist.

Die älteste Vorstadt von Salzburg, am linken Ufer der Salzach gelegen und nur durch den Höhenrücken des Mönchsberges von der Altstadt getrennt, trägt den Namen Mülln. Bereits um 800 wird sie in einem Salzburger Güterverzeichnis, den Breves Notitiae, genannt. Den Namen verdankt Mülln jenen Mühlen, die bis in die jüngste Vergangenheit dort von einem künstlichen Mühlbach, der als *Müllner Arm* den ältesten Teil des Almkanalnetzes bildet, angetrieben wurde. Aus geologischen und hydrologischen Untersuchungen geht hervor, daß dieser Mühlbach schon im 7. oder 8. Jahrhundert als künstliche Ableitung aus dem heute verschwundenen Riedenburgbach, der einst das große Moorgebiet zwischen der Stadt und dem Untersberg entwässerte, angelegt wurde.

Die Altstadt von Salzburg verfügte durch den halbkreisförmigen Höhenzug von Nonnberg, Festungsberg und Mönchsberg über einen hervorragenden natürlichen Schutz, der bis ins 13.

Abb. 1 Almkanal. Im Hintergrund das Mundloch des Mönchsberg-Tunnels

Jahrhundert den Bau von Stadtmauern als unnötig erscheinen ließ. Anderseits machte sich das Fehlen von Flußarmen und Bächen in diesem Altstadtbereich sowohl für die reichlich vorhandene Landwirtschaft als auch im Falle von Bränden unangenehm bemerkbar. Stadtherr war zwar der Erzbischof, über den größten Grundbesitz verfügten aber seit der Ausstattung durch Erzbischof Konrad I. (1106–1147) die Abtei St. Peter und das Domkapitel. Vielleicht war es der Stadtbrand des Jahres 1127, der in Abt Balderich von St. Peter und dem Dompropst Hermann den Plan reifen ließ, den ständigen Wassermangel mit Hilfe eines außerordentlich kühnen Projekts zu beseitigen. Durch einen – freilich etwas tendenziösen – Bericht im Traditionsbuch des Salzburger Domkapitels sind wir darüber sehr genau informiert.

Im Jahr 1136 nahmen das Domkapitel und der

Konvent von St. Peter einen Meister namens Albert in Dienst und begannen unter dessen Leitung einen *Tunnel* in das relativ weiche Konglomeratgestein des Mönchsberges vorzutreiben. Die immer wieder vertretene Meinung, Meister Albert sei ein im Salzbergbau am Dürrnberg bei Hallein tätiger Bergmeister gewesen, ist sicher falsch, da der mittelalterliche Salzbergbau am Dürrnberg erst 50 Jahre später wieder aufgenommen wurde. Die Bezeichnung Künstler (artifex) könnte vielmehr darauf hinweisen, daß Albert ein Steinmetz war, der am Wiederaufbau des durch den Brand von 1127 beschädigten Domes mitgewirkt hatte. Die eigentliche Felsarbeit wurde wohl von den zahlreichen Laienbrüdern (Konversen) des Domkapitels und der Abtei St. Peter nach Alberts Anweisungen geleistet.

Der markante Festungsberg von Salzburg besteht aus Hauptdolomit, der in der Trias vor ca. 170 Millionen Jahren gebildet wurde. Während der letzten Eiszeiten hat sich sozusagen in seinem „Windschatten" das weiche Konglomeratgestein (Nagelfluh) des Mönchsberges abgelagert. Zwischen den beiden Gesteinsformationen ist eine schmale Zone Gosausandstein eingelagert, die eine wasserführende Schicht bildet. Wahrscheinlich folgte man beim Tunnelbau einer dort austretenden starken Quelle, die durch ein Holzgerinne abgeleitet wurde. Im weichen Gestein erzielte man so rasche Fortschritte, daß sich der Dompropst und der Abt Anfang 1137 zu Erzbischof Konrad I. begaben, der im steirischen Kloster Admont weilte, und von ihm die Erlaubnis zum Bau eines Stollens durch den Mönchsberg einholten. Der Erzbischof übertrug dem Abt von St. Peter die Bauleitung, setzte eine Kostenteilung zwischen den beiden geistlichen Gemeinschaften fest und bestimmte, daß beide gleichen Anteil an dem durch den Tunnel geführten Wasser haben sollten. Nach einem außerordentlich raschen Baufortschritt in den folgenden vier Jahren zeigten sich aber drastisch die Nachteile des weichen Konglomeratgesteins. Ein verheerender Bergsturz vernichtete den größten Teil des bis dahin fertiggestellten Tunnels. Der völlig entmutigte Abt Balderich von St. Peter ordnete die Einstellung des Baues an, legte die Bauleitung zurück und entließ den Meister Albert, der vom Erzbischof entlohnt wurde. Dem Domkapitel aber bezahlte er zehn Talente Silber, um für den Fall einer Fertigstellung des Bauwerks Wasser in Röhren zu seiner Waschhütte leiten zu dürfen.

Der Dompropst entschloß sich zur Fortführung der Arbeiten und nahm Meister Albert wieder in seinen Dienst. Unter dessen Leitung wurde um 1143 der Tunneldurchschlag vollendet. Meister Albert hat von der Summe von 20 Talenten, die er ursprünglich für den vier Jahre dauernden Tunnelbau vor dem Bergsturz gefordert hatte, 12 Talente nachgelassen und sich mit einer Zahlung von 8 Talenten durch den Salzburger Erzbischof begnügt, um dafür später als Laienbruder ins Salzburger Domkapitel aufgenommen zu werden. Nach der Fertigstellung des Tunnels und dem Tode seiner Frau ist er wirklich als Konverse in das Domstift eingetreten. Das Totenbuch des Domkapitels enthält zum 28. Februar den Eintrag: „Albert, Konverse und unser Bruder, der die Wasserleitung durch den Berg gebaut hat".

Schon bald nach der Vollendung des Tunnels, als auch der Kanalbau bis zum Mundloch hergestellt war, schien das gesamte Werk erneut gefährdet. Im Verlauf eines heftigen Streits zerstörten die Mönche von St. Peter einen Großteil der Anlage. Schließlich aber einigten sich die beiden Konvente 1147/50 auf eine Teilung der Arbeit und der Instandhaltungskosten für den Kanal. Diesem Vertrag zufolge sollten die Mönche die Zuleitung des Wassers in offenen Gerinnen herstellen und diese Anlagen auch erhalten. Die Domherren hingegen übernahmen die wegen der Bergsturzgefahr unbedingt notwendige Einwölbung und Erhaltung des Tunnels. Da die Mönche von St. Peter aber säumig blieben, übernahm das Domkapitel erneut die Initiative. Das Wasser des Rosittenbachs, der von den Steilhängen des Untersbergs herabfließt, wurde in hölzerne Gerinne gefaßt. Dabei galt es, das riesige Untersberger Moor, von dem sich heute noch das Leopoldskroner Moor erhalten hat, mit diesen Holzrinnen zu überbrücken. Das aufwendige Werk, das nicht weniger als 40 Talente Silber kostete, war um 1160 vollendet.

Der Tunnel durch den Mönchsberg, der wohl das älteste Bauwerk dieser Art in Mitteleuropa darstellt, bildet bis heute das Kernstück des Kanals. Er ist 370 m lang, im Schnitt etwa 1,0–1,5 m breit und je nach der Art der Einwölbung 1,40–2,80 m hoch. Der Großteil des Tunnels ist mit Steinplatten und Steinquadern ausgekleidet, die im Laufe der Jahrhunderte immer wieder erneuert und verändert wurden. Wahrscheinlich kennzeichnen die trapezförmigen Tunnelquerschnitte den ältesten Bestand, während die spitzbogigen Gewölbe erst später eingezogen wurden. Die zahlreichen Richtungsänderungen im Tunnel sind weniger auf Gefälls- oder Strömungsbremsen zurückzuführen, sondern wurden durch die häufigen Verstürze und die damit erforderlichen Neubauten verursacht. Der Stollenboden ist fast durchwegs mit Marmorplatten belegt, unter denen sich zahlreiche Grabplatten des alten Domfriedhofes, den Erzbischof Wolf Dietrich von Raitenau 1602 aufgelassen hatte, finden. Zur Zeit der sogenannten „Almabkehr", bei der am Rupertitag (24. September) mit der Reinigung und Säuberung des gesamten Kanalnetzes begonnen wird, kann der Tunnel zwei Wochen lang von kleinen Gruppen besichtigt werden.

Als Bauherren haben das Domkapitel und die Abtei St. Peter unmittelbar am stadtseitigen Tunnelende eine Teilung des durch den *Stiftsarm* geleiteten Wassers vorgenommen. Der *St.-Peter-Arm*, der auch als Gamper-Arm oder Getreidegassen-Arm bezeichnet wird, fließt durch den Innenhof (Mönchsgarten) von St. Peter, durch das ehemalige Kloster der Petersfrauen (heute Franziskanerkloster) und versorgte das große Gebiet des Frauengartens, das von St. Peter bis zum Ende des 16. Jahrhunderts landwirtschaftlich genutzt wurde und heute durch die Alte Universität und die Kollegienkirche verbaut ist, mit Nutzwasser. Gleich am Beginn dieses Armes liegt am Rande des Petersfriedhofes die alte Stiftsmühle (Pfistermühle) von St. Peter, die noch im 12. Jahrhundert erbaut und bis 1966 vom Wasser des Almkanals angetrieben wurde. Heute beherbergt das Haus nur noch die Bäckerei von St. Peter. Der nach Osten abzweigende *Kapitel-Arm*,

Abb. 2 Mönchsberg-Tunnel. Innenansicht (Foto: O. Anrather)

auch Kai-Arm genannt, an dem ebenfalls im 12. Jahrhundert die Schwemmbäckermühle des Domkapitels errichtet wurde, versorgte den Grundbesitz der Domherrn im Kaiviertel mit Nutzwasser. Im 13. Jahrhundert wurden von St. Peter und dem Domkapitel weitere Mühlen in der Stadt errichtet, und seit dem 14. Jahrhundert entstanden als neue Teile des Kanalnetzes der *Höllbräu-Arm*, der am Residenzbrunnen vorbeiführt und die Malzbrechmühle des Höllbräus antrieb, und der *Hofstallgassen-Arm*, der die erzbischöflichen Hofstallungen mit Wasser versorgte.

Die Einleitung des Rosittenbaches hatte dem Kanalsystem zwar eine erhöhte Wasserzufuhr gesichert; bei den häufigen Unwettern am Untersberg stieg der Bach jedoch rasch aus den Ufern und beschädigte durch Überschwemmungen das Kanalsystem. Für derartige Zerstörungen machte das Domkapitel die Unachtsamkeit der Eigenleute von St. Peter, denen die Kanalaufsicht oblag, verantwortlich. Andererseits lieferte im Herbst und im Winter der Rosittenbach nur so wenig Wasser, daß der Kanal die ihm zugedachte Aufgabe nur in sehr beschränktem Umfang erfüllen konnte. Um diesen Mißständen abzuhelfen und dem ständig steigenden Wasserbedarf in der Stadt zu entsprechen, wurde 1286 die *Durchstichstrecke zur Alm*, die man heute meist als Königsseeache bezeichnet, hergestellt. Das flache, leicht fallende Gelände bot für den Bau des neuen, ca. 4,5 km langen Kanalabschnittes von der Königsseeache bei St. Leonhard über Grödig bis zur Einmündung des Rosittenbaches beim Eichethof ideale Voraussetzungen. Als Ausfluß des mächtigen Königssees garantierte die Alm auch in trockenen Jahreszeiten eine relativ konstante Wasserführung. Streng genommen trifft damit der Name Almkanal auf die gesamte Anlage erst seit dem späten 13. Jahrhundert zu. Der für den Einlauf des Kanals, die sogenannte Kopfstrecke, notwendige Stau der Königsseeache hatte in St. Leonhard zu Überschwemmungen und Schäden geführt; deshalb wurde die Abzweigung schon 1287 weiter stromauf zum „Hangenden Stein" verlegt. Sowohl bei der Grenzziehung zwischen dem Erzstift Salzburg und der Fürstpropstei Berchtesgaden als auch zwischen Österreich und Bayern (1816) wurde darauf Rücksicht genommen, daß die Kopfstrecke des Almkanals mit dem Einlaufwehr noch auf Salzburger Gebiet liegt.

Bis ins 14. Jahrhundert hatten sich weder der Salzburger Erzbischof als Landesherr noch die Stadt Salzburg am Bau und Betrieb des Almkanals beteiligt, obwohl im Altstadtbereich ein fühlbarer Wassermangel herrschte. Im Zusammenhang mit dem Neubau des Bürgerspitals erteilte Erzbischof Friedrich III. 1335 den Bürgern das Recht, Wasser von überall, wo sie es fänden, zum Spital zu leiten. Das nahm die Stadt zum Anlaß, um wenige Jahre später einen Tunnel der etwa parallel zum Neutor verläuft, an der schmalsten Stelle durch den Mönchsberg zu schlagen. Wasser aus dem Müllner-Arm des Almkanals wurde durch ein eigenes Gerinne, den Riedenburg-Arm und durch den neuen Tunnel dem Bürgerspital zugeführt. Da die Stadt das dem Almkanal entnommene Wasser als ein nicht genutztes Überwasser und daher als „Gnadenwasser" betrachtete, weigerte sie sich durch Jahrhunderte beharrlich und mit Erfolg, einen entsprechenden Anteil zu den Bau- und Erhaltungskosten des Kanalsystems zu leisten. Dabei führt der *Städtische-Arm* mit 1,378 m^3/pro Sekunde fast doppelt soviel Wasser wie der vom Domkapitel und St. Peter errichtete Stifts-Arm (0,860 m^3/pro Sekunde). Diese Wassermenge wurde natürlich den Mühlen von Mülln, die weiter unterhalb am Müllner-Arm lagen, und auch den Fischern am Glanmühlbach, die es dringend benötigten, entzogen. Das Wasser des Städtischen-Armes diente nur als Nutz- und nicht als Trinkwasser, trieb aber auch das 1548 errichtete Städtische Brunnhaus beim Bürgerspital, das einen Großteil der Stadt mit dem dort hochgepumpten Grundwasser versorgte. In dem jahrhundertelangen Streit zwischen St. Peter und dem Domkapitel als „Almherren" einerseits und der Stadt Salzburg andererseits, ging es freilich auch darum, daß die beiden geistlichen Gemeinschaften von der Stadt zwar Beitragszahlungen verlangten, ihr aber keine Mitbestimmung zugestehen wollten, während die Stadt das als Voraussetzung für eine Beteiligung an den Kosten ansah.

Mit dem Salzburger Erzbischof, der sich frühzeitig einen Wasserbezug aus dem Kanal sicherte, gab es solche Schwierigkeiten nicht. Bereits 1355 wurde eine Wasserleitung in hölzernen Röhren durch den Stiftsarmstollen zur erzbischöflichen Residenz geführt. Der Geiselweiher bei Glanegg und der Leopoldskroner Weiher wurden bald nach 1500 als erzbischöfliche Fischteiche eingerichtet und mit Wasser aus dem Almkanal gespeist. Noch heute sucht man zur Zeit der Almabkehr vergeblich nach dem schönen Spiegelbild des Schlosses Leopoldskron im See, da zu dieser Zeit der vom Almkanal gespeiste Weiher trockenliegt. Der Erzbischof wurde 1566 als dritter Almherr zugelassen und übernahm seither ein Drittel aller für die Erhaltung des Kanals anfallenden Kosten. Alle wichtigen Entscheidungen blieben jedoch weiterhin der Abtei St. Peter und dem Domkapitel vorbehalten, die sich als „dirigierende Almherrnhöfe" alljährlich im Vorsitz bei

Abb. 3 Mönchsberg-Tunnel. Innenansicht (Foto: O. Anrather)

der Verwaltung, der Bauleitung und der Rechnungslegung bis zur Säkularisation im Jahre 1803 abwechselten. Seit dem 15. Jahrhundert wurden zahlreiche weitere *Almbrunnleitungen* errichtet, die das saubere Wasser der Alm in Röhren an die Höfe des Bischofs von Chiemsee, des Abtes von Berchtesgaden, zu den Spitälern von St. Peter und dem Domkapitel, zu den einzelnen Bädern und auch zu privaten Wohnhäusern leiteten. So entstand ein Netz von 19 Rohrwasserleitungen mit über 80 Ausläufen in der Altstadt, das mit Almwasser gespeist wurde und bis zum Bau der Fürstenbrunner Wasserleitung 1875 in Funktion blieb. Auch alle wichtigen Brunnen und Schwemmen in der Altstadt, wie die Pferdeschwemme und die Kapitelschwemme, wurden (bis 1966) mit Wasser aus dem Almkanal versorgt. Das 1644 errichtete Brunnhaus in Nonntal, das vom Wasser des Almkanals angetrieben wurde, pumpte Wasser in einen Behälter am Südhang des Festungsberges. Von dort versorgte die über den Nonnberg verlaufende „Finanzleitung" neben zahlreichen Wohnhäusern auch den Residenzbrunnen (bis 1962) mit Wasser, der wegen des großen Höhenunterschiedes eine wesentlich höhere Fontäne hatte als heute.

Hatte das Kanalnetz anfangs vor allem der Landwirtschaft gedient, so erlangte es seit dem Spätmittelalter immer größere Bedeutung für Handwerk und Gewerbe. Neben den alten Getreidemühlen entstanden in der Altstadt Schleif- und Poliermühlen, Lodenwalkereien, Sägen, Wäschereien und Malzmühlen. Auch die erzbischöfliche Hofmünzstätte und zuletzt noch die 1862 erbaute Bahn auf die Festung Hohensalzburg wurden mit Wasser aus dem Almkanal betrieben. Weit größer noch war die Zahl der Werke, die außerhalb der Stadt zwischen St. Leonhard und Mülln am Almkanal entstanden. Neben Mühlen, Schmieden und Sägewerken nutzten Zementfabriken, Walzwerke, Bleiweißfabriken, Kaffee- und Porzellanfabriken, Lodenwalkereien, Wollfabriken und Brauereien die Wasserkraft des Kanals. Bis 1859 stieg die Anzahl am gesamten Kanalnetz auf etwa 100 Wasserrechte, die sich auf 47 Brunnenleitungen und Brunnen sowie auf 53 Gewerbebetriebe und Fabriken verteilten.

Nach dem Ende des geistlichen Fürstentums Salzburg wurden 1816 zunächst die einstigen Anteile des Erzbischofs und des Domkapitels von Österreich verstaatlicht und 1869 auch die Rechte der Abtei St. Peter übernommen. Die steigenden Instandhaltungskosten bewogen seit dem späten 19. Jahrhundert zahlreiche Betriebe auf alternative Energie, vor allem Elektrizität, umzusteigen. Damit geriet der Almkanal in eine schwere Krise, die auch durch ein eigenes Bundesgesetz über den Salzburger Almkanal 1937, mit dem die Instandhaltungspflicht an drei Genossenschaften (Almhauptkanal, Stiftsarm und Stadt) übertragen wurde, nicht gelöst werden konnte. Nachdem der Fortbestand des Kanals vor allem im Altstadtbereich durch den dringend notwendigen Bau eines modernen Kanalnetzes nach 1970 ernstlich gefährdet schien, konnten Bürgerinitiativen die drohende Trockenlegung und mögliche Zerstörung gerade der ältesten Teile verhindern. Nach langen Bemühungen wurde das gesamte Kanalnetz im Jahre 1987 unter Denkmalschutz gestellt, so daß Erhaltung und Funktion dieses einzigartigen Denkmals mittelalterlicher Wasserbautechnik auch für die Zukunft gesichert sind.

HEINZ DOPSCH, SALZBURG

Literatur

HEINZ DOPSCH, Der Almkanal in Salzburg. Ein städtisches Kanalbauwerk des hohen Mittelalters in Vergangenheit und Gegenwart, in: Städtische Versorgung und Entsorgung im Wandel der Geschichte, hg. v. Jürgen Sydow (Stadt in der Geschichte, Bd. 8), Sigmaringen 1981, S. 46–76. – DERSELBE, Der Almkanal – eine Pionierleistung europäischer Bautechnik, in: St. Peter in Salzburg – das älteste Kloster im deutschen Sprachraum, Katalog der Salzburger Landesausstellung 1982, S. 117–121.

EGON FIEBICH-RIPKE, Der Salzburger Almkanal – Ein Werk ältester Salzburger Ingenieurkunst, in: Österreichs Wasserwirtschaft Jg. 11 (1959) S. 105–116.

FRANZ VALENTIN ZILLNER, Die Wasserleitung der Alm, in: Mitteilungen der Gesellschaft für Salzburger Landeskunde 4 (1864) S. 5–128.

Die Wasserversorgung Zürichs

Über die mittelalterlichen Anfänge einer städtischen Wasserversorgung in Zürich wissen wir bis heute recht wenig. Die historischen Quellen und archäologischen Befunde sind, wie für diese Zeit zu erwarten, sehr lückenhaft, ergänzen sich jedoch zum Teil auch wieder, so daß immerhin ein grobes Bild entworfen werden kann. Zürichs Lage an einem Seeausfluß bringt es mit sich, daß Flußwasser im Leben der Stadt eine große Rolle spielt und sicher rein mengenmäßig den Hauptteil der Versorgung trägt. Es sei nur auf die zahlreich am Flußufer ansässigen Gewerbe hingewiesen (Gerber, Färber, Metzger, Bader u.a.). Die ältesten Abbildungen der Stadt aus dem 16. Jahrhundert – die Altartafeln von Leu um 1502, mit Übermalungen aus der Zeit um 1566[1] sowie Jos Murers gedruckter Stadtprospekt von 1576 – enthalten verschiedene Einrichtungen zum Schöpfen von Flußwasser. Ins Auge fallen vor allem die imposanten hölzernen Schöpfräder in der Mitte des Flusses bei den zwei Limmatbrücken. Aus den Kupferbehältern auf ihrem Radkranz ergießt sich das Wasser in eine am Traggestell befestigte Holzrinne, die es ihrerseits in einen Kasten und von dort durch mehrere Röhren in einen Brunnentrog fließen läßt.

Nur zufälligerweise fällt in den schriftlichen Quellen ein früher Hinweis auf ein Schöpfrad.[2] Im Jahr 1382 wird ein Kohlenofen gestohlen, der im Winter zur Enteisung des Rads aufgestellt worden war. Vermutlich handelt es sich um das untere Rad, wo sich auch die städtische Eichstätte für Weinfässer, Tansen und andere Gefäße befand. Das obere Rad wird anfangs 15. Jh. in den Stadtbüchern erstmals erwähnt. Die Chronisten des 16. Jahrhunderts waren der Meinung, das untere Rad sei 1420, das obere wenig später erstellt worden. Heinrich Bulliger (1504–1575) vertrat gar die These, man habe

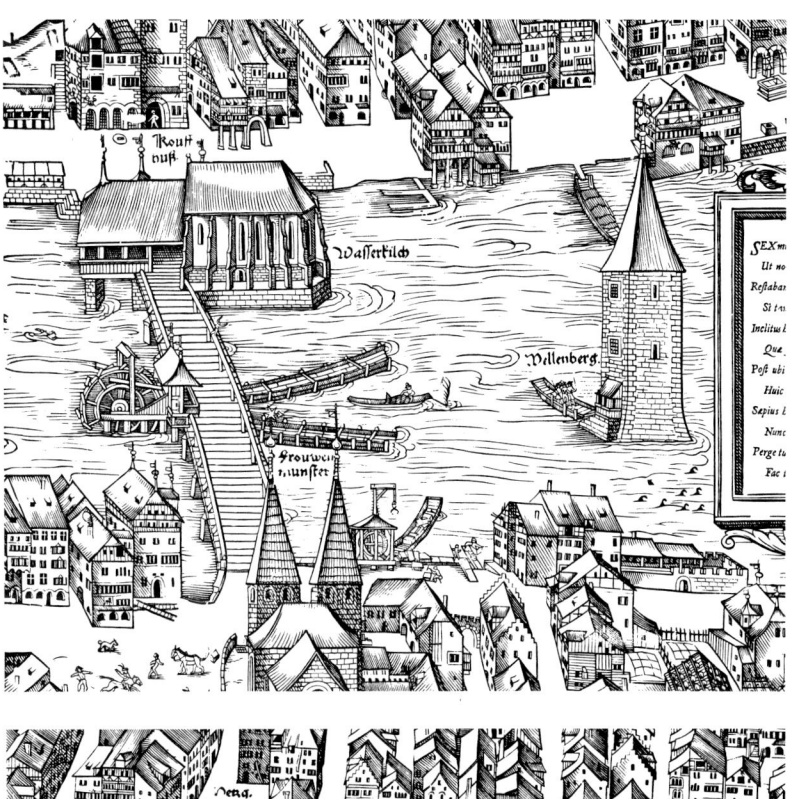

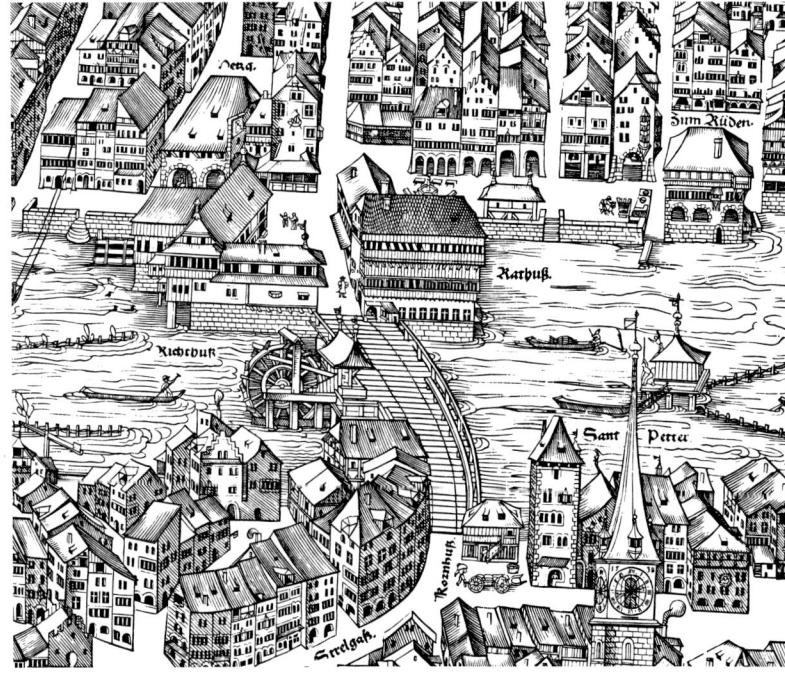

Abb. 1a, 1b Die Schöpfräder in der Limmat, Ausschnitt Murer-Plan von 1576

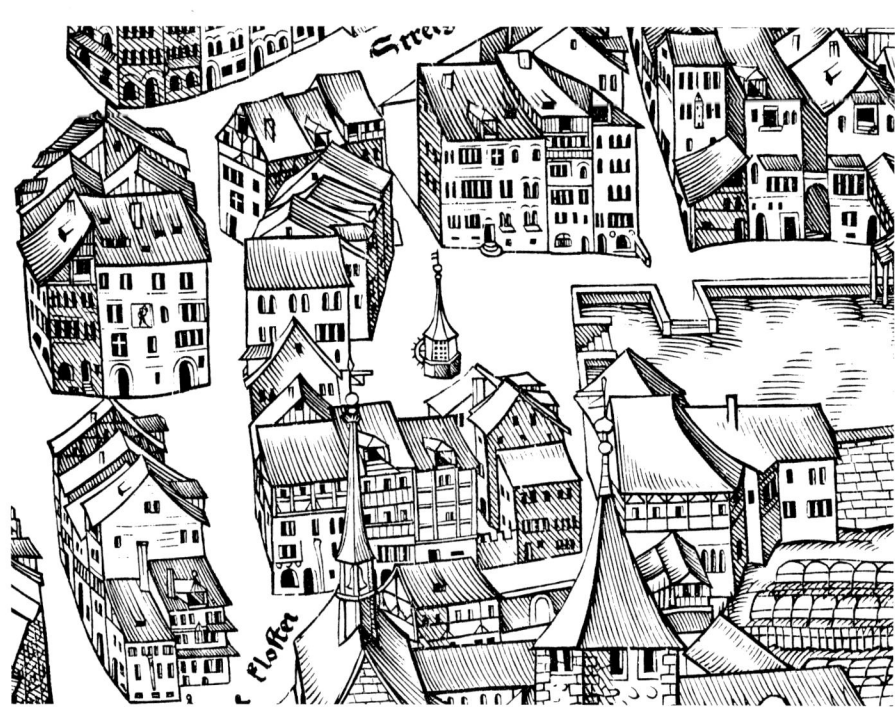

Abb. 2 Ziehbrunnen mit Haspelrad, Peterhofstatt, Ausschnitt Murer-Plan 1576

die Räder nach Vitruvs Anleitungen konstruiert. Allerdings entdeckte man dessen Standardwerk zur römischen Architektur erst 1414, zu einer Zeit, als in Zürich wohl beide Räder schon bestanden. Auch weitere frühe Thesen zur Entstehungsgeschichte der Wasserräder gehören ins Reich der Fantasie, so zum Beispiel die Idee, die Räder seien wegen der Vergiftung der Quellbrunnen durch Juden errichtet worden. In der Tat dürften die Schöpfräder wohl älter sein als die ersten öffentlichen Quellwasserleitungen.

Zur Konstruktionsweise der Schöpfräder

Auf den kürzlich restaurierten Altartafeln von Leu (1502) war ursprünglich einzig das Rad auf der oberen Brücke zu sehen. Im Zuge der nachreformatorischen Übermalungen der Heiligenfiguren wurde der Hintergrund, die Stadtansicht also, ganz einfach ergänzt, und somit kam um 1566 auch das untere Rad dazu. Auf einem weiteren Teil mit Blickrichtung Wasserkirche und rechtes Limmatufer wurden gleichfalls Teile der oberen Brücke und das obere Rad, allerdings in einer von der ursprünglichen Darstellung abweichenden Bauweise, hinzugefügt. Der Unterschied läßt sich möglicherweise dadurch erklären, daß der Rat gerade im Jahr 1566 prüfen ließ, wie das obere Rad besser dem schwankenden Wasserstand angepaßt werden könne. Die Übermalung zeigt das obere Rad nämlich auf einem Lagerbock ruhend, der aus schräg ins Flußbett gerammten Stützen und drei waagerechten Lagerbalken besteht, die wohl nach Bedarf zum Heben oder Senken des Rades entfernt bzw. unterlegt werden konnten. Auf Murers Stadtansicht von 1576, die im allgemeinen für ihre Detailtreue bekannt ist, gleicht die Konstruktion wieder der ursprünglichen. Es ist durchaus plausibel, daß man den Versuch in der Tat auch ausgeführt, kurz darauf aber wieder aufgegeben hat. Noch 1821, nur neunzehn Jahre vor dem Abbruch, wurde die Idee eines beweglichen Rades übrigens wieder aufgegriffen und auch erfolgreich ausgeführt. Das obere Rad scheint nie so viel oder so regelmäßig Wasser geliefert zu haben wie das untere. Daher auch die Versuche, es durch bauliche Maßnahmen wie Schwellenwerk im Fluß und bewegliche Auflager funktionstüchtiger zu machen. Das untere Rad speiste außerdem spätestens vom 16. Jh. an auch Leitungen zu Brunnen auf der linken wie rechten Stadtseite. Obschon Murers Stadtprospekt aus der zweiten Hälfte des 16. Jhs. stammt, darf angenommen werden, daß die abgebildete Radkonstruktion der mittelalterlichen bzw. ursprünglichen Form entspricht, mit dem einzigen Unterschied, daß die Räder bei Murer mit einem zweiten, inneren Radkranz verstärkt sind, der auf der Darstellung Leus von 1502 fehlt. Hingegen ist auf der Übermalung von 1566 das umgestaltete obere Rad bereits mit mehreren Radkränzen ausgerüstet.

Sodbrunnen

Über die Existenz mittelalterlicher Sodbrunnen ist bisher wenig bekannt. Bei Grabungen stieß man bisher auf einige wenige, relativ spät zu datierende Beispiele.[3] Der Untergrund im Bereich der Altstadt enthält zwar keine bedeutenden Grundwasservorkommen und wird als eher ungeeignet für die Anlage von Sodbrunnen beurteilt. Dennoch dürfte Grundwasser einen namhaften Beitrag zur Versorgung der mittelalterlichen Stadt, vor allem in vom Fluß entfernteren Lagen, geliefert haben. Die meisten Sodbrunnen befanden sich auf Privatgrund. Von den fünf öffentlichen Sodbrunnen, die auf dem Murer-Plan von 1576 abgebildet sind, kann nur vermutet werden, daß sie auch schon im Mittelalter bestanden haben, möglicherweise vor dem Bau von Quellbrunnen, deren Existenz im ersten Viertel des 15. Jhs. belegt ist. Wiederum dürfte wohl die Form der Brunnenschächte, sechseckig (?), mit vergittertem Brunnenhäuschen, turmähnlicher Überdachung und Türmchenspitze mit Fahne, die ihn als öffentliches Eigentum kennzeichnet, durchaus der Realität entsprechen. Neben diesen zum Schutze des Wassers überdeckten Radgalgenbrunnen gab es auch einfachere Schöpfeinrichtungen mit Schwebebalken, an deren einen Seite ein von einem Seil hängender Kübel befestigt war. Diese dienten wohl mehr gewerblichen Zwecken, etwa auch zum Sechten (Waschen) von Wäsche auf den dem Fluß entlang installierten Sechtöfen u.a. Jedenfalls sind sie auf den ältesten Darstellungen nur entlang der Limmat zu finden.

Quellwasserbrunnen

Der älteste bekannte Röhrenbrunnen mit Quellwasser, aus einem nahe der Stadt gelegenen Weinberg, war im Besitz des Predigerklosters bzw. von den Predigermönchen wohl um 1231, anläßlich ihrer Niederlassung in Zürich, errichtet worden. Die ersten von der Stadt selber errichteten Quellbrunnen speisten Röhrenbrunnen in flußferneren Lagen, zuerst auf der rechten Stadtseite, ab 1430 auch auf der lin-

Abb. 3a, 3 b Spätmittelalterlicher Sodbrunnen, Predigergasse (Fotos: Baugeschichtliches Archiv der Stadt Zürich)

Abb. 4 Quellwasserbrunnen, Brunnenturm, Ausschnitt Murer-Plan 1576

ken Seite des Flusses. Mit Ausnahme der 1430 erbauten Leitung vom Fuß des Uetlibergs ins linksseitige Rennwegquartier ist jedoch kein einziges Baudatum schriftlich belegt. Die namentliche Erwähnung von Röhrenbrunnen im Neumarkt, an der Kirchgasse und auf der Stüssihofstatt um 1425 verweist jedoch auf die Existenz verschiedener Leitungen im frühen 15. Jh. Die Tatsache, daß die Stadt im 16. Jh. für die Mehrzahl der öffentlichen Brunnen steinerne Tröge und Säulen, zum Teil auch Standbilder oder andere Dekorationselemente für die Brunnensäulen ausführen ließ, läßt vermuten, daß die ersten Röhrenbrunnen aus Holz bestanden hatten.

Was die Technik des Leitungsbaus betrifft, so ist einzig nachgewiesen, daß die Leitungen aus ausgebohrten Baumstämmen (sog. Teuchel) bestanden, die mit eisernen Manschetten, sogenannten Teuchelzwingen, miteinander verbunden waren. Da die Leitungen immer wieder ersetzt werden mußten, sind Funde mittelalterlicher Holzleitungen selten bzw. nur da zu erwarten, wo eine Leitung und Brunnen aufgegeben wurden. Diese Situation war in Zürich bisher nur auf dem Münsterhof gegeben, wo Grabungen in den Jahren 1977/78 unerwartet Reste von Überbauungen zutage förderten. Darunter fanden sich auch Brunnenfundamente und mehrere Teuchelleitungen, von denen die älteste dem 16. Jh. zugerechnet wird. Die bis zu 6,5 Meter langen Rohrstücke waren mit eisernen Zwingen verbunden. Ein Hahnenschacht mit abschließbarem Holzdeckel über einem mit einem bronzenen Reiberhahn versehenen Leitungsabschnitt diente zum Abstellen der Leitung. Leitung und Brunnen werden in den schriftlichen Quellen nicht erwähnt und offenbar vor 1576 aufgegeben. Für eine kurze Benützungszeit spricht auch der Umstand, daß der zum Brunnen führende Kopfsteinweg keine Abnützungsspuren zeigt. Über dem quadratischen Brunnenfundament stand möglicherweise ein Trog mit Überdachung.[4] Die Lage des Abstellhahnens weist darauf hin, daß dieser laufende Brunnen mit Flußwasser vom unteren Schöpfrad, nicht mit Quellwasser, versorgt worden war.

Über die Gründe, warum einzig der Bau der Albisriederleitung überliefert ist und weshalb die ältere historische Literatur den Beginn der Quellwasserversorgung Zürichs mit ihrer Entstehung in Verbindung setzt, können nur Vermutungen geäußert werden. Zweifellos stellt der Bau der Albisriederleitung 1429 für die Stadtbürgerschaft eine große Leistung dar, war es doch das bis dahin mit Abstand längste Leitungswerk. Mit ihm erhielt außerdem die bisher ausschließlich auf Fluß- und Grundwasser angewiesene linke Stadtseite bzw. das sich auf der flußabgewandten Seite gegen die Sihlniederung erstreckende Rennwegquartier die ersten Quellwasserbrunnen. Die Quellregion im bewaldeten Uetliberghang oberhalb dem Dorf Albisrieden gehörte im Mittelalter dem Großmünsterstift. Wie die Stadtbürger in den Besitz dieser Wasserrechte gelangten, ist unbekannt, doch könnte einer Erlaubnis zum Bezug von Wasser aus der Stadtleitung in der Kirchgasse, die der Rat 1421 dem Propst des Stiftes einräumte, mit dem Erwerb der Quellrechte am Uetliberg zusammenhängen. Im Zusammenhang mit dem Bau der Albisriederleitung fällt übrigens auch der früheste Hinweis auf ein Pumpwerk, das ein fremder Meister zur Versorgung des Rennwegquartiers mit Flußwasser bauen wollte. Der Rat lehnte das Projekt jedoch ab und zog statt dessen wohl unter dem Druck von seiten im Rennweg ansässiger Metzger und anderer einflußreicher Personen vor, die Albisrieder Quellen in die Stadt zu leiten. Die Baukosten für Leitung und Brunnen beliefen sich auf 1318 Pfund, wovon die Anwohner des Rennwegs 400 zu übernehmen hatten. Da die ältesten Leitungspläne aus der zweiten Hälfte des 17. Jh. stammen, kann für keine der mittelalterlichen Leitungen die genaue Lage der Fassungen, Leitungsverlauf und -länge ermittelt werden.

Wie in anderen Städten des schweizerischen Mittellandes (Basel vor 1266, Schaffhausen um 1315, Bern um 1393) macht sich auch Zürich wohl spätestens im 13. Jh. an den Bau eines Wasserversorgungswerkes. Während anderswo bereits größere Quelleitungen gebaut wurden, dienten hier die hölzernen Schöpfräder in der Limmat zur effizienteren Versorgung mit laufendem Wasser. Interessant ist in diesem Zusammenhang auch, daß in den Steuerbüchern von 1370, und von da ab mit Regelmäßigkeit, ein Brunnenmeister erwähnt wird, was als sicherer Hinweis auf die Existenz öffentlicher Brunnenwerke interpretiert werden darf. Spätestens ab 1420 ist außerdem mit dem Bestehen mehrerer Quellwasserleitungen von den Hügeln in der näheren und weiteren Umgebung zu rechnen. Noch bis in 16. Jh. versahen die Brunnenmeister gleichzeitig auch das Amt des Gassenpflästerers. Dies ist kaum eine zufällige Kombination, waren doch im Mittelalter, wie neuere archäologische Befunde zeigen, die Gassen und Plätze nur rudimentär mit Pflasterung versehen, und dies aus naheliegenden Gründen vor allem in der Umgebung von Brunnen.

Vermutlich ist es der eingangs erwähnten günstigen Lage der Stadt am Seeausfluß zuzuschreiben, daß in Zürich im Unterschied zu anderen Orten nicht Quellwasser, sondern ein Flußwasserwerk den Vorrang hatte. Damit ist

Abb. 5a, b, c Spätmittelalterlicher Brunnen und Teuchelleitung mit Abstellhahnen, Münsterhof (Fotos: Baugeschichtliches Archiv der Stadt Zürich)

zwar nicht unbedingt geklärt, weshalb man dem einen oder anderen Wasser den Vorzug gab. Wichtiger scheint zu dieser Zeit weniger die Qualität als die Verfügbarkeit. Mit der Ausdehnung der Siedlung in vom Fluß entferntere höhere Lagen fällt die Wahl dann als zweites auf den Bau von Quelleitungen aus den umliegenden Hügelzügen, von denen das Wasser mit natürlichem Gefälle in die Stadt geleitet werden kann. Von Pumpwerken, die Flußwasser in höhere Stadtteile liefern konnten, wollte man in Zürich übrigens auch in späteren Jahrhunderten wenig wissen.

ELISABETH SUTER, TOPEKA (USA)

Anmerkungen

1 Altartafeln von Hans Leu d. A., Schweizerisches Landesmuseum Zürich, 1502.
2 Das Folgende basiert weitgehend auf der Dissertation von Elisabeth Suter, Wasser und Brunnen im alten Zürich, Zürich 1981, weshalb denn an den meisten Orten auf Quellenhinweise verzichtet wird.
3 Zürcher Denkmalpflege, 9. Bericht, 3. Teil, hg. Hochbauamt der Stadt Zürich, Zürich 1989, s. 93–94; sowie 10. Bericht, 2. Teil, Zürich 1986, S. 126, 135.
4 Jürg Schneider, Daniel Gutscher et al., Der Münsterhof in Zürich, Olten und Freiburg i. Br. 1982, S. 135–138.

Wasserversorgung im Berliner Raum am Beispiel der Stadt Spandau

Abb. 1 Nut- und Federbrunnen
Fundort: Berlin-Spandau, Markt 6–8
(Foto: Landesbildstelle Berlin)

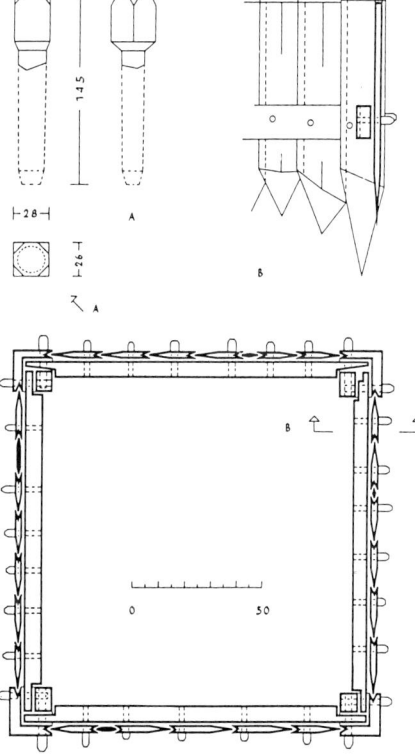

Abb. 2 Nut- und Federbrunnen
Oben links: Ein Holznagel
Oben rechts: senkrechter Schnitt durch den Eckpfosten
Unten: Grundriß

Der Zusammenfluß von Spree und Havel bildet einen günstigen Übergang vom Hohen Havelland auf dem westlichen Havelufer zu den Hochflächen des Barnim und des Teltow auf dem östlichen Havelufer. Solche Übergänge waren für die Entstehung wichtiger Handelswege günstig. Im Hinblick auf die Verteidigung bildeten diese Kreuzungen Ansatzpunkte für feindliche Übergriffe. Schon sehr früh entstanden Befestigungsanlagen, die der wirtschaftlichen und politischen Bedeutung der Ansiedlung entsprachen.

Im 8. Jahrhundert n. Chr. errichteten die Slaven die erste Siedlung. Im Jahre 1197 wurde Spandau erstmalig urkundlich erwähnt. 1232 wurde die Gründungsurkunde ausgestellt. Ab 1319 wurde die Stadtmauer errichtet. 1557 wurde mit dem Bau der Zitadelle, einer gewaltigen mit einem Wassergraben umgebenen Festungsanlage, begonnen. Die Bedeutung der Stadt als Kreuzungspunkt der Verkehrs- und Handelswege nach Osten nahm ständig zu. Gleichzeitig stieg auch die Bevölkerungszahl. Obwohl die Stadt einen direkten Zugang zur Havel hatte, wurden innerhalb der Stadt schon frühzeitig eine Vielzahl von Brunnenanlagen angelegt. Die ältesten Brunnen datieren aus der Zeit der Stadtgründung. Anhand von 3 Brunnenfunden sollen im folgenden die unterschiedlichen Bauformen und Bauweisen dargestellt werden.

Der Nut- und Federbrunnen *(Abb. 1 und 2)* weist einen quadratischen Grundriß mit einer Kantenlänge von 1,40 m auf. Er war aus Eichenholz gefertigt. Die 4 Eckpfosten mit einer Länge von ca. 0,70 m waren durch jeweils einen Querriegel mit einem Holzzapfen verbunden. Die senkrechten Füllbretter wurden wie Nut- und Federbretter ineinander eingepaßt. Jede Wand wies ein keilförmiges Abschlußbrett auf, das die Bretter lückenlos und mit der erforderlichen Kraft ineinander preßte. Die Keilbretter sind in der Abb. 2 schwarz dargestellt. Jedes

*Abb. 3 Holzkastenbrunnen
Fundort: Berlin-Spandau, Markt 6–8
(Foto: Landesbildstelle Berlin)*

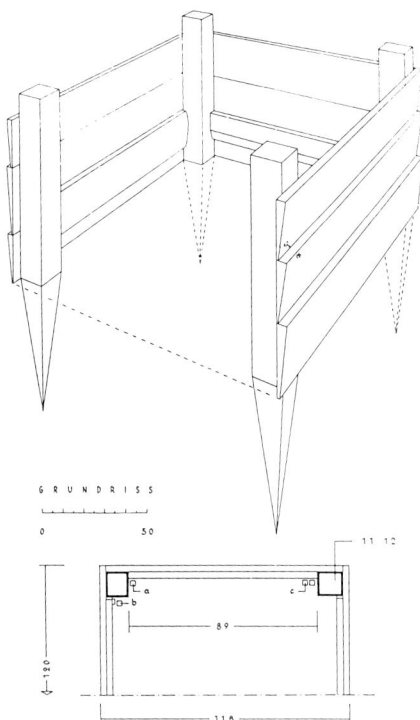

*Abb. 4 Holzkastenbrunnen
Oben: Brunnenteil in räumlicher Sicht
Unten: Grundriß*

Brett wurde durch einen Holznagel mit rundem Schaft und Vierkantkopf an dem innenliegenden Querriegel befestigt.

Der Zusammenbau des Brunnens erfolgte außerhalb der Baugrube. Der fertige Brunnen wurde von der Sohle der Brunnenbaugrube durch Unterräumen der Wandbretter und durch Einschlagen der Eckpfosten in das Grundwasser niedergebracht. Bei der Bergung des Brunnens Mitte der fünfziger Jahre konnte dieser Brunnen vollständig aus dem Boden gezogen werden. Die tatsächliche Tiefe des Brunnens läßt sich nicht feststellen, da ein Hinweis auf einen Oberkasten fehlt.

Ein weiterer Holzkastenbrunnen aus Eichenholz wies einen fast quadratischen Grundriß von 1,18 m x 1,25 m auf *(Abb. 3 und 4)*. Die 4 Eckpfosten wurden durch eingezapfte Querriegel fixiert und mit waagerechten Wandbrettern eingeschalt. Im Vergleich zum Nut- und Federbrunnen erforderte das Abteufen dieses Brunnens eine besondere Geschicklichkeit. Die 4 Eckpfosten wurden im Abstand der eingeklemmten Querriegel von der Sohle der Brunnenbaugrube zunächst bis zum Beginn der ersten Lage der Wandbretter eingeschlagen. Durch weiteres Einschlagen der Eckpfosten und der keilförmig bearbeiteten Wandbretter unter gleichzeitiger Unterräumung konnte der Brunnenschacht in das Grundwasser abgeteuft werden. In dem Maße wie der Schacht absank, wurden weitere Querriegel zwischen den Eckpfosten eingeklemmt und eine neue Lage Wandbretter bündig mit den darunterliegenden Brettern angefügt. Die Teufe betrug ca. 1,00 m. Diese Konstruktion war sehr instabil. Ein Wandern der Eckpfosten und Verrutschen der Wandbretter war nicht ausgeschlossen.

Der Daubenbrunnen *(Abb. 5 und 6)* stellt eine weitere Bauform der mittelalterlichen Spandauer Brunnen dar. Er bestand aus 17 Dauben, die untereinander mit Nut und Feder verbunden und am unteren Ende angespitzt waren. Die Dauben wiesen entweder nur Nut oder nur Federn auf. Die Schlußdaube wies Nut und

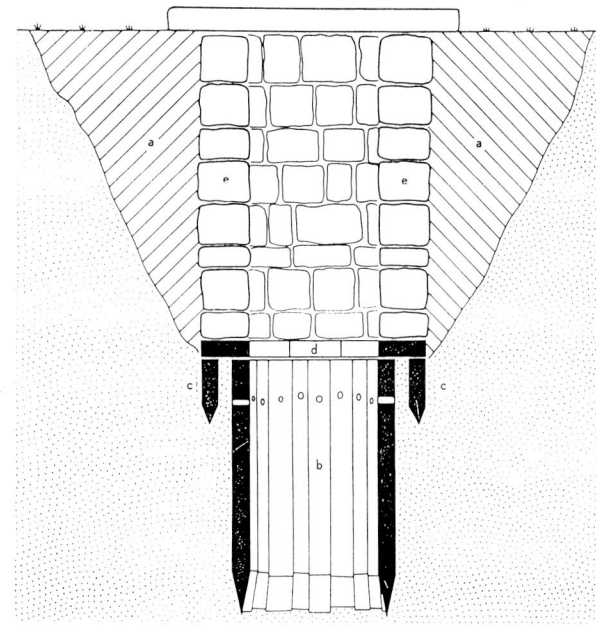

*Abb. 5 Daubenbrunnen mit aufgesetztem Oberteil aus Bruchsteinen, schematische Darstellung
Fundort: Berlin-Spandau, Markt 13
a Baugrube, b Daubenbrunnen (Büchse), c Pfähle, d Kranz, e Oberteil aus Bruchsteinen*

Feder auf. Alle Dauben wurden genau zugearbeitet und paßgenau zu einer Büchse zusammengebaut. Der lichte Durchmesser betrug 1,05 m. Die Höhe der Büchse betrug ca. 2,50 m.

Beim Abteufen der Büchse wurde sie mit einem Hanfseil zusammengehalten. Durch die oberen Bohrungen in den einzelnen Dauben wurden Seilschlingen gezogen, um beim Abteufen die Büchse besser ausrichten zu können. Nach dem Abteufen der Brunnenbüchse wurden ringsherum Pfähle eingeschlagen. Darüber wurde ein hölzerner Kranz gelegt, auf dem ein Schacht aus Bruchsteinen errichtet wurde. Dadurch wurde eine Brunnentiefe von ca. 10,00 m erreicht.

Das Alter der Brunnen wird auf die 2. Hälfte des 13. Jahrhunderts geschätzt. Mit der Stadtgründung im Jahre 1232 wurde durch größere wasserbauliche Maßnahmen die Havel oberhalb des Stadtkerns zum Treiben von unterschächtigen Mühlen gestaut. Das Havelwasser wurde in einer Flutrinne um die Stadt herumgeleitet. Damit war ein Absinken des Grundwasserstandes verbunden, und die flachen Brunnen aus den Anfängen der Stadtentwicklung versiegten. Ab der 2. Hälfte des 13. Jahrhunderts nahmen die Brunnenteufen zu. Einige Brunnen wiesen Teufen bis zu 18,00 m auf. Diese Teufe steht nicht im Zusammenhang mit der Grundwasserabsenkung.

Die Vielgestalt der gefundenen flachen Brunnen läßt vermuten, daß sie von den in Spandau ansässig gewordenen, mit allen Arbeiten vertrauten Siedlern selbst hergestellt wurden. Die Bauweisen entsprachen denen, die ihnen aus ihrer Heimat gebräuchlich und vertraut waren.

Die tieferen Brunnen sind wahrscheinlich nicht im Selbstbau entstanden. Für diese Annahme sprechen eine Reihe gleichartiger Bauformen auf verschiedenen Grundstücken. Diese Ausführungen lassen eine weitestgehende Normierung erkennen, die auf eine professionelle Herstellung durch gelernte Brunnenfachmänner schließen lassen.

Seit 1960 sind bisher ca. 30 Brunnen der unterschiedlichsten Bauarten in der Spandauer Altstadt untersucht worden. Ein Brunnen im Kolk und ein Brunnen in der Breite Straße 35

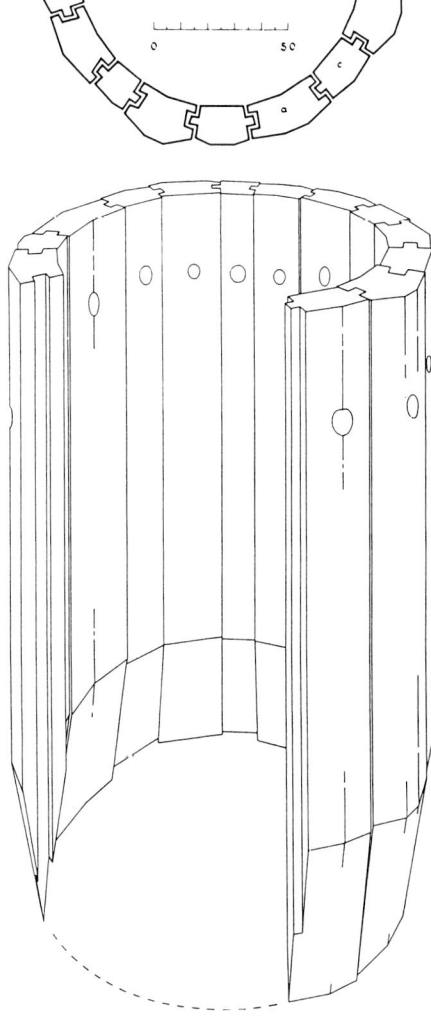

*Abb. 6 Daubenbrunnen (Büchse)
Oben: Grundriß
Unten: räumliche Darstellung*

wurden zwischenzeitlich restauriert und können besichtigt werden.

Im Jahre 1988 wurde bei Ausschachtungsarbeiten im Bereich der Kammerstraße Ecke Fischerstraße ein Holzkastenbrunnen *(Abb. 7)* freigelegt. Er besteht aus einem Unterkasten, der im Grundwasser abgeteuft war und einem Oberkasten, der bis zur Geländeoberkante reichte. Die Gesamthöhe dieses Brunnens beträgt 2,00 m. Das Alter dieses Brunnens wurde auf den Beginn des 15. Jahrhunderts datiert. Brunnen dieser Bauart konnten auch für das 12. Jahrhundert nachgewiesen werden.

Dieser Brunnen wurde den Berliner Wasser-Betrieben überlassen und dort konserviert und restauriert. Er kann nach Anmeldung im Wasserturm Westend der Berliner Wasser-Betriebe besichtigt werden.

PETER KOWALEWSKI u.
HEINER NOBIS-WICHERDING,
BERLIN

Literatur

Sonderdruck aus: Praehistorische Zeitschrift, 38. Band 1960 Heft 3/4, Walter de Guyter & Co. Berlin.

Abb. 7 Holzkastenbrunnen
Fundort: Berlin-Spandau, Kammer – Ecke Fischerstraße
(Foto: Wilhelmi)

Der Karlsgraben bei Weißenburg i. B.

Die Durchführbarkeit großer Ingenieurbauvorhaben war zu allen Zeiten von verschiedenen grundlegenden Voraussetzungen abhängig: Neben der Notwendigkeit für den Bau mußte ein technisches Know-how für Planung und Durchführung vorhanden sein, weiterhin bedurfte es der Macht, das Projekt auch zu verwirklichen.

An mangelnder Macht des Königs lag es aber gewiß nicht, daß das kühnste Kanalbauprojekt des Mittelalters im Jahre 793 scheiterte. König Karl (später Kaiser Karl d. Gr.) hatte die Vorteile einer schiffbaren Verbindung zwischen den Einzugsgebieten von Rhein und Donau klar erkannt. Und die Stelle, die Karls Ingenieure für das Projekt auswählten, wäre selbst nach unseren heutigen geographischen Kenntnissen nach wie vor geeignet *(Abb. 1)*. Der Rhein sollte über Main, Rednitz, Schwäbische Rezat und Altmühl mit der Donau verbunden werden. Dazu war die Strecke zwischen Schwäbischer Rezat und Altmühl über die Wasserscheide zwischen Rhein und Donau zu durchstechen und schiffbar zu machen. Reste dieser Verbindung können wir heute noch sehen und zwar bei Weißenburg i. B. nahe der Ortschaft Graben.

Betrachten wir das Objekt technisch. Bei Anlage eines einteiligen Kanals hätte der Anschluß an die Altmühl bei einem Wasserspiegel von 408 m ü. NN erfolgen können; deshalb hätte der Graben bis zu einer NN-Höhe von 407 m ausgehoben werden müssen. Da die Wassermenge der Rezat aber für den Bereich eines Kanales nicht ausreiche, wäre er mit dem Wasser der Altmühl zu speisen gewesen. Nach dieser Konzeption hätte Karls Graben aber über eine Länge von 5 km gebaut werden müssen, um einen niveaugleichen Übergang zur Rezat zu erreichen. Diese Lösung ist unwahrscheinlich, denn aus den „Lorscher Annalen" zum Jahre 793 wissen wir auch einiges über die Dimensionen des Kanalprojektes: „Es wurde also zwischen diesen beiden Flüssen ein Gra-

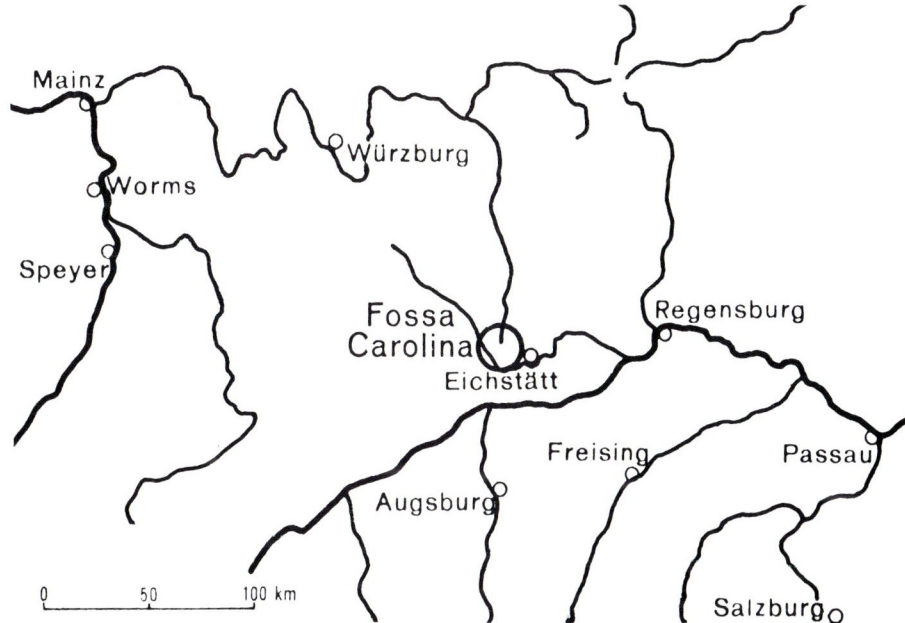

Abb. 1 Die Lage des Karlsgrabens im mitteleuropäischen Gewässernetz

Abb. 2 Karlsgraben. Reststück der wassergefüllten Kanalrinne bei der Ortschaft Graben

ben gezogen, zweitausend Schritte lang und dreihundert Fuß breit". Das entspricht einer Länge von 1500 m, wonach eine einstufige Lösung – wie oben beschrieben – nicht vorgesehen gewesen sein kann *(Abb. 2)*.

Da eine Anlage mit Stautoren oder Schleusenkammern unwahrscheinlich scheint, kommt J. Röder zu dem Schluß, daß nur die Möglichkeit einer torelosen Weiherkette übrigbleibt. Denn dazu hätte die von der Rezat eingebrachte Wassermenge ausgereicht, zumal kein Wasser durch den Betrieb von Schleusen verlorenging. Die Überwindung der Staustufen mit den 1-t-Lastkähnen der damaligen Zeit war zwar immer noch ein aufwendiges Geschäft; aber gegenüber dem bis dahin geübten Landtransport der Schiffe versprach diese Lösung dennoch große Vorteile.

Das Werk wurde augenscheinlich nicht vollendet, und so heißt es in den „Lorscher Annalen" weiter: „Jedoch umsonst. Denn bei dem anhaltenden Regen und da das sumpfige Erdreich schon von Natur zuviel Nässe hatte, konnte die Arbeit keinen Halt und Bestand gewinnen, sondern wieviel Erde bei Tag von den Grabenden herausgeschafft wurde, soviel setzte sich wieder bei Nacht, indem die Erde wieder an ihre alte Stelle einsank."

Die Schätzungen über das Ausmaß der Erdbewegungen und den Einsatz von Arbeiten sind recht unterschiedlich. Röder kommt dabei auf Zahlen von 120 000 m^3 Erdreich beim Einsatz von 4000 Arbeiter in 80 Tagen Bauzeit.

Die Kühnheit von Karls Ingenieuren liegt darin, ohne auf Erfahrungswerte zurückgreifen zu können, ein solches Projekt in Angriff genommen zu haben. Denn seit der römischen Zeit hatte sich niemand mehr an Bauvorhaben dieser Dimensionen herangewagt und auch danach sollte es noch einmal ein halbes Jahrtausend dauern. Um so bemerkenswerter ist, daß selbst aus heutiger Sicht die damalige Konzeption als durchführbar zu bezeichnen ist. Das Projekt scheiterte damals, so würden wir heute wohl sagen, an höherer Gewalt. Die Verbindung von Rhein und Donau wurde aber verwirklicht: 1846 wurde an anderer Stelle der Ludwig-Main-Donau-Kanal eröffnet. Seit dem Zweiten Weltkrieg liegt dieser Kanal auf weite Strecken trocken. Die auch vorher schon unrentabel gewordene Anlage wird durch die im Bau befindliche Groß-Schiffahrtsstraße Rhein-Main-Donau ersetzt.

Nach Karls Kanalbauversuch wagten sich die Ingenieure in Deutschland erst Ende des 14. Jahrhunderts wieder an ein ähnliches Projekt und bauten für den Transport von Salz und Kalk den Stecknitzkanal bei Mölln, dieses Mal erfolgreich.

KLAUS GREWE, BONN

Literatur

K. SCHWARZ: *Der „Main-Donau-Kanal" Karls des Großen.* in: Schriftenreihe z. Bayer. Landesgeschichte 62, 1962, 321–328.

H. H. HOFMANN: *Kaiser Karls Kanalbau* (Sigmaringen und München 1969).

J. RÖDER: *Sed in cassum – für die Katz' – Der Kanal Karls des Großen.* in: Kölner Römer-Illustrierte 2, 1975, 280–283.

K. GREWE: *Fossa Carolina und Fossa Eugeniana – Über zwei vergebliche Versuche, Schiffahrtskanäle zu bauen.* in: Das Rheinische Landesmuseum Bonn 1977, 53–56.

K. GREWE: *Der Canal d'Entreroches in seinem technik-geschichtlichen Umfeld.* in: Klaus Grewe (Hrsg.), Canal d'Entreroches – Der Bau eines Schiffahrtsweges von der Nordsee bis zum Mittelmeer im 17. Jahrhundert. Forschungsbeiträge des Förderkreises Vermessungstechnisches Museum, Bd. 1 (Stuttgart 1988).